SEGUNDA EDIÇÃO **20 23**

COORDENADORES

MARIO LUIZ **SARRUBBO**

CRISTIANE **CORRÊA DE SOUZA HILLAL**

MARIO AUGUSTO **VICENTE MALAQUIAS**

MICHEL **BETENJANE ROMANO**

PATRICIA **DE CARVALHO LEITÃO**

SUSANA **HENRIQUES DA COSTA**

CB042046

MINISTÉRIO PÚBLICO
ESTRATÉGICO

ANTIRRACISTA • A TRAVESSIA NECESSÁRIA

ADRIANA **DE MORAIS** • ANA LAURA **BANDEIRA LINS LUNARDELLI** • ÂNGELA **BORGES** • ANNA **TROTTA YARYD** • BIANCA **RIBEIRO DE SOUZA** • BRUNA **RIBEIRO DOURADO VAREJÃO** • BRUNO **MOMESSO BERTOLO** • CARLOS CÉSAR **SILVA SOUSA JÚNIOR** • CAROLINA **GONÇALVES DE OLIVEIRA ESCAVASSINI** • CIANI SUELI **DAS NEVES** • CÍNTIA APARECIDA **DA SILVA** • CLARISSA **CHAGAS DONDA** • CLAUDIA CECILIA **FEDELI** • CLAUDIO LUIS **WATANABE ESCAVASSINI** • CRISTIANE **CORRÊA DE SOUZA HILLAL** • DANIEL **OMAR PEREZ** • DANIELA **OLIVEIRA DA FONSECA** • DANILO **KEITI GOTO** • DENILSON **DE SOUZA FREITAS** • ELAINE **TIRITAN CARAVELLAS** • FERNANDO HENRIQUE **DE FREITAS SIMÕES** • FILIPE **VIANA DE SANTA ROSA** • FLÁVIA **MARTINS DE CARVALHO** • FLAVIA **SIMÃO AIEX** • GUSTAVO ROBERTO **COSTA** • ISABEL **CAMPOS DE ARRUDA** • JAQUELINE MARA **LORENZETTI MARTINELLI** • JOÃO PAULO **FAUSTINONI E SILVA** • JÚLIA NAOMÍ **COSTA RODRIGUES** • MÁRIO AUGUSTO **VICENTE MALAQUIAS** • MILENE CRISTINA **SANTOS** • MIRELLA **DE CARVALHO BAUZYS MONTEIRO** • NATÁLIA **LÔBO OLIVEIRA CIVIDANES** • NATÁLIA **ROSALEM CARDOSO** • NETO **PICANÇO DE FIGUEIREDO** • PATRÍCIA **SALLES SEGURO** • PAULA **PEREIRA FERRARI** • RAIÇA **CAMARGO** • RENATA LUCIA **MOTA LIMA DE OLIVEIRA RIVITTI** • RICARDO **FERRACINI NETO** • SILVIA **MOREIRA DA SILVA** • SIRLENI **FERNANDES SILVA** • TÚLIO VINÍCIUS **ROSA** • VERA LÚCIA **DE CAMARGO BRAGA TABERTI** • VIVIANA **SANTIAGO** • WALLACE **PAIVA MARTINS JUNIOR** • YONE **DA CRUZ MARTINS DE CAMPOS** • YURI DANIEL **KATAYAMA**

EDITORA
FOCO

Dados Internacionais de Catalogação na Publicação (CIP) de acordo com ISBD

M665   Ministério Público Estratégico - Volume 03: antirracista: a travessia necessária / coordenado por Cristiane Corrêa de Souza Hillal ... [et al.]. - 2. ed. - Indaiatuba, SP : Editora Foco, 2023.

       472 p. ; 16cm x 23cm.

       Inclui bibliografia e índice.

       ISBN: 978-65-5515-785-7

       1. Direito. 2. Ministério Público. 3. Racismo. 4. Antirracismo. I. Hillal, Cristiane Corrêa de Souza. II. Malaquias, Mario Augusto Vicente. III. Sarrubbo, Mario Luiz. IV. Romano, Michel Betenjane. V. Leitão, Patricia de Carvalho. VI. Costa, Susana Henriques da. VII. Título.

2023-1074   CDD 340   CDU 34

Elaborado por Vagner Rodolfo da Silva - CRB-8/9410

Índices para Catálogo Sistemático:

1. Daireito 340

2. Direito 34

SEGUNDA EDIÇÃO

C O O R D E N A D O R E S

MARIO LUIZ **SARRUBBO**

CRISTIANE **CORRÊA DE SOUZA HILLAL**

MARIO AUGUSTO **VICENTE MALAQUIAS**

MICHEL **BETENJANE ROMANO**

PATRICIA **DE CARVALHO LEITÃO**

SUSANA **HENRIQUES DA COSTA**

MINISTÉRIO PÚBLICO
ESTRATÉGICO

ANTIRRACISTA · A TRAVESSIA NECESSÁRIA

ADRIANA **DE MORAIS** · ANA LAURA **BANDEIRA LINS LUNARDELLI** · ÂNGELA **BORGES** · ANNA **TROTTA YARYD** · BIANCA **RIBEIRO DE SOUZA** · BRUNA **RIBEIRO DOURADO VAREJÃO** · BRUNO **MOMESSO BERTOLO** · CARLOS CÉSAR **SILVA SOUSA JÚNIOR** · CAROLINA **GONÇALVES DE OLIVEIRA ESCAVASSINI** · CIANI SUELI **DAS NEVES** · CÍNTIA APARECIDA **DA SILVA** · CLARISSA **CHAGAS DONDA** · CLAUDIA CECILIA **FEDELI** · CLAUDIO LUIS **WATANABE ESCAVASSINI** · CRISTIANE **CORRÊA DE SOUZA HILLAL** · DANIEL **OMAR PEREZ** · DANIELA **OLIVEIRA DA FONSECA** · DANILO **KEITI GOTO** · DENILSON **DE SOUZA FREITAS** · ELAINE **TIRITAN CARAVELLAS** · FERNANDO HENRIQUE **DE FREITAS SIMÕES** · FILIPE **VIANA DE SANTA ROSA** · FLÁVIA **MARTINS DE CARVALHO** · FLAVIA **SIMÃO AIEX** · GUSTAVO ROBERTO **COSTA** · ISABEL **CAMPOS DE ARRUDA** · JAQUELINE MARA **LORENZETTI MARTINELLI** · JOÃO PAULO **FAUSTINONI E SILVA** · JÚLIA NAOMÍ **COSTA RODRIGUES** · MÁRIO AUGUSTO **VICENTE MALAQUIAS** · MILENE CRISTINA **SANTOS** · MIRELLA **DE CARVALHO BAUZYS MONTEIRO** · NATÁLIA **LÔBO OLIVEIRA CIVIDANES** · NATÁLIA **ROSALEM CARDOSO** · NETO **PICANÇO DE FIGUEIREDO** · PATRÍCIA **SALLES SEGURO** · PAULA **PEREIRA FERRARI** · RAIÇA **CAMARGO** · RENATA LUCIA **MOTA LIMA DE OLIVEIRA RIVITTI** · RICARDO **FERRACINI NETO** · SILVIA **MOREIRA DA SILVA** · SIRLENI **FERNANDES SILVA** · TÚLIO VINÍCIUS **ROSA** · VERA LÚCIA **DE CAMARGO BRAGA TABERTI** · VIVIANA **SANTIAGO** · WALLACE **PAIVA MARTINS JUNIOR** · YONE **DA CRUZ MARTINS DE CAMPOS** · YURI DANIEL **KATAYAMA**

2023 © Editora Foco

Coordenadores: Cristiane Corrêa de Souza Hillal, Mario Augusto Vicente Malaquias, Mário Luiz Sarrubbo, Michel Betenjane Romano, Patricia de Carvalho Leitão e Susana Henriques da Costa

Autores: Adriana de Morais, Ana Laura Bandeira Lins Lunardelli, Ângela Borges, Anna Trotta Yaryd, Bianca Ribeiro de Souza, Bruna Ribeiro Dourado Varejão, Bruno Momesso Bertolo, Carlos César Silva Sousa Júnior, Carolina Gonçalves de Oliveira Escavassini, Ciani Sueli das Neves, Cíntia Aparecida da Silva, Clarissa Chagas Donda, Claudia Cecilia Fedeli, Claudio Luis Watanabe Escavassini, Cristiane Corrêa de Souza Hillal, Daniel Omar Perez, Daniela Oliveira da Fonseca, Danilo Keiti Goto, Denilson de Souza Freitas, Elaine Tiritan Caravellas, Fernando Henrique de Freitas Simões, Filipe Viana de Santa Rosa, Flávia Martins de Carvalho, Flavia Simão Aiex, Gustavo Roberto Costa, Isabel Campos de Arruda, Jaqueline Mara Lorenzetti Martinelli, João Paulo Faustinoni e Silva, Júlia Naomí Costa Rodrigues, Mário Augusto Vicente Malaquias, Milene Cristina Santos, Mirella de Carvalho Bauzys Monteiro, Natália Lôbo Oliveira Cividanes, Natália Rosalem Cardoso, Neto Picanço de Figueiredo, Patrícia Salles Seguro, Paula Pereira Ferrari, Raiça Camargo, Renata Lucia Mota Lima de Oliveira Rivitti, Ricardo Ferracini Neto, Silvia Moreira da Silva, Sirleni Fernandes Silva, Túlio Vinícius Rosa, Vera Lúcia de Camargo Braga Taberti, Viviana Santiago, Wallace Paiva Martins Junior, Yone da Cruz Martins de Campos e Yuri Daniel Katayama

Diretor Acadêmico: Leonardo Pereira

Editor: Roberta Densa

Assistente Editorial: Paula Morishita

Revisora Sênior: Georgia Renata Dias

Capa Criação: Leonardo Hermano

Diagramação: Ladislau Lima e Aparecida Lima

Impressão miolo e capa: FORMA CERTA

Impresso no Brasil (05.2023) – Data de Fechamento (05.2023)

2023
Todos os direitos reservados à
Editora Foco Jurídico Ltda.
Rua Antonio Brunetti, 593 – Jd. Morada do Sol
CEP 13348-533 – Indaiatuba – SP

E-mail: contato@editorafoco.com.br
www.editorafoco.com.br

PREFÁCIO

A coletânea intitulada "Ministério Público Estratégico" tem como objetivo apresentar, de forma consistente, sob o ponto de vista teórico e prático, temas jurídicos e sociais contemporâneos e de grande relevância para toda a sociedade.

No seu terceiro volume, o Ministério Público encara a responsabilidade de compartilhar reflexões, atuações e diálogos com outros poderes públicos, sociedade civil e comunidade científica acerca do enfrentamento do racismo, em suas diferentes perspectivas e expressões.

Apesar de 56% da população brasileira ser negra (preta ou parda), os negros ainda estão em desvantagem no Brasil em todos os índices sociais relativos à educação, renda, emprego e violência de que são vítimas.

Brancos ganham o dobro que negros, sendo que as mulheres negras recebem, em regra, 70% menos que os homens brancos. Estatísticas demonstram que mulheres negras morrem mais, são mais estupradas e agredidas no ambiente doméstico e fora dele que as mulheres brancas. Um jovem negro, no Brasil, tem 7 vezes mais chance de morrer que um jovem branco. A taxa de analfabetismo entre negros é mais que o dobro que entre brancos e nossa instituição, segundo último censo de 2015, e apesar dos muitos avanços que a implantação séria de uma política afirmativa tem provocado, ainda possui mais de 90% dos seus quadros ocupados por Promotores e Promotoras de Justiça brancos.

O Ministério Público de São Paulo, sem se esquivar de seus deveres constitucionais e sem se alienar de uma realidade de desigualdade que se escancara em números, tem se mobilizado para criar estruturas específicas de enfrentamento do racismo em sua tripla dimensão: estrutural, institucional e individual.

Dentre essas iniciativas criou, em setembro de 2020, a Rede de Enfrentamento ao Racismo (Portaria 9269/2020 – PGJ MPSP) que tem sido espaço importante de reflexão, diálogo e proposição de ações.

Esse livro é, sobretudo, resultado do trabalho dessa Rede.

Com artigos variados, protagonizados por destacados integrantes do Ministério Público de São Paulo e convidados especiais, o livro aborda de forma livre e plural o tema do racismo sob as perspectivas pessoais de seus autores e de modo transversal, rompendo a ultrapassada ideia de que o enfrentamento do racismo é problema, apenas, de Promotores de Justiça que trabalham diretamente com a tutela coletiva dos Direitos Humanos.

Ao trazer a perspectiva do enfrentamento do racismo na seara criminal, de saúde pública, de direito do consumidor, educação, meio ambiente, pessoa com deficiência, infância e juventude, e outros, o trabalho que ora se apresenta afirma que o recorte do racismo, e seu enfrentamento interseccional, deve ser atividade diuturna de cada Promotor e Promotora de Justiça do Estado de São Paulo.

Mais que isso. Ao trazer ilustres convidados da sociedade civil e da comunidade científica para colaborar com essa grande reflexão em torno do assunto, o livro posiciona historicamente o Ministério Público como órgão de escuta e diálogo na afirmação dos valores democráticos e constitucionais.

Como disse o poeta *Aimé Césaire*, ao fazermos a luta antirracista estamos falando da história de "milhões de pessoas a quem artificiosamente inculcaram o medo, o complexo de inferioridade, o estremecimento, a genuflexão, o desespero e a subserviência".

Não é pouca, portanto, a nossa responsabilidade institucional.

A busca por uma sociedade mais justa e menos desigual é a travessia que nos cabe.

Vamos, sem medo, e em frente, cumprir nosso papel.

Boa leitura para nós.

Mário Luiz Sarrubbo
Procurador-Geral de Justiça Ministério Público do Estado de São Paulo.

APRESENTAÇÃO

"Solto a voz nas estradas, já não posso parar".
Travessia.
Milton Nascimento.

É com muita honra e consciência de nossa gigantesca responsabilidade que apresentamos o terceiro volume da coletânea intitulada "Ministério Público Estratégico" com o título "Ministério Público Estratégico Antirracista – A Travessia Necessária".

O título, por si só, não apenas anuncia o tema sobre o qual os 30 (trinta) artigos que compõem esse livro vão se debruçar, como também enuncia uma posição institucional: há uma luta, ainda não superada, a ser enxergada e travada contra o racismo e o Ministério Público não se furtará a ela.

Como o próprio título deixa claro não há neutralidade possível nesse tema. Partimos de uma posição em relação ao racismo que é a posição cravada por Ângela Davis de que, mais do que não ser racistas, precisamos ser antirracistas, ou seja, estarmos proativos e não apenas reativos em relação ao enfrentamento do racismo em suas múltiplas expressões: estrutural, institucional, intersubjetivo e outros.

É o movimento que nos importa, subjetivo e institucional, de inquietude, irresignação, espanto, enfrentamento e construção.

O termo travessia não é casual. Avançar nesse tema em um país marcado pela cultura colonial, dominado pela branquitude, sobretudo em instituições que refletem esses paradigmas, não é tarefa fácil e linear. Mas estamos dispostos a essa travessia porque reconhecemos que ela é necessária a todos que estão, de verdade, implicados eticamente com os princípios da Constituição Federal, sobretudo de seus artigos 1° e 3°, que sacramentam um Estado Democrático de Direito fundado na luta por uma sociedade livre, justa e solidária, que enfrenta as desigualdades e discriminações.

Nesse compromisso de enfrentamento ao racismo falamos da infância negra no Brasil, da parca representatividade política da população negra e dos desafios de uma efetiva política afirmativa. Posicionamos o enfrentamento ao racismo no cenário internacional e conceituamos as diversas formas de expressão do racismo (institucional, estrutural, ambiental, recreativo, religioso). Não olvidamos da interseccionalidade entre raça, gênero e classe e também da perspectiva do capacitismo e da diversidade: enxergamos os homens e mulheres negras com deficiência e trans gritando que querem existir. Nos inquieta uma Justiça Juvenil e uma Justiça Penal racistas. Vislumbramos esperança na perspectiva de uma Justiça Restaurativa e da autocomposição no enfrentamento do racismo, de uma educação antirracista e de uma rede como política institucional que enxergue a importância singular de cada um dos integrantes da instituição, independentemente da função que desempenhem. Projetos concretos na capital e no Vale do Ribeira são destacados e as comunidades quilombolas e indígenas também ganham espaço em nossa rotina de trabalho e estudo. O professor universitário traz reflexões para além do direito, lembrando que filosofia, psicanálise e saberes humanísticos, em geral, importam para todas as pessoas que cuidam de pessoas.

Uma juíza negra, advogadas negras, intelectuais e ativistas negras: a mulher negra está em nosso livro porque esse é seu espaço. Porque tem o que falar e ensinar e porque, juntos, negros e brancos, precisamos colocar fim à violência doméstica que mais aflige mulheres negras, assim como a toda sorte de violência física, psicológica, política e social que ainda escancara, diariamente, que fomos constituídos do sangue e da dor de homens, mulheres e crianças negras escravizadas.

Este livro é um compromisso assumido. Serve de formação jurídica a estudantes de direito. Serve para debate acadêmico e com a sociedade civil e entra para a história institucional como um documento assinado, por muitas mãos, de que entre o açoitado e o que açoita, o Ministério Público estará ao lado do primeiro.

Mario Augusto Vicente Malaquias
Susana Henriques da Costa
Cristiane Corrêa de Souza Hillal

SUMÁRIO

RACISMO E SISTEMA INTERAMERICANO DE DIREITOS HUMANOS

Patrícia Salles Seguro

LLM em Direitos Humanos – Queen Mary University of London. Promotora de
Justiça do Ministério Público de São Paulo. Assessora da Subprocuradoria-Geral
de Justiça Jurídica da Procuradoria-Geral de Justiça.

O presente artigo tem por objetivo chamar a atenção para a contribuição que o Sistema Interamericano de Direitos Humanos pode dar ao sistema jurídico nacional no campo do enfrentamento ao racismo.

De início, o texto apresenta os órgãos principais do Sistema Interamericano de Direitos Humanos, isto é, a Comissão Interamericana e a Corte Interamericana, e os tratados principais pertinentes ao tema. Na sequência, o artigo indica três casos de violação a direitos humanos que envolveram discriminação racial e foram avaliados pelos órgãos do Sistema Interamericano.

Dois dos casos relacionados a racismo no âmbito do trabalho ocorreram no Brasil, ao passo que o terceiro diz respeito a episódio de racismo e violência institucional ocorrido na Argentina. As três demandas envolveram atos discriminatórios que podem ocorrer novamente no país, dada a conhecida realidade nacional, e retratam estratégias de apuração do racismo e medidas para seu enfrentamento que já nortearam a formulação de políticas públicas no Brasil e que podem subsidiar a atuação do Ministério Público e do Poder Judiciário em demandas futuras.

1. INTRODUÇÃO

No início do ano de 2022, o Conselho Nacional de Justiça – CNJ publicou a Resolução 123, para recomendar aos órgãos do Poder Judiciário brasileiro a observância dos tratados e convenções internacionais de direitos humanos e o uso da jurisprudência da Corte Interamericana de Direitos Humanos. A orientação é muito pertinente, porque a relevância do Sistema Interamericano de Direitos Humanos para o direito brasileiro vem ganhando espaço nos últimos anos, tendência esta que, ao que tudo indica, impactará, e muito, a promoção dos direitos humanos no país.

A pequena contribuição que o presente artigo pretende dar à coletânea de ensaios é iluminar a relevância dos trabalhos e decisões do Sistema Interamericano de Direitos Humanos na temática da discriminação racial, reforçando a orientação atual do CNJ, que expressa os comandos do nosso ordenamento jurídico-constitucional.

O trabalho tem como ponto de partida apresentar, de modo singelo, a estruturação do Sistema Interamericano de Direitos Humanos, cujos órgãos essenciais são a Comissão Interamericana e a Corte Interamericana e cujo principal documento é a Convenção Americana de Direitos Humanos, que vem complementada, no que toca ao tema racismo, por outros tratados.

Compreendida a estrutura de funcionamento do Sistema Interamericano, são apresentadas três demandas relacionadas a racismo, duas em que o Brasil foi apontado como violador de direitos humanos e uma em que a Argentina foi acionada perante o sistema. Os casos foram examinados ao longo dos últimos anos e deram ensejo a atuações da Comissão e da Corte Interamericanas, constituindo-se referências para investigações sobre violação a direitos humanos nesta área e para a tomada de decisões pelos Poderes Públicos, pelo Ministério Público e pelo Poder Judiciário.

Os fatos que deram ensejo a cada uma das demandas são descritos e, após, as conclusões jurídicas desenvolvidas pelos órgãos do Sistema Interamericano são apresentadas, para retratar a sua importância para os operadores do Direito que se dedicam ao combate ao racismo.

2. SISTEMA INTERAMERICANO DE DIREITOS HUMANOS

O Sistema Interamericano de Direitos Humanos está vinculado à Organização dos Estados Americanos – OEA, organismo internacional de caráter regional que congrega países do continente americano. O Sistema Interamericano de Direitos Humanos se estrutura atualmente a partir de dois órgãos – a Comissão Interamericana e a Corte Interamericana – e tem como alicerce a Convenção Americana de Direitos Humanos.

Pois bem, a Comissão Interamericana de Direitos Humanos é um órgão que iniciou as suas atividades desempenhando o papel de assessorar a OEA na temática de direitos humanos, no ano de 1960, com atribuições que estavam ligadas sobretudo à promoção e à conscientização dos direitos humanos na região.

Ao longo do tempo, o órgão ganhou maior relevância e novas competências. As atribuições da Comissão caminharam para além de um papel político e passaram a abarcar competências mais efetivas e aptas a modificar o panorama dos direitos humanos no continente. Assim, hoje, as suas atribuições compreendem, dentre outras: a realização de visitas *in loco* aos países signatários para verificar a situação dos direitos humanos; a instituição de relatorias com propósito de examinar violações a direitos humanos em um específico país ou sobre um determinado tema; a elaboração de relatórios; respostas a consultas formuladas pelos Estados sobre direitos humanos e o processamento de petições individuais encaminhadas por vítimas ou por seus representantes que noticiam violações a direitos humanos. A Comissão Interamericana pode ser acionada por qualquer pessoa que queira reportar uma violação de direitos humanos para o Sistema Interamericano.

Hoje, a Comissão Interamericana tem a relevante competência de selecionar casos em que os Estados membros são acusados de violação a direitos humanos para remessa à Corte Interamericana. A Comissão, além disso, acompanha os casos que serão julgados pela Corte, mesmo que não seja a responsável pelo encaminhamento inicial. Nesse aspecto, a Comissão Interamericana tem função similar à do Ministério Público brasileiro.[1]

A Corte Interamericana de Direitos Humanos, por seu turno, é o tribunal de direitos humanos no âmbito da OEA, ou seja, do Sistema Interamericano de Direitos Humanos. A sua instituição ocorreu posteriormente e a sua primeira reunião apenas ocorreu no ano de 1979. A Corte Interamericana pode ser acionada para julgar violação a direitos humanos pelos próprios Estados que concordaram expressamente em se submeter à sua jurisdição e, como já indicado, pela Comissão Interamericana de Direitos Humanos. Noutras palavras, a Corte Interamericana julga casos de desrespeito a direitos humanos pelos Estados signatários, com o objetivo de reconhecer ou não violação aos tratados por tais Estados para a sua posterior responsabilização.

Os órgãos do Sistema Interamericano são pautados, na verificação de desrespeito a direitos humanos, pela Convenção Americana de Direitos Humanos, documento essencial e constitutivo desse sistema e que foi adotado após Conferência Especializada Interamericana de Direitos Humanos na cidade de São José, na Costa Rica, no ano de 1969. A Convenção é notoriamente conhecida como Pacto de São José da Costa Rica.

Apesar de sua elaboração no ano de 1969, o Brasil apenas ratificou a Convenção Americana sobre Direitos Humanos no ano de 1992 (Decreto 678/1992),

---

1. RAMOS, André de Carvalho. *Teoria Geral dos Direitos Humanos na Ordem Internacional*. 7. ed. São Paulo: Saraiva, 2019, p. 163.

ao passo que reconheceu a competência jurisdicional da Corte Interamericana de Direitos Humanos somente no ano de 2002, ou seja, há pouco mais de 20 anos, e para fatos posteriores a 10 de dezembro de 1998 (Decreto 4.462/2002).

Um segundo tratado crucial no âmbito do Sistema Interamericano é o Protocolo Adicional à Convenção Americana sobre Direitos Humanos em Matéria de Direitos Econômicos, Sociais e Culturais, conhecido como Protocolo de São Salvador, incorporado ao ordenamento nacional em 1999 (Decreto 3.321/1995). Enquanto o Pacto de São José da Costa Rica cuida de direitos civis e políticos, o Protocolo de São Salvador contempla os direitos econômicos, sociais e culturais.

O terceiro tratado que abrange especificamente o tema da discriminação racial é a Convenção Interamericana contra o Racismo, a Discriminação Racial e Formas Correlatadas de Intolerância, que data do ano de 2013. Note-se que, embora o Brasil tenha assinado o documento em 2013, apenas no dia 11 de janeiro de 2022 o Presidente brasileiro realizou a sua promulgação, por meio do Decreto 10.932/2022.

Não se pode deixar de mencionar que também foi elaborada a Convenção Interamericana contra todas as formas de discriminação e intolerância, igualmente do ano de 2013, mas ainda não ratificada pelo Brasil.

Esse é o arcabouço jurídico basilar do Sistema Interamericano de Direitos Humanos, com relação ao tema em foco, isto é, a discriminação racial.

Para arrematar, é necessário acrescentar que o Sistema Interamericano de Direitos Humanos apenas pode atuar em um caso, quando o sistema nacional não atua ou não o faz de modo efetivo e eficiente. O prévio acionamento das vias internas para a solução de um conflito envolvendo o desrespeito a direitos humanos é, noutras palavras, medida indispensável para que seja possível acessar o sistema internacional.

Dito isso e considerando todos os obstáculos naturais para apresentar um caso à apreciação de um sistema internacional, o que envolve a própria construção de uma tradição jurídica em se pensar e se conceber a Corte Interamericana de Direitos Humanos como alternativa viável e adequada para o exame de violação a direitos humanos, é evidente que, até o presente momento e transcorridos apenas 20 anos do reconhecimento da competência jurisdicional da Corte pelo nosso país, ainda não são tão numerosos os casos em que o Brasil foi demandado, no Sistema Interamericano, sobretudo perante a Corte, mas inclusive e anteriormente a 2002 perante a Comissão.

Os casos que foram e são examinados, entretanto, são emblemáticos e representativos da realidade nacional, sobretudo na temática afeta ao racismo.

De qualquer modo, com o passar do tempo, o panorama tende a se modificar e as decisões da Comissão e da Corte se multiplicarão, tanto no que diz respeito ao Brasil como também com relação aos demais Estados membros do sistema, cujas controvérsias jurídicas nesta seara se revelam, em várias ocasiões, muito similares às brasileiras. Vários países do continente compartilham, para além da geografia, o histórico de dominação colonial e os entraves para a consolidação de suas democracias, fatores que estão na base de inúmeras violações a direitos humanos, especialmente quando se trata de enfrentamento de desigualdades e discriminação racial. São, desta forma, valorosos precedentes de casos que atingem outras nações.

Nesse contexto, a Recomendação 123 do CNJ é valiosa, ao lembrar que os tratados internacionais aos quais o Brasil aderiu fazem parte do nosso ordenamento jurídico, por força dos §§ 2º e 3º do art. 5º da Constituição Federal, assim como ao chamar a atenção para uma jurisprudência que vem se formando e tem grande potencial para transformar o cenário nacional de direitos humanos, desde que venha a ser conhecida e manejada pelos atores do sistema jurídico.

É o que, aliás, acontece há várias décadas no âmbito do Conselho da Europa, que conta com a Convenção Europeia de Direitos Humanos e uma Corte Europeia de Direitos Humanos, cuja jurisprudência é substancial, formidável e já estabeleceu diálogo com a jurisprudência de tribunais nacionais e da própria Corte de Justiça da União Europeia.

Enfim, como racismo e discriminação racial permanecem questões graves atuais em toda a América – é o que o movimento conhecido, no Brasil, como "Vidas negras importam" ilustra simbolicamente – acompanhar o trabalho já realizado no âmbito do Sistema Interamericano e a sua atuação no futuro próximo é indispensável.

Concluída a exposição das linhas gerais de funcionamento do Sistema Interamericano de Direitos Humanos, a etapa seguinte consiste no exame dos seus casos precedentes envolvendo discriminação racial, casos estes que têm aptidão para constituírem parâmetros a nortear os atores do sistema de justiça brasileiro, no necessário diálogo que deve existir entre cortes nacionais e corte internacional.

3. OS CASOS CONCRETOS: O TRABALHO DA COMISSÃO INTERAMERICANA E A JURISPRUDÊNCIA DA CORTE INTERAMERICANA DE DIREITOS HUMANOS SOBRE DISCRIMINAÇÃO RACIAL

O primeiro caso contra o Estado brasileiro cuja menção é obrigatória nesta temática diz respeito a fatos ocorridos antes da adesão do país à jurisdição contenciosa da Corte Interamericana e que, portanto, foi apreciado exclusivamente no âmbito da Comissão Interamericana.

Os fatos remontam ao ano de 1997, quando Aparecida Gisele Mota da Silva publicou no jornal *Folha de São Paulo* um anúncio nos classificados para a contratação de empregada doméstica, com destaque para a sua preferência por pessoa de cor branca.[2]

Na ocasião, a estudante Simone André Diniz fez contato telefônico para se candidatar à vaga e, após ter indicado que era negra, foi prontamente informada por representante da anunciante que não preenchia os requisitos para o emprego.

A vítima noticiou os fatos discriminatórios à Subcomissão do Negro da Ordem dos Advogados do Brasil e, acompanhada de advogado, comunicou a ocorrência à então Delegacia de Crimes Raciais. O inquérito policial foi instaurado pela prática do crime previsto pelo art. 20 da Lei 7.716/1989, norma que define os crimes resultantes de preconceito de raça ou cor.

Durante as investigações, foram ouvidas a vítima, a investigada e outras testemunhas dos fatos. O inquérito policial, porém, foi objeto de pedido de arquivamento pelo Ministério Público de São Paulo, acolhido pelo Poder Judiciário.

Diante do desfecho do inquérito policial, ainda no ano de 1997, o caso foi levado à Comissão Interamericana de Direitos Humanos e o Brasil foi instado a se manifestar. Teve início, então, longo procedimento para sua análise, que se estendeu por anos. Dentre as diversas providências possíveis para apuração dos fatos, a Comissão realizou visita *in loco* ao Brasil em 1995, para averiguar a situação de vulnerabilidade da população afrodescendente, buscou dados do IPEA e do IBGE para identificar a situação econômico-social dos negros, bem como verificou estudos sobre o sistema criminal judicial brasileiro, dentre várias outras informações. Ainda se preocupou em verificar a evolução do ordenamento jurídico antirracismo no Brasil e a aplicação das normas pelo sistema de justiça brasileiro, chamando a atenção, por exemplo, para estudo que apontava que juízes brasileiros exigiam evidência direta de tratamento desigual para reconhecimento de ato discriminatório, o que dificultava a punição por tais condutas, por força de complexidade da prova pretendida.

O trabalho culminou com a formulação de um rol de recomendações pela Comissão Interamericano ao Estado brasileiro, no ano de 2004, após o reconhecimento de que o país havia desrespeitado direitos humanos da vítima.

---

2. Disponível em: http://www.cidh.org/annualrep/2006port/brasil.12001port.htm, acesso em: 28 fev. 2023.

As recomendações incluíram: a) reparação dos danos moral e material sofridos pela ofendida; b) reconhecimento público da responsabilidade internacional do Estado pela violação de direitos humanos; c) concessão de apoio financeiro à vítima para que pudesse fazer curso superior; d) realização de modificações legislativas e administrativas para que a legislação antirracismo fosse efetiva; e) realização de uma investigação completa, imparcial e efetiva dos fatos, para responsabilização pela discriminação racial; f) adoção e instrumentalização de medidas de educação dos funcionários dos sistemas policial e de justiça, para impedir ações discriminatórias nas investigações e nos processos; g) promoção de encontro com organismos representantes da imprensa brasileira, com participação dos peticionários, com o fim de elaborar um compromisso para evitar a publicidade de denúncias de cunho racista; h) organização de seminários estaduais com representantes do Poder Judiciário, do Ministério Público e Secretarias de Segurança Pública, para fortalecimento da proteção contra a discriminação racial e racismo; i) solicitação a governos estaduais de criação de delegacias especializadas neste campo; j) solicitação ao Ministério Público de criação de Promotorias de Justiça vocacionadas ao combate ao racismo e à discriminação racial; k) promoção de campanhas publicitárias contra a discriminação racial e o racismo.

Após a conclusão do relatório de mérito, passou-se a acompanhar a efetivação das recomendações até que tivessem sido devidamente cumpridas. Estas eram as providências possíveis no âmbito da Comissão Interamericana de Direitos Humanos, lembrando, mais uma vez, que, por tais fatos, não era possível acionar o país perante o tribunal internacional de direitos humanos representado pela Corte Interamericana.

Considerando a extensa lista de recomendações do caso Simone André Diniz e Brasil, que já foram feitas há alguns anos, nota-se que progressos foram alcançados paulatinamente. É o que se constata, por exemplo, no Ministério Público de São Paulo, cuja atuação em tal caso foi examinada pela Comissão Interamericana, para fins de afirmação da responsabilidade do Estado brasileiro no sentido de que não cumprira com suas obrigações de garantir o respeito a direitos humanos. A Instituição hoje conta com: a) a Promotoria de Justiça de Inclusão Social, desde o ano de 2009; b) o Grupo Especial de Combate aos Crimes Raciais e de Intolerância – GECRADI, que atua na identificação, prevenção e repressão dos delitos de intolerância, preconceito e discriminação contra pessoas ou grupos cometidos na capital do Estado de São Paulo, dentre os quais estão combate à discriminação pautada por raça, cor ou etnia, desde setembro de 2020; c) grupos de trabalho para enfrentamento ao racimo, tais como o Grupo de Trabalho de Promoção da Igualdade Racial com atuação entre os anos de 2014 e 2016 e a atual Rede de Enfrentamento ao Racismo.

O segundo caso sobre racismo tendo o Brasil como acusado de violação de direitos humanos é o de Neusa dos Santos Nascimento e Gisele Ana Ferreira, cujos fatos datam de 1998.[3]

Curiosamente diz respeito, mais uma vez, à discriminação feminina em ambiente de trabalho e em São Paulo. Nesse caso, as duas mulheres afrodescendentes tentaram se candidatar a postos de trabalho em determinada empresa, mas, ao lá se apresentarem, foram informadas de que as vagas já haviam sido ocupadas. Porém, horas mais tarde, uma mulher branca se candidatou para a mesma vaga e foi contratada. As duas ofendidas tentaram novamente a contratação para as vagas e foram recebidas por outro recrutador, mas não conseguiram o trabalho.

Esse caso foi apresentado à Comissão Interamericana de Direitos Humanos ainda em 1998. Mesmo após o acionamento do Sistema Interamericano, o caso teve andamento no Brasil, por meio de oferecimento de denúncia pelo Ministério Público de São Paulo por delito de racismo, mas terminou com decisão absolutória. Houve recurso da acusação e o Tribunal de Justiça de São Paulo reverteu a decisão, concluindo que houve crime, mas, na mesma oportunidade, reconheceu que teria ocorrido a prescrição, o que impediria a punição do autor dos fatos.

Novamente, houve recurso do Ministério Público de São Paulo, para que fosse reconhecida pelo Poder Judiciário a imprescritibilidade do delito de racismo. O recurso foi acolhido pelo Tribunal de Justiça. O condenado, todavia, foi logo colocado em regime aberto para cumprimento de pena.

A Comissão Interamericana entendeu que havia elementos indicativos de que o Brasil não oferecera uma resposta judicial adequada em relação aos alegados atos de discriminação racial, no âmbito do trabalho. Além dos elementos oferecidos pelas partes, a Comissão verificou relatório do Comitê para a Eliminação da Discriminação Racial das Nações Unidas e fez visita ao país, para apuração dos fatos noticiados.

A sua conclusão motivou as seguintes recomendações ao Estado brasileiro: a) reparação integral das violações de direitos humanos, incluindo justa compensação por danos material e imaterial, bem como reparação simbólica que promovesse a prevenção do racismo e da discriminação racial no ambiente do trabalho; b) realização de uma campanha nacional de conscientização contra a discriminação racial, a partir de perspectiva de gênero no ambiente laborativo, bem como sobre a importância da investigação e da punição da discriminação racial de forma efetiva e em prazo razoável; c) adoção de marcos legislativos, de política pública ou de qualquer outra índole que exijam, promovam e orientem as

---

3. Disponível em: https://www.oas.org/pt/cidh/jsForm/?File=/pt/cidh/prensa/notas/2021/213.asp, acesso em: 28 fev. 2023.

empresas a cumprir com a devida diligência no âmbito dos direitos humanos em seu processo de contratação, especialmente no que se refere ao acesso de mulheres afrodescendentes ao emprego sem discriminação.

Este segundo caso também foi encaminhado pela Comissão Interamericana à Corte Interamericana, porém ainda está pendente de julgamento.[4]

Comparando-se os dois casos de interesse direto nacional, nota-se a evolução da Comissão Interamericana nas suas proposituras para o combate ao racismo. As recomendações do caso Neusa dos Santos Nascimento e Gisele Ana Ferreira contemplaram medidas com matizes próprias para o combate da discriminação racial no ambiente de trabalho, instando o Poder Público à adoção de políticas públicas preventivas com foco nas empresas. Também considerou a intersecção dos fatores raça e gênero no apontamento das recomendações.

Além dos casos brasileiros, um terceiro caso de racismo merece atenção nesse trabalho: demanda apresentada em face da Argentina perante a Corte Interamericana conhecida como *Caso Acosta Martínez y otros Vs. Argentina.*[5]

No ano de 2020, o Estado argentino foi condenado por violações a direitos humanos relativas a racismo, por fatos ocorridos no ano de 1996, em Buenos Aires, quando um jovem, José Delfín Acosta Martínez, foi vítima de homicídio, na saída de uma boate frequentada pela comunidade local descendente de africanos.

Na ocasião, a Polícia foi acionada para apurar comunicação anônima que indicava a presença de pessoa armada causando distúrbios na discoteca chamada *Maluco Beleza*. De início, a Polícia abordou o brasileiro afrodescendente Wagner Gonçalves da Luz, porém, quando o seu irmão, Marcelo Gonçalves da Luz, interferiu para evitar a sua detenção, ambos foram presos. Nesse momento, Acosta Martínez questionou a detenção dos irmãos brasileiros, dizendo que foram presos por serem negros, o que culminou com a sua própria prisão. A Polícia a todos revistou e constatou que nenhum portava arma. Ainda assim e mesmo não ostentando os envolvidos antecedentes criminais, encaminhou-os à Delegacia de Polícia.

Durante a sua detenção, o ofendido Acosta Martínez foi severamente lesionado e, após acionamento de atendimento médico, veio a falecer na ambulância. Nada obstante ao realizar o reconhecimento do cadáver o irmão da vítima tenha constatado várias marcas de golpe, a investigação foi inicialmente arquivada, no ano de 1996, com a conclusão de que não se verificara crime. As tentativas subse-

---

4. Disponível em: https://www.corteidh.or.cr/docs/tramite/dos_santos_nascimento_y_otra.pdf, acesso em: 15 fev. 2023.
5. Disponível em: https://www.corteidh.or.cr/docs/casos/articulos/seriec_410_esp.pdf, acesso em: 28 fev. 2023.

quentes de reabrir as investigações para demonstrar que a morte fora decorrente de violência policial não alcançaram resultado. E, frente a tal desfecho, o Sistema Interamericano de Direitos Humanos foi instado a atuar.

Esse caso foi apreciado pela Comissão Interamericana e, na sequência, pela Corte Interamericana. O tribunal afirmou a responsabilidade internacional da Argentina em decorrência do desrespeito a direitos da vítima e de seus familiares, ressaltando, dentre outras observações, que a privação de liberdade dos envolvidos nos fatos fora ilegal, arbitrária e discriminatória, uma vez que se baseara em estereótipos raciais e em uma legislação defasada e em desacordo com os padrões convencionais.

Em particular, ponderou que a detenção e a morte de Acosta Martínez verificaram-se em um contexto geral de discriminação racial, violência policial e utilização de perfis raciais no Estado argentino. Enfatizou que a atuação da polícia argentina, que invocara disposições relativas ao estado de embriaguez do averiguado para legitimar a ação de detê-lo, foi motivada muito mais pelo seu perfil racial do que por uma suspeita de cometimento de ilícito. Observou que as únicas pessoas abordadas pela Polícia na saída da discoteca e conduzidas à Delegacia eram afrodescendentes, sem armas e sem antecedentes. Concluiu, ao final, que a atuação da Polícia fora marcada por um perfilamento racial e, assim, discriminatória.

É interessante observar que a própria Argentina admitiu a sua responsabilidade por fatos relacionados a esse caso, o que foi destacado pela Corte Interamericana como contribuição positiva do desenvolvimento do procedimento de apuração de sua responsabilidade na esfera internacional. O país reconheceu a existência de racismo estrutural que comprometeu o seu sistema de justiça e desembocou nas inúmeras violações de direitos humanos apontadas pelo Sistema Interamericano. A assunção de tal responsabilidade tem um valor simbólico inquestionável e mostra para o próprio Sistema que medidas para transformação da realidade discriminatória já estavam em curso, mesmo antes da condenação final do país pelo tribunal internacional.

Para examinar o caso, a Corte Interamericana buscou estudo de especialista em antropologia, socorreu-se de levantamentos estatísticos realizado pelo Instituto Nacional contra Discriminação, Xenofobia e Racismo, conhecido por INADI, reportou-se a relatório apresentado pelo Comitê das Nações Unidas para Eliminação da Discriminação Racial. Enveredar-se por estas manifestações e estudos permitiu atestar a existência da discriminação estrutural que está na base da responsabilização do país pelos fatos ocorridos.

A Corte Interamericana, ao final, ordenou um conjunto de medidas reparatórias: a) obrigação de prosseguir nas investigações, para responsabilizar todos os responsáveis pela morte de Acosta Martínez, devendo considerar sobretudo o contexto de violência policial marcada por racismo e discriminação; b) publicação do resumo da sentença em sítio eletrônico oficial do Estado, bem como no *Boletín Oficial de la República Argentina* e em jornal de ampla circulação nacional; c) incluir no curso de formação regular da Polícia de Buenos Aires e da Polícia Federal Argentina capacitação sobre o caráter discriminatório de estereótipos de raça, cor, nacionalidade e origem étnica, assim como sobre o uso de perfis raciais na execução de detenções, além da sensibilização sobre o impacto negativo que a sua utilização tem sobre pessoas afrodescendentes; d) criar um mecanismo de registro das denúncias de vítimas de detenção arbitrária, com base em perfis raciais e um sistema de registro e estatística sobre a população afrodescendente do país; e) pagamento de indenizações compensatórias que compreendessem danos materiais e imateriais, além de custas e gastos; f) reembolso dos fastos do Fundo de Assistência Legal de Vítimas. As medidas referidas nos itens "c" e "d" constituem as chamadas garantias de não repetição, que são aquelas cujo propósito é transformar o contexto social consolidado e, nesse sentido, externam o potencial da Corte Interamericana na defesa dos direitos humanos.

4. CONCLUSÃO

Os casos e as decisões debatidas no presente trabalho comprovam que, neste século, o Sistema Interamericano de Direitos Humanos vem assumindo um papel primordial para a tutela dos direitos humanos no Brasil no enfrentamento da discriminação racial.

E o seu potencial transformador tende a se expandir, conforme o próprio sistema se torne mais conhecido, os seus tratados sejam invocados para fundamentar as decisões nacionais e as suas próprias decisões sejam conhecidas e utilizadas pelos operadores do Direito no Brasil.

Para além de propiciar medidas que atendam diretamente os interesses das vítimas das violações de direitos humanos, quando o sistema nacional não atua a contento, as recomendações da Comissão Interamericana e as decisões da Corte Interamericana espelham providências que permitem a reformulação de estruturas socioculturais que estão na base das discriminações raciais que caracterizam a sociedade brasileira.

De um lado, a atuação da Comissão Interamericana e da Corte Interamericana revela novos olhares para o modo de investigar questões de direitos humanos, quando se socorre de constatações *in loco* ou de estudos estatísticos para comprovar a evolução do tema no tempo e no espaço, o que é indeclinável quando o diagnóstico diz respeito a estruturas sociais de uma nação. O exame dos fundamentos decisórios mostra estratégias diferenciadas para apresentar problemas que não são pontuais, mas estruturais.

De outro lado, as medidas finais referidas pelos casos analisados, em especial aquelas definidas como garantias de não repetição, que impõem a realização de campanhas publicitárias para combate ao racismo, que recaem sobre a necessidade de formatar cursos para o letramento racial de Policiais, Promotores de Justiça e Juízes ou que exigem a formação de um banco de dados adequado para mensurar os casos de racismo e acompanhar a sua evolução, ou melhor, de forma mais esperançosa, a sua involução, para citar alguns exemplos, traduzem providências que atacam as causas do racismo e da discriminação racial.

Portanto, além da força normativa dos tratados de direitos humanos determinada pela Constituição, que demanda do operador do Direito o seu conhecimento e aplicação, a jurisprudência do Sistema Interamericano deve ser estudada e utilizada, não só porque o recomenda o CNJ, considerando o nosso traçado constitucional, mas também porque fornece e legitima caminhos mais ricos para o combate às injustiças no campo dos direitos humanos.

Manifestações da Comissão e da Corte Interamericanas são fontes de grande valia para mostrar aos Promotores de Justiça como podem ser instruídos os inquéritos civis que apuram condutas atentatórias a direitos humanos na perspectiva coletiva, bem como para despertar criatividade na formulação de pedidos condenatórios em processos coletivos.

5. REFERÊNCIAS

HARRIS, O'BOYLE and WARBRICK. *Law of the European Convention on Human Rights*. 4. ed. United Kingdon: Oxford University Press, 2018.

KOCH, Camila de Oliveira. *Critérios de Judicialização de Casos pela Comissão Interamericana de Direitos Humanos*. Belo Horizonte: Arraes, 2017.

MOREIRA, Adilson José (Org.). *Direito Antidiscriminatório e Direito Penal* – uma trágica história em nove atos. Belo Horizonte, São Paulo: D'Plácido, 2021.

MOREIRA, Adilson José. *Racismo recreativo*. São Paulo: Sueli Carneiro, Pólen, 2019.

RAMOS, André de Carvalho. *Curso de direitos humanos*. São Paulo: Saraiva, 2014.

RAMOS, André de Carvalho. *Teoria Geral dos direitos Humanos na Ordem Internacional*. 7. ed. São Paulo: Saraiva, 2019.

SCHUBERT, Fernanda Lavínia Birck; MENEGHETTI, Patrick Costa. As interações entre gênero, raça e classe nos sistemas de opressão: um olhar a partir do caso Neusa e Gisele vs. Brasil. *Confluências*. v. 24. n. 2, p. 38-59. Niterói/RJ: maio/agosto 2022.

AS POLÍTICAS PÚBLICAS DE IGUALDADE, A DISCRIMINAÇÃO RACIAL E AS AÇÕES AFIRMATIVAS

Wallace Paiva Martins Junior

Doutor e Mestre em Direito do Estado pela Faculdade de Direito da Universidade de São Paulo (USP). Bacharel em Direito. Professor de Direito Administrativo (graduação) e de Direito Ambiental (pós-graduação *stricto sensu*) da Faculdade de Direito da Universidade Católica de Santos (UNISANTOS). 25º Procurador de Justiça de Interesses Difusos e Coletivos e Subprocurador-Geral de Justiça Jurídico (MPSP).

1. INTRODUÇÃO

Em face da tradicional opressão de uma sociedade arraigadamente preconceituosa, alicerçada em mazelas como patriarcalismo, patrimonialismo, clientelismo, machismo e racismo, é indispensável a atribuição de maiores graus de eficiência, eficácia, e efetividade à tutela dos direitos e interesses legítimos das pessoas econômica, jurídica e socialmente vulneráveis, porque, como resume Lilia Moritz Schwarcz, "o fenômeno da desigualdade é tão enraizado entre nós que se apresenta a partir de várias faces: a desigualdade econômica e de renda, a desigualdade de oportunidades, a desigualdade racial, a desigualdade regional, a desigualdade de gênero, a desigualdade de geração e a desigualdade social, presente nos diferentes acessos à saúde, à educação, à moradia, ao transporte e ao lazer".[1]

Como já abordado em outro estudo,[2] a Constituição de 1988 tem, entre seus muitos predicados, predisposição à inclusão ao elencar dentre os objetivos fundamentais da república e da federação a promoção do bem de todos sem preconceitos de origem, raça, sexo, cor, idade e quaisquer outras formas de discriminação (art. 3º, IV). Essa cláusula universalista é apanágio da igualdade (art. 5º) e do compro-

---

1. SCHWARCZ, Lilia Moritz. *Sobre o autoritarismo brasileiro*. São Paulo: Companhia das Letras, 2019, p. 24, 126.
2. MARTINS JUNIOR, Wallace Paiva. A tutela dos direitos à diversidade sexual. In: COVAS, Fabíola Sucasas Negrão; SIMONE, Bruno Orsini; SILVA, Daniela Romanelli da (Org.). *Direito e diversidade*. São Paulo: Associação Paulista do Ministério Público, 2020, v. 2, p. 18-23.

misso com a dignidade da pessoa humana (art. 1º, III). Corolário é a consagração e a proteção de direitos subjetivos basilares ao ser humano (felicidade, personalidade, vida privada, imagem, liberdade, propriedade etc.) que se operacionaliza não só por limites à atuação estatal e de outrem, senão também por mandados de satisfação das necessidades (individuais ou coletivamente fruíveis) como deveres subjetivos públicos impostos ao Estado, à sociedade e aos indivíduos, e que são dotados das características de exigibilidade e oponibilidade. Na Constituição, o ser humano é colocado em posição central. E o bem geral em seu texto sublimado é tonificado pelo pronome indefinido que identifica seus beneficiários, indicativo de seu caráter refratário a distinções de qualquer natureza, difundindo seu raio de incidência também às minorias, aos marginalizados e aos vulneráveis, na mais séria e fecunda das proposições de ruptura e compensação com estruturas pretéritas de discriminação, exclusão, preconceito, violência, indiferença e omissão.

Qual a finalidade do Direito? Sua caracterização como estrutura ou mecanismo de dominação ou pacificação depende do referencial teórico adotado e, sem embargo, a pacificação segundo os valores dirigentes constitui dominação. À vista da multiplicidade de interesses do tecido social, uns são amparados pelo ordenamento jurídico, enquanto para outros há proibição ou indiferença, o Direito também pode ser concebido como instrumento de manutenção da discriminação.[3] De qualquer sorte, ele assumiu nas democracias capitalistas ocidentais, a partir da segunda metade do Século XX, feição humanista calcada em valores absolutos, em que se procura, na realização de ideias como igualdade, projetar esquemas baseados na conciliação (ou composição) da pluralidade de variegados matizes, inclusive como fórmula de contenção de conflitos, sobretudo porque os atores sociais ocupam diferentes papeis em suas variegadas situações. A preocupação do Direito com os segmentos sociais ou econômicos marginalizados, periféricos ou vulneráveis – e que constituem a maioria da população que ou não tem direitos ou tem direitos pela metade ou menos ainda – é o sinal distintivo da evolução do sistema jurídico ocidental, e que é oriunda do influxo de variegados fatores como a alteração da composição das forças sociais pela estrutura pluriclasse[4] (ou policêntrica[5]), o avanço tecnológico, a abertura dos mercados, a emergência de novas, complexas e sofisticadas formas relacionais, a força dos movimentos sociais e das organizações não governamentais, a multiplicidade (ou heterogeneidade) e o com-

3. CARVALHO, Rubens Miranda de. *Discriminação, racismo e ações afirmativas no Brasil*. Santos: Editora Espaço do Autor, 2004, p. 127.
4. MOREIRA NETO, Diogo de Figueiredo. Administração pública no estado contemporâneo – eficiência e controle. *Revista de Informação Legislativa*. ano 30, n. 117, p. 23-56. Brasília, jan./mar. 1993.
5. BOBBIO, Norberto. *O futuro da democracia*: uma defesa das regras do jogo. 6. ed. Rio de Janeiro: Paz e Terra, 1997, p. 23.

partilhamento do interesse público, a interpenetração entre Estado e Sociedade,[6] a incorporação de mecanismos de democracia participativa, o reconhecimento dos direitos das minorias, o impacto dos tratados e convenções internacionais de direitos humanos e de princípios como dignidade da pessoa humana, isonomia, ética. É, ademais, a expressão da tendência ao pluralismo que se esparge a todas as relações e situações jurídicas no tecido institucional, político, social e econômico, mormente nas obrigações impostas ao Estado, que deve satisfazer os interesses da totalidade da população, e não apenas de alguns.[7]

Ao acolher a Constituição de 1988 a dignidade da pessoa humana como princípio fundamental, ela assume relevância singular no ordenamento jurídico brasileiro como pedra angular na produção e interpretação de atos ou negócios jurídicos de direito público ou privado, decisões judiciais e normas jurídicas. Ela constitui o núcleo básico dos direitos fundamentais e, por isso, é limite a ações contrárias estatais ou privadas. Tem estreita afinidade com os princípios de igualdade e liberdade. O inciso IV do art. 3º contém um interdito à discriminação, determinante de equiparação e de punição por sua violação: a fórmula normativa em foco proíbe "distinções de qualquer natureza e qualquer forma de discriminação, que são suficientemente abrangentes para recolher também aqueles fatores que têm servido de base para desequiparações e preconceitos".[8]

Dignidade da pessoa humana, liberdade e igualdade se imbricam num círculo virtuoso. Sua consagração é de vital importância para a busca de direitos gerais (de natureza administrativa, civil, previdenciária, trabalhista, tributária etc.). Discriminações desarrazoadas não são toleradas, tendo validade somente aquelas que atendam ao espírito da Constituição, o que não ocorre com o racismo porque constitui "um fator discriminatório sem suporte de legitimidade ou constitucionalidade" que "supõe a escolha arbitrária da diferença como elemento capaz de estabelecer uma certa hierarquização social ou um tratamento desequilibrado e autorizado pela superioridade".[9]

Objeto deste estudo são as políticas públicas de igualdade e combate à discriminação racial, no qual serão empolgadas questões como os requisitos formais e materiais na sua produção, a funcionalidade dos princípios da isonomia e razoabilidade, das ações afirmativas.

---

6. ARAGÃO, Alexandre Santos de. Administração pública pluricêntrica. *Revista de Direito Administrativo*. Rio de Janeiro, 227: 131-150, FGV Direito Rio, jan./mar. 2002.
7. DI PIETRO, Maria Sylvia Zanella. Participação da comunidade em órgãos da Administração Pública. *Revista de Direito Sanitário*, v. 1, n. 1, p. 36-45, nov. 2000.
8. SILVA, José Afonso da. *Comentário contextual à Constituição*. 2. ed. São Paulo: Malheiros, 2006, p. 48.
9. ALARCÓN, Pietro de Jesús Lora. Fins constitucionais e condenação ao racismo: a propósito do novo Estatuto da Igualdade Racial e do caso Ellwanger. *Revista da Escola Superior da Procuradoria-Geral do Estado de São Paulo*. v. 1, n. 1, p. 197-230, jan./dez. 2010.

2. POLÍTICAS PÚBLICAS E IGUALDADE

As ações do poder público não podem ser *a priori* seletivas ou exclusivistas; elas devem ser direcionadas em favor do tecido social inteiro. Entretanto, para alcance da igualdade é exigível um plus: elas devem reconhecer a acre diferença real e concreta existente entre os indivíduos, chancelando a construção de políticas públicas em prol dos excluídos. Estado, sociedade e indivíduos têm deveres subjetivos públicos de atuação ou de prestação; compete sobremaneira ao poder público a edição de normas e atos para a execução de políticas públicas inspiradas pelo princípio da igualdade para interdição de discriminações desarrazoadas ou articulação de vantagens equalizadoras ou ações afirmativas. Além de normas sancionadoras ou emancipatórias, atividades como polícia administrativa, fomento à atividade privada de interesse público, e prestação de serviços públicos, são hábeis para esses escopos.

Entre parcelas ou segmentos assim concebidos como vulneráveis (idosos, mulheres, moradores em situação de rua, pessoas com deficiência ou mobilidade reduzida, negros, índios, homossexuais, bissexuais, travestis, transgêneros, transexuais, portadores de doenças graves e incapacitantes, crianças etc.), há o anseio da promoção e da defesa específicas de seus direitos ou interesses peculiares, molestados ou ignorados pelo Estado, pela sociedade e pelos indivíduos ou grupos sociais, nas mais diversificadas óticas – como relações civis, tributárias, penais, previdenciárias, administrativas etc. – e que transitam pela compreensão do princípio da igualdade como o acesso à funções públicas e aos serviços públicos, às atividades privadas de relevância pública, ao mercado de consumo, à cadeia de produção, por exemplo.

É sob essa perspectiva que se colocam em cena as políticas públicas, os órgãos e entidades da Administração Pública e as próprias atividades administrativas, pois, a efetivação dos direitos dos vulneráveis depende das ações estatais – sem prejuízo das iniciativas particulares por meio de pessoas físicas ou jurídicas (organizações não governamentais, empresas). Embora a expressão "políticas públicas" possa parecer meio ambígua, fluída, indeterminada e vaga, segundo Maria Paula Dallari Bucci elas consistem em "programas de ação governamental visando a coordenar os meios à disposição do Estado e às atividades privadas, para realização de objetivos socialmente relevantes e politicamente determinados",[10] resultantes "de um processo ou um conjunto de processos juridicamente regulados" colimando "a realização de objetivos definidos, expressando a seleção de prioridades, a reserva de meios necessários à sua consecução e o intervalo de

---

10. BUCCI, Maria Paula Dallari. *Direito Administrativo e políticas públicas*. São Paulo: Saraiva, 2002, p. 241.

tempo em que se espera o atingimento dos resultados".[11] A Lei 12.288, de 20 de julho de 2010, que institui o Estatuto da Igualdade Racial, as define em termos mais sintéticos como as ações, iniciativas e programas adotados pelo Estado no cumprimento de suas atribuições institucionais (art. 1º, parágrafo único, V).

As políticas públicas servem ao propósito de efetivação do princípio da igualdade[12] (embora também possam ser direcionadas à satisfação de outros direitos fundamentais) a fim de superar a desigualdade ou as disfunções práticas da aplicação desse princípio, notadamente por conta da coexistência do Estado de Direito com o denominado "Estado Paralelo", que se desenvolve "em espaços extralegais ou de legalidade atenuada", como diz Celso Fernandes Campilongo, pois, apesar da intensa atividade normativa há a prática de omissões estatais pela inaplicabilidade da lei ou sua aplicação seletiva, a instrumentalização da lei para fins diversos dos oficiais, a ausência de regulamentação de direitos constitucionais ou de meios humanos e financeiros para implementação de políticas públicas.[13]

Aplicável a normas e atos concretos, a igualdade na lei significa a proibição de normas discriminatórias, enquanto a igualdade perante a lei é a proibição de execução da norma com tratamento discriminatório.[14] Se a igualdade tem conteúdo negativo consistente na proibição de tratamento preferencial e positivo na paridade de tratamento a situações iguais,[15] para além da vedação de discriminações na lei (igualdade na lei) e em sua execução (igualdade perante a lei), indica-se ainda no seu conteúdo positivo a obrigação da adoção de medidas que visem à superação das desigualdades reais e que satisfaçam os princípios de cidadania, dignidade da pessoa humana, e pluralismo, e atinjam os objetivos republicanos fundamentais como a redução das desigualdades em razão da posição social ou da localização e a promoção do bem de todos, sem preconceitos de origem, raça, sexo, cor, idade e quaisquer outras formas de discriminação.

---

11. BUCCI, Maria Paula Dallari. O conceito de política pública em Direito. In: BUCCI, Maria Paula Dallari (Org.). *Políticas públicas* – reflexões sobre o conceito jurídico. São Paulo: Saraiva, 2006, p. 39.
12. MARTINS JUNIOR, Wallace Paiva. In: DI PIETRO, Maria Sylvia Zanella (Coord.). *Tratado de Direito Administrativo*: teoria geral e princípios do direito administrativo. São Paulo: Ed. RT, 2014, v. 1, p. 339-343.
13. CAMPILONGO, Celso Fernandes. *Direito e Democracia*. São Paulo: Max Limonad, 1997, p. 114-115.
14. Aponta-se, em linhas gerais, que a igualdade diante da lei é o "direito público subjetivo a tratamento igual de todos os cidadãos pelo Estado" (ATALIBA, Geraldo. *República e Constituição*. 2. ed. São Paulo: Malheiros, 1998, p. 158) e que o princípio de igualdade contém a vedação à discriminação de tal maneira a "proscrever qualquer tratamento diferenciado entre os administrados que não tenha fundamento numa lei prévia que, por sua vez, haja garantido generalidade de tratamento a todos os que se encontrem na idêntica situação de fato tomada como base de igualação" (MOREIRA NETO, Diogo de Figueiredo. *Curso de Direito Administrativo*. 14. ed. Rio de Janeiro: Forense, 2006, p. 83).
15. GIANNINI, Massimo Severo. *Corso di Diritto Amministrativo*. Milano: Dott. A. Giuffrè Editore, 1967, v. III, p. 25-26.

Igualdade significa superação da desigualdade real. É célebre a admoestação de Rui Barbosa ensinando que "a regra da igualdade não consiste senão em quinhoar desigualmente aos desiguais, na medida em que se desigualam. Nesta desigualdade social, proporcionada à desigualdade natural, é que se acha a verdadeira lei da igualdade. Tratar com desigualdade a iguais, ou a desiguais com igualdade, seria desigualdade flagrante, e não igualdade real".[16] Por isso, Celso Antonio Bandeira de Mello assinala que "as discriminações são recebidas como compatíveis com a cláusula igualitária apenas e tão somente quando existe um vínculo de correlação lógica entre a peculiaridade diferencial acolhida por residente no objeto, e a desigualdade de tratamento em função dela conferida, desde que tal correlação não seja incompatível com interesses prestigiados na Constituição".[17]

Com efeito, é a "existência ou não de correlação lógica entre o fator erigido em critério de discrímen e a discriminação legal decidida em função dele"[18] que aninha a sua conformidade com o princípio da igualdade à vista dos valores amparados na Constituição. Inversamente, "o tratamento diferenciado estabelecido pela lei é agressivo à isonomia quando não houver correlação lógica entre a diversidade do regime estabelecido e o fator que tenha determinado o enquadramento, num ou noutro regime, das pessoas, coisas ou situações reguladas",[19] sendo ofensivo à igualdade o regramento discriminador assentado sobre situações individuais ou em elemento ilógico, irrelevante, inútil, incapaz, excessivo ou indiferente. Neste sentido, timbrou o Supremo Tribunal Federal que "o princípio da igualdade não é absoluto, sendo mister a verificação da correlação lógica entre a situação de discriminação apresentada e a razão do tratamento desigual".[20] Todo tratamento discriminatório desprovido de causa ou justificativa constitucionalmente hígidos, coloca-se em rota de colisão com a premissa isonômica da promoção do bem de todos.

Essa também é a sua compreensão no direito europeu: a igualdade é requisitada tanto na norma quanto em sua execução e as discriminações possíveis são as portadoras de justificação objetiva e razoável, como preconizado no direito inglês.[21]

O Supremo Tribunal Federal considerou que "a concreção do princípio da igualdade reclama a prévia determinação de quais sejam os iguais e quais os

16. BARBOSA, Rui. *Oração aos moços*. São Paulo: Martin Claret, 2003, p. 19.
17. BANDEIRA DE MELLO, Celso Antonio. *Conteúdo jurídico do princípio da igualdade*. 3. ed. São Paulo: Malheiros, 1999, p. 17.
18. BANDEIRA DE MELLO, Celso Antonio. *Conteúdo jurídico do princípio da igualdade*. 3. ed. São Paulo: Malheiros, 1999, p. 37.
19. SUNDFELD, Carlos Ari. *Fundamentos de direito público*. 5. ed. São Paulo: Malheiros, 2011, p. 169.
20. STF, RE 658.312/SC, Tribunal Pleno, Rel. Min. Dias Toffoli, 27.11.2014, DJe 10.02.2015.
21. FROMONT, Michel. *Droit administratif des États européens*, Paris: Presses Universitaires de France, 2006, p. 254.

desiguais. O direito deve distinguir pessoas e situações distintas entre si, a fim de conferir tratamentos normativos diversos a pessoas e a situações que não sejam iguais" e que "os atos normativos podem, sem violação do princípio da igualdade, distinguir situações a fim de conferir a uma tratamento diverso do que atribui a outra. É necessário que a discriminação guarde compatibilidade com o conteúdo do princípio".[22] Em outro importante julgamento, a Suprema Corte estimou que "o princípio da igualdade material é prestigiado por ações afirmativas. No entanto, utilizar, para qualquer outro fim, a diferença estabelecida com o objetivo de superar a discriminação ofende o mesmo princípio da igualdade, que veda tratamento discriminatório fundado em circunstâncias que estão fora do controle das pessoas, como a raça, o sexo, a cor da pele ou qualquer outra diferenciação arbitrariamente considerada".[23] E apreciando programa de ação afirmativa de concessão de bolsas a alunos de baixa renda, gizou o conteúdo da isonomia ao sublinhar que:

> 5. Não há outro modo de concretizar o valor constitucional da igualdade senão pelo decidido combate aos fatores reais de desigualdade. O desvalor da desigualdade a proceder e justificar a imposição do valor da igualdade. A imperiosa luta contra as relações desigualitárias muito raro se dá pela via do descenso ou do rebaixamento puro e simples dos sujeitos favorecidos. Geralmente se verifica é pela ascensão das pessoas até então sob a hegemonia de outras. Que para tal viagem de verticalidade são compensadas com esse ou aquele fator de supremacia formal. Não é toda superioridade juridicamente conferida que implica negação ao princípio da igualdade.
>
> 6. O típico da lei é fazer distinções. Diferenciações. Desigualações. E fazer desigualações para contrabater renitentes desigualdades. A lei existe para, diante dessa ou daquela desigualação que se revele densamente perturbadora da harmonia ou do equilíbrio social, impor uma outra desigualação compensatória. A lei como instrumento de reequilíbrio social.
>
> 7. Toda a axiologia constitucional é tutelar de segmentos sociais brasileiros historicamente desfavorecidos, culturalmente sacrificados e até perseguidos, como, verbi gratia, o segmento dos negros e dos índios. Não por coincidência os que mais se alocam nos patamares patrimonialmente inferiores da pirâmide social. A desigualação em favor dos estudantes que cursaram o ensino médio em escolas públicas e os egressos de escolas privadas que hajam sido contemplados com bolsa integral não ofende a Constituição pátria, porquanto se trata de um descrímen que acompanha a toada da compensação de uma anterior e factual inferioridade ('ciclos cumulativos de desvantagens competitivas'). Com o que se homenageia a insuperável máxima aristotélica de que a verdadeira igualdade consiste em tratar igualmente os iguais e desigualmente os desiguais, máxima que Ruy Barbosa interpretou como o ideal de tratar igualmente os iguais, porém na medida em que se igualem; e tratar desigualmente os desiguais, também na medida em que se desigualem.[24]

---

22. STF, ADI 3.305-DF, Tribunal Pleno, Rel. Min. Eros Grau, 13.09.2006, v.u., DJ 24.11.2006, p. 60.
23. STF, ADI 5.617/ DF, Tribunal Pleno, Rel. Min. Edson Fachin, 15.03.2018, DJe 03.10.2018.
24. STF, ADI 3.300-DF, Tribunal Pleno, Rel. Min. Ayres Britto, 03.05.2012, m.v., DJe 22.03.2013.

Por isso, a Administração Pública deve "assegurar a igualdade de oportunidades".[25] De fato, "a igualdade, todavia, não deve ter apenas uma função negativa – a proibição do arbítrio –, mas uma função positiva em sua dimensão social. Para que se assegure a igualdade jurídica, é condição necessária que se eliminem ou, ao menos, se minorem as desigualdades sociais".[26] Nesse contexto, é útil que se admoeste: se a vocação do Estado e da Administração Pública é a redução das desigualdades há que se obtemperar a necessidade de instrumentalizar ações em prol das minorias e de seus respectivos direitos. Minoria não é conceito quantitativo, senão uma posição de vulnerabilidade jurídica, social, política ou econômica, é a situação daqueles que se encontram abaixo do nível de igualdade real ou material.[27]

É certo, todavia, que atualmente se fala que o impacto neoliberal recebe oposição da corrente do Direito Administrativo social, que busca a "concretização do Estado Social e Democrático de Direito a partir de uma atuação estatal interventiva nos domínios econômico e social", instrumentalizada por uma Administração Pública inclusiva baseada não somente na igualdade de oportunidades, mas, na igualdade de posições para o desenvolvimento.[28] Ela supõe que a igualdade de oportunidades se funda no mérito e se promove complementarmente pela igualdade de acesso aos bens e serviços (dos quais os mais discriminados estão excluídos) e pela compensação (políticas de discriminação positiva) de maneira a combater discriminações impeditivas da competição em igualdade de condições iniciais para o alcance de melhores posições, enquanto a igualdade de posições radica-se nas políticas de diminuição das desigualdades existentes entre as distintas posições por meio de transferências sociais operadas pela redistribuição mediante tributos a fim de estabelecer a desmercantilização do acesso a certos bens (ampliação e consagração de atividades como serviços públicos de prestação obrigatória pelo Estado, financiada através do custo repartido por todos os contribuintes). A distinção coloca em foco a sujeição dos direitos sociais ao regime jurídico dos direitos fundamentais pelo tratamento do mínimo existencial (igualdade de oportunidades) e da submissão integral (igualdade de posições).[29]

---

25. GOMES, Fábio Bellote. *Elementos de Direito Administrativo*. 2. ed. São Paulo: Saraiva, 2012, p. 49.
26. COELHO, Paulo Magalhães da Costa. *Manual de Direito Administrativo*. São Paulo: Saraiva, 2004, p. 38.
27. MARTINS JUNIOR, Wallace Paiva. In: DI PIETRO, Maria Sylvia Zanella (Coord.). *Tratado de Direito Administrativo*: teoria geral e princípios do direito administrativo. São Paulo: Ed. RT, 2014, v. 1, p. 341.
28. HACHEM, Daniel Wunder. Administração Pública inclusiva, igualdade e desenvolvimento: o Direito Administrativo Brasileiro rumo à atuação estatal para além do mínimo existencial. In: MARRARA, Thiago (Org.). *Direito Administrativo*: transformações e tendências. São Paulo: Almedina, 2014, p. 391-460.
29. HACHEM, Daniel Wunder. Administração Pública inclusiva, igualdade e desenvolvimento: o Direito Administrativo Brasileiro rumo à atuação estatal para além do mínimo existencial. In: MARRARA, Thiago (Org.). *Direito Administrativo*: transformações e tendências. São Paulo: Almedina, 2014, p. 391-460.

Paulo Lucena de Menezes acentua que a Constituição de 1988 contém dispositivos que favorecem a adoção de tratamento jurídico diferenciado a grupos sociais, a fim de corrigir discriminações, viabilizando ações afirmativas, destacando que "os princípios jurídicos que foram incorporados à Carta de 1988 permitem uma interpretação mais ampla do princípio da igualdade jurídica, afastando-o significativamente da mera igualdade formal perante a lei", mas, adverte que o exame de sua constitucionalidade não envolve apenas a identificação do fator de diferenciação eleito pela norma, pois, demanda a correspondência existente entre ela e a disparidade adotada, analisada à luz de sua finalidade, razoabilidade e proporcionalidade.[30]

Impende a análise correlata e derivada das políticas públicas envolvendo as questões da competência e da iniciativa normativas *in gênero*.[31]

2.1 Competência normativa

O exame da competência normativa remete a exploração do princípio federativo e das consequentes regras de autonomia dos entes federados e da repartição de competências normativas na Constituição Federal (divisão espacial do poder), perscrutando as esferas de competência privativa, concorrente, residual, e as potencialidades oriundas da competência complementar (ou suplementar) e a supletiva (municipal), em especial, à vista dos princípios do federalismo cooperativo e da subsidiariedade.

Autonomia e competência são temas sensíveis e delicados e devem convergir para evitar agudas crises. Autonomia é essencial numa federação e compreende governo próprio (com as capacidades de auto-organização, autolegislação, autogoverno e autoadministração) e a posse de competências exclusivas. A autonomia das ordens periféricas (ou radiais) não pode afastar a normas constitucionais de observância obrigatória.[32] Autonomia não é independência; é o exercício da autodeterminação (direção própria de seus interesses) de matiz limitado e derivado porque se funda na área assinalada, por uma entidade superior, na Constituição. O esquema constitucional de distribuição de competências tem como critério a predominância do interesse, e não a sua exclusividade. Pertencem à União matérias de interesse nacional (ou geral), enquanto são dos Estados as de interesse

---

30. MENEZES, Paulo Lucena de. *A ação afirmativa (affirmative action) no direito norte-americano.* São Paulo: Ed. RT, 2001, p. 153-154.
31. Iniciativa e competência normativa são tratadas em gênero, pois, se deve sopesar na produção de normas, as "expressões da função normativa, cujas espécies compreendem a função regulamentar (do Executivo), a função regimental (do Judiciário) e a função legislativa (do Legislativo)", porque o "Poder Legislativo não detém o monopólio da função normativa, mas apenas de uma parcela dela, a função legislativa" (STF, ADI 2950 AgR/RJ, Tribunal Pleno, Rel. Min. Eros Grau, 06.10.2004, DJ 09.02.2007).
32. STF, ADI 291-MT, Tribunal Pleno, Rel. Min. Joaquim Barbosa, 07.04.2010, m.v., DJe 10.09.2010.

regional e dos Municípios as de interesse local. Reverberando a inexistência de interesse exclusivo em qualquer esfera, anota-se que "o que existe e determina a competência de cada ordem de poderes (...) será apenas uma *predominância* de interesses".[33] Destarte, a dinâmica da repartição constitucional de competências transita por movimentos centrípetos ou centrífugos, lastreada na predominância do interesse.[34] É indispensável a mensuração do círculo de influência que o interesse projeta para aquilatar a competência, pois, como definido pelo Supremo Tribunal Federal, "ao ser constatada aparente incidência de determinado assunto a mais de um tipo de competência, deve-se realizar interpretação que leve em consideração duas premissas: a intensidade da relação da situação fática normatizada com a estrutura básica descrita no tipo da competência em análise e, além disso, o fim primário a que se destina essa norma, que possui direta relação com o princípio da predominância de interesses".[35]

A competência normativa para criação ou instituição de políticas públicas deve obrigatoriamente seguir esse perfil, sopesando nos casos de distribuição vertical (como a competência concorrente) as regras de compatibilização a partir da identificação de normas gerais (diretrizes uniformes basais) e os espaços do condomínio normativo e seus limites (como a não contrariedade e o ajustamento aos círculos menores de interesse segundo especificidades), e nos de distribuição horizontal (como a competência privativa) a estatuição das diretrizes constitucionais substantivas, anotando-se, inclusive, a observância daquelas para o exercício de competências materiais comuns ou não.[36]

---

33. TEIXEIRA, J. H. Meirelles. *Curso de Direito Constitucional*. Rio de Janeiro: Forense Universitária, 1991, p. 654.

34. STF, RE 1181244 AgR/SP, 1ª Turma, Rel. Min. Alexandre de Moraes, 23.08.2019, DJe 05.12.2019.

35. STF, ADI 4.861/SC, Tribunal Pleno, Rel. Min. Gilmar Mendes, 03.08.2016, DJe 1º.08.2017.

36. É compulsório o exame destas premissas no domínio das competências materiais. Em linha de princípio, a competência material é correlata à normativa, havendo um campo comum entre os atores federativos para execução da lei independentemente de sua origem (FERREIRA FILHO, Manoel Gonçalves. *Curso de Direito Constitucional*. 39. ed. São Paulo: Saraiva, 2013, p. 92). De qualquer maneira, a outorga de competências materiais comuns, não obstante diferenciada da competência legislativa, possibilita às demais esferas a legislação suplementar, salvo quando a competência legislativa for privativa da União. Neste sentido, explica a doutrina que: "De fato, como se percebe pelo cotejo dos artigos 23 e 24, as leis que servirão de embasamento para a execução das tarefas comuns serão, em sua maior parte, fruto de competência legislativa concorrente, em que caberá à União editar normas gerais e às demais esferas a legislação suplementar. (...) Isto quando a competência material comum não se tiver de exercer de acordo com lei federal editada no uso da competência legislativa privativa, hipótese em que a União estabelecerá normas gerais e específicas, legislando integralmente sobre a matéria (ALMEIDA, Fernanda Dias Menezes de. *Competências na Constituição de 1988*. 2. ed. São Paulo: Atlas, 2000, p. 133). Em outras palavras, a competência normativa suplementar municipal se habilita para competências materiais privativas ou comuns. Aquelas, porque sua atuação depende da observância da legislação heterônoma (inclusive a editada sob o influxo de competência legislativa privativa), podendo legislar a nível complementar ou supletivo em relação à legislação federal e estadual. Estas, também são admissíveis, mas, não podem contrariar normas da competência legislativa concorrente federal ou estadual

É certo que se avoluma a tendência de prestígio do federalismo cooperativo, valorizando a ação normativa dos entes subnacionais, o que se liga à ideia de subsidiariedade.[37] O encontro de espaços legítima e constitucionalmente aptos e hígidos à ação normativa estadual ou municipal, notadamente quando é tênue e nebulosa a linha divisória entre normas gerais (centrais) e particulares (singulares, radiais ou marginais) nas hipóteses de competência normativa concorrente (ou, ainda, privativa para normas gerais) é matriz de reforço do federalismo, desbastando tendências exageradamente centralizadoras, para, sem comprometer a essência dos institutos, viabilizar sistemas, programas e políticas ajustados e adaptados às realidades específicas e singulares das órbitas subnacionais. O resgate à ideia da unidade na diversidade não pode acomodar soluções neutralizantes da autonomia, sob pena de se esvair o federalismo.

2.2 Iniciativa legislativa

No tocante à iniciativa legislativa, a instituição ou criação de políticas públicas tem sítio elementar tanto no Poder Legislativo quanto no Poder Executivo, muito embora possam emergir atritos à vista do princípio da divisão funcional do poder (separação de poderes), e cuja solução deve transitar pela contribuição pretoriana – em especial, a tese fixada em sede de repercussão geral pela Suprema Corte brasileira (Tema 917).

A controvérsia rende ensejo à disputa entre os Poderes Executivo e Legislativo na condução política da gestão pública ou dos negócios públicos que, sob o influxo da modernidade neopositivista (ou pós-positivista), oscila conforme o esquema de organização político-jurídico adotado, percolando na compreensão da instituição, da natureza e dos limites das políticas públicas a partir do modelo vigente de separação de poderes. Em linha de princípio, atendendo-se à natureza e à extensão da divisão funcional do poder, é lícito ao Poder Legislativo – assim como ao Poder Executivo pelos instrumentos normativos à sua disposição – instituir políticas públicas desde que não tangencie o núcleo da reserva de iniciativa legislativa do Chefe do Poder Executivo (criação e extinção de entes e órgãos públicos e correlata fixação de competências; servidores públicos e seu regime jurídico etc.) ou da reserva da Administração (direção superior das atividades administrativas; organização e funcionamento da Administração; atribuição de competências a órgãos do Poder Executivo sem geração de despesas; prática de atos da Administração etc.), como deflui das premissas do julgamento em repercussão geral (Tema 917), considerando o caráter excepcional e restrito das

---

complementar ou supletiva (ALMEIDA, Fernanda Dias Menezes de. *Competências na Constituição de 1988*. 2. ed. São Paulo: Atlas, 2000, p. 156-159).

37. STF, RE 730.721/SP, Rel. Min. Edson Fachin, 02.10.2015, DJe 07.10.2015.

reservas apontadas, de tal sorte que nessa empresa poderá valer-se de diretrizes, normas gerais, definição de requisitos, elementos ou condições essenciais etc.

Em outras palavras, ao Poder Legislativo será consentido estabelecer o que (o Poder Executivo) pode ou deve fazer, mas não como fazê-lo, porque, salvo competências constitucionalmente vinculadas, remanesce ao Poder Executivo, como órgão de governo, a escolha dos meios de cumprimento das obrigações fixadas pelo Parlamento, e que se rende aos seus círculos privativos e ao âmbito de sua discricionariedade (escolhas, opções, alternativas) – simples ou técnica – à luz da realidade e da possibilidade da medida dos recursos (humanos, materiais) disponíveis, da influência da técnica, da ciência e da tecnologia, das condicionantes do ordenamento jurídico inteiro, e dos aspectos econômicos, financeiros e orçamentários. Ao Poder Legislativo será lícito inscrever em regra jurídica o direito, mas não a especificação do modo pelo qual essa diretriz será implementada, a menos que se trate, em linha de princípio, de competência constitucional vinculada – o que não estorva a definição de requisitos, elementos ou condições essenciais ou gerais, como dito. Não é possível, ainda que em nível abstrato, indeterminado e genérico, o estabelecimento de uma prescrição (obrigação) que esgote a prerrogativa do Poder Executivo de assimilação, fixando, de antemão, ao Poder Executivo o que, como e quando o direito ou a política pública instituídos devam ser implementados, desde que não se traduza em diretriz ou norma geral. Seria lícito a lei, de iniciativa parlamentar em cariz genérico, deixando à Administração Pública a definição, em sede regulamentar, dos meios pelos quais cumpriria essa prestação, sob pena de a fórmula normativa adotada ceifar a possibilidade de escolha que cabe à Administração Pública do melhor meio de cumprimento de um dever – enfim, do atendimento ao *dovere di buonna amministrazzione* – disciplinando sua organização e funcionamento.

Como julgado,[38] a criação de órgãos e serviços públicos afetos à competência do Poder Executivo e a conferência de respectivas atribuições consistem em matérias que se inserem na reserva de iniciativa legislativa do Chefe do Poder Executivo, enquanto a prática de atos de direção superior e gestão e a disciplina de organização e funcionamento, significa o espaço da denominada reserva da Administração, círculo da competência privativa do Poder Executivo inclusive para edição de atos normativos primários (decorrentes diretamente das prerrogativas consignadas na Constituição) – também denominado poder normativo para disciplina de matérias não privativas de lei –,[39] imune a interferência do Poder Legislativo.[40] Ambos decorrem da separação de poderes. A reserva da Adminis-

---

38. RTJ 191/479.
39. MEDAUAR, Odete. *Direito Administrativo*. 11 ed. São Paulo: Ed. RT, 2007, p. 115.
40. CANOTILHO, J. J. Gomes. *Direito Constitucional*. 5. ed. Coimbra: Almedina, 1991, p. 810-811.

tração pode ser usada para criação ou instituição de políticas públicas pelo Poder Executivo, mediante decreto, desde que a matéria não empenhe necessariamente tratamento em lei em sentido formal.

Em suma, também ao Poder Executivo será dado instituir ou criar políticas públicas em razão tanto de matérias dependentes de lei em sentido formal e cuja iniciativa legislativa lhe é reservada ou é comum ou concorrente com o Poder Legislativo, quanto de assuntos que lhe caiba regular privativamente e que prescindam lei em sentido formal, convindo anotar que: (a) nos casos de reserva de lei, o Chefe do Poder Executivo participa do processo legislativo com a emissão da sanção ou do veto; (b) nas hipóteses de lei de iniciativa que lhe é reservada, o Parlamento só poderá aprovar emendas com pertinência temática ou que não provoquem aumento de despesa; e (c) nas situações de reserva da Administração, não é lícito ao Poder Legislativo invadir esse domínio.

A partir da sedimentação do Tema 917 de repercussão geral, portanto, a orientação emergente é a da natureza taxativa, restrita e excepcional da reserva de iniciativa legislativa do Chefe do Poder Executivo, valendo observar, em adendo, que o Supremo Tribunal Federal decidiu que "não ofende a separação de poderes, a previsão, em lei de iniciativa parlamentar, de encargo inerente ao Poder Público a fim de concretizar direito social previsto na Constituição",[41] compreensão muito útil na formulação de políticas públicas pelo Parlamento.

3. POLÍTICAS PÚBLICAS, MÍNIMO EXISTENCIAL E PROPORCIONALIDADE

A questão mais frequente relacionada às políticas públicas decorre da divisão funcional do poder, envolvendo a sua produção pelo Poder Legislativo por leis e, ainda, a sua determinação pelo Poder Judiciário por decisões judiciais em processos atomizados ou moleculares.

Se a fonte primária da instituição de políticas públicas se situa nos Poderes Legislativo e Executivo, observadas as dimensões e os limites de seu exercício pelo Parlamento, consoante acima consignado, "o Poder Judiciário, em situações excepcionais, pode determinar que a Administração pública adote medidas assecuratórias de direitos constitucionalmente reconhecidos como essenciais sem que isso configure violação do princípio da separação de poderes", como já decidiu o Supremo Tribunal Federal.[42] Alheio à discussão do ativismo (ou passivismo) judicial, se enfoca a efetividade da Constituição, pois, o caráter (inclusive o programático) das regras constitucionais "não pode converter-se em promessa

---

41. STF, ADI 4.723/AP, Tribunal Pleno, Rel. Min. Edson Fachin, 22.06.2020, DJe 08.07.2020.
42. RTJ 223/512.

constitucional inconsequente, sob pena de o Poder Público, fraudando justas expectativas nele depositadas pela coletividade, substituir, de maneira ilegítima, o cumprimento de seu impostergável dever, por um gesto irresponsável de infidelidade governamental ao que determina a própria Lei Fundamental do Estado".[43]

Emergem como tópicos de compulsória abordagem a teoria do mínimo existencial e a arguição da cláusula da reserva do possível. A implementação de direitos tem seu custo que repercute no orçamento público, de tal sorte que a incapacidade ou insuficiência financeira estatal pode, mediante demonstração objetiva, impedir a realização (imediata ou gradual) das prestações positivas impostas. Ela é inoponível quando sua invocação tenha a potencialidade de comprometer o núcleo básico que qualifica o mínimo existencial,[44] constituindo injusto inadimplemento de deveres subjetivos públicos, servindo para esse controle parâmetros constitucionais como dignidade da pessoa humana, proibição de retrocesso social, vedação da proteção insuficiente e proibição de excesso.[45]

Outro item de interesse é a colisão de direitos fundamentais. A solução transita por juízo de ponderação no caso concreto, com a atribuição de maior peso a um deles, compondo ou compatibilizando os interesses legítimos divergentes, e evitando, a bem da justa medida, a imposição de sacrifício exagerado aos direitos em conflito.[46] Atuam aí, portanto, princípios como razoabilidade e proporcionalidade. Igualmente, a aplicação dos limites dos limites ou limites imanentes (*Schranken-Schranken*) aos direitos fundamentais (que também preserva o mínimo existencial), vale-se da proporcionalidade, como posto em acento pelo Supremo Tribunal Federal.[47]

Segundo disserta Carlos Roberto Siqueira de Castro, a conjugação da isonomia com a garantia do devido processo legal cria um "feixe de proteção contra

---

43. RTJ 175/1212.
44. "A noção de "mínimo existencial", que resulta, por implicitude, de determinados preceitos constitucionais (CF, art. 1º, III, e art. 3º, III), compreende um complexo de prerrogativas cuja concretização revela-se capaz de garantir condições adequadas de existência digna, em ordem a assegurar, à pessoa, acesso efetivo ao direito geral de liberdade e, também, a prestações positivas originárias do Estado, viabilizadoras da plena fruição de direitos sociais básicos, tais como o direito à educação, o direito à proteção integral da criança e do adolescente, o direito à saúde, o direito à assistência social, o direito à moradia, o direito à alimentação e o direito à segurança" (STF, ARE 639.337 AgR/SP, 2ª Turma, Rel. Min. Celso de Mello, 23.08.2011, DJe 15.09.2011).
45. STF, ARE 745.745 AgR/MG, 2ª Turma, Rel. Min. Celso de Mello, 02.12.2014, DJe 19.1.2014.
46. "A Constituição autoriza a imposição de limites aos direitos fundamentais quando necessários à conformação com outros direitos fundamentais igualmente protegidos. O direito fundamental à liberdade de iniciativa (arts. 1º, IV, e 170, caput, da CF) há de ser compatibilizado com a proteção da saúde e a preservação do meio ambiente." (STF, ADI 4066/ DF, Tribunal Pleno, Rel. Min. Rosa Weber, 24.08.2017, DJe 07.03.2018).
47. STF, STA 233/RS, Rel. Min. Gilmar Mendes, 27.04.2009, DJe 04.05.2009.

as normas e toda sorte de decisões arbitrárias ("irrazoáveis" ou "irracionais") do Poder Público. Impede, em suma, que as discriminações legislativas e os atos decisórios dos agentes estatais sejam fonte de injustiças e de perplexidades atentatórias ao paradigma de coerência exigido nas deliberações do Estado e de seus delegados, aprumando-os ao padrão aceitável de moralidade, eficiência e racionalidade".[48] Sob outro prisma, expõe Virgílio Afonso da Silva, "toda restrição proporcional é constitucional".[49] A "proporcionalidade decorre a proibição do excesso (*Übermassverbot*) e da falta ou de proteção deficiente (*Untermassverbot*), exigindo-se no ato estatal adequação (aptidão a produção do resultado desejado), necessidade ou exigibilidade (infungibilidade por outro meio menos gravoso e igualmente eficaz) e proporcionalidade em sentido estrito (relação entre meios e fins) da medida restritiva".[50] De fato, viceja na adequação (*Geeignetheit*) a análise da aptidão da medida restritiva ao objetivo querido, enquanto a necessidade (*Notwendigkeit oder Erforderlichkeit*) perscruta a inexistência de meio menos gravoso igualmente eficaz na consecução dos objetivos pretendidos. A proporcionalidade em sentido estrito (*Verhältnismässigkeit i. e. S.*) resulta de correspondência entre o fim a ser alcançado por uma disposição normativa e o meio empregado, que seja juridicamente a melhor possível à luz da Constituição.

Nessa toada também vem à tona o princípio da proibição do retrocesso. Luís Roberto Barroso explica que "por este princípio, que não é expresso, mas decorre do sistema jurídico-constitucional, entende-se que se uma lei, ao regulamentar um mandamento constitucional, instituir determinado direito, ele se incorpora ao patrimônio jurídico da cidadania e não pode ser arbitrariamente suprimido. Nessa ordem de ideias, uma lei posterior não pode extinguir um direito ou garantia especialmente os de cunho social, sob pena de promover um retrocesso, abolindo um direito fundado na constituição. O que se veda é o ataque à efetividade da norma, que foi alcançado a partir de sua regulamentação. Assim, por exemplo, se o legislador infraconstitucional deu concretude a uma norma programática ou tornou viável o exercício de um direito que dependia de sua intermediação, não poderá simplesmente revogar o ato legislativo, fazendo a situação voltar ao estado de omissão legislativa anterior".[51]

---

48. *O devido processo legal e os princípios da razoabilidade e da proporcionalidade.* 5. ed. Rio de Janeiro: Forense, 2010, p. 139.
49. *Direitos fundamentais:* conteúdo essencial, restrições e eficácia. 2. ed. São Paulo: Malheiros, 2014, p. 206.
50. MARTINS JÚNIOR, Wallace Paiva. In: DI PIETRO, Maria Sylvia Zanella (Coord.). *Tratado de direito administrativo:* teoria geral e princípios do direito administrativo. 2. ed. São Paulo: Ed. RT, 2019, v. 1, p. 545.
51. BARROSO, Luís Roberto. *O Direito Constitucional e a efetividade das normas.* 5. ed. Rio de Janeiro: Renovar, 2011, p. 158-159.

Há inerência da proibição do retrocesso a princípios como dignidade da pessoa humana, máxima eficácia e efetividade das normas definidoras dos direitos fundamentais, proteção da confiança, além de sua conexão com a noção do mínimo essencial. Na jurisprudência, destaca-se decisão gizando que, em tema de direitos fundamentais de caráter social, predomina a impossibilidade de desconstituição das conquistas,[52] de tal sorte que o princípio é uma blindagem protetiva e defensiva dos direitos adquiridos.

A funcionalidade da vedação ao retrocesso pressupõe a existência de um estado em ação ou consolidado. Ingo Wolfgang Sarlet e Tiago Fensterseifer anotam que ela "tem por escopo preservar o bloco normativo – constitucional e infraconstitucional – já construído e consolidado no ordenamento jurídico, especialmente naquilo em que objetiva assegurar a fruição dos direitos fundamentais, impedindo ou assegurando o controle de atos que venham a provocar a supressão ou restrição dos níveis de efetividade vigentes dos direitos fundamentais", dissertando ainda em seu conteúdo a cláusula de progressividade (ou dever de progressiva realização e proteção) que "veicula a necessidade de a tutela legislativa dispensada a determinado direito fundamental ser permanentemente aprimorada e fortificada, vinculando juridicamente os Poderes Públicos à consecução de tal objetivo".[53] Com efeito, a proibição do retrocesso é impeditiva da destruição superveniente do núcleo essencial dos direitos sociais realizado e efetivado por normas precedentes, como explica Gomes Canotilho.[54] Se não há modificação nociva ao núcleo basilar dos direitos e garantias sociais, ela não pode ser oposta. Em outras palavras, é esse núcleo essencial em condição concreta o limite: o que se encontra além disso não encontra obstáculo, sem prejuízo de medidas equivalentes, alternativas ou compensatórias, ou que tornem o direito mais eficientemente tutelado, ou conciliado aos demais direitos fundamentais, à luz de princípios como razoabilidade e proporcionalidade.

---

52. STF, ARE 639337 AgR/SP, 2ª Turma, Rel. Min. Celso de Mello, 23.08.2011, v.u., DJe 15.09.2011.
53. SARLET, Ingo Wolfgang e FENSTERSEIFER, Tiago. *Direito Constitucional Ambiental*. 4. ed. São Paulo: Ed. RT, 2014, p. 297-300.
54. "O princípio da proibição de retrocesso social pode formular-se assim: o núcleo essencial dos direitos sociais já realizado e efectivado através de medidas legislativas ('lei da seguridade social', 'lei do subsídio de desemprego', 'lei do serviço de saúde') deve considerar-se constitucionalmente garantido, sendo inconstitucionais quaisquer medidas estaduais que, sem a criação de outros esquemas alternativos ou compensatórios, se traduzam, na prática, numa 'anulação', 'revogação' ou 'aniquilação' pura a simples desse núcleo essencial. Não se trata, pois, de proibir um retrocesso social captado em termos ideológicos ou formulado em termos gerais ou de garantir em abstracto um status quo social, mas de proteger direitos fundamentais sociais sobretudo no seu núcleo essencial. A liberdade de conformação do legislador e inerente auto-reversibilidade têm como limite o núcleo essencial já realizado, sobretudo quando o núcleo essencial se reconduz à garantia do mínimo de existência condigna inerente ao respeito pela dignidade da pessoa humana" (CANOTILHO, José Joaquim Gomes. *Direito constitucional*. 7. ed. Coimbra: Almedina, 2003, p. 339-340).

4. NORMATIVAS DE COMBATE À DESIGUALDADE RACIAL

Nenhuma política pública que colime a concretização da igualdade será profícua se não conjugar (a) a repressão aos comportamentos desigualitários e (b) medidas de equalização: a primeira é construída pela inclusão de regras jurídicas proibitivas de ações ou omissões violadoras da isonomia, definindo atos ilícitos (administrativos, civis, penais etc.) e suas consequências (descrição de ilícito e correlata imposição de sanção); a segunda é edificada pela previsão de normas jurídicas de desigualação positiva (estabelecimento de desigualdades para superação da desigualdade), mediante comandos obrigatórios, permissivos ou indutivos de condutas que estabeleçam condições de igualdade.

No tocante à discriminação racial, do art. 3º, IV, da Constituição – que determina, em rol exemplificativo, como objetivo republicano fundamental a promoção do bem geral, sem preconceitos de origem, raça, sexo, cor, idade e quaisquer outras formas de discriminação – amalgamado à isonomia referida na cabeça do art. 5º, decorrem explicitamente, por exemplo, (a) o mandado de criminalização do racismo e seus predicados da inafiançabilidade e da imprescritibilidade (art. 5º, XLII), e (b) a igualdade racial no trabalho pela proibição de diferença de salários, de exercício de funções e de critério de admissão por motivo de sexo, idade, cor ou estado civil aos trabalhadores e aos agentes públicos (arts. 7º, XXX, 39, § 3º).

No patamar infraconstitucional, leis se encarregaram da punição de crimes com origem (direta ou indireta) no racismo, como a injúria racial (art. 140, § 3º, Código Penal), a causa de aumento da pena no crime de redução análoga à de escravo motivado por preconceito de raça, cor, etnia, religião ou origem (art. 149, § 2º, II), e a Lei 7.716/89 define os crimes resultantes de preconceito de raça ou de cor. Em geral, as leis penais precisam ter maior rigor como o aumento da pena mínima cominada e a adoção do regime inicial fechado de cumprimento da pena para além de uma agravante específica para o preconceito racial. É incoerente que o racismo não seja definido como crime hediondo, considerando que é imprescritível, e seja princípio nas relações internacionais o repúdio ao racismo e ao terrorismo (art. 4º, VIII, Constituição).

A elas convergem outras normas que pregam a igualdade no tratamento aos usuários dos serviços públicos, vedado qualquer tipo de discriminação (art. 5º, V, Lei 13.460/17) e a responsabilização extrapenal da discriminação racial como o manejo de ação civil pública por danos morais ou patrimoniais causados à honra e à dignidade de grupos raciais, étnicos ou religiosos (art. 1º, VII, da Lei 7.347/85 na redação dada pela Lei 12.966/14) – com previsão do uso da prestação em pecúnia, no caso de acordo ou condenação fundados em dano causado por ato de discriminação étnica, para ações de promoção da igualdade étnica (art. 13, § 2º). O Estatuto da Igualdade Racial, aliás, estabeleceu que para a apreciação judicial das lesões e das ameaças de lesão aos interesses da população negra decorrentes de situações de desigualdade étnica, recorrer-se-á, entre outros instrumentos, à ação civil pública (art. 55), além do direito de acesso às vítimas de discriminação étnica às Ouvidorias Permanentes em Defesa da Igualdade Racial nos Poderes Legislativo e Executivo, à Defensoria Pública, ao Ministério Público e ao Poder Judiciário, em todas as suas instâncias, para a garantia do cumprimento de seus direitos (art. 52). Não é ocioso lembrar que o *Parquet* tem à sua disposição o inquérito civil e o compromisso de ajustamento de conduta nessa empreitada, sem prejuízo de sua legitimação para ações penais ou civis como as do controle concentrado de constitucionalidade.

5. AÇÕES AFIRMATIVAS

Nessa contextura, é imprescindível analisar o impacto das ações afirmativas no cenário das medidas positivas de equalização jurídica, combatentes do racismo. A insuficiência de normas jurídicas combatentes da discriminação levou ao surgimento das ações afirmativas, "passando-se da mera e ineficiente igualdade formal quanto a direitos, aos quais os discriminados não tinham pleno acesso, à adoção de medidas efetivas asseguratórias do seu alçamento social através de meios que lhes permitissem melhores condições de competição com a classe dominante".[55] As *affirmative actions* são "medidas especiais que buscam eliminar os desequilíbrios existentes entre determinadas categorias sociais até que eles sejam neutralizados, o que se realiza por meio de providências efetivas em favor das categorias que se encontram em posições desvantajosas", designando o "conjunto de estratégias, iniciativas ou políticas que visam favorecer grupos ou segmentos sociais que se encontram em piores condições de competição em qualquer sociedade em razão, na maior parte das vezes, da prática de discriminações negativas, sejam elas presentes ou passadas", se desenvolvendo, no aspecto temporal, como terceiro estágio de correção de distorções sociais após a afirmação da isonomia (igualdade formal) e da criminalização de práticas discriminatórias.[56]

No Estatuto da Igualdade Racial, ações afirmativas são conceituadas como os programas e medidas especiais adotados pelo Estado e pela iniciativa privada para a correção das desigualdades raciais e para a promoção da igualdade de oportunidades (art. 1º, parágrafo único, VI); são instrumentos prioritários nas políticas públicas de igualdade de oportunidades nele previstas (art. 4º, II e VII), tendo a natureza de políticas públicas destinadas a reparar as distorções e desigualdades

---

55. CARVALHO, Rubens Miranda de. *Discriminação, racismo e ações afirmativas no Brasil*. Santos: Editora Espaço do Autor, 2004, p. 172.

56. MENEZES, Paulo Lucena de. *A ação afirmativa (affirmative action) no direito norte-americano*. São Paulo: Ed. RT, 2001, p. 27-29.

sociais e demais práticas discriminatórias adotadas, nas esferas pública e privada, durante o processo de formação social do País (art. 4°, parágrafo único). Pode-se afirmar, destarte, que a ação afirmativa é um dos instrumentos de políticas públicas.

A noção básica que se contém é que "a reparação ou compensação dos fatores de desigualdade factual com medidas de superioridade jurídica constitui política de ação afirmativa que se inscreve nos quadros da sociedade fraterna que se lê desde o preâmbulo da Constituição de 1988", como definiu o Supremo Tribunal Federal.[57] Inserem-se no amplo conceito normativo de ações afirmativas as denominadas cotas por critério étnico-racial para acesso ao serviço público de educação, cuja constitucionalidade foi proclamada,[58] sem prejuízo de constatar a inconstitucionalidade de critérios outros, como o territorial, por haver discriminação em razão da origem.[59] Outro exemplo se localiza na Lei 12.990, de 09 de junho de 2014, que reserva aos negros 20% (vinte por cento) das vagas oferecidas nos concursos públicos para provimento de cargos efetivos e empregos públicos no âmbito da Administração Pública Federal centralizada e descentralizada, com vigência por 10 (dez) anos, e que foi julgada constitucional sob a consideração que "a desequiparação promovida pela política de ação afirmativa em questão está em consonância com o princípio da isonomia. Ela se funda na necessidade de superar o racismo estrutural e institucional ainda existente na sociedade brasileira, e garantir a igualdade material entre os cidadãos, por meio da distribuição mais equitativa de bens sociais e da promoção do reconhecimento da população afrodescendente", refutando-se a violação as normas do concurso público e da eficiência porque "a reserva de vagas para negros não os isenta da aprovação no concurso público. Como qualquer outro candidato, o beneficiário da política deve alcançar a nota necessária para que seja considerado apto a exercer, de forma adequada e eficiente, o cargo em questão".[60]

Há um amplo horizonte para implantação de ações afirmativas tendentes ao eficiente e efetivo combate da discriminação racial. Normas jurídicas podem ser construídas nas mais variegadas disciplinas da ciência do Direito, estimulando ou induzindo comportamentos inclusivos, horizontais e igualitários, ou punindo ações ou omissões discriminatórias, de maneira a superar as reais causas e os concretos efeitos da desigualdade racial, no âmbito tributário, trabalhista, penal, administrativo, por exemplo.

---

57. RTJ 205/203.
58. STF, ADPF 186 (RTJ 230/09); STF, RE 597.285-RS, Tribunal Pleno, Rel. Min. Ricardo Lewandowski, 09.05.2012, m.v., DJe 18.03.2014.
59. STF, ADI 4.868/ DF, Tribunal Pleno, Rel. Min. Gilmar Mendes, 27.03.2020, DJe 15.04.2020.
60. STF, ADC 41-DF, Tribunal Pleno, Rel. Min. Roberto Barroso, 08.06.2017, DJe 17.08.2017.

6. REFERÊNCIAS

ALARCÓN, Pietro de Jesús Lora. Fins constitucionais e condenação ao racismo: a propósito do novo Estatuto da Igualdade Racial e do caso Ellwanger. *Revista da Escola Superior da Procuradoria-Geral do Estado de São Paulo*, l. 1, n. 1, p. 197-230, jan./dez. 2010.

ALMEIDA, Fernanda Dias Menezes de. *Competências na Constituição de 1988*. 2. ed. São Paulo: Atlas, 2000.

ARAGÃO, Alexandre Santos de. Administração Pública pluricêntrica. *Revista de Direito Administrativo*. Rio de Janeiro, 227: 131-150, FGV Direito Rio, jan./mar. 2002.

ATALIBA, Geraldo. *República e Constituição*. 2. ed. São Paulo: Malheiros, 1998.

BARBOSA, Rui. *Oração aos moços*. São Paulo: Martin Claret, 2003.

BARROSO, Luís Roberto. *O Direito Constitucional e a efetividade das normas*. 5. ed. Rio de Janeiro: Renovar, 2011.

BOBBIO, Norberto. *O futuro da democracia*: uma defesa das regras do jogo. 6. ed. Rio de Janeiro: Paz e Terra, 1997.

BUCCI, Maria Paula Dallari. *Direito Administrativo e políticas públicas*. São Paulo: Saraiva, 2002.

BUCCI, Maria Paula Dallari. O conceito de política pública em Direito. In: BUCCI, Maria Paula Dallari (Org.). *Políticas públicas* – reflexões sobre o conceito jurídico. São Paulo: Saraiva, 2006.

CAMPILONGO, Celso Fernandes. *Direito e democracia*. São Paulo: Max Limonad, 1997.

CANOTILHO, José Joaquim Gomes. *Direito constitucional*. 7. ed. Coimbra: Almedina, 2003.

CANOTILHO, José Joaquim Gomes. *Direito Constitucional*. 5. ed. Coimbra: Almedina, 1991.

CARVALHO, Rubens Miranda de. *Discriminação, racismo e ações afirmativas no Brasil*. Santos: Editora Espaço do Autor, 2004.

CASTRO, Carlos Roberto Siqueira de. *O devido processo legal e os princípios da razoabilidade e da proporcionalidade*. 5. ed. Rio de Janeiro: Forense, 2010.

COELHO, Paulo Magalhães da Costa. *Manual de Direito Administrativo*. São Paulo: Saraiva, 2004.

DI PIETRO, Maria Sylvia Zanella. Participação da comunidade em órgãos da Administração Pública. *Revista de Direito Sanitário*, v. 1, n. 1, p. 36-45, nov. 2000.

FERREIRA FILHO, Manoel Gonçalves. *Curso de Direito Constitucional*. 39. ed. São Paulo: Saraiva, 2013.

FROMONT, Michel. *Droit administratif des États européens*. Paris: Presses Universitaires de France, 2006.

GIANNINI, Massimo Severo. *Corso di Diritto Amministrativo*. Milano: Dott. A. Giuffrè Editore, 1967. v. III.

GOMES, Fábio Bellote. *Elementos de Direito Administrativo*. 2. ed. São Paulo: Saraiva, 2012.

HACHEM, Daniel Wunder. Administração Pública inclusiva, igualdade e desenvolvimento: o Direito Administrativo Brasileiro rumo à atuação estatal para além do mínimo existencial. In: MARRARA, Thiago (Org.). *Direito Administrativo*: transformações e tendências. São Paulo: Almedina, 2014.

MARTINS JUNIOR, Wallace Paiva. A tutela dos direitos à diversidade sexual. In: COVAS, Fabíola Sucasas Negrão; SIMONE, Bruno Orsini; SILVA, Daniela Romanelli da (Org.). *Direito e diversidade*. São Paulo: Associação Paulista do Ministério Público, 2020. v. 2.

MARTINS JUNIOR, Wallace Paiva. In: DI PIETRO, Maria Sylvia Zanella (Coord.). *Tratado de Direito Administrativo*: teoria geral e princípios do direito administrativo. São Paulo: Ed. RT, 2014. v. 1.

MEDAUAR, Odete. *Direito Administrativo*. 11 ed. São Paulo: Ed. RT, 2007.

MELLO, Celso Antonio Bandeira de. *Conteúdo jurídico do princípio da igualdade*. 3. ed. São Paulo: Malheiros, 1999.

MENEZES, Paulo Lucena de. *A ação afirmativa (affirmative action) no direito norte-americano*. São Paulo: Ed. RT, 2001.

MOREIRA NETO, Diogo de Figueiredo. Administração Pública no Estado Contemporâneo – Eficiência e Controle. *Revista de Informação Legislativa*. ano 30, n. 117, p. 23-56. Brasília, jan./mar. 1993.

MOREIRA NETO, Diogo de Figueiredo. *Curso de Direito Administrativo*. 14. ed. Rio de Janeiro: Forense, 2006.

SARLET, Ingo Wolfgang e FENSTERSEIFER, Tiago. *Direito Constitucional Ambiental*. 4. ed. São Paulo: Ed. RT, 2014.

SCHWARCZ, Lilia Moritz. *Sobre o autoritarismo brasileiro*. São Paulo: Companhia das Letras, 2019.

SILVA, José Afonso da. *Comentário contextual à Constituição*. 2. ed. São Paulo: Malheiros, 2006.

SILVA, Virgílio Afonso da. *Direitos fundamentais*: conteúdo essencial, restrições e eficácia. 2. ed. São Paulo: Malheiros, 2014.

SUNDFELD, Carlos Ari. *Fundamentos de Direito Público*. 5. ed. São Paulo: Malheiros, 2011.

TEIXEIRA, J. H. Meirelles. *Curso de Direito Constitucional*. Rio de Janeiro: Forense Universitária, 1991.

A EFICÁCIA DA AÇÃO AFIRMATIVA DE RESERVA DE VAGAS PARA CANDIDATOS NEGROS NO CONCURSO DO MINISTÉRIO PÚBLICO

Mirella de Carvalho Bauzys Monteiro

Mestra em Direitos Humanos pela Faculdade de Direito da Universidade de São Paulo e especialista em Direitos Difusos e Coletivos pela Escola Superior do Ministério Público. Promotora de Justiça do Ministério Público de São Paulo. Membra auxiliar da Comissão da Infância, Juventude e Educação do Conselho Nacional do Ministério Público.

Bruno Momesso Bertolo

Pós-graduado em Tutela Coletiva e Direitos Difusos pela LFG. Bacharel em Direito pela PUC-Campinas. Oficial de Promotoria do Ministério Público de São Paulo.

1. INTRODUÇÃO

O Ministério Público, instituição essencial à função jurisdicional do Estado, na Constituição Federal de 1988, recebeu a importante missão de "defesa da ordem jurídica, do regime democrático e dos interesses sociais e individuais indisponíveis" (art. 127, CF). Dentre as suas atribuições, está a garantia de todos os direitos sociais previstos na Lei Fundamental, com equivalência de condições para seu usufruto, inclusive pela população negra, que até hoje infelizmente sofre com a exclusão social gerada pelas consequências do período escravocrata, perpetuadas pelo racismo estrutural brasileiro.

Ocorre que, conforme dados estatísticos, observa-se a baixa participação de negros nos espaços da administração pública e em cargos de poder, o que evidentemente engloba também o Ministério Público, instituição composta majoritariamente por pessoas brancas.

Logo, para que esta instituição bem desempenhe suas funções constitucionais, é imprescindível uma modificação estrutural da composição do seu quadro pessoal, principalmente no que tange ao cargo de promotores e promotoras de justiça, com a finalidade de termos mais negros e negras atuando, o que contribuirá para que as questões raciais sejam efetivamente enfrentadas e que seja superada a desigualdade racial institucional.

Para tanto, é importante a adoção da política de ação afirmativa de reserva de vagas para candidatos negros, nos ditames da Resolução 170/17 do Conselho Nacional do Ministério Público.

Assim, pretende o presente artigo apreciar a implementação das cotas raciais nos concursos públicos de ingresso na carreira do Ministério Público, iniciando-se pela análise do seu conceito, fundamentos e previsão normativa, para, por fim, avaliar a eficácia da implementação da Resolução CNMP 170/17, elencando os principais desafios e estratégias de solução.

2. CONCEITO AÇÕES AFIRMATIVAS

Joaquim Barbosa, ex-ministro do Supremo Tribunal Federal, conceitua ações afirmativas como

> o conjunto de políticas públicas e privadas de caráter compulsório, facultativo ou voluntário, concebidas com vistas ao combate à discriminação racial, de gênero, por deficiência física e de origem nacional, bem como para corrigir ou mitigar os efeitos da discriminação praticada no passado, tendo por objetivo a concretização do ideal de efetiva igualdade de acesso a bens fundamentais como a educação e o emprego.[1]

Em outras palavras, são políticas sociais adotadas pelo Estado ou pelo setor privado, em caráter excepcional e temporário, concedidas a determinados segmentos que se encontram em situação de flagrante desigualdade em relação aos demais membros da sociedade, em razão de discriminações pretéritas ou hodiernas, sendo que tais medidas visam efetivar a igualdade material, pois a mera previsão constitucional e infraconstitucional do princípio da isonomia não é suficiente para propiciar a tão almejada igualdade que deve prevalecer em um Estado Democrático de Direito.

As ações afirmativas possuem diversas modalidades e, dentre elas, está o sistema de cotas, no qual há reserva de vagas para determinado grupo, sobretudo

---

1. BARBOSA, Joaquim. O debate constitucional sobre as ações afirmativas. 2012. Disponível em: https://www.geledes.org.br/o-debate-constitucional-sobre-as-acoes-afirmativas-por-joaquim-barbosa/. Acesso em: 02 mar. 2023.

no mercado de trabalho e no acesso ao ensino superior. Outras modalidades de ações afirmativas são o estabelecimento de preferências na contratação e promoção de empregados, o sistema de bônus, os incentivos fiscais, treinamentos específicos a determinados grupos, entre outros. Silvio Almeida acrescenta a estas modalidades a "pontuação extra em provas e concursos, cursos preparatórios específicos para ingresso em universidades ou no mercado de trabalho, programas de valorização e reconhecimento cultural e de auxílio financeiro aos membros dos grupos beneficiados".[2]

Acerca da sua natureza, entendemos que as ações afirmativas podem ser tanto compensatórias quanto distributivas. São políticas compensatórias na medida em que visam reparar danos decorrentes de discriminações históricas e passadas, cujos efeitos perduram até os dias atuais, recaindo sobre os descendentes das vítimas reais, de modo que tal fato não obsta que eles sejam abrangidos pelas ações afirmativas. E são medidas distributivas por atuarem com o fito de neutralizar as iniquidades existentes na sociedade, proporcionando a igualdade material por meio de discriminações positivas, que devem incidir até que seja estabelecida a equidade entre todos.

Portanto, as ações afirmativas possuem o escopo precípuo de materializar a efetiva igualdade de oportunidades, bem como mitigar – a proscrição total depende de inúmeros fatores – os nefastos e persistentes efeitos das discriminações, as quais, em razão do racismo estrutural, tendem a se perpetuar, amparadas pelas exorbitantes desigualdades sociais brasileiras.

3. JUSTIFICATIVA PARA AS COTAS RACIAIS: DÍVIDA HISTÓRICA COM A POPULAÇÃO NEGRA

No que tange à população negra, as políticas afirmativas se justificam, porque o Brasil foi o último país do mundo a consolidar o fim da escravidão, fazendo com que o legado deste período ainda paire sobre nós, cujo resultado é a desigualdade racial ainda tão presente.

Recorda-se que a tardia abolição da escravidão em 1888 deu apenas a liberdade formalmente para os negros até então escravizados, não sendo criadas as condições para que eles de fato a pudessem exercer. Ou seja, não houve a implementação de políticas públicas que compensassem os negros e seus descendentes pelas imensuráveis atrocidades que sofreram no sistema escravagista brasileiro, mantendo-se a inviabilidade do exercício de uma vida plenamente digna. Ao contrário, tanto o Império como a República tiveram como enfoque o estímulo à vinda de colonos europeus brancos, impedindo o efetivo ingresso dos negros no

---

2. ALMEIDA, Silvio Luiz de. *Racismo estrutural*. São Paulo: Sueli Carneiro; Pólen, 2019.

mercado de trabalho remunerado. O reflexo dessa política pode ser visto até hoje, na situação de vulnerabilidade econômico-social que acomete grande parte da população negra. Destarte, o negro brasileiro foi abandonado à própria sorte após a abolição, sendo que o escravismo e a exclusão racial construíram uma estrutura de privilégios a favor da população branca.

Como bem recorda Djamila Ribeiro, este incentivo aos imigrantes europeus para que viessem ao Brasil, com acesso a trabalho remunerado e até, no caso de muitos, recebimento de terras do Estado brasileiro, fez com que a maioria dos seus descendentes pudesse desfrutar de uma realidade mais confortável.[3] Por outro lado,

> [p]ara a população negra não se criou mecanismos de inclusão. Das senzalas fomos para as favelas. Se hoje a maioria da população negra é pobre é por conta dessa herança escravocra-ta. É necessário conhecer a história deste país para entender por que certas medidas, como ações afirmativas, são justas e necessárias. Elas devem existir justamente porque a sociedade é excludente e injusta com a população negra.[4]

Assim, resta evidente a dívida histórica deste país com a população negra, demandando providências urgentes do Estado, pois os efeitos da escravidão ain-da não foram efetivamente superados. Contudo, ressalta-se que, enquanto não forem implementadas políticas eficazes para a alteração dessa situação, haverá a manutenção destes efeitos sobre a população negra. Isto porque "esse perfil de desigualdades não é um simples legado do passado: ele é perpetuado pela estru-tura desigual de oportunidades sociais a que brancos e negros estão expostos no presente".[5]

3.1 Mito da democracia racial

A omissão na reversão dessa situação, seja por parte da sociedade ou do Estado, malgrado a evidente constatação da discriminação racial em nosso país, é justificada pela ainda difundida suposta democracia racial.

Tal mito preconiza que o Brasil é um país isento de discriminações, uma vez que todas as raças viveriam em harmonia, porquanto, diferentemente de outros países, como Estados Unidos e África do Sul, não tivemos legislações modernas que davam tratamento explicitamente divergente aos negros e aos brancos. Todavia, a persistência neste entendimento tem o desígnio precípuo de evitar a constatação

---

3. RIBEIRO, Djamila. *Quem tem medo do feminismo negro?* Companhia das Letras, 2018.
4. Ibidem, p.73.
5. SILVA, Alexandre Rossi Elias da. *Ações afirmativas no Brasil:* avaliação do resultado da política de reserva de vagas para negros no cargo de promotor de justiça dos Ministérios Públicos Estaduais. Dissertação (mestrado) – Escola Brasileira de Administração Pública e de Empresas – FGV/EBAPE. Rio de Janeiro, 2021, p. 24.

da discriminação, engendrando uma ficção – tratada como realidade – capaz de maquiar a exclusão e intolerância racial no Brasil. Isto porque, ainda que tenhamos o tratamento igualitário perante a lei, na realidade, ser branco ou negro no Brasil gera consequências bastante discrepantes.

Diversos são os dados estatísticos que comprovam as diferenças ainda bastante atuais, demonstrando, indubitavelmente, que inexiste qualquer democracia racial, inclusive para o acesso à universidade e mercado de trabalho.[6]

Especificamente em relação ao rendimento com base no histórico educacional, conforme nota técnica do Instituto de Pesquisa Econômica Aplicada – IPEA, elaborada durante a discussão do projeto de lei que culminou com a aprovação da Lei 12.990/2014, mesmo comparando situação de igual escolaridade, os negros são mais prejudicados. Ao considerar os trabalhadores com mais de 12 anos de estudo, nota-se que o rendimento financeiro médio dos homens negros é equivalente a apenas 66% do recebido pelos brancos. Já as mulheres negras estão em situação ainda pior, pois seu rendimento médio equivale a 40% daquele auferido pelos homens brancos. Portanto, conforme a nota,

[e]sta diferença explica-se pelo fato de que a segregação racial nos papéis relativos às carreiras, posição na ocupação, setor de atividade e nível hierárquico reflete-se na desigualdade salarial entre negros e brancos, mesmo entre aqueles com igual nível de escolaridade. Ademais, o racismo produz e reproduz estas diferenças e atua de forma direta neste quadro. Nesta direção, outras análises refinam a comparação entre rendimentos de brancos e negros, mantendo controlados mais fatores intervenientes na colocação no mundo do trabalho – além da escolaridade – idade, sexo, região e setor de atividade econômica. Conclui-se que, ainda que desfrutem de condições de participação no mundo do trabalho e características pessoais, em geral, muito semelhantes, é possível identificar diferença significativa na renda entre indivíduos apenas atribuível à diferenciação por sua cor. Conquanto seja possível considerar ainda a influência de outros atributos não quantificáveis, o racismo, sem dúvida, exerce papel estruturante nesta desigualdade.[7]

Aludida situação contraria os argumentos de que ao invés de ser implementada a reserva das vagas deveria ser investido em políticas públicas universais como a educação. Apesar da garantia de políticas universais ser evidentemente de grande relevância social, sua implementação, por si só, não é suficiente para a superação

---

6. Pelo enfoque deste artigo, não é possível aprofundarmos nos dados, porém sugere-se a leitura do "índice folha de equilíbrio racial (ifer)", indicador que mostra que as regiões ricas do Brasil impõem as maiores barreiras para que os negros acessem as mesmas oportunidades que os brancos. Disponível em: https://www1.folha.uol.com.br/folha-topicos/indice-folha-de-equilibrio-racial-ifer/. Acesso em: 02 mar. 2023.

7. SILVA, Tatiana Dias; SILVA, Josenilton Marques. *Nota Técnica*. Reserva de vagas para negros em concursos públicos: uma análise a partir do Projeto de Lei 6.738/2013. Ipea. Brasília, fevereiro de 2014, p. 5. Disponível em: https://www.ipea.gov.br/portal/images/stories/PDFs/nota_tecnica/140211_notatecnicadisoc17.pdf.pdf. Acesso em: 02 mar. 2023.

do problema da desigualdade racial. Portanto, não são políticas concorrentes, ao contrário, devem ser adotadas de maneira complementar. Sobre isso, Silva observa, recordando a doutrina de Piovesan, "que estudos e pesquisas indicam uma inércia das políticas universais no combate à redução das desigualdades raciais, dado que os padrões observados pouco se alteraram ao longo de sucessivas gerações".[8]

Especificamente em relação à desigualdade racial no serviço público, a referida nota técnica do IPEA aponta que

> [o] peso do racismo e da sua intervenção na conformação de pontos de partida, acesso desigual a ativos e tratamento social diferenciado também fica evidenciado na administração pública, apesar dos critérios considerados impessoais de seleção para cargos efetivos. Isto se justifica porque, assim como ocorre no ingresso no ensino superior, a despeito de critérios pretensamente neutros de seleção, resta evidente que não há iguais condições de formação e preparação dos candidatos, além de constatarem-se níveis de condição de vida mais precários vivenciados pela população negra.[9]

4.   DESIGUALDADE RACIAL NO MINISTÉRIO PÚBLICO

No Ministério Público, é possível aferir visualmente que a situação de desigualdade racial não é diferente, apesar de, lamentavelmente, não termos dados suficientes em relação a todos Estados.

A Comissão de Defesa dos Direitos Fundamentais do Conselho Nacional do Ministério Público – CNMP, em 2018, tentou levantar o panorama da composição étnica-racial dos Ministérios Públicos Estaduais. Porém, apenas São Paulo, Goiás e Paraná possuíam essas informações, as quais confirmam a discrepância racial no seu quadro membros.

No Ministério Público de Goiás – MPGO, de 408 procuradores e promotores, apenas 30 eram pretos ou pardos, o que corresponde a 7,35%. No Ministério Público do Paraná – MPPR, em 2016, esse quadro era pior, com apenas 24 negros em um total de 693, o que configura 3,46%. Para fins de comparação, dentre a população total destes Estados, conforme o Instituto Brasileiro de Geografia e Estatística – IBGE, em Goiás, há 56,54% de negros e, no Paraná, 28,26%.[10]

8.   SILVA, Alexandre Rossi Elias da. Ações afirmativas no Brasil: avaliação do resultado da política de reserva de vagas para negros no cargo de promotor de justiça dos ministérios públicos estaduais. Dissertação (mestrado) – Escola Brasileira de Administração Pública e de Empresas – FGV/EBAPE. Rio de Janeiro, 2021, p. 27.

9.   SILVA, Tatiana Dias; SILVA, Josenilton Marques. Nota Técnica Reserva de vagas para negros em concursos públicos: uma análise a partir do Projeto de Lei 6.738/2013. Ipea. Brasília, fevereiro de 2014, p. 5. Disponível em: https://www.ipea.gov.br/portal/images/stories/PDFs/nota_tecnica/140211_nota-tecnicadisoc17.pdf.pdf. Acesso em: 02 mar. 2023.

10. SILVA, Alexandre Rossi Elias da. Ações afirmativas no Brasil: avaliação do resultado da política de reserva de vagas para negros no cargo de promotor de justiça dos ministérios públicos estaduais. Dissertação (mestrado) – Escola Brasileira de Administração Pública e de Empresas – FGV/EBAPE. Rio de Janeiro, 2021.

As informações obtidas pelo Ministério Público do Estado de São Paulo – MPSP foram resultantes do Grupo de Trabalho da Igualdade Racial Professor Joel Rufino dos Santos (GT – Igualdade Racial), criado em 2015. Suas principais realizações foram "a sensibilização dos integrantes do GT sobre o tema, com reuniões de formação sobre racismo institucional e branquitude; e a busca pela aprovação de cotas raciais nos concursos da instituição, por meio da realização do primeiro censo racial do MPSP".[11] Destaca-se que o GT com esta temática, até então inédito no MPSP, "realizou uma importante atuação [...] promovendo um autoexame da instituição enquanto (re)produtora de racismo e provocando os membros do MP a perceberem seu papel individual para a manutenção das desigualdades raciais".[12]

O censo realizado pelo mencionado GT tinha a intenção de dar visibilidade ao debate da desigualdade racial e comprovar a necessidade de implementação de políticas de ação afirmativa. Assim, ainda que haja a suspeição de declarações incorretas de alguns, pela ampla resistência que a realização do censo sofreu na instituição,[13] o resultado foi bastante revelador da desigualdade existente. Do total dos que responderam, 93% dos promotores e procuradores autodeclaram-se brancos e apenas 4% se autodeclararam negros.[14] Tal proporção é bem menor em comparação com a população do Estado de São Paulo, que, em 2010, era composta por 35% de pretos e pardos.[15]

Não podemos considerar natural a existência de tão poucos negros no Ministério Público, a ponto de não nos incomodarmos, fazermos nada ou muito pouco para mudar a conjuntura. Ainda persiste o entendimento popular de que os negros não teriam aptidão para algumas tarefas que exigem maior preparo intelectual, senso de estratégia e autoconfiança.[16] Adotar esta postura de conformismo, conforme Silvio Almeida aponta, é naturalizar o racismo. Este, aliás:

> só consegue se perpetuar se for capaz de: produzir um sistema de ideias que forneça uma explicação "racional" para a desigualdade racial; constituir sujeitos cujos sentimentos não se-

---

11. RADOMYSLER, Clio Nudel. "Somos racistas": enfrentando o racismo institucional no Ministério Público de São Paulo. *Revista de Estudos Empíricos em Direito.* v. 6, n. 3, p. 84, dez 2019.

12. Ibidem, p. 93.

13. Ibidem.

14. IBGE – Instituto Brasileiro de Geografia e Estatística. *Pesquisa Nacional por Amostra de Domicílios. Síntese dos Indicadores de 2009.* Rio de Janeiro: IBGE, 2010.

15. MINISTÉRIO PÚBLICO DO ESTADO DE SÃO PAULO. Grupo de Trabalho de Igualdade Racial. *Relatório de levantamento estatístico do censo racial de membros e servidores do MP- SP 2015.* Disponível em: http://www.mpsp.mp.br/portal/pls/portal/!PORTAL.wwpob_page.show?_docname=2577596. PDF. Acesso em: 02 mar. 2023.

16. ALMEIDA, Silvio Luiz de. *Racismo estrutural.* São Paulo: Sueli Carneiro; Pólen, 2019.

jam profundamente abalados diante da discriminação e da violência racial e que considerem "normal" e "natural" que no mundo haja "brancos" e "não brancos".[17]

Neste mesmo sentido, o referido autor complementa:

No Brasil, a negação do racismo e a ideologia da democracia racial sustentam-se pelo discurso da meritocracia. Se não há racismo, a culpa pela própria condição é das pessoas negras que, eventualmente, não fizeram tudo que estava a seu alcance. Em um país desigual como o Brasil, a meritocracia avaliza a desigualdade, a miséria e a violência, pois dificulta a tomada de posições políticas efetivas contra a discriminação racial, especialmente por parte do poder estatal. No contexto brasileiro, o discurso da meritocracia é altamente racista, uma vez que promove a conformação ideológica dos indivíduos à desigualdade racial.[18]

Destarte, precisamos reconhecer o privilégio das pessoas brancas no ingresso na instituição e implementar programas institucionais eficazes de combate às desigualdades raciais no Ministério Público. Evidentemente, todos que são aprovados nos concursos possuem seus méritos pessoais de esforço e dedicação, porém, é incontestável a ausência de igualdade de oportunidade entre os candidatos brancos e negros. Portanto, negar que os brancos estão nestes espaços por benefícios estruturais, que demandam intervenções para sua reversão, é acreditar na supremacia branca e fomentá-la.

5. IMPORTÂNCIAS DAS AÇÕES AFIRMATIVAS

Ressalta-se que as ações afirmativas atuam no sentido de promover a heterogeneidade no mercado de trabalho, revertendo a cediça sub-representação de determinados grupos em funções de comando ou profissões de prestígio, haja vista que a discriminação positiva tem em mira a eliminação das barreiras invisíveis que impedem a ascensão de tais indivíduos, que são submetidos à condição de subalternos pela estrutura existente na sociedade.

Como corolário, as referidas políticas positivas gerariam fundamentais transformações no imaginário coletivo, extinguindo preconceitos e estereótipos que estão arraigados em nossa sociedade, além de possibilitar a representação destes grupos em espaços de poder, tornando-se verdadeiros paradigmas às gerações futuras, que vislumbrariam a concreta possibilidade de ascensão econômica e social.

Por fim, ao propiciar a igualdade entre todos, as ações afirmativas teriam o condão de elevar a competitividade e produtividade do país, pois a exclusão de parcela da sociedade acarreta no desperdício de incomensuráveis talentos, por terem maiores dificuldades de ingressar no ensino superior e, posteriormente, no mercado de trabalho.

---

17. Ibidem.
18. Ibidem.

Especialmente no que tange às cotas nas universidades, conforme Flávia Piovesan, o seu impacto

> não seria apenas reduzido ao binômio inclusão/exclusão, mas também permitiria o alcance de um objetivo louvável e legítimo no plano acadêmico – que é a riqueza decorrente da diversidade. As cotas fariam com que as universidades brasileiras deixassem de ser territórios brancos, com a crescente inserção de afrodescendentes, com suas crenças e culturas, o que em muito contribuiria para uma formação discente aberta à diversidade e pluralidade.[19]

Igualmente, constata-se que

> [a] inserção diferenciada no ensino superior público brasileiro de estudantes negros e/ou pobres é importante não somente para amenizar a enorme desigualdade quando se compara a pequena inserção desses alunos com a dos alunos brancos e/ou ricos, como essa inserção diferenciada possibilita a convivência entre estudantes de classes sociais e grupos raciais diferentes; contribui para a revisão e a reprovação de preconceitos raciais, de classe e de atitudes discriminatórias; possibilita a formação de profissionais negros ou de origem social pobre gerando novas referências para a sociedade brasileira e novas visões sobre a sociedade brasileira; democratiza (mesmo que minimamente) bens culturais produzidos na sociedade; e, entre outras vantagens, melhora a qualidade de vida dos grupos historicamente vulneráveis, podendo inclusive diminuir a desigualdade sociorracial em nosso país. E não temos dúvida de que ela também ajudará a diminuir as desigualdades abismais que existem entre todos os demais grupos sociais e as mulheres negras, que são as mais discriminadas na sociedade brasileira, por serem negras e mulheres.[20]

Já na administração pública, permitir a ocupação dos espaços de poder por "grupos vulnerabilizados possibilita que as ações do poder público sejam pensadas para eles e, tão importante quanto, por eles".[21]

Concernente ao Ministério Público, é imprescindível o ingresso de mais negros na instituição. Além dos argumentos já expostos relacionados à administração pública em geral, acrescenta-se que isso é necessário também para que possamos ter uma atuação mais eficaz no enfrentamento ao racismo, que está dentre atribuições ministeriais.

19. PIOVESAN, Flávia. Ações Afirmativas no Brasil: desafios e perspectivas. *Estudos Feministas*, v. 3, n. 16, p. 894, Florianópolis, set./dez. 2008. Disponível em: https://doi.org/10.1590/S0104-026X2008000300010. Acesso em: 02 mar. 2023.

20. SANTOS, Sales dos; CAVALLEIRO, Eliane; BARBOSA, Maria Inês; RIBEIRO, Matilde. Ações afirmativas: polêmicas e possibilidades sobre igualdade racial e o papel do estado. Estudos Feministas, Florianópolis, 16(3): 424, set.-dez. 2008, p. 915.

21. SILVA, Alexandre Rossi Elias da. *Ações afirmativas no Brasil*: avaliação do resultado da política de reserva de vagas para negros no cargo de promotor de justiça dos ministérios públicos estaduais. Dissertação (mestrado) – Escola Brasileira de Administração Pública e de Empresas – FGV/EBAPE. Rio de Janeiro, 2021, p. 40.

Vieira e Radosmysler, em artigo referente às cotas para a Defensoria Pública, cujos argumentos se enquadram também na situação do Ministério Público, recordam a proposta do Instituto Luiz Gama:

[a]o permitir que membros de grupos sociais historicamente discriminados participem de espaços onde decisões importantes são tomadas ou que venham a pertencer a instituições que gozam de prestígio, permite-se uma recomposição política e econômica do tecido social que se manifesta das seguintes formas: a) fortalecimento de laços sociais, impedindo o isolamento de grupos e retirando a força de práticas discriminatórias; b) o exercício de pluralidades de visões de mundo e a dedução de interesses aparentemente específicos do grupo, que agora, com voz ativa poderá participar da produção de um "consenso", dando legitimidade democrática às normas de organização social; c) redistribuição econômica, vez que a maior dificuldade de acesso ao mercado de trabalho é característica marcante em membros de grupos historicamente discriminados.[22]

Desse modo, complementam as referidas autoras que "[e]m razão da experiência específica de discriminação, membros de grupos sociais vulneráveis muitas vezes têm entendimentos diferentes sobre as causas de problemas sociais e sobre as soluções propostas".[23]

6. PREVISÃO NO ORDENAMENTO JURÍDICO BRASILEIRO

Inicialmente, recorda-se que a Constituição Federal de 1988 institui o Estado Democrático de Direito (art. 1º), que tem dentre os seus objetivos a construção de uma sociedade livre, justa e solidária (art. 3º, I); a erradicação da pobreza e a redução das desigualdades sociais (art. 3º, III), bem como a promoção do bem de todos, sem preconceitos de origem, raça, sexo, cor, idade e quaisquer outras formas de discriminação (art. 3º, IV). Outrossim, estipula o princípio da igualdade material (art. 5º), tudo a fundamentar a implementação de políticas de ações afirmativas.

Além disso, o Estatuto da Igualdade Racial (Lei 12.288/10), destinado a garantir à população negra a efetivação da igualdade de oportunidades, a defesa dos direitos étnicos individuais, coletivos e difusos e o combate à discriminação e às demais formas de intolerância étnica (art. 1º), prevê em diversos dispositivos sobre a possibilidade (e dever) de implementação de ações afirmativas, que são conceituadas pela legislação como "os programas e medidas especiais adotados pelo Estado e pela iniciativa privada para a correção das desigualdades raciais e para a promoção da igualdade de oportunidades" (art. 1º, parágrafo único, VI).

No artigo 2º, pressupõe que é dever do Estado e da sociedade a garantia de igualdade de oportunidades, bem como do direito de participação em atividades

---

22. VIEIRA, Vanessa Vieira; RADOMYSLER, Clio Nudel. A Defensoria Pública e o Reconhecimento das diferenças: Potencialidades e desafios de suas práticas institucionais em São Paulo. *Revista Direito GV*, p. 467-468. São Paulo 11(2) jul.-dez. 2015.

23. Ibidem, p. 469.

políticas, econômicas, empresariais, educacionais, culturais e esportivas. Assim sendo, determina em seu artigo 4º que a participação da população negra, em condição de igualdade de oportunidade, em todas as esferas, será promovida, prioritariamente, por meio: da adoção de medidas, programas e políticas de ação afirmativa (inciso II); eliminação dos obstáculos históricos, socioculturais e institucionais que impedem a representação da diversidade étnica nas esferas pública e privada (inciso V); implementação de programas de ação afirmativa destinados ao enfrentamento das desigualdades étnicas no tocante à educação, cultura, esporte e lazer, saúde, segurança, trabalho, moradia, meios de comunicação de massa, financiamentos públicos, acesso à terra, à Justiça, e outros (inciso VII). Ademais, conclui que "os programas de ação afirmativa constituir-se-ão em políticas públicas destinadas a reparar as distorções e desigualdades sociais e demais práticas discriminatórias adotadas, nas esferas pública e privada, durante o processo de formação social do País" (art. 4º, parágrafo único). Por derradeiro, estabelece que o poder público adotará programas de ação afirmativa (art. 15).

Destarte, para a concretização desta lei, no âmbito federal, foram aprovadas a Lei 12.711/12, determinando a reserva de vagas nas universidades federais, inclusive para pretos e pardos, bem como a Lei 12.990/2014, que prevê a reserva de 20% das vagas para negros em concursos públicos da administração pública federal. Ambas as legislações tiveram suas constitucionalidades apreciadas pelo Supremo Tribunal Federal.

Na ADPF 186, foi reconhecida, por unanimidade, que a política de cotas raciais nas universidades públicas federais é constitucional, prestigiando o princípio da igualdade material previsto na Constituição Federal. Desta forma, conforme sua ementa, há

> a possibilidade de o Estado lançar mão seja de políticas de cunho universalista, que abrangem um número indeterminados de indivíduos, mediante ações de natureza estrutural, seja de ações afirmativas, que atingem grupos sociais determinados, de maneira pontual, atribuindo a estes certas vantagens, por um tempo limitado, de modo a permitir-lhes a superação de desigualdades decorrentes de situações históricas particulares.

Nesse ponto, é oportuno destacar seu dispositivo, o qual julga improcedente a ADPF, ao considerar que as políticas de ação afirmativa adotadas:

> (i) têm como objetivo estabelecer um ambiente acadêmico plural e diversificado, superando distorções sociais historicamente consolidadas, (ii) revelam proporcionalidade e a razoabilidade no concernente aos meios empregados e aos fins perseguidos, (iii) são transitórias e preveem a revisão periódica de seus resultados, e (iv) empregam métodos seletivos eficazes e compatíveis com o princípio da dignidade humana.[24]

---

24. ADPF 186, Relator(a): Min. Ricardo Lewandowski, Tribunal Pleno, julgado em 26.04.2012, Acórdão Eletrônico DJe-205 Divulg 17.10.2014 Public 20.10.2014.

Já a ADC 41 também julgou que a Lei 12990/14 é constitucional, destacando-se dois dos seus fundamentos, constantes da sua ementa:

> 1.1. Em primeiro lugar, a desequiparação promovida pela política de ação afirmativa em questão está em consonância com o princípio da isonomia. Ela se funda na necessidade de superar o racismo estrutural e institucional ainda existente na sociedade brasileira, e garantir a igualdade material entre os cidadãos, por meio da distribuição mais equitativa de bens sociais e da promoção do reconhecimento da população afrodescendente. 1.2. Em segundo lugar, não há violação aos princípios do concurso público e da eficiência. A reserva de vagas para negros não os isenta da aprovação no concurso público. Como qualquer outro candidato, o beneficiário da política deve alcançar a nota necessária para que seja considerado apto a exercer, de forma adequada e eficiente, o cargo em questão. Além disso, a incorporação do fator "raça" como critério de seleção, ao invés de afetar o princípio da eficiência, contribui para sua realização em maior extensão, criando uma "burocracia representativa", capaz de garantir que os pontos de vista e interesses de toda a população sejam considerados na tomada de decisões estatais.[25]

7. RESERVA DE VAGAS PARA NEGROS NOS CONCURSOS DO MINISTÉRIO PÚBLICO

As supramencionadas previsões legislativas e as decisões do Supremo Tribunal Federal, além de toda movimentação social, impulsionaram a aprovação pelo CNMP da Resolução 170/17.[26] Citada norma prevê a reserva de 20% das vagas nos concursos de ingresso ao Ministério Público brasileiro para candidatos negros, com base na autodeclaração e heteroidentificação do fenótipo, critério pelo qual esta população é discriminada e sofre as consequências da exclusão racial.

No MPSP, a política de reserva de vagas passou a ser implementada nesses moldes, sendo incluído no regulamento do concurso de ingresso de membros até um pouco antes da edição da mencionada resolução pelo CNMP, conforme o artigo 1º do Ato(N) 1031/2017 – CPJ, de 18.05.2017. Por conseguinte, já tivemos finalizados dois concursos de ingresso para promotores substitutos com esta política, o 92º (2017) e 93º (2019), e um terceiro em vias de ser finalizado, o 94º (2021), que contou com significativa alteração no regulamento em relação à ação afirmativa, por meio da Resolução 1.376 – PGJ – CPJ, de 26/10/2021. A análise do resultado desses concursos é importante, pois permite avaliar a eficácia da medida, seus principais desafios e, assim, cogitar algumas estratégias visando o seu aperfeiçoamento.

---

25. ADC 41, Relator(a): Min. Roberto Barroso, Tribunal Pleno, julgado em 08.06.2017, Processo Eletrônico DJe-180 Divulg 16.08.2017 Public 17.08.2017.
26. Disponível em: https://www.cnmp.mp.br/portal/images/Resolucoes/Resolu%C3%A7%C3%A3o-170. pdf. Acesso em: 02 mar. 2023.

Em São Paulo, o concurso é composto por três fases principais. Na primeira fase, prova preambular de caráter eliminatório, possui 100 questões objetivas de múltipla escolha, cuja nota mínima é de 50 questões. Logo, são aprovados para a próxima fase aqueles que atingirem o mínimo, bem como os que obtiverem a melhor pontuação até oito vezes o número de vagas e, antes da Resolução 1.376 – PGJ – CPJ, de 26.10.2021, a mencionada proporção era observada também em relação às listagens das respectivas cotas, sendo assim estabelecida uma nota de corte. Já a segunda fase, prova discursiva, de caráter eliminatório e classificatório, é composta por cinco questões, uma peça prática e uma dissertação. A pontuação mínima atual é cinco[27] de um máximo de dez pontos, não sendo possível zerar a nota da dissertação ou da peça prática. Desse modo, são aprovados para a próxima fase aqueles que atingirem a pontuação mínima e os que obtiverem a melhor pontuação até duas vezes o número de vagas e, antes da mencionada resolução recente, também era observada essa proporção na lista das vagas reservadas. Atualmente, após a alteração da Resolução 1.376/2021 – PGJ-CPJ, tanto na prova preambular quanto na escrita, não é observada mais essa proporção para os candidatos à reserva de vagas, bastando o alcance das notas mínimas (50% da prova), para a habilitação para a fase seguinte. Por fim, a última fase, também de caráter eliminatório e classificatório, é a prova oral, cuja nota mínima será quatro de um total de dez. A nota final do concurso é calculada por meio da média da prova oral e da prova escrita, somando-se com a pontuação dos títulos, devendo também ser observada a nota mínima de cinco.

No concurso de 2017,[28] o primeiro que foi realizado após a Resolução 170/17 do CNMP, de 13 vagas reservadas, tivemos apenas dois aprovados que teriam se autodeclarado negros, conforme o resultado final. Porém, analisando os resultados de cada fase, verifica-se que um dos candidatos não precisou da reserva de vagas, já que foi aprovado em todas as provas dentro da nota de corte da lista da ampla concorrência. O outro beneficiou-se apenas na primeira fase, em razão de sua nota estar abaixo do corte, mas ainda acima do mínimo, sendo que, nas demais fases, sua nota foi superior ao corte da ampla concorrência. Assim, de 130 candidatos negros que foram aprovados para a prova discursiva, apenas sete atingiram a nota mínima e, destes, apenas dois foram aprovados na prova oral e no concurso.[29] Isto porque, tanto na fase escrita como na oral, as notas de corte

---

27. Alteração decorrente da Resolução 1.376 – PGJ – CPJ, de 26.10.2021, tendo em vista que a nota mínima da prova escrita, aplicada nos concursos 92º e 93º, era 4,00.

28. Disponível em: http://www.mpsp.mp.br/portal/page/portal/concursos/membros/92_Concurso. Acesso em: 02 mar. 2023.

29. SILVA, Alexandre Rossi Elias da. *Ações afirmativas no Brasil*: avaliação do resultado da política de reserva de vagas para negros no cargo de promotor de justiça dos ministérios públicos estaduais. Dissertação (mestrado) – Escola Brasileira de Administração Pública e de Empresas – FGV/EBAPE. Rio de Janeiro, 2021.

foram muito próximas da nota mínima. Assim, a reserva de vagas não fez quase diferença, porque não foi possível a aprovação daqueles que estavam abaixo do corte e da nota mínima. Recorda-se: as vagas reservadas que não foram preenchidas são destinadas à ampla concorrência, que tinham candidatos suficientes acima da nota de corte e da nota mínima.

Essa situação foi semelhante à de outros concursos de Ministério Públicos estaduais do país, conforme a pesquisa realizada por Silva,[30] que apreciou o impacto da Resolução CNMP 170/2017 na proporção de pretos e pardos que foram admitidos nos concursos para promotores de justiça realizados no Brasil a partir de então.

Destarte, até o período analisado na mencionada pesquisa, nos concursos realizados, foram reservados 18,66% do total de vagas disponíveis para candidatos autodeclarados negros. Contudo, de todos aprovados, apenas 5,24% eram candidatos negros. E, o que é pior: apenas 2,23% do total de candidatos aprovados foram efetivamente beneficiados dentro da reserva de vagas, porque os demais candidatos negros aprovados tiveram desempenho igual ou superior aos que estavam disputando pela ampla concorrência. Como Silva destaca, este número é quase dez vezes menor que a meta de 20% estabelecida pela resolução para reverter o quadro de sub-representação de negros no Ministério Público brasileiro.[31]

Portanto, a ação afirmativa só irá beneficiar os casos em que os parâmetros mínimos foram atingidos, mas a nota foi menor que a do último candidato classificado pela ampla concorrência.[32] Em outras palavras: para ter eficácia, é necessário haver alguma margem entre a nota mínima e a nota de corte da ampla concorrência, para que candidatos que não alcançaram a nota de corte geral, porém atingiram o mínimo, possam ser beneficiados com a aprovação para a fase seguinte ou no resultado final. Caso contrário, desnecessária a existência das vagas reservadas, pois para alcançá-las o candidato tem que ter praticamente a mesma nota das vagas disputadas na ampla concorrência.

Observa-se que, no concurso seguinte do MPSP, o 93º concurso de ingresso à carreira, realizado em 2019, houve mudança significativa na quantidade de candidatos negros aprovados, sem ter havido, até então, qualquer mudança formal na política da ação afirmativa.[33] No seu edital, foram reservadas 16 vagas aos candidatos negros. Destas, 15 foram preenchidas, sendo que dez foram para

---

30. Ibidem.
31. Ibidem.
32. Ibidem.
33. As alterações significativas na ação afirmativa foram promovidas pela mencionada Resolução 1.376 – PGJ – CPJ, de 26.10.2021, aplicável, portanto, a partir do concurso 94º, o qual, até a elaboração este artigo, ainda não havia sido finalizado.

candidatos beneficiados das cotas, enquanto cinco tiveram nota suficiente para as vagas da ampla concorrência.[34] De tal modo, mesmo considerando apenas as dez vagas dos que efetivamente se beneficiaram, o avanço foi grande em comparação ao concurso anterior, já que houve o preenchimento de 12,5% das vagas totais disponibilizadas no concurso (80 vagas).

Como não houve alteração formal na política até esse concurso, a conclusão é que a correção na 2ª fase foi menos rígida ou o seu nível de dificuldade foi menor, permitindo com que as notas de corte da ampla concorrência fossem maiores que a nota mínima, criando uma margem para o aproveitamento do benefício da reserva de vagas. Assim, diante da grande diferença de resultado entre estes dois primeiros concursos com a reserva de vagas para candidatos negros, verificou-se a dependência na postura da banca examinadora para o sucesso da política.

No 94º concurso, cujo julgamento final ainda está pendente de homologação, tivemos mudança significativa da política, que será melhor explicitada mais adiante, por meio da mencionada Resolução 1.376/21 – PGJ – CPJ. A despeito disso, o resultado preliminar foi semelhante ao resultado final do concurso anterior. Das 25 vagas reservadas, 16 foram preenchidas por candidatos negros que não obtiveram nota suficiente na lista da ampla concorrência, o que corresponde a 12,8% do total das vagas disponibilizadas no concurso (125 vagas). Como também veremos adiante, esse resultado não é decorrente necessariamente das mudanças do regulamento, todavia principalmente pela postura da banca na avaliação do concurso, em especial na 2ª fase. Dessa forma, enquanto não tivermos modificações com estratégias eficazes, imperiosa será a manutenção dessa tendência na postura das bancas examinadoras dos próximos concursos, pois só assim avançaremos na superação da desigualdade racial institucional. Caso contrário, se repetir o padrão de correção do 92º concurso, a ação afirmativa será ineficaz no alcance dos objetivos pretendidos.

De qualquer forma, pelo panorama geral de todos Ministério Públicos, consoante o período analisado da mencionada pesquisa de Silva,[35] é possível concluir que a política ainda está longe de atingir os resultados esperados, tendo em vista que a quantidade de aprovados está sendo bem abaixo dos 20% reservados, considerando-se o contexto dos últimos concursos do Ministério Público do Estado

---

34. Resultado disponível em: https://www.mpsp.mp.br/documents/840131/4322590/22409206-Aviso%2520n%C2%BA%2520117-20_Julgamento%2520do%2520Concurso%2520compilado.pdf/d7e51b77-9476-d1e0-262b-1ec26d84afab?t=1642221998375&download=true.

35. SILVA, Alexandre Rossi Elias da. *Ações afirmativas no Brasil*: avaliação do resultado da política de reserva de vagas para negros no cargo de promotor de justiça dos ministérios públicos estaduais. Dissertação (mestrado) – Escola Brasileira de Administração Pública e de Empresas – FGV/EBAPE. Rio de Janeiro, 2021.

50   MIRELLA DE CARVALHO BAUZYS MONTEIRO E BRUNO MOMESSO BERTOLO

de São Paulo como uma situação excepcional, e isso, frise-se, sem preencher completamente as vagas reservadas.

Ademais, conforme a referida pesquisa, em comparação com a composição racial prévia à implementação da Resolução CNMP 170/17, com base nos únicos Estados que até então haviam disponibilizado este dado, quase não houve alteração da situação. Aliás, no MPGO a desigualdade ficou ainda maior. Assim, até 2021, após a implementação das cotas nos concursos, a proporção de promotores e procuradores negros passou de 3,46% para 3,49% no MPPR, de 4% para 4,19% no MPSP, enquanto no MPGO houve redução da proporção de 7,35% para 6,99%, tendo em vista que o último concurso não aprovou nenhum negro.[36]

Em relação aos demais Estados até então não foi possível fazer a comparação antes e após o início da implementação das cotas, pela mencionada falta de censo racial, sendo urgente esse levantamento de informações para a avaliação e planejamento da política pública. Observa-se que, em relação a isso, a Resolução CNMP 242/2021[37] determinou a inclusão no sistema de cadastro de membros do Ministério Público informações étnico-raciais, iniciando-se este mapeamento no âmbito do Conselho Nacional do Ministério Público, o que viabilizará a efetiva análise da composição étnico-racial do Ministério Público brasileiro.[38]-[39]

A pesquisa de Silva conclui:

> não é possível afirmar, apoiado nos três primeiros anos da política, somados aos nove anos no Paraná, que a norma irá garantir a reversão da disparidade existente entre as características da população brasileira e as dos servidores que ocupam a cadeira mais importante dos Ministério Públicos Estaduais. Contudo, os dados apresentados apontam para uma baixa efetividade da Resolução em aumentar a proporcionalidade de pessoas pretas e pardas nesse emprego público. Apenas 5,24% do total dos candidatos aprovados eram negros,[40] sendo que mais da metade teriam sido aprovados sem a utilização da reserva de vagas para negros, gerando um resultado real de dezessete candidatos impactados ao focarmos nos aprovados.[41]

Portanto, ainda que a reserva de vagas tenha sido uma iniciativa bastante louvável, inexistem, por ora, motivos suficientes para comemoração, pois não

---

36. Ibidem.
37. Disponível em: https://www.cnmp.mp.br/portal/images/Resolucoes/2021/Resoluo-n-242-2021.pdf.
38. Disponível em: https://www.cnmp.mp.br/portal/todas-as-noticias/15302-cnmp-e-ipea-celebram-termo-para-mapear-o-perfil-etnico-racial-do-ministerio-publico-brasileiro.
39. Disponível em: https://www.cnmp.mp.br/portal/todas-as-noticias/16107-sensibilizacao-dos-ministerios-publicos-para-pesquisa-sobre-o-perfil-etnico-racial-do-mp-e-tema-de-reuniao-2.
40. Recorda-se que o período da pesquisa mencionada não abrangeu o resultado dos concursos 93º e 94º do MPSP, que aprovaram um número significativo de candidatos negros.
41. SILVA, Alexandre Rossi Elias da. *Ações afirmativas no Brasil*: avaliação do resultado da política de reserva de vagas para negros no cargo de promotor de justiça dos ministérios públicos estaduais. Dissertação (mestrado) – Escola Brasileira de Administração Pública e de Empresas – FGV/EBAPE. Rio de Janeiro, 2021, p. 78.

basta a criação das cotas para o alcance dos resultados pretendidos. É imprescindível que a política seja avaliada e sejam implementadas estratégias eficazes para o efetivo acesso das vagas pelos candidatos negros.

Recorda-se que o prazo de vigência da Resolução 170/17 é até junho de 2024. Logo, deverá ser prorrogada, diante da ausência de alcance dos seus objetivos, como já restou demonstrado. Aliás, desde a sua edição já era cristalina a dificuldade em produzir os resultados esperados neste curto período. Afinal, os concursos públicos para ingresso são realizados em periodicidades distintas de acordo com a disponibilização de vagas, bem como que as políticas públicas precisam de tempo para serem bem planejadas, avaliadas e, por fim, apresentarem resultados eficazes, principalmente no caso das ações afirmativas que pretendem a superação de desigualdades raciais históricas.

7.1 Sugestões de estratégias para melhoria da implementação da Resolução 170/2017 do CNMP

Antes de abordarmos as estratégias, é importante levantarmos as causas principais para o não preenchimento das vagas reservadas.

1. A primeira é o fato de uma quantidade menor de candidatos negros prestarem o concurso. Como Silva aponta, no início de quase todos os concursos analisados, o número de inscrições preliminares dos candidatos negros não atinge 20% do total de candidatos.[42] Isso ocorre em virtude das dificuldades decorrentes da ausência de negros concluindo faculdades de Direito, do alto nível exigência do concurso, bem como pelo requisito de três anos de atividade jurídica.[43]

Assim, a solução dessa situação está

relacionada com as ações afirmativas voltadas para o ingresso de negros em instituições públicas de ensino superior, implementadas há mais tempo, mas que de acordo com Silva e Silva (2014) produzem um impacto paulatino, sem representar mudanças em curto prazo no perfil do mercado de trabalho.[44]

Além disso, a própria representatividade com o ingresso de um maior número de negros no Ministério Público e outras carreiras jurídicas por meio das cotas estimulará com que mais estudantes de Direito negros almejem e acreditem na

---

42. Ibidem.

43. CESEC, 2016, apud RADOMYSLER, Clio Nudel. "Somos racistas": enfrentando o racismo institucional no Ministério Público de São Paulo. *Revista de Estudos Empíricos em Direito*. v. 6, n. 3, p. 81-110, dez. 2019.

44. SILVA, Alexandre Rossi Elias da. *Ações afirmativas no Brasil*: avaliação do resultado da política de reserva de vagas para negros no cargo de promotor de justiça dos ministérios públicos estaduais. Dissertação (mestrado) – Escola Brasileira de Administração Pública e de Empresas – FGV/EBAPE. Rio de Janeiro, 2021, p. 64-65.

possibilidade de aprovação na carreira ministerial. Urge trazer a lume o brilhante apontamento da embaixadora Irene Vida Gala, em evento realizado pela Escola Superior do Ministério Público de São Paulo, em relação à cota para as mulheres em espaços de poder, mas que também é pertinente para a situação aqui discutida: "o importante é ter cotas para dar o espaço do sonho, porque o espaço do sonho hoje nos é negado".[45]

Observa-se que no MPSP não foi possível analisar a quantidade de inscrições de candidatos que se autodeclararam negros, a proporção de inscritos e consequente taxa de retenção na primeira fase destes candidatos, vez que as inscrições preliminares foram publicadas em listagem única, não diferenciando os inscritos para a reserva de vagas.

2. Outra causa é o fato de os candidatos negros não atingirem a pontuação mínima exigida pelas fases do concurso.

Ao invés de partirmos para o senso comum de acreditar que eles simplesmente não estão preparados e que, assim, deveríamos aguardar o sucesso das cotas universitárias ou cogitar a oferta de cursinhos preparatórios sociais, entendimento que sempre predominou antes da implementação da reserva das vagas nos concursos, é imprescindível analisarmos como fazer com que a ação afirmativa por si seja eficaz, sem prejuízo da implementação das demais políticas mencionadas.

A trajetória nas provas dos Ministérios Públicos do país é semelhante. Inicia-se com um número de candidatos negros que não é proporcional aos 20% das vagas, como já foi dito. Porém, após a prova preambular, em quase todos os concursos, o número de candidatos negros aprovados para a próxima discursiva se aproxima desta proporção dos 20%, chegando até a superar em alguns casos, como em Goiás, Minas Gerais, no ano de 2019, bem como em Santa Catarina.[46] Isso porque, nessas fases, normalmente, pela grande concorrência e ampla quantidade de candidatos por vaga, as notas de corte são bem altas, havendo margem em relação à nota mínima, o que viabiliza um número maior de beneficiados abaixo do corte e convocados para a próxima fase.

Porém, o gargalo acontece na segunda fase, em que há uma redução mais drástica do número de candidatos habilitados para a prova oral (em São Paulo, por exemplo, são aprovados apenas duas vezes o número de vagas), bem como, "sob o ponto de vista da retenção, a prova discursiva (...) se mostrou a mais rigorosa com

---

45. Disponível em: https://www.youtube.com/watch?v=-wa8RIEJMEg. Acesso em: 02 mar. 2023.

46. SILVA, Alexandre Rossi Elias da. *Ações afirmativas no Brasil*: avaliação do resultado da política de reserva de vagas para negros no cargo de promotor de justiça dos ministérios públicos estaduais. Dissertação (mestrado) – Escola Brasileira de Administração Pública e de Empresas – FGV/EBAPE. Rio de Janeiro, 2021.

o público-alvo da ação afirmativa".[47] Aliás, tão rigorosa que, em alguns concursos, chega-se ao ponto de todos os candidatos autodeclarados negros terem sido eliminados após a primeira fase, como ocorreu no Ministério Público de Goiás e de Santa Catarina, no período analisado na pesquisa de Silva.[48]

Logo, deve-se pensar em estratégias para que mais concorrentes sejam aprovados na segunda fase, mantendo-se, assim, em todas as etapas, ao menos o percentual correspondente à reserva de vagas, para que seja garantida a participação equivalente de candidatos negros em todo o certame.[49] Recorda-se que "o que se pretende com a política é a alteração estrutural do acesso ao elitizado espaço social das carreiras jurídicas no Brasil, devendo, portanto, reduzir as barreiras de entrada dos grupos que foram historicamente marginalizados no processo".[50]

Assim, com base na bibliografia e documentos pesquisados, apresenta-se, a seguir, algumas sugestões de estratégias, para que a barreira da nota mínima para aprovação na prova discursiva possa ser superada.

7.1.1 Não definição de número máximo de candidatos negros a serem habilitados para a prova discursiva e/ou prova oral (ausência de nota de corte)

A maioria dos concursos de ingresso no Ministério Público estipula uma quantidade máxima de candidatos, seja da ampla concorrência ou da reserva de vagas, que poderão ser habilitados para a próxima fase, de acordo com a proporção e total de vagas, sendo estabelecida uma nota de corte, a qual será diferenciada para as cotas. Ao deixar de estabelecer esse limite máximo de candidatos para a prova discursiva, todos candidatos negros que atingirem a nota mínima na prova preambular serão aprovados, inexistindo, para eles, nota de corte na primeira fase e/ou segunda fase.

Sobre esta estratégia, Silva aponta que, "em que pese o fato da Prova Preambular ter sido a única etapa que o percentual da reserva de vagas foi atingido nos concursos, ampliar o número de candidatos negros aprovados nela só irá

47. Ibidem, p. 75.
48. Ibidem.
49. SILVA, Tatiana Dias; SILVA, Josenilton Marques. *Nota Técnica*: Reserva de vagas para negros em concursos públicos: uma análise a partir do Projeto de Lei 6.738/2013. Ipea. Brasília, fevereiro de 2014. Disponível em: https://www.ipea.gov.br/portal/images/stories/PDFs/nota_tecnica/140211_notatecnicadisoc17.pdf.pdf. Acesso em: 03 mar. 2023.
50. SILVA, Alexandre Rossi Elias da. *Ações afirmativas no Brasil*: avaliação do resultado da política de reserva de vagas para negros no cargo de promotor de justiça dos ministérios públicos estaduais. Dissertação (mestrado) – Escola Brasileira de Administração Pública e de Empresas – FGV/EBAPE. Rio de Janeiro, 2021, p. 75.

maximizar o efeito cascata em relação as etapas restantes dos concursos".[51] Em outras palavras, o mencionado pesquisador entende que isso viabilizará com que haja um número maior de pessoas habilitadas à prova discursiva, criando maiores possibilidade de preenchimento da proporção das vagas reservadas. Lembrando que se não tiver candidatos negros suficientes, as vagas reservadas serão destinadas à ampla concorrência, o que reforça a importância de haver um maior número de candidatos concorrendo na fase discursiva.

Observa-se que, no âmbito do Conselho Nacional do Ministério Público, foi apresentada proposta justamente com essa estratégia pelo conselheiro Antônio Edílio Magalhães para alteração da Resolução CNMP 170/2017, com o fim de vedar o estabelecimento de nota de corte ou cláusula de barreira na prova objetiva para os candidatos concorrentes à reserva de vagas.[52] Porém, acredita-se que essa estratégia sozinha não será suficiente para a eficácia pretendida da ação afirmativa, como será doravante exposto.

Essa foi uma alteração importante aplicada no 94º concurso de ingresso à carreira do Ministério Público do Estado de São Paulo, o qual ainda está em andamento e contava com reserva de 25 vagas para os candidatos negros. Conforme as modificações realizadas no regulamento do concurso pela Resolução 1.376 – PGJ – CPJ, de 26/10/2021, todos os candidatos inscritos para a reserva de vagas que atingiram a nota mínima de 50% na prova preambular e na prova escrita, respectivamente, foram habilitados para a fase seguinte,[53] independentemente do número de vagas. Assim, na primeira fase, foram aprovados 563 candidatos[54] pela lista especial da reserva de vaga para negros,[55] ou seja, 22,5 vezes o número de vagas reservadas (25). Em seguida, na segunda fase, foram aprovados para a prova oral dentro da lista especial da reserva de vagas para negros apenas 31 candidatos,[56] vez que somente estes lograram atingir a nota cinco, correspondendo a 1,24 vez o número de vagas reservadas (25),[57] enquanto a nota de corte da

---

51. Ibidem, p. 75.
52. Disponível em: https://www.cnmp.mp.br/portal/todas-as-noticias/16097-conselheiro-apresenta-proposta-que-proibe-nota-de-corte-ou-clausula-de-barreira-nos-concursos-do-cnmp-e-do-mp-2?fbclid=PAAaaTqg3NXOQwg-e3MhZJXYZhZSM3LR-q2VUbMOev4ZG9XZzf8kn-V2ahEbsk.
53. Conforme, respectivamente, artigos 17, § 3º, e 20, § 5º, da Resolução 676/2011-PGJ-CPJ. Disponível em: https://biblioteca.mpsp.mp.br//phl_img/atos/676compilado.pdf. Acesso em: 28 fev. 2023.
54. Conforme resultado da prova preambular. Disponível em: https://www.mpsp.mp.br/documents/20122/0/Aviso+n%C2%BA+268-22_resultado+Preambular.pdf/d6832837-4a43-a958-0fab-51dbda9d8f3b?t=1651242264710&download=true.
55. Lembrando que estes foram apenas os aprovados na listagem especial, ou seja, abaixo da nota de corte da listagem da ampla concorrência. Assim, outros candidatos autodeclarados negros e inscritos pela reserva de vagas foram aprovados, mas não foram beneficiados pela ação afirmativa nesta fase.
56. Idem.
57. Resultado da prova escrita disponível em: https://www.mpsp.mp.br/documents/20122/0/Aviso+n%C2%BA499-2022_divulga%C3%A7%C3%A3o+resultado+%281%29.pdf/4ce65d-

ampla concorrência foi 5,54. Por fim, após a prova oral, conforme o julgamento do concurso[58] ainda pendente de homologação, foram aprovados 16 candidatos dentro da listagem especial da reserva de vagas para negros, correspondendo a apenas 12,8% do total das vagas (125), aquém das 25 vagas que haviam sido disponibilizadas para alcance dos 20% da reserva. Logo, ainda que o resultado seja significativo em detrimento de outros concursos para Ministério Público do Brasil, verifica-se que é ainda insuficiente, até mesmo se compararmos com o concurso anterior do MPSP.

No concurso 93º, como não havia ainda a regra da ausência de nota de corte para os que disputam na reserva de vagas, foram considerados habilitados para a prova escrita 148 candidatos na lista especial, sendo que, destes, 131[59] estavam efetivamente abaixo da nota de corte da lista geral (82 pontos), correspondendo a 8,18 vezes o número de vagas reservadas para candidatos negros (16 vagas), tal qual previsto no regulamento da época. Na prova escrita, 36 candidatos foram aprovados na lista especial de negros,[60] porém, destes, apenas 30 que efetivamente obtiveram pontuação abaixo da nota de corte da ampla concorrência (5,95).[61] Assim, foram beneficiados para o oral, por meio da ação afirmativa, a proporção de 1,87 vez o número de vagas reservadas para os candidatos negros (16). Ou seja, proporção maior que a de aprovados nesta mesma fase no 94º concurso. No resultado final, foram aprovados 15 negros na lista especial, mas apenas 10 que não tinham nota para as vagas da ampla concorrência,[62] correspondendo a

---

7c-0c50-fa85-4e07-19b2435675fd?t=1661208963629&download=true. Disponível em: https://www.mpsp.mp.br/documents/20122/0/Aviso+n%C2%BA+572-22_Resultado+p%C3%B3s+recurso.pdf/46dba18f-aff0-74e5-1d5f-37dac47d83f5?t=1663642347850&download=true.

58. Disponível em: https://www.mpsp.mp.br/documents/20122/0/Aviso+n%-C2%BA+080-23_Julgamento+do+Concurso+-+com+titulos+conferidos.pdf/4e48e-79f-549a-1495-c510-0c8007ec7b81?t=1676381404194&download=true.

59. Resultado disponível em: https://www.mpsp.mp.br/documents/840131/4322590/21006496-A-viso%2520295-19%2520PGJ_Resultado%2520Prova%2520Preambular%252093%C2%BA%-2520CIMP-2019.pdf/82494a91-6d7c-4111-3f62-d7ddfaac91b9?t=1642221990682&download=true. e em: https://www.mpsp.mp.br/documents/840131/4322590/21091014-Aviso%2520n%C2%BA%-2520307-19%2520PGJ_Retifica%C3%A7%C3%A3o%2520Lista%2520Especial.pdf/12d0f-7fb-d206-7e09-c46e-48b321060ee5?t=1642221991154&download=true (após recursos).

60. Resultado disponível em: https://www.mpsp.mp.br/documents/840131/4322590/21856969-A-viso%2520n%C2%BA%2520550-19_Resultado%2520p%C3%B3s%2520recurso.docx/5a-188d1e-fec7-8d7f-7a94-8e5017e24724?t=1642221992926&download=true.

61. As listagens especiais da reserva de vagas publicadas neste concurso, tanto na 2ª fase quanto no resultado final, não incluíram apenas aqueles que de fato haviam se beneficiado da ação afirmativa na respectiva fase, mas todos os autodeclarados negros, mesmo que dentro da nota da ampla concorrência, o que foi modificado no regulamento aplicado ao concurso seguinte (94º).

62. Resultado disponível em: https://www.mpsp.mp.br/documents/840131/4322590/22385393-Apro-vados%252093%C2%BA%2520CIMP-2019.pdf/15f0b4a1-42aa-7b70-4749-c1055e3fc386?-t=1642221997908&download=true.

12,5% das vagas totais do concurso (80 vagas), proporção um pouco abaixo do resultado do 94º concurso.

Destarte, podemos considerar que a estratégia realizada a partir do 94º concurso, ou seja, a ausência de corte para os candidatos à reserva de vagas, sendo necessário apenas o alcance da nota mínima para habilitação para a fase seguinte, é insuficiente para o sucesso da ação afirmativa, ainda assim a 2ª fase representa um grande gargalo. Ainda que 563 candidatos negros tenham sido habilitados para a prova escrita no 94º, enquanto apenas 131 no 93º, o resultado final foi bem parecido. Portanto, mesmo que os examinadores do último concurso tenham avaliado um número bem maior de provas escritas de candidatos à reserva de vagas, após a correção, houve uma proporção menor de habilitados à prova oral (1,24 vez o número de vagas reservadas no 94º em comparação com 1,87 vez o número de vagas reservadas no 93º). Eis a conclusão: não é a nota de corte que atrapalha o sucesso do preenchimento das vagas, mas o não alcance das notas mínimas fixadas. Repita-se, o diferencial nessa fase é o grau de rigidez da correção e o nível de dificuldade da prova elaborada pela banca de examinadores. Assim, se a nota de corte da ampla concorrência for muito próxima da nota mínima, serão poucos os habilitados dentro da listagem especial para a fase seguinte. No caso, a nota de corte da 2ª fase da ampla concorrência do concurso 93º foi 5,95, havendo assim margem para aprovação de um maior número de beneficiados da reserva de vagas acima do mínimo 5. Enquanto no 94º, o corte foi 5,54, dando uma amplitude menor para a existência de beneficiados, o que resultou a menor proporção aprovados para o oral (1,24 vez o número de vagas reservadas).

Consequentemente, mesmo com tal alteração na política da ação afirmativa, a possibilidade de preenchimento das vagas reservadas dependerá do nível da prova e correção aplicadas pela banca examinadora, o que torna imprescindível a apreciação de outras estratégias.

7.1.2 Ausência de nota mínima fixa e manutenção apenas da nota de corte

Uma primeira estratégia pode ser eliminação da exigência de uma nota mínima fixa para a prova discursiva. Dessa forma, seriam aprovados para a prova oral os melhores colocados dentro da proporção do número de vagas reservadas. Logo, a nota mínima na prova escrita seria variável a cada concurso, correspondendo à nota do último classificado.

Este é o método adotado na segunda fase do vestibular da FUVEST para o ingresso na Universidade de São Paulo – USP. Desde o ano de 2017, a USP adota a reserva de vagas de maneira escalonada, culminando no percentual de 50% para alunos oriundos das escolas públicas e, destes, 37,5% de candidatos autodeclarados pretos ou pardos. Para o ingresso no ano de 2021,[63] a USP atingiu o índice de 51,7% de alunos matriculados oriundos de escolas públicas e, dentre eles, 44,1% eram autodeclarados pretos, pardos e indígenas. A meta do ingresso em 2020 já havia sido alcançada também,[64] demonstrando, assim, o sucesso da ação afirmativa no que tange ao acesso da população negra a essa universidade.

Para tanto, ressalta-se que a nota mínima na primeira fase é fixa, de apenas 30% da prova, convocando-se quatro vezes o número de vagas para a segunda fase. Por sua vez, na fase discursiva, que é o nosso principal problema nos concursos do Ministério Público, não há nota mínima fixa, exigindo-se que não seja zerada qualquer das provas ou a redação.[65] Neste caso, os aprovados serão aqueles que obtiveram as melhores notas dentro do número de vagas, conforme cada listagem, correspondendo a nota mínima à nota de corte nessa etapa.

No mencionado grupo de trabalho da igualdade racial do MPSP de 2015, havia sido prevista essa eventual ineficácia das cotas, cogitando-se a não exigência de nota mínima, o que só não foi proposto por receio de não aprovação da política nestes moldes:

> Uma importante discussão no GT, que ilustra um dos seus principais dilemas, foi sobre a necessidade de exigir-se uma pontuação mínima para os candidatos pelas cotas raciais. Alguns integrantes do Grupo indicaram, como exemplo, as cotas para deficientes, que não têm efetividade, e afirmaram que o mesmo ocorrerá com as cotas raciais se for mantida essa exigência. Este debate foi resolvido pela conclusão de que seria impossível a aprovação de uma proposta sem a exigência da pontuação mínima. Esta decisão foi muito frustrante para participantes do grupo do Grupo, pois as reuniões de formação demonstraram que, no Brasil, os negros não têm as mesmas oportunidades de ensino do que os brancos, e que a exigência de padrões mínimos acaba reforçando essa injustiça.[66]

Esse problema foi apresentado para o Conselho Nacional de Justiça, no que tange às cotas dos concursos do TJSP, pelo líder da Educafro, Frei David, o qual afirmou "que o TJ anuncia a reserva de vagas para cota, mas mantém as regras que dificultam a aprovação, como notas de corte que são inalcançáveis para os candidatos que não têm condições financeiras de participar de cursos caros".[67]

63. Disponível em: https://jornal.usp.br/institucional/em-2021-usp-tem-mais-de-50-de-alunos-ingres-santes-vindos-de-escolas-publicas/. Acesso em: 02 mar. 2023.
64. Disponível em: https://jornal.usp.br/institucional/usp-alcanca-meta-de-inclusao-social-em-2020-e--tem-mais-alunos-de-escolas-publicas/. Acesso em: 02 mar. 2023.
65. Conforme Manual do candidato FUVEST 2022. Disponível em: https://www.fuvest.br/wp-content/uploads/fuvest2022_manual_20210804.pdf. Acesso em: 02 mar. 2023.
66. RADOMYSLER, Clio Nudel. "Somos racistas": enfrentando o racismo institucional no Ministério Público de São Paulo. *Revista de Estudos Empíricos em Direito*. v. 6, n. 3, p. 97. dez 2019.
67. ALVES, Chico. *Líder da Educafro reclama a CNJ que o TJ-SP descumpre cota racial para juízes. 2021*. Uol notícias. Disponível em: https://noticias.uol.com.br/colunas/chico-alves/2021/02/17/frei-david--reclama-ao-cnj-que-tj-sp-nao-cumpre-cotas-raciais-para-juizes.htm. Acesso em: 02 mar. 2023.

O Frei David defende a inexistência de nota mínima, sugerindo a aprovação de candidatos negros que forem os mais bem colocados até o preenchimento do 20% das vagas.

Contudo, observa-se que não se pretende a ausência de nota mínima para os candidatos às vagas reservadas, mas que ela seja variável, a fim de sempre ser garantida, ao menos, a aprovação da proporção de 20% de candidatos negros dentre o total de candidatos.

É importante haver previsão de nota mínima no concurso público, mesmo que de maneira variável, como aqui se propõe, tendo em vista que essa foi uma das justificativas utilizadas pelo Ministro Barroso na ADC 41 para declarar a constitucionalidade da Lei 12.990/14:

> Portanto, a reserva de vagas instituída pela Lei 12.990/2014 não viola os princípios do concurso público e da eficiência. A reserva de vagas para negros não constitui uma modalidade de provimento que propicie ao servidor investir-se em cargo ou emprego na administração pública federal sem prévia aprovação em concurso público destinado ao seu provimento. *Ao contrário, como qualquer outro candidato, o beneficiário das cotas deve alcançar a nota necessária para que seja considerado apto a exercer o cargo em questão.* Além disso, a incorporação do fator "raça" como critério de seleção, ao invés de afetar o princípio da eficiência, permite sua realização em maior extensão, na medida em que pode contribuir para que todos os pontos de vista e interesses da comunidade e de seus membros sejam considerados na tomada de decisões estatais.[68]

No caso, observa-se que a nota do último candidato na classificação dos habilitados dentre os candidatos negros para a prova oral será a nota necessária para ser considerado apto para a fase seguinte.

Lembrando que o alcance da nota mínima em uma prova, por si só, não significa que o aprovado será necessariamente eficiente no cargo público, o que retoma ao debatido argumento da meritocracia. Como Adilson Moreira destaca:

> [a]queles que classificam cotas raciais no serviço público como inconstitucionais argumentam que a meritocracia deve ser o parâmetro a ser seguido para a seleção de funcionários. Embora essa afirmação seja plausível, ela não condiz com a complexidade das funções estatais em uma realidade caracterizada pelo pluralismo racial. A meritocracia não pode ser pensada como condição única para a realização de interesses públicos, porque seu alcance depende de outros fatores que estão além da consideração desse preceito. Aquelas pessoas que vão servir aos interesses da comunidade precisam ter qualidades que, muitas vezes, estão além do conhecimento acadêmico. O nosso País é composto por uma diversidade imensa de comunidades que formulam demandas distintas, e as pessoas que são selecionadas para cargos públicos devem estar preparadas para servi-las. Assim, a possibilidade de oferecimento de serviço público mais eficaz não se resume ao conhecimento técnico: ela também pode

---

68. ADC 41, Relator: Min. Roberto Barroso, Tribunal Pleno, julgado em 08.06.2017, Processo Eletrônico DJe-180 Divulg 16.08.2017 Public 17.08.2017, grifos nossos.

decorrer da experiência pessoal dos candidatos para um determinado cargo, experiência que tem origem na vivência desses indivíduos como membros de grupos minoritários. Essa afirmação baseia-se nos estudos já mencionados, que demonstram os benefícios trazidos por um corpo diversificado de funcionários: quanto maior o pluralismo de pessoas, maior a capacidade de solução de problemas surgidos em sociedades complexas.[69]

Essa estratégia seria importante especialmente para a prova escrita, a qual, como vimos, não tem aprovado para a fase oral a proporção de 20% de candidatos negros, mesmo que com um número maior de provas disponíveis para a correção, como foi o caso do 94º concurso do MPSP.

Ressalta-se que, até 2009, quando ainda não havia reserva de vagas para negros, nos concursos do MPSP, era essa a metodologia aplicada. Ou seja, inexistia nota mínima fixa, além da nota de corte, tanto para a 1ª como para a 2ª fase até o 86º concurso. Assim, de acordo com Ato (N) 545/2008 – PGJ-CPJ,[70] eram habilitados para a prova escrita os que obtinham as maiores notas, até totalizar seis vezes o número de cargos postos em concurso e, para a prova oral, bastava não zerar a dissertação, sendo habilitados todos com as maiores notas até totalizar 1,5 vez o número de vagas. Por fim, a nota final era a nota aritmética das notas da prova escrita e oral, mais os títulos, sendo aprovados os que obtinham nota igual ou superior a cinco, ou seja, o único momento em que havia nota mínima fixa. A mudança ocorreu a partir do Ato (N) 600/2009-PGJ-CPJ, de 30 de julho de 2009, que passou a prever a desclassificação automática do que obtivesse nota zero na dissertação ou na peça prática, ou não alcançasse a nota mínima igual a 4,00, na prova escrita, sendo assim classificados para o exame oral aqueles que também obtivessem as maiores notas até duas vezes o número de vagas. Para a aprovação final já era necessária nota final igual ou superior a cinco. A nota mínima fixa, além da nota de corte, passou a ser também exigida na 1ª fase a partir do regulamento atual do concurso, a Resolução 676/2011-PGJ-CPJ.

Dessa forma, verifica-se que a estratégia que se pretende em relação à listagem da reserva de vagas na prova escrita de ausência nota mínima fixa e manutenção de apenas nota de corte, não é nenhuma novidade, na medida em que era a metodologia aplicada nos concursos até 2009. Entende-se que essa é a única estratégia que poderá contribuir de maneira eficaz para que possam ser habilitados para a fase seguinte a proporção equivalente à reserva de vagas de candidatos negros (20%), viabilizando-se, assim, um número maior de candidatos negros a realizarem as

---

69. MOREIRA, Adilson José. miscigenando o círculo do poder: ações afirmativas, diversidade racial e sociedade democrática. *Revista da Faculdade de Direito UFPR*, v. 61, n. 2, p. 117-148, Curitiba, ago. 2016. ISSN 2236-7284. Disponível em: https://revistas.ufpr.br/direito/article/view/43559. Acesso em: 02 mar. 2023, p. 137-138.
70. Disponível em: https://biblioteca.mpsp.mp.br//PHL_img/ATOS/545.pdf. Acesso em: 02 mar. 2023.

provas orais. Desse modo, o sucesso da ação afirmativa nessa fase não dependerá da rigidez da prova e do perfil de avaliação da banca examinadora.

7.1.3 Redução escalonada da nota mínima fixa

Outra estratégia pode ser a revisão do cálculo das notas mínimas fixas na prova discursiva, diante do seu elevado grau de dificuldade. No caso, pode haver um escalonamento da nota, como ocorre no concurso do Ministério Público de Minas Gerais – MPMG, a fim de reverter o baixo índice de candidatos negros aprovados nesta etapa.[71]

Conforme o regulamento do concurso em andamento do MPMG,[72] a nota mínima para a aprovação da segunda fase, conforme o artigo 47, é a mesma da primeira fase, ou seja, alcançar nota superior a cinco em qualquer grupo temático ou obter, no mínimo, média geral seis, desde que apenas uma nota seja menor que cinco e nenhuma nota inferior a quatro. Porém, nos termos do parágrafo primeiro deste mesmo artigo, se isso não resultar na aprovação da quantidade de candidatos estipulada para a próxima fase, seja na ampla concorrência ou nas vagas reservadas, a nota mínima será reduzida para a média geral igual a cinco e nenhuma nota inferior a quatro em cada grupo temático. Lembrando que estes critérios serão utilizados separadamente para a formação da lista da ampla concorrência, de candidatos com deficiência e de candidatos negros. Assim, caso na lista dos candidatos negros não seja atingida a proporção esperada, poderá haver esse escalonamento para uma nota mínima menor. Esta exceção é somente para a prova discursiva. Tanto na preambular como a na prova oral é mantida a mesma pontuação mínima a todos, não havendo possibilidade de redução. Não sendo preenchidas, as vagas vão para a ampla concorrência.

Portanto, não se elimina a necessidade de pontuação mínima e nem é ela totalmente variável, de acordo com a nota dos melhores classificados, como proposto na estratégia anterior. Porém, dependendo do grau de dificuldade da prova e da rigidez da correção, a nota mínima poderá ser reduzida, para viabilizar com que uma maior proporção de candidatos negros participe da fase seguinte.

Silvio Almeida, em palestra na primeira reunião de formação do grupo de trabalho da igualdade racial do MPSP,[73] quando questionado sobre essa situação

---

71. SILVA, Alexandre Rossi Elias da. *Ações afirmativas no Brasil*: avaliação do resultado da política de reserva de vagas para negros no cargo de promotor de justiça dos ministérios públicos estaduais. Dissertação (mestrado) – Escola Brasileira de Administração Pública e de Empresas – FGV/EBAPE. Rio de Janeiro, 2021.

72. Regulamento disponível em: https://www.mpmg.mp.br/data/files/9B/A5/D5/CB/52C328107B615328760849A8/Regulamento%20LIX%20Concurso%20-%20Publicado%20em%2018.03.22%20pdf.pdf/. Acesso em: 28 fev. 2023.

73. Disponível em: https://youtu.be/lCezOGJcSNA. Acesso em: 02 mar. 2023.

da ineficácia da reserva de vagas por conta do não alcance da nota mínima, também trouxe a proposta da sua redução. Na ocasião, ele sugeriu que a nota mínima seja a média do grupo que está concorrendo às ações afirmativas. Desta forma, aqueles que atingirem a nota mais próxima da média do grupo se classificam para a próxima fase, o que se assemelharia à estratégia anterior da nota mínima ser a nota de corte.

Esta estratégia pode ser interessante a ser aplicada no julgamento final do concurso para os candidatos à reserva de vagas, caso seja aplicada a estratégia anterior. Assim, tendo em vista que, por exemplo no caso do MPSP, a nota final do concurso corresponde à média aritmética da prova escrita e prova oral, a qual deve ser igual ou superior a 5,00, se o último candidato classificado na fase anterior obtiver nota muito inferior a 5,00, ele terá que obter uma nota muito alta na prova oral, o que também poderia criar um maior empecilho para a obtenção da média cinco. Neste caso, poderia ser aplicado esse escalonamento da nota mínima fixa exigida no resultado final para as hipóteses em que não forem preenchidas todas as vagas reservadas.

Ressalta-se que essas duas últimas propostas, ou seja, a ausência ou redução da nota mínima fixa, para além da nota de corte, podem ser complementadas por providências que garantam um maior suporte para os recém-aprovados, "que potencializem a ação desses indivíduos após terem tomado posse no cargo público, sendo responsabilidade do órgão público prover cursos de capacitação dos seus servidores".[74] Aliás, estas providências já são adotadas para todos os aprovados, ainda que de maneira não específica para os aprovados por meio do sistema de cotas, tendo em vista a obrigatoriedade da realização do curso de adaptação por todos os recém ingressos na carreira, bem como o acompanhamento da Corregedoria-Geral durante o estágio probatório, a fim de ser decidido, após dois anos, acerca do vitaliciamento do promotor empossado.

8. CONSIDERAÇÕES FINAIS

Como foi possível analisar, a ação afirmativa de reserva de vagas para candidatos negros e negras no Ministério Público é providência essencial para que a instituição possa melhor desempenhar suas atribuições, principalmente para a superação da evidente desigualdade racial.

---

74. SILVA, Alexandre Rossi Elias da. *Ações afirmativas no Brasil*: avaliação do resultado da política de reserva de vagas para negros no cargo de promotor de justiça dos ministérios públicos estaduais. Dissertação (mestrado) – Escola Brasileira de Administração Pública e de Empresas – FGV/EBAPE. Rio de Janeiro, 2021, p. 76.

Desde a Resolução CNMP 170/17, amparada pela Lei da Igualdade Racial, foi determinada a adoção da mencionada ação afirmativa para o ingresso na carreira do Ministério Público. Porém, da forma que vem sendo implementada, está distante de alcançar o seu objetivo de garantir a efetiva inclusão dos negros e negras na instituição. Isto porque, como Vieira e Radosmyler afirmaram,

> [a] efetividade da política depende da porcentagem das vagas estabelecidas e de medidas para promover o real acesso aos concursos. A exclusão social de negros e indígenas dificulta sua aprovação, mesmo com a adoção de política afirmativa. Para evitar que as cotas desempenhem papel meramente simbólico, é necessária a adoção de medidas que garantam a inserção desses grupos, além de práticas de monitoramento dos resultados da política. O sucesso das ações afirmativas depende ainda da inserção dos candidatos selecionados de forma integral, e sem qualquer discriminação, nos quadros profissionais da instituição e, especialmente, nas posições decisórias.[75]

Dentre as dificuldades, está o não alcance da pontuação mínima exigida nos concursos, notadamente na 2ª fase, o que impede com que as vagas reservadas sejam completamente preenchidas, dependendo eventual sucesso da política afirmativa da postura de cada banca examinadora.

Portanto, foram sugeridas algumas estratégias, com base na pesquisa realizada, especialmente em relação aos dois últimos concursos do MPSP. Acredita-se que o melhor é realizar uma conjugação das três estratégias apresentadas, para o alcance do preenchimento efetivo das vagas reservadas aos candidatos negros. Dessa forma, na prova preambular pode ser afastada a exigência de nota de corte para estes candidatos, mantendo-se apenas a nota mínima fixa, como está regulamentado atualmente no âmbito do MPSP. Na prova escrita, pode ser aplicada a nota mínima variável, correspondendo à nota de corte dos candidatos negros melhor classificados até a proporção definida em relação ao número de vagas reservadas, metodologia dos concursos do MPSP até 2009. E, por fim, no julgamento final, pode-se cogitar o escalonamento na nota mínima fixa, se não houver o preenchimento das vagas reservadas, como é aplicado na prova escrita do MPMG.

Dessa forma, acredita-se que poderá ser revertido o baixo grau de efetividade da política pública e, assim, haverá potencial para a alteração da estrutura racial do Ministério Público brasileiro, principalmente, considerando que o prazo de validade da Resolução CNMP 170/17 está prevista para expirar em 2024.

Por derradeiro, destaca-se que não se pretende aqui esgotar a temática, sendo que estas estratégias podem ser avaliadas e complementadas em novas pesquisas e

---

75. VIEIRA, Vanessa Vieira; RADOMYSLER, Clio Nudel. A Defensoria Pública e o Reconhecimento das diferenças: Potencialidades e desafios de suas práticas institucionais em São Paulo. *Revista Direito GV*, p. 455-478. São Paulo 11(2) p. 470, jul.-dez. 2015.

na apreciação dos resultados de concursos públicos futuros. Contudo, resta patente a urgente necessidade da tomada de providências eficazes, para que não haja a perpetuação da desigualdade racial nos quadros do Ministério Público, prejudicando o desempenho das importantes funções constitucionais conferidas à instituição.

9. REFERÊNCIAS

ALMEIDA, Silvio Luiz de. *Racismo estrutural*. São Paulo: Sueli Carneiro; Pólen, 2019.

ALVES, Chico. *Líder da Educafro reclama a CNJ que o TJ-SP descumpre cota racial para juízes. 2021*. Uol notícias. Disponível em: https://noticias.uol.com.br/colunas/chico-alves/2021/02/17/frei-david-reclama-ao-cnj-que-tj-sp-nao-cumpre-cotas-raciais-para-juizes.htm. Acesso em: 18 out. 2021.

BARBOSA, Joaquim. *O debate constitucional sobre as ações afirmativas. 2012*. Disponível em: https://www.geledes.org.br/o-debate-constitucional-sobre-as-acoes-afirmativas-por-joaquim-barbosa/. Acesso em: 16 out. 2021.

IBGE – INSTITUTO BRASILEIRO DE GEOGRAFIA E ESTATÍSTICA. *Pesquisa Nacional por Amostra de Domicílios. Síntese dos Indicadores de 2009*. Rio de Janeiro: IBGE, 2010.

MINISTÉRIO PÚBLICO DO ESTADO DE SÃO PAULO. Grupo de Trabalho de Igualdade Racial. *Relatório de levantamento estatístico do censo racial de membros e servidores do MP- SP 2015*. Disponível em: http://www.mpsp.mp.br/portal/pls/portal/!PORTAL.wwpob_page.show?_docname=2577596.PDF. Acesso em: 17 out. 2021.

MOREIRA, Adilson José. miscigenando o círculo do poder: ações afirmativas, diversidade racial e sociedade democrática. *Revista da Faculdade de Direito UFPR*, v. 61, n. 2, p. 117-148, Curitiba, ago. 2016. ISSN 2236-7284. Disponível em: https://revistas.ufpr.br/direito/article/view/43559. Acesso em: 16 out. 2021.

PIOVESAN, Flávia. *Ações Afirmativas no Brasil*: desafios e perspectivas. Estudos Feministas, Florianópolis, v. 3, n. 16, p. 887-896, set./dez. 2008. Disponível em: https://doi.org/10.1590/S0104-026X2008000300010. Acesso em: 18 out. 2021.

RADOMYSLER, Clio Nudel. "Somos racistas": enfrentando o racismo institucional no Ministério Público de São Paulo. *Revista de Estudos Empíricos em Direito*. v. 6, n. 3, p. 81-110, dez. 2019.

RIBEIRO, Djamila. *Quem tem medo do feminismo negro?* Companhia das Letras, 2018.

SANTOS, Sales dos; CAVALLEIRO, Eliane; BARBOSA, Maria Inês; RIBEIRO, Matilde. *Ações afirmativas*: polêmicas e possibilidades sobre igualdade racial e o papel do estado. Estudos Feministas, Florianópolis, 16(3): 424, set.-dez. 2008, 913-919.

SILVA, Alexandre Rossi Elias da. *Ações afirmativas no Brasil*: avaliação do resultado da política de reserva de vagas para negros no cargo de promotor de justiça dos ministérios públicos estaduais. Dissertação (mestrado) – Escola Brasileira de Administração Pública e de Empresas – FGV/EBAPE. Rio de Janeiro, 2021.

SILVA, Tatiana Dias; SILVA, Josenilton Marques. *Nota Técnica*: Reserva de vagas para negros em concursos públicos: uma análise a partir do Projeto de Lei 6.738/2013. Ipea. Brasília, fevereiro de 2014. Disponível em: https://www.ipea.gov.br/portal/images/stories/PDFs/nota_tecnica/140211_notatecnicadisoc17.pdf.pdf. Acesso em: 17 out. 2021.

VIEIRA, Vanessa Vieira; RADOMYSLER, Clio Nudel. A Defensoria pública e o reconhecimento das diferenças: potencialidades e desafios de suas práticas institucionais em São Paulo. *Revista Direito GV*, p. 455-478. São Paulo 11(2) jul.-dez. 2015.

A DESIGUALDADE DE GÊNERO E RAÇA NA REPRESENTATIVIDADE POLÍTICA BRASILEIRA

Ana Laura Bandeira Lins Lunardelli

Especialista em Direito Eleitoral pela Escola Judiciária Eleitoral Paulista – EJEP. Promotora de Justiça do Estado de São Paulo. Assessora Eleitoral da Secretaria Especial de Assuntos Eleitorais do Ministério Público do Estado de São Paulo. Membro do Grupo de Trabalho de Prevenção e Combate à Violência Política de Gênero da Procuradoria-Geral Eleitoral.

Vera Lúcia De Camargo Braga Taberti

Promotora de Justiça do Estado de São Paulo. Assessora Eleitoral da Secretaria Especial de Assuntos Eleitorais do Ministério Público do Estado de São Paulo. Assessorou a Procuradoria Regional Eleitoral de São Paulo nas eleições 2018. Membro do Grupo de Trabalho de Prevenção e Combate à Violência Política de Gênero da Procuradoria-Geral Eleitoral.

1. INTRODUÇÃO

A sociedade brasileira é formada por uma diversidade de grupos sociais que bem poderia estar ocupando os espaços de poder. Entretanto, historicamente, mulheres, negros (pardos e pretos), indígenas, pessoas com deficiência, população LGBT+ estão sub-representados na política institucional que é dominada desde sempre por homens brancos.

Embora tenhamos diversos grupos identitários na população, vivemos em uma sociedade desigual, complexa, insuficientemente inclusiva e na qual a maioria dos eleitores pouco se identifica com os parlamentares, que muitas vezes ignoram as necessidades mais básicas destes grupos que, por razões estruturais, são mais dependentes de políticas públicas e de suporte do Estado.

Isto se deve ao fato de que a política é exercida predominantemente e quase que exclusivamente por homens brancos, ao passo que a maioria da população não pertence a esse segmento social.

Setores majoritários demograficamente como mulheres e pessoas negras (pretas e pardas) são excluídas de participar de decisões de vital importância na organização da sociedade, na elaboração de políticas públicas, na alocação de recursos, enquanto deveriam participar da tomada de decisões políticas, contribuindo para a solução de problemas sociais, políticos e econômicos com suas experiências de vida, perspectivas e diferentes visões de mundo. Suas dificuldades, problemas e necessidades ficam em segundo plano, quando a política segue dominada por um grupo privilegiado, minoritário e hegemônico.[1]

Conforme adverte Tereza Sacchet:[2]

> dado que a igualdade formal não implica automaticamente igualdade de fato e que há desequilíbrio entre os cidadãos, se as demandas relacionadas a grupos sociais específicos forem negligenciadas, os direitos considerados universais podem consistir em expressão de tratamento privilegiado para membros de grupos raciais, de gênero e econômicos hegemônicos.

Assim, os direitos políticos universais podem ser insuficientes para garantir que presença e influência política reflitam a diversidade e os conflitos sociais.

A ausência de representatividade dos diversos grupos sociais tem trazido um constante descrédito e descontentamento dos cidadãos em relação à classe política, tanto no que diz respeito à elaboração de políticas públicas para os grupos mais vulnerabilizados, quanto no reconhecimento de uma pluralidade de vozes na política institucional, pois há muito tempo o mesmo grupo hegemônico predomina nas casas legislativas.

A adoção de ações afirmativas que favoreçam a participação de grupos sociais distintos foi realizada como um meio de aumentar a confiança dos cidadãos nas instituições políticas, favorecendo a participação e o engajamento maior da sociedade. Sua existência também é fruto de pressão de movimentos da sociedade civil, do movimento de mulheres e do movimento negro por maior legitimidade nas esferas político-decisórias, de modo que sejam capazes de refletir a heterogeneidade social. Ações afirmativas e cotas são também recomendadas por organismos multilaterais e por governos como meio de reconhecer as diferenças entre os cidadãos e de tornar os processos políticos mais representativos.

A política de cotas representa um simbolismo no número de mulheres e pessoas negras na política. É também um argumento de justiça, em razão da predominância desses grupos sociais na população, que podem contribuir para a construção de uma sociedade mais plural e justa com suas diversificadas expe-

---

1. MACHADO, MARQUES e BIROLI, 2022.
2. SACCHET, 2012, p. 404.

riências de vida. Constitui, outrossim, um argumento de diferença entre gênero e raça que levam a experiências distintas.[3]

No caso dos negros, as cotas também buscam corrigir as discrepâncias na representação e a ausência desse grupo nos espaços de poder, resultado de séculos de exclusão social, ocasionados pela escravidão e pelo racismo atual.

Políticas de ações afirmativas e cotas são criadas a partir da contextualização de desigualdade entre grupos sociais específicos e normalmente voltam-se às mulheres e negros, pois são esses grupos que tendem a enfrentar mais desvantagens sociais, econômicas, políticas e culturais.[4]

Há um dado importante a ser colocado nesse trabalho: enquanto inúmeros pesquisadores se debruçaram e se debruçam sobre o tema da baixa representatividade feminina na política, há muito menos estudos dedicados a entender a exclusão de negros e de negras, como apontam Luiz Augusto Campos e Carlos Machado[5] e outros autores e autoras consultados.

Uma das explicações para isso é a que a politização da igualdade racial é mais recente do que a politização da desigualdade de gênero, talvez porque o mito da democracia racial tenha retardado essa discussão, como bloqueou o debate sobre as políticas de ações afirmativas.

O próprio Tribunal Superior Eleitoral passou a incluir nas informações sobre os candidatos os dados sobre a raça/cor apenas a partir das eleições de 2014. A ausência de dados do TSE é sintomática de uma sociedade racista, corroborando para a manutenção dos privilégios brancos, pois sequer era dado a conhecer as estatísticas dos candidatos em disputa e dos candidatos eleitos quanto ao seu perfil racial.

Embora raça não tenha nada de biológico, sendo um conceito carregado de ideologia para esconder a relação de poder e dominação, as ciências sociais utilizam-se do conceito "como realidade política, considerando a raça como uma construção sociológica e uma categoria social de dominação e exclusão".[6]

Os números sobre a raça de candidatos registrados e de candidatos eleitos são importantes para a mensuração da representatividade de grupos sociais na política.

Com a ausência de dados, nas eleições anteriores ao ano de 2014, os pesquisadores partiam para a heteroclassificação das fotos dos candidatos por uma comissão de ao menos quatro pesquisadores.

---

3. SACCHET, 2012, p. 416.
4. SACCHET, 2012, p. 422.
5. CAMPOS; MACHADO, p. 121.
6. MUNANGA, 2003.

A adição de dados sobre a raça/cor contribuiu para a produção de estudos e pesquisas sobre a exclusão dos negros na política, fomentando o debate sobre a ausência desse grupo social.

Em relação à representatividade do grupo de mulheres, Tereza Sacchet, citando Carole Pateman ("The Sexual Contract") afirma que o Estado moderno e suas instituições teriam sido idealizados e estruturados a partir da separação da esfera pública da esfera privada. Segundo ela, a noção de cidadania foi construída na imagem masculina e, por isso, a inclusão de mulheres na política é uma tarefa árdua, pois o espaço reservado a elas situa-se na esfera privada.

O projeto liberal por direitos abstratos dos indivíduos teria sido espelhado na imagem e na experiência dos homens, que não incluíam na agenda pública, por exemplo, os direitos reprodutivos, por serem diferentes de outros direitos tradicionalmente reconhecidos e assegurados aos indivíduos masculinos.

Isso faz com que as mulheres que ingressam na política sofram as imposições da acumulação das jornadas dentro da família e na política, o que traz dificuldades para a obtenção do financiamento eleitoral e consequentemente para sua eleição, pois diminuiu as chances de que se estabeleçam redes de contato com possíveis financiadores de campanha ou até mesmo por terem de se afastar de suas campanhas políticas.

Estudos mostram que um bom financiamento de campanha pode ter muita influência na eleição de candidatos, existindo uma alta correlação entre votação e receita de campanha.[7]

No caso da população negra, a literatura diz que as diferenças entre brancos e não brancos no acesso a escolaridade e renda são fatores que contribuem para a desigualdade no acesso a obtenção de votos e também no acesso ao financiamento privado ou público, fortalecendo consequentemente, o distanciamento de não brancos dos espaços de poder.

Nas listas partidárias, as candidaturas apresentadas ao registro são majoritariamente masculinas e são poucas as de negros ou de mulheres que sejam consideradas competitivas, ou seja, com possibilidades reais de eleição. A competitividade é resultado de muitos fatores, como acesso a recursos de campanha, acesso a rede de apoio partidária, visibilidade social. São homens brancos que que detém mais acesso a recursos de campanha, ampliando sua competitividade eleitoral.[8]

Após o STF proibir doações de pessoas jurídicas para as campanhas eleitorais,[9] o financiamento das campanhas é predominantemente público, sendo

---

7. CAMPOS; MACHADO, 2015, p. 130.
8. MACHADO; MARQUES; BIROLI, 2022.
9. ADI 4.650, Rel. Luiz Fux.

privado aquele resultante de doações de pessoas físicas. A distribuição de recursos dos fundos públicos, que deveria ser mais equilibrada entre todos candidatos é realizada de acordo com interesses das agremiações, que sob o manto da autonomia partidária estabelecem seus próprios critérios de repasse às candidaturas. Mesmo em relação a esses recursos, os homens brancos são os que mais obtém financiamento.

E por essa razão se pode dizer que haverá maior dificuldade para que grupos minoritários sejam captados pelos partidos políticos, pois não se tornarão candidaturas realmente competitivas, com possibilidade de sagração nas urnas.

A ausência de negros nos espaços de decisão e de prestígio (academia, meios de comunicação) é reflexo de uma sociedade não somente desigual, mas fundamentalmente racista, fruto de seu passado escravista e de um Estado que pós-abolição deixou a população negra abandonada à própria sorte.

O racismo atual e a escravidão do passado se expressam como desigualdade política, social, econômica e jurídica.

Em nossa sociedade o racismo é estrutural, "é decorrente da própria estrutura social, ou seja do modo "normal" com que se constituem as relações políticas, econômicas e familiares, não sendo uma patologia social e nem um desarranjo institucional. O racismo é estrutural".[10]

Não é à toa que a população negra conquistou a primeira ação afirmativa mais de 25 anos após a implantação de cotas femininas, criada em 1995, para valer nas eleições municipais de 1996. Algumas das cotas para negros foram criadas a custo de decisões do Poder Judiciário e não por obra do Poder Legislativo e por provocação do movimento negro e de mulheres.

O racismo, o sexismo e a cultura patriarcal explicam a discrepância na representação de gênero e raça. No que diz respeito às mulheres negras, a interseccionalidade[11] de gênero e raça as coloca como grupo social mais prejudicado, tanto em termos de representação, como em termos de discriminação.

Atualmente, a representação de mulheres e negros é muito baixa. Quando se considera a interseccionalidade gênero e raça, constata-se que as mulheres negras são o grupo social mais sub-representado na política institucional, o que menos se elege, ao passo que os homens brancos são grupo mais sobrerrepresentado.

---

10. ALMEIDA, 2022.
11. Interseccionalidade é um termo formulado por Kimberlé Crenshaw em 1989 no artigo "Demarginalizing the intersection of race and sex: a black feminist critique of antidiscrimination doctrine, feminist theory and antiracist politics". Crenshaw sugere uma nova ferramenta de análise social que abranja raça e sexo não mais como categorias separadas.

Embora seja notado crescimento gradual de pessoas negras na política, como nas últimas eleições gerais de 2022, muito possivelmente graças às ações afirmativas, como adiante veremos, os avanços são tímidos e lentos.

É fundamental para a qualidade da democracia a inclusão política dos grupos minoritários nos espaços de poder que, no caso de negros e mulheres corresponde a um grupo expressivo da população.[12]

No presente trabalho pretendemos apresentar o tema da representação negra na política de forma simplificada aos Promotores de Justiça, para que atuem na busca da inclusão democrática, antirracista e antissexista dos segmentos sociais mais sub-representados nos espaços de poder, ao fiscalizarem o cumprimento das ações afirmativas, dada a importância desses grupos na participação de políticas públicas e como forma de concretizar o princípio da igualdade material e o princípio da isonomia, combatendo o preconceito e a discriminação. Serão abordados os principais fatores que a ciência política aponta para a sub-representação de mulheres e negros, a evolução das cotas, sua importância e impactos nas últimas eleições gerais de 2022.

2. O DEBATE SOBRE A REPRESENTAÇÃO

Desde a Grécia a democracia teve dificuldade de ser inclusiva, pois só os homens eram cidadãos, excluindo-se mulheres, estrangeiros e escravos. Ao longo dos séculos, com a inclusão de mais pessoas na vida pública, o problema foi parcialmente resolvido com a ideia de representação.

A ideia de representação surge em Hobbes, ao definir que o conteúdo do contrato social é o estabelecimento de um representante (soberano). O Estado moderno com autoridade (Leviatã) representa o coletivo de pessoas que abandona seus direitos de soberania em troca de proteção ao perigo da morte violenta. Os ausentes no poder (cidadãos) tornam-se presentes pela figura de um ou mais representantes (Leviatã) que governam em nome dos seus representados.

No século XIX, o processo de representação ganhou maior destaque com a emergência dos partidos políticos, em especial com o surgimento dos partidos de massa. No século XX, com o aumento da participação política das mulheres e de operários, possibilitado pelo voto universal, a política, ao invés de atingir esses setores, buscou atingir o eleitor médio, afastando os representantes de seus representados, surgindo a crise de representação, tanto nas pautas tratadas pela política, quanto em sentido demográfico.

---

12. O Brasil tem 56,1% de habitantes autodeclarados pardos e pretos, e 52,8% de mulheres.

Assim, no modelo de representação vigente, há uma falha em se levar para o interior das instâncias de poder interesses, ideias, perspectivas distintas, capazes de refletir a heterogeneidade da sociedade.

Dentre os modelos de representação pensados por Hanna Pitkin ("The Concept of Representation") o que melhor responderia à necessidade de grupos sociais se verem representados, segundo a maior parte da literatura, é o da representação descritiva ou microcósmica, em que as características dos representantes se assemelham aos aspectos sociodemográficos do país, região ou localidade (gênero, raça, idade, classe social, ocupação etc.). As características dos representantes corresponderiam às características dos representados e a representação de diferentes perspectivas seria melhor realizada por representantes descritivos.

Segundo Jane Mansbridge,[13] as ações afirmativas criam mais espaços representativos para determinados grupos do que eles conquistariam pelas vias tradicionais, sem as cotas, de forma a fazer com que a proporção de membros desse grupo presente no espaço legislativo se aproximasse mais do seu número na população.

No debate sobre representação, a luta pela valorização de identidades culturais excluídas da fruição de bens sociais frente a grupos dominantes, como é o caso do Brasil, trouxe à lume a discussão sobre o reconhecimento. O reconhecimento está relacionado ao combate e ao impedimento ao acesso de determinadas coletividades a bens restritos, além de ser uma luta para a aceitação das diferenças.

As discussões de reconhecimento identitário das pautas culturais de mulheres e negros passaram a entrar na agenda política em razão da falta de canais de representação dessas demandas, das graves e constantes injustiças sociais contra as minorias, desrespeitadas no espaço público. Pautas de gênero, raça, orientação sexual, entre outras, precisam ser analisadas em conjunto, porque se intercruzam nos preconceitos, havendo a interseccionalidade nas discriminações das minorias, como ocorre com mulheres negras, com mulheres negras trans.

Para reduzir as desigualdades sociais, a representação de minorias sociais é tema essencial em sociedades desiguais como a brasileira.

Pesquisas no campo da sociologia comprovam que a representatividade descritiva fortalece e direciona a agenda legislativa para o atendimento de demandas dos grupos minoritários porque o pertencimento dos parlamentares a um determinado grupo social identificado com as pautas identitárias favorece a elaboração de políticas públicas voltadas ao seu grupo de pertencimento.

---

13. Should Blacks represent Blacks and Woman represent Women? A Contigent Yes. *Journal of Politics*, v. 61.

Carvalho Jr. e Angelo[14] constataram em sua pesquisa que analisava a 55ª Legislatura da Câmara dos Deputados e a legislatura de seis Assembleias Legislativas, dispersas em todas as regiões brasileiras, que a maioria das proposições apresentadas por representantes identitários estão relacionadas com a luta pelos direitos humanos, enfrentamento à violência de gênero e raça e ou aumento por ações afirmativas, havendo uma atuação parlamentar comprometida, por parte dos representantes descritivos, com a promoção dos interesses e direitos de mulheres e negros.

Santiago dos Santos,[15] ao examinar a atuação de um deputado negro no estado de Santa Catarina, estado cuja população negra é uma das menores do país, verificou que suas proposições estavam diretamente ligadas à população negra. As proposições incluíam a garantia de negros nas campanhas oficiais ou patrocinadas pelo estado; o diagnóstico acerca de doenças comuns à população negra e seu debate; o questionamento aos órgãos competentes acerca das ações para efetiva aplicabilidade das leis educacionais com recorte racial; informações sobre a estrutura das escolas que atendem comunidades remanescentes de quilombo e o reconhecimento e o levantamento de rubricas para ações de organizações do Movimento Negro.

No mesmo trabalho, a pesquisa avaliou a atuação de vereadores negros na Câmara Municipal de Florianópolis, constatando que as proposições eram ligadas à educação da população negra, educação em geral, restauração da memória negra, criação de suporte psicológico para vítimas de crimes raciais, dentre outras.

Estes estudos ajudam a ilustrar que a presença de grupos identitários nos espaços decisórios favorece a votação de projetos voltados aos seus grupos de pertencimento, como é o caso do estatuto da igualdade racial, das leis de ensino de história africana e afro-brasileira nas escolas, a regulação do trabalho doméstico, a democratização do ensino superior e do mercado de trabalho, promovidas pelas leis de cotas e, mais recentemente, da equiparação da injúria racial ao crime de racismo.

3.   FATORES QUE EXPLICAM A SUB-REPRESENTAÇÃO

Diversos fatores já foram elencados pela ciência política, com base na antropologia, sociologia, psicologia e em outras áreas do conhecimento para explicar a baixa representatividade das minorias sociais no Brasil.

Estas são de ordem histórica, cultural, socioeconômica e institucional: reflexos do período colonial pautado pela supremacia europeia sobre a população

---

14. 2018, p. 107.
15. 2022, p. 268.

não branca;[16] a omissão do Estado brasileiro em relação à situação dos negros pós-abolição;[17] a manutenção de privilégios raciais dos brancos, como a propagação do mito da "democracia racial", que nega a existência do racismo;[18] a divisão sexual do trabalho, distanciando as mulheres dos espaços públicos e de poder;[19] o preconceito e os estereótipos contra negros e mulheres, o machismo e o racismo estrutural; a falta ou a ineficácia de políticas de reconhecimento das diferenças econômicas, étnicas e de gênero, que contribuem para reduzir as desigualdades na representação formal.[20] As desigualdades raciais, a violência política de gênero e raça também justificam a baixa representatividade desses grupos.[21]

As classificações que hierarquizaram as raças foram construídas por meio do uso de escalas de valores entre os diferentes povos – asiáticos, africanos, europeus – estabelecendo relações entre a biologia (cor da pele, traços morfológicos) e as qualidades morais, psicológicas e socioculturais. Segundo essa perspectiva, a raça branca foi considerada como superior à amarela ou negra por causa das diferenças físicas hereditárias: cor da pele, formato do crânio, formas dos lábios, do nariz e do queixo, dentre outras, consideradas mais bonitas o que os tornaria mais inteligentes e honestos e, portanto, mais aptos para dirigir e dominar outras raças, principalmente a mais negra e mais escura de todas.[22] Assim, uma suposta inferioridade dos negros, usada para justificar a dominação e a escravidão, criou estereótipos que resultam em um distanciamento entre negros e a possibilidade de exercerem legitimamente cargos eletivos.

Com a abolição do trabalho escravo no final do século XIX, os negros se viram abandonados à própria sorte, sem reformas sociais que os integrassem na sociedade que agora se tornava baseada em um trabalho assalariado.[23]-[24] A mão de obra imigrante substituiu a dos escravos, principalmente nos centros mais importantes da economia. A abolição significou a ausência de espaço de trabalho para os libertos que vão se juntar aos contingentes de trabalhadores livres. Os negros, sem oferta de trabalho, passaram a trabalhar em regiões economicamente menos desenvolvidas, na economia de subsistência das áreas rurais ou em atividades

---

16. SCHWARCZ, 1993.
17. CARNEIRO, 2011.
18. NASCIMENTO, 2016; CARNEIRO, 2003.
19. SACCHET, 2012.
20. PHILLIPS, 1995.
21. Sobre violência política de gênero e o crime de violência política de gênero vide os artigos das autoras no livro Ministério Público Estratégico, v. 1, *Violência de Gênero*, Ed. Foco, 2022.
22. MUNANGA, 2003.
23. MARINGONI, 2011.
24. MARINGONI, Gilberto. *O destino dos negro após a abolição desafios do desenvolvimento* v. 70, 2011 Disponível em: https://www.ipea.gov.br/desafios/index.php?option=com_content&id=2673%3Acatid%3D28. Acesso em: 09 fev. 2023.

temporárias. Isso fez com que o mercado de trabalho brasileiro tenha se formado com desvantagens para a população negra, refletindo-se até os dias de hoje.

Essa herança histórica fundamenta a persistência das desigualdades raciais no mercado de trabalho para esse grupo, que se revelam tanto na busca pelo emprego, como na competição por posições de poder.

A abolição da escravidão e a proclamação da República foram condições indispensáveis para a o estabelecimento do mito da democracia racial, pois tal mito era destituído de sentido na sociedade escravocrata e senhorial. Que igualdade poderia haver entre o "senhor", o escravo e o liberto?[25]-[26]

A partir do mito da democracia racial, parcela expressiva da sociedade compartilha a crença de que a sociedade brasileira foi fundada por três raças distintas e que a ascensão de negros nunca foi obstaculizada. Isso é o equivalente a sustentar que o componente racial jamais foi relevante para definir as chances de qualquer pessoa no Brasil, o que não é verdadeiro quando nos deparamos com dados sobre escolaridade, renda, emprego, índices de mortalidade, violência e outros, com recorte de gênero e raça.

Ao lado da democracia racial instituiu-se o branqueamento como uma política nacional de promoção da imigração europeia para ocupar as fazendas onde trabalharam os escravos libertos. A tese do branqueamento, compartilhada pela elite brasileira, era reforçada, de um lado, por uma evidente diminuição da população brasileira negra em relação à população branca devido, entre outros fatores, a uma taxa de natalidade e expectativa de vida mais baixas e, por outro lado, devido ao fato de a miscigenação produzir uma população gradualmente mais branca.[27] Desse modo, a população negra desapareceria.

Democracia racial e o ideal de embranquecimento fizeram com que fosse divulgada a crença de que não existem raças e nem racismo no Brasil, pois todos somos parte de povos misturados. A recusa no reconhecimento de raças no Brasil é estratégica e só ocorre quando um grupo desfavorecido, como é o caso dos negros, pleiteia acesso a algum direito.

O mito da democracia racial e a baixa representatividade de negros e negras na política estão conectados.

A distinção entre candidatos que a política liberal e as leis eleitorais faziam até o surgimento de ações afirmativas para mulheres e depois para mulheres negras e

25. FERNANDES, 2017.
26. FERNANDES, Florestan. Heteronomia racial na sociedade de classes. *Revista movimento*. Disponível em: https://movimentorevista.com.br/2017/11/negro-sociedade-classes-democracia-racial/. Acesso em: 11 fev. 2023.
27. BERNARDINO, 2002, p. 254.

homens negros era apenas de gênero, como se o recorte racial não existisse e como se todos os candidatos largassem em condições iguais para disputar o pleito, com as mesmas chances de êxito.

Negros e mulheres negras, figuram em muito menor escala nas listas partidárias do que homens brancos e mulheres brancas e não têm acesso aos extratos mais competitivos das eleições como estes. Há desigualdades mesmo entre pessoas do mesmo gênero, de modo que o componente racial, ignorado pelo mito da democracia racial e pelo ideal de branqueamento existe.

Desse modo, ações afirmativas para representação na política precisam considerar a intersecionalidade gênero e raça.

É essa a visão dentro do movimento negro feminista, conforme expõe Sueli Carneiro,[28] citando Leila Gonzalez:

> as concepções do feminismo brasileiro: "padeciam de duas dificuldades para as mulheres negras: de um lado, o viés eurocentrista do feminismo brasileiro, ao omitir a centralidade da questão de raça nas hierarquias de gênero presentes na sociedade, e ao universalizar os valores de uma cultura particular (a ocidental) para o conjunto das mulheres, sem as mediações que os processos de dominação, violência e exploração que estão na base da interação entre brancos e não brancos, constitui-se em mais um eixo articulador do mito da democracia racial e do ideal de branqueamento. Por outro lado, também revela um distanciamento da realidade vivida pela mulher negra ao negar toda uma história feita de resistências e de lutas, em que essa mulher tem sido protagonista graças à dinâmica de uma memória cultural ancestral – que nada tem a ver com o eurocentrismo desse tipo de feminismo.

A difícil conciliação entre a política e a família é um dos argumentos que explica a baixa presença de mulheres na política. Na pesquisa realizada por Meneguello, Speck, Sacchet, Mano, Santos e Gorski,[29] há casos em que a atuação na política institucional foi um dos motivos do fim do relacionamento. A mesma dificuldade ocorre em conciliar a maternidade com a política, dada a ampliada jornada de trabalho e a incompatibilidade de rotinas. Os autores constataram que o machismo é um fator muito mencionado pelas mulheres de qualquer espectro político e raça, pois segundo a divisão sexual do trabalho é delas a responsabilidade pela educação dos filhos. As mulheres que estudam, trabalham e têm filhos possuem jornada tripla de trabalho. Enfim, as imposições incompatíveis das rotinas da família e da vida política estão entre as principais causas do menor envolvimento das mulheres com a política partidária.

Mais do que as dificuldades em conciliar as vidas pública e privada, as mulheres sofrem os preconceitos como constrangimentos à atuação política, por serem mulheres, por serem negras, por serem transexuais. Além das

---

28. CARNEIRO, 2003, p. 120.
29. MENEGUELLO et al, 2012.

formas de expressão do machismo, fundamentadas na visão conservadora da mulher como figura frágil do mundo doméstico, no caso das mulheres negras, os preconceitos são ampliados pela questão racial, por conta dos estereótipos baseados na "noção de que negros são moral, intelectual, sexual e esteticamente inferiores aos brancos.[30]

Muitas vezes o constrangimento assume formas mais graves, como intimidação, assédio, ameaça, traduzindo-se em violência política de gênero, que também é um dos fatores que contribuem para que as mulheres se afastem da política. A violência política de gênero é hoje conduta tipificada na Lei 14.192/2021 e as eleições de 2022 foram as primeiras realizadas na sua vigência.

Na campanha eleitoral, sobretudo na internet, negros e principalmente mulheres negras são violentamente ofendidos, desumanizados, comparados a animais, e sua atuação política passa a ser deslegitimada, conforme estudo realizado pelo MonitorA, da InternetLab, em parceria com a revista AzMina.[31]

A associação de corpos negros aos corpos de outros animais remete-nos às leituras coloniais sobre as pessoas negras, cuja presença de alma ou humanidade era colocada em dúvida pelos colonizadores.

Os discursos de ódio contemporâneos contra pessoas negras seguem as hierarquizações dos naturalistas dos Séculos XVIII-XIX e pensamentos similares aos dos colonizadores e recuperados pelos nacionalismos como o nazismo, para legitimar a violência que atinge grupos sociais específicos.

Uma questão apontada pelos pesquisadores do MonitorA, que ocorre a outros candidatos negros, mas que em um caso se deu de forma muito chamativa contra uma candidata negra, demonstrou como o racismo apresenta diversas faces, inclusive assumindo forma cordial, pela negação de que a candidata possuísse um corpo negro, na tentativa de igualá-lo a corpos brancos, "tornando-o" mais legitimado para a disputa eleitoral.

Conforme o relatório, se para os especialistas em discurso de ódio, o ódio se manifesta quando parte da população se recusa a abrir espaço para ouvir e conviver com a existência de grupos que foram marginalizados historicamente, para alguns autores de ofensas o ódio se coloca no mundo quando damos visibilidade ao "negro pobre e diferentes".[32]

As agremiações concorrem também para a baixa representatividade das pessoas negras e de mulheres. A par da composição majoritariamente branca e mas-

---

30. MOREIRA, 2019, p. 98.
31. Ver em: https://internetlab.org.br/pt/noticias/monitora-violencia-online-dificulta-representatividade-das-mulheres-na-politica-projeto/. Acesso em: 09 fev. 2022.
32. *Revista Azmina*; Internetlab, 2021, p. 43.

culina das estruturas partidárias e de seus órgãos de direção,[33] os partidos políticos institucionais apostam na viabilidade de candidaturas de políticos tradicionais: homens brancos, de alto poder aquisitivo ou de capital político elevado (pessoas que já exerceram mandatos), ou pessoas midiáticas, conhecidas dos eleitores e de capital simbólico (nível de instrução superior, origem de classe, gênero, renda, oratória, relacionamento com as elites econômicas e políticas).

Os partidos direcionam boa parte dos fundos (partidário e especial de financiamento de campanhas) para homens que concorrem à reeleição. A taxa de reeleição para mulheres é menor, o que faz com que recebam percentuais menores.[34]

Nas informações do Tribunal Superior Eleitoral sobre as eleições verifica-se que candidatos não brancos aparecem recorrentemente concentrados no grupo dos sem patrimônio declarado. Podem empatar com brancos quando ambos têm a renda baixa. Acima de uma determinada renda, só os brancos se fazem presentes com patrimônio declarado.

Constata-se, por exemplo, que candidatos com nível escolar maior tendem a receber mais votos, do mesmo modo que indivíduos oriundos das classes mais altas da sociedade.[35]

A assimetria entre negros e brancos quanto ao percentual dos que atingem o nível superior faz com que os negros recebam menos votos e sejam candidatos com menor competitividade do que brancos com curso superior, que é o grupo predominante entre o perfil dos eleitos (homem (82%) que se declara branco (72%), casado (70%) e com ensino superior completo (83%).[36]

O ensino superior não afeta apenas as chances de eleição de um candidato, tão somente pelo acesso a conhecimentos específicos, mas também pelas redes de contato sociais que se estabelecem no ambiente universitário, local propício também para a iniciação na vida político-partidária. Estes ambientes propiciam habilidades que são importantes quando se disputa uma eleição, como a boa oratória, o desenvolvimento do pensamento lógico, para citar alguns exemplos.[37]

Quanto aos negros, a literatura diz que as diferenças entre brancos e não brancos no acesso a escolaridade e renda são fatores que contribuem para a desigualdade no acesso a obtenção de votos e também ao acesso ao financiamento

33. ARAÚJO, 2005.
34. CARVALHO JR; ANGELO, p. 113.
35. CAMPOS; MACHADO, 2015, p. 127.
36. https://g1.globo.com/politica/eleicoes/2022/eleicao-em-numeros/noticia/2022/10/05/perfil-medio-do-deputado-federal-eleito-e-homem-branco-casado-e-com-ensino-superior.ghtml.
37. CAMPOS; MACHADO, 2015, p. 128.

privado ou público, fortalecendo consequentemente, o distanciamento de não brancos dos espaços de poder.[38]

Candidaturas de negros recebem em média menos recursos de campanha do que candidaturas de brancos e mulheres recebem menos do que homens. Entre as mulheres, as negras estão em maior desvantagem.

Nas eleições de 2022, até a véspera do pleito, as candidaturas tinham recebido R$ 752 milhões – apenas R$ 96,9 milhões deste valor foi doado para campanhas femininas. Candidatos homens receberam R$ 655 milhões de reais através de doações, 87,1% do total. A maioria deste valor foi para brancos: R$ 506,4 milhões, o equivalente a 67,3%. Mulheres negras, por sua vez, receberam apenas 3,8% dos valores doados, ou seja, R$ 29,2 milhões.[39]

A mulheres são bem-vindas como candidatas pelas agremiações quando possuem capital político, social e simbólico altos, quando militam em movimentos sociais nos quais demonstrem visibilidade, quando têm herança político-familiar, como pertencer a uma família com tradição na vida política. Do contrário, poderão ser recrutadas apenas para cumprir cota, aumentando as estatísticas das candidaturas fictícias, também conhecidas como "laranjas".

Muito comum no perfil das parlamentares que elas tenham a presença anterior de familiares na política, como pai, avô, marido e outros parentes em cargos do executivo ou do legislativo. Isso faz com que tenham maior visibilidade na política porque já são conhecidas do eleitorado e têm aumentadas as chances de serem eleitas. Como homens brancos dominam os espaços políticos é muito mais comum que uma mulher branca sua parente seja eleita do que negros ou mulheres negras.

Partidos políticos, dominados por homens também criam entraves para mulheres, na preferência por candidaturas masculinas, na falta de apoio político e financeiro às mulheres, na desqualificação das pautas das questões defendidas.

As mulheres, sobretudo as mulheres negras, possuem menos patrimônio declarado ao TSE comparativamente aos homens. Aliás, os rendimentos desse grupo social é bem menor do que o dos homens e entre as mulheres, as negras recebem menos.

Dados da PNAD de 2018 apontam que além da diferença de rendimento existente entre cor ou raça na população ocupada total, a desagregação simultânea do rendimento médio, por cor/raça e sexo, permaneceu mostrando que as mulheres, sejam elas brancas, pretas ou pardas, têm rendimento inferior ao dos

---

38. CAMPOS; MACHADO, 2015, p. 129.
39. Disponível em: https://www.uol.com.br/universa/noticias/redacao/2022/10/01/eleicoes-2022-homens-recebem-7-vezes-mais-doacoes-de-campanha-que-mulheres.htm.

homens da mesma cor. Verificou-se entretanto que a proporção de rendimento médio da mulher branca ocupada em relação ao de homem branco ocupado (76,2%) era menor que essa razão entre mulher e homem de cor preta ou parda (80,1%) em 2018.

Os partidos políticos impõem dificuldades no ingresso de lideranças negras nas organizações partidárias, porque não veem nessas candidaturas chances reais de disputa e de bom desempenho nas urnas, justamente porque há nesse contingente menos oportunidades educacionais e menores possibilidades na obtenção de financiamento para suas campanhas, tanto pelo fato de pertencerem às camadas sociais mais baixas economicamente, como não possuírem redes de contatos com pessoas de renda mais alta que poderiam financiá-las ou atrair financiamento. Elas não trazem dinheiro para as campanhas ou para os partidos e as agremiações não querem investir em formação para qualificá-las.

Outro fator fundamental para explicar a dificuldade do acesso de minorias sociais aos cargos eletivos é o tipo de sistema eleitoral, proporcional, porém com listas abertas. O sistema majoritário beneficia os candidatos que apresentam maiores chances de obter a maior quantidade de votos e, assim, dificultam o acesso de minorias com menor competitividade. Em contraposição, os sistemas proporcionais permitem melhor a eleição de grupos minoritários, pois apresentam menores barreiras para a conquista de uma cadeira no parlamento, mesmo em relação aos partidos que recebem menor quantidade de votos. No sistema proporcional de listas fechadas não é permitido ao eleitor mudar a ordem dos candidatos na lista dos partidos, ao contrário do sistema de listas abertas, em que a escolha do eleitor recai nos candidatos.

As assimetrias política, econômica e educacional entre brancos e não brancos existentes no país como produto de uma profunda discriminação racial aliada à cultura que simplesmente nega a existência do racismo e promove a crença no mito da "democracia racial" é um dos grandes desafios à representação das pessoas negras.

E, no caso das mulheres negras, há o duplo fenômeno da discriminação: racismo e sexismo.

Lélia Gonzalez (2020), intelectual e ativista negra, considerada uma das maiores intelectuais do Século XX, em livro que reúne ensaios, textos e livros raros, chamado "Por um Feminismo Afro-Latino-Americano", ao tratar da rejeição de negros e de mulheres negras pelo estereótipo vai ao ponto da discriminação:

...as experiências das mulheres negras são bastante significativas: não é raro que uma dona de casa negra de classe média, quando atende a porta, seja surpreendida por um vendedor que insiste em falar com sua patroa. Ou, ainda mais comum, quando porteiros de prédios de classe média alta ou burguesa impeçam mulheres negras de usarem a entrada principal, insistindo para que usem a porta de serviço. Em ambos os exemplos, o estereótipo estabelece a relação: mulher negra = trabalhadora doméstica. O ditado "Branca para casar, mulata para fornicar e negra para trabalhar" é exatamente como a mulher negra é vista na sociedade brasileira: como um corpo que trabalha e é superexplorado economicamente, ela é a faxineira, arrumadeira e cozinheira, a "mula de carga" de seus empregadores brancos; como um corpo que fornece prazer e é superexplorado sexualmente, ela é a mulata do Carnaval cuja sensualidade recai na categoria do "erótico-exótico".

A escravidão do passado e o racismo do presente explicam o modelo da sociedade brasileira e a baixa representatividade de negros na política.

4. A IMPORTÂNCIA DA REPRESENTAÇÃO DOS DIVERSOS GRUPOS SOCIAIS

Os grupos sub-representados, chamados também minoritários, buscam legitimamente seu espaço na política pela valorização da diversidade cultural, pela aceitação das diferenças, para afirmarem suas pautas (antissexista, antirracista etc.), atuando em prol dos segmentos dos quais são oriundos.

Quando o representante eleito é oriundo dos grupos minoritários,[40] tende a conhecer melhor as dificuldades e os interesses defendidos pelos seus pares, sendo natural que dê maior destaque e lute com maior veemência pelo que interessa ao seu grupo social e foi negligenciado pelo grupo dominante nos espaços de poder.

Evidentemente poderemos identificar os que não desempenharão o papel de lutar pelas causas identitárias e pelas demandas do grupo social a que pertencem, aprovando projetos de lei contrários aos interesses dos seus grupos identitários.

Mesmo dentro dos grupos e movimentos identitários como de negros e mulheres não há interesses homogêneos. Há pessoas com diferenças sociais, valores e experiências diferentes.

Não há nada que garanta que pessoas com traços físicos e experiências pessoais semelhantes tenham visões similares sobre seus interesses.[41] Há apenas semelhanças entre representantes e representados.

E mais, ainda que o representante tenha compromisso com esses grupos (grupo racial ou de gênero ao qual pertença) "isso não implica que ele terá o poder necessário para alterar as estruturas políticas e econômicas que se servem do racismo e do sexismo para reproduzir as desigualdades".[42]

---

40. Referimo-nos à representação descritiva que é aquela em que haveria uma correspondência estreita entre as características dos representantes e representados, como raça e gênero, dentre outras, conforme PITKIN, Hanna. *Representação, palavras, instituições e ideias.* Trad. Wagner Pralon Mancuso e Pablo Ortellado, 2006).

41. SACCHET, 2012, p. 402.

42. ALMEIDA, 2021, p. 113.

Apesar de tudo isso, a representação dos grupos minoritários tem a vantagem de que haverá uma garantia maior na qualidade da deliberação dos assuntos em discussão, intensificando e melhorando a qualidade da democracia. Em uma sociedade multicultural e estratificada, promover as diferentes visões de mundo e colocar as diferentes posições que estes grupos ocupam no espaço social possibilitará a construção de identidades coletivas e consequentemente de posições políticas, com novas perspectivas.

Assim, a inclusão de grupos em processos decisórios contribui com novas perspectivas, promovendo ações mais sensatas, novos relacionamentos e a justiça social.[43]

Teresa Sacchet afirma que:

> A inclusão de membros de grupos sociais em processos político-decisórios tem um potencial para democratizar a definição da agenda pública, na medida em que suas experiências múltiplas contribuem para colocar novos assuntos em pauta, para uma leitura de questões políticas em geral a partir de diferentes ângulos, enquanto ao mesmo tempo podem fornecer soluções distintas, por vezes mais apropriadas, para essas questões.[44]

A par da necessidade de inclusão dos grupos minoritários em cargos eletivos é necessário que eles estejam também nos cargos de prestígio social, nos meios de comunicação de massa, nas universidades e outras instituições, a fim de que a sociedade enxergue no negro alguém com as mesmas potencialidades e capacidades, demonstrando que não existem diferenças biológicas ou culturais que justifiquem um tratamento discriminatório entre seres humanos.[45] Raça ainda é um fato político importante usado para neutralizar desigualdades e legitimar a segregação e o genocídio de grupos sociologicamente considerados minoritários.[46]

5. A NECESSIDADE DO FORTALECIMENTO DA DEMOCRACIA COM O AUMENTO DA REPRESENTATIVIDADE DOS GRUPOS SOCIAIS EXCLUÍDOS: AS AÇÕES AFIRMATIVAS

As ações afirmativas são de extrema importância na inclusão dos grupos minoritários na política para diminuição das desvantagens, devido a situação de vítimas de machismo, racismo e de outras formas de discriminação.

No caso brasileiro há uma enorme desproporção entre a representação de homens e mulheres, brancos e negros. Isso porque, apesar de o gênero feminino representar 52,65% do eleitorado brasileiro, de acordo com as estatísticas divul-

---

43. YOUNG, 2000, p. 144, apud SACCHET, 2012.
44. SACCHET, 2012, p. 420.
45. ALMEIDA, 2021, p. 31.
46. ALMEIDA, 2021, p. 31.

gadas pelo Tribunal Superior Eleitoral (TSE), as mulheres ocupam apenas cerca de 18% dos cargos políticos.[47] Desses 18%, apenas 7% são ocupados por mulheres negras.[48] Os homens negros, por seu turno, representam 24,6% das cadeiras da Câmara dos Deputados e 24% dos assentos do Senado Federal, percentuais muito inferiores aos da população, haja vista que a população brasileira é composta por 56,1% de pessoas autodeclaradas negras e pardas, segundo dados da Pesquisa Nacional por Amostra de Domicílios (PNAD).[49]

A primeira cota instituída pelo legislador foi a cota de gênero nas listas partidárias com objetivo de combater a sub-representação feminina. Ela foi fruto do movimento de mulheres e parlamentares do sexo feminino. O projeto teve iniciativa da então deputada federal Marta Suplicy (PT-SP), o que demonstra que a representação descritiva é de fato relevante para os grupos de pertencimento. Inicialmente, a cota de gênero seria aplicável às eleições municipais de 1996 e o percentual foi fixado em 20% de candidaturas femininas nas nominatas (Lei 9.100, de 29 de setembro de 1995).

Como era de se esperar, os partidos não cumpriram a cota de gênero, ao argumento de que as mulheres não se apresentavam como candidatas e porque não havia sanções às agremiações que descumprissem a ação afirmativa.

Posteriormente, com a edição da Lei 9.504, de 30 de setembro de 1997 (Lei das Eleições), elevou-se o percentual mínimo de 20% (vinte por cento) para 30% (trinta por cento) e no máximo de 70% (setenta por cento) de candidaturas de cada sexo (entendido como gênero[50]), percentual esse que deve ser adotado em todas as listas de todos os partidos, nas eleições gerais e municipais, aos cargos proporcionais.

Os partidos novamente desrespeitaram as cotas, preenchendo com homens os lugares destinados à candidatura de mulheres, valendo-se de um artifício interpretativo à norma por conta da expressão "deverá reservar", que dava a entender que se tratava de mera faculdade.

---

47. Disponível em: https://www.tse.jus.br/eleicoes/estatisticas/estatisticas-de-eleitorado/estatistica-do-eleitorado-por-sexo-e-faixa-etaria.
48. Disponível em: https://pp.nexojornal.com.br/opiniao/2022/O-ano-eleitoral-das-mulheres-negras-Avan%C3%A7os-t%C3%ADmidos-e-desigualdades-dur%C3%A1veis-nas-elei%C3%A7%C3%B5es-de-2022.
49. Disponível em: https://educa.ibge.gov.br/jovens/conheca-o-brasil/populacao/18319-cor-ou-raca.html#:~:text=O%20IBGE%20pesquisa%20a%20cor,9%2C1%25%20como%20pretos.
50. A expressão "sexo", contida no §3º do art. 10 da LE, se refere ao gênero (e não ao sexo biológico), o que possibilita que tanto os homens quanto mulheres transexuais, travestis etc., possam ser contabilizados nas candidaturas masculinas e femininas (TSE – Consulta 60405458/DF-j. 01.03.2018-DJe 03.04.2018). Deverá será considerado o gênero declarado no registro de candidatura, ainda que dissonante do Cadastro Eleitoral (Resolução TSE 23.609/19-art. 17, § 5º).

Com a nova redação dada ao § 3º do art. 10, da Lei 9.504/97, dada pela Lei 12.034, de 30 de setembro de 2009 a expressão "deverá reservar" foi substituída pela palavra "preencherá", tornando obrigatória a observância da cota de gênero pelos partidos, incluindo-se federações partidárias e partidos federados (cf. TSE Cta. 0600251-91).

Os partidos políticos permaneceram burlando a cota de gênero com o lançamento de candidaturas fictícias (candidaturas "laranjas"), pois caso a cota de 30% não fosse observada estariam impossibilitados de disputar a eleição. A candidata "laranja", normalmente com perfil mais humilde, empresta o seu nome para figurar nas listas partidárias, mas não possui interesse na eleição, pois são candidaturas de "fachada". Não raro, após o deferimento do registro terminam por renunciar às suas candidaturas.

As candidaturas de "fachada" é fenômeno difícil de ser combatido, pois interessam a muitos partidos políticos. Elas mantêm mais viáveis as chances de eleição de candidatos masculinos, que ficam em maior número na disputa, aumentando as chances de elevar o quociente partidário (estatisticamente os homens têm maior probabilidade de serem votados). Os recursos que seriam destinados às mulheres são desviados para as candidaturas masculinas ou para outras finalidades escusas. Essa conduta dificulta sobremaneira o aumento da representatividade feminina.

Apesar desse expediente fraudulento perpetrado pelos partidos políticos para não cumprir a cota de gênero, a referida ação afirmativa continua sendo necessária para o aumento da representatividade de mulheres brancas e negras. Atualmente, a Justiça Eleitoral está mais atenta às fraudes, cassando candidatos que se beneficiaram com as candidaturas fictícias.

Uma nova modalidade de ação afirmativa foi conquistada pelas mulheres e pelas mulheres negras: o financiamento de campanha com investimentos mínimos e distribuição de tempo de rádio e TV.

Como as cotas de candidaturas não estavam surtindo efeito, as parlamentares mulheres negociaram a aprovação da Lei 13.165, de 29 de setembro de 2015, que determinava o investimento mínimo de 5% e máximo de 15% dos recursos do fundo partidário para o financiamento das campanhas eleitorais das candidatas. No entanto essa proporção prestigiava os homens e feria de morte o princípio da igualdade, pois todo o restante do fundo partidário seria destinado a eles, grupo já sobrerepresentado no parlamento. E outro ponto, a ação afirmativa teria duração de apenas 3 anos, não atingindo mais de um pleito eleitoral.

O Supremo Tribunal Federal declarou a inconstitucionalidade do dispositivo, considerando arbitrária essa diferença no financiamento entre gêneros, com recursos públicos. O Tribunal, por maioria e nos termos do voto do Relator, Min. Edson Fachin, julgou procedente a ação direta para: i) declarar a inconstitucionalidade da expressão "três", contida no art. 9° da Lei 13.165/2015, eliminando o limite temporal até agora fixado; ii) dar interpretação conforme à Constituição ao art. 9° da Lei 13.165/2015 de modo a (a) equiparar o patamar legal mínimo de candidaturas femininas (hoje o do art. 10, § 3°, da Lei 9.504/1997, isto é, ao menos 30% de cidadãs), ao mínimo de recursos do Fundo Partidário a lhes serem destinados, que deve ser interpretado como também de 30% do montante do Fundo alocado a cada partido, para as eleições majoritárias e proporcionais, e (b) fixar que, havendo percentual mais elevado de candidaturas femininas, o mínimo de recursos globais do partido destinados a campanhas lhe seja alocado na mesma proporção.

Não tardou para que o Tribunal Superior Eleitoral, respondendo à consulta (Cta. 0600252-18/DF) formulada pela deputada federal Benedita da Silva (PT-SP), desse um passo decisivo no sentido do incremento da efetividade das cotas de gênero, ao equiparar o percentual de candidaturas femininas ao mínimo de recursos do Fundo Partidário e do FEFC (Fundo Especial de Financiamento de Campanha) a lhes serem destinados, bem como do tempo de rádio e TV, respeitando-se, em todo caso, o mínimo legal de 30%.

Nas eleições 2018, o número de candidatas eleitas para a Câmara dos Deputados cresceu 51% em relação à eleição de 2014, enquanto que, nas assembleias legislativas, o crescimento foi de 41,2 %.

A despeito desses importantes avanços, trazidos pelas decisões judiciais, os dados citados demonstraram que a não consideração das mulheres negras como categoria que demanda atenção específica na aplicação da cota de gênero produziu impacto desproporcional sobre as candidatas negras, caracterizando hipótese de discriminação indireta, pois esse grupo permaneceu subfinanciado e consequentemente sub-representado.

Novamente a deputada federal Benedita da Silva (PT-SP), com o apoio dos movimentos negros, formulou ao Tribunal Superior Eleitoral nova consulta nos mesmos autos indagando a respeito da possibilidade de: (i) garantir às candidatas negras percentual dos recursos financeiros e do tempo em rádio e TV destinados às candidaturas femininas no montante de 50%, dada a distribuição demográfica brasileira; (ii) instituir reserva de 30% das candidaturas de cada partido a pessoas negras, nos termos da cota de gênero prevista na Lei 9.504/97; (iii) determinar o custeio proporcional das campanhas dos candidatos negros, destinando-se a estes no mínimo 30% do total do FEFC; (iv) assegurar tempo de propaganda eleitoral gratuita no rádio e na televisão proporcional às candidaturas de pessoas negras respeitando-se o mínimo de 30%.

Em histórica decisão, o Tribunal Superior Eleitoral instituiu a primeira ação afirmativa para as candidaturas negras, reconhecendo a existência do racismo inserido nas estruturas políticas, sociais e econômicas e no funcionamento das instituições, permitindo a reprodução e perpetuação da desigualdade de oportunidades da população negra e as desigualdades sociais que dela resultam, desde o acesso à educação até a segurança pública.

Importante que se diga que essa ação afirmativa foi uma construção jurídica pensada dentro dos movimentos negros e reconhecida pelo Poder Judiciário. Não adveio da atuação do Poder Legislativo por razões evidentes. A ação afirmativa de financiamento de campanha para pessoas negras surge após 25 anos da instituição das ações afirmativas de cotas para mulheres.

Relevante citar que a decisão considerou os seguintes aspectos que merecem destaque:

> Nas eleições gerais de 2018, embora 47,6% dos candidatos que concorreram fossem negros, entre os eleitos, estes representaram apenas 27,9%. Um dos principais fatores que afetam a viabilidade das candidaturas é o financiamento das campanhas. Quanto ao tema, verifica-se que, em 2018, houve efetivo incremento nos valores absolutos e relativos das receitas das candidatas mulheres por força das decisões do STF e do TSE. Enquanto em 2014 a receita média de campanha das mulheres representava cerca de 27,8% da dos homens, em 2018, tal receita representou 62,4%.

> No entanto, ao se analisar a intersecção entre gênero e raça, verifica-se que a política produziu efeitos secundários indesejáveis. Estudo da FGV Direito relativo à eleição para Câmara dos Deputados apontou que mulheres brancas candidatas receberam percentual de recursos advindos dos partidos (18,1%) proporcional às candidaturas (também de 18,1%). No entanto, candidatos negros continuaram a ser subfinanciados pelos partidos. Embora mulheres negras representassem 12,9% das candidaturas, receberam apenas 6,7% dos recursos. Também os homens negros receberam dos partidos recursos (16,6%) desproporcionais em relação às candidaturas (26%). Apenas os homens brancos foram sobrefinanciados (58,5%) comparativamente ao percentual de candidatos (43,1%).

> No mundo contemporâneo, a igualdade se expressa particularmente em três dimensões: a igualdade formal, que funciona como proteção contra a existência de privilégios e tratamentos discriminatórios; a igualdade material, que corresponde às demandas por redistribuição de poder, riqueza e bem-estar social; e a igualdade como reconhecimento, significando o respeito devido às minorias, sua identidade e suas diferenças. A ordem constitucional não apenas rejeita todas as formas de preconceito e discriminação, mas também impõe ao Estado o dever de atuar positivamente no combate a esse tipo de desvio e na redução das desigualdades de fato. Sob o prisma da igualdade, há um dever de integração dos negros em espaços de poder, noção que é potencializada no caso dos parlamentos. É que a representação de todos diferentes grupos sociais no parlamento é essencial para o adequado funcionamento da democracia e para o aumento da legitimidade das decisões tomadas. Quando a representação política é excludente, afeta-se a capacidade de as decisões e políticas públicas refletirem as vontades e necessidades das minorias sub-representadas. Para além do impacto na agenda pública, o aumento da representatividade política negra tem o efeito positivo de desconstruir o papel de subalternidade atribuído ao negro no imaginário social e de naturalizar a negritude em espaços de poder O imperativo constitucional da igualdade e a noção de democracia participativa plural justificam a criação de ações afirmativas voltadas à população negra. No entanto, o campo de atuação para a efetivação do princípio da igualdade e o combate ao racismo não se limita às

ações afirmativas. Se o racismo no Brasil é estrutural, é necessário atuar sobre o funcionamento das normas e instituições sociais, de modo a impedir que elas reproduzam e aprofundem a desigualdade racial. Um desses campos é a identificação de casos de discriminação indireta, em que normas pretensamente neutras produzem efeitos práticos sistematicamente prejudiciais a grupos marginalizados, de modo a violar o princípio da igualdade em sua vertente material.

Todos estes argumentos estão muito bem articulados no acórdão de relatoria do Ministro Luís Roberto Barroso e o Tribunal decidiu responder afirmativamente a todos os quesitos da consulta, exceto ao segundo em que, por simetria à cota feminina nas listas partidárias era indagada a possibilidade de ser estabelecido o mesmo percentual de 30% para candidaturas negras. O TSE, a nosso ver de maneira acertada, entendeu competir prioritariamente ao Congresso Nacional estabelecer política de ação afirmativa apta a ampliar a participação política de minorias não brancas, atendendo ao anseio popular e à demanda constitucional por igualdade.

Quanto à divisão de recursos, o TSE fixou o seguinte:

> O volume de recursos destinados a candidaturas de pessoas negras deve ser calculado a partir do percentual dessas candidaturas dentro de cada gênero, e não de forma global. Isto é, primeiramente, deve-se distribuir as candidaturas em dois grupos – homens e mulheres. Na sequência, deve-se estabelecer o percentual de candidaturas de mulheres negras em relação ao total de candidaturas femininas, bem como o percentual de candidaturas de homens negros em relação ao total de candidaturas masculinas. Do total de recursos destinados a cada gênero é que se separará a fatia mínima de recursos a ser destinada a pessoas negras desse gênero. Ademais, devem-se observar as particularidades do regime do FEFC e do Fundo Partidário, ajustando-se as regras já aplicadas para cálculo e fiscalização de recursos destinados às mulheres. A aplicação de recursos do FEFC em candidaturas femininas é calculada e fiscalizada em âmbito nacional. Assim, o cálculo do montante mínimo do FEFC a ser aplicado pelo partido, em todo o país, em candidaturas de mulheres negras e homens negros será realizado a partir da aferição do percentual de mulheres negras, dentro do total de candidaturas femininas, e de homens negros, dentro do total de candidaturas masculinas. A fiscalização da aplicação dos percentuais mínimos será realizada pelo TSE apenas no exame das prestações de contas do diretório nacional.

A decisão do Tribunal Superior Eleitoral valeria a partir do pleito de 2022, mediante regulamentação em Resolução sobre o financiamento de campanha.

Entretanto, o Supremo Tribunal Federal deferindo medida cautelar na Ação de Arguição de Descumprimento de Preceito Fundamental (ADI 738/DF), ajuizada pelo Partido Socialismo e Liberdade - PSOL, determinou a imediata aplicação dos recursos dos fundos públicos na forma decidida pelo Tribunal Superior Eleitoral às candidaturas de pessoas negras, nos exatos termos da resposta do Tribunal Superior Eleitoral – TSE a Consulta 600.306-47, ainda nas eleições de 2020,[51] vigorando a nova regra de financiamento nas eleições de 2020.

---

51. STF ADPF 738, Rel. Min Ricardo Lewandowski, julgamento 05.10.2020, publicação 29.10.2020. Acesso em: 10 fev. 2023.

Com o escopo de dar maior efetividade às decisões dos Tribunais Superiores e incentivar os partidos políticos a tornarem mais competitivas as candidaturas de mulheres e negros, foi aprovada em 2021 a Emenda Constitucional 111/2021, determinando a contagem em dobro dos votos dados a candidatas mulheres ou a candidatos negros para a Câmara dos Deputados nas eleições realizadas de 2022 a 2030, aplicando-se apenas uma vez.[52]

Esse prazo abrange apenas três eleições gerais, o que é muito pouco considerada a baixa representatividade de negros e mulheres nas eleições para a Câmara dos Deputados. Três pleitos federais não serão suficientes ao incremento da representatividade desse grupo no parlamento.

Ainda em 2021, o Congresso aprovou a Emenda Constitucional 117/2021, inserindo no texto constitucional duas ações afirmativas já existentes; uma prevista na lei das eleições e a outra em Resolução do TSE, expedida com base na Consulta 600.306-47; respectivamente, no art. 44, V, da Lei 9.096/95 e no art. 19, § 3º, da Resolução TSE 23.607/2019.

A primeira ação afirmativa é a relativa a obrigatoriedade de aplicação de no mínimo 5% (cinco por cento) dos recursos do Fundo Partidário na criação e na manutenção de programas de promoção e difusão da participação política de mulheres, de acordo com os interesses intrapartidários (CF, art. 17, § 7º).

A segunda, impõe a destinação de no mínimo 30% (trinta por cento) dos recursos repassados aos partidos políticos para as candidaturas femininas, obedecendo-se igual percentual mínimo, para o tempo de rádio e TV, durante o horário da propaganda eleitoral gratuita, ressaltando-se que tanto o percentual do recurso quanto o tempo no rádio e na TV podem ser elevados em razão do número de integrantes das agremiações (CF, art. 17, § 8º).

Essas regras de financiamento ganharam um status constitucional, o que representa de fato um avanço. Contudo, o Congresso não deu o mesmo tratamento aos candidatos negros, desprezando as decisões dos Tribunais Superiores em relação às cotas destinadas a essas candidaturas, o que nos traz muitos questionamentos e inconformismo.

Outro cúmulo veio com a anistia, expressa no art. 2º da EC 117/2021,[53] concedida aos partidos políticos que não utilizaram os recursos destinados aos

---

52. EC 111/21 – art. 2º Para fins de distribuição entre os partidos políticos dos recursos do fundo partidário e do Fundo Especial de Financiamento de Campanha (FEFC), os votos dados a candidatas mulheres ou a candidatos negros para a Câmara dos Deputados nas eleições realizadas de 2022 a 2030 serão contados em dobro. Disponível em: http://www.planalto.gov.br/ccivil_03/constituicao/Emendas/Emc/emc111. htm.

53. EC 117/21 – Art. 2º Aos partidos políticos que não tenham utilizado os recursos destinados aos programas de promoção e difusão da participação política das mulheres ou cujos valores destinados

programas de promoção e difusão da participação política das mulheres ou cujos valores destinados a essa finalidade não tenham sido reconhecidos pela Justiça Eleitoral, vedando a condenação pela Justiça Eleitoral nos processos de prestação de contas de exercícios financeiros anteriores que ainda não tenham transitado em julgado até a data de promulgação da referida Emenda Constitucional.

Com isso, o congresso autorizou o esvaziamento das ações afirmativas para mulheres, obstando o Poder Judiciário de desaprovar as contas dos partidos políticos que desrespeitaram a legislação eleitoral, impondo-lhes a devida sanção.

Para o pleito de 2022, o Tribunal Superior Eleitoral, respondendo à consulta CTA 0600483-06, formulada pela deputada federal Celina Leão (PP-DF), garantiu que para fins do art. 77, § 1º, da Res. TSE 23.610/2019, o tempo de propaganda eleitoral gratuito para as candidaturas de mulheres e pessoas negras deve observar não apenas o percentual global e semanal, como também, os percentuais individuais, assim considerados, separadamente, o rádio e a televisão, e, nesses meios de comunicação de massa, os blocos e as inserções.

Na mesma consulta o Relator, Min. Benedito Gonçalves deixou assente que os tribunais eleitorais em cada circunscrição deverão publicar nas respectivas páginas na internet, as informações do tempo de propaganda gratuita relativas às candidaturas de mulheres e de pessoas negras, com base nos dados fornecidos pelos partidos políticos, federações e coligações, constantes do formulário do anexo III da Resolução TSE 23.610/2019.

O cálculo global e não individual do tempo da propaganda política, poderia reduzir a efetividade da ação afirmativa, pois a propaganda política das candidaturas de mulheres e negros muito possivelmente seria direcionada para plataformas com menor potencial de alcance, sem lhes dar visibilidade.

A publicação dos dados do tempo de propaganda dos candidatos tornou possível a fiscalização do cumprimento da ação afirmativa de tempo de rádio e televisão, favorecendo a tomada de providências em caso de desatendimento dos percentuais definidos pelo TSE.

Por fim, a citada Consulta, possibilitou aos candidatos dos grupos minoritários em caso de não obediência dos percentuais destinados às candidaturas de mulheres e pessoas negras durante a propaganda eleitoral gratuita, a respectiva compensação nas semanas seguintes até o final da campanha.

---

a essa finalidade não tenham sido reconhecidos pela Justiça Eleitoral é assegurada a utilização desses valores nas eleições subsequentes, vedada a condenação pela Justiça Eleitoral nos processos de prestação de contas de exercícios financeiros anteriores que ainda não tenham transitado em julgado até a data de promulgação desta Emenda Constitucional.

6. OBSERVAÇÕES QUANTO AO PLEITO DE 2022

Conforme dados do TSE, nas Eleições 2022,[54] o número de candidatos negros, 14.712, superou o de brancos, o que representa 50,27% do total de registros (29.262). Nas últimas eleições gerais de 2018, as candidaturas negras representaram 46,4% do total.

Embora tenha havido o aumento de 8,64% entre as candidaturas negras no pleito de 2022 em relação a 2018 e o incremento de 11,4% na quantidade de eleitos em comparação ao mesmo período, em 2022, somente 32,12% negros foram eleitos, o que ainda é um número baixo, apesar de os negros serem a maioria da população, segundo o Instituto Brasileiro de Geografia e Estatística (IBGE).

Em relação às candidaturas de autodeclarados negros, os cargos para presidente, deputado federal e governador registraram aumento em comparação a 2018. O incremento foi de 1,6%, 43,1% e 34,3%, respectivamente. Já, os cargos de deputado estadual e distrital registraram queda, sendo 0,86% e 41%, nessa ordem.

Houve aumento do número de pessoas negras eleitas em 2022, quando comparado com as eleições de 2018. Os cargos para deputado estadual, federal e governador registraram elevação de 23,7%, 9,8% e 28,6%, respectivamente. Para o cargo de deputado do Distrito Federal, o número de negros eleitos não apresentou variação, permanecendo 11.

É importante que se diga que a Emenda 111/2021 trazendo peso em dobro para os votos dados aos candidatos negros para a Câmara dos Deputados fez com que muitos políticos que outrora se declaravam brancos passassem a se autodeclarar negros.

Os Professores Luiz Augusto Campos e Carlos Machado[55] alertam que os ganhos quanto à redução das desigualdades raciais na política, alardeados nas últimas eleições devem ser lidos com um olhar extremamente crítico, pois há inconsistências nas autodeclarações.

Estudo do Grupo de Estudos Multidisciplinar da Ação Afirmativa em parceria com o Núcleo de Pesquisa Flora Tristán, da Universidade de Brasília, conduzido por ambos os pesquisadores, submeteu as fotos de todos as candidaturas a deputado federal a três diferentes codificadores com diferentes origens sociais

---

54. Disponível em: https://www.tse.jus.br/comunicacao/noticias/2022/Novembro/mais-da-metade-dos-candidatos-aos-cargos-das-eleicoes-2022-se-autodeclarou-negra.
55. Nexo jornal – A nova Câmara é ainda mais branca do que parece.

(heteroclassificação). Caso os três discordassem da autodeclaração pelo candidato ao Tribunal Superior Eleitoral – TSE, ela seria considerada inconsistente.

Dentre 134 deputados eleitos e submetidos a heteroclassificação, 60 (45%) tiveram a sua autodeclaração considerada inconsistente.

Apesar das inconsistências na autodeclaração, as ações afirmativas para negros e negras representam um grande avanço e não podem ser abandonadas, sob pena de prejudicar a maioria da população brasileira que não se acha representada nos espaços de poder e prestígio.

7. CONCLUSÕES

A representação política de homens negros e mulheres negras é baixa apesar de serem esses os grupos demográficos majoritários.

A representação dos grupos identitários tem a vantagem de garantir maior qualidade da deliberação dos assuntos em discussão.

O racismo atual e a escravidão do passado colonial se expressam como desigualdade social, econômica, jurídica, política e cultural, refletindo na baixa representatividade de negros e negras.

Políticas de ações afirmativas e cotas são criadas a partir da contextualização de desigualdade entre grupos sociais específicos e destinam-se às mulheres e negros, pois são esses grupos que tendem a enfrentar mais desvantagens sociais, econômicas, políticas e culturais.

A cada tentativa de ampliar a participação política de gênero feminino ou de grupos sociais como o de negros, há um contramovimento que tenta esvaziar a eficácia da política afirmativa, seja criando resistências, seja deixando de aplicá-las (agremiações partidárias), seja anistiando partidos quando elas não são observadas (Poder Legislativo).

Não basta aumentar o número de candidatos e de candidatas negras sem dotar essas candidaturas de competitividade (financiamento de campanha efetivo, apoio partidário, visibilidade na propaganda), de modo que necessárias as ações afirmativas que coloquem esses segmentos sociais nos extratos mais competitivos da disputa para que esses grupos tenham chances efetivas de êxito nas urnas.

É preciso que o país promova mudanças estruturais, para combater as desigualdades sociais, enfrentando a discriminação racial, de gênero, de orientação sexual, erradicando o racismo, o sexismo e todas as formas de preconceito e discriminação para que os grupos sub-representados ganhem os espaços de poder e prestígio, tornando a sociedade mais justa e solidária.

8.   REFERÊNCIAS

ALMEIDA, Silvio Luiz de. *Racismo estrutural*. São Paulo: Sueli Carneiro; Jandaíra, 2021.

ARAÚJO, Clara. Partidos políticos e gênero: mediações nas rotas de ingressos das mulheres na representação política. *Revista de Sociologia e Política*, n. 24, (S.L) set. 2005. ISSN 1678-9873. Disponível em https://revistas.ufpr.br/rsp/article/view/3724/2972. Acesso em: 07 fev. 2023.

BERNARDINO, Joaze. Ação Afirmativa e a rediscussão do mito da democracia racial no Brasil. *Revista de Estudos Afro-asiáticos*. v. 24, n. 2, Rio de Janeiro, 2002. Disponível em https://doi.org/10.1590/S0101-546X2002000200002 Acesso em: 07 fev. 2023.

BRASIL. Supremo Tribunal Federal. ADPF 738, Rel. Min Ricardo Lewandowski, julgamento 05.10.2020, publicação 29.10.2020. Acesso em: 10 fev. 2023.

BRASIL. Tribunal Superior Eleitoral. Consulta 0600306-47.2019.6.00.000, Rel. Min. Luís Roberto Barroso Acórdão de 25.08.2020, DJE, Tomo 199, 05.10.2020. Disponível em: https://www.tse.jus.br/jurisprudencia/decisoes/jurisprudencia. Acesso em: 10 fev. 2023.

BRASIL. Planalto. Lei 9504/97. Disponível em: https://www.planalto.gov.br/ccivil_03/leis/l9504.htm. Acesso em: 10 fev. 2023.

BRASIL. Planalto. Emenda Constitucional 111/21. Disponível em: http://www.planalto.gov.br/ccivil_03/constituicao/emendas/emc/emc111.htm. Acesso em: 10 fev. 2023.

BRASIL. Emenda Constitucional 117/21 Disponível em: https://www.planalto.gov.br/ccivil_03/constituicao/Emendas/Emc/emc117.htm. Acesso em: 10 fev. 2023.

CAMPOS, Luiz Augusto; MACHADO, Carlos. A cor dos eleitos: determinantes da sub-representação política dos não brancos no Brasil. *Revista Brasileira de Ciência Política Brasília* (16), p.121-151, 2015, Disponível em: https://doi.org/10.1590/0103-335220151606. Acesso em: 30 jan. 2023.

CARNEIRO, Sueli. Mulheres em movimento. *Estudos Avançados*, v. 17, n. 49, p. 117-133, [S.l.], 2003. Disponível em: https://www.revistas.usp.br/eav/article/view/9948. Acesso em: 10 fev. 2023.

CARVALHO JR., Orlando Lyra de. ANGELO, Vitor Amorim de. Quem as representa? A sub-representação parlamentar de gênero e raça no Brasil: estudo de casos. *Revista Sul-Americana de Ciência Política*, v. 4, n. 1, 103-122. Disponível em: https://periodicos.ufpel.edu.br/ojs2/index.php/rsulacp/article/view/12095. Acesso em: 07 fev. 2023.

FERNANDES, Florestan. Heteronomia racial na sociedade de classes. Trecho do livro "A integração do negro na sociedade de classes" sobre a formação social brasileira e o mito da democracia racial. *Revista movimento*. Disponível em: https://movimentorevista.com.br/2017/11/negro-sociedade-classes-democracia-racial/. Acesso em: 11 fev. 2023.

GONZALEZ, Lélia. Por um feminismo afro-latino-americano. In: RIO, Flavia e ZAHAR, Márcia Lima (Org.). *Ensaios, intervenções e diálogos*. Disponível em: https://mulherespaz.org.br/site/wp-content/uploads/2021/06/feminismo-afro-latino-americano.pdf. Acesso em: 10 fev. 2023.

HOBBES, Thomas. *Leviatã ou matéria, forma e poder de um estado eclesiástico e civil*. Trad. João Paulo Monteiro e Maria Beatriz Nizza da Silva. São Paulo: Abril Cultural, 1979.

MACHADO, Carlos; MARQUES, Danusa; BIROLI, Flávia. *O que está em jogo nas eleições 2022*: gênero e raça. Disponível em: https://www.nexojornal.com.br/ensaio/2022/O-que-est%C3%A1-em-jogo-nas-elei%C3%A7%C3%B5es-2022-g%C3%AAnero-e-ra%C3%A7a. Acesso em: 07 fev. 2023.

MARANGONI, Gilberto. O destino dos Negros após a abolição. *Desafios do desenvolvimento* v. 70, 2011. Disponível em: https://www.ipea.gov.br/desafios/index.php?option=com_content&id=2673%3Acatid%3D28. Acesso em: 09 fev. 2023.

MENEGUELLO, Rachel et al. *Mulheres e negros na política*: estudo exploratório sobre o desempenho eleitoral em quatro estados brasileiros. Campinas: UNICAMP/CESOP, 2012.

MOREIRA, Adilson. *Racismo recreativo*. São Paulo: Sueli Carneiro; Pólen 2019. Disponível em: https://files.cercomp.ufg.br/weby/up/1154/o/Racismo_Recreativo_%28%28Feminismos_ Plurais%29_-_Adilson_Moreira.pdf?1599239721. Acesso em: 10 fev. 2023.

MUNANGA, Kabengele. *Uma abordagem conceitual das noções de raça, racismo, identidade e etnia*. Disponível em: www.geledes.org.br/wp-content/uploads/2014/04/Uma-abordagem-conceitual- das-nocoes-de-raca-racismo-dentidade-e-etnia.pdf. Acesso em: 08 fev. 2023.

NASCIMENTO, Abdias do. *O genocídio do negro brasileiro*: processo de um racismo mascarado. São Paulo: Perspectivas, 2016.

PHILIPS, Anne. De uma política de ideias a uma política de presença? *Revista de Estudos Femininos* v.9 n. 1 (2001). Tradução Luis Felipe Miguel. Disponível em: https://periodicos.ufsc.br/index. php/ref/article/view/S0104-026X2001000100016 Acesso em 07 fev. 2023

PITKIN, Hanna Fenichel. Representação: palavras, instituições, ideias. Lua Nova: *Revista de Cultura e Política* (67) 2006. Disponível em: https://doi.org/10.1590/S0102-64452006000200003. Acesso em: 05 fev. 2023.

REVISTA AZMINA; INTERNETLAB. MonitorA: relatório sobre violência política online em páginas e perfis de candidatas(os) nas eleições municipais de 2020. São Paulo, 2021. Disponível em: https://internetlab.org.br/pt/noticias/monitora-violencia-online-dificulta-representatividade- das-mulheres-na-politica-projeto/. Acesso em: 10 fev. 2023

SACCHET, Tereza. Representação Política, representação de grupos e política de cotas: perspectivas e contendas feministas. *Estudos Feministas*, Florianópolis, 20(2):256, maio-ago. 2012.

SANTIAGO DOS SANTOS, Carina. A representatividade político-partidária negra em Florianópolis: entre desafios e conquistas. *Revista de História Regional*, v. 27, n. 1, [S. l.], 2022. Disponível em: https://revistas.uepg.br/index.php/rhr/article/view/20001. Acesso em: 05 fev. 2023.

SCHWARCZ, Lilia Moritz. *O espetáculo das raças*. Cientistas, instituições e questão racial no Brasil 1870-1939. Disponível em: https://www.academia.edu/39631172/O_Espetaculo_das_Racas_ Cienti_Lilia_Moritz_Schwarcz_PDF.

RACISMO ESTRUTURAL

Elaine Tiritan Caravellas

Promotora de Justiça aposentada do MPSP.

> *Numa sociedade racista, não basta não ser racista.*
> *É necessário ser antirracista.*
>
> Angela Davis

Entende-se como racismo a concepção que diferencia os seres humanos em razão de suas características físicas (cor da pele, tipo de cabelo, formato dos olhos) ou culturais (vestimentas, hábitos, religião), estabelecendo, em razão dessas características, ideias de superioridade de uns em relação a outros.

A noção de raça ganhou força a partir do século XVI, com a expansão europeia para outros continentes e o maior contato dos europeus brancos com os povos negros da África e os indígenas da América.

No Brasil, a escravização do africano por mais de três séculos e o consequente domínio dos brancos sobre os escravizados fortaleceu a ideia de hierarquia entre as raças, para o que também contribuiu o racismo científico, que a partir de meados do século XVIII, buscava demonstrar a existência de dados biológicos que comprovassem a suposta superioridade racial branca. Até pelo menos o final da Primeira República, a teoria conquistou muitos adeptos e teve como expoentes Nina Rodrigues, médico e antropólogo maranhense que sustentava a inferioridade da raça negra, e Oliveira Viana, jurista e historiador fluminense que em suas obras manifestava convicções que tendiam ao arianismo.

As ideias de superioridade racial, propagadas durante o pleno apogeu do Iluminismo, tentavam explicar a escravidão e justificar porque europeus ditos "civilizados" subjugavam e exploravam, por meio de violência e crueldade, outros povos, aos quais atribuíam a condição de "selvagens" e até mesmo de seres desprovidos de humanidade.

A evolução do conhecimento em diversas áreas, especialmente a biologia e a genética, veio confirmar que o racismo não possui consistência científica para respaldar a definição de raças e, menos ainda, para estabelecer escalonamento entre elas.

No século XX, com o avanço do debate sobre nacionalidade e identidade nacional e, principalmente a partir da publicação do livro *Casa-grande & senzala*, por Gilberto Freire, em 1933, ganhou relevo entre nós a tese da democracia racial, fundada na narrativa sedutora do sociólogo pernambucano, segundo a qual o país teria se formado por meio da integração ampla e harmônica de brancos, negros e índios, o que teria resultado em uma sociedade livre de problemas raciais.

Tal concepção, que se expandiu com bastante rapidez e ganhou simpatia de diversos setores da sociedade, ainda se encontra arraigada no imaginário brasileiro, sendo frequentemente lembrada, sobretudo por quem tenta minimizar a proeminência do problema racial e insiste em afirmar que somos um povo avesso ao preconceito e à discriminação, não obstante sejamos confrontados diariamente com fatos que escancaram a existência do racismo e da consequente opressão racial no país.

Formalmente, é certo que vivemos em uma nação não racista, tanto que nosso ordenamento jurídico contempla vários dispositivos que tratam da questão racial.

A Constituição Federal de 1988 estabelece no art. 5º, *caput,* o princípio da igualdade de todos, brasileiros e residentes no país, sem distinção de qualquer natureza. O inciso VI daquele dispositivo assegura a inviolabilidade de consciência e de crença, sendo assegurado o livre exercício dos cultos religiosos e a proteção aos seus locais de realização; o inciso XLI, prevê a punição de qualquer discriminação atentatória dos direitos e liberdades fundamentais e o inciso XLII dispõe que a prática do racismo constitui crime inafiançável e imprescritível.

A Lei 7.716/1989 tipificou o crime de racismo e a Lei 9.459/1997 veio acrescentar ao art. 140 do Código Penal o § 3º, que definiu o crime de injúria racial como forma qualificada daquele delito.

Importante também lembrar outros dispositivos instituídos com o propósito de assegurar direitos da população não branca, como a Lei 10.639/2003, que obrigou o ensino de história da África e cultura afro-brasileira em todas as escolas; a Lei 12.288/2010 – Estatuto da Igualdade Racial –, que busca garantir à população negra efetivação da igualdade de oportunidades, a defesa dos direitos étnicos e o combate à discriminação e a todas as formas de intolerância étnica; a Lei 12.711/2012, que dispõe sobre reserva de cotas raciais no ingresso em universidades públicas federais, e a Lei 12.990/2014, que reserva aos negros vagas oferecidas em concursos públicos no âmbito federal.

Referido arcabouço legal vem embasando, ainda que em ritmo lento, decisões em todas as Instâncias do Poder Judiciário que têm reconhecido direitos e aplicado sanções penais e civis em casos de preconceito e discriminação racial, de inegável importância retributiva e pedagógica.

Contudo, há muito o que avançar e embora a maioria dos brasileiros se declare não racista, um olhar minimamente atento ao entorno evidencia que a igualdade assegurada pela lei é meramente formal, não real. De fato, no país onde mais da metade da população é composta de negros e pardos, sequer se percebe a correspondente visibilidade desses grupos no corpo social, sinal evidente de que a legislação carece de efetividade e a materialização dos direitos nela previstos está longe de ser obtida.

Nas últimas décadas, notadamente em razão dos movimentos sociais que se fortaleceram no país, a questão da desigualdade racial passou a ser mais estudada e debatida, rompendo-se o silêncio que acobertou o assunto por décadas, camuflando-o sob a falsa e tão decantada visão da democracia racial. Também tem contribuído enormemente para a formação do pensamento antirracista o trabalho desenvolvido por filósofos, historiadores, sociólogos e antropólogos brasileiros – negros e brancos.

Na contramão, porém, há os que permanecem fiéis ao mito da democracia racial e em plena era de facilidade de disseminação intencional de informações falseadas, não é incomum encontrar nas redes sociais e mesmo na grande mídia narrativas que, por exemplo, minimizam aspectos desumanos e degradantes da escravidão diante da suposta brandura dos senhores lusitanos em comparação com espanhóis ou norte-americanos; sustentam que os escravizados foram poupados de condições de vida muito mais precárias na África ou exaltam a abolição como um gesto de magnanimidade e nobreza, silenciando sobre as pressões sociais, econômicas e políticas que a motivaram.

A veiculação de argumentos desse tipo, replicados em diversos círculos por pessoas desinformados ou mal-intencionadas, em nada contribuem para o enfrentamento da desigualdade racial, devendo ser rebatidos com veemência.

Ao longo da história da humanidade, escravidão e racismo nem sempre estiveram associados, contudo, no Brasil essa relação é inconteste, daí a importância de não se permitir a desconstrução da escravidão enquanto sistema de dominação e opressão extremamente injusto e violento, que acabou por marcar toda a nossa evolução histórica e social.

De fato, na origem da desigualdade que até hoje prevalece em relação à maioria da população negra encontra-se a forma como esta foi tratada durante e após o fim da escravidão, vez que as leis do Ventre Livre (1871), dos Sexagenários (1885) e a da Abolição (1888) não foram acompanhadas de medidas que oferecessem aos libertos outras alternativas que não a continuidade do trabalho no campo em troca de moradia e comida, sem acesso à propriedade de terras, ou a vida nas zonas periféricas das cidades, em condições indignas de existência e incapazes de trazer perspectivas concretas para a construção de um futuro melhor.

Nesse contexto, não chega a surpreender que, apesar das tantas normas criadas posteriormente para reconhecer igualdade de direitos, punir atos de racismo e prever ações afirmativas, ainda não se verifique a redução significativa da situação de desigualdade, excludência e invisibilidade da maior parcela da população, de negros e pardos, de forma a reverter esse quadro e permitir que de fato se instale no país uma democracia plena.

Afirmar a existência do racismo e posicionar-se diante das situações preconceituosas e discriminatórias são posturas que assomam como fundamentais, na medida que a negativa do problema e o silêncio sobre ele constituem obstáculo para o seu enfrentamento e estímulo à sua permanência.

Como ensina o filósofo e jurista Silvio Almeida, o racismo pode ser visto segundo três concepções – individualista, institucional e estrutural.[1]

Sob a ótica individual, o racismo manifesta-se por meio de condutas isoladas de pessoas ou grupos cujos comportamentos preconceituosos e discriminatórios destoariam dos padrões de conduta vigentes e os sujeitariam às consequências de caráter penal ou civil previstas na lei. Trata-se da forma de racismo mais evidente, no entanto, considerar que este se manifesta somente em situações isoladas e, portanto, seu enfrentamento poderia ser feito por meio da responsabilização individual poderia levar a concluir que a sociedade não é racista e tão somente alguns indivíduos ou grupos, por deficiência ou falha moral, descumprem as leis protetoras da igualdade e por isso devem ser punidos.

Já o racismo institucional é o que decorre da dinâmica das instituições públicas e privadas encarregadas da organização, funcionamento e controle da sociedade. Tais instituições, em geral regidas por membros do grupo racial dominante, favorecem o estabelecimento de diferenças entre os indivíduos em decorrência da raça, atribuindo a uns primazia em relação a outros. Assim sendo, no campo institucional, as políticas de ação afirmativa poderiam ser utilizadas para trazer maior representatividade aos grupos minoritários e, consequentemente, favorecer maior equilíbrio. No entanto, apesar de serem fundamentais no combate ao racismo, medidas afirmativas, tais como cotas raciais, só promoverão avanços se essa representatividade puder se estender aos níveis de poder, fazendo com que as demandas específicas das minorias – sociologicamente entendidas como os grupos que podem sofrer discriminação, ainda que mais numerosos –, passem a ser consideradas nos processos decisórios de modo a se refletir na redução efetiva da desigualdade racial.

---

1. ALMEIDA, Silvio Luiz de. Racismo estrutural. In: RIBEIRO, Djamila (Coord.). *Feminismos plurais*. São Paulo: Sueli Carneiro; Editora Jandaíra, 2021. p. 35-57.

Por fim, o racismo estrutural é aquele que integra a organização econômica, social e política da sociedade e não é desconstituído somente com a criação de leis que enunciam direitos e preveem sanções penais e políticas públicas voltadas à promoção da igualdade. Por ser abrangente e intrínseco à ordem social moldada por fatores históricos, econômicos, políticos e culturais, induz à tolerância em relação a tratamentos diferenciados para grupos raciais diversos, diferenciação essa que é aceita com naturalidade, estabelecendo-se um padrão de privilégios e benefícios concedidos para alguns em detrimento de outros.

A questão educacional, a propósito, é bem elucidativa. A pouca escolaridade e a baixa qualidade do ensino ministrado à população brasileira são fatos incontestes, tanto que a educação é amplamente apontada como uma das prioridades do Estado. Ao mesmo tempo, há grande discordância quanto à instituição de cotas raciais para o ingresso nas universidades públicas. Desse modo, o mesmo senso comum que reconhece a importância da educação, defende que o direito ao ensino superior gratuito seja disputado com base unicamente no mérito pessoal, o que obviamente favorece os privilegiados que podem estudar em boas escolas particulares, fora do alcance dos alunos desfavorecidos – negros e pardos em sua maioria –, que continuam fadados a não galgar os melhores postos de trabalho nem receber salários mais altos.

Outra ocorrência noticiada com frequência é a que diz respeito a jovens pretos e pobres, que são preferencialmente abordados pela polícia e revistados quando há mera "suspeita" de envolvimento em delitos, além do que muitos são presos com base em reconhecimentos duvidosos. A escolha do biotipo nesses casos não é aleatória, mas conduzida pelo senso comum, inclusive por parte de policiais não brancos, de que integrantes de um grupo racial são mais propensos a cometer crimes do que outros, independentemente de qualquer evidência concreta do fato delituoso.

O mesmo racismo estrutural leva pessoas a se surpreenderem diante de uma médica ou de um juiz negros, o que não ocorre quando se deparam com coletores de lixo ou vendedores ambulantes pretos. Mesmo que em tais circunstâncias a reação de estranhamento não venha a redundar em nenhum ato de discriminação, a simples surpresa com o fato de negros e pardos ocuparem posições de prestígio, assim como a expectativa de que estes realizem somente funções menos complexas ou valorizadas, revelam a presença do racismo entranhado em toda a estrutura social, alcançando, inclusive, os próprios negros, quando não se veem capazes de ocupar espaços fora dos patamares que normalmente lhes são destinados ou se sentem impotentes para romper as inúmeras barreiras que lhes são postas.

Diante desse cenário, o Ministério Público, como defensor da ordem jurídica, do regime democrático e dos direitos sociais e individuais, pode protagonizar o enfrentamento e o combate de todas as formas de racismo, pressuposto da plena efetividade do regime democrático, que só será alcançado por meio da superação da discriminação e das desigualdades raciais.

Algumas medidas importantes já foram adotadas com esse objetivo, como o Grupo de Trabalho de Igualdade Racial, criado pela Procuradoria-Geral de Justiça por meio do Ato Normativo 110/2014-PGJ, que representou importante etapa no estudo da questão e produziu vários boletins informativos que foram encaminhados à classe. O grupo foi formado por membros e servidores e esteve ativo até março de 2016, sendo responsável pela análise social e demográfica do primeiro censo racial feito pela Instituição e pela apresentação de proposta de estabelecimento das cotas raciais nos concursos de ingresso de membros, servidores e estagiários.

A Resolução 1.031/2017-PGJ alterou a Resolução 676/2011-PGJ, que aprovou o regulamento do concurso de ingresso de promotores de justiça na carreira, estabelecendo reserva de vagas para candidatos negros, o que também tem sido observado nos concursos para novos servidores e estagiários.

Em 2020, por meio da Portaria 9.269/2020-PGJ, criou-se a Rede de Enfrentamento ao Racismo, vinculada ao Centro de Apoio Cível e de Tutela Coletiva da Procuradoria-Geral de Justiça, com a finalidade de melhor conhecer a implementação de políticas públicas afirmativas de igualdade racial e estudar formas de intervenção ministerial na área, por meio de ações e parcerias voltadas à consecução desses objetivos.

De outro lado, o censo racial instituído pelo Ato Normativo 904/2015-PGJ, foi respondido por 82% dos membros do Ministério Público, revelando que, dentre estes, 93% declararam-se brancos; 4% negros; 3% amarelos e 0,3% indígenas. Em relação aos servidores, 80% declararam-se brancos; 14% negros; 6% amarelos e 0,4% indígenas.[2]

Ora, comparando-se esses resultados com os obtidos no último censo nacional do IBGE, que apontou na população brasileira a proporção de 51% de negros e pardos; 48% de brancos; 1% de amarelos e 0,4% de indígenas e, no Estado de São Paulo, um total de 64% de brancos; 35% de pretos e pardos; 1,3% de amarelos e 0,1% de indígenas,[3] fica evidente que há desproporção considerável entre os grupos raciais existentes na população e os integrantes do Ministério Público de São Paulo, situação que via de regra se observa nos demais órgãos públicos

---

2. Relatório de Levantamento Estatístico do Censo Racial de Membros e Servidores do MP-SP-2015 (http://www.mpsp.mp.br/portal/page/portal/GT_Igualdade_Racial/Producao_GT_Igualdade_Racial).
3. Disponível em: https://censo2010.ibge.gov.br.

e em grande parte das entidades privadas, especialmente naquelas que melhor remuneram seus empregados.

Desse modo, as iniciativas mencionadas – grupos de trabalho e estudo, censo racial, cotas raciais, rede de enfrentamento – são relevantíssimas para romper barreiras e adequar a representatividade de todos os grupos raciais na esfera institucional com vistas à correção das desigualdades, sem perder de vista que a diversidade deve também se refletir nas posturas internas, ou constituirá mero dado estatístico.

Não se pode olvidar que o enfrentamento do racismo estrutural enraizado profundamente na sociedade exige mudanças políticas e a participação de todos, não comportando soluções simplistas, o que não pode desencorajar o seu enfrentamento e combate.

O estudo aprofundado das causas do problema e a identificação das diversas formas pelas quais o racismo se manifesta, feito não só internamente, mas com o concurso indispensável da sociedade civil, movimentos negros, pensadores e de toda a classe, tal como objetivado pela Rede de Enfrentamento, certamente poderão trazer contribuições valiosas para subsidiar a elaboração de planos e ações no âmbito da Instituição.

Ressalte-se que é indispensável a mudança no olhar que hoje associa naturalmente negros e pardos à pobreza e à marginalidade, incorpora e estabelece preconceitos errôneos que visam manter os não brancos marginalizados e periféricos, sem direito de ocupar lugares que sempre estiveram reservados aos que já nascem portadores de privilégios e vantagens.

Essa mudança passa necessariamente pela apreensão do significado, extensão e peculiaridades do racismo estrutural, além de uma mudança de paradigma norteada pela política institucional que torne o tema prioritário e o inclua obrigatoriamente nas questões dos concursos de ingresso, prestigie grupos de trabalho e estudo e garanta espaço para a visibilidade que a questão racial reclama.

Não se olvide que os integrantes do Ministério Público são pessoas que nasceram, foram formadas e estão inseridas no bojo de uma sociedade estruturalmente racista, que naturaliza a desigualdade racial. Portanto, é fundamental a construção de estratégias que levem a um maior entendimento e à sensibilização no tocante à questão racial, ensejando uma visão mais nítida das vias pelas quais se perpetua o racismo e possibilitando a busca de novas formas de intervenção, o que muito contribuirá para o aprimoramento da atividade ministerial.

Concluindo, o combate ao racismo não se faz unicamente com a penalização dos comportamentos racistas. Também não se restringe às ações afirmativas que garantem maior representatividade de minorias. O fundamental é perceber que existem formas de racismo arraigadas na sociedade e que seu enfrentamento exige posicionamento claro e mudanças na estrutura social que coloca negros e pardos em permanente situação de desvantagem e mantém os brancos em posição de privilégio, num processo de naturalização da desigualdade.

A conhecida frase de Angela Davis mencionada ao início remete à completa ineficácia da neutralidade na questão racial, que só será superada quando o antirracismo puder de fato se espraiar por toda a sociedade.

REFERÊNCIAS

ALMEIDA, Silvio Luiz de. Racismo estrutural. In: RIBEIRO, Djamila (Coord.). *Feminismos plurais*. São Paulo: Sueli Carneiro; Editora Jandaíra, 2021.

BARRETO, Raquel. Radical e libertária. *Revista Cult*, n. 217, p. 28-35, São Paulo, out. 2016/ especial Angela Davis.

FREYRE, Gilberto. *Casa-grande & senzala*. Rio de Janeiro: Record, 1994.

HOLANDA, Sérgio Buarque de. *Raízes do Brasil*. Rio de Janeiro: José Olympio,1994.

RIBEIRO, Djamila. *Pequeno manual antirracista*. São Paulo: Companhia das Letras, 2019.

SILVA, Alberto da Costa e; MELLO, Evaldo Cabral de; CARVALHO, José Murilo de. *Três vezes Brasil*. In: SCHWARCZ, Lilia M.; STARLING, Heloisa M. (Org.). Rio de Janeiro: Bazar do tempo, 2019.

RACISMO AMBIENTAL

Claudia Cecilia Fedeli

Especialista em Direito Ambiental pela Universidade de Milão – Itália. Promotora de Justiça. São Paulo. Capital.

1. INTRODUÇÃO

A crise climática é uma realidade de nossos dias. Não se trata mais de uma tragédia anunciada a ser enfrentada pelas próximas gerações, mas de uma situação concreta a ser combatida agora. Fome, seca, desertificação, crise hídrica, insegurança alimentar, incêndios florestais, chuvas excessivas, inundações e graves deslizamentos, poluição do ar, calor letal, pragas, novas doenças, elevação do nível do mar, grandes acidentes, extinção de espécies animais e vegetais são algumas das consequências esperadas em todo o planeta Terra.

Como ressaltado pela Anistia Internacional em relatório denominado Parem de Queimar nossos Direitos, "a crise do clima é uma crise de direitos humanos sem precedentes e ameaça o exercício dos direitos civis, políticos, econômicos, sociais e culturais das gerações atuais e futuras, ou seja, ameaça o futuro da humanidade."[1]

Embora a crise climática seja um problema global, os diversos países serão afetados de formas também diversas, sendo os países mais pobres, de menor PIB, os que se tornarão mais quentes e mais sofrerão em razão do aumento da temperatura terrestre. Nos termos do 5º Relatório de Avaliação do Painel Intergovernamental sobre Mudanças Climáticas – IPCC, se não forem adotadas medidas eficazes de mitigação, os países tropicais, dentre os quais o Brasil, serão os mais gravemente atingidos de forma negativa pela crise do clima.[2]

A ONU, por sua vez, prevê 200 milhões de refugiados do clima até o ano de 2050. Grande parte dessas pessoas virão da América Latina, África Subsaariana e

---

1. Anistia Internacional. Parem de Queimar nossos Direitos. p. 4. Disponível em: https://anistia.org.br/informe/anistia-internacional-lanca-parem-de-queimar-nossos-direitos..
2. Disponível em: https://www.ipcc.ch/reports/

Ásia Meridional, fazendo com que o órgão internacional alerte para um cenário futuro de *apartheid climático*, em que os ricos pagarão para escapar do superaquecimento, da fome e do conflito, enquanto o resto do mundo sofrerá as graves consequências.[3]

Não é mais possível impedir o aquecimento global, mas ainda há tempo para adoção de medidas que mantenham o aumento da temperatura em um patamar mais baixo (1,5°C seria o limite para a capacidade adaptativa segundo o IPCC), bem como de medidas de mitigação e adaptação à nova realidade.

É importante notar que, da mesma forma que os países mais pobres serão afetados de maneira mais gravosa que os países mais ricos, no contexto interno de cada país, indivíduos ou grupos humanos vítimas de alguma forma de discriminação sofrerão as consequências do aquecimento global de forma negativamente desproporcional. Com efeito, a população mais vulnerabilizada está desproporcionalmente mais sujeita aos diversos riscos e impactos ambientais negativos.

No Brasil, comunidades indígenas, quilombolas, demais populações tradicionais, como ribeirinhos, extrativistas, pescadores artesanais, marisqueiras, caiçaras, pequenos agricultores, assim como os moradores das periferias das grandes cidades, esses últimos, na sua maioria negros, são excluídos do poder de decisão quanto aos temas que tratam do meio ambiente, enquanto arcam de forma avassaladora com os resultados das chamadas externalidades negativas.

Não é possível dissociar classe, gênero e raça.[4] Quanto ao aspecto racial, os dados compilados pelo IBGE no informativo "Desigualdades Sociais por Cor ou Raça no Brasil" indicam que, em 2018, 55,8% da população brasileira declarou-se negra (preta ou parda). Porém, 75% dentre os mais pobres são pessoas negras, enquanto 70% dentre os mais ricos são pessoas brancas.[5] Ou seja, no Brasil, as pessoas mais vulneráveis são, na grande maioria, pessoas negras.

Vivemos em uma sociedade que traz como marca profunda o racismo estrutural, razão pela qual as questões ambientais também são permeadas por esse sistema opressivo caracterizando o chamado racismo ambiental, cuja análise será objeto deste texto.

---

3. ONU. World Faces 'Climate Apartheid 'Risk, 120 More Million in Poverty: UN Expert. UN News, 25 de junho de 2019.
4. Sobre interseccionalidade, ver Carla Akotirene (2019).
5. Disponível em: ⁶https://www.ibge.gov.br/estatisticas/sociais/populacao/25844-desigualdades-sociais--por-cor-ou-raca.html?=&t=resultados.

2.   RACISMO AMBIENTAL

O termo racismo ambiental surgiu nos Estados Unidos, tendo sido cunhado em 1982 pelo reverendo negro, Benjamin Franklin Chavis Jr, que assim definiu:[6]

"Racismo Ambiental é discriminação racial na tomada de decisões. É discriminação racial na efetivação das normas. É discriminação racial na alocação deliberada de lixo tóxico e indústrias poluentes em comunidade vulnerabilizadas. É discriminação racial no consentimento público de fatores de risco à saúde e vida humana em comunidades de cor. E, é discriminação racial na histórica exclusão de pessoas de cor dos principais grupos ambientalistas, direção de agências ambientais, comissões e órgãos reguladores."

O conceito surgiu após o protesto nacional, em 1982, contra a escolha do condado de Warren, situado na Carolina do Norte, de maioria negra, como local para queima de solo contaminado com PCB (Bifenila Ploriclorada), substância altamente tóxica e carcinogênica, oriunda de uma operação banida do Estado de Nova York.

Durante quatro anos os moradores protestaram contra a existência desse depósito de resíduos tóxicos e quando souberam dessa entrega, ainda maior que as anteriores, uniram-se em um grande movimento. Cerca de 500 pessoas foram presas, mas o fato tomou os jornais e surgiram novas denúncias de outros estados, onde se constatava que os rejeitos contaminados eram destinados a regiões do país de maioria negra. A EPA, a Agência de Proteção Ambiental dos Estados Unidos, então, divulgou dados revoltantes, revelando que nos oito estados do sul do país, ¾ dos depósitos de rejeitos estavam concentrados em bairros negros, embora eles correspondessem a apenas 20% dos habitantes da região.

Duas ideais fundamentais se sobressaem na definição cunhada por Chavis Jr. e permanecem como pilares fundamentais no entendimento e consequente combate ao racismo ambiental: *1) comunidades vulnerabilizadas, notadamente de pessoas não brancas, estavam muito mais expostas a riscos ambientais, enquanto tinham menos acesso aos recursos ambientais e 2) essas mesmas pessoas estavam totalmente alheias à tomada de decisão sobre questões ambientais, mesmo que fossem diretamente afetadas.*

A íntima conexão entre meio ambiente equilibrado e direito à saúde é evidente desde sempre. Porém, com o passar do tempo, o movimento contra o racismo ambiental ampliou sobremaneira o conceito de meio ambiente, a fim de abarcar questões também relacionadas a moradia, mobilidade urbana e cultura.

---

6. Apud SOUZA, 2015: 30.

E não poderia ser diferente, afinal, não há oposição entre natureza e ser humano. O ser humano, em todas as suas dimensões, em tudo que o cerca e o condiciona em sua existência, seu desenvolvimento na comunidade e na interação com o ecossistema; tudo faz parte da natureza. Como nos ensina Ailton Krenak, somos parte do mesmo organismo denominado Terra. Terra e humanidade são a mesma coisa, pois tudo é natureza.[7]

Desta forma, são problemas ambientais o desmatamento das florestas e a contaminação das águas, do solo e dos seres humanos por materiais tóxicos. São problemas ambientais a falta de acesso a água potável, esgotamento sanitário, ar limpo, moradia em área de risco, ausência de mobilidade urbana, insuficiência de equipamentos de saúde e educação. Assim como são problemas ambientais as agressões a locais sagrados ou ao livre exercício de manifestações culturais ou de crença.

As pessoas mais vulneráveis são as primeiras vítimas dos desequilíbrios causados pelas mudanças climáticas. Porém, apesar dessa evidente relação, sempre houve uma distância enorme entre o movimento ambientalista e os movimentos sociais envolvidos com raça ou gênero. O autor Malcon Ferdinand, no interessante livro denominado Uma Ecologia Decolonial, chama esse distanciamento de 'dupla fratura colonial e ambiental da modernidade", a qual se configuraria com o problema central na crise ecológica atual.[8]

Muitas seriam as razões para esse distanciamento, começando pela visão dualista moderna que separa natureza de ser humano. Temos também o fato de os movimentos raciais estarem ocupados com questões prementes, fazendo parecer que as questões ambientais são supérfluas. Some-se a isso a postura de parte do movido ambientalista, que dissocia ambiente de questões de justiça social, gênero e raça.

Como aponta o autor, "ao deixar de lado a questão colonial, os ecologistas negligenciam o fato de que as colonizações históricas, bem como o racismo estrutural, estão no centro das maneiras destrutivas de habitar a Terra".[9]

É primordial a superação dessa fratura para que possamos não só enfrentar o racismo ambiental, como também para mitigar os danos trazidos pela crise climática.[10]

---

7. KRENAK, 2019: 16.
8. FERDINAND, 2022.
9. FERDINAND, 2022: 31.
10. Alguns autores, dentre os quais Ferdinand, preferem o termo ecologia no lugar de ambientalismo, por vir aquele mais carregado de conceitos sociais. E não podemos nos esquecer de vários movimentos que conjugam diversas frentes de lutas sociais e identitárias, como por exemplo o afroambientalismo e o ecofeminismo.

2.1 Justiça ambiental ou racismo ambiental

Muito tem se ouvido falar em Justiça Ambiental ou Justiça Climática. Esses termos são utilizados internacionalmente para tratar da forma desigual com que as mudanças climáticas afetam os diversos países e também grupos ou indivíduos, de acordo com suas peculiaridades, atingindo de forma mais danosa todos os seres em maior situação de vulnerabilidade. É um termo abrangente, já sedimentado nos meios acadêmicos e fora dele, capaz de atrair muitos apoiadores à causa e buscar medidas de mitigação e combate às injustiças ambientais.

Entendo, porém, que os termos justiça ambiental ou climática não são sinônimos de racismo ambiental, sendo este último conceito uma subespécie da injustiça ambiental. No Brasil, em que as vulnerabilidades atingem de forma diversa pessoas racializadas, o enfoque no racismo é fundamental para entendermos e enfrentarmos de forma mais efetiva o problema. Assim, em razão da força simbólica e da maior especificidade do termo, preferimos usar a expressão racismo ambiental para retratar a realidade brasileira.

Como diz a jornalista Mariana Belmont, o termo justiça ambiental ou justiça climática é europeu e branco demais para retratar o que vivemos na América Latina.[11]

Anoto que o termo Justiça Ambiental não se confunde com Vara Judiciais ou atuação do Poder Judiciário. Mas aproveito o ensejo para destacar como a esfera jurídica seja um importante instrumento de combate às injustiças e desigualdades. Nas palavras de Silvio Almeida, citando Luiz Gama, é uma ilusão achar que o direito é o reino da salvação, mas é certamente uma das armas que poderiam e deveriam ser utilizadas na luta pela liberdade.[12]

Podemos acrescentar que o direito é um importante instrumento de combate ao racismo ambiental, exigindo dos vários atores da esfera jurídica um olhar atento para os complexos fatores envolvidos nas demandas ambientais. Como aponta Arivaldo Santos de Souza, "a superação do racismo ambiental passa pelo 'enegrecimento' e pelo 'esverdeamento' da política e do direito, bem como pela formulação, em termos jurídicos, das demandas por justiça ambiental, de modo que essas possam se converter em respostas concretas aos afetados por práticas de racismo ambiental".[13]

---

11. Disponível em: https://www1.folha.uol.com.br/colunas/desigualdades/2023/02/a-culpa-nao-e-da-chuva-e-do-racismo-ambiental.shtml.
12. ALMEIDA; 2019.
13. SOUZA, 2015:87.

3. RACISMO AMBIENTAL NAS COMUNIDADES TRADICIONAIS

Os povos originários vêm sendo afetados por grandes empreendimentos, pelo avanço contínuo do desmatamento ilegal, pela apropriação indevida de suas terras há mais de quinhentos anos. As comunidades indígenas estão sendo afetadas, com redução gritante de seus territórios, o que as atinge em seu modo de vida e na sobrevivência, material e imaterial, da comunidade.

Os povos indígenas dependem fundamentalmente do ambiente para seu sustento, moradia, medicina e identidade cultural. Em razão das agressões que sofrem, línguas deixaram de ser faladas, rios, que além de recurso natural, são lugares sagrados para alguns povos, foram mortos. Agrotóxicos são espalhados sobre as aldeias, gerando intoxicação e o mercúrio usado na mineração ilegal em suas terras contamina gravemente crianças indígenas.[14]

As comunidades quilombolas, por sua vez, embora a Constituição Federal, no artigo 215, § 5º, tenha protegido com o tombamento todos os documentos e sítios detentores de reminiscências históricas dos antigos quilombos, sofrem com a não demarcação de seus territórios, assim como, com total falta de políticas públicas, que garantam saneamento, acesso a água e a serviços de saúde.[15]

As agressões a essas comunidades, assim como a outras comunidades tradicionais que dependem da integridade de seus territórios para preservarem suas vidas, suas culturas e sua dignidade, são o exemplo concreto do racismo ambiental estrutural.

Contudo, essas mesmas comunidades vítimas de racismo e suas lideranças são os agentes chaves de mudanças. E mudanças que não beneficiam apenas as próprias comunidades, mas podem ajudar a todo o planeta a enfrentar os graves problemas ambientais que, como vimos, só tendem a se agravar.

Agroecologia, agroflorestas, permacultura são caminhos fundamentais para enfrentar os grandes desafios do clima, encontrar a cura para novas doenças ou combater a insegurança alimentar.

As florestas, as áreas ocupadas pelas comunidades tradicionais e, principalmente seus conhecimentos sobre a vida nesses lugares podem trazer uma contribuição enorme na tarefa de impedir a destruição planeta.

Nos alerta o biólogo Stefano Mancuso que, em 2015, foram descobertas 2034 novas espécies de plantas. Aponta que existem atualmente mais 31 mil espécies com uso documentado, sendo que quase 18 mil possuem uso medicinal e 6 mil

---

14. WWF-Brasil, FIOCRUZ e CINCIA. Observatório do Mercúrio, 2021. Disponível em: https://www.wwf.org.br.
15. Disponível em: https://www.arca.fiocruz.br/handle/icict/42344.

para uso alimentar. O racismo que torna essas áreas, esses povos e estes conhecimentos como inferiores, portanto, passíveis de serem destruídos, pode estar pondo em risco a descoberta para a cura de várias doenças ou de alternativas para combater a fome da humanidade.[16]

A botânica Laura Emperaire, por sua vez, aponta como os saberes e práticas dos povos indígenas e das populações locais beneficiam direta ou indiretamente toda a população do planeta ao continuarem produzindo e conservando material fitogenético de interesse local e mundial, os quais poderão ser muito úteis em cenários de crises futuras.[17]

Somente mantendo as florestas preservadas e aprendendo com a tecnologia de seus guardiões poderemos ter esperanças de vida saudável e digna em nosso planeta. No Brasil, notadamente, esta é a nossa principal tarefa, pois diferentemente de países que precisam mudar matrizes energéticas, a missão brasileira para controlar a emissão de gases de efeito estufa relaciona-se à preservação florestal, tema em que os povos originários são sábios e profundos conhecedores.

4. RACISMO AMBIENTAL URBANO

Em um primeiro momento, parece óbvio que a degradação ambiental seja assunto premente para os povos originários ou demais comunidades tradicionais, mas um tanto alheio a quem vive em ambientes urbanos, principalmente em situação de vulnerabilidade de várias origens estruturais.

Isso se deve ao olhar contemporâneo que opõe florestas e reservas a natureza urbana das cidades, favelas ou mesmo plantações. Ou opõe natureza intocada, plantas e animais a seres humanos. Porém, é certo que os danos e riscos ambientais são cruéis nas cidades, principalmente nas maiores e, mais ainda, nas favelas, em bairros irregulares ou nas periferias, onde se encontram grande parte das minorias vulnerabilizadas.

O racismo ambiental está diretamente ligado ao território, sendo que os povos tradicionais, ao perderem seus territórios e modos de vida, são empurrados para as periferias das grandes cidades, onde se juntam àqueles que para ali foram levados pela falta de planejamento urbano e falta de política voltada à moradia.

Um dos grandes desafios ambientais a enfrentar nos ambientes urbanos e que se apresenta com um evidente exemplo de racismo ambiental é a falta de saneamento básico. O saneamento é previsto constitucionalmente como direito universal e foi regulamentado pela Lei de Saneamento Básico (Lei 11.445/2007),

---

16. MANCUSO, 2020:09.
17. OLIVEIRA, AMOROSO, LIMA, SHIRATORI, MARRAS, EMPERAIRE, 2020:57.

a qual prevê abastecimento de água, esgotamento sanitário, limpeza urbana, drenagem urbana, manejos de resíduos sólidos e de águas pluviais como direito essencial de todos.

Outro exemplo dramático de racismo ambiental é a ocupação de áreas de risco, como às margens de córregos poluídos, sujeitas a doenças ou enchentes; em encostas sujeitas a deslizamentos; ao lado de fábricas que emitem poluição; próximo a lixões ou terrenos usados ilegalmente como pontos de descarte de resíduos, atraindo animais sinantrópicos e mais doenças, ou ainda, em cima de áreas contaminadas com substâncias tóxicas.[18]

Nas periferias e nas favelas, não se aplicam os princípios do "direito à cidade", apesar das disposições do Estatuto da Cidade, que prevê a gestão democrática e inclusiva do espaço urbano. Não contam estas áreas com infraestrutura de escolas e de hospitais. Não contam os moradores com o direito à mobilidade urbana e por esta razão demoram horas para se deslocar aos empregos e são mantidos afastados de equipamentos culturais e de lazer, concentrados quase exclusivamente nas áreas nobres da cidade.

Como consta da introdução do livro intitulado Mobilidade Antirracista, "num projeto genocida, a escassez e a omissão são caminhos para a mortificação e extermínio de corpos negro empobrecidos, e o transporte assume lugar central de garantidor da interdição desses corpos, para que não escapem das estruturas de morte organizadas como política para esses territórios.[19] A população vulnerável é empurrada para os locais distantes da região central valorizada pelo mercado imobiliário, sem infraestrutura, saneamento, saúde, educação e lazer e deve permanecer ali confinada, sem ousar participar, a não ser para trabalhar ou servir, da parte regularizada da cidade. Portanto, as questões de transporte, em um país que prioriza o transporte individual e não investe em transporte público, também traz um forte componente racista.

5.   RACISMO AMBIENTAL CULTURAL

Como já falado anteriormente, direito ao meio ambiente sadio envolve todas as esferas da existência humana, abrangendo os bens naturais, o ambiente

---

18. Atualizo este texto após a tragédia ocorrida durante o carnaval de 2023 na cidade de São Sebastião-SP, onde após uma chuva recorde de mais de 600mm, morreram 64 pessoas e mais de 4.000 ficaram desalojadas ou desabrigadas (dados do Estado de São Paulo em 26/02/2023). Os mortos residiam nas encostas e aos pés do morro que, sem vegetação e atingidos por desproporcional quantidade de água, tornaram-se líquidos e desceram soterrando tudo que estava no caminho. Nestes locais vivem as pessoas que trabalham nas pousadas, hotéis, restaurantes e casas de veraneio, os quais situam-se próximo ao mar, longe do morro e onde ocorreram apenas danos materiais, sem perda de vida humana. Trata-se de um caso de explícito racismo ambiental.

19. SANTINI, 2021: 12.

artificial ou construído e o patrimônio cultural. Todas as dimensões necessárias para a sadia qualidade de vida e para a dignidade da pessoa humana.

Vimos, também, que os movimentos contra o racismo ambiental e pela consecução da justiça ambiental, iniciaram suas ações com grande enfoque no risco à saúde e ampliaram as áreas de atuação principalmente para o chamado direito à cidade e posteriormente ao direito à cultura.

A cultura, aspecto da existência humana fundamental para a fruição de uma vida digna, deve também ser uma cultura antirracista. Os artigos 215 e 216 da Constituição Federal garantem o acesso à cultura como bem fundamental, prevendo a obrigação do Poder Público de preservar e promover o patrimônio cultural nacional, entendido em todo seu pluralismo.

Após a trágica morte de George Floyd em 2020 por forças policiais nos Estados Unidos, seguiu-se aos protestos, ocorridos em várias partes do mundo, um debate sobre a necessidade de derrubada de monumentos e símbolos coloniais e racistas. São os chamados monumentos à barbárie, em que o problema não é figura em si do personagem representado, mas o tipo de memória e de simbologia que está sendo homenageada.

Não se trata de apagar o passado, o que não é possível, muito menos recomendado, afinal, os genocídios perpetrados no Brasil e no mundo precisam ser lembrados. Mas obras que legitimem a ideia de inferioridade de grupos em relação a outros não podem mais ser admitidos.

Esses monumentos devem ser ressignificados, sendo tirados de lugares público e levados para lugares de memória, por exemplo, como museus, arquivos, bibliotecas. Podem receber placas explicativas, notas de rodapé.[20]

Pode-se ainda pensar, exemplificativamente, em mudanças de nome de ruas que homenageiem personagens ligados às diversas formas de escravidão e opressão. Afinal, uma memória coletiva racista traz até os dias atuais problemas estruturais profundos que nos impede de alcançar a plena democracia.

Esses são exemplos de ações culturais antirracistas nas cidades. Mas também o respeito a tudo que envolva a produção cultural dos povos originários ou de outras comunidades tradicionais, seus saberes, formas de expressão, práticas culturais ou até seus lugares sagrados devem ser respeitados, valorizados e protegidos. Considerar esse conhecimento como periférico ou menos relevante que

---

20. Na cidade de São Paulo, por exemplo, iniciou-se um amplo debate sobre a derrubada da estátua do Borba Gato, situada no bairro de Santo Amaro, por exaltar a figura de um conhecido bandeirante exterminador de indígenas. A estátua chegou a ser alvo de protestos e queimada parcialmente por um grupo de ativistas que sustentou a necessidade de problematizar a existência de símbolos racistas na cidade.

a visão dita ocidental do mundo torna configura racismo ambiental, que deve ser combatido e torna a humanidade menos preparada para o enfrentamento das várias crises pelas quais estamos passando, dentre elas inclusive a do clima.

Os instrumentos de proteção de bens imateriais, notadamente o Registro, é um importante aliado jurídico para obter esta proteção, embora não seja o único caminho a percorrer.

6. DIREITOS HUMANOS E MEIO AMBIENTE

A visão holística de meio ambiente foi adotada pela moderna Constituição Federal brasileira. Como nos ensina José Afonso da Silva, analisando nosso arcabouço constitucional "o meio ambiente é, assim, a interação do conjunto de elementos naturais, artificiais e culturais que propiciem o desenvolvimento equilibrado da vida em todas as suas formas".[21]

A garantia de um meio ambiente equilibrado é condição para uma sadia qualidade de vida e para o pleno exercício da dignidade da pessoa humana. Trata-se, em última análise, de garantir a sobrevivência da espécie humana ou do direito humano fundamental de viver.[22] Tanto que o Conselho de Direitos Humanos da ONU reconheceu, através da Resolução 48/13, que ter o meio ambiente limpo, saudável e sustentável é um direito humano.

O principal artigo da Constituição Federal a tratar de meio ambiente é o artigo 225, que dispõe:

"Todos têm direito ao meio ambiente ecologicamente equilibrado, bem de uso comum do povo e essencial à sadia qualidade de vida, impondo-se ao Poder Público e à coletividade o dever de defendê-lo e preservá-lo para as presentes e futuras gerações."

Esta imposição ao Poder Público de implementar a defesa e a preservação é da natureza dos direitos fundamentais, que não permite a omissão do Poder Público, mas o obriga a agir, por se tratar de norma jurídica vinculativa.

Some-se a isso um dos pilares da Constituição Federal, que é a igualdade entre todos os seres humanos e a proibição expressa de prática de racismo (artigo 5º, *caput*, I e XLII) e temos o arcabouço jurídico que sustenta o direito ao meio ao ambiente equilibrado como direito fundamental, não sendo admissível nenhuma espécie de exclusão ou discriminação em sua efetivação.

Como ensina Canotilho, uma das mais importantes funções dos direitos fundamentais é a da "não discriminação", pois "a partir do princípio da igualdade

---

21. SILVA, 2007:20.
22. TRINDADE, 1993: 50.

e dos direitos de igualdade específicos consagrados na constituição, a doutrina deriva esta função primária e básica dos direitos fundamentais: assegurar que o Estado trate os seus cidadãos como cidadãos fundamentalmente iguais".[23]

Ademais, a interpretação sistemática da Constituição Federal traz o meio ambiente como sendo constituído pelo meio ambiente natural, meio ambiente construído e meio ambiente cultural, exatamente a mesma interpretação dada pelos movimentos de combate ao racismo ambiental.

Desta forma, a proteção constitucional e infralegal do meio ambiente, no Brasil, não se resume ao aspecto naturalístico, mas abrange tudo o que cerca e condiciona a humanidade, indiscriminadamente, em sua existência, seu desenvolvimento na comunidade e na interação com o ecossistema que a cerca. Portanto, nossa Constituição traz em si todos os instrumentos para atingir a Justiça Ambiental.

7. INSTRUMENTOS DE COMBATE AO RACISMO AMBIENTAL

O Direito Ambiental traz uma série de instrumentos, oriundos da legislação nacional, constitucional ou infraconstitucional e de tratados internacionais, aptos a tornar efetiva a proteção do bem que pretende tutelar. A relevância dos princípios ambientais – precaução, prevenção, reparação integral, informação, participação popular, poluidor pagador, função socioambiental da propriedade, proibição de retrocesso, solidariedade intergeracional, cooperação entre os povos – é fortemente destacada pela doutrina e por nossos tribunais. Esses princípios podem e devem ser evocados no combate ao racismo ambiental.

O *princípio da participação*,[24] por exemplo, é instrumento relevante para atacar um dos pilares do racismo ambiental que é a exclusão de negros, indígenas, quilombolas e demais comunidades vulneráveis da tomada de decisão sobre questões ambientais, mesmo quando diretamente afetados. A efetiva participação de todos que possam ser atingidos negativamente por uma obra ou política pública deve ser garantida nas audiências públicas previstas em lei ou ainda na composição de órgãos colegiados de funções consultivas ou deliberativas, como nos conselhos ambientais ou de patrimônio cultural. Cabe ao Ministério Público zelar pela efetividade desta representação.

Para permitir a efetiva participação, também deve ser observado o *princípio de acesso à informação*.[25] A informação deve permitir não apenas participar da

---

23. CANOTILHO, 2003:378.
24. Declaração do Rio sobre Meio Ambiente e Desenvolvimento-1992 – Princípio 10.
25. Declaração do Rio sobre Meio Ambiente e Desenvolvimento-1992 – Princípio 10. Lei de Acesso à Informação (Lei 10.650/2003). Lei de Política Nacional do Meio Ambiente (Lei 6.938/81), artigo 9º, VII e XI.

tomada de decisões, mas também tem a função de dar transparência às medidas adotadas pelo poder público, inclusive quanto à destinação de verba pública.

Permite, ainda, que as pessoas ou as comunidades possam agir em hipóteses concretas para se prevenir ou evitar riscos e danos que possam vir a sofrer. Nos casos das áreas de riscos, que já citamos, é fundamental que todos aqueles possam ser atingidos por catástrofes ligadas a fenômenos naturais tenham acesso aos estudos que indicam essa condição, bem como às propostas técnicas de afastamento do risco. No entendimento de Paulo Affonso Leme Machado, "a não informação de eventos significativamente danosos ao meio ambiente por parte dos Estados merece ser considerada crime internacional".[26]

Os princípios de prevenção e precaução serão fundamentais diante das mudanças climáticas que se anunciam. A prevenção, nada mais é do que a normatização do clássico ditado "é melhor prevenir do que remediar". Assim, configurado o risco de que um empreendimento ou atividade possa causar sérios impactos negativos ao ambiente, ele deve ser descartado, buscando-se uma alternativa não danosa ou mesmo a sua não realização. O princípio da prevenção vai um pouco mais além e se vincula fortemente ao conhecimento científico disponível no momento da tomada de decisão. Caso haja dúvidas ou incertezas científicas sobre a segurança de uma atividade ou empreendimento, havendo incertezas quanto às consequências danosas ao ambiente ou às pessoas, deve prevalecer a precaução, adotando-se o *in dubio pro ambiente* e impedindo- se a atividade ou o empreendimento.

Devemos nos acostumar cada vez mais com o imprevisível. Nossa experiência de eventos naturais até agora não serve mais de parâmetro para analisar riscos de danos e acidentes futuros. Mas o Poder Público não está desavisado. Os cientistas alertam para essas mudanças há anos. Portanto, o planejamento de qualquer ação que possa ter resultados ambientais deve considerar a precaução.

Não é mais possível, por exemplo, que a cada verão vidas sejam perdidas em enchentes ou deslizamentos sob o argumento de que as chuvas ultrapassaram os registros históricos. É preciso agir para mitigar as inevitáveis mudanças e adaptar nosso modo de se relacionar com o ambiente em que estamos inseridos. Há instrumentos legais como Plano Nacional de Adaptação à Mudança do Clima – PNA, de 2016, que prevê medidas de adaptação e mitigação e contém inclusive um capítulo próprio voltado às comunidades vulneráveis, mas não tem encontrado aplicação prática.[27] Cabe ao Ministério Público, em seu âmbito de atuação, acompanhar a implantação do referido plano.

---

26. MACHADO, 2005: 88.
27. No âmbito do Estado de São Paulo a Política Estadual de Mudanças Climáticas – PEMC – é instituída pela Lei Estadual 13.798, de 9 de novembro de 2009 e no Município de São Paulo a A Política Municipal da Mudança do Clima de São Paulo foi promulgada pela Lei 14.933/2009.

O *princípio da reparação*[28] também reparação deve ser integral, em todas as esferas (civil, administrativa e penal) e no local do dano, devendo a compensação por perdas e danos ser fixada apenas em absoluta impossibilidade técnica e científica de reparação integral, independentemente do valor econômico. deve ser evocado sempre que um dano ambiental se concretiza e merece atenção especial a possibilidade de reparações históricas causadas pelo racismo ambiental.

7.1 'Letramento' e antirracismo como instrumento

Nunca é demais repetir e aplicar o ensinamento de Angela Davis sobre não bastar não ser racista, mas da necessidade ser antirracista. Exige-se um comportamento ativo de todos, mas principalmente dos executores do direito, que têm a tarefa constitucional de garantir a plena realização do Estado Democrático de Direito. Afinal, como diz a máxima do movimento negro "enquanto houver racismo, não haverá democracia".

Por isso, é preciso enfrentar as questões trazidas no dia a dia de uma Promotoria de Justiça que atua na área ambiental sempre com o olhar antirracista e com a cautela para não cair nas armadilhas que o racismo estrutural entranhado na sociedade nos apresenta.

Quem mora nas margens dos cursos d'água e nas áreas de encostas, por exemplo, não pode ser tratado como o poluidor que, por não ter acesso a saneamento básico, contamina as águas e impede a regeneração da vegetação, mas sim como vítima do sistema racista que empurra as pessoas vulneráveis para os locais que não tem valor de mercado, posto que coletivos.

Problemas complexos e estruturais exigem ações igualmente complexas e estruturais, envolvendo vários atores políticos, inclusive a sociedade civil.

Para enfrentar os grandes dilemas que o racismo ambiental traz na prática diária é preciso que as instituições invistam continuamente em educação antirracista. Livia Sant'anna Vaz, em seu importante livro sobre Cotas Raciais, destaca a Resolução 60/147, aprovada pela Assembleia Geral da ONU, em 2005, a qual traz medidas de reparação às vítimas de violações massivas de direitos humanos através de mecanismos de restituição, compensação, reabilitação, satisfação e garantias de não repetição. Dentro desta última categoria consta expressamente a "promoção de forma continuada e prioritária, de educação em direitos humanos para todos os setores para membros do sistema de justiça".[29]

---

28. Constituição Federal, artigo 225, § 1º, I e § 3º. Lei de Política Nacional do Meio Ambiente, artigo 4º, VII.
29. VAZ, 2022, 198.

8. CONCLUSÃO

O Brasil é um país extremamente racista, apesar de tentar esconder essa mácula sob o mito já tão desgastado da igualdade racial. O racismo é estrutural e, como tal, atinge todos os aspectos da vida humana. Assim, é inevitável que os temas ambientais, na sua concepção mais ampla, também dotados de transversalidade, venham acompanhados de viés racista, gerando impactos ambientais negativos de forma desproporcional a comunidades vulnerabilizadas, impedindo que usufruam plenamente do direito fundamental da dignidade da pessoa humana.

Apesar de mais atingidos pela crise climática, os grupos mais vulneráveis estão alijados dos postos de tomada de decisão.

Várias são as frentes de luta, sendo que os usos dos remédios legais para afastar o racismo e, inclusive o racismo ambiental, é o papel que cabe ao Ministério Público no exercício de suas funções constitucionais na busca de uma sociedade mais justa, fraterna e ambientalmente equilibrada.

Esse papel só pode ser exercido lado a lado com a sociedade que o Ministério Público representa e exige profissionais treinados não apenas nos aspectos formais da legislação, mas também capacitados para reconhecer e enfrentar os complexos desafios apresentados pelo racismo ambiental.

9. REFERÊNCIAS

AKOTIRENE, CARLA. Interseccionalidade. In: RIBEIRO, Djamila (Coord.). *Feminismos plurais*. São Paulo: Sueli Carneiro; Pólen, 2019.

ALMEIDA, Silvio. Racismo estrutural. In: RIBEIRO, Djamila (Coord.). *Feminismos plurais*. São Paulo: Sueli Carneiro; Pólen, 2019.

CANÇADO TRINDADE, Antônio Augusto. *Direitos humanos e meio ambiente*: paralelo dos sistemas de proteção internacional. Porto Alegre: Sergio Antonio Fabris Editor, 1993.

GOMES CANOTILHO, JJ. Direito Constitucional e Teoria da Constituição. 7. ed. Coimbra: Portugal: Edições Almedina, 2003.

KRENAK, Ailton. Ideias para adiar o fim do mundo. São Paulo: Companhia das Letras, 2019.

MACHADO, Paulo Affonso Leme. *Direito ambiental brasileiro*. 13. ed. São Paulo: Malheiros Editores, 2005.

MANCUSO, Stefano. *Revolução das Plantas*. São Paulo: Ubu Editora, 2020.

OLIVEIRA, Joana Cabral de; AMOROSO, Marta; LIMA, Ana Gabriela Amorim de; SHIRATORI, Karen; MARRAS, Stelio; EMPERAIRE, Laure (Org.). *Vozes vegetais*: Diversidade, resistências e histórias das florestas. São Paulo: Ubu Editora, 2020.

ROLNIK, Raquel. São Paulo: *Planejamento da desigualdade*. São Paulo: Editora Fósforo, 2022.

SANTINI, Daniel; Santarém Paíque Duques; Albergaria, Rafaela (Org.). *Mobilidade antirracista*. São Paulo: Autonomia Literária, 2021.

SILVA, José Afonso da. *Direito ambiental constitucional*. 6. ed. São Paulo: Malheiros Editores, 2007.

SOUZA, Arivaldo Santos de. *Direito e racismo Ambiental na diáspora africana*: Promoção da justiça ambiental através do direito. Salvador: EDUFBA, 2015.

VAZ, Lívia Sant'anna. Cotas raciais. In: RIBEIRO, Djamila (Coord.). *Feminismos plurais*. São Paulo: Sueli Carneiro; Pólen, 2022.

OS SUJEITOS E AS INSTITUIÇÕES

Cristiane Corrêa de Souza Hillal

Promotora de Justiça de Campinas, designada para a coordenação do Núcleo de Inclusão Social do Centro de Apoio Operacional Cível e de Tutela Coletiva e do NUIPA – Núcleo de Incentivo em Práticas Autocompositivas.

> "Exigirei ao branco de hoje que se responsabilize pelos traficantes de escravos do século XVII?
>
> Buscarei por todos os meios incutir a culpa nas almas? (...)
>
> Sou negro e toneladas de grilhões, tempestades de golpes, rios de cusparadas escorrem pelas minhas costas (...)
>
> Não sou escravo da Escravidão que desumanizou meus pais (...)
>
> A desgraça e a desumanidade do branco consistem em ter matado o ser humano onde quer que fosse.
>
> Consistem em, ainda hoje, organizar racionalmente essa desumanização."
>
> *Frantz Fanon*[1]

1. NÚMEROS

Em 2015, Grupo de Trabalho de Igualdade Racial do Ministério Público de São Paulo, do então criado Núcleo de Políticas Públicas da Procuradoria Geral de Justiça, desenhava a seguinte realidade institucional:[2]

---

1. FANON, Frantz. *Pele negra, máscaras brancas* – Editora Ubu.
2. Disponível em: http://www.mpsp.mp.br/portal/pls/portal/!PORTAL.wwpob_page.show?_docname=2577596.PDF.

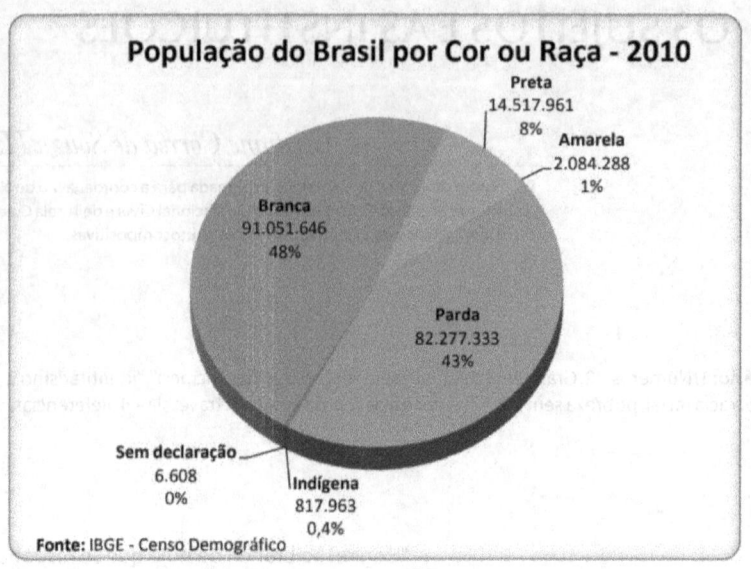

População do Brasil por Cor ou Raça - 2010

Preta
14.517.961
8%

Amarela
2.084.288
1%

Branca
91.051.646
48%

Parda
82.277.333
43%

Sem declaração
6.608
0%

Indígena
817.963
0,4%

Fonte: IBGE - Censo Demográfico

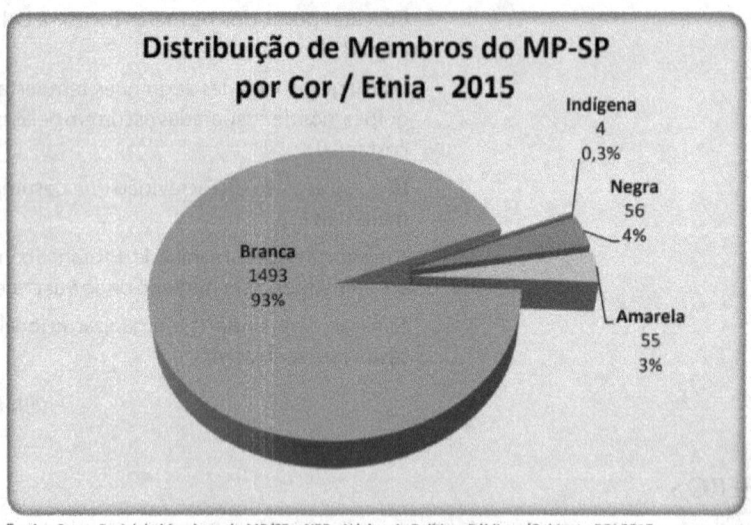

Distribuição de Membros do MP-SP por Cor / Etnia - 2015

Indígena
4
0,3%

Negra
56
4%

Branca
1493
93%

Amarela
55
3%

Fonte: Censo Racial de Membros do MP/SP – NPP - Núcleo de Políticas Públicas /Gabinete PGJ 2015

Os números acima explicitam que o Ministério Público é uma instituição que ainda não foi decolonizada.

"O passado não passa", diz a pensadora Grada Kilomba.

2. GRAMÁTICA COLONIAL E SEUS DISCURSOS: "MERITOCRACIA"; "IDENTITARISMO"; DEMOCRACIA RACIAL; POBREZA SEM COR

Apesar de estarmos alicerçados em uma Constituição Federal que se funda no princípio da igualdade[3] e em um consistente projeto normativo antirracista,[4] no rastro da declaração universal de direitos humanos e de tantos tratados de direito internacional específicos de enfrentamento do racismo,[5] ainda não vivemos o luto da lógica colonial que nos fundou do ponto de vista econômico, social e político no Brasil.

Tragicamente, as instituições do Sistema de Justiça – como todas as esferas do poder político do país – incumbidas, justamente, de enfrentar a desigualdade racial, espelham a perversidade da lógica colonial mesmo depois de mais de 130 anos da abolição da escravidão do Brasil.

Abdias do Nascimento nos lembra que a escravização dos povos negro-africanos foi o maior escândalo da história da humanidade. Lembra que nosso solo, desde que "descoberto" tem sido ininterruptamente fertilizado pelas lágrimas, sangue, suor e martírio dos negros. O papel do negro, segundo renomado autor, foi "construir as fundações da nossa sociedade com a flexão e a quebra de sua espinha dorsal". E seguiu: "O negro plantou, alimentou e colheu a riqueza material do país para o desfrute exclusivo da aristocracia branca enquanto as classes dirigentes – latifundiários, comerciantes, sacerdotes católicos – praticavam a indolência, cultivavam a ignorância, o preconceito e a mais licenciosa luxúria", o fazendo sempre sob uma narrativa cínica de normalidade e benevolência para com povos que precisavam ser docilizados e civilizados pelos homens brancos.[6]

A despeito da tragédia conhecida por todos e dos efeitos manifestos nas estatítiscas atuais de exclusão social, nós (e aqui me apresento entre os 93% declarados brancos que integram o Ministério Público de São Paulo, ciente d meu lugar de fala) ainda sentimos barreiras ao enfrentamento do racismo em suas três dimensões: individual, institucional e estrutural.

---

3. A Constituição Federal, nos seus artigos 1º e 3º, incisos I e III proclamou que a República Federativa do Brasil tem como fundamento a dignidade da pessoa humana e como objetivos a construção de uma sociedade livre, justa e solidária, com a erradicação das desigualdades e, no 5º, caput e inciso XLII expressamente proclamou que a prática do racismo é tão grave que consti   tui crime inafiançável e imprescritível, sujeito à pena de reclusão, nos termos da lei.
4. Leis 7.716/89; 9.549/97; 10.639/03 com a alteração da 11.645/08; 12.288/10 e outras.
5. Declaração de Durban, de 2001; Convenção Interamericana contra o Racismo, discriminação racial e formas correlatas de intolerância, de 2013; Relatório 66/06 da Comissão Interamericana de Direitos Humanos, caso 12001, de Simone André Diniz entre outros.
6. NASCIMENTO, Abdias. *O genocídio do negro brasileiro*. Processo de um racismo mascarado. 4. ed. Editora Perspectiva. p. 59.

Quando o tema do racismo entra em pauta, o que se reconhece, no mais das vezes, como digno de estratégias de enfrentamento, é o racismo individual, ou aquele que se concretiza em claras ofensas direcionadas a um alguém, ou grupo específico. É aquele que é feito pelo outro, o racista, com o qual não me identifico, e que deve ser destinatário de uma resposta penal e civil, mas se coloca como alguém muito diferente de mim, no outro lado da linha imaginária entre o bem e o mal.

A dificuldade na consciência e enfrentamento do racismo estrutural está, justamente, quando se observa que a tal linha entre os homens de bem e os maus não é tão clara quanto gostaríamos narcisicamente que fosse.

Na sua essência, o pior racismo não é o que xinga, mas o que permite a normalização e não visibilização de um racismo praticado por todos, incluindo, nesse "todos", não mais apenas "o outro" diferente e estranho a mim, mas o "nós", o cada um de nós, mesmo que não queiramos ser racistas.

As relações de dominação e subordinação social política e econômica dos negros estão de tal forma naturalizadas, que é inconsciente a sua perpetuação, tanto no seio social, como dentro das instituições.

Toda lógica do sistema de justiça, vale dizer, está calcada na hipernormalização da ideia da pessoa negra que ocupa o banco dos réus e não a cadeira do juiz ou do Promotor de Justiça, nos altos postos de poder institucional.

Para garantir a hegemonia branca das instituições, sem perder o olhar viciado na cômoda naturalização da situação de privilégio, emerge, com força, a crença de que as pessoas estão onde estão por simples mérito pessoal.

O dogma da meritocracia, sem problematização sobre a desigualdade de oportunidades que está na sua base, contribui para o ciclo de repetição da exclusão e perpetuação do racismo.

É doloroso enxergar como privilégio o que se vê normalmente apenas como mérito. E é doloroso se abrir à escuta das vozes daqueles que estão de fora do espaço de poder institucional, reinvindicando o lugar de sujeitos e não apenas – e quando muito – de objetos de proteção desse sistema de Justiça.

Adilson José Moreira é uma dessas vozes a serem ouvidas.[7]

Sou um jurista negro e penso como um negro. Estou afirmando que minha raça determina diretamente a minha interpretação dos significados de normas jurídicas e também minha compreensão da maneira como o direito deveria funcionar em uma sociedade marcada por desigualdades raciais. (...) Juristas que negam a relevância social da raça obviamente ignoram o fato que ela tem um papel central na vida de pessoas brancas. Ela marca o lugar social delas e

---

7. MOREIRA, Adilson José. *Pensando como um negro, ensaio de hermêutica jurídica.* Disponível em: https://www.indexlaw.org/index.php/rdb/article/view/3182/2837.

esse lugar é a acumulação de privilégios decorrente do pertencimento ao grupo racial majoritário. Juristas brancos não se classificam racialmente. Eles são apenas pessoas, eles são apenas indivíduos. É difícil perceber a discriminação quando a cor da pele não levanta dúvidas sobre sua integridade moral. Aliás, ela aparece como a personificação da superioridade moral, pois todas as representações culturais da integridade pessoal são brancas. Porque uma pessoa branca acharia que a raça tem relevância na vida delas? Afinal, elas nunca foram seguidas em shopping centers, uma experiência pessoal constante. Ser branco dentro da nossa sociedade não marca um lugar social específico, marca uma referência cultural a partir da qual todas as pessoas são julgadas.

E prossegue o renomado jurista e professor:

É então curioso quando juristas brancos progressistas e conservadores defendem a noção de meritocracia como um parâmetro a ser seguido pelas instituições públicas e privadas. Os homens brancos heterossexuais de classe média alta que participavam do debate sobre ações afirmativas obviamente não reconhecem que o processo de seleção pelo qual passaram começa com a exclusão prévia daqueles sujeitos sociais subordinados. Primeiro os negros, depois as mulheres, depois homossexuais, depois deficientes físicos, depois obesos, depois os pobres. A consideração da meritocracia só começa quando todos os outros grupos indesejáveis já foram eliminados. Mas esses juristas brancos sempre pensam que todas as pessoas têm a mesma experiência social que eles. Muitas pessoas brancas pensam que a raça não tem relevância na nossa sociedade, que a raça nunca teve qualquer papel na vida delas. Sim, ela nunca foi utilizada para impedir que elas tivessem acesso a oportunidades. Afinal, ela é a marca daqueles que são sistematicamente beneficiados pelos arranjos institucionais existentes. Como o privilégio racial é algo muitas vezes invisível para os seus beneficiários, várias pessoas brancas imediatamente condenam mudanças nos arranjos institucionais que lhes garantem as mais diversas vantagens.

Desconstruída a falácia da meritocracia, como tecnologia justificadora da manutenção da hegemonia branca, vamos problematizar agora, e bem brevemente, outro artifício narrativo, que vem se valendo da crítica ao identitarismo sem a exata compreensão do viés estratégico político de demandas como a de Adilson José Moreira, que visam o reconhecimento do negro como categoria social que ainda demanda políticas públicas específicas de reparação.

Para que o humano seja considerado efetivamente universal, como preceitua a "declaração *universal* dos direitos humanos", sem descuido de suas singularidades e sem o apelo a predicados que criam agrupamentos que racializam os sujeitos, seria necessário, antes, observar que no atual momento sócio-político falar em universalidade significa falar apenas de brancos.

Chegará o dia que não fará mais sentido a distinção entre negros e brancos – porque, como sabido, do ponto de vista biológico, ou de constituição genética, a raça não existe. No entanto, para que esse momento possa ser atingido, a estratégia da racialização, com a visibilização da negritude e da branquitude (como uma categoria própria e não universal, que se contrapõe à negritude) é a estratégia possível para desnudar o racismo estrutural e institucional.

A racialização dos sujeitos – entendida raça como uma construção sociopolítica que tem como objetivo denunciar a desigualdade racial – começou, vale lembrar, com a lógica colonial, que dela se valeu para subordinar, segregar, explorar e matar.

Agora, no momento de reparação dessa dor, invisibilizar a raça significaria silenciar indevidamente a dor que marca a identificação de um grupo e que decorre da gramática colonial de subjugação dos corpos negros.

Há uma luta social para constituição de uma universalidade que não está dada, nos diz Vladimir Safatle. E a condição para permitir esse universal é reconhecer a falsa universalidade sustentada em um circuito de violência contra os negros, complementa.[8]

Foi o dispositivo colonial, portanto, que racializou as relações sociais e criou o grupo identificável por negros. A racialização não é, como alienadamente preferem alguns, um discurso de um "nós contra eles" sem lastro na realidade. Não é uma "ideologia identitária" e incômoda, que precisa ser calada para que voltemos ao estado de fantasia em que todos eram iguais. É, ao revés, uma estratégia política de denúncia da violência de subjugação e controle sobre corpos negros que sempre existiu e sempre foi naturalizada.

Em outras palavras, não há como enxergar, com a profundidade necessária, nem o racismo, nem os impactos perversos da branquitude na instituição do Ministério Público sem entender que raça é uma construção sócio-política, e não biológica, que identifica, pelo sofrimento, aqueles que estão socialmente marcados, até os dias de hoje, pela subalternidade socioeconomica, cultural e política decorrente da lógica colonial.

A racialização estratégica, temporária, política, que demonstra sem meandros a branquitude da instituição permite a desmistificação de uma universalidade humana ainda não existente, e que precisa ser alcançada para que as singularidades, a partir desse universal humano, sejam protegidas sem que perpetuemos a dinâmica do silenciamento.

Enxergar a hipernormalização da condição de subalternidade do negro nas instituições pressupõe que se enfrente, também, além do discurso da meritocracia e a vilanização do identitarismo, o mito da democracia racial, discurso que também vez ou outra aparece no sentido de que, em um país miscigenado como o nosso, não é possível identificar quem seria negro.

---

8. Aula proferida em 30 de agosto no Fórum do Campo Lacaniano de São Paulo.

Mais do que isso, significa também enfrentar o discurso de que negros sofrem mais porque são pobres. Então, a questão seria apenas sócio econômica, e não racial. E concluem os sectários desse discurso: precisamos enfrentar a pobreza, não o racismo. O racismo não existe em um país miscigenado como o Brasil.

Mais uma vez, Adilson José Moreira, com a ironia de quem traz a dor como traço autobiográfico, nos socorre:

Uma das estratégias discursivas que juristas brancos e pesquisadores brancos encontraram em tempos recentes é a representação do brasileiro como um produto de diferentes grupos genéticos. Isso tornaria impossível a utilização da raça como um critério de tratamento diferenciado porque uma pessoa negra pode ter mais genes europeus do que uma pessoa classificada como branca. É. Isso realmente parece fazer sentido. Não creio que as mulheres brancas que seguram as suas bolsas quando entro no elevador estejam interessadas em saber qual é a minha herança genética. Minha raça está investida de sentidos culturais que transcendem a minha ascendência. Mas esse uso retórico dela permite que as pessoas não percebam que nós, negros, não somos excluídos apenas em função de classe social, mas também em função da raça.

Perguntemos, pois, para quem sofre, se há dúvida sobre o que é ser negro.

"Negro imundo".

"Mamãe, olhe um negro, estou com medo".

"– Quieto! Ele vai se zangar ... não lhe dê atenção, meu senhor, ele não sabe que o senhor é tão civilizado quanto a gente...", eis que me descubro, pelo olhar do branco, "objeto em meio a outros objetos", nos relata Frantz Fanon.[9]

E prossegue:

"Meu corpo me era devolvido desmembrado, desmantelado, arrebentado, todo enlutado naquele dia branco de inverno. O negro é uma besta, o negro é mau, o negro é malicioso, o negro é feio".(...) O mundo branco, o único respeitável, negava-me qualquer participação (...) eu me arrasto pelos cantos, fico em silêncio, aspiro ao anonimato, ao esquecimento (...) A vergonha. A vergonha e o desprezo por mim mesmo. A náusea. Quando me amam, dizem que é a despeito da minha cor. Quando me detestam, acrescentam que não é por causa da minha cor... Por um lado ou por outro, sou prisioneiro do círculo vicioso (...) A evidência estava ali, implacável. Minha negrura estava ali, densa e indiscutível. E ela me atormentava, me perseguia, me inquietava, me exasperava", desabafa Fanon, em seu relato asfixiante, após o apontamento de sua negritude.

Ainda sobre a dor de se reconhecer negro em um contexto racista, mesmo integrando uma elite econômica e cultural, é a valiosa pesquisa de Grada Kilomba, trazendo relatos de racismo cotidiano no ambiente acadêmico e europeu.

---

9. FANON, Frantz. *Pele negra, máscaras brancas*. Editora UBU.

Como psicanalista, Grada, em seu importante livro, traz uma série de narrativas dolorosas de sensação de não pertencimento e aborda os traumas causados pelos processos diaspóricos que retiram, dos negros, sua história. Mostra como as subjetividades vão sendo construídas a partir do trauma social da colonização que não cessou simbolicamente e que lança o negro, continuamente, à posição do outro, do estranho, em uma realidade psíquica e social fragmentada.

Em rico momento da obra, Grada discorre sobre as apropriações e fantasias em torno do corpo da mulher negra. Segue um trecho que cuida especificamente dos seus cabelos.[10]

> O cabelo acabou se tornando símbolo de primitividade, desordem, inferioridade e não civilização. O cabelo africano foi então classificado como "cabelo ruim". Ao mesmo tempo, negros e negras foram pressionadas/os a alisar o 'cabelo ruim' com produtos químicos apropriados, desenvolvidos por indústrias europeias. Essas eram formas de controle e apagamento dos chamados 'sinais repulsivos' da negritude'.

Diante de tantos estudos e depoimentos pessoais, não há como descolorir a pobreza e invisibilizar o fato de o racismo existir como decorrência de uma política colonial com uma lógica de aversão que é potencializada pela questão socio econômica, mas não se confunde ou resume a ela.

Daí que enfrentar o racismo significa também compreendê-lo em uma perspectiva interseccional com classe e gênero.

Desconectar o racismo da noção de luta de classes e do quanto ele é mais brutal com as mulheres e as pessoas LGBTs é tão grave quanto retirar, do problema da desigualdade social, a agravante do racismo.

O racismo precisa ser enxergado no seu contexto histórico, em toda a sua complexidade contemporânea e dialética sobre as múltiplas formas de estar no mundo.

A forma como narramos o sofrimento psíquico, a maneira como ele é incluído ou excluído por determinados discursos, o modo como nossa narrativa reconhece os sujeitos, seus desejos e suas demandas, muda a experiência mesma do sofrimento.[11]

Enfatiza o professor Adilson José Moreira: "Juristas brancos, ao negarem a relevância do racismo, criam um mundo social imaginário no qual as atrocidades cometidas no passado não guardam nenhuma relação com a realidade presente. A celebração da nossa suposta superioridade moral em relação a outras nações

---

10. KILOMBA, Grada. *Memórias da Plantação* – Episódios de Racismo Cotidiano. Editora Cobogó.
11. *Neoliberalismo como gestão do sofrimento psíquico*, organizado por Vladimir Safatle, Nelson da Silva Junior e Christian Dunker. Editora Autêntica.

permite que os processos de estratificação racial não sejam reconhecidos e questionados. As formas como as instituições sociais operam para manter os privilégios raciais também não podem ser abordados, mesmo porque eles não existem; tudo do que foi alcançado por pessoas brancas não são nada mais do que produto do próprio esforço".

A grande Lélia Gonzales, por tantos anos apagada na bibliografia acadêmica, traz o diagnóstico da *neurose cultural brasileira* da qual o racismo é o seu maior sintoma. Lélia afirma que há uma denegação do racismo no Brasil na defesa da miscigenação enquanto democracia racial. E recoloca, com maestria, a questão: a miscigenação é uma especificidade do racismo no nosso país, que se fundou, em grande parte, na política de branqueamento do incentivo à mão de obra barata da imigração europeia e no estupro das mulheres negras pelos senhores de engenho.

A miscigenação, pontua Lélia, nunca foi solução do racismo, mas uma característica do racismo nacional, que traz inafastável cruzamento com a questão de classe e gênero.

Ao falar de recalque social, Lélia desmascara o disfarce da violência do racismo, que se dá tanto pela linguagem, como pelo apagamento do negro mantido no lugar previsto pelo dispositivo-lógico-colonial: o lugar do subalterno.

E o subalterno, arremata magistralmente Lélia, é o que não tem voz.[12]

3. A DOR E A DELÍCIA DA ESCUTA. A TRAVESSIA

Atingida a dolorosa consciência de que há uma falta injusta de representatividade negra nas instituições, sobretudo do sistema de justiça, e que isso é fruto da nossa política colonial que teve como matriz econômica a exploração desumana da mão de obra escrava.

Atingida a consciência de que o racismo é uma tragédia com especificidades próprias, distintas da tragédia da desigualdade social, mas que com ela se comunica, a todo momento, em perspectiva interseccional.

Atingida a consciência de que a meritocracia e democracia racial são mecanismos de recalque coletivo e silenciamento das vozes negras que estão apartadas dos postos de poder.

Atingida, por fim, a consciência de que a universalidade das declarações de direitos humanos ainda não foi atingida.

Resta, com a máxima urgência ética, e por dever constitucional de promoção de Justiça, fazer a dolorosa e gratificante travessia da luta antirracista.

---

12. GONZALES, Lélia. *Por um feminismo afro latino americano*. Editora Zahar.

A criação da Rede de Enfrentamento ao Racismo pela Portaria 9629/2020-PG-J-MPSP,[13] com seus subgrupos de trabalho, escutas e reflexões, pelo Ministério Público do Estado de São Paulo, tem se proposto a fazer a luta reflexiva, narrativa e prática de desconstrução da lógica colonialista em perspectiva de interseccionalidade com outras desigualdades. A rede, que comemora um ano de existência, tem sido fundamental como espaço de inquietude, dolorosas escutas e vetorização de avanços institucionais.

Como ensina o renomado psicanalista Christian Dunker, enfrentar o racismo é "enfrentar nossas identificações e fantasias" (nosso narcisismo e nossos privilégios), e é "transformar a linguagem, enquanto modo de reconhecimento e produção de desejo, para a superação do racismo".[14]

É, também, enfrentar a árdua tarefa de produzir o comum com o vizinho, o adversário político, o ativista da rede social ou o colega de nossa instituição.

Entender, como ensina Giorgio Agamben, que nem indivíduos, nem instituições, são totais. Formas prontas ou acabadas. Completas e sem restos.

O comum é sempre o que vem, o que está em constante movimento. Não é o "como – um" (comum), que identifica, de modo totalizante e asfixiante o indivíduo a um determinado modelo universal, mas o "qualquer", entendido como "o ser tal que, de todo modo, importa".

Que qualquer um, com sua singularidade, de fato, importe.

Que possamos, nas instituições, sobretudo do Sistema de Justiça, sermos esse espaço de universalização do humano e singularização dos sujeitos, potencializando toda força desejante, criativa, intelectual e de movimento que cada um possui para uma direção maior, coletiva e agregadora de promoção da justiça.

Que as instituições sejam de, para e com todos e qualquer um.

E que, do lugar de perpetuação do circuito de violência e subordinação, a instituição, com seus sujeitos, efetivamente se transforme para ecoar e constituir cada vez mais Gradas, Fanons, Abdias, Adilsons e Lelias nos seus quadros e no mundo.

Terminamos, em prece, com Fanon: "ó meu corpo, faz sempre de mim um homem que questiona".

---

13. Disponível em: http://www.mpsp.mp.br/portal/page/portal/redes/enfrentamento_racismo.
14. Veja aulas: https://www.youtube.com/watch?v=rLmITdFaaVw, https://www.youtube.com/watch?v=_UbpBCA7xgY e https://www.youtube.com/watch?v=fNsqfRH5yrY.

4. REFERÊNCIAS

AGAMBEN, Giorgio. *A comunidade que vem*. Editora Autêntica.

FANON, Frantz. *Pele negra, máscaras brancas*. Editora UBU.

GONZALEZ, Lélia. *Por um feminismo afro latino americano*. Editora Zahar.

KILOMBA, Grada. *Memórias da Plantação* – Episódios de racismo cotidiano. Editora Cobogó.

MOREIRA, Adilson José. *Pensando como um negro, ensaio de hermêutica jurídica*. Disponível em: https://www.indexlaw.org/index.php/rdb/article/view/3182/2837.

NASCIMENTO, Abdias. *O genocídio do negro brasileiro*. 14. ed. SP: Perspectiva, 2016.

SAFATLE, Vladimir; JUNIOR, Nelson da Silva; DUNKER, Christian (Org.). *Neoliberalismo como gestão do sofrimento psíquico*. Editora Autêntica.

RACISMO, GÊNERO E CLASSE.
A NECESSIDADE DE INTERSECCIONALIDADE

Ricardo Ferracini Neto

Mestre em Direito Penal e Criminologia pela Universidade de São Paulo. Promotor de Justiça do Estado de São Paulo. Valinhos/SP.

1. A NECESSIDADE DA ÓTICA DO DIÁLOGO PARA UMA ALTERAÇÃO DE PARADIGMA DE MANEIRA SOLIDIFICADA NA BUSCA DA RUPTURA SISTÊMICA DO ATUAL PARADIGMA DE RAÇAS, GÊNEROS E SOCIAL

Dificilmente há como se contestar que o histórico da formação da cultura de classes estabelecida no Brasil está atrelado ao legado trazido pela formação do sistema socioeconômico desde a colonização. Tal histórico indica uma alteração de forma de vida da população, desde o século XVI que foi importada com suas peculiaridades, evoluções, involuções, vícios, benefícios, mas mais do que isto, um atrelamento principiológico de que o sistema econômico determina o avanço e os rumos da classe social, tanto em termos quantitativos, como na forma como aquela população, estabelecida no território brasileiro e gerida por uma soberania abalroada por um sistema econômico oscilante, suporta observar.

É comum o questionamento de quem é que determina o "quantum" e a forma destes rumos e avanços sociais. A resposta a este questionamento é indubitavelmente intrigante, principalmente em aspectos políticos imediatistas, e em discursos estruturados para um objetivo à margem do palpável. Arrisco, no entanto, com o perdão da soberba e a possibilidade do equívoco, a indagar que questões imediatistas, como esta, trarão respostas imediatistas na mesma proporção, e, por conseguinte, com um alicerce trêmulo e fadado à implosão da solução em um espaço também curto de tempo.

Pior, quando se falha na metodologia empregada no discurso de contraponto e não se compreende tais estruturas de formações do Estado, certamente se gera uma falha de comunicação no discurso que busca a quebra de estruturas anteriores que mostram-se corrompidas e fadadas ao insucesso social na busca da dignidade humana de todos aqueles que ocupam este Estado. A incompreensão deste discurso, por sua vez, dá-se muitas vezes por ser montada em um ambiente moral já estabelecido e enraizado há tempos, e que por conseguinte, não se inclina a alterações de paradigmas que indiquem que toda a estrutura montada, diga-se com a direta participação do interlocutor do discurso, é absolutamente errônea, preconceituosa e formadora do lastro de injustiça social que se escancara nos mais diversos níveis.

Certamente, o discurso que busca a ruptura imediata, embora fascinante àqueles que a ele atrelam suas esperanças de novos tempos, trazem repúdios imediatos e proporcionais por aqueles que enraízam seus valores a um moral repassado e moldado em velocidade muito menos intensa.

O novo discurso, a alteração de padrão social, nos atrelando às questões aqui propostas, nos aspectos de classe, gênero e raça, evidentemente é padrão de absoluto desconforto àqueles que estruturaram-se com base no padrão de moral anterior, herdado de tempos em tempos, com mutações paulatinas, ora mais, ora menos aceleradas, em um mundo que muito se estruturou dentro da ideia de "laissez faire, laissez aller, laissez passer, le monde va de lui-même".

O ponto, no entanto, que gostaria de trazer à discussão neste trabalho é a necessidade de que o discurso de quebra do paradigma histórico em que se montaram as questões das classes, do gênero e de raça no país, e a comunicação estabelecida para tal fim, precisam ser pautados em alicerces sólidos, com demonstrações metodológicas empíricas, racionais, e por mais que atinja de maneira dolorida aqueles que sofrem o preconceito absoluto e, tão inescrupulosamente solidificados socialmente, admitindo-se que àquele que pauta o *establishment* não incorporará uma alteração de ótica moral quotidiana, sem oposição de barreiras argumentativas.

A solidez do argumento neste discurso é o ponto determinante e tal solidez não advém de aspectos morais isoladamente. A alteração do padrão ético carece de argumentações convincentes e direcionadas a quem não as pretende ouvir, pois aos que compreenderam a rotação de direção histórica, o discurso deve ser diverso. A estes últimos, as carências são outras, e os entraves são infinitamente menores.

Nos dizeres Habermass, ao discutir a Teoria de Lawrence Kohlberg, "comparada com o agir moral do quotidiano, a mudança de atitude que a ética do Discurso tem que exigir para o procedimento por ela privilegiado, precisamente a passagem para argumentação, encerra algo de antinatural – ela significa um rompimento com ingenuidade das pretensões de validade erguidas diretamente e de cujo reconhecimento intersubjetivo depende a prática comunicativa do quotidiano.

Esse traço antinatural é como um eco dessa catástrofe do desenvolvimento que a desvalorização do mundo tradicional também representou na história – e que provocou o esforço em vista de uma reconstrução num plano superior".[1]

Esta indicação de que, para o interlocutor daquele que busca a ideia de transversalidade de gênero, de ruptura (ou ao menos o abrandamento) das desigualdades sociais e de combate sistêmico ao racismo, o movimento que terá que tomar é antinatural aos seus preceitos éticos e morais na busca do conteúdo pretendido por quem lhe oferece o discurso é extremamente complexa.

Por óbvio que não estamos aqui tratando daqueles que criminosamente buscam o enraizamento do *establishment* pautados nas disjunções sociais, raciais e de gênero que se apresentam atualmente. A estes, o "Agir Comunicativo" em aspecto meramente moral, pouco ou nada atingirá. Isto porque, ao contrário daqueles que se moldaram através da história dentro de padrões estabelecidos pelo Estado, dentro do padrão *"laissez faire"*, suas óticas sempre foram orientadas ao Sucesso, o que fatalmente atrela-se em algum ponto, de maneira direcionada, ao conhecimento de que gerariam discriminação social, de raças, de cor ou qualquer outro valor que a ele se oponha.

Assim para tais pontos, que diga-se, excepciona-se à regra, mas detém muito peso no tracejado de formação social estatal, existe a necessidade de incorporação de um novo elemento na forma da interação: O Direito. Quando o Direito complementa a Moral, indica-se limites a serem trafegados por parte das liberdades subjetivas de um cidadão.

"A liberação do arbítrio dos atores orientados pelo sucesso da obrigação do agir orientado pelo entendimento constitui apenas o verso da medalha de um outro aspecto, a saber, o da coordenação da ação por intermédio de leis coercitivas, que limitam os espaços de opção a partir de fora. Resulta disso o valor posicional fundamental de direitos que garantem e compatibilizam entre si as liberdades subjetivas imputáveis individualmente".[2]

Assim, nos momentos em que o diálogo social esbarra em limites entre o "Agir comunicativo" com o viés de entendimento mútuo, diante da perspectiva "liberação do arbítrio" dos atores sociais na visão individualista de Sucesso, se observa uma ruptura da ótica do Diálogo, e uma necessidade de demonstrações de parâmetros de Direito para o traçado dos limites a serem atingidos.

---

1. HABERMAS, Jürgen. *Consciência moral e agir comunicativo*. 2. ed. Rio de Janeiro: Editora Tempo Brasileiro – Biblioteca Tempo Universitário 82, 2003, p. 156.
2. HABERMASS, Jürgen. *Direito e Democracia entre facticidade e validade*. 2. ed. Rio de Janeiro: Editora Tempo Brasileiro, Biblioteca Tempo Universitário 101, 2003, v. 1, p. 155.

Novamente, voltando à questão específica de discriminações sociais, de gênero e racial, temos que quanto mais se prolonga a possibilidade do diálogo (entendimento mútuo) em um agir comunicativo, mais se avançará socialmente.

A ruptura do agir comunicativo visando o entendimento mútuo é fatalmente prejudicial à busca da transversalidade de gênero, do combate ao racismo e da ruptura de disparidades sociais, ou pior, da comunhão de todos estes fatores. A certeza de tal piora de contexto, se dá por fatores diversos, e alguns extremamente fadados à estagnação do *establishment*. Pior, a partir do momento em que se encerra a possibilidade do entendimento mútuo, que se incorpora a possibilidade do livre arbítrio pautado na ótica de cada um dos interlocutores, surge um grande problema, que por muitas vezes envolve um ciclo vicioso que tanto interrompe a evolução dos objetivos traçados acima e mais, gera a perpetuação do sistema que já vem herdado há tempos.

Passemos a discutir de maneira inaugural os fatores que levam à interrupção do entendimento mútuo, e após o grande problema surgido pelo produto de se cessar o agir comunicativo.

O primeiro e grande fator, que fatalmente levará a interrupção do agir comunicativo, é a Orientação para o Sucesso por parte de um dos interlocutores. As ações de entendimento mútuo baseadas na comunicação do agir evidentemente poderão ser mais ou menos instáveis diante de cada um dos temas propostos. Para que se evolua para cada um dos lados de maneira como pleiteada evidencia-se que o teor argumentativo daquele que faz parte do diálogo torna-se fundamental. No entanto, maior barreira se dá quando um dos interlocutores tem o objetivo de ganho altamente subjetivo ou Egoístico (na acepção do termo) que gera limites mais rasos ao que se pretende aprofundar pelo outro interlocutor. Quebrar este amparo egoístico é uma das maiores estratégias para um interlocutor em agir comunicativo.

Evidencia-se que este fator egoístico pode deter raízes diversas: econômica, cultural, social, religiosa etc. A compreensão destes fatores egoísticos de um lado do interlocutor é o grande desafio do interlocutor de lado inverso. Quanto maior o período de enraizamento destes fatores egoísticos por um dos interlocutores, maior será o desafio daquele que, com ele, pretenda agir de maneira comunicativa a um entendimento mútuo.

Esta compreensão exige um entendimento infiltrado em toda a formação tratada do interlocutor que se embasa em fatores egoísticos. E por que sempre será obrigatória tal compreensão por parte daquele que não age de maneira à Orientação para o Sucesso? Evidente, porque a ruptura atinge ferozmente aquele que age de maneira egoística, e mais do que isto, normalmente quem age de maneira egoística é aquele que se adequa de melhor maneira à situação atual que se pretende alterar. Assim o sendo, exigir daquele que mantém como Orientação a ótica do Sucesso que se comporte de maneira a buscar o entendimento mútuo para uma alteração do *establishment* beira a utopia.

O segundo fator determinante para que o encerramento do entendimento mútuo venha a ocorrer é a qualidade dos argumentos levados, principalmente daquele que busca a alteração da situação vivenciada.

Quanto menor a qualidade de seus argumentos para quebrar o teor egoístico do interlocutor, que diga-se a todos está inserido, independentemente do lado que esteja, maior será o insucesso na relação de entendimento mútuo iniciada. Impossível se pretender que alguém se convença de argumentos que lhe são impostos quando tais argumentos vêm despautados do mínimo de base estrutural para serem facticamente absorvidos pelo interlocutor.

A preparação do interlocutor que visa a alteração do estigma moral que está estabelecido por parte de seu "contra-argumentante" deve ser em âmbito avançado. Necessário que paute seu embasamento em situações, como já dito por aqui, empírica, contextualizada e factível, mas mais do que isto, que demonstre, se o caso, o quanto aquele com quem argumenta, faz perder com a opção pela Orientação para o Sucesso ou com a estagnação do sistema moral onde vive. Prós e contras estão inerentes a todas as argumentações, mas devem ser mais acentuados quando a figura com quem se dialoga e busca o entendimento mútuo detém paradigmas morais contrapostos e enraizados em fatores que talvez sequer saiba existir.[3]

Ao discutir, com outro enfoque, o que estamos colocando, dentro da ótica de Habermass, como Orientação para o Sucesso, ou uma inclinação egocêntrica em um diálogo, Freud argumenta que "É pouco provável que mediante alguma influência possamos levar o homem a transformar sua natureza na de uma térmite; ele sempre defenderá sua exigência de liberdade individual contra a vontade do grupo. Boa parte da peleja da humanidade se concentra em torno da tarefa de achar um equilíbrio adequado, isto é, que traga felicidade, entre tais exigências individuais e aqueles do grupo, culturais; é um dos problemas que concernem ao seu próprio destino, a questão de se este equilíbrio alcançável mediante uma determinada configuração cultural ou se o conflito é insolúvel".[4]

Pior que isto. O argumento trazido contra a parte que se busca alterar o posicionamento deve estar apto a uma alteração de rota que pode surgir de um lado

---

3. "Aquilo que numa comunidade humana se faz sentir como impulso à liberdade pode ser revolta contra uma injustiça presente, e assim tornar-se propício a uma maior evolução cultural, permanecendo compatível a civilização. Mas também pode vir dos restos da personalidade original, não domada pela civilização e desse modo tornar-se fundamento da hostilidade à civilização" (FREUD, Sigmund. *O mal-estar na civilização*. 13. reimp. São Paulo: Editora Companhia das Letras, 2019, p. 41.
4. FREUD, Sigmund, op. cit., p. 41.

ou de outro. Estamos discutindo situações de preconceitos sociais, raça e gênero que se alteram velozmente de períodos em períodos. O que era socialmente aceito há década, com atual sociedade é criminalizado. Paradigmas sociais são voláteis e dependem não apenas dos atores do diálogo, mas de fontes, que, como colocamos na concepção freudiana sequer são acessíveis ao próprio sujeito que as possua.

Ora, a ruptura da ótica do Diálogo dentro deste contexto de seguidas alterações é um retrocesso infindável, uma vez que dentro desta volatilidade de conceitos morais e éticos (sim, éticos!) a retomada a todo instante, ou a variação de rumo do diálogo a todo instante, passa a ser inserida na concepção dos interlocutores.

"Pode-se sensatamente esperar que, numa sociedade dividida e, acima de tudo, numa sociedade moderna, que é – simultaneamente – acentuadamente desigual e devota à promoção de igualdade como um valor supremo, a essência da justiça permanecerá eternamente um objeto de controvérsia".[5]

Assim, a ruptura do Diálogo quando ocorre, quer pelo predomínio egoncentrista de um dos interlocutores, quer pela carência de argumentos e, principalmente, o desconhecimento de um interlocutor por outro, fatalmente leva a uma problemática imensa e uma conclusão de uma estagnação do problema levantado, na melhor das hipóteses, ou um retrocesso.

Sobre a discussão do produto deste fracasso do Diálogo entre as partes é que fecho este primeiro ponto do trabalho. Na citação de Bauman acima trazida, indica-se que o conceito de Justiça por si só, "eternamente" será objeto de controvérsia, diante da volatilidade social. Evidente que referia-se, Bauman, à Justiça em sentido amplo, e não apenas aquela advinda do Direito.

No entanto, quando existe o fracasso da ótica do Diálogo, vincula-se invariavelmente à interferência do Direito, visando regulamentar atuações de um corpo social que não se atingiu um patamar de diálogo satisfatório, ou que, ao menos necessita ter sedimentada uma postura na sociedade de maneira mais concreta, em normas, para ser respeitado. Neste momento, para que se atinja o resultado buscado, fatalmente se leva a necessidade de entender a maneira como este Direito é formado.

É neste momento que surge o problema. Mais uma vez voltando a Bauman, a alteração sistemática do discurso para que se atinja a volatilidade do anseio social é necessária. Exigir esta volatilidade das normas é fadar a discussão ao insucesso.

Um dos maiores exemplos desta dificuldade de se buscar a solução no Direito deu-se com a questão da criminalização da homofobia em 2019. Por mais que se avançasse no diálogo e na evolução da questão de gênero, e isto indubitavelmente

---

5. BAUMAN, Zygmunt. *O mal estar da pós modernidade*. Rio de Janeiro: Editora Zahar, 1998, p. 75.

está ocorrendo no país,[6] o Congresso Nacional não se dispôs à aprovação da criminalização da homofobia, demonstrando evidente enraizamento a preceitos, na maioria de cunhos religiosos, que atravancaram o diálogo em tal esfera, a ponto de ser criminalizado o ato pela Ação Direta de Inconstitucionalidade por Omissão 26/2013, ao equiparar o crimes de homotransfobia ao crime de racismo, pela Lei 7.716/89, que evidentemente gerou uma elasticidade interpretativa imensa.

O encerramento do diálogo e a busca do Direito para solução de agir comunicativos malsucedidos estão fadados a transporem os participantes destes diálogos para esferas onde a alteração do *establishment* é um movimento antinatural. Não se retira aqui, em absoluto, a necessidade e a importância da necessidade da existência do Direito ou do corpo legislativo, muito menos da essência do Estado Democrático de Direito, fator fundamental até para que o diálogo exista. O que se indica é que a composição das pessoas que encontram-se ocupando o Poder Estatal (seja ele em que esfera for) é produto de um tipo de um meio social que ainda não abrangeu (ao menos na maioria das vezes) a dimensão deste novo diálogo ora trazido, quer por falta de tempo para o debate, quer por estar enraizado por formações sociais, políticas, religiosas e culturais que não se coadunam a esta nova temática trazida.

Evidente que este fato não indica a impossibilidade de não absorção desta nova temática pelo Direito. O próprio julgamento da ADO 26 confirma que é possível. Embora não absorvido pelo Direito normativo explícito, a questão da criminalização da homotransfobia foi absorvida pelo Poder Judiciário e explicitado em normativos suficientes para ver a criminalização pautada pelo Direito Brasileiro.

A questão que fica é: buscando-se a facticidade, isso satisfez a população LGBTQI+? A criminalização do preconceito era o principal mecanismo de se buscar a sequência do entendimento mútuo social?

Longe de poder trazer esta resposta, proponho este parâmetro de base para dialogar sobre a interseccionalidade como mecanismo inserido no debate sobre as discriminações de raças, gênero e classes.

2. A INTERSECCIONALIDADE COMO FERRAMENTA E COMO PRODUTO DA AÇÃO COMUNICATIVA COM BASE NO ENTENDIMENTO

A busca de atalhos que fujam do agir comunicativo visando o entendimento mútuo e de extensão máxima de parâmetros dos objetos a serem dialogados dentro de um Estado Democrático de Direito tem sido frustrante em todos os

---

6. Vale a citação do Provimento 73, da Resolução 175/2013 do Conselho Nacional de Justiça etc.

níveis e vertentes políticas que adotaram tal postura como solução enigmática para a evolução social.

O agir comunicativo exige uma sedimentação cultural e uma alimentação deste embasamento de maneira incessante. Automaticamente, este caminho é muito mais tortuoso e gera sequelas naqueles que por ele optam e frustram-se pela inexistência do "tutto e subito".

Jock Young ao refletir sobre o momento atual colocava que "o enxugamento da indústria e a diminuição do mercado de trabalho primário – a criação de uma insegurança econômica disseminada – se fazem acompanhar por um mundo de diversidade moral, de mais escolhas, de menos adequação e mais disjunção, que contribui para a insegurança ontológica. As duas incertezas vão ombro a ombro e constituem uma receita prefeita para projeções do medo sobre terceiros e o escoramento e falso embelezamento da própria posição. Como vimos, tanto aplicado ao outro desviante quanto atribuído a nós mesmos, o essencialismo é um resultado desta situação. A demonização de outros, a criação de demônios populares e de pânicos morais é assim uma possibilidade sempre presente". E continua, "Feitas as contas, até parece que estou justificando as distopias. As forças que criaram uma sociedade excludente são disseminadas e estão bem plantadas, é fato, mas estão longe de empurrar numa só direção: elas têm momentos negativos e momentos positivos".[7]

Assim, o enraizamento de fatores no Brasil que geraram a atual cultura racial, de gênero e de classes advém de longa data, necessitam ser estudados, debatidos, demonstrados àqueles que a propalam em sua origem, ou se acomodaram (diante de suas distopias) para que tenham a consciência do que estão a propalar e a permitir que seja estendido pelo tempo. Ainda que este movimento distópico, que teve seu desenvolvimento principalmente nas gerações dos anos 80 e 90 do século XX, tenha deixado sequelas, há um caldo de cultura ali criado que pode ser positivo, como bem coloca YOUNG. A geração que brotou desta distopia já não mergulha tão a fundo nestes conceitos como as gerações anteriores, que vieram abalroadas pelo sentimento dos supostos (e falsos) insucessos dos "anos dourados" e das "revoluções dos anos 60 e 70".

Com estas peças do "quebra-cabeças" indica-se que a crença em algo de pouca complexidade, para a rotação brutal de prumo das culturas raciais, sociais e de gênero do país, é distante do "mundo da vida".[8]

7. YOUNG, Jock. *A sociedade excludente* – Exclusão social, criminalidade e diferença na modernidade recente. Rio de Janeiro: Editora Renavan, 2002, p. 279-280.
8. HABERMAS, Jürgen, op. cit., p. 26.

2.1 A interseccionalidade como ferramenta da ação comunicativa com base no entendimento

Concordamos com CHO, Crenshaw e MCCALL quando colocam que "o que faz com que uma análise seja interseccional não é o uso que ela dá ao termo 'interseccionalidade', nem o fato de estar situada numa genealogia familiar, nem de se valer de citações padrão", indicando que o verdadeiro foco deva ser "o que a interseccionalidade faz e não o que a interseccionalidade é".[9]

No entanto, vemo-nos na situação necessária de discutirmos o que tem se entendido por interseccionalidade, termo este utilizado tão comumente em tempos atuais, quando discutimos situações de Direitos Humanos, e ganha grande corpo em projetos educacionais, intelectuais e políticos em vastos campos do globo.

Resolvemos adotar o parâmetro de definição trazido por Collins e Bilge na obra homônima, entendendo que a definição parte de um contexto abstrato, ou seja, de uma composição de conceito genérico de interseccionalidade. Colocam as professoras citadas que "A interseccionalidade investiga como as relações interseccionais de poder influenciam as relações sociais em sociedades marcadas pela diversidade, bem como as experiências individuais na vida cotidiana. Como ferramenta analítica, a interseccionalidade considera que as categorias de raça, classe, gênero, orientação sexual, nacionalidade, capacidade, etnia e faixa etária – entre outras – são inter-relacionadas e moldam-se mutuamente. A interseccionalidade é uma forma de entender e explicar a complexidade do mundo, das pessoas e das experiências humanas".[10]

A grande característica da interseccionalidade assim é a quebra do paradigma de que temas como o racismo, o preconceito de gênero e as discrepâncias de classes no mundo de hoje possam ser analisados de maneira individualizada, sem um contexto histórico de cada uma de suas formações interligadas, e mais que isto, utilizando-se de armas que se apresentem com enorme efeito midiático e que detenham pouco ou nenhum resultado no "mundo da vida".

Uma das principais quebras de paradigmas trazida pela interseccionalidade dá-se com a própria época de seu surgimento como termo em si, e incorporação em estudos acadêmicos, principalmente nos EUA.[11] Embora possamos indicar

---

9. CHO, Sumi; CRENSHAW, Willians e MCCALL, Leslie. *Toward a Field of Intersectionality Studies*: Theory, Applications, and Praxis, Ed. Signs, v. 38, n. 4, 2013, p. 795, apud COLLINS, Patricia Hill e BILGE, Sirma. *Interseccionalidade*. São Paulo: Editora Boitempo, 2021, p. 18.

10. COLLINS, Patricia Hill e BILGE, Sirma. *Interseccionalidade*. São Paulo: Editora Boitempo, 2021, p. 16-17.

11. Aqui há que se abrir parênteses parar indicar a discordância entre Patrícia Collins da tese trazida e indicada por Willians Crenshaw. Collins realiza crítica aos estudiosos que indicam a ideia de interseccionalidade tenha crescido apenas no final da década de 1980, para o início da década de 1990 e a partir de tal situação se desenvolvido dentro dos estudos acadêmicos que hoje alicerçam grandes

importantes obras anteriores já na década de 1960 e 1970, como "Double Jeopardy: To Be Black and Female" de Frances Beal (1969) ou "The Black Woman: An Anthology", de Toni Cade Bambara, a maior incorporação do aspecto de interseccionalidade no campo acadêmico dá-se no final da década de 1980 e início da década de 1990, exato período no qual, como discutimos acima, na visão de Jock Young, surgiam distopias sequenciais na própria sociedade americana pautadas numa ideia crescente do individualismo e de um suposto fracasso dos movimentos sociais dos anos de 1960 e 1970.

Há que se indicar assim, como colocamos antes, que fruto da própria geração dos anos 1960 e 1970, a geração que surge, com cunho muitas vezes individualista e excludente nos anos 1980 e 1990, traz, como o próprio Young colocava, uma alteração de cultura que mostrava-se fincada em um aprendizado trazido pelas gerações anteriores, não apenas no fracasso de alguns movimentos, mas entendendo que a complexidade que envolve as questões sociais de raça, classe e gênero, não poderiam ser vistas de maneira rápida, e muito menos isolada. A composição de fatores étnicos, sociais, raciais, de gênero, religiosos, passa a ser elemento fundamental para se demonstrar uma nova composição de diálogo não apenas entre as pessoas abalroadas de maneira excludente pelo *establishment* e aqueles componham a relação social que o mantenha, mas fundamentalmente, àqueles que entendem não fazer parte desta discussão, uma vez que não estejam inseridos no contexto dos que reivindicam novas composições de Direito.

A interseccionalidade traz uma nova ferramenta à discussão das questões do racismo, das discriminações de gênero e da disparidade de classes sociais-e-conômicas. A multiplicidade e variedade de fatores que envolvem determinados grupos indicam a percepção de que a compreensão desta complexa composição de fatores não mais permite que políticas públicas direcionadas a apenas um dos fatores consigam sucesso duradouro a ponto de suprir as necessidades sociais, psicológicas e biológicas do grupo que demanda atuação daqueles que atuam na representatividade estatal do Poder.

Aliás, alterando a rota do país em que a interseccionalidade foi tratada como referência, para o debate no Brasil, exemplos não faltam na história sobre tentativas

---

bases em termos de diversidade racial, de gênero e classes. Collins enumera uma série de movimentos prévios às atividades políticas, institucionais e sociais iniciadas no final da década de 1980, indicando que vários pontos da ideia de interseccionalidade estavam já dispostos em obras anteriores aos anos 80 e 90, como "The Black Woman", obra de Toni Cade Bambara lançada em 1970, em Nova Iorque, ou "Doble Jeopardy: To be Black and Female", obra de Frances Beal, de 1969, também lançada em Nova Iorque. Aliás, cita-se que em tal obra, Beal realiza uma crítica completa à situação que abrange não apenas a situação das mulheres negras, como ainda uma grande crítica ao capitalismo como um todo, e a segregação suportada pelas classes sociais que absorviam a maioria das mulheres negras nos EUA. Evidenciava-se, com toda razão a Collins, o grande movimento da interseccionalidade (*Interseccionalidade*, op. cit., p. 90-93).

frustradas de resolução das demandas tomando apenas um dos aspectos afetados socialmente (raça, gênero, classe) em apartado.

E os exemplos não distam de pouco tempo.

Tomemos como exemplificação uma das mais icônicas movimentações do feminismo no país, no início da década de 20 do século passado. Em tal período, retornava ao país Bertha Lutz, bióloga da Universidade de Sorbonne, filha do renomado médico Adolpho Lutz e oriunda de classe social alta na sociedade brasileira. Bertha, nome icônico do movimento feminista do país, revolucionou o pensamento político nacional com a ideia da implantação do voto feminino, e um grande arsenal de ideias estabelecidas através de seu contato universitário parisiense e europeu.[12] Bertha encerra o que era chamado Partido Republicano Feminino, que pouco havia conseguido, até então, em termos práticos, embora tenha sido marcante em termos ideológicos. Surge a Federação Brasileira para o Progresso Feminino. Pouco antes, Bertha compôs com Maria Lacerda Moura, feminista ativa no país antes da chegada da bióloga, que provinha de classe operária, e pregava temas revolucionários como a franca oposição ao capitalismo e às ideias fascistas, além da completa emancipação da mulher e o amor livre.[13] Juntas fundaram a Liga para a Emancipação Internacional da Mulher. Bertha não se envolveu nos temas da classe operária, até porque não os entendia profundamente naquele momento.

Com a Federação Brasileira para o Progresso Feminino, as mulheres conseguiram o Direito de voto, e já em 1927, na campanha Eleitoral de Juvenal Lamartine, para o Governo do Rio Grande do Norte, conseguiram emplacar uma legislação estadual que permitia o direito de voto às mulheres, o que fez com que várias outras mulheres, conseguissem o direito ao voto através de demandas judiciais em outros Estados da Federação.[14] O voto feminino foi finalmente reconhecido com a elaboração do Código Eleitoral de 1932, sendo que na Constituição Federal de 1934, o art. 113, I, já indicava a impossibilidade de discriminação pelo sexo.[15]

---

12. PINTO, Céli Regina Jardim – PINTO, Celi Regina Jardim. *Uma história do feminismo no Brasil*. São Paulo: Fundação Perseu Abramo, 2003, p. 21.
13. TELES, Maria Amélia de Almeida. *Breve história do feminismo no Brasil*. São Paulo: Editora Brasiliense, 1999, p. 44.
14. PINTO, Céli Regina Jardim, op. cit., p 24-25. Aqui a autora mostra a diversidade de classes sociais e anseios entre aquelas que buscavam o direito ao voto e as feministas da ala de Maria Lacerda Moura: "Além de Bertha Lutz, formavam a comissão Jerônima Mesquita, filha do barão e da baronesa do Bonfim, que vivera na França e na Suíça por dez anos; Ana Amélia Carneiro de Mendonça, filha de um engenheiro proprietário da Siderurgia Esperança, 'que foi educada por precptoras estrangeiras, com as quais aprendeu inglês, francês e alemão'; e Maria Eugênia Celso, filha do conde e historiador Afonso Celso e neta do visconde de Ouro Preto" (PINTO, Celi Regina Jardim, op. cit., p. 24-25).
15. "Art. 113. A Constituição assegura a brasileiros e a estrangeiros residentes no país a inviolabilidade dos direitos concernentes à liberdade, à subsistência, à segurança individual e à propriedade, nos termos seguintes: 1) Todos são iguais perante a lei. Não haverá privilégios, nem distinções, por motivo de

Evidente que passo gigantesco no direito feminino foi dado com tal alteração de paradigma trazido por Bertha Lutz e seu grupo, no entanto, a absoluta ausência de ideia da interseccionalidade, que apenas viria a surgir embrionariamente cerca de três décadas e meia após, manteve os direitos das mulheres de classes operárias sem maiores reflexos, mesmo na condição da capacidade eleitoral ativa. As classes baixas não detinham direito ao voto diante do vastíssimo índice do analfabetismo no país. O discurso de Bertha Lutz e das valorosas feministas que compunham seu grupo,[16] não atingiam a classe operária e tão menos as feministas operárias. Suas realidades eram absolutamente dissonantes, o que fez que a ausência de um discurso que abrangesse os diversos fatores, tenha gerado uma negativa da aceitação dos direitos feministas, e o encerramento da Federação, logo após o Golpe do Estado Novo.[17]

O exemplo trazido, que já dista de praticamente um século, custou a amadurecer no país, e ainda assim, as ideias de interseccionalidade não foram ao todo incorporadas na demonstração de que o discurso para o entendimento mútuo requer muito mais do que a simplicidade direta de apenas uma das vertentes demandadas, sob pena de que própria parcela dos demandantes se desinteresse deste discurso e o enfraqueça.

Mais uma vez nos voltando a Young, não há que se indicar que o esforço de outrora, ainda que trazido pelo neófito feminismo brasileiro ou mundial do início do século XX, não tenha deixado seu legado. Diante dos insucessos é que se criou a ideia de investigação pautada na interseccionalidade a ponto de que na virada do século, mais precisamente em 2000 "os elementos centrais da interseccionalidade já estavam presentes na arena internacional dos direitos humanos".[18] Na Conferência Mundial das Nações Unidas contra o Racismo (WCAR), realizada em 2001, em Durban, na África do Sul, a ideia de interseccionalidade mostrou-se muito viva. "Imaginem cerca de 10 mil delegados de todo o mundo, mulheres na maioria, informando-se sobre as lutas uns dos outros. Representantes do movimento sem-terra da África do Sul; dalits e advasis em luta pelos direitos das castas na Índia; movimentos indígenas; e a Intifada, a revolta palestina contra a ocupação israelense – todos compareceram".[19]

nascimento, sexo, raça, profissões próprias ou dos pais, classe social, riqueza, crenças religiosas ou ideias políticas" (BRASIL. Constituição (1934). Constituição da República Federativa do Brasil. Rio de Janeiro, DF: Senado. 1934. Programa Nacional de Desburocratização (PrND). Fundação Projeto Rondon. Ministério do Interior. v. 3).

16. *Violência doméstica contra a mulher e a transversalidade de gênero.* 2. ed. Salvador: Editora JusPodivm, 2019, p. 102-107.
17. PINTO, Celi Regina Jardim, op. cit., p. 28.
18. COLLINS, Patricia Hill e BILGE, Sirma, op. cit., p. 123.
19. Idem.

Como bem colocam Collins e Bilge, pouco importa se o nome interseccionalidade tenha sido encampado nesta troca de experiências, de indicações de evoluções sociais, de formas de superações do racismo, das discriminações de gênero ou das discrepâncias de classes sociais. O fato é que a política ali implantada pela ONU observou que a interação dos mais diversos segmentos mundiais, com agruras e demandas que se interrelacionam, geram a necessidade de um cruzamento de dados, pesquisas, metodologias de estudos e comunicação de conhecimentos que abrem novos caminhos para suplantar a resistência de interlocutores que sequer por eles eram conhecidos, mas que obstam uma evolução no combate de comportamentos sociais danosos aos quais se pretende opor por aqueles que ali participavam da troca de informações.

Movimentos como o racismo, a xenofobia, a homofobia, a transfobia, a discriminação de gêneros, a estratificação social, o autoritarismo, ao contrário do que possa se imaginar, não advêm de sociedades primitivas e de cultura rasa. O fascismo não nasce desta forma, tão menos o nazismo. Recrudescimentos sociais ocorrem a todo o tempo, nos mais diversos pontos do planeta e exemplos recentes da ascensão do Vox na Espanha em 2019 (partido de extrema direita que ocupa a terceira bancada do parlamento espanhol), os Democratas Suecos, (que obtiveram mais de 17% dos votos para o parlamento sueco), a Alternativa para a Alemanha (que conseguiu eleger 90 deputados para o parlamento alemão) indicam que o embasamento do discurso unilateral (apenas na vertente de raça, ou de gênero, ou de classe) não será o suficiente para o convencimento da sociedade de maneira a afastar políticas que, se não são deliberadamente racistas, homofóbica, discriminantes de gênero ou fincadas em uma estratificação social, também não se organizam para que movimentos como os citados cresçam se incorporem e rompam todo o caminho já traçado anteriormente, como deu-se no exemplo utilizado da evolução feminista brasileira até 1937.

2.2 A interseccionalidade como produto da ação comunicativa com base no entendimento

Ao mesmo tempo que se coloca como ferramenta da ação comunicativa com base no entendimento mútuo, a interseccionalidade observa-se como produto deste entendimento. Aliás, poderíamos ir um pouco mais a fundo nesta afirmação. A interseccionalidade mostra-se como produto do entendimento e da ausência do entendimento mútuo, demonstrando que barreiras ao agir comunicativo geram a necessidade uma renovação, uma espécie de autopoise, nas definições do que se entende por interseccionalidade.

É certo que a partir da criação de Crenshaw a ideia de interseccionalidade está atrelada ao movimento teórico e metodológico decorrente da corrente chamada "tradição feminista negra", indicando os avanços, intervenções, discussões, debates, ingerências políticas, normativas e jurídicas sobre o racismo, a discriminação de gênero, e as agruras sociais suportadas pelas mulheres negras pelo mundo. No entanto, como muitíssimo bem coloca Akotirene, "é o padrão colonial moderno o responsável pela promoção do racismo e sexismos institucionais contra identidades produzidas durante a interação das estruturas, que seguem atravessando os expedientes do Direito moderno, discriminadas à dignidade humana e às leis antidiscriminação".[20]

O conhecimento da forma como encontra-se enraizado o racismo, a discriminação de gênero e a lenta distribuição de renda no país são ferramentas fundamentais para compor a questão da interseccionalidade. A autopoise conceitual da interseccionalidade exige uma aglutinação de novas vertentes de maneira ininterrupta com base na história de raça, de gênero e da sociedade, nos movimentos sociais, na análise do interlocutor que propaga seus conceitos discriminatórios, enfim de todos os elementos que adentram ao debate e ao discurso que tenta se propalar para a busca de uma evolução de entendimento mútuo.

Há que se municiar o argumento através de uma maior abertura ao conceito de interseccionalidade, daí a ideia de que ao mesmo tempo que mostra-se como ferramenta do agir comunicativo para o entendimento mútuo, a interseccionalidade é um produto de novas concepções deste agir comunicativo. Fundamental se mostra o entendimento histórico particularizado, inclusive da parte interlocutora adversa.

Para fazermos um recorte da situação do negro no Brasil, dentro do viés de grande magnitude da citação de Akotirene acima citado, o "padrão colonial" brasileiro merece sua análise dentro da absoluta diversidade da situação do negro norte-americano. A formação da estrutura social, e evidentemente da estrutura social feminina no Brasil detém requintes de peculiaridades que transcendem a mera situação de análise da "tradição feminista negra".

A análise histórica da finalização do escravagismo brasileiro é um dos marcos fundamentais para tal entendimento e para a abastecimento argumentativo da interseccionalidade como mecanismo do agir comunicativo.

Abrindo aspas para o marco do movimento negro e antirracista no Brasil, Fernandez leciona que a situação do negro ("e do mulato") no Brasil foi atingida em direções diversas após a "desintegração da ordem social escravocrata e senhorial e a integração da ordem social competitiva",[21] mas em toda elas o negro

---

20. AKOTIRENE, Carla. *Interseccionalidade*. São Paulo: Editora Jandaíra, 2020, p. 59.
21. "Até esse período – de desintegração da ordem social escravocrata -, como escravos ou como libertos, tinham uma posição forte e intocável na estrutura da economia. Assim que toda a estrutura do sistema de produção principiou a modificar-se, essa posição foi ameaçada em duas frentes. O mercado internacional forneceu ao país imigrantes provenientes da Europa, que vinham em busca de áreas mais ricas e

acabou sendo incluído em mão de obra marginal, quer nos Estados do Norte e Nordeste, quer no Sudeste (mais especificamente em Minas Gerais, Rio de Janeiro e São Paulo), quer no Sul. Desta situação, conclui Fernandez que "a vítima da escravidão foi também vitimada pela crise do sistema escravagista de produção. A revolução social da ordem social competitiva iniciou-se e concluiu-se como uma *revolução branca*. Em razão disto, a supremacia branca foi nunca foi ameaçada pelo abolicionismo".[22]

Percebe-se que o peculiar contexto histórico nacional, desde a formação da população negra escrava, oriunda do tráfico de escravos, reproduziu o contexto de vitimização do negro que vem sistematicamente repetindo-se no tempo, de alteração a alteração de sistema social. Não era assim de se surpreender que o avanço do voto feminino no país, como exemplificado acima, pouco alteraria na questão da mulher negra. Não é de se surpreender que, por mais que exista uma discriminação de gênero no país, a discriminação da mulher negra é diferenciada, ainda que se evolua paulatinamente. E mais, não há como se negar que os entraves suportados pela mulher negra e de classe social desfavorecida é infinitamente superior aos demais entraves sofridos, inclusive das mulheres de mesma classe.

Não por outro motivo, Akotirene indica que "A inalterabilidade do feminismo branco, movimento antirracista e instâncias de direitos humanos, se deve ao fato deste, absolutamente, encontrarem dificuldades metodológicas, práticas na condução das identidades interseccionais. Sensibilidade analítica – a interseccionalidade impede reducionismos da política de identidade – elucida articulações das estruturas modernas coloniais que tornam a identidade vulnerável, investigando contextos de colisões e fluxos entre estruturas, frequência e tipos de discriminações interseccionais".[23]

---

em vias de desenvolvimento, para trabalhar como classe assalariada, rural e urbana, ou como mascates, lojistas, comerciantes ou fabricantes. Por outro lado, famílias brancas tradicionais começaram a mudar-se do interior para as grandes cidades e as pessoas pobres ou dependentes surgiram como um setor assalariado cada vez maior. No Norte e no Nordeste, a relativa estagnação econômica da economia rural estimulou dois processos correlativos – a venda da mão de obra escrava excedente para as fazendas de café de São Paulo, Rio de Janeiro e Minas Gerais, e a consolidação das posições dos libertos negros ou mulatos como agentes de mão de obra livre (especializada ou não especializada, sobretudo na crescente economia urbana). Nas regiões de fazendas de café, que se desenvolviam rapidamente (sobretudo em São Paulo), os recém chegados, estrangeiros ou nacionais, absorviam as melhores oportunidades econômicas, até nas áreas rurais, acelerando a crise da escravidão e convertendo os negros e mulatos, predominantemente, num setor marginal da população e num subproletariado. Nas áreas do Sul, em que a colonização estrangeira se combinava com a pequena agricultura ou naquelas em que preponderavam as fazendas de gado, controladas por poderosas famílias tradicionais, os negros e mulatos também se viam alijados da competição pelas novas oportunidades, monopolizadas pelos europeus, ou permaneciam em posições dependentes ou marginais dissimuladas" (FERNANDES, Florestan. *O negro no mundo dos brancos*. 2. ed., 4. reimp. São Paulo: Editora Global, 2021, p. 85).

22. FERNANDES, Florestan, op. cit., p. 85-86.
23. AKOTIRENE, Carla, op. cit., p. 59.

Observa-se como a alimentação do histórico trazido pelo debate, pela pesquisa, pelas investigações atreladas a interseccionalidade alteram a forma como a própria interseccionalidade é observada através dos tempos, fazendo com que seja ao mesmo tempo ferramenta para a busca de um agir comunicativo capaz de alterar o contexto social produzido até, então, demonstrando ao interlocutor (normalmente homem, branco e de classe social mais elevada), o quão prejudicial se mostra à sociedade em que vive conceitos de discriminações aprofundadas no racismo, preconceito de gênero e preconceito social, como também como produto esta autopoise que a alimenta através da ingestão de novas informações e contatos, da mais vasta amplitude, que possam sua metodologia e sua capacidade argumentativa na busca de agir comunicativo.

3. CONCLUSÃO

A interseccionalidade demonstra uma nova concepção metodológica atrelada à conclusão de que era necessária a alteração dos argumentos trazidos ao Diálogo sobre os estágios do racismo, do preconceito de gênero e de classe. Comungar destas variantes como um todo reflete numa absoluta alteração do discurso na busca de um entendimento mútuo para se alijar da sociedade tais traumas que perduram indevidamente.

Os impactos de gênero no racismo, o impacto social no racismo, o impacto de raça no preconceito de gênero e assim por diante trazem uma readequação para o discurso da necessidade de superação destas doenças sociais. A forma do agir comunicativo baseada na interseccionalidade altera o patamar da discussão e faz com que aquele que ainda esbarra em preconceitos e se coloca na condição de interlocutor deste Diálogo mostre-se, indubitavelmente, mais vulnerável em contra-argumentações.

O agir comunicativo fere de maneira severa a contraposição argumentativa baseada na cultura trazida pelo *establishment*. Mais do que isto, a interseccionalidade cria uma barreira muito mais difícil de ser transposta por aqueles que ainda tentam a mantença do atual estágio social, racial e de gênero, indicando-os como pessoas exclusivamente voltadas à Ótica do Sucesso, em contraponham-se ao agir comunicativo. Sendo detectáveis dentro da sociedade, tais membros são mais fáceis de serem combatidos, e neste caso, não mais pela busca do entendimento mútuo, mas pela atuação do Direito.

Mais do que uma opção, portanto, a interseccionalidade é uma necessidade para o Diálogo sobre raça, gênero e questão social. Não se admite um retrocesso sobre este tema. Trata-se de mecanismo básico de Direitos Humanos e da busca da dignidade da pessoa humana, onde retroceder não é, em absoluto, uma via possível.

4. REFERÊNCIAS

AKOTIRENE, Carla. *Interseccionalidade*. São Paulo: Editora Jandaíra, 2020.

BALIBAR, Étienne e WALLERSTEIN, Immanuel. *Raça, nação e classe*. Rio de Janeiro: Editora Boitempo, 2021.

BAUMAN, Zygmunt. *O mal-estar da pós-modernidade*. Rio de Janeiro: Editora Zahar, 1998.

BUTLER. Judith. *Problemas de gênero*. Rio de Janeiro: Editora Civilização Brasileira, 2008.

COLLINS, Patrícia Hill e BILGE, Sirma. *Interseccionalidade*. Rio de Janeiro: Editora Boi Tempo, 2021.

FERRACINI NETO, Ricardo. *A violência doméstica contra a mulher e a transversalidade de gênero*. 2. ed. Salvador: Editora JusPodivm, 2019.

FERNANDES, Florestan. *O negro no mundo dos brancos*. 2. ed., 4. reimp. São Paulo. Editora Global, 2021.

FREUD, Sigmund. *O mal estar na civilização*. 13. reimp. São Paulo: Editora Companhia das Letras, 2011.

GUIMARÃES, Antônio Sérgio Alfredo. *Modernidades negras*. Rio de Janeiro: Editora 34, 2021.

GUIMARÃES, Antônio Sérgio Alfredo. *Classes, raças e democracia*. 2. ed. Rio de Janeiro: Editora 34, 2012.

HABERMAS, Jürgen. *Consciência moral e agir comunicativo*. 2. ed. Rio de Janeiro: Editora Tempo Brasileiro, 2003.

HABERMAS, Jürgen. *Direito e democracia entre facticidade e validade*. Rio de Janeiro: Editora Temor Brasileiro, 2003. v. 1.

PIMENTEL, Silvia. *Estupro*: perspectiva de gênero, interseccionalidade e interdisciplinaridade. Rio de Janeiro: Editora Lumen Juris, 2018.

PINTO, Céli Regina Jardim. *Uma história do feminismo no Brasil*. São Paulo: Editora da Fundação Perseu Abramo, 2003.

TELES, Maria Amélia de Almeida. *Breve história do feminismo no Brasil*. São Paulo: Editora Brasiliense, 1999.

YOUNG, Jock. *A sociedade excludente*. Rio de Janeiro: Editora Renavan, 2002.

AS ÚLTIMAS DA FILA DEPOIS DE NINGUÉM[1] – MULHERES NEGRAS, RACISMO E INTERSECCIONALIDADES

Viviana Santiago

Mestranda em Resolução de Conflitos e Mediação pela Universidade Europeia do Atlântico. Coordenadora de Diversidade e Inclusão no Instituto Moreira Salles. Pedagoga. Colunista da Revista AzMina.

Segundo o relatório da Oxfam Brasil,[2] o Brasil é um dos países mais desiguais do mundo, existe uma sobrecarga nacional de saúde, profundos abismos na economia e diariamente milhões de vidas estão em significativo risco. De maneira geral existe uma tendência de construir políticas públicas e demais ações de viabilização do acesso aos direitos desde uma perspectiva universalizante, considerando a população enquanto um número fechado, o que não dá conta das especificidades.

Mulheres e homens, meninas e meninos não vivenciam seu acesso a direitos da mesma forma, pessoas bancas e pessoas negras também não. Existe uma tendência a construir um mapa da vulnerabilidade e risco social que coloque num bloco neutro todas as pessoas, sem levar em conta que esse é um contexto no qual as questões de raça, de gênero, classe, deficiência, status frente ao HIV, orientação sexual – dentre outras- foram as definidoras dessa condição e muitas vezes os elementos centrais de seu aprofundamento.

Segundo relatório luz do Grupo de Trabalho da Sociedade Civil para Agenda 2030, a pobreza no Brasil tem sexo e raça. A fome atinge 10,7% das famílias negras, contra 7,5% das brancas. Já antes da pandemia, a pobreza extrema atingia 33% das mulheres negras ante 15% das brancas. Com a redução do auxílio emergencial, a estimativa do Made-USP[3] é que o indicador suba para 38% das negras e 19% das brancas.

---

1. Expressão criada e utilizada por Sueli Carneiro para visibilizar a situação das mulheres negras no Brasil.
2. OXFAM. 2017. "Uma Economia para os 99%". Disponível em: https://www.oxfam.org.br/publicacoes/uma-economia-para-os-99. Acesso em: 30 set. 2021.
3. MADE-USP – "Nota de política econômica Gênero e raça em evidência durante a pandemia no Brasil: o impacto do Auxílio Emergencial na pobreza e extrema pobreza"; Disponível em: https://madeusp.com.br/wp-content/uploads/2021/04/NPE-010-VF.pdf. Acesso em: 30 set. 2021.

Até março de 2020, havia um milhão e meio de famílias a espera do Bolsa Família (37% da população) sem acesso a saneamento básico. E o relatório aponta que 72,7% das pessoas pobres no Brasil (38 milhões) são pretas ou pardas – a maioria, mulheres (27 milhões).

Ainda segundo o relatório, embora a taxa de participação por sexo no ensino organizado (um ano antes da idade oficial de ingresso no ensino fundamental) seja de 93,90% entre as meninas e de 93,20% entre os meninos, e em relação à reprovação e à evasão, que cresceram na pandemia, as crianças e jovens mais impactadas foram as negras, indígenas e periféricas, cujas residências não dispõem de internet e a luta contra a fome não permite a dedicação aos estudos. Em 2019 o abandono de 2,9% entre meninos e meninas pretas; 2,8% entre quilombolas e 2,6% entre pardos, contra 1,4% entre os/as brancos/as.

Dos cerca de 2,8 milhões de nascidos vivos em 2019, 19.330 (0,7%) nasceram de mães de 10 a 14 anos e 399.922 (14%) de mães de 15 a 19 anos.[4] Ao considerar as diferenças raciais, vale ressaltar que as negras apresentam uma prevalência de procriação precoce consideravelmente maior, quando comparadas às brancas. Nesse mesmo ano enquanto a proporção de nascidos vivos de mães brancas nessa idade era de 9,5%, esse número chegava a 16,4% entre as contrapartes negras e 25,7% entre as indígenas.

As mulheres negras são a maioria das vítimas de violência obstétrica, dentre outras violações, elas tem menos chance de receber anestesia durante o trabalho de parto do que as mulheres brancas, conforme demonstra a pesquisa "Nascer no Brasil, realizada pela Fiocruz com prontuários médicos de quase 24 mil mulheres coletados entre 2011 e 2012.

A taxa de homicídio por cada 100 mil habitantes em 2017 era de 5,2 entre as mulheres brancas, isso duplica se comparamos às mulheres pretas ou pardas (10,1), segundo mapa da violência 2015: homicídio de mulheres no Brasil, em 2013 foram assassinadas 4.762 mulheres no país. Se por um lado a taxa de homicídio entre as mulheres brancas caiu de 3,6 por 100 mil em 2003 para 3,2 em 2013, a de mulheres negras, aumentou de 4,5 para 5,4 por cada 100 mil habitantes no mesmo período, ou seja, um crescimento de 19,5%. Isso significa que em 2013 foram assassinadas 66,7% mais negras do que brancas.

Os dados do Anuário Brasileiro de Segurança Pública de 2019 – com dados de 2018 – registraram 66.041 casos de violência sexual. Deste total, 81,8% das vítimas

---

4. Instituto Brasileiro de Geografia e Estatística (IBGE). Perfil socioeconômico da maternidade nos extremos do período reprodutivo. Rio de Janeiro, 2015.
    Instituto Brasileiro de Geografia e Estatística (IBGE). Síntese de indicadores sociais. Uma análise das condições de vida da população brasileira. Rio de Janeiro, 2015.

eram do sexo feminino e 53,8% tinham até 13 anos. As mulheres negras foram vítimas de 50,9% dos assédios.

O Brasil tem a maior população de trabalhadoras domésticas do mundo, a ampla maioria dessas trabalhadoras são mulheres negras. Houve uma intensificação do trabalho infantil em 2021 que aumentou em 26% em julho de 2021 em comparação com o mês de maio do mesmo ano na parcela mais vulnerável da população. Dados da Pnad Contínua 2019, os últimos disponíveis, 1,7 milhão de crianças e adolescentes de 5 a 17 anos estavam em situação de trabalho infantil, no Brasil, antes da pandemia. Desses, 706 mil vivenciavam as piores formas de trabalho infantil. Do total, em trabalho infantil, no Brasil, em 2019, 66,1% eram pretos ou pardos.

Um tema que desponta no cenário da agenda de direitos é a dignidade menstrual, meninas e mulheres brasileiras também estão sob situação de grande vulnerabilidade no que diz respeito a acesso a insumos, estrutura e serviços básicos essenciais para garantir a dignidade menstrual: 900 mil não têm acesso a água canalizada em seus domicílios e 6,5 milhões vivem em casas sem ligação à rede de esgoto. O fenômeno é afetado por outras variáveis envolvendo a desigualdade racial, social e de renda. Uma família com maior situação de vulnerabilidade e renda menor tende a dedicar uma fração menor de seu orçamento para itens de higiene menstrual, uma vez que a prioridade é a alimentação. De acordo com o estudo Pobreza Menstrual, Desigualdades e Violações de Direitos[5] publicado pelo UNFPA no Brasil, meninas pretas e pardas têm 29% mais chances de serem afetadas por falta de acesso a serviços quando comparadas às meninas brancas. E a chance de uma menina do Nordeste não ter um banheiro com chuveiro e vaso sanitário em casa é 17% maior do que uma menina vivendo no Sudeste.

O racismo é um conjunto de teorias e crenças que estabelecem uma hierarquia entre as raças.[6] Em termos práticos, é uma ideologia que estabelece a superioridade e o direito de uma raça dominar as outras. No caso, estabelece a superioridade da raça branca sobre todas as demais raças e especialmente a superioridade no binômio raça branca x raça negra que passa a ser compreendida como o outro do branco, o não branco, o inferior, o animalizado e o bruto.

Sabemos aqui que numa perspectiva biológica já está mais do que provado que não existem raças, no entanto o racismo se estrutura a partir das relações e é enquanto categoria sociológica que utilizamos aqui o conceito raça.

---

5. Fundo das Nações Unidas para a População (UNFPA). *Pobreza menstrual, desigualdades e violações de direitos*. Disponível em: https://brazil.unfpa.org/sites/default/files/pub-pdf/pobreza_menstrual_no_brasil.pdf.
6. MUNANGA. Kabengele. *Teoria social e relações raciais no Brasil contemporâneo*. USP 2008. Disponível em: https://www.mprj.mp.br/documents/20184/172682/teoria_social_relacoes_sociais_brasil_contemporaneo.pdf.

O Brasil é o país com a maior população negra fora de África, com passado escravocrata, foi o último país do mundo a abolir a escravidão, e estruturou uma política eugenista focada na eliminação da presença negra na sociedade. Iniciando com a vinculação e penalização da pobreza e da miserabilidade da população negra no pós abolição, não estabelece políticas que integrem a população negra ao status de cidadania, não garante emprego, renda, moradia, educação, determina portanto a miséria como condição para esse segmento populacional e em seguida os pune e tenta aprisionar.

De uma não integração da população negra no pós-abolição, tem-se então o estabelecimento de uma subalternização e de um não reconhecimento de igualdade em termos jurídicos e de acesso às políticas públicas. A teoria eugenista da época e as políticas de estímulo às migrações europeias ao Brasil tem como foco a aniquilação da presença negra, e embora a prática tenha se revelado exatamente o contrário, permanece no imaginário e nas práticas sociais uma dinâmica de subalternização e de tentativa de naturalização da inferiorização da população negra no Brasil.

Existe a construção de um lugar social para as pessoas negras, que não apenas retira delas a possibilidade de serem vistas enquanto produtoras de cultura, mas mais do que isso, determina que lugares podem ser ocupados pela população negra.

Segundo Patricia Hill Collins,[7]

em determinada sociedade, em determinado período, as relações de poder que envolvem raça, classe e gênero, por exemplo, não se manifestam como entidades distintas e mutuamente excludentes. De fato, essas categorias se sobrepõem e funcionam de maneira unificada. Além disso, apesar de geralmente invisíveis, essas relações interseccionais de poder afetam todos os aspectos do convívio social

dessa maneira, tendo em vista o conceito de interseccionalidade é possível perceber a maneira como as relações interseccionais de poder ocasionam em todos os dados de expressão da desigualdade a noção de que para as mulheres negras, sua experiência com a desigualdade foi diferente e frequentemente pior que a experiência das mulheres brancas, na fila de acesso a direitos foram elas as últimas depois de ninguém, em 2020, o ano da pandemia, no ano do assassinato de George Floyd,[8] o mundo que redescobriu o racismo, mas os dados revelam que o fez sem de fato se importar com a violência racista, classista, patriarcal que extermina as mulheres negras. Passou insensível por sua dor e as mandou calar, com esfregão e vassoura na mão.

---

7. COLLINS, Patricia Hill; BILGE, Silma. *Interseccionalidade*. São Paulo: Boitempo.
8. Assassinato de homem negro asfixiado por Derek Chauvin eclodiu protestos contra violência policial em todo mundo, mais informações em: https://www.brasildefato.com.br/2021/05/25/george-floyd--um-ano-do-levante-global-que-entrou-para-historia-da-luta-antirracista.

De acordo com John Kang (1997) a ideologia da estética branca baseia-se na ideia de que *people of color* – nesse contexto nos referindo às pessoas negras – merecem ser e se manter subordinadas `a pessoas brancas devido a sua inferioridade estética. Estética passa então a ser mais um instrumento que cria e reforça a hierarquização da sociedade.

Cultural Ownership – *Estética negra propriedade cultural, apropriação cultural*

É preciso compreender, a branquitude é construção social. E prova disso é que ao falarmos sobre raça sempre se pensa que é um discurso sobre negros, como se corpos brancos também não fossem racializados. Dessa maneira a branquitude, que é construída socialmente se torna invisibilizada como construção social e passa a ser uma norma natural, um modelo a ser seguido.

A branquitude constrói o seu processo de normalização a partir da mídia e também do sistema legal. O sistema legal controlado pela branquitude atrela ao corpo branco o significado da inocência, o corpo a estética e a imagem negra é acoplada à ideia da criminalidade (Kang, 1997).

Porque podem se sentir seguros no corpo que habitam, pessoas brancas tem o privilégio de se expressar como quiserem. Podem escolher as maneiras pelas quais vão se expressar, e é a partir desse privilegio que muitas vezes vão incorporar símbolos da identidade cultural afro brasileira num processo de apropriação cultural, que esvazia esses elementos de seus conteúdos raciais, mas que pune e criminaliza os corpos negros quando utilizam seus próprios símbolos.

Uma das maneiras pela qual o racismo enquanto sistema de dominação garantiu a subjugação da população negra escravizada foi a destruição / separação do povo negro de suas práticas culturais. Língua, dança, religiosidade. Houve uma contínua tentativa de criminalização de corpos e práticas e aniquilação.

As pessoas negras crescem em uma sociedade que a bombardeia com imagens negativas de si mesma.

Cornel West[9] diz: "A ideologia da supremacia branca é baseada primeiramente na degradação dos corpos negros com o objetivo de controlá-los. Um dos melhores meios de incutir medo nas pessoas é aterrorizá-las. E esse medo é sustentado de uma maneira melhor quando se convence essas pessoas de que seus corpos são feios" (West, Cornell 1983:85).

---

9. WEST, Cornel. Philosophy, Politics, and Power: An Afro-American Perspective. *Philosophy born of struggle*: Anthology of Afro-American Philosophy from. Dubuque, Iowa: Kendall/Hunt, 1983, edited by Leonard Harris.

As mulheres negras e periféricas são violentadas simbólica e concretamente. Neusa Santos Souza,[10] em tornar-se negro, nos diz que:

> Saber-se negra é viver a experiência de ter sido massacrada em sua identidade, confundida em suas perspectivas, submetidas a exigências e compelidas a expectativas alienadas, mas é também e sobretudo a experiência de comprometer-se e resgatar suas histórias e recriar-se em suas potencialidades.

A violência não é a única coisa que define a experiência negra. Sua existência é estabelecida em relação com o mundo, com sua ancestralidade, com o presente e com o futuro.

Quando analisamos por exemplo a maneira como se estrutura o trabalho doméstico, percebemos que sendo uma das principais ocupações de mulheres negras no Brasil,[11] vivendo sua maioria relações trabalhistas informais e com remuneração do salário mínimo, entendemos que a sua compreensão requer a capacidade de articular as dimensões de gênero, raça e classe na construção desse cenário de violação de direitos que segue invisível e mais, considerando-se a maneira como se construiu, a partir do racismo, a desumanização das mulheres negras e a conformação de um (não) lugar social desde o começo das suas vidas, inteiramente conectado ao processo de servir às famílias brancas, perceberemos que trabalho doméstico precário e trabalho infantil doméstico são as duas faces de uma moeda que parece selar um destino-mulher-negra, só essa análise nos permite entender que, mais de duzentas mil meninas brasileiras são trabalhadoras domésticas e mais de 73% são negras.

Segundo a pesquisa Trabalho Infantil e Trabalho Infantil doméstico no Brasil,[12] foram exatamente 213.613 meninas brasileiras com menos tempo de estudo por conta do trabalho. O trabalho infantil doméstico é classificado como uma das Piores Formas de Trabalho Infantil, desde 2008. Ao realizar o trabalho infantil doméstico meninas negras têm violados os seus direitos à vida, saúde, educação, brincar, lazer e, ainda sofrem prejuízos ao seu desenvolvimento físico psicológico, cognitivo e moral, mas ainda assim a sociedade brasileira não conseguiu erradicá-lo.

Em seu processo de socialização a sociedade gera expectativas de comportamentos, posturas e atitudes sendo essa compreensão atravessada pelas leituras

---

10. SOUZA, Neusa Santos. *Tornar-se negro*: As vicissitudes da identidade do negro brasileiro em ascensão social, 1983, p. 17-18.
11. AVILA, Betânia. *O tempo do trabalho das empregadas domésticas*: tensões entre dominação/exploração e resistência. Tese. UFPE, 2009.
12. FNPETI. Trabalho Infantil e Trabalho Infantil doméstico no Brasil. 2014. Disponível em: https://fnpeti. org.br/media/publicacoes/arquivo/Trabalho_Infantil_e_Trabalho_Infantil_Domestico_no_Brasil_2012_-_2013.pdf.

de raça, assim, são geradas expectativas do que pode e não pode ser feito, deve e não deve ser feito; a partir dessa percepção vai estabelecendo os papéis e os lugares para meninas negras, constrói jeitos de serem meninas, meninos, mulheres e homens. Vai dizendo quem merece acesso total a direitos e quem não merece, vai estabelecer quem terá uma existência definida pela plenitude e quem não terá.

Essa mesma sociedade enxerga ainda o trabalho com uma fonte de purificação do caráter. E ao olhar para as crianças negras e pobres, essa noção se amplifica, pois existe uma forte percepção da infância negra e do povo negro como uma selvageria a ser domada e dessa maneira, sobre essas crianças vai haver uma pressão social para que se ocupem, para que contribuam com as suas famílias e para que trabalhem, para evitar dessa forma, que caiam na marginalidade e na criminalidade. E assim se cria a justificativa e invisibilização social para o trabalho infantil.

Não são poucas as pessoas no Brasil que já empregaram uma menina em suas casas, sob o pretexto de apoiá-la em seus estudos, livrá-la da fome e que submeteram ao trabalho infantil doméstico. E, em quase todas as ocasiões, essa situação de opressão foi invisível, porque é esperado que meninas pobres e, principalmente, se forem negras, precisem se esforçar e pagar um preço para ter acesso à educação, alimentação etc. É natural que sejam as meninas pobres e negras a fazerem esse tipo de serviço.

Meninas especialmente pobres e negras são constantemente cooptadas ao trabalho infantil doméstico. Uma sociedade que não reconhece a sua condição de sujeitas de direitos adere ao discurso do "pelo-menos" e agradece ao trabalho que as/os livra da fome/frio/criminalidade.

Uma sociedade machista e sexista vai determinar no mundo do trabalho infantil o lugar das meninas, assim como o viés de classe jogou a primeira camada de invisibilidade sobre a inserção dessas meninas nesse universo, o viés de gênero e raça lança a invisibilidade para os papéis que ocupam e determinará a permanência nesse universo

A Lei Maria da Penha[13] é uma das legislações mais avançadas do mundo, a primeira a implementar a Convenção de Belém do Pará e trazer a ideia de que violência doméstica é violência contra os direitos humanos das mulheres. Em 10[14] anos de sua implementação é a principal responsável pela diminuição da violência contra mulheres brancas, neste mesmo período, não foi capaz de diminuir a violência contra as mulheres negras, como ainda assistiu a sua exacerbação.

---

13. Brasil. Lei Maria da Penha. Lei 11.340, de 7 de Agosto de 2006.
14. ONU Mulheres. Homicídio contra negras aumenta 54% em 10 anos, aponta Mapa da Violência 2015. Disponível em: https://www.onumulheres.org.br/noticias/homicidio-contra-negras-aumenta-54-em--10-anos-aponta-mapa-da-violencia-2015/.

Ao dialogar com essa informação, percebemos que é necessário trazer a frente a ideia de mulher que é projetada na implementação desse instrumento, na prática quem é a mulher que deve ser protegida no Brasil? Se numa sociedade patriarcal existe a noção de um sofrimento a ser imposto às mulheres e atribui aos homens um poder corretor que lhes autoriza a exercer a violência, ao mesmo tempo existe nessa sociedade patriarcal e racista uma ideia de que existe uma dor e um sofrimento de mulheres brancas e é do reconhecimento dessa dor e desse sofrimento que se origina a noção de interdição dessa violência. Essa mesma sociedade patriarcal e racista não é capaz de projetar a mesma ideia para a existência das mulheres negras, uma vez que existe 1 – a certeza de uma selvageria a ser domada, 2 – a permanência de uma impassividade ao assistir a tortura aos corpos e vidas negras desde a constituição dos pelourinhos.

Entender que a compreensão de que é natural para a existência de uma mulher negra ter seus corpos a disposição de uma masculinidade violador é chave para compreender que se existe uma culpabilização da vítima branca de violência sexual, no caso das mulheres negras não existe a leitura de que um crime foi cometido e por isso a violência sexual cresce contra as mesmas ano a ano: Desde a escravidão se construiu a ideia de uma lascívia, uma existência hiper sexualizada e cuja função é saciar os desejos masculinos e mais com as teorias de mistura de raças surge a ideia de que os estupros na realidade proporcionam muito prazer para as mesmas, porque não houve a construção de uma ideia de que elas pudessem não gostar de ter seus corpos invadidos, afinal eram superiores e brancos aqueles que o estavam fazendo.

Desde o começo de sua vida como bem aponta Eliane Cavallero[15] em *Do Silêncio do lar o Silêncio escolar*, crianças negras são preteridas, numa educação infantil que se constitui numa linguagem que mistura cuidado e afeto, quem é a criança que recebe cuidado? Ao longo do processo de escolarização a ausência de referências negras na educação, a reiteração da ideia de uma africanidade que se resume a escravidão, além do bullying racista que persegue bocas, narizes, cabelos negros as crianças negras vivenciam um estresse tóxico que incide em sua capacidade de aprendizagem, mas e quando além de ser criança se é uma menina negra e se soma ao racismo a violência de gênero, e quando se adiciona a questão de ser menina e negra o fato de ser pobre? Os resultados educacionais de meninas, negras e pobres citados acima respondem a essa questão.

Em cada um desses fatos acima existe um sofrimento negro ignorado, uma violência não nomeada e sistematicamente cometida: O sofrimento advindo das violências impostas às mulheres negras, que são continuamente percebidas como

---

15. CAVALLEIRO, Eliane dos Santos; GOMES, Jerusa Vieira. Do silêncio do lar ao silêncio escolar: racismo, preconceito e discriminação na educação infantil. 1998. Universidade de São Paulo, São Paulo, 1998.

"corpos fortes" para o trabalho e "vaginas quentes para o sexo" cuja humanidade lhes é retirada a ponto intencionalmente não se falar em sua dor.

Na linha de frente da pandemia da COVID-19[16] estiveram as mulheres, e as mulheres negras também estiveram ali: técnicas de enfermagem, trabalhadoras responsáveis pela limpeza de hospitais, de alas de UTIs, técnicas de enfermagem. Quantas vimos serem entrevistadas na TV? Seus medos, anseios, riscos de contaminação, simplesmente ignorados e, mais do que isso, deliberadamente silenciados, porque fortes que são, e sendo negras, estão no lugar que lhes é devido. As mulheres negras trabalhadoras domésticas perderam drasticamente seus rendimentos, quando simplesmente dispensadas do trabalho sem indenizações ou salários. Para elas a opção: Ficar sem rendimento ou serem dragadas para uma quarentena branca e de classe média que exige a presença da trabalhadora doméstica, mulher negra, pobre, que vai todos os dias se deslocar sob o risco de ser contaminada e com o medo de contaminar sua família. Quando discutimos isso seriamente em algum veículo de notícias?

Mesmo quando a mulher negra brasileira é submetida a um tratamento desumanizado e cruel semelhante ao qual foi submetido George Floyd,[17] sua dor não é estampada em jornais, revistas, sites e programas de televisão. Consumida e espetacularizada, a dor da mulher negra não gera empatia ou sofrimento porque existe uma naturalização e um acoplamento do conceito de dor à ideia do corpo negro feminino.

Em situações de extrema dor e violência, a mulher negra, como sujeito desses processos, não recebe apoio, cuidado nem desperta empatia. Para que isso aconteça, repetidamente vemos a pergunta: e se fosse uma mulher branca? E se fosse a filha da mulher branca? Porque a sociedade estabeleceu que o sofrimento negro só é reconhecível e legitimado se nós imaginarmos uma pessoa branca naquele lugar.

Saber-se negra é viver a experiência de ter sido massacrada em sua identidade, confundida em suas perspectivas, submetida a exigências e compelidas a expectativas alienadas, é preciso portanto revisitar o projeto socializador em curso na sociedade, o olhar que temos para a cidadania de meninas e mulheres negras e pobres, e que percebamos que em se tratando de direitos, a lógica não pode ser o "pelo menos", e sim, é pelo máximo, é pela plenitude que devemos nos relacionar com a efetivação de seus direitos, para que ser negra seja também e sobretudo a experiência de comprometer-se e resgatar sua histórias e recriar-se em suas potencialidades."

---

16. Disponível em: https://agenciabrasil.ebc.com.br/saude/noticia/2021-07/pandemia-profissionais-de-
-saude-negras-sofrem-mais-com-desigualdades.
17. Disponível em: https://www.metropoles.com/brasil/policia-br/achei-que-ia-morrer-como-george-
-floyd-diz-mulher-pisoteada-por-pm.

A violência não é a única coisa que define a experiência negra. Sua existência é estabelecida em relação com o mundo, com sua ancestralidade, com o presente e com o futuro.

Na relação com o mundo, estão nomeando-o, estão construindo esse mundo e estão se nomeando e se construindo nesse processo, Ou seja, estão resistindo e reexistindo, é possível, perceber como cada uma dessas pessoas individualmente mas também de maneira coletiva têm seu estar-no-mundo completamente atravessados pela maneira como se expressam ao denunciar a precariedade de condições de quem precisa se submeter e trabalhar de maneira precária para oferecer serviços e cuidado a quem ousa delas sorrir e escarnecer.

Com isso em mente o que buscamos nesse artigo é em conexão com o movimento das que vieram antes, denunciar esse cisheteropatriarcado racista e classista que mais do que apagar, subalterniza tudo que não é homem, branco e rico, e dessa maneira, priva um enorme contingente de pessoas de acessarem e se relacionarem com legítimas formas de expressão e leitura e interpretação da realidade, porque sim, na resistência e reexistência mulheres pobres pretas e periféricas seguem construindo criando e reinventando a si mesmas e a esse mundo.

Denunciar a invisibilização intencional não se faz sem chamar atenção para toda a produção. Sem querer ser essencialistas ou glamourizar/fetichizar processos de violência, não há exagero ao afirmar que *mulheres negras resistem,* porque existir enquanto pessoa negra que rejeita os padrões brancos é sim um ato de resistência, é dessa resistência, dessa capacidade de utilizar estratégias e táticas e sobreviver, e é diante disso que eu digo o nome de cada uma delas, digo o nome de Mirtes Renata, digo o nome de Dona Antônia Arcanjo da Silva, de Joyce Guedes, de Luana Barbosa, de Ágatha Félix, de Marielle Franco, de Quéli da Silva, de Lorena Vicente, de Luana Barbosa. Se pudesse, eu gritaria o nome de cada mulher negra que foi tirada de nós, de cada mulher negra que sofreu violência, de cada mulher negra cuja potência a sociedade racista tentou e tenta roubar. Eu grito hoje porque já fizemos silêncio demais. Pelas mulheres negras, nenhum minuto de silêncio. Todos os meus segundos serão de grito e de luta, e faço minhas as palavras das irmãs da Marcha das Mulheres Negras de São Paulo: "Nem cárcere, nem tiro, nem COVID. Corpos negros vivos. Mulheres negras e indígenas, por nós, por todas nós e pelo Bem Viver.

REFERÊNCIAS

BRASIL. Lei Maria da Penha. Lei 11.340, de 7 de Agosto de 2006.

CAVALLEIRO, Eliane dos Santos; GOMES, Jerusa Vieira. *Do silêncio do lar ao silêncio escolar*: racismo, preconceito e discriminação na educação infantil. 1998. Universidade de São Paulo, São Paulo, 1998.

COLLINS, Patricia Hill; BILGE, Silma. *Interseccionalidade*. São Paulo: Boitempo, 2020.

FUNDO das Nações Unidas para a População (UNFPA). *Pobreza menstrual, desigualdades e violações de direitos*. Disponível em: https://brazil.unfpa.org/sites/default/files/pub-pdf/pobreza_menstrual_no_brasil.pdf.

GTSC2030, 2021. *V Relatório Luz da Sociedade Civil-Agenda 2030* Brasil. Disponível em: https://gtagenda2030.org.br/relatorio-luz/relatorio-luz-2021/. Acesso em: 30 set. 2021.

INSTITUTO Brasileiro de Geografia e Estatística (IBGE). *Perfil socioeconômico da maternidade nos extremos do período reprodutivo*. Rio de Janeiro, 2015.

INSTITUTO Brasileiro de Geografia e Estatística (IBGE). *Síntese de indicadores sociais*. Uma análise das condições de vida da população brasileira. Rio de Janeiro, 2015.

LORRAN. Tácio. Achei que ia morrer. *Metrópole*. Disponível em: https://www.metropoles.com/brasil/policia-br/achei-que-ia-morrer-como-george-floyd-diz-mulher-pisoteada-por-pm. Acesso em: 30 set. 2021.

MACIEL. Camilo. *Pandemia*: profissionais de saúde negras sofrem mais com desigualdades. Agência Brasil. Disponível em: https://agenciabrasil.ebc.com.br/saude/noticia/2021-07/pandemia-profissionais-de-saude-negras-sofrem-mais-com-desigualdades. Acesso em: 30 set. 2021.

MADE-USP. *Nota de política econômica*. Gênero e raça em evidência durante a pandemia no Brasil: o impacto do Auxílio Emergencial na pobreza e extrema pobreza. Disponível em: https://madeusp.com.br/wp-content/uploads/2021/04/NPE-010-VF.pdf. Acesso em: 30 set. 2021.

MUNANGA. Kabengele. *Teoria social e relações raciais no Brasil contemporâneo*. USP. Disponível em: https://www.mprj.mp.br/documents/20184/172682/teoria_social_relacoes_sociais_brasil_contemporaneo.pdf. Acesso em: 30 set. 2021.

ONU Mulheres. Homicídio contra negras aumenta 54% em 10 anos, aponta Mapa da Violência 2015. Notícias ONU mulheres. Disponível em: https://www.onumulheres.org.br/noticias/homicidio-contra-negras-aumenta-54-em-10-anos-aponta-mapa-da-violencia-2015. Acesso em: 30 set. 2021.

OXFAM. 2017. *Uma Economia para os 99%*. Disponível em: https://www.oxfam.org.br/publicacoes/uma-economia-para-os-99. Acesso em: 30 set. 2021.

SOUZA, Neusa Santos. *Tornar-se negro*: As vicissitudes da identidade do negro brasileiro em ascensão social, 1983.

SUDRÉ. Lu. *George Floyd*: um ano do levante global que entrou para história da luta antirracista. Brasil de Fato. Disponível em: https://www.brasildefato.com.br/2021/05/25/george-floyd-um-ano-do-levante-global-que-entrou-para-historia-da-luta-antirracista. Acesso em: 30 set. 2021.

WEST, Cornel. Philosophy, Politics, and Power: An Afro-American *Perspective*. *Philosophy born of struggle*: Anthology of Afro-American Philosophy from. Dubuque, Iowa: Kendall/Hunt, 1983, edited by Leonard Harris.

POR UMA EDUCAÇÃO ANTIRRACISTA: POSSIBILIDADES DE ATUAÇÃO PELO SISTEMA DE JUSTIÇA

Cíntia Aparecida da Silva

Doutora em Serviço Social pelo Programa de Estudos Pós-graduados em Serviço Social da Pontifícia Universidade Católica de São Paulo – PUC/SP. Assistente Social do Ministério Público do Estado de São Paulo.

Isabel Campos de Arruda

Mestre em Serviço Social pelo Programa de Estudos Pós-graduados em Serviço Social da Pontifícia Universidade Católica de São Paulo – PUC/SP. Assistente Social do Ministério Público do Estado de São Paulo.

João Paulo Faustinoni e Silva

Mestre em Direito do Estado pela Faculdade de Direito da Universidade de São Paulo, Promotor de Justiça do Grupo de Atuação Especial da Educação – GEDUC-Capital.

1. INTRODUÇÃO

O presente artigo pretende, a partir da análise da evolução de marcos legais e de alguns dados de realidade, identificar obstáculos à efetiva oferta de estudos da Cultura e História afro-brasileira e africana, nos estabelecimentos escolares, e apontar alguns caminhos para o cumprimento das respectivas normas.

A Constituição Federal de 1988 estabelece, em seu artigo 3º, que são objetivos fundamentais da República a redução das desigualdades sociais e a promoção do bem de todos, sem preconceitos de raça e quaisquer outras formas de discriminação.

Evidentemente, ao fixar tais objetivos, partiu o constituinte de diagnóstico a evidenciar a realidade de extrema desigualdade social e de racismo, demandando providências políticas, sociais, econômicas, jurídicas, educacionais – dentre outras

– que pudessem transformar tal estado de coisas, resultado de construção histórica colonial, escravocrata e que se renova nas formas de produção contemporâneas.

Desde o Brasil colônia, com a chegada das ordens religiosas e fortalecimento das missões nos séculos XVI e XVII, observa-se a instauração de um processo educacional destinado a catequizar os indígenas, estando excluídos do ensino as mulheres e os negros, "cujos filhos nunca despertaram o interesse dos padres, como acontecia com os curumins".[1]

Séculos depois, portanto, lamentavelmente, persiste a situação de racismo e reprodução de desigualdades raciais em nossa sociedade, sendo certo que os sistemas de ensino e escolas possuem papel importante na construção de uma educação efetivamente antirracista.

O artigo está estruturado trazendo no primeiro item os Marcos Legais Internacionais e Nacionais para o enfrentamento ao racismo. No segundo item são apresentados alguns aspectos históricos da exclusão escolar dos negros no Brasil e dados atuais de realidade que revelam as consequências de referido processo histórico. Em seguida, a partir de esforço de pesquisa em bancos de dados do Ministério Público de São Paulo, discute-se a ausência de uma taxonomia que permita identificar com precisão a pauta da educação antirracista e a aparente ausência do tema nas demandas trazidas à instituição. E, por fim, as Considerações Finais.

2. MARCOS LEGAIS

Nesse item serão apresentados alguns dos mais importantes marcos legais, tanto em âmbito internacional, quanto nacional; conquistas normativas fundamentais para o enfrentamento ao racismo.

Em 1965 foi aprovada pela Organização das Nações Unidas – ONU, a Convenção Internacional sobre a Eliminação de todas as formas de Discriminação Racial, tendo entrado em vigor somente em 04 de janeiro de 1969. Este importante documento legal pode ser considerado um dos principais tratados internacionais em matéria de Direitos Humanos. Para a sua construção, quatro fatores históricos foram responsáveis por impulsionar os movimentos que levaram à sua elaboração, são eles: a entrada de 17 países africanos no ano de 1960 na ONU; a Primeira Conferência de Cúpula dos Países Não Alinhados, em Belgrado, em 1961; o ressurgimento de atividades nazifascistas na Europa; e, por fim, diversos Movimentos de Direitos Civis pelo mundo, à época.

A Convenção traz a seguinte definição de Discriminação Racial:

---

1. ARANHA, 2006, p. 165.

significará toda distinção, exclusão, restrição ou preferência, baseadas em raça, cor, descendência ou origem nacional ou étnica, que tenha por objetivo ou efeito anular ou restringir o reconhecimento, gozo ou exercício em um mesmo plano (em igualdade de condição) de Direitos Humanos e liberdades fundamentais no domínio político, econômico, social, cultural ou em qualquer outro domínio de vida pública.[2]

Logo, compreende-se que a Discriminação Racial sempre tem por objetivo ou efeito anular ou restringir o exercício, em igualdade de condições, dos Direitos Humanos e das liberdades fundamentais, por questão de raça/cor.

Em seu artigo 7º, a Convenção afirma que os Estados-parte devem se comprometer a adotar medidas para combater o preconceito racial.

Os Estados-parte comprometem-se a tomar as medidas imediatas e eficazes, *principalmente no campo do ensino, educação, cultura, e informação,* para lutar contra os preconceitos que levem à discriminação racial e para promover o entendimento, a tolerância e a amizade entre nações e grupos raciais e étnicos, assim como para propagar os propósitos e os princípios da Carta das Nações Unidas, da Declaração Universal dos Direitos Humanos, da Declaração das Nações Unidas sobre a Eliminação de Todas as Formas de Discriminação Racial e da presente Convenção.

Com o objetivo de acompanhar a aplicação do conteúdo da presente Convenção foi proposta, em seu texto, a criação de um Comitê sobre a Eliminação da Discriminação Racial, composto de dezoito peritos de grande prestígio moral e reconhecida imparcialidade "que serão eleitos pelos Estados-partes dentre os seus nacionais e que exercerão suas funções a título pessoal, levando-se em conta uma distribuição geográfica equitativa e a representação das formas diversas de civilização, assim como dos principais sistemas jurídicos".[3]

O Brasil é signatário da referida Convenção, promulgada por meio do Decreto 65.810 de 8 de dezembro de 1969.[4]

Deu-se, em 2001, em Durban, a III Conferência Mundial de Combate ao Racismo, Discriminação Racial, Xenofobia e Intolerância Correlata, com a elaboração da respectiva Declaração e Programa de Ação.

Além de amplo reconhecimento das origens e da atualidade das discriminações referidas, destacam-se algumas das ações propostas em citado documento:

97. Enfatizamos os vínculos entre o direito à educação e a luta contra o racismo, discriminação racial, xenofobia e intolerância correlata e o papel essencial da educação, incluindo a educação em direitos humanos, e a educação que reconheça e que respeite a diversidade cultural,

---

2. Disponível em: http://www.pge.sp.gov..br/centrodeestudos/bibliotecavirtual/instrumentos/discriraci. htm. Acesso em: 05 out. 2021.
3. CONVENÇÃO, 1965.
4. Disponível em: http://www.planalto.gov.br/ccivil_03/decreto/1950-1969/D65810.html. Acesso em: 05 out. 2021.

especialmente entre as crianças e os jovens na prevenção e na erradicação de todas as formas de intolerância e discriminação;

(...)

127. Insta os Estados a intensificarem seus esforços no campo da educação, incluindo a educação em direitos humanos, a fim de promoverem o entendimento e a conscientização das causas, consequências e males do racismo, discriminação racial, xenofobia e intolerância correlata e, também, recomenda aos Estados e incentiva as autoridades educacionais e o setor privado a desenvolverem materiais didáticos, em consulta com autoridades educacionais e o setor público, incluindo, livros didáticos e dicionários, visando ao combate daqueles fenômenos; neste contexto, exorta os Estados a darem a importância necessária à revisão e à correção dos livros-textos e dos currículos para a eliminação de quaisquer elementos que venham a promover racismo, discriminação racial, xenofobia e intolerância correlata ou a reforçar estereótipos negativos, e para incluírem material que refute tais estereótipos.[5]

Outro documento internacional importante é a Convenção Interamericana contra o Racismo, a Discriminação Racial e Formas Correlatas de Intolerância (2013).[6]

Em seu artigo 4º, prescreve a Convenção que são deveres dos Estados "prevenir, eliminar, proibir e punir, de acordo com suas normas constitucionais e com as disposições desta Convenção, todos os atos e manifestações de racismo, discriminação racial e formas correlatas de intolerância".

Em âmbito nacional, nada obstante as normas constitucionais que desde 1988 impunham ao Estado e à sociedade a redução das desigualdades sociais, o combate ao preconceito de raça (artigo 3º) e o repúdio ao racismo (artigo 4º), tardaram a edição de normas infraconstitucionais, notadamente no campo educacional, que pudessem contribuir para a concretização de tais objetivos.

Somente em 2003 e 2008 temos as primeiras normas (Leis 10.639/03[7] e 11.645/08) que acrescentam às diretrizes e bases da educação nacional (Lei 9394/96 – LDB) a obrigatoriedade do estudo da "História e Cultura Afro-Brasileira e Indígena" em todos os estabelecimentos oficiais de ensino básico, públicos e privados.

Segundo a Lei 11.645/08, que modificou a Lei 10.639/03, todos os estabelecimentos de ensino fundamental e médio, públicos ou privados são obrigados a oferecer o estudo da história e cultura afro-brasileira e indígena.

5. Disponível em: https://www.oas.org/dil/port/2001%20Declara%C3%A7%C3%A3o%20e%20Programa%20de%20A%C3%A7%C3%A3o%20adotado%20pela%20Terceira%20Confer%C3%AAncia%20Mundial%20contra%20o%20Racismo,%20Discrimina%C3%A7%C3%A3o%20Racial,%20Xenofobia%20e%20Formas%20Conexas%20de%20Intoler%C3%A2ncia.pdf. Acesso em: 12 out. 2021.
6. Disponível em: https://www.oas.org/en/sla/dil/docs/inter_american_treaties_A-68_Convencao_Interamericana_racismo_POR.pdf. Acesso em: 05 out. 2021.
7. Disponível em: http://www.planalto.gov.br/ccivil_03/leis/2003/l10.639.htm. Acesso em: 04 jun. 2020.

Art. 26-A. Nos estabelecimentos de ensino fundamental e de ensino médio, públicos e privados, torna-se obrigatório o estudo da história e cultura afro-brasileira e indígena.

§ 1º O conteúdo programático a que se refere este artigo incluirá diversos aspectos da história e da cultura que caracterizam a formação da população brasileira, a partir desses dois grupos étnicos, tais como o estudo da história da África e dos africanos, a luta dos negros e dos povos indígenas no Brasil, a cultura negra e indígena brasileira e o negro e o índio na formação da sociedade nacional, resgatando as suas contribuições nas áreas social, econômica e política, pertinentes à história do Brasil.

§ 2º Os conteúdos referentes à história e cultura afro-brasileira e dos povos indígenas brasileiros serão ministrados no âmbito de todo o currículo escolar, em especial nas áreas de educação artística e de literatura e história brasileiras.

A Lei 10.639/03 é um marco histórico no Brasil, pois exige incentivar o conhecimento da História da África e das contribuições dos povos africanos na cultura e na história do Brasil, para além da escravidão e de uma perspectiva de raiz europeia. Não se trata da extinção desta linha de pensamento, mas da ampliação do conhecimento histórico nos currículos escolares.

Através da reorganização dos currículos escolares, busca-se implementar espaços de diálogo e de críticas à forma como a história da África vinha sendo – e ainda é – transmitida e ensinada no Brasil, sem adequados preparo e formação dos/as educadores/as para que evitassem, inclusive, diversas formas de constrangimentos aos/as alunos/as negros/as. Incentiva-se, com as normas citadas, ampliar o olhar de negros e negras sobre a própria história e identidade, promovendo-se, nos processos de ensino e aprendizagem, conhecimentos, saberes e debates que ultrapassem as trágicas consequências da escravidão na sociedade brasileira.

A *Resolução 1, de 17 de junho de 2004, do Conselho Nacional de Educação (CNE), instituiu as Diretrizes Curriculares Nacionais para a Educação das Relações Étnico-Raciais e para o Ensino da História e Cultura Afro-brasileira e Africana*,[8] indicando que o ensino sistemático integraria os componentes curriculares de Educação Artística, Literatura e História do Brasil, mas sem impedimentos para que o tema seja tratado em outras áreas, disciplinas e espaços das unidades escolares.

A referida Resolução, fundamentada pelo Parecer CNE/CP 3/2004,[9] aprovado em 10/3/2004, fornece orientações às instituições de ensino que atuam nos níveis e modalidades estabelecidos pelo Sistema Nacional de Educação, assim como às instituições que desenvolvem programas de formação inicial e continuada de professores. Conforme seu art. 2º, as Diretrizes têm por meta "promover a educação de cidadãos atuantes e conscientes no seio da sociedade multicultural

---

8. Disponível em: http://portal.mec.gov.br/cne/arquivos/pdf/res012004.pdf. Acesso em: 04 jun. 2020.
9. Disponível em: http://portal.mec.gov.br/dmdocuments/cnecp_003.pdf. Acesso em: 04 jun. 2020.

e pluriétnica do Brasil, buscando relações étnico-sociais positivas, rumo à construção de nação democrática".

As instituições de ensino deverão incluir em seus currículos as diretrizes fundamentadas previstas no Parecer CNE/CP 3/2004 e a implementação e o cumprimento serão considerados no processo de avaliação dos estabelecimentos educacionais.

A Educação das Relações Étnico-Raciais busca divulgar e produzir conhecimentos, gerar mudanças de atitudes, posturas e valores que garantam o respeito a todos/as, bem como valorizar a identidade do povo negro brasileiro e sua cultura, ao lado de outras, como a indígena, europeia e asiática.

Segundo as mencionadas Diretrizes, deverão ser criadas e incentivadas condições materiais e financeiras para a elaboração de materiais pedagógicos, assim como para a formação dos profissionais da educação. Caberá às coordenações pedagógicas se aprofundarem sobre o assunto para orientações aos professores, já que se busca, conforme destacado, uma mudança de visão de mundo em relação à história da África e dos negros e negras no Brasil.

As Diretrizes estabelecem que os sistemas de ensino deverão estabelecer canais de comunicação com as diversas tendências do movimento negro, grupos culturais negros, instituições formadoras de professores, núcleos de estudos e pesquisas, como os Núcleos de Estudos Afro-Brasileiros, buscando levantar subsídios, trocar experiências para que se consolidem planos pedagógicos e projetos de ensino consistentes para atender ao previsto nas Diretrizes Curriculares.

Importante ressaltar, conforme dispõe o art. 5º da referida Resolução, que os sistemas de ensino devem desenvolver processos de formação continuada para que os professores sejam competentes no domínio dos conteúdos, inclusive sendo capazes de corrigir posturas, atitudes, palavras que impliquem em desrespeito e discriminação de negros e negras.

Caso ocorram situações de discriminação, deve-se buscar soluções para reconhecimento, valorização e respeito da diversidade, conforme o art. 6º da mesma norma. Os casos que se caracterizem como racismo, todavia, deverão ser tratados como crimes imprescritíveis e inafiançáveis, conforme prevê a Constituição Federal.

O *Parecer CNE/CP 3/2004* reforça a necessidade de que se cumpra o art. 205 da Constituição Federal que estabelece o dever do Estado em garantir educação de qualidade para todos, observando-se, também, o princípio de igualdade de condições para o acesso e permanência na escola (artigo 206, I). Tal direito vai além da matrícula, mas determina a garantia de uma escola pública de qualidade, onde estudam a maioria dos negros e negras brasileiras. Sem a ação do Estado na garantia efetiva do direito à educação de qualidade, as desigualdades continuarão sendo agravadas. Ainda segundo o mesmo documento:

> A demanda por reparações visa a que o Estado e a sociedade tomem medidas para ressarcir os descendentes de africanos negros, dos danos psicológicos, materiais, sociais, políticos e educacionais sofridos sob o regime escravista, bem como em virtude das políticas explícitas ou tácitas de branqueamento da população, de manutenção de privilégios exclusivos para grupos com poder de governar e de influir na formulação de políticas, no pós-abolição. Visa também a que tais medidas se concretizem em iniciativas de combate ao racismo e a toda sorte de discriminações.[10]

O Parecer é essencial, não somente aos administradores, mantenedores e instituições de ensino e seus profissionais, mas também aos estudantes, às suas famílias e a todas as pessoas comprometidas com uma educação de qualidade que vai além do direito ao estudo, mas também "à formação para a cidadania responsável pela construção de uma sociedade justa e democrática".[11]

O documento prescreve que sejam fomentadas políticas de reparações, de reconhecimento, valorização da história, cultura e identidade, buscando combater o racismo que tanto humilha a população negra no país. Almeja-se uma formação que resulte no orgulho do povo negro brasileiro, de seu pertencimento étnico racial e que produza seu reconhecimento na cultura nacional, tão embranquecida pelas histórias mal contadas, pelos programas de televisão, pelas diversas mídias, que sempre ressaltaram que a estética e a cultura branca são superiores às dos negros e negras.

Importante ressaltar que o Parecer indica um processo de desconstrução do mito da democracia racial – fundado em uma suposta igualdade de oportunidades para todos e relações cordiais –, desconsiderando toda desigualdade histórica de mais de 350 anos de escravidão no Brasil que destinaram ao povo negro os piores trabalhos, que lhes negaram o direito à educação, à propriedade, aos direitos civis e aos direitos sociais.

No processo de desconstrução, segundo o Parecer, é necessário valorizar as lutas de resistência da população negra no Brasil, assim como garantir a implementação de ações afirmativas, buscando corrigir as desigualdades raciais e sociais. Juntamente com ações de reparação, deve-se estipular estratégias pedagógicas em relação às atitudes que desqualificam negros e negras, que resultam em estereótipos depreciativos e atitudes violentas. Conforme o Parecer,

> Reconhecer exige a valorização e respeito às pessoas negras, à sua descendência africana, sua cultura e história. Significa buscar, compreender seus valores e lutas, ser sensível ao

---

10. BRASIL, 2004, p. 12.
11. BRASIL, 2004, p. 10.

sofrimento causado por tantas formas de desqualificação: apelidos depreciativos, brincadeiras, piadas de mau gosto sugerindo incapacidade, ridicularizando seus traços físicos, a textura de seus cabelos, fazendo pouco das religiões de raiz africana. Implica criar condições para que os estudantes negros não sejam rejeitados em virtude da cor da sua pele, menosprezados em virtude de seus antepassados terem sido explorados como escravos, não sejam desencorajados de prosseguir estudos, de estudar questões que dizem respeito à comunidade negra.[12]

É importante salientar que o Parecer explica o uso dos termos raça e étnico. Muitos movimentos negros usam o conceito de raça para ressaltarem que diferentes características físicas definem o lugar social das pessoas na sociedade brasileira sem, contudo, fazer o termo coincidir com o conceito biológico sustentado no século XVIII. O termo é usado também no sentido político e para a valorização da história e da cultura dos povos africanos.

Já o termo étnico, serve para demarcar as diferenças culturais, de valores e de visões de mundo em relação às outras concepções de origens indígena, europeia e asiática.

O Parecer enfatiza a importância de que todos tenham a responsabilidade de combater o racismo e de construir relações sociais sem que haja a intensificação de mais preconceitos e discriminações.

A escola tem um papel preponderante nesse processo de construção de outras relações étnico raciais. O racismo não nasce na escola, mas por ela perpassa e é nela reproduzido e, não poucas vezes, reforçado. Por isso, e também em razão de se tratar de espaço de convívio de crianças desde a tenra idade, sua responsabilidade na efetivação de um processo de ensino aprendizagem para a construção de uma sociedade mais justa.

Segundo o documento, "para obter êxito, a escola e seus professores não podem improvisar. Têm que desfazer mentalidade racista e discriminadora secular, superando o etnocentrismo europeu, reestruturando relações étnico-raciais e sociais, desalienando processos pedagógicos".[13]

No processo de implementação das ações é importante atentar para a complexidade no processo de construção da identidade negra em nosso país. Muitos estudantes, por tanta desvalorização a que foram submetidos e discriminação que já sofreram, poderão não se declarar como negros/as, mas não devemos perder de vista que se trata de processo contínuo e progressivo de mudança da sociedade brasileira como um todo.

---

12. BRASIL, 2004, p. 20.
13. BRASIL, 2004, p. 15.

O Parecer estabelece três princípios: consciência política e histórica da diversidade; fortalecimento de identidade e de direitos; e ações educativas de combate ao racismo e à discriminações.

De forma sucinta, o primeiro princípio especifica que todos os brasileiros são sujeitos de direitos, independentemente de seu pertencimento étnico-racial e que ações devem ser implementadas, buscando-se superar todas as injustiças históricas sofridas pelo povo negro brasileiro. Deve-se valorizar a história dos povos africanos e as suas contribuições para a sociedade brasileira.

O segundo, enfatiza que é necessário um processo de afirmação de identidades, rompendo as imagens negativas forjadas pelos meios de comunicação, que sempre depreciaram a população negra, assim como afirma a necessidade imprescindível de educação de qualidade para todos.

O terceiro princípio prevê a correção e crítica dos materiais didáticos que representam a população negra de forma pejorativa, estabelecendo relações étnico-raciais mais positivas e destaca a importância da participação de coletivos e movimentos negros na elaboração e implementação dos projetos políticos pedagógicos das unidades escolares.

O ensino de história afro-brasileira consistirá, entre outros assuntos, no debate da história dos quilombos, começando por Palmares. As datas significativas para o povo negro devem ser reconhecidas, valorizadas e assimiladas. O dia 13 de maio deve ser visto como o Dia Nacional de Denúncia contra o Racismo, sendo que deve ser proporcionada a discussão de como o fim da escravidão não garantiu à população negra direitos fundamentais que pudessem erradicar as desigualdades sociais e sua repercussão na vida da população negra até os dias atuais.

No 20 de novembro deve-se celebrar o Dia Nacional da Consciência Negra, data em que morreu Zumbi dos Palmares, lutando pela liberdade do povo negro no Brasil e o dia 21 de março como o Dia Internacional de Luta pela Eliminação da Discriminação Racial.

O Parecer ressalta, também, a importância de tratarmos a história da África não só a partir das denúncias de miséria e de outros problemas que afligem o continente, mas sobre temas que valorizem a sua cultura. Enfatiza, detalhadamente, entre outros aspectos, a importância de ensinar a história da ancestralidade e religiosidade africana, das civilizações africanas antigas, das lutas pela independência política dos países africanos, da vida dos africanos e de seus descendentes fora da África, das tecnologias de agricultura, mineração trazidas pelos povos africanos ao Brasil, bem como de toda a sua produção científica.

Importante que o ensino destaque diversos negros e negras que se destacaram no Brasil, tais como "Zumbi, Luiza Nahim, Aleijadinho, Padre Maurício,

Luiz Gama, Cruz e Souza, João Cândido, André Rebouças, Teodoro Sampaio, José Correia Leite, Solano Trindade, Antonieta de Barros, Edison Carneiro, Lélia Gonzáles, Beatriz Nascimento, Milton Santos, Guerreiro Ramos, Clóvis Moura, Abdias do Nascimento, Henrique Antunes Cunha, Tereza Santos, Emmanuel Araújo, Cuti, Alzira Rufino, Inaicyra Falcão dos Santos, entre outros" (BRASIL, 2004, p.22), assim como os que se destacaram em outros países, "rainha Nzinga, Toussaint-L'Ouverture, Martin Luther King, Malcom X, Marcus Garvey, Aimé Cesaire, Léopold Senghor, Mariama Bâ, Amílcar Cabral, Cheik Anta Diop, Steve Biko, Nelson Mandela, Aminata Traoré, Christiane Taubira".[14]

No processo de implementação da Lei 10.639/03 é importante mapear e divulgar experiências pedagógicas bem-sucedidas e que ocorra articulação entre os sistemas de ensino. Para tudo isso, é extremamente necessária a formação continuada dos professores, inclusive de docentes no Ensino Superior, assim como a inclusão em toda a documentação das unidades escolares de ações pedagógicas que combatam o racismo e que valorizem a história do povo negro brasileiro.

O *Plano Nacional de Implementação das Diretrizes Curriculares Nacionais para Educação das Relações Étnico-Raciais e para o Ensino de História e Cultura Afro-brasileira e Africana*,[15] apresentado em 2009, outra normativa importante para a implementação da Lei 10.639/03, tem como objetivo central

> colaborar para que todo o sistema de ensino e as instituições educacionais cumpram as determinações legais com vistas a enfrentar todas as formas de preconceito, racismo e discriminação para garantir o direito de aprender e a equidade educacional a fim de promover uma sociedade mais justa e solidária.[16]

O Eixo 1 do Plano tem como título o "Fortalecimento do marco legal". As ações deste eixo visam buscar institucionalizar o que está previsto nas Leis 10.639/03 e 11.645/06 e que estados e municípios regulamentem tais Leis.

Os Eixos 2 e 3 tratam da implementação de formação inicial e continuada aos profissionais da educação e de uma política de elaboração de materiais didáticos. Os dois eixos trazem as principais ações operacionais do Plano.

O Eixo 4 trata de gestão democrática e de mecanismos de participação social, enfatizando sua importância nos processos de implementação da Lei 10.639/03, garantindo qualidade e controle social.

O Eixo 5 versa sobre a avaliação e monitoramento e aponta para a necessidade imprescindível da construção de indicadores para avaliar e aprimorar as políticas

---

14. BRASIL, 2004, p. 23.
15. Disponível em: http://etnicoracial.mec.gov.br/images/pdf/diretrizes_curric_educ_etnicoraciais.pdf. Acesso em: 04 jun. 2020.
16. BRASIL, 2009, p. 23.

públicas de enfrentamento ao racismo na educação. Por fim, o Eixo 6 enfatiza que são necessárias condições institucionais para que a Lei 10.639/03 seja, efetivamente, implementada, principalmente através de dotações orçamentárias próprias.

O Plano também define as ações prioritárias dos governos federal, estadual e municipais, dos Conselhos de Educação, das instituições de ensino, coordenações pedagógicas, grupos colegiados e núcleos de estudo. Faz um breve diagnóstico das condições da população negra em cada nível e nas modalidades de ensino, definindo ações principais.

Para finalizar, o documento trata do direito à educação em áreas remanescentes de quilombos.

Em 2010, a Lei 12.288/2010 reforça muitas das diretrizes anteriormente abordadas, em capítulo dedicado ao Direito à Educação:

Art. 11. Nos estabelecimentos de ensino fundamental e de ensino médio, públicos e privados, é obrigatório o estudo da história geral da África e da história da população negra no Brasil, observado o disposto na Lei 9.394, de 20 de dezembro de 1996.

§ 1º Os conteúdos referentes à história da população negra no Brasil serão ministrados no âmbito de todo o currículo escolar, resgatando sua contribuição decisiva para o desenvolvimento social, econômico, político e cultural do País.

§ 2º O órgão competente do Poder Executivo fomentará a formação inicial e continuada de professores e a elaboração de material didático específico para o cumprimento do disposto no *caput* deste artigo.

§ 3º Nas datas comemorativas de caráter cívico, os órgãos responsáveis pela educação incentivarão a participação de intelectuais e representantes do movimento negro para debater com os estudantes suas vivências relativas ao tema em comemoração.

Art. 12. Os órgãos federais, distritais e estaduais de fomento à pesquisa e à pós-graduação poderão criar incentivos a pesquisas e a programas de estudo voltados para temas referentes às relações étnicas, aos quilombos e às questões pertinentes à população negra.

Art. 13. O Poder Executivo federal, por meio dos órgãos competentes, incentivará as instituições de ensino superior públicas e privadas, sem prejuízo da legislação em vigor, a:

I – resguardar os princípios da ética em pesquisa e apoiar grupos, núcleos e centros de pesquisa, nos diversos programas de pós-graduação que desenvolvam temáticas de interesse da população negra;

II – incorporar nas matrizes curriculares dos cursos de formação de professores temas que incluam valores concernentes à pluralidade étnica e cultural da sociedade brasileira;

III – desenvolver programas de extensão universitária destinados a aproximar jovens negros de tecnologias avançadas, assegurado o princípio da proporcionalidade de gênero entre os beneficiários;

IV – estabelecer programas de cooperação técnica, nos estabelecimentos de ensino públicos, privados e comunitários, com as escolas de educação infantil, ensino fundamental, ensino médio e ensino técnico, para a formação docente baseada em princípios de equidade, de tolerância e de respeito às diferenças étnicas.

Art. 14. O poder público estimulará e apoiará ações socioeducacionais realizadas por entidades do movimento negro que desenvolvam atividades voltadas para a inclusão social, mediante cooperação técnica, intercâmbios, convênios e incentivos, entre outros mecanismos.

Art. 15. O poder público adotará programas de ação afirmativa.

Art. 16. O Poder Executivo federal, por meio dos órgãos responsáveis pelas políticas de promoção da igualdade e de educação, acompanhará e avaliará os programas de que trata esta Seção.

Em 2014 é promulgada a Lei 13.005/2014 (Plano Nacional de Educação) que tem como diretrizes (artigo 2º) a

superação das desigualdades educacionais, com ênfase na promoção da cidadania e na erradicação de todas as formas de discriminação (inciso III), a formação para o trabalho e para a cidadania, com ênfase nos valores morais e éticos em que se fundamenta a sociedade (inciso V), a promoção humanística e cultural do País (inciso VII) e a promoção dos princípios do respeito aos direitos humanos e à diversidade (inciso X).

A meta 7 de referido plano decenal exige o

fomento à melhoria da qualidade da educação básica, impondo como uma das estratégias garantir nos currículos escolares conteúdos sobre a história e as culturas afro-brasileira e indígenas e implementar ações educacionais, nos termos das Leis 10.639, de 9 de janeiro de 2003, e 11.645, de 10 de março de 2008, assegurando-se a implementação das respectivas diretrizes curriculares nacionais, por meio de ações colaborativas com fóruns de educação para a diversidade étnico-racial, conselhos escolares, equipes pedagógicas e a sociedade civil; (Estratégia 7.25).

O Plano Estadual de Educação de São Paulo – Lei Estadual 16.279/16 traz entre suas diretrizes (artigo 2º)

a superação das desigualdades educacionais, com ênfase na promoção da cidadania e na erradicação de todas as formas de discriminação (inciso III), a formação para o trabalho e para a cidadania, com ênfase nos valores morais e éticos em que se fundamenta a sociedade (inciso V), a promoção humanística e cultural do Estado e do País (inciso VII) e a promoção dos princípios do respeito aos direitos humanos e à diversidade étnico-racial (inciso IX)

E repete em sua Meta 7 a garantia,

nos currículos escolares, conteúdos sobre a história e as culturas afro-brasileira e indígenas e implementar ações educacionais, nos termos das Leis Federais 10.639, de 9 de janeiro de 2003, e 11.645, de 10 de março de 2008, assegurando a implementação das respectivas diretrizes curriculares nacionais por meio de ações colaborativas com fóruns de educação para a diversidade étnico-racial, conselhos escolares, equipes pedagógicas e sociedade civil. (Estratégia 7.29).

A Base Nacional Curricular Comum (BNCC), documento normativo norteador dos currículos escolares e que estabelece conhecimentos, competências e habilidades que todos os estudantes devem desenvolver na educação básica, aponta a necessidade de valorizar a história da África e das culturas afro-brasileira e indígena nas unidades temáticas, objetos de conhecimento e habilidades previstas na elaboração curricular das disciplinas dos ensinos fundamental e médio.

Não obstante, o robusto instrumental normativo em exame, séculos de escravidão e preconceito insistem em perpetuar seus nefastos efeitos, sendo evidentes ainda hoje as mais variadas manifestações de desigualdade racial, com a manutenção dos privilégios da branquitude e da imposição de toda sorte de obstáculos ao exercício de direitos fundamentais pela população negra.

3. O RACISMO E SEUS IMPACTOS EDUCACIONAIS. ALGUNS DADOS

Na introdução do presente artigo mencionamos o recorte racial para a exclusão escolar no Brasil desde a colonização portuguesa. Até o século XIX persistiram normas que impediam o acesso ao ensino fundamental aos escravizados e mesmo aos negros libertos.

A Constituição de 1824 assegurava instrução primária apenas aos cidadãos, excluídos, portanto, os negros escravizados.

Assim era a redação do artigo 69 do Decreto 1.331-A, de 1854:

Art. 69. Não serão admitidos à matrícula, nem poderão frequentar as escolas:

(...)

§ 3º Os escravos.

O processo de abolição – e a necessidade de substituição da mão de obra escravizada pelo trabalho assalariado – atribuem "à educação a tarefa de formar o novo tipo de trabalhador para assegurar que a passagem se desse de forma gradual e segura, evitando-se eventuais prejuízos aos proprietários de terras e de escravos que dominavam a economia do país".[17]

Segundo ainda o renomado pesquisador Dermeval Saviani:[18]

Tavares Bastos (...), escrevendo em 1870, traduziu de forma clara essa concepção ao considerar que a emancipação do escravo exigia a difusão da instrução de modo que, diminuindo o 'abismo da ignorância', fosse afastado o 'instinto da ociosidade.'

Como destacou Analete Schelbauer, difundiu-se a crença de que a libertação gradativa dos escravos deveria ser acompanhada da presença da escola para transformar 'os ingênuos e os homens livres, parasitas da grande propriedade e da natureza pródiga, em trabalhadores submetidos às regras do capital'. Mas acrescenta:'Apesar dessa crença, a escola voltada para

---

17. SAVIANI, Dermeval. *História das ideias pedagógicas no Brasil*. 4. ed. Campinas, SP: Autores Associados, 2013, p. 159.
18. 2013, p. 159.

o treinamento da mão de obra assalariada não se efetivou e, surpreendentemente, essas discussões desapareceram, de maneira simultânea à abolição definitiva".[19]

Vê-se que, após séculos de vedação legal expressa ao ensino oficial, observam-se novas formas de exclusão educacional dos negros. Com a chamada abolição definitiva e com o estímulo à imigração europeia, garantida, nas fazendas de café, "a continuidade da produção, os apelos à criação de colônias agrícolas, fazendas-escolas e colônias orfanológicas deixaram de ecoar."[20]

O cenário de exclusão escolar insere-se no contexto mais amplo da desagregação do regime escravocrata "sem que se cercasse a destituição dos antigos agentes de trabalho escravo de assistência e garantias que os protegessem na transição para o sistema de trabalho livre."[21]

Os senhores foram eximidos da responsabilidade pela manutenção e segurança dos libertos, sem que o Estado, a Igreja ou outra qualquer instituição assumissem encargos especiais, que tivessem por objeto prepará-los para o novo regime de organização da vida e do trabalho. O liberto se viu convertido, sumária e abruptamente, em senhor de si mesmo, tornando-se responsável por sua pessoa e por seus dependentes, embora não dispusesse de meios materiais e morais para realizar essa proeza nos quadros de uma economia competitiva.[22]

Em tal conjuntura, o mito da democracia racial e a igualdade formal "perante a Lei só iria fortalecer a hegemonia do 'homem branco'.[23] Na parte conclusiva da fundamental obra em referência, Florestan Fernandes ainda destaca que a "concentração racial compacta da renda, do prestígio social e do poder era suficiente para resguardar um padrão absoluto de desigualdade racial." E prossegue:

Caracterizando-se o dilema racial brasileiro desse ângulo, ele aparece como um fenômeno estrutural de natureza dinâmica. Ele se objetiva nos diferentes níveis das relações raciais. Por isso, seria fácil reconhecê-lo nos lapsos das ações dos indivíduos que acreditam 'não ter preconceito de cor'; nas inconsistências das atitudes, normas e padrões de comportamento inter-racial; nos contrastes entre a estereotipação negativa, as normas ideais, de comportamento e os comportamentos efetivos nos ajustamentos raciais; nos conflitos entre os padrões ideais da cultura, que fazem parte do sistema axiológico da civilização brasileira; (...)[24]

Ao longo do século XX, no campo das políticas públicas educacionais, tais práticas excludentes e discriminatórias revelam-se na insuficiente oferta de vagas nos estabelecimentos de ensino, na instituição de exames admissionais, além das pressões para a própria sobrevivência e da persistência das heranças históricas

---

19. SAVIANI, Dermeval. Op. cit., p. 163.
20. Idem, p. 164.
21. FERNANDES, 2008, p. 29.
22. FERNANDES, 2008, p. 29.
23. FERNANDES, 2008, p. 29.
24. FERNANDES, 2008, p. 571.

e estruturais do racismo anteriormente citadas. Quando da promulgação da Constituição de 1988, verificava-se enorme desafio ao pretendido Estado Democrático de Direito, pois os dados sobre a educação ao fim da Ditadura Militar eram desalentadores:

> A ampliação de oferta de vagas nas escolas públicas, portanto, se revestiu de um caráter meramente quantitativo, através da diminuição da jornada escolar e do aumento de turnos que comprometeram a qualidade do ensino. [...] o próprio MEC revelou que em 1985 apenas 27% dos prédios escolares estavam em condições satisfatórias de uso [...] o número de professores leigos aumentou em 5,4% entre 1973 e 1983, fato que se apresenta de forma mais grave no Nordeste onde, em 1981, 36% do professorado tinha apenas o 1º grau. Os salários e as condições de trabalho dos professores sofreram um agudo processo de deterioração. As escolas se degradaram. Este quadro revela que, muito embora significativos contingentes das camadas populares tenham tido acesso à escola, na verdade foi proporcionada a esses contingentes uma educação de segunda categoria, de baixa qualidade. Tanto é assim que as taxas de evasão e repetência mantiveram-se em níveis elevados. Nessa perspectiva, a retenção de alunos nas séries iniciais aumentou ao longo da década de 1973-1983. Assim, a taxa de repetência na 1ª Série do 1º grau saltou de 27,2% em 1973 para 34,2% em 1983. Somando-se as taxas de repetência e evasão, constatamos, em 1985, uma perda da ordem de 42,6% na 1ª Série e de 35,2% na 2ª Série, o que significa a preservação de taxas praticamente idênticas às existentes doze anos atrás.[25]

Germano (2011), valendo-se de dados do IBGE e de outras fontes acadêmicas de pesquisa, relata que em 1986, "cerca de 32,3% da população nacional vivia em estado de pobreza", que, em 1987, 59% da população analfabeta era constituída de negros e pardos e que 39% destes, com 7 anos ou mais, tinham menos de 1 ano de estudo, sendo que somente 6% ultrapassavam o 1º grau. A Constituição Federal de 1988, embora tenha mais de trinta anos de existência, assegurando educação como Direito de Todos e prescrevendo como objetivos fundamentais da República a redução de desigualdades sociais e a promoção do bem de todos, sem preconceitos de raça, ainda não foi capaz de se impor como realidade.

O Anuário Brasileiro da Educação Básica de 2021 segue trazendo dados que demonstram a necessidade de novos esforços para superação do racismo e das desigualdades raciais também na educação. Segundo tal publicação, 77,5% dos jovens pretos de 16 anos concluíram o ensino fundamental, enquanto essa proporção é de 87,3% entre os jovens brancos.[26]

No ensino médio, 61,4% dos jovens pretos de 19 anos concluíram o ensino médio no Brasil, enquanto isso é realidade para 79,1% dos jovens brancos da mesma idade.[27] No que diz respeito às matrículas no ensino médio, verifica-se que

---

25. GERMANO, 2011, p. 169-170.
26. Disponível em: https://todospelaeducacao.org.br/wordpress/wp-content/uploads/2021/07/Anuario_21final.pdf?utm_source=site&utm_campaign=Anuario. Acesso em: 11 out. 2021.
27. idem.

70,8% dos adolescentes pretos, de 15 a 17 anos, a realizaram, número que cresce para 81,4% entre os adolescentes brancos de mesma idade. No ensino superior também verificamos a desigualdade racial. 32,7% dos jovens brancos, de 18 a 24 anos de idade, frequentam o ensino superior, proporção que cai para 18% entre os pardos e 17% entre os pretos de mesma faixa etária. Interessante notar que, a despeito da obrigação legal de uma educação antirracista, o Anuário informa que apenas 48% das escolas desenvolviam projetos sobre relações étnico-raciais/racismo.

Os desafios para fazer valer a legislação anteriormente mencionada e, em especial, para efetiva concretização do disposto nas Leis 10.639/03 e 11.645/08 seguem presentes e exigem, dos sistemas de ensino e também do Ministério Público maior atenção.

4. MINISTÉRIO PÚBLICO E O CUMPRIMENTO DE LEGISLAÇÃO EDUCACIONAL ANTIRRACISTA

Em pesquisa ao SIS-MP Integrado, sistema que registra as demandas trazidas ao Ministério Público do Estado de São Paulo e expedientes que tramitam nas diversas Promotorias de Justiça e Grupos Especializados, é possível verificar grande dificuldade na identificação de procedimentos relacionados às relações étnico-raciais e ao descumprimento da legislação educacional correlata.

Com efeito, apenas recentemente foram realizadas importantes alterações na taxonomia do Direito à Educação nas tabelas unificadas do Conselho Nacional do Ministério Público (CNMP). Apenas em 2021 temos um campo autônomo na citada tabela para o Direito à Educação e, no tópico Qualidade há um subtema denominado relações étnico-raciais.

Doravante, a correta qualificação das notícias de fato e procedimentos instaurados no Ministério Público permitirão melhor diagnóstico da presença da educação antirracista na agenda da instituição.

Vale destacar que, nada obstante a escassez de informações sobre as ações do Ministério Público na promoção de uma educação antirracista – ao menos nos limites da pesquisa realizada para este artigo – o Conselho Nacional do Ministério Público editou, em 2015, um guia de atuação com contribuições para a implementação da Lei 10.639/2003, evidenciando, assim, a prioridade do tema para a instituição na seara da defesa do Direito à Educação.[28]

---

28. Disponível em: https://www.cnmp.mp.br/portal/publicacoes/245-cartilhas-e-manuais/9154-guia-de--atuacao-ministerial-o-ministerio-publico-e-a-igualdade-etnico-racial-na-educacao-contribuicoes--para-a-implementacao-da-lbt-alterada-lei-10-639-2003. Acesso em: 12 out. 2021.

Merecem transcrição algumas das informações constantes do citado documento:

> A discriminação racial na escola está presente na veiculação de estereótipos negativos acerca da população negra, nas relações desrespeitosas entre negros e brancos no cotidiano escolar, no eurocentrismo dos conteúdos curriculares, na negligência na política educacional acerca da literatura e cultura produzida por africanos e afro-brasileiros, na negação da existência do racismo por meio de teses que afirmam ser o Brasil uma grande e harmônica democracia racial e, sobretudo, na oferta de uma educação de pior qualidade para as populações negras e pobres do País.

> Com base na premissa do papel da escola como um espaço-chave para desconstruir ideias negativas disseminadas historicamente e para a equalização do acesso às oportunidades, isto é, como fundamental para a transformação social, é que este Guia foi elaborado. O objetivo específico é oferecer referências para o Monitoramento da Implementação do Direito à Educação das relações Étnico-raciais aos Operadores Jurídicos, na perspectiva de contribuir para a ampliação e a qualificação de sua institucionalização nos sistemas de ensino do País. Entende-se que o Sistema de Justiça, em especial o Ministério Público, tem um importante papel a desempenhar no enfrentamento do racismo na educação, como um desafio estrutural da democracia brasileira.[29]

O guia traz referenciais para o monitoramento da implementação da norma e tópicos especiais em relação à educação Quilombola e às escolas privadas, tratando-se, pois, de material bastante rico para auxiliar a atuação ministerial em sua responsabilidade na efetivação de uma educação antirracista.

5. CONCLUSÃO

Apesar da primeira lei sobre a implementação da História e Cultura Afro--Brasileira ter sido aprovada em 2003, ainda há muitos questionamentos sobre a forma de aplicá-la e muitas queixas infundadas sobre a inexistência de materiais pedagógicos disponíveis.

A UNESCO no Brasil e o Ministério da Educação disponibilizaram, em português, a Coleção da História Geral da África, em 08 volumes,[30] desde a pré-história do continente africano até os dias atuais. A tradução e a atualização ortográfica foram realizadas pela Universidade Federal de São Carlos, por meio do Núcleo de Estudos Afro-brasileiros (NEAB/UFSCar) e seus parceiros.

Conforme a apresentação do primeiro volume da Coleção,

> com sua publicação em língua portuguesa, cumpre-se o objetivo inicial da obra de colaborar para uma nova leitura e melhor compreensão das sociedades e culturas africanas, e demonstrar a importância das contribuições da África para a história do mundo. Cumpre-se, também, o

---

29. Op. cit., p. 13 e 14.
30. Disponível em: http://portal.mec.gov.br/index.php?option=com_content&view=article&id=16146. A coleção está disponibilizada nesta página para download. Acesso em: 04 jun. 2020.

intuito de contribuir para uma disseminação, de forma ampla, e para uma visão equilibrada e objetiva do importante e valioso papel da África para a humanidade, assim como para o estreitamento dos laços históricos existentes entre o Brasil e a África (p. 7. v. I).

Os volumes estão divididos da seguinte maneira:

– Volume 1: Metodologia e pré-história da África.

– Volume 2: África Antiga.

– Volume 3: África do século VII ao XI.

– Volume 4: África do século XII ao XVI.

– Volume 5: África do século XVI ao XVIII.

– Volume 6: África do século XIX à década de 1880.

– Volume 7: África sob dominação colonial, 1880-1935.

– Volume 8: África desde 1935.

Tendo em vista o volume de material, foi realizada uma Síntese da Coleção História Geral da África, também publicada pela UNESCO no Brasil em parceria com Secretaria de Educação Continuada, Alfabetização, Diversidade e Integração do Ministério da Educação (MEC/SECADI) e a Universidade Federal de São Carlos (UFSCar). A Síntese está organizada em 02 volumes. O volume 1,[31] dividido em 4 capítulos, aborda a pré-história do continente até o século XVI e o volume 2[32] aborda os demais temas da coleção.

Em 2010, o Ministério da Educação publicou o documento "Ações e Orientações e Ações para a Educação das Relações Étnico-Raciais",[33] que trata de forma mais minuciosa para cada nível ou modalidade de ensino, das possibilidades da conjunção dos currículos escolares com a temática étnico-racial e perspectivas de ação. O referido documento apresenta sugestões de atividades e bibliografia comentada para auxiliar os profissionais da educação no trabalho cotidiano.

Não bastassem as Leis 10.639/2003 e 11.645/2008, os Planos Decenais de Educação, normas estruturantes da políticas públicas educacionais, também exigem ações efetivas para que as questões étnico-raciais em perspectiva antirracista façam parte das práticas de ensino e aprendizagem em todas as escolas.

A instituição escolar, todavia, sujeita às disputas e relações de poder presentes na sociedade, vê-se muitas vezes pressionada ou estimulada a priorizar outras demandas, descurando-se da obrigação tratada neste estudo.

---

31. Disponível em: https://unesdoc.unesco.org/ark:/48223/pf0000227007. Acesso em: 29 maio 2020.
32. Disponível em: https://unesdoc.unesco.org/ark:/48223/pf0000227008 Acesso em: 29 maio de 2020.
33. Disponível em: http://portal.mec.gov.br/dmdocuments/orientacoes_etnicoraciais.pdf. Acesso em: 17 jun. 2020.

Tal como ensina a educadora Isabel Aparecida dos Santos:

> É tarefa da escola fazer com que a História seja contada a mais vozes, para que o futuro seja escrito a mais mãos. É necessário romper o silêncio a que foram relegados negros e índios na historiografia brasileira, para que possam construir uma imagem positiva de si mesmos.[34]

Do mesmo modo, é tarefa do Ministério Público zelar para que os sistemas de ensino e escolas tenham condições materiais e cumpram tal obrigação Constitucional, legal e ética.

Nessa direção, foi instaurado no GEDUC-SP, o Procedimento Administrativo de Acompanhamento de Políticas Públicas (PAA), que tem como objeto de apuração o "Acompanhamento da política pública levada a efeito pela Secretaria de Estado da Educação e pela Secretaria Municipal de Educação para a educação para as relações étnico-raciais (qualidade da educação), nos termos da Lei 10.639/03, com as alterações da Lei 11.645/08, bem como para a criação de um ambiente escolar pautado por uma cultura de paz, tolerância, respeito e ausência de qualquer forma de discriminação".

No âmbito do PAA foram realizadas algumas reuniões com integrantes da Defensoria Pública do Estado de São Paulo e de organizações não governamentais, dentre outras, que informaram dificuldades na concretização de uma educação efetivamente não racista nos espaços escolares. Relataram poucas denúncias de discriminação racial, tanto no Ministério Público, como na Defensoria Pública, verificando-se que geralmente tais casos aparecem sob a forma de conflitos interindividuais ou sob a denominação de *bullying*. Noticiou-se, ainda, grande dificuldade de a população negra acessar os canais formais da justiça para realizar denúncias de discriminação racial, reivindicando-se que as instituições fossem mais proativas e que a Secretaria Estadual de Educação criasse um Núcleo Intersetorial sobre Relações Raciais.

As instituições e organizações ouvidas afirmaram que diversas escolas privadas se recusavam a aplicar a Lei de Diretrizes e Bases da Educação no que concerne à educação para as relações étnico-raciais sob a justificativa de que não havia crianças e adolescentes negras em seus estabelecimentos de ensino.

Nada obstante esteja o procedimento ainda em curso, as questões acima apresentadas indicam a necessidade de que o Ministério Público, em ação planejada e articulada, interna e externamente, envolvendo comunidades escolares, universidades, movimentos negros, Fóruns e Conselhos de Educação e organizações da sociedade civil, realize diagnóstico abrangente e, a partir deste, cobre

---

34. DOS SANTOS, Isabel Aparecida. A responsabilidade da escola na eliminação do preconceito racial: alguns caminhos. In: CAVALLEIRO, Eliane (Org.). *Racismo e anti-racismo na educação*. Repensando nossa escola. São Paulo: Selo Negro, 2001, p. 107.

dos órgãos públicos responsáveis programas de formação continuada, escolha cuidadosa e aprimoramento dos livros didáticos, ações e orientações para que todas as unidades escolares cuidem do ensino e aprendizagem das relações étnico-raciais de forma transversal nas mais diversas disciplinas e áreas do conhecimento, bem como assegurem instruções às Diretorias de Ensino e às unidades escolares para encaminhamento das denúncias de discriminação racial, especificando os procedimentos de escuta, registro e encaminhamento aos órgãos competentes.

Nos limites do presente texto, portanto, são estas algumas contribuições para conhecimento do ordenamento jurídico, das raízes históricas do grave problema em exame, de parte dos desafios e de algumas possibilidades de atuação.

6. REFERÊNCIAS

ARANHA, Maria Lúcia de Arruda. *História da educação e da pedagogia*: geral e Brasil. 3. ed. São Paulo: Moderna, 2006.

BRASIL. *Constituição Federal de 1988*. Brasília, 1988.

BRASIL. *Plano Nacional de Implementação das Diretrizes Curriculares Nacionais para Educação das Relações Étnico-Raciais e para o Ensino de História e Cultura Afro-brasileira e Africana. 2009*. Disponível em: http://etnicoracial.mec.gov.br/images/pdf/diretrizes_curric_educ_etnicoraciais.pdf. Acesso em: 04 jun. 2020.

BRASIL. *Decreto 65.810 de 8 de dezembro de 1969*. Promulga a Convenção Internacional sobre a Eliminação de todas as Formas de Discriminação Racial. Disponível em: http://www.planalto.gov.br/ccivil_03/decreto/1950-1969/D65810.html. Acesso em: 05 out. 2021.

BRASIL. *Lei 10.639 de 09 de janeiro de 2003*. Altera a Lei no 9.394, de 20 de dezembro de 1996, que estabelece as diretrizes e bases da educação nacional, para incluir no currículo oficial da Rede de Ensino a obrigatoriedade da temática "História e Cultura Afro-Brasileira", e dá outras providências. Disponível em: http://www.planalto.gov.br/ccivil_03/leis/2003/l10.639.htm. Acesso em: 04 jun. 2020.

BRASIL. Conselho Nacional de Educação. *Parecer 03 de 2004 – CNE/CP*. Disponível em: http://portal.mec.gov.br/dmdocuments/cnecp_003.pdf. Acesso em: 04 jun. 2020.

BRASIL. Conselho Nacional de Educação. *Resolução 1 de 17 de junho de 2004. Institui Diretrizes Curriculares Nacionais para a Educação das Relações Étnico Raciais e para o Ensino de História e Cultura Afro-Brasileira e Africana*. Disponível em: http://portal.mec.gov.br/cne/arquivos/pdf/res012004.pdf. Acesso em: 04 jun. 2020.

BRASIL. *Lei 12.288 de 20 de julho de 2010. Estatuto da Igualdade Racial*. Disponível em: http://www.planalto.gov.br/ccivil_03/_ato2007-2010/2010/lei/l12288.htm. Acesso em: 04 jun. 2020.

BRASIL. *Lei 13.005 de 25 de junho de 2014 – Plano Nacional de Educação – PNE*. Disponível em: http://www.planalto.gov.br/ccivil_03/_ato2011-2014/2014/lei/l13005.htm. Acesso em: 09 set. 2021.

BRASIL. Lei 11.645 de 10 de março de 2008. Disponível em: http://www.planalto.gov.br/ccivil_03/_ato2007-2010/2008/lei/l11645.htm. Acesso em: 04 jun. 2020.

DOS SANTOS, Isabel Aparecida. A responsabilidade da escola na eliminação do preconceito racial: alguns caminhos. In: Cavalleiro, Eliane (Org.). *Racismo e anti-racismo na educação*. Repensando nossa escola. São Paulo: Selo Negro, 2001.

FERNANDES, Florestan. *A integração do negro na sociedade de classes*. 5. ed. São Paulo: Globo, 2008. v. I.

GERMANO, J. W. *Estado militar e educação no Brasil (1964-1985)*. 5. ed. São Paulo: Cortez, 2011.

MINISTÉRIO DA EDUCAÇÃO (MEC). *Base Nacional Curricular Comum (BNCC)*. Disponível em: http://basenacionalcomum.mec.gov.br/images/BNCC_EI_EF_110518_versaofinal_site.pdf. Acesso em: 09 set. 2021.

MINISTÉRIO DA EDUCAÇÃO (MEC). *Orientações e Ações para a Educação das Relações Étnico-Raciais*. 2006. Brasília: SECAD. Disponível em: http://portal.mec.gov.br/dmdocuments/orientacoes_etnicoraciais.pdf. Acesso em: 05 out. 2021.

ORGANIZAÇÃO DAS NAÇÕES UNIDAS (ONU). *Convenção Internacional sobre a Eliminação de todas as formas de Discriminação Racial*. Disponível em: http://www.pge.sp.gov.br/centrodeestudos/bibliotecavirtual/instrumentos/discriraci.htm. Acesso em: 05 out. 2021.

ORGANIZAÇÃO DAS NAÇÕES UNIDAS (ONU). *Declaração e Programa de Ação adotados na III Conferência Mundial de Combate ao Racismo, Discriminação Racial, Discriminação Racial, Xenofobia e Intolerância Correlata*. 2001. Durban. África do Sul. Disponível em: https://www.oas.org/dil/port/2001%20Declara%C3%A7%C3%A3o%20e%20Programa%20de%20A%C3%A7%C3%A3o%20adotado%20pela%20Terceira%20Confer%C3%AAncia%20Mundial%20contra%20o%20Racismo,%20Discrimina%C3%A7%C3%A3o%20Racial,%20Xenofobia%20e%20Formas%20Conexas%20de%20Intoler%C3%A2ncia.pdf. Acesso em: 12 out. 2021.

ORGANIZAÇÃO DOS ESTADOS AMERICANOS (OEA). *Convenção Interamericana contra o Racismo, a Discriminação Racial e Formas Correlatas de Intolerância* (2013). Disponível em: https://www.oas.org/en/sla/dil/docs/inter_american_treaties_A-68_Convencao_Interamericana_racismo_POR.pdf. Acesso em: 05 out. 2021.

GOVERNO DO ESTADO DE SÃO PAULO. *Lei Estadual 16.279 de 08 de julho de 2016. Plano Estadual de Educação de São Paulo*. São Paulo. Disponível em: https://www.al.sp.gov.br/repositorio/legislacao/lei/2016/lei-16279-08.07.2016.html. Acesso em: 05 out. 2021.

SAVIANI, Dermeval. *História das ideias pedagógicas no Brasil*. 4. ed. Campinas, SP: Autores Associados, 2013.

TODOS PELA EDUCAÇÃO. *Anuário Brasileiro da Educação Básica de 2021*. Disponível em: https://todospelaeducacao.org.br/wordpress/wp-content/uploads/2021/07/Anuario_21final.pdf?utm_source=site&utm_campaign=Anuario. Acesso em: 11 out. 2021.

MANIFESTAÇÕES DE RACISMO RECREATIVO EM MÍDIAS SOCIAIS: UMA AVALIAÇÃO A PARTIR DE UMA AÇÃO DO MP CONTRA O MODO DEPRECIATIVO EM QUE CABELOS CRESPOS DE CRIANÇAS E ADOLESCENTES FORAM RETRATADOS EM VÍDEOS NA INTERNET

Neto Picanço de Figueiredo

Mestrando em Psicologia Social pela Universidade de São Paulo – USP. Analista de Promotoria – Psicólogo no Núcleo de Assessoria Técnica Psicossocial – NAT do Ministério Público do Estado de São Paulo – MPSP.

Natália Lôbo Oliveira Cividanes

Mestra em Serviço Social pela Pontifícia Universidade Católica – PUC. Analista de Promotoria – Assistente Social no Núcleo de Assessoria Técnica Psicossocial – NAT do Ministério Público do Estado de São Paulo – MPSP.

Yone da Cruz Martins de Campos

Mestra em Serviço Social pela Pontifícia Universidade Católica – PUC. Analista de Promotoria – Assistente Social no Núcleo de Assessoria Técnica Psicossocial – NAT do Ministério Público do Estado de São Paulo – MPSP.

"cabelo pixain, cabelo ruim, cabelo duro"

Toda menina negra no Brasil já deve ter ouvido alguma dessas expressões para se referirem a seu cabelo...

1. RACISMO RECREATIVO

As diversas formas que o racismo se manifesta evidenciam seu caráter estrutural e estruturante da sociedade brasileira. Neste artigo, abordaremos o Racismo Recreativo, termo cunhado recentemente por Adilson Moreira em seu livro, que traz o termo como título, com intuito de apresentar a utilização do "humor" como dispositivo para práticas racistas, disseminadas de diversas formas e para diferentes públicos.

No conceito popular e conforme explica o dicionário,[1] humor significa *disposição de ânimo de uma pessoa em relação a alguma coisa ou em algum momento; estado de espírito, temperamento: ele está sempre de bom humor (...) veia cômica, ironia delicada e alegre, ditos e gestos engraçados e espirituosos; humorismo, comicidade, graça: ele utiliza o humor para encantar a plateia.*

Ao trazer o debate sobre as relações utilizadas entre o humor na produção do racismo no Brasil, Fonseca[2] aponta que "as piadas são expressão do humor, fazem parte do imaginário coletivo. Elas buscam a manifestação do riso". Além disso, é retrato de um contexto histórico e cultural. Ainda segundo o autor, a piada também é um dispositivo da linguagem, oral ou escrita, para produzir prazer ao reforçar estereótipos, diferenças e preconceitos. Dessa forma, quando se reflete sobre as características do preconceito racial, é inegável a contribuição do humor na sua reprodução e perpetuação.

As práticas racistas expressadas de forma velada são constituintes da história das relações raciais no Brasil. O "racismo à brasileira" foi assim caracterizado por se manifestar de forma dissimulada e ambígua[3] e outros termos também foram utilizados para explicar o modo disfarçado do racismo no mundo ocidental – racismo sutil, racismo moderno e racismo aversivo.[4] Ou seja, se o racismo pressupõe a tensão e violência na relação entre as pessoas e povos pautada na ideia de uma raça considerar-se superior e desprezar a outra, ao mesmo tempo também há a construção de estratégias para seus autores encobri-lo.

De acordo com Moreira (2019), o Racismo Recreativo é o "humor" racista que propaga um discurso de inferioridade do negro sob o branco, "*é um tipo de mensagem que comunica desprezo, condescendência por minorias raciais*".[5] É um modo de expressar que negros devem ocupar determinados lugares na sociedade. Para o jurista, há um propósito na perpetuação dessa ideia de propagar expressões racistas como forma de "piada", que seria de afirmar que a pessoa negra está em uma posição de subalternidade. Destaca que

o humor racista é um meio pela qual falsas percepções sobre as qualidades e os lugares que minorias raciais podem ocupar, dentro da sociedade são reproduzidas. É importante perceber que esse processo demonstra o caráter aversivo do racismo recreativo, porque os estereóti-

---

1. Disponível em: https://www.dicio.com.br/humor/. Acesso em: 06 out. 2021.
2. 1994, p. 45.
3. DaMatta, 2001.
4. Vala, 1999 apud Dahia, 2008.
5. MOREIRA, 2019, p. 152.

pos são empregados por pessoas que sempre rechaçam acusações de racismo porque elas mantêm relação cordiais com as minorias raciais.[6]

Ele ilustra a explicação ao pontuar que "o humor não é mero produto de ideias que surgem espontaneamente na cabeça das pessoas. As piadas que elas contam são produtos culturais, são manifestações de sentido cultural que existem em dada sociedade".[7]

Com isso, tem-se que a depreciação de pessoas negras por meio do que denominam piadas é a expressão do modo como uma pessoa negra é vista pela sociedade brasileira; qual status lhe é dado. Ou seja, conforme o autor, trata-se de um discurso que permite que "pessoas brancas possam utilizar o humor para expressar sua hostilidade por minorias raciais e ainda assim afirmar que elas não são racistas".[8]

Em entrevista à Carta Capital (2018), ele destaca que "o conceito de racismo recreativo designa uma política cultural que utiliza o humor para expressar hostilidade em relação a minorias raciais. O humor racista opera como um mecanismo cultural que propaga o racismo, mas que, ao mesmo tempo, permite que as pessoas brancas possam manter uma imagem positiva de si mesmas. Elas conseguem, então, propagar a ideia de que o racismo não tem relevância social".

Se a nomenclatura Racismo Recreativo é recente, a objetificação e sujeição da/o negra/o como alvos de piada, não. A necessidade de estabelecer diferenças entre pessoas brancas e negras após a abolição da escravização no Brasil levou a produção de estratégias para disseminar a inferiorização de negras/os em relação a brancas/os. Nesse contexto, a escravidão no Brasil forjou um tecido social que introjetou e veiculou a ideia de pessoas negras como seres inferiores, comparados a animais e, portanto, não passíveis de remuneração na transição do trabalho escravizado para o remunerado.

A mão de obra de pessoas negras – inquestionada durante os quase 400 anos de escravização oficial – passou a ser desprezada, pois foi a forma encontrada para justificar a imigração e pautar o projeto de miscigenação eugênico da época com a política de vinda de europeus para o Brasil, com a intenção de branquear a população, através dessa miscigenação. Com o branqueamento da nação, pretendia-se atingir uma higienização moral e cultural da sociedade brasileira. Clarear a população para progredir o país passou a ser um projeto de nação defendido no século XIX, mas que avançou pelo século XX. Projeto que envolvia eugenização e a higienização social enquanto políticas públicas".[9]

---

6. Ibidem.
7. Idem, p. 94.
8. Idem, p. 95.
9. GELEDES, 2013.

Essas expressões de racismo ganharam reforços com teses de cunho biológico que atribuíam uma suposta inferioridade genética de não brancos como explicação para a discriminação racial. Apesar de terem sido veementemente descontruídas pela ciência, as estruturas sociais brasileiras vêm perpetuando a ideia de superioridade dos brancos em relação a negros.

Ou seja, a mudança do paradigma social vigente após a abolição da escravização, na qual as pessoas negras tornam-se pessoas livres, deixando a condição de mercadorias, exige a invenção de novas teses para justificar a manutenção da exclusão dos/as negros/as. Fonseca[10] analisa que apenas a partir desse momento as piadas racistas começam a ser utilizadas, pois antes, como objeto, os negros não tinham possibilidades de disputa aos espaços de participação dos círculos de decisão e poder da sociedade. O autor argumenta que:

> a produção e a reprodução das piadas que se ocupam da presença do negro, expressando estereótipos e preconceitos são resultantes do final da escravidão, da difusão das teorias raciais e da doutrina do branqueamento, mas sobretudo dos mecanismos discriminatórios alisadores que foram acionados contra o negro no momento da sua integração na nova ordem competitiva impulsionada pelo mercado de trabalho livre e assalariado...[11]

Historicamente, a convivência do racismo nas práticas jocosas ressalta a necessidade de referendar a construção social estruturada no racismo estrutural e institucional que defende que um ideal de branqueamento, herança de uma construção ideológica advinda dos processos de colonização e escravização de africanos em que a identidade branca foi sobreposta e constituída como norma padrão. Nas palavras de Schucman:

> ...o projeto moderno de colonização que desencadeou a escravidão, o tráfico de africanos para o Novo Mundo, a colonização, as formações e construções de novas nações e nacionalidades em toda a américa e a colonização da África. Portanto, é nestes processos históricos que a branquitude começa a ser constituída como um constructo ideológico de poder, em que os brancos tomam a sua identidade racial como norma padrão e dessa forma outros grupos aparecem ora como margem, ora como desviantes, ora como inferiores.[12]

Enraizado nas estruturas sociais, o racismo estrutural é explicado pelo intelectual contemporâneo Silvio de Almeida, que explicita que o racismo está na estrutura das relações, ou seja, no modo concebido de forma natural nas diversas relações, sejam elas econômicas, jurídicas, políticas e, inclusive, familiares, "não sendo uma patologia social e nem um desarranjo institucional. O racismo é estrutural".[13]

---

10. Fonseca, 1994.
11. Idem, p. 56.
12. SCHUCMAN, 2012, p 17.
13. Almeida, 2010, p. 33.

Para o autor, a ação individual de cada pessoa está orientada pelas instituições, contrapondo o entendimento do racismo como algo individual, ele busca descontruir essa ideia, apresentando fatos que demonstram nos meios de comunicação que o racismo provém de uma estrutura que se apoia no preconceito, na discriminação racial para se manter tal qual está; dando privilégios diversos a pessoas brancas, em detrimento de difamação do que envolve a pessoa negra.

Nesse contexto, a naturalização da depreciação das características das pessoas negras, bem como sua estereotipização, tem sido enraizado pelos meios culturais, tendo inclusive achado vasto campo de propagação com programas de humor em que, quando havia personagens negros, via-se a utilização da imagem dessas pessoas, em seus quadros, como forma de provocar risos, principalmente, por sua aparência física, geralmente, concebida de modo negativo.

Comumente, personagens negras/os apareciam de modo a reforçar a inferioridade moral das pessoas negras: homens associados à malandragem, ao uso abusivo de álcool, ao desemprego, à preguiça e/ou a degeneração dos cuidados com o próprio corpo. As mulheres negras, mostradas de modo sexualizado, espalhafatosas, feias, desatinadas e/ou inadequadas. Entre alguns exemplos, estão: Mussum (Os Trapalhões – Rede Globo), Vera Verão (A Praça é Nossa – SBT), Adelaide (Zorra Total – Rede Globo), Tião Macalé (Os Trapalhões – Rede Globo), Globeleza (Rede Globo), Dona Mandala (Escolinha do Professor Raimundo – Rede Globo), Crioula Difícil (Balança Mas não Cai – Rede Globo), Canarinho (A Praça é Nossa – SBT).

Atualmente, com a influência massiva das mídias digitais (YouTube, Instagram, Facebook, TikTok e outros), onde se criam novas produções de entretenimento, os discursos têm um alcance ainda maior que dos programas de rádio e televisão. Dessa forma, manifestações do racismo recreativo encontram nesses recursos diversas formas de expressão. Há vários exemplos que tiveram repercussão instantânea e nacional, como a que envolveu dois atletas de ginástica olímpica, na qual o atleta branco comparou o atleta negro a um saco de lixo preto.

Para ilustrar como o racismo recreativo encontra formas ágeis de reproduzir a lógica racista nas plataformas digitais em meios públicos, aqui será utilizada uma solicitação de atuação do Núcleo de Assessoria Técnica Psicossocial – NAT/MPSP – em um Inquérito Civil, que teve como objeto a "apuração da divulgação de vídeos em que os cabelos crespos de modelos infantis afrodescendentes são retratados de forma depreciativa". Tem-se no Inquérito Civil uma das formas do racismo recreativo, expressão do racismo estrutural e de que modo o Ministério Público pôde atuar para a desconstrução dessa prática racista.

Inicialmente, o promotor de justiça solicitou a retirada do conteúdo dos vídeos das redes sociais, pois avaliou que isso seria suficiente para a cessação da ideia reproduzida pelos vídeos, os quais continham conteúdos de cunho racista, uma vez que mostravam crianças e adolescentes alisando o cabelo como forma de se tornarem bonitas, haja vista que o cabelo natural delas estava sendo caracterizado nas imagens como "cabelo ruim, cabelo feio, cabelo duro", entre outros. Entretanto, as imagens mostravam que os diálogos eram produzidos entremeados por risadas, como se a referência ao cabelo "ruim, duro ou difícil" e as consequências de portar esse cabelo fosse algo humorístico.

Utilizando concepção de Sandra Dahia (2008) de que o humor/riso é um recurso construído historicamente para intermediar as práticas racistas no Brasil, na situação analisada nos vídeos, para não ser identificado e nem se reconhecer como racista, o produtor/operador utiliza o humor como linguagem para transpor o limite da transgressão racial e ser tolerado pela sociedade. Ainda nessa relação entre comédia/humor e práticas racistas, a autora aponta que "o discurso jocoso parece ser uma das possibilidades peculiares ao brasileiro de resolver conflitos identitário na vivência de suas relações raciais".[14]

A linguagem do humor possibilita esses recursos, tanto que as plataformas digitais envolvidas nessa ação do MPSP negaram estar veiculando conteúdo de cunho racista. Isso reforça a quão naturalizada e risível é a depreciação das características negras. Nesse embate, quando se explicita esse tipo de racismo, comumente, é pontuado como "exagero", "mi mi mi" e "falta de senso de humor" de quem é ofendida/o e até como liberdade de expressão de quem ofende.

As diferentes interpretações no âmbito jurídico são reflexos das contradições inerentes à operação do Direito em matérias relacionadas ao humor. Pois, como uma forma de expressão artística, o humor pressupõe a liberdade de expressão como um dos constituintes dessa manifestação, no entanto, Rothenburg[15] indica que é um campo permeado por ambiguidades e é necessário considerar que "a inferiorização e a ofensa testam os limites da liberdade de expressão em uma sociedade democrática e multicultural."

O jurista explicita que o humor é alvo do Direito e por sua natureza subversiva e contestatória aos padrões da sociedade "deve gozar de uma franquia[16] maior",[17] apontando que a proteção as expressões humorísticas devem ser mais amplas, como as que também se aplicam à publicidade – comercial e eleitoral – e à liberdade religiosa, já que "aponta justamente para a presumida licitude dessa modalidade de manifestação do pensamento."[18]

---

14. DAHIA, 2008, p. 697-698.
15. Rothenburg, 2020, p. 177.
16. O autor utiliza franquia para indicar os limites do direito de manifestação do pensamento.
17. Rothenburg, p. 180.
18. Idem, p. 182.

Um dos argumentos indicados pelo autor refere-se que, apesar do Direito utilizar a lógica da coerção e controle em diversas das suas práticas, o alargamento dos limites de expressão destaca-se em determinadas pois faz-se necessário o entendimento que "ao campo das liberdades comunicacionais, isso é particularmente relevante, pois as pessoas não podem ver seu direito de expressão condicionado por alguma finalidade determinada, como um propósito moral."[19]

Apesar da relevância na garantia da liberdade de expressão, em alguns casos o humorista ultrapassa as bordas das possibilidades de livre manifestação ao expressar-se de forma agressiva, violenta a outros direitos fundamentais também protegidos. Como a definição do que é humor é uma tarefa árdua que envolve concepções subjetivas sobre o conteúdo e modos de sua expressão, quando ocorre uma ofensa que a priori é presumida como humorística, é fundamental que a perspectiva da vítima da "piada" seja considerada e não apenas a do humorista.[20]

Tais elementos ressaltam as peculiaridades envolvidas quando se trata do humor ofensivo às diferenças raciais, na qual o humorista, geralmente, representa a classe hegemônica e se afirma através do riso de quem é considerado inferior; mesmo assim a apuração objetiva do racismo praticado através do discurso do humor não tem sido uma tarefa simples ao longo da história. Muitas vezes as microagressões utilizadas não são percebidas como racismo, e contribuem para a manutenção das interações racista e tornam difíceis a efetiva culpabilização e responsabilização dos autores de ações racista.

Nesse sentido e também ao se considerar que a abertura de procedimentos judiciais e/ou a condenação de práticas de "humor" racista são situações que dificilmente acontecem,[21] a ação impetrada pelo MPSP, através do promotor de justiça Reynaldo Mapelli Júnior, tem relevância para contribuir com o rompimento desse paradigma e construir o entendimento de que o humor e racismo são coisas diferentes. Nesse sentido, observa-se que a ação jurídica pode ter efeitos significativos no enfrentamento às práticas racistas. A referida ação, em primeira instância, deferiu a solicitação da retirada de todos os vídeos indicados no processo, bem como a inclusão de mensagem informando que a retirada ocorreu por se tratar de conteúdo de cunho racista.

2. RESISTÊNCIAS E ENFRENTAMENTO

Nesse artigo, pode-se perceber a potência que a linguagem do humor possui para contornar limites estabelecidos, de forma a possibilitar o velamento e

---

19. Idem p. 183.
20. Ibidem.
21. Dahia, 2008; Correa Filho, 2008.

a aceitação social de discursos preconceituosos. Apesar disso, também deve-se considerar que o riso também é libertador e permite modos de enfrentamento aos determinantes do racismo, assim "o discurso da piada não pode ser visto unilateralmente apenas como portador de mensagens que difundem a existência da exclusão, mas também como veículo da resistência e da superação".[22]

Uma das formas que alguns coletivos do movimento negro, como o Grupo Getto,[23] tem utilizado é a mudança do significado do termo "humor negro", tradicionalmente considerado como humor associado a fatos trágicos, com muita acidez e ironias; esses coletivos buscam associar humor negro ao "humor do negro" como forma de fortalecer o enfrentamento ao racismo. Outro grupo de humoristas negros, Coisa de Preto,[24] também encampa o enfrentamento do racismo recreativo através da ocupação de espaços, antes destinados aos brancos, desmistificando estereótipos com piadas de identificação para o público negro.

Ou seja, o humor também pode ser utilizado como forma de revelar e enfrentar as formas de racismo presentes na sociedade e dar visibilidade à riqueza cultural afro-brasileira.

3. CONSIDERAÇÕES FINAIS

O Ministério Público é uma instituição que, dentre outros, tem o dever constitucional de combater o racismo e a injúria racial. Desse modo, é fundamental que esse combate seja realizado de modo a contribuir com mudanças na estrutura social, em que, por exemplo, a utilização da estética de pessoas negras como vasto campo para criação e reprodução de piadas racistas seja rechaçada e não naturalizada e legitimada como ainda ocorre, muitas vezes chanceladas pelo próprio sistema de justiça quando julga improcedente ações representadas por pessoas que sofreram racismo recreativo, baseada em um entendimento jocoso do autor em relação à vítima.

Atualmente, as mídias sociais são produtoras de vasto material, em diversas formas – publicidade, jornalístico, entretenimento, religioso, jurídico entre tantos – e apesar do avanço da regulação legal da internet, através da Lei 12.965/14, ainda se difundem com rapidez diversos conteúdos racistas, cuja fiscalização ainda requer maior alcance.

22. Fonseca, 1994, p. 58.
23. Disponível em: https://www.trt4.jus.br/portais/trt4/modulos/noticias/278106. Acesso em: 08 out. 2021.
24. Disponível em: https://www.correiobrasiliense.com.br/app/noticia/diversao-e-arte/2020/03/01/interna_diversao_arte,831082/projeto-coisa-de-preto-reune-humoristas-negros-desmistificando-estereo.shtml. Acesso em: 08 out. 2021.

A perspectiva de uma sociedade antirracista deve ser construída em todo o momento e em todos os lugares, para que os exemplos apresentados nesse artigo, fiquem no passado e que seu registro seja apenas para recordar tipos de relações violentas e de desigualdade que não podem ser reproduzidas impunemente.

Ao debater a questão da diferença estética como fonte de racismo na sociedade, de inferiorização de pessoas negras e, portanto, possível alvo do racismo recreativo, Gomes (2020) aponta que o distanciamento social entre brancos e negros é consequência de uma construção política, cultural e social.

Mas o enfrentamento às diversas formas de racismo também se alimenta a partir das mesmas fontes nas quais as diferenças são produzidas. Pois, na tentativa de inferiorização e ridicularização da estética negra a beleza negra é valorizada e "essa mesma sociedade reconhece-os como negros, uma vez que, para se rejeitar, é preciso antes reconhecer."[25] E assim, com os movimentos que reclamam por representatividade e reconhecimento da população negra, novas formas de humor serão produzidas para apresentar as possibilidades de uma sociedade que repudia veementemente a desigualdade e o racismo.

4. REFERÊNCIAS

ALMEIDA, Silvio Luiz de. *Racismo estrutural.* São Paulo: Sueli Carneiro; Pólen, 2019. (Feminismos Plurais/Coordenação Djamila Ribeiro).

CORREA Filho, C. Humor, racismo e julgamento: ou sobre como se processa a ideia de racismo no judiciário brasileiro. *THEMIS – Revista da Escola Superior da Magistratura do Estado do Ceará.* v. 06, n. 2, p. 275-314. Fortaleza, 2008. Disponível em: http://revistathemis.tjce.jus.br/index. php/THEMIS/article/view/205. Acesso em: 04 out. 2021.

DAHIA, S. L. M. A mediação do riso na expressão e consolidação do racismo no Brasil. *Sociedade e Estado*, v. 23, p. 697-720, Brasília, set./dez. 2008. Disponível em: https://www.scielo.br/j/se/a/4 K46WkfCfTVQ8x9Fx6K3Cmn/?lang=pt&format=pdf. Acesso em: 30 set. 2021.

DaMATTA, Roberto. *O que faz o brasil, Brasil?* Rio de Janeiro: Rocco, 2001.

FONSECA, D. J. *A piada*: discurso sutil de exclusão, um estudo do risível no "racismo à brasileira". 1994. Dissertação (Mestrado em Ciências Sociais), 298 p. Pontifícia Universidade Católica, São Paulo. Disponível em: https://repositorio.pucsp.br/jspui/handle/handle/3953. Acesso em: 1º out. 2021.

GELEDÉS. Disponível em: https://www.geledes.org.br/embranquecimento-e-colorismo-estrategias-historicas-einstitucionais-do-racismo-brasileiro/. Acesso em: 04 out. 2021.

GOMES, N. L. *Sem perder a raiz*: corpo de cabelo como símbolos da identidade negra. Editora Autentica. Coleção Cultura Negra e Identidades. Belo Horizonte. MG. 2020.

MINISTÉRIO PÚBLICO DO ESTADO DE SÃO PAULO – MPSP – Inquérito Civil – IC 129/20.

---

25. Idem, p. 143.

MOREIRA, Adilson. Racismo Recreativo. São Paulo. Editora Jandaíra, 2020. (Feminismos Plurais/ Coordenação Djamila Ribeiro). _____ Disponível em https://www.cartacapital. com.br/justica/adilson-moreira-o-humor-racista-e-um-tipo-de-discurso-de-odio/. Acesso em: 29 set. 2021.

ROTHENBURG, W.C. O humor e seus limites jurídicos. *Faces da História*. Assis/SP, v. 7, n. 2, p. 176-194, jul./dez 2020. Disponível em: https://seer.assis.unesp.br/index.php/facesdahistoria/article/view/1768/1505. Acesso em: 05 out. 2021

SCHUCMAN, L. V. *Entre o "encardido", o "branco" e o "branquíssimo"*: Raça, hierarquia e poder na construção da branquitude paulistana. Teses Doutorado. Instituto de Psicologia. Universidade de São Paulo. 2012.

RACISMO RELIGIOSO: INICIAÇÃO DE CRIANÇAS E ADOLESCENTES NAS RELIGIÕES AFRO-BRASILEIRAS

Milene Cristina Santos

Doutora em Direito do Estado pela Universidade de São Paulo (USP). Mestre em Direito, Estado e Constituição pela Universidade de Brasília (UnB). Pós-graduada em Direitos Fundamentais pela Universidade de Coimbra em parceria com o Instituto Brasileiro de Ciências Criminais (IBCCRIM). Graduada em Direito pela Universidade de São Paulo (USP). Analista jurídica no Grupo de Atuação Especial de Educação (GEDUC) do Ministério Público do Estado de São Paulo.

Carlos César Silva Sousa Júnior

Especialista em Direito Penal pela Escola Superior do Ministério Público do Estado de São Paulo (ESMP). Especialista em Direito do Estado pela Universidade Católica do Salvador (UCSAL). Bacharel em Direito pelo Centro Universitário Jorge Amado (UNIJORGE). Analista jurídico na Procuradoria de Justiça Criminal do Ministério Público do Estado de São Paulo.

Sumário: 1. Introdução – 2. Aspectos da liberdade religiosa e do combate à discriminação racial e religiosa nas ordens jurídicas interna e internacional – 3. Iniciação de crianças e adolescentes em religiões afro-brasileiras: as colonialidades e eurocentrismos na interpretação jurídica da escarificação – 4. Racismo estrutural e sistema de justiça criminal – 5. Considerações finais – 6. Referências.

1. INTRODUÇÃO

Como mencionado em trabalhos anteriores,[1] a intolerância religiosa sempre foi uma preocupação clássica e paradigmática na conformação das democracias constitucionais, cujas controvérsias moldaram a compreensão ocidental dos direitos fundamentais.

É de conhecimento público e notório que, consoante dados governamentais oriundos da Ouvidoria Nacional dos Direitos Humanos – Disque 100, bem como de incontáveis pesquisas empíricas no campo das ciências sociais, as religiões

---

1. Cf. SANTOS, Milene Cristina. *Intolerância religiosa*: do proselitismo ao discurso de ódio. Belo Horizonte: D'Plácido, 2017 e SANTOS, Milene Cristina. Dimensões discursivas do racismo religioso brasileiro, Aisthesis: *Revista Chilena de Investigações Estéticas, Santiago* – Chile (Disponível no sítio eletrônico http://revistaaisthesis.uc.cl/index.php/rait. Acesso em: março de 2023).

de matrizes africanas[2] são as maiores vítimas de intolerância religiosa/racismo religioso. O Ministério de Direitos Humanos, por meio do Relatório sobre Intolerância e Violência Religiosa no Brasil (RIVIR), apontou a escalada da intolerância religiosa entre os anos de 2011 e de 2015, ao mesmo tempo em que pesquisas empíricas indicavam incremento em diversas práticas de crimes com motivação religiosa, sem que as autoridades do sistema de justiça assim os identificassem – depredações, pichações, ameaças, apedrejamentos e invasões de terreiros de candomblé e de umbanda tornaram-se frequentes. Defensores de direitos humanos mencionam, até mesmo, crimes contra a humanidade, de homicídio, de tortura e de terrorismo cometidos contra pessoas adeptas das religiões afro-brasileiras, nos quais a motivação da intolerância e do racismo religioso muitas vezes escapa à compreensão do sistema de justiça.[3]

As práticas de intolerância e racismo contra as religiões de matrizes africanas fundamentam-se na demonização secular de suas crenças, práticas, saberes, corporalidades e existências, desde a colonização como evento histórico até a perenidade das lógicas colonizadoras a partir da modernidade (colonialidades). Desde o encontro do colonizador com os povos africanos foi-se formando o falso pressuposto da superioridade branca e europeia, em todos os aspectos da existência humana: intelectual, moral, religioso, cultural, estético. Dentre o imenso cabedal de privilégios que pessoas brancas possuem no bojo de uma sociedade estruturalmente racista (branquitude), inclui-se o respeito às práticas religiosas de origem branca, cristã e ocidental. Tais privilégios, refletidos e reproduzidos nas instituições e nos espaços de poder, acarreta práticas de racismo religioso.

Recentemente, um caso de suposta prática de racismo religioso institucional foi objeto de atenção midiática: uma mãe foi denunciada pelo Ministério Público como incursa nas penas do crime de lesão corporal em contexto de violência doméstica e familiar contra a mulher por levar sua filha para ser iniciada no

---

2. As religiões de matrizes africanas, ou religiões afro-brasileiras, formaram-se durante o contexto da diáspora e da escravização de milhares de africanos que, sequestrados de suas terras, trouxeram suas tradições, suas relações com a vida e com a morte, em síntese, seus modos de ver, pensar, sentir e existir no mundo, e resistiram às tentativas de assimilação e aculturamento da colonização por meio da conversão religiosa forçada, traçando paralelismos e sincretismos entre as tradições de vários povos e regiões africanas com crenças e práticas católicas, indígenas e espíritas. Formaram-se, assim, o candomblé da Bahia, Rio de Janeiro e São Paulo, o Xangô de Pernambuco, o Tambor-de-Mina do Maranhão, o Batuque do Rio Grande do Sul e as várias modalidades de Umbanda, mais ou menos próximas do Candomblé, do Xamanismo, do Catolicismo e do Espiritismo Kardecista. Cf. CAPUTO, Stela Guedes. *Educação nos terreiros*, p. 40-42; e SILVA, Vagner Gonçalves da. *Candomblé e Umbanda*: caminhos da devoção brasileira.
3. Como ressalta Sidnei Nogueira: "A expressão 'intolerância religiosa' têm sido utilizada para descrever um conjunto de ideologias e atitudes ofensivas a crenças, rituais e práticas religiosas consideradas não hegemônicas. Práticas estas que, somadas à falta de habilidade ou à vontade em reconhecer e respeitar diferentes crenças de terceiros, podem ser consideradas crimes de ódio que ferem a liberdade e a dignidade humanas". *Intolerância religiosa*, p. 39.

candomblé – art. 129, § 9º (lesão corporal em contexto de violência doméstica e familiar contra a mulher) c.c. art. 61, inciso II, alínea "h" (contra a criança) e art. 13, § 2º, alíneas "a" e "c" do Código Penal. Sem qualquer pretensão de analisar as circunstâncias do caso concreto, cujo processo tramitou em segredo de justiça, a questão jurídico-constitucional que se apresenta é: a criminalização da escarificação de crianças e adolescentes como lesão corporal, no contexto da iniciação às religiões afro-brasileiras, está em conformidade com as normas jurídicas de direitos humanos às quais se submete a República Federativa do Brasil na ordem interna e internacional?

Mais uma vez, sem oferecer respostas contundentes ou pretensamente únicas e corretas, mas com o intuito de compartilhar reflexões e levantar questionamentos em torno de tal problema social e jurídico, apresentaremos brevemente: (i) as normas constitucionais, internacionais e legais que circundam a iniciação de crianças e adolescentes em religiões de matrizes africanas, bem como nossa interpretação sobre a solução constitucional e legal mais adequada para casos concretos semelhantes; (ii) apontamentos interdisciplinares sobre os múltiplos rituais e significados socioantropológicos da escarificação de crianças e adolescentes durante os mencionados rituais de iniciação; (iii) considerações acerca do racismo religioso estrutural e institucional e a relação conflitiva entre o sistema de justiça e as religiões afro-brasileiras.

2. ASPECTOS DA LIBERDADE RELIGIOSA E DO COMBATE À DISCRIMINAÇÃO RACIAL E RELIGIOSA NAS ORDENS JURÍDICAS INTERNA E INTERNACIONAL

A Constituição da República Federativa do Brasil, de 1988, erigiu a dignidade da pessoa humana como um dos seus fundamentos (artigo 1º, III), e apontou como objetivo fundamental a construção de uma sociedade livre, justa e solidária (artigo 3º, I), comprometendo-se com a garantia de direitos iguais para todos, sendo inviolável o direito à liberdade dos brasileiros e estrangeiros residentes no país (artigo 5º, *caput*), a liberdade de consciência e de crença, bem como o livre exercício dos cultos religiosos (artigo 5º, VI, VII e VIII). Ademais, para além de assegurar a liberdade de religião como garantia fundamental (artigo 5º, VI, VII e VII), a Constituição veda ao Estado sua subvenção ou embaraço de suas atividades (artigo 19, I), constituindo crime inafiançável e imprescritível a prática do racismo.[4]

---

4. Constituição Federal: Art. 1º A República Federativa do Brasil, formada pela união indissolúvel dos Estados e Municípios e do Distrito Federal, constitui-se em Estado Democrático de Direito e tem como fundamentos: III – a dignidade da pessoa humana; Art. 3º Constituem objetivos fundamentais da República Federativa do Brasil: I – construir uma sociedade livre, justa e solidária; Art. 5º Todos são iguais perante a lei, sem distinção de qualquer natureza, garantindo-se aos brasileiros e aos estrangeiros residentes no País a inviolabilidade do direito à vida, à liberdade, à igualdade, à segurança e à proprie-

Ainda segundo a Constituição brasileira, por força dos parágrafos 1º, 2º e 3º, do artigo 5º, os direitos fundamentais possuem aplicação imediata, complementando-se com documentos internacionais dos quais o Brasil seja parte, sendo os tratados e convenções aprovados com quórum qualificado equivalentes a emendas constitucionais.[5] Assim, os direitos humanos ratificados pelo Brasil são também constitucionalmente protegidos contra atos atentatórios às suas disposições, neles incluída a liberdade religiosa.

Há uma miríade de documentos e tratados internacionais sobre o tema, formando um verdadeiro sistema internacional de combate ao racismo, dentre os quais destacamos: (i) a Declaração Universal de Direitos Humanos (1948); (ii) a Convenção Relativa à Luta contra a Discriminação no Campo do Ensino (1960); (iii) a Convenção Internacional sobre a Eliminação de Todas as Formas de Discriminação Racial (1966); (iv) o Pacto Internacional dos Direitos Civis e Políticos (1966); (v) o Pacto Internacional dos Direitos Econômicos, Sociais e Culturais (1966); (vi) a Convenção Interamericana de Direitos Humanos (1969); (vii) a Convenção Internacional sobre os Direitos das Crianças (1989); (viii) a Declaração e Programa de Ação de Durban, adotados na III Conferência Mundial de Combate ao Racismo, Discriminação Racial, Xenofobia e Intolerância Correlata, realizada em Durban, África do Sul (2001); (ix) a Convenção sobre a Proteção e Promoção da Diversidade das Expressões Culturais (2006); (x) a Convenção Interamericana contra o Racismo, a Discriminação Racial e Formas Correlatas de Intolerâncias (2013); e (xi) a Convenção Interamericana contra toda a Forma de Discriminação e Intolerância (2013).

A Declaração Universal dos Direitos Humanos, nos idos de 1948, já estabelecia em seu artigo 18 que "todo o homem tem direito à liberdade de pensamento, consciência e religião; este direito inclui a liberdade de mudar de religião ou crença e a liberdade de manifestar essa religião ou crença, pelo ensino, pela prática, pelo culto e pela observância, isolada ou coletivamente, em público ou em particular". Enquanto o Pacto Internacional dos Direito Civis e Políticos de

---

dade, nos termos seguintes: VI – é inviolável a liberdade de consciência e de crença, sendo assegurado o livre exercício dos cultos religiosos e garantida, na forma da lei, a proteção aos locais de culto e a suas liturgias; VII – é assegurada, nos termos da lei, a prestação de assistência religiosa nas entidades civis e militares de internação coletiva; VIII – ninguém será privado de direitos por motivo de crença religiosa ou de convicção filosófica ou política, salvo se as invocar para eximir-se de obrigação legal a todos imposta e recusar-se a cumprir prestação alternativa, fixada em lei; XLII – a prática do racismo constitui crime inafiançável e imprescritível, sujeito à pena de reclusão, nos termos da lei.

5. Artigo 5º (...): § 1º As normas definidoras dos direitos e garantias fundamentais têm aplicação imediata. § 2º Os direitos e garantias expressos nesta Constituição não excluem outros decorrentes do regime e dos princípios por ela adotados, ou dos tratados internacionais em que a República Federativa do Brasil seja parte. § 3º Os tratados e convenções internacionais sobre direitos humanos que forem aprovados, em cada Casa do Congresso Nacional, em dois turnos, por três quintos dos votos dos respectivos membros, serão equivalentes às emendas constitucionais.

1966 estabelece no artigo 26 que "todas as pessoas são iguais perante a lei e têm direito, sem discriminação alguma, a igual proteção da Lei. A este respeito, a lei deverá proibir qualquer forma de discriminação e garantir a todas as pessoas proteção igual e eficaz contra qualquer discriminação por motivo de raça, cor, sexo, língua, religião, opinião política ou de outra natureza, origem nacional ou social, situação econômica, nascimento ou qualquer outra situação". Por sua vez, a Convenção Internacional sobre os Direitos das Crianças, de 1989, prevê em seu artigo 30 que "nos Estados Partes onde existam minorias étnicas, religiosas ou linguísticas, ou pessoas de origem indígena, não será negado a uma criança que pertença a tais minorias ou que seja indígena o direito de, em comunidade com os demais membros de seu grupo, ter sua própria cultura, professar e praticar sua própria religião ou utilizar seu próprio idioma".

Além disso, a Organização das Nações Unidas proclamou a Década Internacional de Afrodescendentes, para o período de 2015 a 2024, com o fim de debater e enfrentar os temas de reconhecimento, justiça e desenvolvimento, constituindo um compromisso político dos Estados-membros na luta contra o racismo, a discriminação racial, a xenofobia e as intolerâncias correlatas.

No plano interno, o Brasil editou leis para concretizar as disposições constitucionais e convencionais, tais como: (i) a Lei 10.639/2003, alterada pela Lei 11.645/2008, que dispõe sobre o ensino da História e Cultura Afro-Brasileira e Indígena; (ii) a Lei 12.288/2010, que estabelece o Estatuto da Igualdade Racial; (iii) a Lei 7.716/1998, que define os crimes de preconceito de raça ou de cor; (iv) a Lei 12.711/2012, que prevê a obrigatoriedade da adoção de cotas raciais nas universidades e instituições de ensino técnico; e (v) a Lei 12.990/2014, que institui a obrigatoriedade da reserva de cotas raciais em concursos públicos. Por sua vez, o Estado de São Paulo aprovou as seguintes normas: (i) a Lei Estadual 17.157/2019, que define penalidades administrativas por atos de discriminação religiosa; e (ii) Lei Estadual 17.346/2021, que institui a Lei Estadual de liberdade religiosa.

Nessa senda, o Estado brasileiro demonstra a predisposição em cumprir as normas internacionais e definiu fundamentos republicanos, além de direitos e garantias contra a prática do racismo, englobando o chamado racismo religioso, notadamente a intolerância religiosa quando da iniciação de crianças e adolescentes em religiões de matrizes africanas. Com efeito, o Estado não pode interferir nas liturgias e funcionamento das atividades religiosas, devendo abster-se de embaraçar-lhes o funcionamento, sendo a iniciação de menores de idade decorrente do livre exercício do culto religioso.

Conforme estabelece a Lei 8.069/1990 (Estatuto da Criança e do Adolescente), em seu artigo 22, parágrafo único, os genitores têm o direito de educar seus filhos de acordo com suas convicções religiosas, "devendo ser resguardado o direito de transmissão familiar de suas crenças e culturas". No caso das religiões de matrizes africanas, é notório se tratar de transmissão não só das crenças, mas de toda a cultura de um povo, removido forçadamente de sua terra natal para um continente distante e desconhecido.

A limitação do direito à liberdade religiosa somente pode ser restringida de forma excepcional, quando houver colisão com outro valor constitucional da mesma ou superior relevância. Tanto é assim, que é largamente aceito na sociedade a circuncisão realizada por judeus em menores de idade, batismo de crianças mergulhadas em água ou o oferecimento de vinho para menores em liturgias católicas, temas que nem sequer são matérias de questionamentos sociais ou jurídicos.

Ademais, o Estatuto da Igualdade Racial dispõe expressamente sobre a inviolabilidade da liberdade de consciência e de crença e assegura o livre exercício dos cultos religiosos de matriz africana[6] nelas incluídas, por óbvio, os ritos de iniciação.

Sobre o delito previsto no artigo 129, *caput*, do Código Penal,[7] que criminaliza a lesão corporal, não pode ser interpretado apartado das disposições constitucionais e convencionais acerca da liberdade religiosa. A interpretação da lei deve seguir as diretrizes dos direitos e garantias fundamentais, jamais o contrário. Cumpre salientar, ainda, que as lesões corporais de natureza leve dependem de representação para a persecução penal, nos termos do artigo 88, da Lei 9.9099/1995,[8] e no caso de menores o ato é exercido pelos pais, na forma dos artigos 33 e 34, ambos do Código Penal.[9]

Para além disso, as crianças e adolescentes sempre devem ser ouvidas a respeito de sua vontade, o que pode evitar a chaga deletéria de se responder a um processo criminal pelo simples ato de transmissão de crenças, religiosas e culturais, dos pais aos seus filhos.

Da análise do ordenamento jurídico, o que se nota é que o Brasil possui todo aparato legal para o combate ao racismo, notadamente o voltado à prática

---

6. Art. 23. É inviolável a liberdade de consciência e de crença, sendo assegurado o livre exercício dos cultos religiosos e garantida, na forma da lei, a proteção aos locais de culto e a suas liturgias. Art. 24. O direito à liberdade de consciência e de crença e ao livre exercício dos cultos religiosos de matriz africana compreende: I – a prática de cultos, a celebração de reuniões relacionadas à religiosidade e a fundação e manutenção, por iniciativa privada, de lugares reservados para tais fins; II – a celebração de festividades e cerimônias de acordo com preceitos das respectivas religiões;

7. Art. 129. Ofender a integridade corporal ou a saúde de outrem.

8. Art. 88. Além das hipóteses do Código Penal e da legislação especial, dependerá de representação a ação penal relativa aos crimes de lesões corporais leves e lesões culposas.

9. Art. 33. Se o ofendido for menor de 18 anos, ou mentalmente enfermo, ou retardado mental, e não tiver representante legal, ou colidirem os interesses deste com os daquele, o direito de queixa poderá ser exercido por curador especial, nomeado, de ofício ou a requerimento do Ministério Público, pelo juiz competente para o processo penal. Art. 34. Se o ofendido for menor de 21 e maior de 18 anos, o direito de queixa poderá ser exercido por ele ou por seu representante legal.

de intolerância religiosa, incluída em tal proteção constitucional e internacional em direitos humanos a impossibilidade da criminalização da conduta de iniciação de crianças e adolescentes mediante o procedimento de escarificação, não dependendo de regulamentação ou edição de lei, bastando a aplicação das disposições já existentes a partir das normas constitucionais e convencionais. Portanto, o único fundamento para a criminalização da conduta de iniciação de menores em religiões de matrizes africanas, com realização da chamara escarificação, é a odiosa intolerância religiosa, manifestada a partir do racismo religioso institucional brasileiro.

3. INICIAÇÃO DE CRIANÇAS E ADOLESCENTES EM RELIGIÕES AFRO-BRASILEIRAS: AS COLONIALIDADES E EUROCENTRISMOS NA INTERPRETAÇÃO JURÍDICA DA ESCARIFICAÇÃO

Os significados socioantropológicos impregnados nos rituais e práticas religiosas afro-brasileiras geralmente escapam ao universo jurídico eurocêntrico, pouco familiarizado com formações acadêmicas e práticas profissionais interdisciplinares. A insistência em universalizar os saberes de sociedades majoritariamente brancas, cristãs, europeias ou norte-americanas, em detrimento de epistemologias africanas, afro-brasileiras e indígenas, impedem que outras cosmovisões e epistemologias sejam vislumbradas e sentidas no sistema de justiça, e perpetua imaginários colonizadores nos saberes e práticas jurídicas, manifestando as colonialidades do ser, do saber, do poder e do gênero.

Nesse cenário, as comunidades tradicionais de terreiro emergem como espaços contra-hegemônicos, nos quais foram preservados, com intensa luta e resistência, saberes e práticas culturais africanas e afro-brasileiras. Como espaços quilombolas de resistência e reexistência, os terreiros conectam africanos e afro-brasileiros desterritorializados, por meio da escravização, com a África, atravessando os mares do Atlântico Negro por meio de seus rituais. As perseguições às comunidades tradicionais de terreiro configuram, no mínimo, práticas de racismo epistêmico/epistemicídio/genocídio cultural, nas quais mais uma vez a racionalidade branca colonizadora tenta aniquilar a memória africana na diáspora. O racismo religioso constitui, portanto, manifestação do racismo genocida, físico e/ou epistêmico, que procura erradicar formas de ser e de estar no mundo que não correspondam aos ideais cristãos e ocidentais.

> O racismo evidencia igualmente como as agressões não se circunscrevem a um caráter puramente religioso, mas a uma dinâmica civilizatória repleta de valores, saberes, filosofias, sistemas cosmológicos, em suma, modos de viver e existir negro-africano amalgamados nas CTTro [Comunidades Tradicionais de Terreiro]. (...) O racismo religioso condena a origem, a existência, a relação entre uma crença e uma origem preta. O racismo não incide somente sobre pretos e pretas praticantes dessas religiões, mas sobre as origens da religião, sobre as práticas,

sobre as crenças e sobre os rituais. Trata-se da alteridade condenada à não existência. Uma vez fora dos padrões hegemônicos, um conjunto de práticas culturais, valores civilizatórios e crenças não pode existir; ou pode, desde que a ideia de oposição semântica a uma cultura eleita como padrão, regular e normal seja reiteradamente fortalecida.[10]

Nas epistemologias e pedagogias pretas das encruzilhadas, o sagrado está em todos os seres humanos, vistos como passíveis de erros e de acertos, igualmente capazes de ensino e aprendizagem de saberes e práticas ancestrais, independentemente da idade, do gênero ou da orientação sexual: "A encruzilhada é sagrada, o corpo é sagrado, a criança é sagrada, o velho é sagrado, o erro é tão sagrado quanto o acerto, a morte é sempre simbólica e é igualmente sagrada".[11]

Embora o candomblé seja uma religião do segredo, cujos saberes são adquiridos e conquistados com o acúmulo dos anos de iniciação nas roças ou terreiros, há relatos jornalísticos e socioantropológicos de crianças e adolescentes iniciadas que ocupam cargos importantes em suas respectivas comunidades. Prefaciando a obra pioneira de Stela Caputo sobre a presença de crianças e adolescentes no candomblé, Nilma Lino Gomes[12] acentua o fato de os terreiros serem espaços educativos, de circulação de saberes, conhecimentos e memórias, bem como de formação de identidades, pertencimentos e laços de parentesco que transcendem os laços biológicos:

> No candomblé, as hierarquias de idade são invertidas de acordo com o tempo de feitura do santo. As responsabilidades são múltiplas e variadas. É possível ser uma criança na idade e um adulto no santo. Nesse caso, os lugares de poder e a hierarquia são outros. Trata-se de uma outra lógica, muito diferente do adultocentrismo que impera em nossa sociedade e, sobretudo, na escola.

As crianças podem ser iniciadas nas religiões afro-brasileiras tanto quanto os adultos, passando a desempenhar funções e ocupar cargos hierárquicos relevantes e, após longo aprendizado, podem ser preparadas para receber os Orixás.[13] Tal como para os adultos, todos os rituais da iniciação simbolizam a morte do profano e o renascimento para o sagrado e para a nova família-de-santo no Candomblé. Principia-se com o jogo de búzios, efetuado três vezes antes do recolhimento, a fim de determinar sua futura função, as necessidades de alimentação do seu Orí,[14]

10. NOGUEIRA, Sidnei. *Intolerância religiosa*, p. 88-89.
11. NOGUEIRA, Sidnei. *Intolerância religiosa*, p. 133.
12. Prefácio. In: CAPUTO, Stela Guedes. *Educação nos terreiros*, p. 20 e ss.
13. Deuses africanos – na língua iorubá, de matriz nagô-ketu, e Nkisis/Inquices, na língua quimbundo, de matriz congo-angola. Há muitos debates acerca da natureza dos orixás, se seriam forças da natureza divinizadas, espíritos que viveram sobre a Terra e se ancestralizaram após a morte, entre outras. Convidamos ao aprofundamento do debate nas referências bibliográficas indicadas ao final.
14. Orí significa cabeça, as forças dos Orixás que regem e são capazes de equilibrar o consulente/iniciado. "Segundo as sabedorias versadas nos terreiros, Bara é o elemento individual corporificado que, junto ao Ori, individualiza o ser – Bara, o corpo, e Ori, a cabeça, integrados, marcam as individualidades

se haverá raspagem ou não de sua cabeça, quais sacrifícios de animais devem ser realizados e a quais proibições de comida, cores de roupa e hábitos (*quizilas* na tradição angolana) estão submetidas. As crianças e adolescentes, tais como os adultos, devem ser recolhidas no roncó (quartos privados, de acesso restrito, nos quais são efetuados os rituais de iniciação), alimentarem-se das comidas-de-santo, realizarem a raspagem da cabeça nos locais indicados nos jogos de búzios, participarem da lavagem de suas contas, receberem as purificações dos sacrifícios de animais e dos banhos de ervas sagradas, firmarem seus assentamentos, enfim, renascerem para seus Orixás.[15]

> As crianças estão misturadas aos adultos nos terreiros. Devem, sim, muito respeito aos mais velhos, mas são igualmente respeitadas por eles. No terreiro, é o tempo que a pessoa tem de iniciado que conta. A antiguidade iniciática é superior à idade civil. Por exemplo, se um adulto chega ao terreiro para começar a aprender a religião, uma criança já iniciada pode perfeitamente ser responsável por lhe passar os ensinamentos. No terreiro de Mãe Palmira [objeto de análise jornalística e socioantropológica de Stela Caputo] uma criança toma a benção a alguém mais velho da mesma forma que um adulto toma a benção à criança.[16].

Como há décadas alertava Roger Bastide,[17] é imprescindível compreender que o candomblé, tal como as demais religiões de matrizes africanas, manifesta pensamentos sutis e epistemologias afro-brasileiras que não são compreensíveis desde perspectivas etnocêntricas/eurocêntricas/ocidentalizantes, as quais se baseiam na falsa superioridade da civilização branca:

> Tende-se inconscientemente a admitir que o candomblé não pode fundamentar ou postular uma filosofia do universo e uma concepção do homem, diferentes sem dúvida das nossas, mas tão ricas e complexas quanto estas, a pretexto de que os fiéis dessas religiões pertencem em geral às camadas mais baixas da população – empregadas, lavadeiras, proletários. (...) São principalmente os sacerdotes que têm a noção do valor do tempo; é o tempo que amadurece o conhecimento das coisas; o ocidental quer saber tudo desde o primeiro instante, eis por que, no fundo, nada compreende. (...) Assim devagarinho, a poder de paciência, de amizade recíproca, a filosofia africana vai se desvendando por etapas. Se ainda não se tornou conhecida, ou se é insuficientemente conhecida, foi porque toda a atenção se tem voltado unicamente para o culto público; foi porque o preconceito inconsciente da inferioridade mental do negro desviou os pesquisadores do mundo mental e da epistemologia afro-americana.

Em se tratando de um mundo parcialmente secreto, repleto de segredos iniciáticos, não podem os operadores do Direito tirarem conclusões jurídicas precipitadas completamente desconectadas com as décadas de estudos nas ciên-

---

e os caminhos que cada um de nós carregamos". Cf. RODRIGUES JR., Luiz Rufino. *Pedagogia das Encruzilhadas*, p. 88.

15. Para maior compreensão dos rituais de iniciação no candomblé, cf. as obras de CAPUTO, Stela Guedes. *Educação nos terreiros*, p. 66 e ss. e BASTIDE, Roger. *O Candomblé da Bahia*, pp. 40 e ss.

16. CAPUTO, Stela Guedes. *Educação nos terreiros*, p. 72.

17. *O candomblé da Bahia*, p. 24-25.

cias sociais da religião dedicadas a compreender tais religiões. Infelizmente, as instituições do sistema de justiça insistem em reatualizar práticas discriminatórias e persecutórias que marcaram a luta histórica das religiões afro-brasileiras para preservar seu patrimônio cultural, crenças, cultos, rituais, formas de ser, de existir e de se reinventar na diáspora.

4. RACISMO ESTRUTURAL E SISTEMA DE JUSTIÇA CRIMINAL

O Brasil é um país fundado a partir da colonização e exploração, notadamente a partir da mão de obra escravizada de pessoas oriundas da África, que perdurou, formalmente, até 1888, com a edição da denominada "Lei Áurea", que aboliu a escravidão sem instituir qualquer medida reparatória e de inserção dessas pessoas na sociedade brasileira, deixados à própria sorte.

O Estado brasileiro editou uma série de normas para manter a segregação racial, mesmo antes da abolição: (i) Primeira Lei de Educação, que proibia negros de frequentar à escola (1837); (ii) Lei das Terras, que impossibilitava que negros fossem proprietários (Lei 601/1850); (iii) Lei do Ventre Livre, que supostamente libertavam as crianças que nasciam após a promulgação da lei, contudo, sendo os pais ainda escravizados, as crianças continuavam, na prática, cativas (Lei 2.040/1871); e (iv) Lei do Sexagenário, que supostamente libertava os idosos ainda escravizados, constituindo norma ineficaz, considerando a baixa expectativa de vida das pessoas escravizadas (Lei 3.270/1885). Os crimes de charlatanismo, curandeirismo e exercício ilegal de medicina, ainda vigentes no Código Penal pátrio,[18] foram criados no Código Criminal do Império de 1830 e no Código Penal republicano de 1890 com o específico fim de punir as práticas religiosas indígenas, afro-brasileiras e espíritas que ameaçavam tanto a hegemonia político-religiosa da Igreja Católica quanto o poder médico que se fortalecia como o único autorizado a tratar dos corpos, das suas doenças e de suas curas. A abolição formal ocorreu 388 anos depois do "descobrimento" do Brasil, mas os ex-escravizados sofreram nova segregação: o sistema de justiça e o encarceramento em massa.

Nessa linha desenvolvimentista, práticas terapêuticas populares, como meizinhas, garrafadas e benzeduras, sínteses de influências que mesclavam à tradição cristã elementos das culturas

---

18. Cf. arts. 282, 283 e 284 do Código Penal de 1940: "*Exercício ilegal da medicina, arte dentária ou farma-cêutica*. Art. 282. Exercer, ainda que a título gratuito, a profissão de médico, dentista ou farmacêutico, sem autorização legal ou excedendo-lhe os limites: Pena: detenção, de seis meses a dois anos. Parágrafo único. Se o crime é praticado com o fim de lucro, aplica-se também multa. *Charlatanismo*. Art. 283. Inculcar ou anunciar cura por meio secreto ou infalível: Pena: detenção, de três meses a um ano, e multa. *Curandeirismo*. Art. 284. Exercer o curandeirismo: I – prescrevendo, ministrando ou aplicando, habitualmente, qualquer substância; II – usando gestos, palavras ou qualquer outro meio; III – fazendo diagnósticos: Pena: detenção, de seis meses a dois anos. Parágrafo único. Se o crime é praticado mediante remuneração, o agente fica também sujeito à multa".

negras e indígenas, deixavam de ser aceitas pela sociedade e acreditadas socialmente – como o haviam sido durante todo o Brasil colônia – para se tornarem crimes contra a *saúde pública*. Juristas e médicos, superando suas rusgas, uniam-se para proteger essa verdadeira entidade que surgia no cenário político nacional e para combater o que acreditavam ser uma das ameaças ao bem-estar do corpo social brasileiro, diagnosticado como fragilizado por desastrosas hibridações sociais. Estava declarada uma verdadeira guerra médico-policial-jurídica contra os mais diferentes agentes terapêuticos populares e suas respectivas atuações curativas. Reunidos sob os rótulos de praticantes ilegais da medicina, charlatães e curandeiros (arts. 156, 157 e 158 do CP/1890, respectivamente), podiam ser encontrados, no final do século XIX: velhos pajés caboclos sobreviventes de nações indígenas desagregadas, negros feiticeiros herdeiros de tradições mágicas africanas, negros rezadores e curadores integrados ao quadro do catolicismo popular, santos milagreiros, beatos, benzedeiras, raizeiros, curadores de cobras e até adeptos de religiões ainda não pacificamente reconhecidas pelo estado, como o espiritismo.[19]

A fim de manter o controle econômico e social sobre os corpos negros, editou-se desde então a Lei dos Vadios e Capoeiras (Decreto 847/1890), que criminalizou as pessoas que perambulavam pelas ruas, sem trabalho ou residência, natural consequência do processo de escravização e da falta de reparação e inserção das pessoas negras na sociedade, além de proibir a prática da capoeira, patrimônio cultural imaterial da população negra. Os terreiros de candomblé, por sua vez, precisavam ter autorização em delegacias de polícia para realizar seus cultos. É imprescindível ressaltar que todas as manifestações culturais afro-brasileiras – tais como o samba, a capoeira e o candomblé – foram, em algum momento histórico, criminalizadas e perseguidas pelo Estado.[20] Penalizar a escarificação de crianças e adolescentes em rituais de iniciação constitui, apenas, reatualizar as práticas históricas do sistema de justiça em criminalizar as religiões de matrizes africanas.

O Brasil somente pode ser lido e compreendido a partir do seu processo de formação social, alicerçada pelo racismo estrutural, "que integra a organização econômica e política da sociedade", sendo o racismo "manifestação normal de uma sociedade, e não um fenômeno patológico ou que expressa algum tipo de anormalidade".[21]

Silvio Almeida ensina sobre as três concepções de racismo: individualista, institucional e estrutural. O racismo individualista é a manifestação individual ou coletiva, de grupos isolados, manifestando-se na forma de discriminações e ofensas diretas, que devem ser combatidas no campo jurídico por sanções cíveis ou penais. Por sua vez, o racismo institucional é percebido quando instituições conferem desvantagens e privilégios para determinados grupos, "é tratado como o resultado de funcionamento das instituições, que passam a atuar em uma di-

---

19. SCHRITZMEYER, Ana Lúcia Pastore. *Sortilégio de Saberes*, p. 78.
20. Cf. WILLIAM, Rodney. *Apropriação cultural*, p. 145 e ss.; SANTOS, Milene Cristina. *Intolerância religiosa*, p. 188 e ss.; SCHRITZMEYER, Ana Lúcia Pastore. *Sortilégio de saberes*, p. 55 e ss.
21. ALMEIDA, Silvio. *Racismo estrutural*, p. 20-21.

nâmica que confere, ainda que indiretamente, desvantagens e privilégios com base na raça".[22]

O Estado se materializa nas instituições, as quais reproduzem os valores das pessoas que as integram, o que muitas vezes se concretiza em ações de cunho racista, independentemente da motivação pessoal e consciente do agente, que atua de acordo com a estrutura em que inserido e construído:

> As sociedades não são homogêneas, visto que são marcadas por conflitos, antagonismos e contradições que não são eliminados, mas absorvidos e mantidos sob controle por meios institucionais, como é exemplo o funcionamento do "sistema de justiça". (...) Assim, a desigual-dade racial é uma característica da sociedade não apenas por causa da ação isolada de grupos ou de indivíduos racistas, mas fundamentalmente porque as instituições são hegemonizadas por determinados grupos raciais que utilizam mecanismos institucionais para impor seus interesses políticos e econômicos.[23]

A sociedade é formada por seguimentos sociais e raciais, cujos grupos que mantém os privilégios são aqueles que possuem o domínio sobre a organização econômica e política do país, os quais elegem pessoas alinhadas com os seus interesses, que editam as normas legais a serem aplicadas por indivíduos integrantes destas mesmas camadas econômicas e políticas. Trata-se de procedimento que se retroalimenta e mantém a desigualdade e segregação racial intocadas, já que as instituições são instrumentos fundamentais para consolidação da supremacia de um grupo sobre outros. Em se tratando de sua concepção estrutural, Almeida aponta que:

> As instituições são apenas a materialização de uma estrutura social ou de um modo de socialização que tem o racismo como um de seus componentes orgânicos. (...) as instituições são racistas porque a sociedade é racista. (...) o racismo é parte da ordem social. Não é algo criado pela instituição, mas é por ela reproduzido. (...) Em uma sociedade em que o racismo está presente na vida cotidiana, as instituições que não tratarem de maneira ativa e como um problema a desigualdade racial irão facilmente reproduzir as práticas racistas já tidas como "normais" em toda a sociedade. (...) Em resumo: o racismo é uma decorrência da própria estrutura social, ou seja, do modo "normal" com que se constituem as relações políticas, econômicas, jurídicas e até familiares, não sendo uma patologia social e nem um desarranjo institucional. O racismo é estrutural. Comportamentos individuais e processos institucionais são derivados de uma sociedade cujo racismo é regra e não exceção.[24]

Nessa senda, o sistema de justiça acaba por reproduzir o racismo e mantém a segregação racial iniciada com a criminalização dos "vadios e capoeiras", já que o processo de escravização e a sua "abolição formal" fez com que pessoas negras fossem deixadas à margem da sociedade e em situação de precariedade social,

---

22. ALMEIDA, Silvio. *Racismo estrutural*, p. 37-38.
23. ALMEIDA, Silvio. *Racismo estrutural*, p. 39-40.
24. ALMEIDA, Silvio. *Racismo estrutural*, p. 47-48.

instituindo-se o sistema carcerário como forma de controle racial da pobreza. Abordando o sistema de justiça, Almeida prossegue:

> (...) o imaginário em torno do negro criminoso representado nas novelas e nos meios de comunicação não poderia se sustentar sem um sistema de justiça seletivo, sem a criminalização da pobreza e sem a chamada "guerra às drogas", que, na realidade, é uma guerra contra os pobres e, particularmente, contra as populações negras. Não seria exagero dizer que o sistema de justiça é um dos mecanismos mais eficientes na criação e reprodução da raça e seus múltiplos significados.[25]

O autor conclui que, "se o racismo é inerente à ordem social, a única forma de uma instituição combatê-lo é por meio da implementação de práticas antirracistas efetivas".[26] O Ministério Público do Estado de São Paulo instituiu, por meio da Portaria 9269/2020, a "Rede de Enfrentamento ao Racismo" (RER), com o fim de debater e apresentar sugestões de enfrentamento ao racismo institucional e estrutural. No trabalho da RER, esperançamos contribuir para o avanço da instituição na compreensão das estruturas desiguais, seletivas e discriminatórias que permeiam a sociedade brasileira.

5. CONSIDERAÇÕES FINAIS

Nesse sentido, no tocante ao tema da criminalização da prática de escarificação de crianças e adolescentes em rituais iniciáticos afro-brasileiros, destacamos a inconstitucionalidade e inconvencionalidade de tal interpretação jurídica-penal, uma vez que contraria dispositivos constitucionais e internacionais que asseguram o livre exercício da liberdade religiosa, com suas crenças, ritos, cultos e liturgias, tanto dos genitores quanto das crianças e adolescentes, bem como os direitos fundamentais relacionados à educação religiosa familiar e à educação cultural.

Pontuamos, ainda, algumas interpretações socioantropológicas dos significados da iniciação de crianças e adolescentes no candomblé, a fim de corroborar o entendimento de que se trata de práticas religiosas e culturais embasadas em outras epistemologias e pedagogias, às quais não podem ser compreendidas nem simplificadas por meio do olhar redutor eurocêntrico e ocidentalizado que permeia, desde os primórdios, o direito penal que aplicamos.

Ao tratar das relações conflituosas entre as religiões de matrizes africanas e o sistema de justiça criminal, realçamos a histórica perseguição do Estado brasileiro contra tais religiões, a qual não deve ser olvidada no momento de se cogitar aplicar a lei penal a rituais e práticas afro-brasileiras. Dessa forma, esperamos contribuir para maior conscientização dos atores do sistema de justiça acerca do

---

25. ALMEIDA, Silvio. *Racismo estrutural*, p. 66.
26. ALMEIDA, Silvio. *Racismo estrutural*, p. 48.

racismo religioso estrutural que se reproduz institucionalmente e priva cidadãos brasileiros do livre exercício dos direitos e garantias fundamentais que lhes são assegurados nas ordens jurídicas interna e internacional.

6. REFERÊNCIAS

ALMEIDA, Silvio. *Racismo estrutural*. São Paulo: Sueli Carneiro, Pólen, 2019. (Coleção Feminismos Plurais).

Bastide, Roger. *O candomblé da Bahia*: rito nagô. São Paulo: Companhia das Letras, 2001.

Bernadino-Costa, Joaze; Maldonado-Torres, Nelson; Grosfoguel, Ramón. *Decolonialidade e pensamento afrodiaspórico*. 1ªed. Belo Horizonte: Autêntica Editora, 2018 (Coleção Cultura Negra e Identidades).

Caputo, Stela Guedes. *Educação nos terreiros*: e como a escola se relaciona com crianças de candomblé. Rio de Janeiro: Pallas, 2012.

Heim, Bruno Barbosa; Araújo, Maurício Azevedo de; Hoshino, Thiago de Azevedo Pinheiro (Org.). *Direitos dos povos de terreiro*. Salvador: EDUNEB, 2018.

Ferreira bispo, Andréia. Macedo de Miranda, Bartira. Religiões de matrizes Africanas: temporalidades diferenciadas, perseguições semelhantes. In: Gostinski, Aline; Bispo, Caroline & Martins, Fernanda. *Estudos feministas por um direito menos machista*. Florianópolis: Tirant to Blanch, 2019. v. 4.

Gualberto, Márcio Alexandre M. *Mapa da Intolerância religiosa*: violação ao direito de culto no Brasil. 2011. Realização: Associação Afro-Brasileira Movimento de Amor ao Próximo – AAMAP; Apoios: Coordenadoria Ecumênica de Serviços – CESE; Coletivo de Entidades Negras – CEN; COBRA. 156p. Disponível em: http://www.mapadaintolerancia.com.br. Acesso em: 2020.

Hoshino, Thiago de Azevedo Pinheiro. *O Atlântico negro e suas margens: direitos humanos, mitologia política e a descolonialidade da justiça nas religiões afro-brasileiras*. In: Duarte, Evandro Piza; Sá, Gabriela Barretto de; Queiroz, Marcos (Org.). *Cultura jurídica e atlântico negro*: história e memória constitucional. Rio de Janeiro: Lúmen Juris, 2019.

Hoshino, Thiago de Azevedo Pinheiro; Chueiri, Vera Karam. O racismo das/os cortes: uma leitura do RE 494601 a partir do racismo religioso. *Revista Direito & Práxis*, v. 10, n. 03, p. 2212-2238. Rio de Janeiro, 2019.

Machado, Jónatas Eduardo Mendes. Liberdade religiosa numa comunidade constitucional inclusiva: dos direitos da verdade aos direitos dos cidadãos. Coimbra: Coimbra, 1996. *Boletim da Faculdade de Direito*. Coleção Studia Juridica n. 18.

Ministério público federal. Procuradoria Federal dos direitos do cidadão. Duprat, Débora; Rothemburg, Walter Claudius (Org.). *Nota técnica*: livre exercício dos cultos e liturgias das religiões de matriz africana. Estudo da relatoria: Estado laico e combate à violência religiosa. Mimeo, 2018.

Nogueira, Sidnei. *Intolerância religiosa*. São Paulo: Sueli Carneiro, Jandaíra, 2020 (Coleção Feminismos Plurais).

Rodrigues Jr., Luiz Rufino. Pedagogia das Encruzilhadas. *Revista Periferia*, v. 10, n. 01, p. 71-88, jan./ jun. 2018.

Santos, Milene Cristina. *Intolerância religiosa*: do Proselitismo ao discurso de ódio. Belo Horizonte: D'Plácido, 2017.

Schritzmeyer, Ana Lúcia Pastore. *Sortilégio de saberes: curandeiros e juízes nos tribunais brasileiros (1900-1990)*. São Paulo: IBCCRIM, 2004.

Silva, Vagner Gonçalves da. *Candomblé e Umbanda*: caminhos da devoção brasileira. 2. ed. São Paulo: Selo Negro, 2005.

Silva, Vagner Gonçalves da (Org.). *Intolerância religiosa*: impactos do neopentecostalismo no campo religioso afro-brasileiro. São Paulo: Edusp, 2007.

William, Rodney. *Apropriação cultural*. São Paulo: Jandaíra, 2020. (Coleção Feminismos Plurais).

RACISMO RELIGIOSO: ARTICULAÇÕES ENTRE UM CRIME E UMA DÍVIDA HISTÓRICOS[1]

Ciani Sueli das Neves

Doutora em Direito (UNICAP). Professora Adjunta da Faculdade de Direito do Recife (UFPE). Pesquisadora do Grupo de Pesquisa Asa Branca Criminologia. Email: ciani.neves@ufpe.br.

Ângela Borges

Pós-Graduanda em Mediação de Conflitos (UNICAP). Assessora jurídica especializada em regularização de organizações populares e assistência jurídica a terreiros e mulheres negras vítimas de violência. Advogada. Email: angelborges@hotmail.com.

Sumário: 1. Introdução – 2. As religiões de matriz afro-indígena e de matriz africana na formação da sociedade brasileira – 3. O discurso jurídico e o racismo: práticas de legitimação e exercício do racismo institucional – 4. Racismo religioso: as formas de negação e ataque aos modos de existir negro e indígena – 5. Referências.

1. INTRODUÇÃO

O racismo religioso é uma prática vigente na sociedade brasileira desde a sua constituição. Por muito tempo esteve amparado na legislação nacional que criminalizava práticas religiosas que não estivessem inseridas na religião hegemônica: o cristianismo. As religiões de matriz africana e de matriz afro-indígena sempre estiveram como alvo preferencial do racismo religioso, dadas as suas características essenciais compreenderem elementos de origem negra e indígena. Para tanto lançava-se mão de injúrias e calúnias às formas de manifestação religiosa, assim como aos seus praticantes, para difundir uma visão demonizada acerca de tais vivências. Ao longo dos anos, com as mudanças empreendidas na sociedade e, consequentemente, em suas normas jurídicas, o racismo deixou de ser uma prática legal e passou a ocupar o status de crime inafiançável e imprescritível. Porém, tal mudança não alterou as violências a que as pessoas negras são submetidas em decorrência do racismo, e a apatia moral da sociedade brasileira segue inabalável diante do contexto de discriminações e violações de direitos que são desferidos contra tais pessoas e suas diversas formas de expressão.

---

1. Artigo revisado e atualizado em coautoria com Ângela Borges.

Frente a esse cenário que ainda persiste como desafio e ameaça às vítimas do racismo, proponho, neste artigo, lançar provocações acerca do racismo religioso e seus impactos sobre as vidas das pessoas praticantes das religiões de matriz africana e de matriz afro-indígena e sobre as suas comunidades tradicionais. As articulações entre racismo religioso e racismo institucional contribuem para a continuidade das agressões motivadas pelo discurso de ódio proselitista decorrente das igrejas neopentecostais, cujo projeto fundamentalista atenta contra a liberdade de culto e crença das comunidades tradicionais de terreiro, e cujos desdobramentos passam ao largo favorecidos pelo silêncio das instituições do Sistema de Segurança e Justiça. São essas provocações que busco lançar aqui para o debate sobre a garantia do direito de ser quem se é dos povos e comunidades de terreiro. Este artigo se constitui como pesquisa qualitativa, sob o método de abordagem dedutiva, com análise bibliográfico-documental.

2. AS RELIGIÕES DE MATRIZ AFRO-INDÍGENA E DE MATRIZ AFRICANA[2] NA FORMAÇÃO DA SOCIEDADE BRASILEIRA[3]

A história da sociedade brasileira se confunde com a história das religiões de matriz afro-indígenas, uma vez que esta está intrinsecamente ligada ao sequestro dos povos africanos que para cá foram trazidos quando do tráfico negreiro e da expropriação e massacre desferidos contra os povos originários. Nesse âmbito, se constituiu uma relação diaspórica pautada na violência racial, a qual se deparou até os dias atuais com as estratégias de resistência do povo de terreiro como forma de dar continuidade à sua existência nestas terras.

---

2. Em todo o trabalho farei uso da denominação "religiões de matriz afro-indígena e de matriz africana" em virtude de identificar as diferenças desses segmentos religiosos em termos constitutivos. As religiões de matriz afro-indígenas são as que se constituem de elementos indígenas e africanos em suas matrizes, a exemplo da Jurema e da Umbanda. As religiões de matriz africana trazem em suas matrizes os elementos africanos, a exemplo dos candomblés e suas diversas denominações. Tal diferença constitutiva não isenta nenhum dos segmentos das consequências do racismo religioso e não são também segmentos religiosos opostos, o que se pode comprovar em muitos terreiros a existência dos dois tipos de segmentos e os dois tipos de cultos, sendo denominados entre os seus e suas adeptas/os como "terreiros traçados." Ressalte-se, porém, que, ainda que diversos terreiros acolham os dois tipos de denominação religiosa, são respeitadas as diferenças teológicas e cumpridos os ritos dentro dos períodos e práticas aplicáveis a cada denominação. Essa referência não explicita, por sua vez, nenhum aspecto teológico, conhecido como fundamento, de tais religiões, tendo em vista que são religiões iniciáticas e que os modos de fazer teológicos cabem ser de conhecimento daqueles que se iniciam em seus ritos e segredos.

3. Esta secção deste artigo compõe um outro artigo de minha autoria, intitulado Ninguém vai Tirar a Comida da Boca de Exu! apresentado em formato de exposição oral no VI Congresso Mundial de Bioética e Direito Animal, em setembro de 2018, João Pessoa – PB, ocasião em que os avaliadores da banca ofertaram significativas observações para melhoramento das reflexões expostas. O título do artigo é uma frase dita pelo Babalorixá Pai Junior de Odé, do Ilê Axé Orisalá Talabí, durante uma das reuniões da articulação dos povos de terreiro de Pernambuco sobre a discussão do RE/RS 494.601 que, à época, tramitava no STF, sendo julgado em novembro de 2018, com decisão majoritária pelo reconhecimento da constitucionalidade do sacrifício de animais nos rituais religiosos dos povos de terreiro.

Na disputa por poder, o Estado brasileiro sempre deixou explícito quais contornos definem o seu projeto político, e para tal, desenvolveu, ao longo dos anos os mecanismos de controle de poder de forma a permanecer exercendo o domínio sobre os sujeitos e assim definindo "quem pode viver e quem deve ser deixado morrer". É nesse âmbito que se pode identificar o cerne de muitas violências praticadas contra o povo de terreiro ao longo do tempo no País. Se, durante a vigência do Código Criminal e do Código de Processo Criminal havia os crimes relacionados com as práticas referentes às religiões de matriz afro-indígena, à medida que a sociedade vai avançando em conquistas e ampliação de direitos, tal influência deixa nítido o passivo imaginário que se traça ainda nos dias atuais com relação a esses segmentos.

Historicamente o Brasil utilizou-se de mecanismos estatais, ora para criminalizar, ora para perseguir e justificar violências praticadas contra o povo de terreiro sob a alegação de estar defendendo a ordem e os interesses da sociedade de forma mais ampla. Nesse sentido, não há que se falar em liberdade religiosa e laicidade, uma vez que a escolha política do Estado brasileiro se dá ao longo do tempo pela hierarquização de religiões, uma vez que "malgrado a primeira Constituição Republicana assegurasse a liberdade religiosa, perdurou a perseguição sistemática às religiões de matriz africana, próprias a negros e pobres,"[4] acrescente-se, ainda, as religiões de matriz indígena sob ataques sucessivos fosse pela perseguição propriamente dita fosse pela catequização desencadeada até os dias contemporâneos por segmentos de religiões hegemônicas.[5]

Assim, apesar de passados os anos e sob vigência de uma Constituição tida como democrática, os terreiros de religião de matriz afro-indígena permanecem sob o desafio de lidar cotidianamente com o racismo vigente na sociedade brasileira e com isso, veem-se obrigados a buscar mecanismos de autodefesa e apropriação dos mecanismos desencadeados pelo Estado como uma das estratégias de enfrentar o genocídio negro e indígena que atinge de maneira incisiva as formas tradicionais desses sujeitos de se relacionar com o sagrado. Uma vez que esta tem sido a realidade da grande maioria dos terreiros no território brasileiro, seja na

---

4. BRITO, 2016, p. 39.
5. Situação emblemática que explicita tal afirmação é a condição em que se encontra o povo Yanomami atualmente. Amplamente difundida pelos meios de comunicação, o quadro de abandono e descaso em que essa comunidade indígena está inserida demonstra o nível de agudização do racismo brasileiro e de como se convive de forma naturalizada com a persistência de tais práticas criminosas. A situação ocasionou a emissão de decreto presidencial pelo presidente da República, Luís Inácio Lula da Silva, que impede ações como acesso não autorizado ao território yanomami e catequização dos membros da comunidade indígena por parte de grupos religiosos proselitistas. A medida, ainda que inicialmente limitada, é importante não só pela necessidade imediata de socorro da etnia, como também pela necessidade de proteção de seus modos de vida, ser e fazer, sempre vilipendiados pelos grupos religiosos que usam da catequização como forma de dominação político-religiosa e epistêmica dos povos em seus diversos territórios. https://download.uol.com.br/files/2023/01/3947184683_decreto-yanomami.pdf.

disputa travada pela manutenção do território ou por outros tipos de confronto, pois de acordo com Brito:

> Um dos grandes desafios para os Terreiros urbanos, autênticos 'quilombos', é a crescente perda do seu território, devido às desapropriações pelo poder público, invasões e ocupações irregulares, à especulação imobiliária, ao estelionato na venda de glebas, com imenso prejuízo à mata, ou roça, e às fontes, essenciais ao culto e às obrigações.[6]

Entretanto, a luta travada em defesa da territorialidade é um dos desafios que vem se associar a outros que se inter-relacionam, a exemplo das alegações de supostos maus tratos e agressões praticadas ao meio ambiente pelos adeptos das religiões de matriz afro-indígena. Numa nítida demonstração de ignorância acerca dessas religiões, adversários, seja por professarem credos fundamentalistas, em sua maioria neopentecostais, seja por atuarem sob a alegação de defensores do meio ambiente, com ênfase para os protetores do meio ambiente e de animais, escolhem tais religiões como alvo de acusações, perseguições e demonizações que colocam em risco a continuidade de suas práticas e a integridade dos espaços sagrados e de seus praticantes. Nessa perspectiva, tem sido comum o ajuizamento de denúncias em que sacerdotes e sacerdotisas de religiões de matriz afro-indígena e de matriz africana figuram como réus sob a alegação, majoritariamente, de descumprimento da legislação, com destaque para as de caráter ambiental,[7] colocando em risco o interesse da coletividade na garantia de um meio ambiente equilibrado. Sob tais alegações, os mecanismos jurídicos têm sido utilizados como uma via de criminalização das lideranças de religiões de matriz afro-indígena e de matriz africana. Em boa parte dos casos os órgãos integrantes do Sistema de Segurança e Justiça têm figurado como o principal agente pugnador pela utilização dos meios jurídicos de criminalização das lideranças de religiões de matriz afro-indígena e de matriz africana. Uma vez que na maioria das vezes atuam sob a alegação de estar defendendo os interesses da sociedade em geral, dando vazão à pilhagem que,

---

6. BRITO, 2016, p. 256.
7. As acusações contra os povos de terreiro têm tido um caráter de destaque no tocante às alegações de defesa do meio ambiente, seja com o objetivo de impedir o sacrifício de animais nos rituais religiosos, seja sob a alegação de que as oferendas "sujam o meio ambiente por produzirem lixo" (sic). Entretanto, há outras acusações que são direcionadas com frequência contra os povos de terreiro que constam desde as acusações de charlatanismo à de perturbação do sossego, até às de cárcere privado e lesão corporal, para fazer menção aos períodos de recolhimento e outros atos iniciáticos, como a raspagem do cabelo por exemplo. Essas acusações costumam ser acompanhadas de um teor ainda mais acirrado quando envolve iniciação de crianças e adolescentes, resultando em muitos casos na penalização das mães, em sua maioria pobres, negras e com responsabilidade quase que exclusiva no cuidados com os filhos e filhas em decorrência de ausências paternas. Em muitos dos casos envolvendo crianças e adolescentes as denúncias costumam partir dos pais ou parentes paternos num misto de violência racial e sexista manifestas na violência religiosa, que serve de subterfúgio para as práticas de controle e vingança, artifícios da violência psicológica contra as mães praticantes das religiões de matriz africana e de matriz afro-indígena.

resulta em legitimar as violências contra segmentos historicamente violentados. Se a atuação para criminalizar é uma ameaça que coloca em risco, diariamente, a integridade e existência dos povos de terreiro, faz-se necessário lembrar que a omissão também contribui para a manutenção dos mesmos riscos. Nesse aspecto, a influência que discursos proselitistas e de ódio exercem sobre os agentes públicos inseridos nos órgãos do Sistema de Segurança e Justiça, associado ao discurso racista reproduzido até os dias atuais nos cursos de Direito, completam o outro lado da moeda que sustenta o racismo religioso como um problema que precisa ser enfrentado na e pela sociedade brasileira.

3. O DISCURSO JURÍDICO E O RACISMO: PRÁTICAS DE LEGITIMAÇÃO E EXERCÍCIO DO RACISMO INSTITUCIONAL

Racismo é um sistema de opressão cuja operacionalidade se manifesta nos diversos setores da vida social. Assim, transcende a designação de ideologia, uma vez que esta, associada às práticas de poder, determina padrões de comportamento cuja reprodução tende a delimitar os lugares sociais que são historicamente reservados a categorias específicas de sujeitos.

Sob tal viés foi formatado no imaginário social brasileiro que o lugar da pessoa negra, assim como as práticas por elas desenvolvidas, constituem valores menores, uma vez que são associados a práticas consideradas sujas, ilícitas, promíscuas e reprováveis. Condição que vai favorecer a naturalização das violências contra pessoas negras como algo normal e, na maior parte das vezes, correto e merecido para que seja preservada a integridade física, moral e patrimonial das "pessoas de bem". O discurso jurídico não está isento dessa delimitação política traçada pelo racismo. Pelo contrário. Apesar da reafirmada neutralidade jurídica, alegada constantemente nos diversos setores do Sistema de Segurança e Justiça, é sabido que a neutralidade não se aplica em nenhuma experiência caracterizada pelas relações de poder, e que seu uso desmedido mais serve para manter o projeto de dominação vigente que para garantir o acesso a direitos de forma ampla e irrestrita. No dizer de Roberto Aguiar, "não existe justiça neutra, só há justiça comprometida, se não com a resolução, com a manutenção dos conflitos".

Se fizermos uma leitura aprofundada da trajetória percorrida pelo Sistema de Segurança e Justiça no Brasil no tocante ao racismo, as palavras de Roberto Aguiar tornam-se ainda mais explícitas. Intelectuais como Lélia Gonzalez (2019), Abdias Nascimento (2004), Dora Lúcia de Lima Bertúlio (2019) e Rebeca Oliveira Duarte (2007) já fizeram tais afirmações em momentos diversos ao se referirem ao direito e suas práticas direcionadas à população negra. O ordenamento jurídico brasileiro desde tempos idos sustentou juridicamente a manutenção do racismo por meio de normas que explicitamente legalizam a objetificação de pessoas negras retirando-lhes a condição de humanidade, mas com forte ímpeto em sua criminalização. Nos tempos de vigência da escravidão as pessoas negras, coisificadas para todos os atos da vida humana, eram imbuídas de responsabilidade para responder por crimes que tivessem ou não praticado, bastava para isso a sua condição racial.

Passada a escravidão, as leis de conteúdo explicitamente racista desaparecem, mas não se produzem outras leis que tivessem como propósito garantir a dignidade de seres humanos que ao longo dos séculos foram vilipendiados de todas as formas de sua humanidade, e passa-se a considerar que o silêncio era a forma de tratar tal questão, o que termina por manter o abismo racial, existente na sociedade brasileira, cada vez mais aprofundado. Conforme afirma Dora Lúcia de Lima Bertúlio:

> A apreensão e a discussão do Direito, do Estado e da Sociedade nas relações entre os homens permite o fortalecimento das teorias e ideologias racistas, na medida em que não incluem no debate as relações raciais, dado concreto da sociedade brasileira. Além disso, são inúmeras as ações concretas em que o Direito é chamado a regular e reprimir indivíduos e coletividades com base exclusiva na caracterização deles.[8]

A omissão do Direito acerca das relações raciais compreende uma eficiente ferramenta de manutenção do racismo e, assim, se constrói uma prática político-jurídica que passa ao largo do real sentido de igualdade e justiça para todas as pessoas. Não de forma inconsciente, pois como afirma Dora Lúcia de Lima Bertúlio "o desenvolvimento da teoria e da prática do Direito e as ações estatais do Direito, para o Direito e baseada no Direito, 'passa por cima' da realidade racial no Brasil".[9] Assim, cria-se um universo de busca por normas estrangeiras que possam contribuir para o melhoramento do Sistema de Justiça e Segurança do país, porém não se considera que para alcançar tais feitos faz-se necessário investir minimamente na realidade nacional, que implica em considerar as relações raciais como base de estruturação social. Do contrário, estar-se-á fazendo inovações jurídicas para atender exclusivamente aos interesses das pessoas inseridas nos grupos dominantes da sociedade nacional. Porém, há de se considerar que tais feitos, a despeito do empenho para lograrem o êxito que seus idealizadores almejam, nunca conseguirão sustentar por muito tempo a ideia de harmonia, uma vez que uma sociedade não se faz apenas com os sujeitos integrantes de grupos dominantes. E se um ordenamento jurídico pretende ser reconhecido como promotor da justiça e da igualdade é imperativo reconhecer isso e passar a operar de maneira efetiva na materialização de uma justiça que alcance a todas as pessoas.

---

8. BERTÚLIO, 2019, p. 101.
9. 2019, p. 101.

Segundo Dora Lúcia de Lima Bertúlio, após 1950 quando tem início a produção da literatura sobre relações raciais no Brasil, "é possível perceber, nos discursos desses elementos aqui registrados como contribuidores da formação do pensamento e doutrina jurídica nacional, o cunho predominantemente racista dos mesmos".[10] Assim, ela alega que

> Os mesmos indivíduos que, na esfera política tomam atitudes racistas declaradas, quando dentro do sistema jurídico, tornam-se a camuflagem ideal. Isto dá a entender que não há questionamentos raciais, razão porque, não se há de falar sobre este assunto.[11]

E continua:

> A invisibilidade com que o negro, suas condições de vida, direitos, agressões, assassinatos sofridos no Brasil é visto por toda a sociedade, quer branca, quer negra, é o ponto nevrálgico das relações raciais neste país. O discurso do silêncio, da ignorância e da negação dos conflitos raciais internos é processado nas esferas e no Direito, em conformidade com o imaginário social racista de ser e pertencer à sociedade branca. Este imaginário social de ser branco é, obviamente, resultado da introjeção coletiva e institucionalizada da inferioridade do elemento negro e da "responsabilidade" negra pelas desventuras do país.[12]

É sabido que nos últimos dez anos muito do silêncio jurídico sobre o racismo tem sido forçado à interrupção. A mobilização de militantes dos movimentos sociais negros pela implementação das políticas de ações afirmativas, iniciada desde os anos 1945, com ápice de visibilidade e ampliação do debate em 1995 foi um marco na denúncia do silêncio, da omissão e da cumplicidade do Sistema de Segurança e Justiça com as práticas racistas presentes na sociedade brasileira. Ainda em 1995 o então presidente da República, Fernando Henrique Cardoso, admitiu perante a comunidade internacional que o Brasil era um país racista, esse foi o primeiro posicionamento de um chefe de Estado brasileiro que assumia o racismo como um problema nacional. Ainda neste mesmo ano ocorreram a Marcha Zumbi dos Palmares, em que centenas de ativistas negras e negros marcharam em Brasília e em diversas capitais do país denunciando o racismo e exigindo a implementação de medidas reparadoras; e a implementação da políticas de cotas para estudantes negras e negros na Universidade do Estado do Rio de Janeiro, que viria a ser a primeira universidade pública a implementar a política. Logo após, a Universidade de Brasília (UnB) também adotou a mesma medida. Não sem conflitos essas medidas foram implementadas. E é nesse momento que se pode constatar o que Dora Lúcia de Lima Bertúlio alegou sobre o Direito e as relações raciais no Brasil. O Sistema de Justiça rompe o silêncio para se posicionar com veemência contra as medidas de ações afirmativas adotadas. A ruptura do silêncio

---

10. 2019, p. 122.
11. BERTÚLIO, 2019, p. 124.
12. BERTÚLIO, 2019, p. 125.

dá-se desde a expedição de decisões denegatórias das políticas de ações afirmativas aos discursos de magistrados, promotores e demais operadores do direito em que alegam que a medida ameaça a harmonia da sociedade brasileira, tendo em vista que, segundo alegam, não existe racismo no Brasil. A essas manifestações pode-se recorrer a Dora Lúcia de Lima Bertúlio para explicar o entendimento presente no Sistema de Segurança e Justiça nacional:

> A negativa institucional da existência de conflitos raciais e segregação internamente cho-ca-se com a política jurídica, também institucional, que define crimes e situações, implícita ou explicitamente, às quais os negros correspondem, ou, se a medida é punitiva para ações racistas, então, os brancos (agentes) dificilmente são responsabilizados.[13]

É sob esse prisma que os conflitos, uma vez instalados, explicitam que a democracia racial, tão enaltecida ao longo do tempo na história brasileira, é apenas um mecanismo retórico cujo propósito é garantir a continuidade das vantagens obtidas pelos sujeitos que se beneficiaram e continuam se beneficiando do racismo, tendo em vista que quando se trata do exercício da dignidade humana por parte das pessoas negras

> Os três poderes do Estado republicano, alinhados num só propósito e comungando em princípios e desejos quanto às populações não brancas (princípios ideológicos de apreensão e internalização da inferioridade racial do negro e do desejo de exclusão deste elemento da formação da nação brasileira ou, em última instância, da sua não participação ativa na vida da sociedade brasileira), editaram regras e as editam hoje, tomaram atitudes e ainda as tomam, de forma a induzir a marginalização da população negra.[14]

Necessário se faz, portanto, perceber que essa é uma característica de todos os poderes de Estado e que talvez o Judiciário seja a pedra de toque com relação ao racismo no âmbito jurídico, uma vez que

> O Judiciário, cuja independência hoje na prática é pouco visível, embora seja a instância em que a população deposite toda a sua esperança, desejos de justiça e garantia de seus direitos, não fica fora do que dissemos quanto aos demais poderes de Estado. Talvez aí esteja a lâmina da guilhotina que cortará os pescoços negros a cada tentativa de exigência de tratamento humano feita por este segmento da população brasileira. Bem por isso é aqui, na política e ações judiciárias que o racismo se instala com todas as pompas em nossa sociedade. É quando as esperanças de convívio harmonioso caem por terra e surge a luta.[15]

Parafraseando Vera Regina Pereira de Andrade, é possível aqui fazer menção às funções não declaradas do racismo no Sistema de Segurança e Justiça brasileiro, manifestas com nitidez pelo racismo institucional, que define as formas como as

---

13. BERTÚLIO, 2019, p. 129.
14. BERTÚLIO, 2019, p. 130.
15. BERTÚLIO, 2019, p. 131.

instituições brasileiras atuam ou se omitem de suas funções quando observadas as respostas dadas às pessoas negras ao procurarem pelas instâncias de proteção e defesa de direitos.

O racismo institucional, conforme Neves,[16] é uma forma de manifestação do racismo como expressão de poder e exercício nas instituições enquanto "processo político. Político porque, como processo sistêmico de discriminação que influencia a organização da sociedade, depende de poder político, caso contrário seria inviável a discriminação sistemática de grupos sociais inteiros".[17] A organização[18] e funcionamento das instituições, públicas e privadas, evidenciam o grau de aprofundamento com que o racismo opera em suas ações, viabilizando, assim, a ocorrência e continuidade do racismo institucional. De acordo com Thula Pires:

> Manifesta-se o racismo através de condutas individuais que promovem a discriminação racial das suas mais variadas formas ou através da atuação silenciosa, mas contundente dos órgãos públicos e privados. O racismo institucional, aquele que pode ser experimentado e observado na dinâmica das instituições, decorre necessariamente do alto grau de naturalização da hierarquia racial e dos estereótipos que inferiorizam determinado grupo enquanto afirmam a superioridade de outro.[19]

E continua:

> O racismo institucional aparece como um sistema generalizado de discriminações inscritas nos mecanismos rotineiros, assegurando a dominação e a inferiorização dos negros sem que haja necessidade de teorizá-la ou justificá-la pela ciência, além de constituir entrave claro à realização plena do acesso à justiça por parte da população afro-brasileira. Para que haja um processo de mudança nessas relações institucionais, é necessário que a esfera pública seja ocupada por novos sujeitos, que o processo de produção do conhecimento abrigue novas epistemologias, o que somente será possível a partir de um trabalho concreto de expansão de políticas públicas antirracistas para o interior do Poder Judiciário, para a sua estrutura humana.

> Conforme afirmado por Harris (1993), o direito atua decisivamente na construção do que se entende por raça, não só em domínios onde raça é explicitamente articulada, mas também onde não é mencionada ou desconhecida. A mácula da neutralidade, mascarada nas armadilhas doutrinárias e jurisprudenciais que garantem a inefetividade das normas penais contra discriminação, servem para manter as relações raciais exatamente como estão.[20]

---

16. NEVES, 2020.
17. ALMEIDA, 2018, p. 40.
18. Esta secção integra o artigo Mulheres Negras no Sistema de Justiça Criminal ou quando Raça, Gênero e Classe explicam como atua o Sistema Criminal, publicado em PEREIRA, Melissa de Oliveira et. al. *Luta antimanicomial e feminismos: formação e militância*. Rio de Janeiro: Autografia, 2020.
19. PIRES, sd, p. 06.
20. PIRES, p. 22, sd.

A afirmação de Thula Pires dialoga com o conteúdo das diversas denúncias explicitadas nos relatos de variadas pessoas acerca do racismo institucional nos distintos espaços institucionais. Um dado contundente é que quanto maior o prestígio político e econômico da instituição, maior pode ser o grau de naturalização da hierarquização racial daquele lugar. Conforme o entendimento de Sílvio Almeida:

> No caso do racismo institucional, o domínio se dá com estabelecimento de parâmetros discriminatórios baseados na raça, que servem para manter a hegemonia do grupo racial no poder. Isso faz com que a cultura, a aparência e as práticas de poder de um determinado grupo tornem-se o horizonte civilizatório do conjunto da sociedade. Assim, o domínio de homens brancos em instituições públicas – por exemplo, o legislativo, o judiciário, o ministério público, reitorias de universidades públicas etc. – e instituições privadas – por exemplo, diretoria de empresas – depende, em primeiro lugar, da existência de regras e padrões que direta ou indiretamente dificultem a ascensão de negros e/ou mulheres, e, em segundo lugar, da inexistência de espaços em que se discuta a desigualdade racial e de gênero, naturalizando, assim, o domínio do grupo formado por homens brancos[21]

Estabelecer práticas de poder de um determinado grupo como o horizonte civilizatório do conjunto de uma sociedade diz que àquela sociedade deve ser impedido ou proibido qualquer outro tipo de prática que não se enquadre em tal horizonte civilizatório, o que vai desencadear o racismo epistêmico, conforme leciona Ariadne Moreira Basílio de Oliveira:

> O racismo epistêmico é, portanto, a conjugação da colonialidade do saber e da destruição do imaginário dos povos indígenas e africanos. É expresso pelo genocídio dessas populações e da destruição do imaginário através da colonização do saber daqueles que sobreviveram. O fato é que no Brasil, assim como em outros países da América Latina, formas de produção e transmissão de conhecimento, de compreensão do mundo e de sociabilidade resistiram entre as dobradiças da modernidade e a vivência na margem.[22]

É sob essa perspectiva que o racismo epistêmico passa a se constituir como uma prática vigente na constituição da sociedade brasileira e com a qual as instituições e os indivíduos conviverão "harmoniosamente" ao longo dos anos, de forma a se consolidar como um lastro de sustentação do racismo institucional e de seu atrelamento a outras práticas discriminatórias estruturais das relações sociais. Nessa seara, é explícita a articulação entre racismo institucional e racismo religioso, tendo em vista que a desvalorização imposta pelo racismo se abate sobre todas as formas de ser e fazer que constituem o existir negro e suas formas de manifestação.

21. ALMEIDA, 2018, p. 30.
22. SEGATO, 2003, 2016; BHABHA, 1998 apud OLIVEIRA, 2017, p. 27.

4. RACISMO RELIGIOSO: AS FORMAS DE NEGAÇÃO E ATAQUE AOS MODOS DE EXISTIR NEGRO E INDÍGENA

As religiões de matriz africana e de matriz afro-indígena foram historicamente vilipendiadas pelo discurso jurídico. Qualificadas como charlatanismo, curandeirismo, perturbação da ordem, poluição das vias públicas, figuraram como alvo da criminalização pela legislação nacional. Dora Lúcia de Lima Bertúlio relembra que

> A religião praticada pelos negros brasileiros, herança das diversas civilizações africanas, desde os idos da escravidão, é alvo constante das autoridades policiais que invadem os locais de culto, fecham e os destroem sob alegações vazias e desrespeitosas. Esse desrespeito às religiões afro-brasileiras tem sido registrado ao longo da história do negro no Brasil.[23]

A esse desrespeito chama-se racismo religioso. Prática de perseguição às formas de expressão religiosa que cultivam formas de manifestação fundamentadas em valores e elementos pertencentes a povos não hegemônicos como negros, indígenas, ciganos, e que, por conseguinte destoam do paradigma de religião hegemônico. Obviamente[24] o racismo religioso não se constitui como prática exclusivamente institucional, sobretudo nos tempos atuais em que o avanço do fundamentalismo religioso praticado pelo proselitismo neopentecostal tem alcançado todos os espaços da sociedade e produzido o discurso de ódio contra os povos de terreiro. Tais práticas encontram amparo no padrão colonial de poder e buscam investir em outras formas de ataque relacionadas com os paradigmas vivenciados pelos grupos considerados racialmente inferiores. Nas palavras de Ariadne Moreira Basílio de Oliveira:

> Com a continuidade do padrão colonial de poder e sua projeção global, o racismo, como seu eixo estruturante, continua a existir e violar os povos e comunidades que possuem outras formas de saber, ser, de conviver e comercializar que não as ocidentais. Essa é a realidade em que vivenciam as religiões afro-brasileiras distribuídas em suas comunidades de terreiro pelo Brasil. São vítimas do racismo que embasa as violações, a discriminação, os ataques, as criminalizações e os preconceitos contra essas religiões.
>
> A grande sacada aqui é que a questão do racismo epistêmico extrapolar os limites raciais estabelecidos pela cor da pele e findar por condenar à inferiorização todos aqueles e aquelas que estabelecem uma relação com o mundo a partir de um cosmos (SEGATO, 2016) que se difere da racionalidade-modernidade, independentemente da cor da pele (FLOR DO NASCI-

---

23. BERTÚLIO, 2019, p. 150.
24. Parte desta secção integra artigo apresentado por mim em conjunto com minha orientadora no doutorado, Marília Montenegro Pessoa de Mello, no IV Seminário Internacional do Observatório dos Movimentos Sociais na América Latina (Siomsal) e II Seminário Internacional Curupiras, 2019, Caruaru. *Superar violências, construir alternativas, escrever um novo mundo*. Caruaru: EdUFPE, 2019. v. I. p. 01-278.O artigo encontra-se sob o título *Liberdade religiosa*: direito fundamental e as violações por racismo religioso.

MENTO, 2016). Com isso, uma pessoa lida como branca socialmente, também é passível de sofrer discriminações quando se apresenta como pertencente a comunidades afro-religiosas.[25]

O racismo religioso é, portanto, um empreendimento que transcende o pertencimento racial do sujeito e o relega à condição de subalternidade em virtude de sua vinculação a uma forma de sociabilidade baseada nos princípios civilizatórios provenientes de sociedades negras e indígenas. De acordo com Wanderson Flor do Nascimento:

> Minha suspeita é de que o que incomoda nas religiões de matrizes africanas são exatamente o caráter de que elas mantenham elementos africanos em sua constituição; e não apenas em rituais, mas no modo de organizar a vida, a política, a família, a economia etc. E como o histórico racista em nosso país continua, mesmo com o fim da escravidão, tudo o que seja marcado racialmente continua sendo perseguido.
>
> Por isso, penso que a expressão 'intolerância religiosa' não é suficiente para entender o que acontece com as comunicações que vivem as religiões de matrizes africanas, pois não é apenas o caráter religioso que é recusado efetivamente nos ataques aos nossos templos e irmãs/os que vivem essas religiões. É exatamente esse modo de vida negro, que mesmo que seja vivenciado por pessoas não negras, que se ataca. Não se trata de uma intolerância no sentido de uma recusa a tolerar a diferença marcada pela inferioridade ou discordância, como podem pensar algumas pessoas. O que está em jogo é exatamente um desrespeito em relação a uma maneira africana de viver.[26]

A partir da compreensão dos conceitos de racismo institucional e racismo religioso, pode-se afirmar a existência de uma articulação entre ambos e as razões pelas quais a reparação dos danos causados por ambos é praticamente inexistente. Wanderson Flor do Nascimento afirma que:

> Não se trata de uma disputa pela hegemonia religiosa, como não se trata de um ato individual proferido contra as religiões afro, se trata do racismo que respalda as ações discriminatórias com relação as religiões afro-brasileiras. Do contrário, não haveria tantos casos de ataques pessoais, como a morte e apedrejamento de adeptos dessas religiões, assim como o crescente número de ataques contra os espaços físicos dos terreiros. As formas de ataque às religiões afro-brasileiras não são vivenciadas por nenhuma outra religião no Brasil. Budistas, praticantes de Wicca, assim como várias outras religiões, não sofrem os ataques que as religiões afro-brasileiras sofrem.[27]

De acordo com o entendimento acima abordado, os ataques às religiões de matriz africana e de matriz afro-indígena se dão de forma direcionada a um sujeito específico e, ao ocorrer, recebem o quase absoluto silêncio da sociedade e dos órgãos estatais, numa nítida demonstração de naturalização das violências a

---

25. OLIVEIRA, 2017, p. 27.
26. FLOR DO NASCIMENTO, 2016a, p. 15.
27. FLOR DO NASCIMENTO, 2016a.

que pessoas negras, indígenas e seus descendentes estejam expostos. No dizer de Ariadne Moreira Basílio Oliveira:

> Foi então por serem o lembrete permanente da associação ao atraso ao desenvolvimento (SEGATO, 2016) por contradizerem com os ideais evolucionistas da elite branqueada que o racismo foi mais explícito e que criou leis que criminalizaram as práticas afro-religiosas assim como criou o ambiente social que ovacionou a perseguição e a violação de tais práticas.[28]

E continua:

> As violências que as religiões afro-brasileiras sofrem são, por outro lado, direcionadas à sua configuração e às influências afro-ameríndias que representam, sendo, além disso, e consequentemente, reflexo de um racismo estrutural brasileiro. Não se trata de um ato individual contra outros indivíduos, se trata de um racismo basilar em nossa sociedade, presente também nas instituições estatais e se reflete, entre outros momentos e formas nos preconceitos, discriminações, ataques e violações que aqueles que vivem as religiões afro-brasileiras sofrem.[29]

As agressões e violências praticadas contra as pessoas praticantes das religiões de matriz africana e de matriz afro-indígena incidem diretamente no impedimento dessas pessoas em vivenciar a ética da autenticidade, uma vez que em função dos riscos impostos pelo fundamentalismo religioso e as ações alimentadas pelo discurso de ódio, cria-se um impedimento de que as pessoas de terreiro possam exercer o seu direito a ser reconhecido publicamente como o que se é.[30]

A partir das violências estimuladas pelo discurso de ódio proselitista, que consiste em uma das ferramentas do fundamentalismo religioso, a violência contra os povos de terreiro passa a sofrer um aumento em suas ocorrências, demonstrando um cenário desfavorável para os povos de terreiro tendo em vista o risco a que estão expostos:

> Em meio a esse cenário violento, vemos, nos últimos anos, um número cada vez maior de perseguições e ataques às pessoas e aos territórios que experienciam maneiras africanas de viver, em nosso país. Notícias de templos incendiados, invadidos, derrubados e de pessoas que praticam o que se tem chamado de religiões de matrizes africanas sendo agredidas, desrespeitadas, mortas têm sido frequentes nos meios de comunicação.[31]

As agressões desferidas a um segmento religioso correspondem a uma agressão "à identidade social coletiva,"[32]-[33] nesse sentido, agressões aos "conceitos e práticas proporcionados pela religião, os quais constituem a identidade do su-

---

28. OLIVEIRA, 2017, p. 48.
29. OLIVEIRA, 2017, p. 16.
30. APPLAH, 1993, p. 213.
31. GUALBERTO, 2011.
32. Tradução livre da autora.
33. TAYLOR, 1993.

jeito",[34] ou agressões "à dimensão coletiva dos direitos individuais".[35] O que sugere que o preconceito e a intolerância aos afro-religiosos ainda constituem um fator dissonante da garantia da dignidade desse segmento religioso, cuja superação consiste em um compromisso do Estado e da sociedade brasileiros na proteção das manifestações culturais e religiosas, da memória dos povos que contribuíram com o processo de construção do país na direção de uma nação efetivamente plural.[36] A maneira como o Estado brasileiro lida com as situações de racismo religioso desencadeia efeitos.

Diante de tal perspectiva, a gravidade se torna mais aguda quando as práticas discriminatórias se desencadeiam por parte do Estado, seja por ação individual e não punida de seus agentes, seja por quem teria o dever de viabilizar o acesso a direitos, mas termina por ocasionar a violação. Em situações assim é comum a ocorrência em que a vítima de racismo religioso ao buscar amparo para a violência que tenha sofrido se depara com a inversão dos fatos narrados que resultam na sua conversão em ré passando a ser responsabilizada pela violência que sofreu. Experiências narradas por Zélia Amador de Deus e Marilu Márcia Campello[37] relatam a atuação de agentes do Sistema de Segurança e Justiça na inversão das situações de racismo religioso no Pará. Relatam, ainda, um outro fator que é a descaracterização dos casos de violência religiosa quando ocorrem contra povos de terreiro, situações em que as vítimas são desencorajadas a prosseguir com a denúncia quando chegam a, explicitamente, convencê-las à desistência por considerarem como um "delito menor" ou classificarem como briga de vizinhos.

O cenário de violências contra os povos de terreiro não é exclusividade do estado do Pará. Em Pernambuco parlamentares ligados a igrejas evangélicas ne-opentecostais praticam constantemente atos de violência e discriminação contra as religiões de matriz afro-indígena e de matriz africana. Em 2018, a vereadora Michelle Collins, conhecida como missionária da igreja Assembleia de Deus, publicou em suas redes sociais uma mensagem em que demonizava a orixá Iemanjá. A publicação ocasionou a representação da vereadora junto ao Ministério Público de Pernambuco, que ajuizou Ação Civil Pública[38] em face da vereadora por violação aos direitos difusos e coletivos dos povos de terreiro. No decorrer da ação, após sucessivas reuniões entre a Promotoria de Direitos Humanos responsável pelo caso e os terreiros representado na ação, deu-se o desfecho do caso em maio

---

34. TAYLOR, 1993, p. 229.
35. PETERKE, 2013, p. 29.
36. OLIVEIRA, 2017, p. 23.
37. DEUS e CAMPELO, 2021.
38. Até o presente momento, as informações aqui referenciadas e outras complementares podem ser acessadas pelos autos do ICP 18.0001-2/7, instalado pela 7ª Promotoria de Defesa da Cidadania da Capital com atuação na Promoção e Defesa dos Direitos Humanos que resultou na Ação Civil Pública 0136948-82.2018.8.17.2001, em tramitação na 21ª Vara Cível da Capital.

de 2022. Por ocasião do afastamento[39] do promotor titular da 7ª Promotoria de Direitos Humanos de Pernambuco, o processo ficou sob responsabilidade da 8ª Promotoria de Direitos Humanos, que averbou-se suspeita no litígio. Passando a titularidade da ação para a 34ª Promotoria de Pernambuco. Apesar das reiteradas tentativas de diálogo por parte das advogadas que assistiam aos terreiros no caso, não houve a disponibilidade por parte da representante do *Parquet* em reunir-se com os interessados. Ainda que houvesse urgência no caso, tendo em vista que havia sentença judicial que extinguia o processo com julgamento de mérito, sob a alegação de que a vereadora não havia cometido racismo religioso. A considerar a fundamentação da sentença judicial poder-se-ia chegar ao entendimento de que, nesse caso, teria a vereadora apenas exercido o seu direito de liberdade religiosa e de expressão? A intenção tem sido reiteradamente essa para casos de racismo religioso, tendo em vista a ascensão dos segmentos fundamentalistas que têm se inserido nos diversos espaços institucionais. Nesse âmbito, há de se destacar o fato de que a suposta neutralidade jurídica dá cabimento ao uso do direito como arena e como estratégia jurídicas, assim delimitadas com o intuito de sustentar as investidas dos grupos religiosos para difusão e sustentação do neoconservadorismo como projeto político de sociedade.

Em 2019, por ocasião de participação no festival Lula Livre, em Recife, que comemorava a soltura do então ex-presidente Luiz Inácio Lula da Silva, mãe Beth de Oxum, iyalorixá e artista pernambucana, foi surpreendida por uma suposta denúncia promovida pelos deputados estaduais Clarissa Tércio e Joel da Harpa, ambos integrantes da bancada evangélica na Assembleia Legislativa de Pernambuco, sob a alegação de que ela havia cometido o crime de racismo religioso contra

---

39. Após a propositura da Ação Civil Pública 0136948-82.2018.8.17.2001 junto à 21ª Vara Cível da Capital em face de Daize Michele de Aguiar Gonçalvez, de nome social Michelle Collins, o promotor da 7ª Promotoria de Defesa da Cidadania e Direitos Humanos da Capital afastou-se do país por motivos de foro íntimo, permanecendo no exterior pelo período de um ano. À 8ªPromotoria de Defesa da Cidadania e Direitos Humanos da Capital coube a substituição nos autos, entretanto, o representante do MP averbou-se suspeito. Com o retorno do promotor da 7ª promotoria de DCDH, este também averbou-se suspeito. Porém, em 04 de novembro de 2022 foi prolatada sentença cuja decisão judicial tratava de indeferimento do pedido do parquet pela devolução do prazo recursal. O representante do MP alegou não ter sido intimado da sentença prolatada em que o magistrado extinguiu o processo com julgamento do mérito por entender que a acusada ao atacar Iemanjá em redes sociais não praticou o crime de racismo religioso, uma vez que "apenas exerceu o seu direito de liberdades de expressão e religiosa" (sic). Comprovou na decisão, conforme Id. Num. 116635750 que o MP não só havia sido regularmente intimado da sentença prolatada, como ocorreu o decurso do prazo, não sendo possível a sua devolução pelos motivos alegados pelo representante do fiscal da lei. Embora tenha havido requerimento por parte da Iyalorixá do Ilê Axé Orisalá Talabí para habilitação nos autos, representada por suas advogadas constituídas, este lhe foi negado sob a alegação de ilegitimidade para propositura da Ação, sendo aventada a hipótese de propositura de recurso. A Iyalorixá representava nos autos o terreiro no qual é constituída como representante legal, tendo natureza jurídica de associação, ainda assim, não foi considerada pelo magistrado a sua legitimidade para propositura da ação, fundamentada nos termos da Lei 7.347/1985.

evangélicos em sua apresentação no festival. Houve forte reação política em apoio a mãe Beth de Oxum e as advogadas que a acompanhavam não identificaram a existência da denúncia, o que leva a inferir que a alegação dos parlamentares configurava apenas uma ameaça com o intuito de silenciar a iyalorixá que ora denunciava a perseguição das igrejas neopentecostais aos povos de terreiro. Neste caso não houve qualquer manifestação por parte dos órgãos do Sistema de Segurança e Justiça para investigar a conduta dos parlamentares, tampouco da Comissão de Ética da casa parlamentar na qual exercem seus mandatos. A mandata coletiva Juntas prestou apoio a mãe Beth de Oxum com realização de audiência pública na ALEPE e acompanhamento do caso por meio de assessoria jurídica especializada.

Em junho de 2019 a revista Gênero e Número publicou matéria em que abordava o crescimento dos casos de racismo religioso contra os povos de terreiro. Na matéria sob o título Terreiros na Mira, é abordado o índice de casos de violência praticada contra os territórios religiosos dos povos tradicionais de terreiro no país. De acordo com os dados divulgados pelo Disque 100, os casos de violência religiosa contra povos de terreiro de 2011 até 2017 aumentaram de 15 para 537, em 2018, apenas no primeiro semestre foram registradas 210 denúncias. Ainda na mesma matéria relata-se a discrepância entre as informações federais e estaduais, demonstrando falta de uniformidade entre os dados. Há um outro elemento abordado que além de trazer preocupação comprova a articulação entre racismo e misoginia, o que talvez explique as razões pelas quais o descaso geralmente é a resposta recorrente.

As religiões de matriz africana e de matriz afro-indígena foram criadas por mulheres negras em sua maioria. Sua essência é matrilinear, ou seja, considera o poder de articulação política e religiosa das mulheres, além de referendar o seu poder religioso em razão dos seus aspectos teológicos. São religiões que cultuam divindades femininas, sejam as yabás, nas religiões de matriz africana, sejam mestras, pomba giras e caboclas, nas religiões de matriz afro-indígena, em ambos os segmentos a figura feminina é enaltecida com afirmação de poder. Em sociedades fundadas no patriarcado, como a brasileira, as mulheres figuram como seres inferiores, atrelado ao racismo, pessoas negras também ocupam o mesmo lugar de subalternidade, desse modo, os segmentos religiosos que enaltecem tais sujeitos como detentores de poder e capacidade de organização política e transformação social, afrontam o paradigma de sociedade traçado sob a perspectiva da colonialidade. Fato que se pode observar nos ataques desferidos contra as/os praticantes de tais religiões. A violência religiosa praticada é desferida sempre por meio de ataques de caráter misógino, sempre com o objetivo de demonizar as figuras femininas, associando-as com o fracasso e a condição de infortúnio a que as pessoas possam estar inseridas, e colocando em dúvida a moral das sacerdotisas de tais religiões, ou ameaçando-as, quando não fisicamente com invasões em seus templos religiosos, aposição de armas junto a seus corpos e agressões corporais; ameaçam-nas por meio de palavras e ações de criminalização e perseguições nos meios sociais e de comunicação.

Em quase todos os casos de racismo religioso as instituições do Sistema de Segurança e Justiça costumam silenciar ou adotar medidas poucos eficazes no enfrentamento da violência, como audiências públicas, notas de repúdio e recomendações, que são importantes para demarcar posição institucional, mas que têm pouco resultado prático no cotidiano das vítimas e não garantem a sua integridade nem a de seus territórios. Dora Lúcia de Lima Bertúlio afirma

> (...) na questão religiosa torna-se fundamental, dentro desta análise da ação jurídica do racismo para com a população negra brasileira, o registro desta violência que é, até nossos dias, constantes e ameaçadoras dos seguidores de religiões afro-brasileiras. O dispositivo do item VI do art. 5º permite maior investida dos negros contra as autoridades policial e judiciária frente aos fatos, no sentido de que estas passem de violadores de direitos para defensores desses mesmos direitos, sob pressão da norma constitucional expressa. A especificidade dos textos legais cria sempre uma expectativa maior de atendimento.[40]

Assim, faz-se necessário alertar que o uso do Sistema de Justiça e Segurança brasileiro na atualidade, compreende não apenas a omissão por parte dos órgãos que o compõem, mas também a sua atuação no sentido de favorecer a defesa de pautas conservadoras e condutas de inversão do gozo de direitos, nas quais os direitos humanos são o elemento primordial. Não por acaso, sentença judicial que extingue o processo com julgamento de mérito em que a vereadora Michelle Collins ataca as religiões de terreiro, assim como as acusações atribuídas a mãe Beth de Oxum por parlamentares fundamentalistas, explicita a estratégia adotada pelo segmento neopentecostal. O direito não é uma ferramenta utilizada apenas para defesa dos interesses dos segmentos historicamente vulnerabilizados, mas um meio de operacionalização da estratégia de inversão da defesa de direitos humanos por parte dos grupos conservadores na materialização de seus intuitos políticos. A esse fenômeno Juan Marco Vaggione chama de neoconservadorismo, e o explica como e o explica a partir do entendimento de que

> A centralidade que tem o direito na agenda conservadora também permite considerar algumas conexões entre direito e religião que vão além dos debates sobre o Estado regula o fenômeno religioso. O neoconservadorismo, enquanto fenômeno, permite analisar as formas pelas quais a agenda religiosa se juridifica, instrumentalizando-se no direito, e nos empurra a repensar a articulação entre religião e direito que havia deixado de ser problematizada nas ciências sociais e humanas. Com a noção de juridificação do religioso, remetemos não apenas aos

---

40. BERTÚLIO, 2019, p. 151.

modos como o direito regula práticas e crenças religiosas, mas também ao uso que atores e instituições religiosas fazem do direito com o objetivo de defender seus sistemas de crenças.[41]

Embora as investigações, pesquisas, registros sobre os impactos do neoconservadorismo e sua relação com o direito na América Latina tenham direcionado suas abordagens para o âmbito dos direitos sexuais e reprodutivos, atingindo diretamente mulheres e LGBTQIA+, não se pode ignorar os efeitos raciais causados sobre pessoas negras e, consequentemente, sobre aquelas que vivenciam as religiões de matriz africana e de matriz afro-indígena. Ora, há de se recordar que a formação das sociedades nas Américas dá-se fundamentada em três pilares: raça, sexo articulado com gênero e classe, que serão a base de sustentação da condição de opressão-exploração imposta nas experiências de constituição dos países. Sendo assim, e conforme já demonstrado por intelectuais da envergadura de Lélia Gonzalez (1988), Sueli Carneiro (2011), bell hooks (2019), Patrícia Hill Collins (2018), Dora Lúcia de Lima Bertúlio (2019), Rita Laura Segato (2010) e Maria Lugones (2008), não se dissocia raça de gênero na experiência de opressão ocorrida nas Américas. E tal entendimento pode ser percebido nas ações de ataques aos direitos sexuais e reprodutivos empreendidos por políticos evangélicos de amplo destaque na cena política de países como o Brasil. Tal fato se dá, sobretudo, em razão da ascensão do neopentecostalismo e sua inserção nos espaços institucionais como um todo, mas com destaque amplo para o âmbito do legislativo. Nas palavras de Juan Marco Vaggione

> O impacto dos políticos evangélicos com uma agenda contrária aos direitos sexuais e reprodutivos é um fenômeno que, embora se apresente com diferentes intensidades, caracteriza de forma geral a América Latina. O Brasil é um caso paradigmático, já que a bancada evangélica no Congresso Nacional – assim como os parlamentares evangélicos nas assembleias legislativas e câmaras de vereadores pelo país – tornou-se um setor relevante nas discussões legislativas, com particular concentração nos temas da família, da educação e da sexualidade.[42]

Ora, sendo os políticos evangélicos um setor de relevância nas discussões político-jurídicas, o seu poder de negociação e definição sobre aspectos importantes na sociedade apresenta-se como um desafio posto para a garantia da pluralidade religiosa e da democracia em si. Uma vez que eles não só legislam como litigam com a perspectiva de inverter o sentido de direitos e garantias fundamentais, direcionando-os para o exercício das práticas violadoras como se fossem uma defesa de direitos humanos. Para tal, contam com o apoio e a atuação de juristas confessionais, que direcionam seu conhecimento técnico para a proteção e exercício jurídico do litígio em defesa dos interesses conservadores. Se essa foi uma prática exercida durante muito tempo pela igreja católica, hoje, amplia-se também

---

41. VAGGIONE, 2020, p. 44.
42. VAGGIONE, 2020, p. 62.

aplicada pelos evangélicos, sobretudo os neopentecostais. Assim, os evangélicos neopentecostais passam a instrumentalizar a defesa da liberdade religiosa em benefício próprio com o propósito de angariar para si os privilégios antes usufruídos pela igreja católica, conduta que para Juan Marco Vaggione

> Não deixa de ser paradoxal o fato de que certos atores evangélicos pentecostais, os quais nos anos 1980 se politizaram para confrontar o poder hegemônico da Igreja católica, agora o façam em aliança com essa mesma Igreja (como minoria, mais uma vez) para ampliar a liberdade religiosa.[43]

Desse modo, as religiões de matriz africana e de matriz afro-indígena encontram-se diante de dois adversários que, apesar das diferenças e tensões substanciais, tendem a se aliar quando está em jogo a defesa dos valores morais defendidos pelos segmentos cristãos fundamentalistas, baseados na instrumentalização de práticas e discursos que refletem as posturas conservadoras. Outrossim, os juristas confessionais exercem nesse contexto um papel indispensável para a manutenção e propagação do racismo religioso. Seja na condição de advogados das instituições e personalidades ligadas ao neopentecostalismo, seja na condição de membros de instituições públicas integrantes do Sistema de Segurança e Justiça brasileiro. Razão pela qual é comum identificar nos litígios por racismo religioso a atuação incisiva por parte dos membros das instituições estatais, violando, assim, os princípios da administração pública e o princípio constitucional da laicidade, bem como a liberdade de consciência, de culto e de crença como direitos fundamentais. Ou, ressalte-se, na condição de membros das instituições públicas não vinculados aos segmentos religiosos fundamentalistas, atuam com desídia e omissão no andamento e investigação dos casos decorrentes das práticas de racismo religioso no país. Nesse sentido, recorremos às palavras de Juan Marco Vaggione a fim de recordar que em contextos como estes "não é o pluralismo de crenças o bem jurídico a proteger, mas as próprias crenças religiosas, ameaçadas por reformas legais..."[44]

Em outras palavras, a inércia de setores públicos cuja função é defender os direitos difusos e coletivos e primar pela garantia das práticas democráticas tem relação intrínseca com o viés racista e fundamentalista religioso nos casos de racismo religioso. A apatia moral do Sistema de Segurança e Justiça para com as situações de violações de direitos humanos praticadas contra as religiões de matriz africana e de matriz afro-indígena é produto do racismo, evidenciando os seus contornos políticos, que se delineiam por meio da pilhagem e da política de camuflagem utilizadas pelos segmentos neopentecostais nos atos de juridificação e de judicialização da religiosidade, tanto no momento em que figuram como

---

43. VAGGIONE, 2020, p. 77.
44. VAGGIONE, 2020, p. 77.

réus quanto na condição de sujeitos ativos da lide. Chamando, portanto, a atenção para a inversão no uso do discurso de defesa de direitos humanos, liberdade religiosa, que instrumentalizados pelo neopentecostalismo e demais segmentos conservadores, assumem o papel de redutor da vigência dos direitos existentes, maquiados de circunstâncias de democratização.

Principalmente se se considerar que tais ações favorecem e utilizam a omissão das instituições frente aos casos de racismo religioso, atrelada à prática corriqueira de racismo institucional, que se constitui como um meio de violação dos pressupostos de amparo e proteção que devem ser direcionados às vítimas. Sobretudo, tendo em vista que o racismo institucional e o racismo religioso são as duas faces de uma mesma moeda, cujo valor primordial está em submeter as suas vítimas à continuidade da subjugação decorrente de um processo de dominação já consolidado em várias frentes de execução, seja pelos ataques declarados seja pelas práticas de silenciamento e desqualificação destas. Racismo religioso, racismo institucional, pilhagem e política de maquiagem compreendem, portanto, os elementos vitais de composição do sistema de opressão fundado na exploração-dominação traçada pelo neoconservadorismo e definidor, em parte significativa dos casos, da atuação do Sistema de Segurança e Justiça brasileiro.

5. REFERÊNCIAS

ALMEIDA, Sílvio. *O que é racismo estrutural?* Belo Horizonte: Letramento, 2018.

APPLAH, K. Anthony. Identidad, autenticidad, supervivência: sociedades multiculturales y reprodución social. In: TAYLOR, Charles. *El Multicuralismo y "la política del reconocimiento".* México, D.F: Fondo de Cultura Econômica, 1993.

BERTÚLIO, Dora Lúcia de Lima. *Direito e relações raciais*: uma introdução crítica ao racismo. Rio de Janeiro: Lumen Juris, 2019.

BIROLI, Flávia et. al. *Gênero, neoconservadorismo e democracia*: disputas e retrocessos na América Latina. São Paulo: Boitempo, 2020.

BRASIL. Relatório sobre intolerância e violência religiosa no Brasil (2011-2015): resultados preliminares. Ministério das Mulheres, da Igualdade Racial, da Juventude e dos Direitos Humanos. Brasília: SDH/PR, 2016.

BRITO, Lidivaldo Reaiche Raimundo. *A proteção legal dos terreiros de candomblé*: da repressão policial ao reconhecimento como patrimônio histórico-cultural. Salvador: Kawo-Kabiyesile, 2016.

CAMPELO, Marilú Márcia e DEUS, Zélia Amador de. "Quando o terreiro vai à delegacia". Racismo, intolerância religiosa e sistema judiciário em Belém, Pará, Amazônia. *Fórum Justiça*. Coletânea racismo institucional e o sistema de justiça [livro eletrônico]. Rio de Janeiro: Fórum Justiça, 2021.

CARNEIRO, Sueli. *A força das mães negras.* Disponível em: https://www.geledes.org.br. Acesso em: 30 jun. 2020.

CARNEIRO, Sueli e CURY, Cristiane. O Candomblé. In: NASCIMENTO, Elisa Larkin (Org.). *Guerreiras de natureza: mulher negra, religiosidade e ambiente*. São Paulo: Selo Negro, 2008.

CORREA, Ludmila Cerqueira, NEVES, Ciani Sueli das. Mulheres negras no sistema de justiça: ou quando raça, gênero e classe explicam como atua o sistema criminal. In: CORREA, Ludmila Cerqueira (Org.). *Luta antimanicomial e feminismos*: formação e militâncias. Rio de Janeiro: Autografia, 2020.

FLOR DO NASCIMENTO, Wanderson. O fenômeno do racismo religioso: desafios para os povos tradicionais de matrizes africanas. *Revista Eixo*. v. 6, n. 2 (Especial), Brasília – DF, nov. 2017.

GUALBERTO, Márcio Alexandre M. *Mapa da intolerância religiosa*. 2011: Violação ao direito de culto no Brasil. Rio de Janeiro: Aamap, 2011.

LEWIS, L., CRUZ, F. NEVES, C. S.. O Golpe de 2016 e o fundamentalismo religioso: ferramentas de continuidade e expansão do projeto de poder racista do Estado e da sociedade brasileiros. In: CRUZ, Fátima M. Leite e LEWIS, Liana (Org.). 2016: o ano que não acabou. Recife: Editora UFPE, 2020. v. 1.

NEVES, Ciani Sueli das e MELLO, M. M. P. Liberdade Religiosa: Direito fundamental e as violações por racismo religioso. IV Seminário Internacional do Observatório dos Movimentos Sociais na América Latina (Siomsal) e II Seminário Internacional Curupiras, 2019, Caruaru. Superar Violências, construir alternativas, escrever um novo mundo. Caruaru: EdUFPE, 2019. v. I.

NEVES, Ciani Sueli das. Ninguém vai tirar a comida da boca de Exu. VI Congresso Mundial de Bioética e Direito Animal, 2018, João Pessoa. *Anais do VI Congresso Mundial de Bioética e Direito Animal*. João Pessoa: Instituto Abolicionista Animal, 2018.

OLIVEIRA, Ariadne Moreira Basílio de. *Religiões afro-brasileiras e o racismo*: contribuições para a categorização do racismo religioso. 2017. 102f. Dissertação (Mestrado em Direitos Humanos e Cidadania) – Programa de Pós-Graduação em Direitos Humanos e Cidadania. Universidade de Brasília: Brasília, 2017.

OLIVEIRA, Ilzver Matos. *Perseguição aos cultos de origem africana no Brasil*: o direito e o sistema de justiça como agentes da (in)tolerância. Disponível em: http://www.publicadireito.com.br/artigos/?cod=13d83d3841ae1b92 Acesso em: 20 jan. 2018.

OLIVEIRA, Ilzver Matos. Reconhecimento judicial das religiões de origem africana e o novo paradigma interpretativo da liberdade de culto e de crença no direito brasileiro. *Revista de Direito Brasileira*. ano 5, v. 16, 2015.

PETERKE, Sven. Os Direitos humanos coletivos e a proteção dos interesses fundamentais da humanidade: avanços e impasses. In: FEITOSA, Maria Luiza Alencar Mayer et. al. *Direitos humanos e solidariedade*: avanços e impasses. Curitiba: Appris, 2013.

PIRES, Thula Rafaela de Oliveira e LYRIO, Caroline. *Racismo Institucional e acesso à justiça*: uma análise da atuação do Tribunal de Justiça do Estado do Rio de Janeiro nos anos de 1989-2011. Mimeo, sd.

PIRES, Thula Rafaela de Oliveira. *Lei 12.131, de 22 de julho de 2004*. Altera a Lei 11.915/2003, que institui o Código Estadual de Proteção aos Animais. Disponível em: http://www.al.rs.gov.br. Acesso em: 20 jul. 2018.

PIRES, Thula Rafaela de Oliveira e FREITAS, Felipe. *Vozes do cárcere*: ecos da resistência política. Rio de Janeiro: Kitabu, 2018.

SEGATO, Rita Laura. Racismo, discriminación y acciones afirmativas: herramientas conceptuales. *Educar em Ciudadania Intercultural*. Lima: Fondo Editorial de la Pontificia Universidad Católica del Perú, 2007 a.

TAYLOR, Charles. *El Multicuralismo y "la política del reconocimiento"*. México, D.F: Fondo de Cultura Econômica, 1993.

REVISTA GÊNERO E NÚMERO. Terreiros na mira. Disponível em Terreiros na mira – Gênero e Número (generonumero.media). Acesso em: 30 set. 2021.

VAGGIONE, Juan Marco. A restauração legal: o neoconservadorismo e o direito na América Latina. In: BIROLI, Flávia et. al. *Gênero, neoconservadorismo e democracia*: disputas e retrocessos na América Latina. São Paulo: Boitempo, 2020.

RAÇA E GÊNERO SOB A PERSPECTIVA DO DIREITO FUNDAMENTAL À SAÚDE

Túlio Vinícius Rosa

Bacharel em Direito. Promotor de Justiça do Estado de São Paulo. Guará/ SP.

O desenho constitucional brasileiro, próprio de um Estado Social, conferiu particular relevo ao direito fundamental à saúde que, para além de expressamente previsto ao artigo 6º de nossa Constituição como direito social de primeira ordem, recebeu maior concretude ao Título VIII que, ao tratar da Ordem Social, é inaugurado pelas previsões normativas acerca da Seguridade Social, assim compreendido, nos termos do artigo 194, um conjunto integrado de ações de iniciativa dos Poderes Públicos e da sociedade, destinadas a assegurar os direitos relativos à saúde, à previdência e à assistência social.

Tem-se, por isso, que a própria topografia das previsões normativo-constitucionais diretamente relacionadas ao direito à saúde já nos leva à importante conclusão de que não há ordem social sem que se haja com a efetiva implementação de políticas sociais e econômicas pautadas por ideais de bem-estar e justiça sociais que, no caso do direito à saúde, devem garantir acesso universal e igualitário, missão constitucional particularmente desafiadora à vista dos processos históricos que conferiram à nossa sociedade contornos racistas e modos discriminatórios relacionados ao gênero.

Desta forma, partindo-se da análise das preocupações do Constituinte Originário, forçoso reconhecer que a implementação do projeto fundante de um Estado Democrático de Direito, onde a democracia precede a própria norma, passa pela necessária constatação, já alertada pelo professor doutor Silvio de Almeida, de que as estruturas sociais têm componentes orgânicos racistas e discriminatórios, tanto quanto pela identificação dos meios necessários à reconstrução dessas estruturas e, por via de consequência, à eliminação de suas patológicas manifestações institucionais, em especial no que se refere às políticas e a práticas relacionadas à preservação e recuperação da saúde.

O avanço do processo de transformação de estruturas sociais e promoção de mudanças institucionais passa, em primeiro, pela necessária exposição e desconstrução dos preconceitos e fórmulas estereotipadas que alimentam os processos discriminatórios relacionados aos serviços de saúde, atividade que depende da urgente reavaliação da postura dos agentes envolvidos em relação a temas de raça e gênero, pela revisão dos modos adotados pela administração pública e privada destes serviços, bem como pela consolidação de novos costumes, essenciais ao desenvolvimento de uma moralidade administrativa consentânea com os ideais iluministas aprimorados do século XXI.

Neste passo, importante constatar que a reavaliação da postura dos agentes envolvidos com os serviços de saúde já se mostra deveras desafiadora, muito em razão da carência de estudos científicos dedicados à compreensão da extensão da correlação entre o preconceito e a discriminação, da divergência entre as posturas preconceituosas explícitas e implícitas e da influência de outros fatores, que não o preconceito, no desenvolvimento de práticas discriminatórias e na contenção e eliminação destas.

Conforme apontam os psicólogos sociais Ananthi Al Ramiah e Miles Hewstone, quando se analisa questões de alta sensibilidade social, tais como as de raça e gênero, estudos meta-analíticos indicam uma menor correlação entre os resultados dos testes de associação implícita e os comportamentos autodeclarados dos participantes. A partir desta constatação, os mencionados autores concluem que

> As atitudes implícitas das pessoas, as quais são aprendidas durante décadas de associações entre características, crenças e o objeto da atitude, podem conduzir o seu comportamento e podem divergir de suas atitudes explícitas, as quais podem ser moldadas, ao menos em parte, por normas sociais que as conduza a adotar atitudes igualitárias.[1]

Partindo desta premissa, sobreleva a importância do desenvolvimento de políticas de formação dos agentes envolvidos com os serviços de saúde, as quais deverão ser focadas na desconstrução de associações aprendidas no curso de suas vidas e voltadas à eliminação de práticas que impedem a promoção e a proteção da saúde sob a ótica das particulares demandas de populações vulneráveis, garantindo-se a mulheres vítimas de violência física, psicológica, sexual, patrimonial e moral, bem como à população negra em geral, atendimento integral e humanizado, conformado às especificidades sociais, ambientais e biológicas.

Com o objetivo de se garantir a efetividade de tais políticas de formação e evitar a sua redução a meras práticas formais, divorciadas da realidade social a que visam atender, tem-se por imprescindível que sua formulação seja dada, até mesmo em atenção ao texto constitucional (artigo 198, III, da Constituição Federal), mediante ampla participação da comunidade e, em especial, de representantes dos grupos vulneráveis mais diretamente impactados.

---

1. HUDDY, L.; SEARS, D. O.; LEVY J. S. *The Oxford Handbook of Political Psychology.* 2. ed. New York: Oxford University Press, 2013. p 892.

Desta maneira, o fortalecimento dos Conselhos de Saúde, como órgãos deliberativos vocacionados à formulação de políticas de saúde no âmbito nacional, estadual e municipal, se mostra particularmente estratégico em razão de sua composição paritária e abertura a associações e movimentos sociais e populares que representam grupos minoritários diretamente impactados pelas práticas dos serviços e equipamentos.

Quanto à revisão dos modos adotados pela administração pública e privada dos serviços de saúde, reputa-se essencial a fixação, inclusive no âmbito normativo, de modelos de conduta que não só oponham obstáculos absolutos às práticas discriminatórias corriqueiras e que diuturnamente culminam em violências institucionais em desfavor de grupos vulneráveis, tais como a violência obstétrica e as discriminações no atendimento por razões de raça e gênero, mas que também garantam a efetividade do direito à saúde, superando a visão liberal clássica que, na expressão de Norberto Bobbio, reduz a proteção dos direitos ao "homem abstrato".[2]

Como importante iniciativa, cumpre registrar o desenvolvimento, no âmbito do Sistema Único de Saúde, da Política Nacional de Saúde Integral da População Negra, cujo desenho, materializado através da Portaria 992 de 13 de maio de 2009, foi fruto de estudos e debates realizados entre o Comitê Técnico de Saúde da População Negra do Ministério da Saúde, movimentos sociais e o Conselho Nacional de Saúde, garantindo-se, assim, ampla participação dos usuários na criação de um modelo de atendimento que tem como uma de suas diretrizes gerais "a inclusão dos temas Racismo e Saúde da População Negra nos processos de formação e educação permanente dos trabalhadores da saúde e no exercício do controle social na saúde".[3]

Referida política foi estruturada a partir de um objetivo geral, qual seja o de "promover a saúde integral da população negra, priorizando a redução das desigualdades étnico-raciais, o combate ao racismo e à discriminação nas instituições e serviços do SUS", e de objetivos específicos voltados à garantia e ampliação do acesso às ações e serviços de saúde, identificação e prevenção de situações de abuso e violência, inclusão das demandas específicas da população negra nos processos de regulação do sistema de saúde suplementar e, sem prejuízo dos demais e no que interessa de forma mais direta ao presente estudo, à inclusão do tema "Combate às Discriminações de Gênero e Orientação Sexual, com destaque para as inter-

---

2. BOBBIO, Norberto. *A era dos direitos*. Rio de Janeiro: Campus, 1992, p. 70.
3. BRASIL, Ministério da Saúde. Portaria 992, de 13 de maio de 2009. Disponível em: https://bvsms.saude. gov.br/bvs/saudelegis/gm/2009/prt0992_13_05_2009.html. Acesso em: 04 out. 2021.

seções com a saúde da população negra, nos processos de formação e educação permanente dos trabalhadores da saúde e no exercício do controle social".[4]

A partir da análise dos objetivos geral e específicos acima dispostos, sobreleva a importância de conjugação destes postulados com os constantes dos documentos que compõem a Política Nacional e de Atenção Integral à Saúde da Mulher, a qual se revela fruto de uma nova concepção sobre o desenvolvimento das ações e o funcionamento dos serviços de saúde, sob o enfoque da necessidade de garantia de atendimento integral à vista das demandas direta ou indiretamente relacionadas ao gênero.

Por outro lado, revela-se igualmente fundamental a pactuação e a constante revisão dos planos operativos, em especial no âmbito da Comissão Intergestores Tripartite (CIT), de forma a assegurar e potencializar a participação e o comprometimento de todos os entes federativos, nos limites de suas competências e atribuições constitucionais e legais, no desenvolvimento das referidas políticas, de maneira a garantir que as diretrizes e objetivos por elas fixados não se componham como meras cartas de intenções, distantes da efetiva implementação.

Neste propósito, revela-se imprescindível o desenvolvimento de uma postura administrativa proativa e prospectiva, apta a superar o modelo passivo tradicional, voltada à identificação dos agravos de cada usuário e de suas causas, mas sem nunca desconsiderar as dificuldades de busca e acesso aos serviços de saúde, para que sejam adotadas posturas e práticas, dentro e fora dos equipamentos, que efetivamente promovam, protejam e recuperem a saúde dos grupos minoritários.

A construção e a implementação de tais modelos há de, invariavelmente e especialmente em um país multicultural como o Brasil, atender às particularidades locais o que, também aqui, depende da ampla participação da comunidade, seja através da atividade fiscalizatória dos Conselhos Municipais de Saúde, seja através da provocação de órgãos de controle interno e externo, tais como as ouvidorias e o Ministério Público, uma vez que a este é constitucionalmente atribuída a função de zelar pelo efetivo respeito dos Poderes Públicos e dos serviços de relevância pública aos direitos assegurados na Constituição, promovendo as medidas necessárias a sua garantia.

Seguindo esta linha de raciocínio, acredita-se que a conjugação de estratégias de formação individual, normatização e controle colaborará com o desenvolvimento de uma nova cultura institucional que promoverá grandes e importantes mudanças na prestação dos serviços de saúde, o que não só dá espaço à efetivação do constitucional direito social em toda a sua extensão, mas também fomenta,

---

4. BRASIL, 2009, Portaria 992, de 13 de Maio de 2009.

a cada atendimento, transformações nas estruturas sociais que, historicamente, operam como alicerces das práticas racistas e discriminatórias.

REFERÊNCIAS

ALMEIDA, SILVIO. *Racismo Estrutural*. 6. Ed. São Paulo. Jandaíra, 2020.

BOBBIO, Norberto. *A era dos direitos*. Rio de Janeiro: Campus, 1992.

BRASIL, Ministério da Saúde. Portaria 992, de 13 de maio de 2009. Disponível em: https://bvsms. saude.gov.br/bvs/saudelegis/gm/2009/prt0992_13_05_2009.html. Acesso em: 04 out. 2021.

HUDDY, L.; SEARS, D. O.; LEVY J. S. *The Oxford Handbook of Political Psychology*. 2. ed. New York: Oxford University Press, 2013.

RELAÇÕES DE CONSUMO DISCRIMINATÓRIAS: A DESIGUALDADE RACIAL NA AQUISIÇÃO DE BENS E SERVIÇOS

Denilson de Souza Freitas

Mestre em Efetividade do Direito pela PUC-SP. Promotor de Justiça do Consumidor da Capital – MPSP.

1. INTRODUÇÃO

Em diversos momentos da história, nota-se exagerada rivalidade com o outro, em que este é uma pessoa com menos dignidade, com menos direito ou, simplesmente, um objeto. O outro é o diferente; é aquele com o qual não se identifica e, por isso, não merece ter direitos.[1]

A Segunda Guerra Mundial, resultante do conflito entre os Aliados e o Eixo nos anos de 1939 a 1945, foi um período de graves violações à vida e à integridade física e psíquica das pessoas, com milhões de mortos e outras inúmeras barbaridades.[2]

No pós-guerra, com o propósito de romper com o infausto momento de atrocidades, teve início a "concepção contemporânea de direitos humanos" com o marco, em 1948, da Declaração Universal dos Direitos Humanos;[3] trata-se de uma fase de internacionalização dos direitos humanos, norteada pela sua reconstrução. Internacionalização, porque a proteção dos direitos humanos é de

---

1. PIOVESAN, Flávia. Igualdade, diferença e direitos humanos: perspectivas global e regional. In: SARMENTO, Daniel; IKAWA, Daniela; PIOVESAN, Flávia (Coord.). *Igualdade, diferença e direitos humanos*. 2. tir. Rio de Janeiro: Lumen Juris, 2010. p. 48.
2. HOBSBAWM, Eric J. *Era dos extremos*: o breve século XX, 1914-1991. Trad. Marcos Santarrita. 2. ed. São Paulo: Companhia das Letras, 1995.
3. NAÇÕES UNIDAS, Organização das. *Declaração Universal dos Direitos Humanos*. 1948. Disponível em: https://www.ohchr.org/en/human-rights/universal-declaration/translations/portuguese. Acesso em: 19 fev. 2023.

"legítimo interesse internacional"; a violação de direitos humanos no âmbito de um Estado desperta a preocupação de todos os povos.[4]

Com a Declaração, as pessoas foram reconhecidas como titulares de direitos humanos, que devem ser assegurados até mesmo em face do Estado;[5] a humanidade de cada indivíduo e de todos passa a ter maior relevância que a soberania estatal.[6] O simples fato de existir garante à pessoa a cidadania necessária para o exercício de direitos. A pessoa, titular e sujeito de direitos, ocupa o centro do processo normativo e também protetivo.

A igualdade e a não discriminação, decorrentes da dignidade da pessoa humana, são axiomas que delineiam os sistemas internacionais de proteção dos direitos humanos e os ordenamentos jurídicos nacionais, em especial, no Brasil, o Código de Defesa do Consumidor.

Entretanto, nas situações fáticas de inúmeras relações de consumo, são constatadas violações a esses princípios, sobre as quais pretende-se, aqui, promover estreita ponderação.

2. A PROTEÇÃO SUPRANACIONAL DOS DIREITOS HUMANOS

O sistema protetivo internacional dos direitos humanos é dotado das características da universalidade, indivisibilidade, interdependência e inter-relacionamento, que foram ratificadas na Conferência Mundial sobre Direitos Humanos realizada em Viena no ano de 1993.[7]

Com efeito, os direitos previstos na Declaração beneficiam todas as pessoas, na medida em que todos são titulares de direitos, sem restrições decorrentes de condição social, origem, classe social ou etnia.[8] Nas palavras de Manoel Gonçalves

---

4. PIOVESAN, op. cit., p. 51-52.
5. Christian Starck afirma que todas as pessoas são titulares do direito à dignidade, ainda que não sejam credoras dela. Por outras palavras, a dignidade acompanha a pessoa por toda a sua vida e independe das condutas e posturas adotadas durante o ciclo vital (STARCK, Christian. La dignidad del hombre como garantía constitucional, en especial, en el derecho alemán. Trad. Alberto Ochling de los Reyes. In: SEGADO, Francisco Fernández (Coord.). *Dignidad de la persona, derechos fundamentales, justicia constitucional y otros estudios de derecho público*. Madri, Espanha: Dykinson, 2008, p. 239-302).
6. BERTONCELLO, Fernando Rodrigues da Motta; MACHADO, Monica Sapucaia. Direitos humanos e seus sistemas de proteção. In: GONÇALVES, Rubén Miranda; VEIGA, Fábio da Silva (Coord.). *Paradigmas do Direito Constitucional atual*. Barcelos, Portugal: Instituto Politécnico do Cávado e do Ave, 2017. p. 118.
7. Conforme a Declaração e Programa de Ação de Viena, de 1993: "5. *All human rights are universal, indivisible and interdependent and interrelated.* [...]". Em tradução livre: "5. Todos os direitos humanos são universais, indivisíveis, interdependentes e inter-relacionados. [...]" (*Declaração de Viena* e programa de acção. Conferência Mundial sobre os Direitos do Homem. Viena, 1993. Disponível em: https://www.ohchr.org/en/professionalinterest/pages/vienna.aspx. Acesso em: 07 jan. 2023).
8. NUNES JÚNIOR, Vidal Serrano; ARAUJO, Luiz Alberto David. *Curso de direito constitucional*. 23. ed. rev. e atual. Santana do Parnaíba, SP: Manole, 2021. p. 148 [recurso eletrônico].

Ferreira Pinto, "se todos os homens têm a mesma natureza e dignidade, todos devem gozar de tais direitos. Se a humanidade tem os mesmos valores, todos hão de ter os mesmos direitos".[9]

Esses direitos não podem ser cindidos, posto que indivisíveis; em razão de sua essencialidade para uma vida digna, os direitos humanos devem receber a mesma proteção jurídica, sendo impossível resguardar alguns e não, outros. Ademais, os direitos humanos estão estreitamente relacionados entre si, em mútua dependência.[10]

A universalidade dos direitos humanos proporcionou a criação de um sistema internacional de proteção, fruto de um consenso entre os Estados para o estabelecimento de diretrizes protetivas mínimas. Como aponta Flávia Piovesan, é o "mínimo ético irredutível",[11] ou seja, representa o menor limite aceitável.

A Declaração Universal dos Direitos Humanos está alicerçada em três pilastras principais, quais sejam, a liberdade, a igualdade e a fraternidade, retratadas desde o seu primeiro artigo.[12] Na parte introdutória, a Declaração sinaliza que esses três princípios serão efetivados nos âmbitos nacional e internacional de maneira progressiva,[13] "como fruto de um esforço sistemático de educação em direitos humanos".[14]

A proteção internacional global dos direitos humanos é composta por instrumentos endereçados a todas as pessoas, de forma geral e abstrata, sem especificar seus destinatários. Nesse sistema, estão a Declaração Universal dos Direitos Humanos de 1948, os Pactos Internacionais de 1966 (dos Direitos Civis e Políticos e

---

9. FERREIRA PINTO, Manoel Gonçalves. *Direitos humanos fundamentais*. 15. ed. São Paulo: Saraiva, 2016. p. 218.
10. RAMOS, André de Carvalho. *Teoria geral dos direitos humanos na ordem internacional*. 6. ed. São Paulo: Saraiva, 2016b.
11. PIOVESAN, Flávia. Igualdade, diferença e direitos humanos: perspectivas global e regional. In: SARMENTO, Daniel; IKAWA, Daniela; PIOVESAN, Flávia (Coord.). *Igualdade, diferença e direitos humanos*. 2. tir. Rio de Janeiro: Lumen Juris, 2010. p. 53.
12. Conforme artigo 1º da Declaração Universal: "Artigo 1º. Todos os seres humanos nascem livres e iguais em dignidade e direitos. Dotados de razão e de consciência, devem agir uns para com os outros em espírito de fraternidade".
13. Na introdução, a Declaração Universal dos Direitos Humanos assenta que "A Assembleia Geral proclama a presente Declaração Universal dos Diretos Humanos como ideal comum a atingir por todos os povos e todas as nações, a fim de que todos os indivíduos e todos os órgãos da sociedade, tendo-a constantemente no espírito, se esforcem, pelo ensino e pela educação, por desenvolver o respeito desses direitos e liberdades e por promover, por medidas progressivas de ordem nacional e internacional, o seu reconhecimento e a sua aplicação universais e efetivos, tanto entre as populações dos próprios Estados membros, como entre as dos territórios colocados sob a sua jurisdição".
14. COMPARATO, Fábio Konder. *A afirmação histórica dos direitos humanos*. 12. ed. São Paulo: Saraiva Educação, 2019. p. 231.

dos Direitos Econômicos, Sociais e Culturais) e a Declaração de Direitos Humanos de Viena de 1993. O sujeito de direitos no sistema global é abstrato e genérico.[15]

No entretanto, para a efetividade das diretrizes estampadas no sistema global, alguns direitos foram abordados em instrumentos próprios.

Exsurge, então, o sistema protetivo especial dos direitos humanos, que objetiva resguardar pessoas ou grupos de pessoas específicos e concretos; suas disposições visam a evitar, banir e reparar situações de violação a direitos humanos, especialmente de grupos sociais mais vulneráveis. A situação de vulnerabilidade é sopesada consoante fatores singulares, como as vítimas de tortura e a discriminação de raça, etnia e condições físicas ou biológicas. No rol do sistema especial, situam-se a Convenção sobre a Eliminação de todas as Formas de Discriminação Racial de 1965, a Convenção sobre a Eliminação de todas as Formas de Discriminação contra a Mulher de 1979, a Convenção contra a Tortura de 1984, a Convenção sobre os Direitos da Criança de 1990 e a Convenção sobre os Direitos das Pessoas com Deficiência de 2007. O sujeito de direitos, aqui, tem especificidades e concretude e está inserido em situação social de vulnerabilidade[16] que exige peculiar amparo.

O sistema jurídico internacional caminha ao lado do Direito Constitucional e ambos atuam de forma integrada; é a internalização do Direito Internacional, adicionado ao sistema doméstico em razão de dispositivos da Constituição ou da vinculação aos tratados internacionais, bem como da participação dos países em organizações supranacionais.[17]

Ao tratar do diálogo jurisdicional entre ordens diversas, Flávia Piovesan aponta que o modelo piramidal, com a Constituição em seu ápice, deve ser suplantado pelo modelo trapezoidal, no qual os tratados internacionais estão ao lado da Constituição.[18] A proteção internacional dos direitos humanos e a sua defesa constitucional não são contrapostas; ao contrário, complementam-se no amparo à pessoa, que é o centro do sistema normativo. O indivíduo, razão de ser dos direitos humanos, é o destinatário do amparo supranacional, ou seja, é "sujeito de direito internacional", de maneira que, nesta proteção, são possíveis até mesmo "limitações à noção tradicional de soberania estatal". Nesse sentido, "reconhece-se a existência de direitos comuns cuja proteção é mais importante que a garantia

15. PIOVESAN, op. cit., p. 53.
16. PIOVESAN, Flávia. Igualdade, diferença e direitos humanos: perspectivas global e regional. In: SARMENTO, Daniel; IKAWA, Daniela; PIOVESAN, Flávia (Coord.). *Igualdade, diferença e direitos humanos*. 2. tir. Rio de Janeiro: Lumen Juris, 2010. p. 60.
17. SANTOS, Marcelo de Oliveira Fausto Figueiredo. *O direito constitucional transnacional e algumas de suas dimensões*. Belo Horizonte: Editora D'Plácido, 2019. p. 20.
18. PIOVESAN, Flávia. *Temas de Direitos Humanos*. 9. ed. São Paulo: Saraiva, 2016. p. 147.

dos interesses do Estado, quais sejam, os direitos humanos, os quais passam a ser vistos como princípios básicos da comunidade internacional".[19]

3. A DISCRIMINAÇÃO RACIAL NO ÂMBITO REGIONAL

Em 1965, reiterando a universalização dos direitos humanos, a Organização das Nações Unidas aprovou a Convenção Internacional sobre a Eliminação de todas as Formas de Discriminação Racial, ratificada pelo Brasil através do Decreto 65.810, de 8 de dezembro de 1969. A definição de seu objeto está no artigo 1º, item 1, o qual estabelece que:

> a expressão "discriminação racial" significará qualquer distinção, exclusão restrição ou preferência baseadas em raça, cor, descendência ou origem nacional ou étnica que tem por objetivo ou efeito anular ou restringir o reconhecimento, gozo ou exercício num mesmo plano, (em igualdade de condição), de direitos humanos e liberdades fundamentais no domínio político econômico, social, cultural ou em qualquer outro domínio de vida pública.[20]

Em breve síntese, a finalidade da Convenção é eliminar a discriminação racial e étnica em qualquer de suas formas e em todo lugar, como instrumento do sistema protetivo especial. Por conseguinte, também é objetivo da Convenção a promoção da igualdade.

Os países subscritores assumiram o encargo de implementar políticas públicas de eliminação da discriminação racial e de promoção da igualdade, inclusive no exercício de direitos civis, políticos, sociais, econômicos e culturais.

No âmbito regional de proteção dos direitos humanos, a Organização dos Estados Americanos – OEA aprovou a Convenção Americana de Direitos Humanos de 1969 (Pacto de São José da Costa Rica), incorporada pelo Brasil através do Decreto 678, de 6 de novembro de 1992.[21] Cabe destacar na Convenção Americana o direito à igualdade entre as pessoas, sem qualquer discriminação por motivo de raça, cor, sexo, idioma, religião, opiniões políticas ou de qualquer outra natureza, origem nacional ou social, posição econômica, nascimento ou qualquer outra condição social.

---

19. CALIXTO, Ângela Jank; CARVALHO, Luciani Coimbra de. Pluralismo jurídico: uma nova perspectiva a respeito da relação entre os sistemas jurídicos internacional e interno. In: FIGUEIREDO, Marcelo; CONCI, Luiz Guilherme Arcaro (Coord.). *Constitucionalismo multinível e pluralismo jurídico*. Rio de Janeiro: Lumen Juris, 2017. p. 11-12.

20. BRASIL. Decreto 65.810, de 8 de dezembro de 1969. *Promulga a Convenção Internacional sobre a Eliminação de todas as Formas de Discriminação Racial*. Brasília, DF, 1969. Disponível em: http://www.planalto.gov.br/ccivil_03/decreto/1950-1969/D65810.html. Acesso em: 12 fev. 2023.

21. BRASIL. Decreto 678, de 6 de novembro de 1992. *Promulga a Convenção Americana sobre Direitos Humanos (Pacto de São José da Costa Rica)*. Brasília, DF, 1992. Disponível em: http://www.planalto.gov.br/ccivil_03/decreto/d0678.htm. Acesso em: 12 fev. 2023.

Com enfoque nas diferenças e diversidades e na proibição da discriminação, em 2013 foi assinada a Convenção Interamericana contra o Racismo, a Discriminação Racial e Formas Correlatas de Intolerância. No Brasil, a Convenção foi aprovada pelo Congresso Nacional através do Decreto Legislativo 1, de 2021.[22] Como foi aprovada em dois turnos, por mais de três quintos dos Parlamentares de cada Casa, nos termos do artigo 5º, § 3º, da Constituição Federal, equivale à emenda constitucional.[23] Trata-se de importante reforço supranacional, que foi internalizado no ordenamento jurídico local, para o respeito à igualdade e à não discriminação.

Consoante a Convenção Interamericana, a discriminação racial é qualquer forma de distinção, exclusão, restrição ou preferência que anule ou restrinja o reconhecimento, o gozo ou o exercício de direitos humanos e liberdades fundamentais. Essa distinção pode ter propósito discriminatório (intenção, vontade, objetivo) ou efeito discriminatório (consequência) baseados em raça, cor, ascendência ou origem nacional ou étnica.

A discriminação pode decorrer de atos raciais expressos, através dos quais aquela sobressai de forma direta. Porém, a diferenciação racial, conforme artigo 1.2 da Convenção, é exercida também de forma indireta, fruto de um ato aparentemente neutro, mas que proporciona desvantagem a pessoas pertencentes a grupos específicos. Para Silvio Luiz de Almeida,

> a *discriminação indireta* é um processo *intrageracional*, em que a situação específica de grupos minoritários é ignorada (discriminação de fato) ou em que se impõem regras de "neutralidade racial" (*colorblindness*) sem que se leve em conta a existência de diferenças sociais significativas (*discriminação pelo direito ou discriminação por impacto adverso*)[24] (grifo do autor).

O racismo é definido pela Convenção Interamericana como "qualquer teoria, doutrina, ideologia ou conjunto de ideias que enunciam um vínculo causal entre as características fenotípicas ou genotípicas de indivíduos ou grupos e seus traços intelectuais, culturais e de personalidade"; nele também se inclui o conceito

---

22. BRASIL. Decreto Legislativo 1, de 2021. *Aprova o texto da Convenção Interamericana contra o Racismo, a Discriminação Racial e Formas Correlatas de Intolerância*, adotada na Guatemala, por ocasião da 43ª Sessão Ordinária da Assembleia Geral da Organização dos Estados Americanos, em 5 de junho de 2013. Brasília, DF: 2021. Disponível em: https://pesquisa.in.gov.br/imprensa/jsp/visualiza/index.jsp?jornal=515&pagina=1&data=19/02/2021. Acesso em: 11 fev. 2023.

23. O Decreto Legislativo 1, de 2021, foi publicado no Diário Oficial da União em 19 de fevereiro de 2021. O texto da Convenção Interamericana contra o Racismo foi publicado no Diário do Senado Federal em 17 de dezembro de 2020.

24. ALMEIDA, Silvio Luiz de. *Racismo*. Enciclopédia jurídica da PUC-SP. Celso Fernandes Campilongo, Alvaro de Azevedo Gonzaga e André Luiz Freire (Coord.). Tomo: Teoria Geral e Filosofia do Direito. Celso Fernandes Campilongo, Alvaro de Azevedo Gonzaga, André Luiz Freire (coord. de tomo). São Paulo: Pontifícia Universidade Católica de São Paulo, 2017. Disponível em: https://enciclopediajuridica.pucsp.br/verbete/92/edicao-1/racismo. Acesso em: 05 fev. 2023.

de superioridade racial (art. 1.4). As medidas preconceituosas são "moralmente censuráveis, socialmente injustas e contrárias aos princípios fundamentais do Direito Internacional e, portanto, perturbam gravemente a paz e a segurança internacional".

A Convenção também trata dos atos de intolerância, representados pelo "desrespeito, rejeição ou desprezo à dignidade, características, convicções ou opiniões de pessoas por serem diferentes ou contrárias" (art. 1.6), os quais podem acarretar violência, marginalização ou exclusão de grupos vulneráveis.

Aos Estados incumbe prevenir, eliminar, proibir e punir todos os atos e manifestações de racismo, discriminação racial e formas correlatas de intolerância. Nota-se que, na esteira do sistema protetivo global, a Convenção Interamericana contra o Racismo, a Discriminação Racial e a Intolerância enaltece o direito à igualdade e o direito à diferença. Nesse sentido, busca-se a igualdade formal e, principalmente, a igualdade material, atribuindo aos Estados o compromisso de adotarem ações afirmativas e políticas públicas, "com o propósito de promover condições equitativas para a igualdade de oportunidades, inclusão e progresso para essas pessoas ou grupos" (arts. 5º, 6º e 7º).

A Constituição Federal de 1988 trilha o mesmo rumo. Acertadamente, o legislador constituinte estabeleceu que são objetivos fundamentais da República do Brasil a construção de uma sociedade livre, justa e solidária (art. 3º, inc. I), a redução das desigualdades sociais e regionais (art. 3º, inc. III) e a promoção do bem de todos, sem preconceitos de origem, raça, sexo, cor, idade e quaisquer outras formas de discriminação (art. 3º, inc. IV).

A vedação à distinção está presente em outros dispositivos do texto constitucional, especialmente no rol dos direitos fundamentais, ao proibir a discriminação atentatória dos direitos e liberdades fundamentais e a prática do racismo (CF, art. 5º, inc. XLI e XLII).

Nota-se, portanto, a existência de "pluralismo das ordens jurídicas", ou seja, a concomitância de normas de origens diversas para o regramento do mesmo "espaço social".[25] Esse arcabouço legislativo ratifica a importância do direito à igualdade e à não discriminação e impõe maior preocupação no enfrentamento das situações fáticas que emergem a todo momento no país.

Contudo, não raras vezes, medidas públicas e atos privados instituídos com o rótulo de proteção a interesses da comunidade, na verdade, representam violações

---

25. RAMOS, André de Carvalho. Realizando a convergência entre o nacional e o internacional: os círculos concêntricos da pluralidade das ordens jurídicas no Brasil. In: PIOVESAN, Flávia; SALDANHA, Jânia Maria Lopes (Coord.). *Diálogos jurisdicionais e direitos humanos*. Brasília: Gazeta Jurídica, 2016a, p. 440-441.

a direitos humanos consagrados nos tratados internacionais[26] e na Constituição, o que exige maior vigilância do Poder Público e da sociedade.

O desrespeito ao sistema protetivo dos direitos humanos pode ser notado em diversas áreas do Direito, inclusive nas relações de consumo: leis que não protegem os vulneráveis, omissões legislativas inapropriadas, atos regulamentares em descompasso com os axiomas constitucionais, práticas comerciais lesivas oriundas de grandes empresas e diversos outros comportamentos, governamentais ou não, que olvidam os regramentos supranacionais protetivos dos valores mais expressivos à existência digna.

De qualquer forma, não é possível olvidar que a dignidade da pessoa humana é o princípio fundante do sistema jurídico-normativo. Por isso, o Estado deve garantir um conjunto de condições mínimas de direitos sociais; sem esse patamar mínimo, não há dignidade humana.[27]

4. PROTEÇÃO DO CONSUMIDOR

Na proteção consumerista interna, a legislação infraconstitucional observa o mesmo norte da igualdade e da não discriminação.

Os consumidores experimentam deficiência técnica, econômica (ou fática), jurídica (ou científica) e informacional quando comparados com os fornecedores;[28] nesse cenário e por não participarem da cadeia produtiva, os adquirentes de produtos e serviços estão em posição de inferioridade e fragilidade na relação contratual.

Alheio à cadeia produtiva, o consumidor pouco sabe sobre os atributos do produto ou do serviço e sobre as consequências de seu uso; outrossim, ignora as matérias primas empregadas, as tecnologias presentes e os métodos de produção. Essas circunstâncias evidenciam a debilidade técnica do consumidor, ou seja, a

---

26. García Roca, Alcalá e Gisbert: "La larga experiencia en miles de casos del TEDH durante medio siglo de jurisprudencia, revisando complejos casos a veces muy sensibles para las opiniones públicas internas, muestra como bajo las perspectivas más nacionalistas y protecionistas tienden a menudo a enmascararse obstáculos a la validez y eficacia de las normas internacionales protectoras de derechos, si no flagrantes violaciones de derechos fundamentales de las personas, o de las formaciones sociales en que se integran, particularmente de las minorías más indefensas; [...]" (GARCÍA ROCA, Javier; ALCALÁ, Humberto Nogueira; GISBERT, Rafael Bustos. La comunicación entre ambos sistemas y las características del diálogo. In: GARCÍA ROCA, Javier et al (Ed.). *El diálogo entre los sistemas europeo y americano de derechos humanos*. Pamplona, Espanha: Thomson Reuters, 2012. p. 69).

27. SILVA, José Afonso da. A dignidade da pessoa humana com valor supremo da democracia. *Revista de Direito Administrativo*. v. 212, p. 89-94, Rio de Janeiro: Editora FGV, abr./jun. 1998. Disponível em: https://bibliotecadigital.fgv.br/ojs/index.php/rda/article/view/47169. Acesso em: 08 jan. 2023.

28. BENJAMIN, Antonio Herman V.; MARQUES, Claudia Lima; MIRAGEM, Bruno. *Comentários ao Código de Defesa do Consumidor*. 6. ed. São Paulo: Thomson Reuters Brasil, 2019. p. 268.

"ausência de conhecimentos específicos do consumidor em relação às características do produto ou serviço que está adquirindo".[29]

Da mesma forma, há evidente debilidade econômica (ou socioeconômica ou fática) do consumidor se comparado com o fornecedor, que possui maiores recursos financeiros e, assim, consegue impor a sua vontade.[30]

A ausência de conhecimentos específicos na área jurídica, contábil ou sobre economia expõe a vulnerabilidade jurídica (ou científica) do consumidor, enquanto ao fornecedor não falta apoio especializado nas relações consumeristas.[31]

Característica relevante da qualidade de consumidor é o seu déficit de informação. E, na atualidade, esse atributo alcança especial relevância, uma vez que o exercício do poder está na informação. A sua insuficiência, pela falta ou inadequação, reforça a desigualdade na relação contratual e, por isso, impõe a intervenção estatal.[32]

Nota-se que a vulnerabilidade é fenômeno intrínseco e imanente do conceito de consumidor. A respeito, Sérgio Cavalieri Filho ensina que:

> A *vulnerabilidade*, portanto, é o requisito essencial para a formulação de um conceito de consumidor; está na origem da elaboração de um Direito do Consumidor; é a espinha dorsal que sustenta toda a sua filosofia. Reconhecendo a desigualdade existente, busca estabelecer uma igualdade real entre as partes nas relações de consumo. As normas desse novo direito estão sistematizadas a partir dessa ideia básica de proteção de determinado sujeito: o consumidor, por ser ele vulnerável. Só se justifica a aplicação de uma lei protetiva em face de uma relação de desiguais. Entre partes iguais não se pode tratar privilegiadamente uma delas sob pena de violação do princípio da igualdade[33] (grifo do autor).

A vulnerabilidade do consumidor foi reconhecida na Constituição Federal de 1988, que, no artigo 5º, inciso XXXII, determinou ao Estado a promoção da defesa do consumidor. Para Paulo Valério Dal Pai Moraes,[34] o princípio da vulnerabilidade é o reconhecimento, no ordenamento jurídico, da condição de fragilidade do(s) consumidor(es), "tendo em vista a possibilidade de que venha(m) a ser

29. BESSA, Leonardo Roscoe. *Código de Defesa do Consumidor comentado*. 2. ed. Rio de Janeiro: Forense, 2022. p. 56.

30. MORAES, Paulo Valério Dal Pai. *Código de Defesa do Consumidor*: o princípio da vulnerabilidade no contrato, na publicidade, nas demais práticas comerciais: interpretação sistemática do direito. 3. ed. Porto Alegre: Livraria do Advogado Editora, 2009. p. 175-180.

31. MARQUES, Claudia Lima. *Contratos no Código de Defesa do Consumidor*: o novo regime das relações contratuais. 6. ed. São Paulo: Ed. RT, 2011. p. 237-238.

32. MARQUES, Claudia Lima; MIRAGEM, Bruno. *O novo direito privado e a proteção dos vulneráveis*. São Paulo: Ed. RT, 2012. p. 158-159. No mesmo sentido: MARQUES, Claudia Lima. *Contratos no Código de Defesa do Consumidor*: o novo regime das relações contratuais. 6. ed. São Paulo: Ed. RT, 2011. p. 335-339.

33. CAVALIERI FILHO, Sérgio. *Programa de direito do consumidor*. 6. ed. Barueri, SP: Atlas, 2022. p. 23.

34. 2009, p. 125.

ofendido(s) ou ferido(s), na sua incolumidade física ou psíquica, bem como no âmbito econômico, por parte do(s) sujeito(s) mais potente(s) da mesma relação".

Assim, para cumprir o preceito constitucional e para estabelecer a equidade nas relações de consumo, o artigo 4º, inciso I, da Lei 8.078/90[35] prevê, como princípio da Política Nacional das Relações de Consumo, a vulnerabilidade do consumidor. Trata-se de presunção absoluta *ope legis*, intrínseca a toda relação de consumo e que norteia a proteção do consumidor.[36]

A vulnerabilidade resulta do princípio da dignidade humana e está estreitamente relacionada com a igualdade, que desautoriza a injusta diferenciação.

Ao tratar da publicidade abusiva, o Código de Defesa do Consumidor assenta que é abusiva aquela com caráter discriminatório de qualquer natureza (art. 37, § 2º). A proteção contra a publicidade abusiva é direito básico do consumidor previsto no artigo 6º, inciso IV, da Lei 8.078/90. Outrossim, a publicidade discriminatória – portanto, abusiva – poderá configurar infração penal prevista no artigo 67 do mesmo Código.

Ademais, outro importante direito do consumidor está elencado no artigo 6º que assegura "a liberdade de escolha e a igualdade nas contratações" (inc. II), o que, por certo, rejeita distinções injustificadas.

Acrescente-se que, sem justa causa, o fornecedor de produtos e serviços não pode elevar seus preços (art. 39, inc. X); por consequência, é proibido a esse fornecedor aumentar preços ou taxas de juros com fundamento em fatores discriminatórios, como a etnia, o *status* social ou o local de residência do consumidor.

Da mesma forma, ao fornecedor é vedado recusar a venda de bens ou serviços a quem o solicitar mediante pronto pagamento (art. 39, IX); com maior razão, critérios discriminatórios não se prestam a justificar essa recusa.

Na Lei 7.716/89, os atos de discriminação ou preconceito de raça, cor, etnia, religião ou procedência nacional são considerados crimes, destacando-se, nas relações de consumo, aqueles que recusem, neguem ou impeçam: o acesso a estabelecimento comercial (opondo-se a servir, atender ou receber cliente ou comprador); a inscrição ou ingresso de aluno em estabelecimento de ensino público ou privado; a hospedagem em hotel, pensão, estalagem ou qualquer estabelecimento similar; o atendimento em restaurantes, bares, confeitarias, estabelecimentos esportivos, casas de diversões, clubes sociais, salões de cabeleireiros, barbearias,

---

35. BRASIL. *Lei 8.078, de 11 de setembro de 1990.* Dispõe sobre a proteção do consumidor e dá outras providências. *Código de Defesa do Consumidor.* Brasília, DF: 1990. Disponível em: http://www.planalto. gov.br/ccivil_03/leis/l8078compilado.htm. Acesso em: 07 jan. 2023.
36. NUNES, Luiz Antônio Rizzatto. *Comentários ao Código de Defesa do Consumidor.* 3. ed. São Paulo: Saraiva, 2007. p. 128.

termas ou casas de massagem ou locais semelhantes abertos ao público; o acesso ou uso de transportes públicos.[37]

A discriminação ilícita ou abusiva também é vedada no tratamento de dados pessoais, conforme previsto no artigo 6º, inciso IX, da Lei Geral de Proteção de Dados.[38] Com efeito, é inadmissível o tratamento de dados realizado com a finalidade de distinção ilícita ou abusiva. Essa proibição decorre dos fundamentos da proteção de dados indicados no artigo 2º da Lei 13.709/2018, especialmente os direitos humanos e a dignidade da pessoa (inc. VII).

A despeito da estrutura jurídica, nacional e supranacional, persistem violações aos direitos humanos nas relações consumeristas, máxime quando os consumidores são discriminados em razão de sua etnia, origem ou de sua condição social.

5. A DISTINÇÃO RACIAL NAS RELAÇÕES CONSUMERISTAS

5.1 Os algoritmos discriminatórios

A igualdade material é alcançada quando se aplicam tratamentos diferenciados justificados que restabeleçam a equivalência nas relações sociais e contratuais. A diversidade e a pluralidade entre as pessoas permitem que as proteções sejam distintas, mas sempre norteadas pela igualdade. O *discrímen* deve ter adequação racional com a sua razão justificadora.[39]

Nesse sentido, adquirem maior importância o direito à informação e a boa-fé objetiva dos contratos consumeristas, que exigem transparência na negociação. O consumidor deve ser informado sobre os motivos do *discrímen*, por exemplo, as razões da não entrega de um produto em determinado bairro ou as justificativas para a cobrança de taxa de juros maior em desfavor de contratantes negros.

A situação se acentua nas transações que envolvem, de um lado, consumidores – humanos – e, de outro, mecanismos de inteligência artificial ou automatizados.

---

37. BRASIL. Lei 7.716, de 5 de janeiro de 1989. *Define os crimes resultantes de preconceito de raça ou de cor*. Brasília, DF: 1989. Disponível em: http://www.planalto.gov.br/ccivil_03/leis/l7716.htm. Acesso em: 07 jan. 2023.

38. Conforme Lei 13.709/2018, art. 6º: "As atividades de tratamento de dados pessoais deverão observar a boa-fé e os seguintes princípios: [...] IX – não discriminação: impossibilidade de realização do tratamento para fins discriminatórios ilícitos ou abusivos" (BRASIL. Lei 13.709, de 14 de agosto de 2018. *Lei Geral de Proteção de Dados Pessoais (LGPD)*. Brasília, DF: 2018b. Disponível em: http://www.planalto.gov.br/ccivil_03/_ato2015-2018/2018/lei/l13709.htm. Acesso em: 08 jan. 2023).

39. MELO, Celso Antônio Bandeira de. *Conteúdo jurídico do princípio da igualdade*. 3. ed. São Paulo: Malheiros, 2009. p. 23.

No atual período de desenvolvimento tecnológico, os algoritmos ostentam especial relevância, uma vez que estão presentes desde a fase pré-contratual, antecedendo à publicidade, e se prolongam para momentos posteriores à conclusão da contratação. E, normalmente, as avaliações automatizadas não estão acompanhadas das necessárias informações e transparência. Em Orientações Éticas para uma IA de Confiança,[40] o Grupo Independente de Peritos de Alto Nível sobre a Inteligência Artificial, criado pela Comissão Europeia em junho de 2018, ressaltou que os processos de inteligência artificial devem ser transparentes, abertos e com decisões explicáveis.

Nenhum ato da relação de consumo pode utilizar a condição étnica ou social como instrumento de discriminação, inclusive os algoritmos, e a responsabilidade pela distinção não deve ser atribuída ao algoritmo, mas, sim, à pessoa que o cria ou que o alimenta. A respeito, o artigo 6º, inciso IX, da Lei 13.709/2018, no tratamento de dados pessoais, reforça o princípio da não discriminação, ou seja, a "impossibilidade de realização do tratamento para fins discriminatórios ilícitos ou abusivos".

Por isso, impõe-se o acompanhamento da utilização de mecanismos "inteligentes" nas relações consumeristas quanto aos resultados dos algoritmos, em particular quanto à prevenção das discriminações indesejadas. Torna-se imprescindível a transparência das soluções algorítmicas, a fim de que o consumidor, os órgãos protetivos e os agentes reguladores conheçam a valoração e o método de uso do dado coletado.[41]

A coleta de dados pessoais é capaz de ser realizada em várias fontes, como as plataformas abertas, as falsas promoções realizadas com a finalidade de reunir informações dos consumidores ou mesmo em transações com consentimento.

O algoritmo, compreendido como uma sequência de instruções para se atingir um objetivo, tem potencial para auxiliar em diversas atividades das pessoas e das empresas.[42] As informações atravessam esse conjunto de instruções, observam determinadas operações e, ao final, permitem um resultado que, imagina-se, seja capaz contribuir, de alguma forma, para o dia a dia das pessoas ou das empresas.

---

40. COMISSÃO EUROPEIA. Grupo de peritos de alto nível sobre a inteligência artificial. *Orientações éticas para uma IA de confiança*. Bruxelas: Comissão Europeia, 2019. Disponível em: https://digital-strategy.ec.europa.eu/en/library/ethics-guidelines-trustworthy-ai. Acesso em: 13 nov. 2022.

41. Na Câmara dos Deputados, tramita o Projeto de Lei 5160/2020, que tem por objeto coibir e punir atos de racismo ou discriminação nas relações de consumo. O projeto de lei pretende inserir dispositivos na Lei 8.078/90, inclusive quanto à responsabilidade civil do fornecedor de produtos e serviços por práticas racistas e equiparadas. (BRASIL. Câmara dos Deputados. *Projeto de Lei 5160/2020*. Brasília, DF: 2020a. Disponível em: https://www.camara.leg.br/propostas-legislativas/2265186. Acesso em: 18 fev. 2023).

42. REIS, Paulo Victor Alfeo. *Algoritmos e o Direito*. São Paulo: Almedina, 2020. p. 108 [recurso eletrônico].

Quando essa sequência de instruções é neutra, ou seja, apenas analisa as variáveis e segue uma lógica sistemática equilibrada, podem existir benefícios para os indivíduos. Entretanto, a ausência de neutralidade acarreta corolários indesejados, como o controle não autorizado das informações que chegam aos usuários de certos aplicativos de celulares ou a preferência por determinado consumidor em razão do local de sua moradia, da sua condição social, da cor de sua pele ou da sua renda mensal.[43]

Os responsáveis pela codificação dos algoritmos podem inserir instruções discriminatórias e preconceituosas, retratando a vivência social racista a que foram expostos ao longo dos anos; dessa forma, aumentam as desigualdades sociais. Como bem aponta Cathy O'Neil,[44] o racismo no ambiente computacional é exacerbado pelas "correlações espúrias" e pelas "injustiças institucionais".

Outrossim, as rotinas dos algoritmos acrescentam instruções estatísticas que repetem fatos empíricos de outrora. Essa carga histórica traz para o processo avaliatório automatizado os erros e os vícios causadores de opressão e de exclusão social vivenciados ao longo dos anos e que, voluntária ou involuntariamente, comprometem o resultado da análise artificial.[45] Dessa forma, não se pode afastar a possibilidade da sequência de instruções dos algoritmos retratar a discriminação institucional que subsiste no país. O tratamento de dados, de maneira maliciosa ou mesmo por descuido na geração dos algoritmos, tem potencial para acarretar perversas discriminações diretas ou indiretas; os preconceitos enraizados na sociedade são capazes de ingressar no mundo digital e, assim, provocar maiores segregações.[46]

Os algoritmos, aliados aos sistemas de inteligência artificial e *machine learning*, observam os dados coletados e separam os indivíduos em camadas diversas (*clusters*). Não raras vezes, o tratamento dos dados inclui filtros ou instruções que acarretam corolários negativos às pessoas pobres, afastando-as de direitos sociais, econômicos e políticos, mormente excluindo-as das relações de consumo. Nesse aspecto, em razão da afronta aos valores constitucionais da dignidade, da liberdade, da igualdade e da proteção dos vulneráveis, os fornecedores, através

---

43. REIS, op. cit., p. 175-176.
44. O'NEIL, CATHY. *Algoritmos de destruição em massa*: como o big data aumenta a desigualdade e ameaça a democracia. Trad. Rafael Abraham. Santo André, SP: Editora Rua do Sabão, 2020.
45. Conforme Sara Tommasi, "La decisione presa statisticamente, anche sulla base di un algoritmo perfettamente funzionante, può, per definizione, non essere corretta, soprattutto in relazione al singolo caso, dato che la statistica fornisce delle indicazioni tanto più attendibili quanto più calibrate su un effetto complessivo e non locale. [...] I sistemi di IA possono essere discriminatori non perché il sistema sia di per sé "cattivo", ma perché eredita comportamenti sbagliati che poi ripete." (TOMMASI, Sara. Algoritmi e nuove forme di discriminazione: uno sguardo al diritto europeo. *Revista de Direito Brasileira*. v. 27, n. 10, p. 115. São Paulo, set./dez. 2020).
46. REIS, Paulo Victor Alfeo. *Algoritmos e o Direito*. São Paulo: Almedina, 2020. p. 176 [recurso eletrônico].

da inteligência artificial, não deveriam interferir nas escolhas dos consumidores. Ademais, há a questão ética da seleção de consumidores com fundamento em critérios étnicos ou sociais.

É o que pode ocorrer nos contratos de seguro. Através de cartões de fidelidade, de cartões de crédito, de *sites* de compra ou de geolocalização em aplicativos de celulares, as seguradoras teriam meios, lícitos ou ilícitos, para alcançar dados sobre hábitos de alimentação, de medicação, de atividade física ou de condução de veículos e, assim, analisar os riscos e fixar o prêmio. O tratamento de dados pessoais obtidos das mais variadas fontes proporciona ao segurador o acréscimo de importantes elementos ao seu amplo conhecimento sobre o peculiar setor. Tendo em vista que, assim, o fornecedor exacerba sua posição de superioridade na relação de consumo, especialmente na seleção dos riscos e na fixação do preço/prêmio, há evidente falha de mercado na modalidade de assimetria de informações.[47] Por dever de boa-fé e de informação, incumbe à seguradora demonstrar com dados objetivos a existência do risco maior e não discriminatório. Do contrário, a seguradora, por razões injustificadas e mau uso de dados e de algoritmos, incorrerá em ato discriminatório ao elevar o preço ou ao dificultar o acesso ao seguro a indivíduos que residam ou trabalhem em determinadas regiões que, normalmente, atingem pessoas negras e pobres.

Nesse sentido, bem observa Thiago Junqueira que:

> o potencial intrusivo, repressor e discriminatório desse "novo mundo" tem despertado inúmeras preocupações. Vedar os olhos a possíveis ilegalidades resultantes do uso de algoritmos alimentados por todos os tipos de dados e supostamente protegidos por segredos comerciais para garantir a livre iniciativa do segurador equivaleria a ser complacente com a reprodução e o próprio agravamento de discriminações que mancharam a trajetória da humanidade.[48]

Ademais, os algoritmos adestram suas habilidades conforme as amostras que lhes são oferecidas; melhores exemplos proporcionam melhor aprendizado. Por isso, se receberem poucos dados sobre os negros ou informações discriminatórias, os algoritmos não lograrão êxito na busca da igualdade racial.

Nesse sentido, há evidente diferenciação quando o algoritmo é exposto a estímulos e com eles aprende a identificar a "raça" da pessoa que solicita empréstimo bancário; depois, aplica essa informação na adequação do contrato, com maiores juros.[49]

47. JUNQUEIRA, Thiago. *Tratamento de dados pessoais e discriminação algorítmica nos seguros*. São Paulo: Thomson Reuters, 2020. [recurso eletrônico].
48. JUNQUEIRA, op. cit., p. RB-21.
49. SANDBERG, Anders. *Asking the right questions*: big data and civil rights. University of Oxford, 2012. Disponível em: http://blog.practicalethics.ox.ac.uk/2012/08/asking-the-right-questions-big-data-and-civil-rights/. Acesso em: 30 jan. 2022.

Nos Estados Unidos da América, a discriminação racial praticada por instituições financeiras acabou por cunhar a expressão *Redlining*, em referência às demarcações em vermelho que se fazia nos mapas das cidades, como forma de excluir o financiamento hipotecário às pessoas que residissem nos chamados "bairros negros". As instituições não verificavam a solvabilidade daqueles que pretendiam crédito, restringindo a análise ao local de moradia e, por consequência, à questão racial. Ademais, não havia investimentos nos bairros com pessoas de baixa renda.[50]-[51]

Algoritmos também são utilizados para a pontuação de crédito (*credit scoring*). A Lei 12.414, de 9 de junho de 2011, com as alterações inseridas pela Lei Complementar 166, de 8 de abril de 2019, autoriza a criação de cadastro positivo de consumidores, o qual pode influenciar no momento da concessão de crédito, inclusive na taxa de juros.

Embora o art. 7º-A, § 1º, da Lei 12.414/11 imponha ao gestor de banco de dados a disponibilização da sua política no tratamento de informações pessoais, a Lei Geral de Proteção de Dados,[52] confere amparo ao segredo comercial, comprometendo, assim, a necessária transparência do setor. Sob o refúgio do segredo comercial, os gestores prestam informações apenas parciais sobre o tratamento a que são submetidos os dados pessoais, o que impede a adequada valoração da lisura do procedimento e do seu impacto para as pessoas pobres e/ou negras. Não basta informar ao consumidor a sua pontuação e quais foram os contratos avaliados; mister que sejam apontados os critérios (objetivos) aplicados para se alcançar a pontuação, a fim de que o indivíduo possa exercer o direito à retificação das informações.

Sobre a ausência de transparência na pontuação de crédito, Laudelina Leonardo Pereira, em trabalho apresentado no 44º Encontro Anual da Associação

50. OLIVEIRA, Fabiana Franco. *Regulação do crédito bancário e desenvolvimento local*: o debate sobre os resultados do Community Reinvestment Act dos Estados Unidos. 2009. Disponível em: https://tede2.pucsp.br/bitstream/handle/9377/1/Fabiana%20Franco%20de%20Oliveira.pdf. Acesso em: 02 jan. 2023.

51. Também nos EUA, as instituições financeiras *Wells Fargo Bank* e *Suntrust* celebraram acordo com o Departamento de Justiça para o pagamento de indenizações milionárias (US$ 175 milhões e US$ 21 milhões, respectivamente), em razão de práticas discriminatórias. Os bancos cobravam taxas de juros maiores, chamadas de "sobretaxa racial", dos clientes negros e hispânicos; além disso, estes eram classificados como consumidores *subprime* (não preferenciais), reservando para os brancos a categoria *prime* (preferencial) nos financiamentos de imóveis (MELO, João Ozorio de. *Sobretaxa racial*: banco paga US$ 175 milhões por discriminação racial. *Conjur* – Consultor Jurídico. 2012. Disponível em: https://www.conjur.com.br/2012-jul-12/banco-americano-paga-us-175-milhoes-sobretaxar-negros-latinos. Acesso em: 05 fev. 2023). O alto custo da hipoteca *subprime* prejudica os pobres, eleva a concentração do capital e aumenta as desigualdades.

52. A Lei 13.709/2018 permite o acesso do titular dos dados para garantir a necessária transparência, mas ressalva os segredos comercial e industrial nos artigos 6º, VI, 9º, II, 19, II e § 3º, 20, § 1º, e 55-J, X.

Nacional de Pós-Graduação e Pesquisa em Ciências Sociais – ANPOCS, esclareceu que:

> o mercado de dados pessoais é marcado pela falta de transparência em toda sua operação e o cálculo de pontuação de crédito encontra-se neste cenário obscuro. A formulação do score na ferramenta de pontuação de crédito é considerada uma espécie de segredo comercial. As empresas não revelam os critérios no tratamento de dados e mantêm os códigos dos algoritmos fechados sob a justificativa de que, devido a concorrência, a divulgação destas informações afetaria seu negócio. Este cenário é crítico em diversas frentes, já que as pessoas desconhecem os dados que são considerados na composição do score, bem como os critérios e o peso de cada nota.[53]

Na concessão de crédito, ocorrem, pelo menos, duas análises automatizadas que impactam o consumidor. A primeira reside na pontuação formulada pelo birô de crédito,[54] que coleta os dados dos consumidores (*inputs*) e utiliza algoritmos para alcançar a "nota" (*score*) de cada pessoa (*outputs*). No momento em que o consumidor solicita o crédito (junto à instituição financeira ou em compras parceladas no comércio em geral), a empresa consulente recebe a pontuação apresentada pelo birô de crédito e, em nova valoração automatizada, emprega essa informação na análise do seu risco.

A falta de transparência e os resultados arbitrários, com consequências que aumentam as desigualdades, exigem maior controle sobre as práticas adotadas pelos birôs de crédito[55] e pelas fornecedoras de crédito. Informações obtidas em redes sociais, como sexo, etnia, situação econômica e padrões de consumo, somadas aos dados sobre o endereço da residência, como CEP,[56] índices de violência, percentual de analfabetismo e renda média, proporcionam que a avaliação

---

53. PEREIRA, Laudelina Leonardo. *Score de crédito: relações entre as inferências no mercado de dados pessoais e a desigualdade na sociedade. 44º Encontro Anual da Associação Nacional de Pós-Graduação e Pesquisa em Ciências Sociais* – ANPOCS. 2020. p.4. Disponível em: https://www.anpocs2020.sinteseeventos.com.br/atividade/view?q=YToyOntzOjY6InBhcmFtcyI7czozNjoiYToxOntzOjEyOiJJR-F9BVElWSURBEUiO3M6MzoiMTI5Ijt9IjtzOjE6ImgiO3M6MzI6ImFjZDc0ZTlmNWIyMTYwY-Tg0YzFjZjg5YjVlOGRkNjE2Ijt9&ID_ATIVIDADE=129. Acesso em: 04 fev. 2023.
54. Birôs (ou bureaus) de crédito são os conhecidos serviços de proteção ao crédito, empresas que administram banco de dados e realizam o tratamento de dados pessoais, gerando informações sobre a rotina de pagamentos dos consumidores, as quais são disponibilizadas aos consulentes (fornecedores de crédito).
55. CITRON, Danielle Keats; PASQUALE, Frank. *The Scored Society*: Due Process for Automated Predictions. 2014. Disponível em: http://ssrn.com/abstract=2376209. Acesso em: 02 jan. 2023.
56. Em estudo apresentado pelo Instituto de Tecnologia & Sociedade do Rio, foi apontado que "Apesar de o CEP não conter informação que em si mesma implique juízo de valor, quando combinado com a apreciação de dados sócio-demográficos sobre o conjunto de habitantes em determinadas localidades, identificáveis pelo CEP, pode ocasionar diversas inferências que tenham como consequência a discriminação de uma comunidade vulnerável" (ITS – Instituto de Tecnologia & Sociedade do Rio. *Transparência e governança nos algoritmos*: um estudo de caso sobre o setor de birôs de crédito. 25 maio 2017. Disponível em: https://itsrio.org/pt/publicacoes/transparencia-e-governanca-nos-algoritmos--um-estudo-de-caso/. Acesso em: 08 jan. 2023).

automatizada atribua pontuação inadequada para moradores de determinados bairros, especialmente para aquelas regiões mais carentes do município, excluindo esses moradores do mercado de consumo e exacerbando a desigualdade social.[57]

Todo consumidor é considerado vulnerável por presunção absoluta decorrente do art. 5º, XXXII, da Constituição Federal e do art. 4º, I, da Lei 8.078/90. Para Fernando Costa de Azevedo, Karinne Emanoela Goettems dos Santos e Tássia Rodrigues Moreira, a fragilidade presumida de todo consumidor é acrescida da vulnerabilidade cibernética, seja pela ausência de acesso à internet, seja pelo desconhecimento no adequado uso da tecnologia, resultando em vulnerabilidade agravada ou hipervulnerabilidade:

> pode haver acúmulo dos vários tipos de vulnerabilidade, [...] e, ainda, a vulnerabilidade cibernética – que decorre tanto da falta de acesso à internet quanto da ignorância no uso da tecnologia. Existe, por conseguinte, uma hipervulnerabilidade do consumidor na rede. Assim sendo, a hipervulnerabilidade em comento traz à tona a necessidade de ampliação da proteção jurídica dos consumidores.[58]

De fato, nas relações consumeristas digitais, a hipervulnerabilidade pode estar presente, o que impõe mecanismos eficientes de proteção aos consumidores.

5.2 Outras práticas discriminatórias

No Brasil, também há inúmeros relatos de indevida discriminação praticada por bancos no acesso às agências. Pessoas que, em razão da cor da pele, foram impedidas de ingressar em agências bancárias ou sofreram situação vexatória nas portas giratórias de segurança, fatos que não ocorrem quando clientes brancos fazem uso das instalações bancárias.[59] O advogado impedido de adentrar na agência em Anicuns-GO, o microempresário retirado à força da agência em Salvador-BA, o "cliente" obrigado a retirar os sapatos para entrar na agência em Porto Alegre-RS. Estes e outros fatos guardam uma triste semelhança: todos eram consumidores negros, vítimas de odiado preconceito racial.

---

57. Conforme Danielle Citron e Frank Pasquale (op. cit.), "There are three basic problems with credit scoring systems: their opacity, arbitrary results, and disparate impact on women and minorities".
58. AZEVEDO, Fernando Costa de; SANTOS, Karinne Emanoela Goettems dos; MOREIRA, Tássia Rodrigues. Vulnerabilidade dos consumidores na sociedade da informação e a necessidade da proteção jurídica de seus dados nas relações estabelecidas em ambiente digital. *Revista de Direito do Consumidor*, v. 141, ano 31, p. 210. São Paulo: Ed. RT, mai./jun. 2022.
59. VIAPIANA, Tábata. Banco é condenado a indenizar cliente por discriminação racial. São Paulo: Consultor Jurídico – *Conjur*, 06 jul. 2020. Disponível em: https://www.conjur.com.br/2020-jul-09/banco-condenado-indenizar-cliente-discriminacao-racial. Acesso em: 09 jan. 2023. Igualmente: RIO GRANDE DO SUL. TJRS, Tribunal de Justiça do Estado do Rio Grande do Sul. *Conduta considerada racista gera indenização a cliente barrado em agência bancária*. TJRS, Porto Alegre, 05 out. 2020. Disponível em: https://www.tjrs.jus.br/novo/noticia/conduta-considerada-racista-gera-indenizacao-a-cliente-barrado-em-agencia-bancaria/. Acesso em: 07 jan. 2023.

Esse preconceito é igualmente notado em vários segmentos do mercado de consumo. Pessoas negras são mais vigiadas pelos sistemas de segurança dos supermercados e expostas a situações vexatórias em ilegais revistas pessoais. Por vezes, esses acontecimentos alcançam níveis de agressões físicas e até óbitos. Foi o que ocorreu em supermercado de Osasco-SP no ano de 2009, quando o consumidor negro foi apontado como o autor do furto do próprio automóvel. Na capital paulista, no ano de 2018, os funcionários de um supermercado amarraram o cliente e abaixaram as calças dele, em razão da suspeita de furto de carnes. No ano seguinte, também em São Paulo, os seguranças de um supermercado amarraram um adolescente negro, retiraram suas roupas e filmaram o jovem nu.[60] No Rio de Janeiro-RJ, no ano de 2019, e em Porto Alegre-RS, no ano de 2020, as agressões dos seguranças de supermercados levaram a óbito consumidores negros, revelando o profundo desprezo com a dignidade e com a vida alheia.

Acrescentem-se os diversos casos de pessoas negras seguidas (perseguidas) e abordadas injustamente em shopping centers de São Paulo, Belo Horizonte, Fortaleza, Rio de Janeiro e Goiás.

Importa ressaltar que essas vítimas eram consumidores, pessoas vulneráveis por presunção legal, e que foram ultrajados em sua dignidade por motivações raciais.

Ainda sobre práticas de centros comerciais, os anos de 2013 e 2014 foram marcados pela repressão aos denominados "rolezinhos" (ou "rolês"). Nessa época, jovens moradores dos bairros mais distantes, em sua maioria negros, reuniam-se em shopping centers da "elite branca", espaços tradicionalmente de segregação, e neles externavam sua cultura, sobretudo seus hábitos de vida, sua música e sua dança. Essa cultura negra e a presença dos jovens pobres da periferia "incomodavam" outros clientes e também a administração dos estabelecimentos, que preferiam mantê-los em seus bairros de origem sob o falso argumento da segurança pública. Por vezes até com auxílio policial, os administradores dos centros comerciais escolhiam quem entraria ou não no estabelecimento, utilizando critérios discriminatórios de cor da pele ou aparente *status* social.[61] Porém, os defensores da segregação, que se inquietam em dividir o "seu" espaço com o filho do "seu" empregado/colaborador, olvidam-se que os jovens da periferia são

---

60. RELEMBRE casos de agressão e constrangimento contra negros dentro de supermercados de SP. *G1 GLOBO*, Rio Grande do Sul, 21 nov. 2020. Disponível em: https://g1.globo.com/rs/rio-grande-do-sul/noticia/2020/11/20/homem-negro-e-espancado-ate-a-morte-em-supermercado-do-grupo-carrefour-em-porto-alegre.ghtml. Acesso em: 07 jan. 2023.

61. PINHEIRO-MACHADO, Rosana; SCALCO, Lucia Mury. Rolezinhos: marcas, consumo e segregação no Brasil. *Revista Estudos Culturais*, EACH/USP [S. l.], v. 1, n. 1, 2014. Disponível em: https://www.revistas.usp.br/revistaec/article/view/98372. Acesso em: 30 dez. 2023.

consumidores e cidadãos com os mesmos direitos de liberdade de locomoção e de ingresso em qualquer local de acesso ao público.

A respeito da exclusão social praticada por esses estabelecimentos comerciais, bem observaram Juliana Cristina Teixeira e Amon Narciso de Barros que "a forte repressão aos rolês representam justamente essa tentativa de restabelecer a ordem que faz parte de um *shopping center* idealizado para contar com essa assepsia social".[62]

Os produtos de consumo e o espaço em que ocorre a aquisição revelam a separação dos grupos sociais. Quando os pobres "se apropriam de aspectos do ato e do espaço de consumir que são explicitamente direcionados à burguesia", exsurge a injusta reação da minoria detentora do poder econômico, invadida no "seu" ambiente de convivência branca.[63]

Além disso, o avanço das tecnologias empregadas no comércio resultou em novas formas de segregação. Moradores de certos bairros são excluídos do comércio eletrônico (*e-commerce*) de produtos e serviços, pois as empresas se recusam a fazer a entrega ou a prestar os serviços naquela localidade sob o argumento da periculosidade da região. Comumente, os bairros excluídos são aqueles mais distantes da região central, com poucos equipamentos públicos e habitados pelas pessoas negras e pobres, o que representa outro prejuízo com origem racial. Neles, serviços de entrega através de aplicativos, transporte por aplicativos e bicicletas compartilhadas não são oferecidos, exacerbando a segregação urbana.[64]

Em 2016, uma agência de viagens on-line, que oferece serviços de reservas de pacotes turísticos, hotéis e transportes através de plataforma virtual, utilizou critérios de geolocalização do consumidor para elevar o preço (*geopricing*) e para recusar o serviço (*geoblocking*). Em evidente distinção injustificada, a empresa privilegiou determinadas pessoas e excluiu outras, empregando a origem do consumidor para o arbitrário *discrímen*. Por isso, foi multada pela Secretaria Nacional do Consumidor, órgão integrante do Ministério da Justiça e Segurança Pública,[65] pois a conduta revela a possibilidade de indevidas práticas segregatícias por empresas sem comprometimento com os direitos humanos.

---

62. TEIXEIRA, Juliana Cristina; BARROS, Amon Narciso. Os rolezinhos em shopping centers: reflexões sobre o que agregam e em que desafiam os estudos dos shoppings como espaços de segregação social e urbana. *Revista Brasileira de Estudos Organizacionais*, v. 3, n. 2, p. 111, dez. 2016.

63. TEIXEIRA; BARROS, op. cit., p.118.

64. ROCHA, Matheus et al. Consumidor da periferia reclama que empresas aprofundam segregação urbana. *Folha de São Paulo*, São Paulo, 25 set. 2021. Disponível em: https://www1.folha.uol.com.br/mercado/2021/09/consumidor-da-periferia-reclama-que-empresas-aprofundam-segregacao-urbana.shtml. Acesso em: 30 dez. 2022.

65. BRASIL. Secretaria Nacional do Consumidor. Processo 08012.002116/2016-21, *Nota Técnica 92/2018/CSA-SENACON/CGCTSA/GAB-DPDC/DPDC/SENACON/MJ*. Publicada no Diário Oficial da União em: 18 jun. 2018.

Tais práticas criam a geodiscriminação, que considera a posição geográfica do cliente ou sua origem para as condições contratuais. "Quando a geodiscriminação é utilizada no intuito de maximizar lucros, sem a devida 'justa causa', nas situações permitidas pelo CDC, configurar-se-á evidente prática abusiva repudiável, que deve ser combatida pelo sistema jurídico".[66]

Embora a situação analisada pelo Ministério da Justiça não seja diretamente relacionada à questão racial, o fato revela a possibilidade de práticas segregatícias por empresas descompromissadas com os direitos humanos. Não se pode tolerar a geodiscriminação racial, étnica ou sem justa causa.

Os fatos narrados acima denotam desventurada realidade. São consumidores, pessoas, na condição de objeto de atos discriminatórios decorrentes de aspectos étnicos. Inúmeras outras situações cotidianas ostentam análogo conteúdo: afronta às mulheres negras em publicidade discriminatória de cerveja, com frases depreciativas, colocando-as como objetos de consumo; comercialização de palha de aço com nome que remete a cabelos crespos; escassez de produtos que respeitem as condições biológicas de grupo de pessoas, assim como sua cultura e ancestralidade; crianças negras retiradas de brinquedo em Salvador-BA e de shopping center em São Paulo-SP; injusta distinção no atendimento em lojas, restaurantes e hotéis.

Nota-se que o racismo estrutural, entranhado nas instituições e na sociedade, abala também as relações de consumo e provoca exclusão social e econômica, interferindo na vida de inúmeras pessoas. A respeito, explicita Silvio Luiz Almeida que:

> A consequência de práticas de *discriminação direta* e *indireta* ao logo do tempo leva à *estratificação social*, um fenômeno *intergeracional*, em que o percurso de vida de todos os membros de um grupo social – o que inclui as chances de ascensão social, de reconhecimento e de sustento material – é afetado[67] (grifos no original).

De fato, a separação em camadas sociais abala toda a comunidade, sobretudo as pessoas negras e pobres. A segregação social reina naturalizada entre as pessoas, muitas vezes sem ser notada, o que intensifica a discriminação racial.[68] O preconceito registrado desde a data em que aqui aportou a primeira nau portuguesa acompanha a sociedade brasileira ao longo da história. Para Djamila Ribeiro, o racismo estrutural gera desigualdades e abismos e "é, portanto, um sistema de opressão que nega direitos, e não um simples ato de vontade de um indivíduo".[69]

---

66. FALEIROS JÚNIOR, José Luiz de Moura; BASAN, Arthur Pinheiro. Desafios da predição algorítmica na tutela jurídica dos contratos eletrônicos de consumo. *Revista da Faculdade de Direito da UFRGS*, Porto Alegre, n. 44, p.131-153, dez. 2020. p.141. Disponível em: https://doi.org/10.22456/0104-6594.95264. Acesso em: 4 jan. 2023.

67. ALMEIDA, Silvio Luiz de. *Racismo estrutural*. São Paulo: Editora Jandaíra, 2021. p. 33.

68. RIBEIRO, Djamila. *Pequeno manual antirracista*. São Paulo: Companhia das Letras, 2019. p. 25.

69. RIBEIRO, op. cit., p.12.

6. CONCLUSÃO

O sistema protetivo nacional e supranacional dos direitos humanos está assentado na igualdade e na não discriminação. Os tratados internacionais e as normas constitucionais asseguram equidade de tratamento, sem preconceitos de origem, raça, sexo, cor, idade e quaisquer outras formas de discriminação.

O Código de Defesa do Consumidor, por sua vez, endossa a igualdade e a liberdade de escolha, bem como veda as distinções injustificadas.

A despeito da garantia existente no ordenamento jurídico, inúmeras situações fáticas apontam que a discriminação racial compromete as relações de consumo, não sendo apenas situações isoladas ou especiais. Trata-se de manifestação do racismo enraizado em nossa sociedade e nas instituições e que não avista no outro o seu semelhante.

Nas relações de consumo, a discriminação racial pode ocorrer na oferta – incluída aqui a publicidade –, no próprio produto ou serviço ou no ato negocial propriamente dito – como as taxas de juros discriminatórias.

O desenvolvimento econômico é extremamente relevante para o país e encontra suporte na livre iniciativa e na liberdade de concorrência. Entretanto, deve-se almejar o desenvolvimento econômico que seja inclusivo e que tenha preocupação não só com as partes contratantes (consumidor e fornecedor), mas também com aqueles que foram escorraçados do mercado de consumo; a atividade econômica, apoiada na livre iniciativa, deve assegurar a todos existência digna, balizada pelos ditames da justiça social. Urgem, assim, ações afirmativas que promovam a verdadeira e cobiçada igualdade.

7. REFERÊNCIAS

ALMEIDA, Silvio Luiz de. *Racismo*. Enciclopédia jurídica da PUC-SP. Celso Fernandes Campilongo, Alvaro de Azevedo Gonzaga e André Luiz Freire (Coord.). Tomo: Teoria Geral e Filosofia do Direito. Celso Fernandes Campilongo, Alvaro de Azevedo Gonzaga, André Luiz Freire (coord. de tomo). São Paulo: Pontifícia Universidade Católica de São Paulo, 2017. Disponível em: https://enciclopediajuridica.pucsp.br/verbete/92/edicao-1/racismo. Acesso em: 05 fev. 2023.

ALMEIDA, Silvio Luiz de. *Racismo estrutural*. São Paulo: Editora Jandaíra, 2021.

AZEVEDO, Fernando Costa de; SANTOS, Karinne Emanoela Goettems dos; MOREIRA, Tássia Rodrigues. Vulnerabilidade dos consumidores na sociedade da informação e a necessidade da proteção jurídica de seus dados nas relações estabelecidas em ambiente digital. *Revista de Direito do Consumidor*, v. 141, ano 31, p. 201-218, São Paulo: Ed. RT, maio/jun. 2022.

BENJAMIN, Antonio Herman V.; MARQUES, Claudia Lima; MIRAGEM, Bruno. *Comentários ao Código de Defesa do Consumidor*. 6. ed. São Paulo: Thomson Reuters Brasil, 2019.

BERTONCELLO, Fernando Rodrigues da Motta; MACHADO, Monica Sapucaia. Direitos humanos e seus sistemas de proteção. In: GONÇALVES, Rubén Miranda; VEIGA, Fábio da Silva (Coord.).

Paradigmas do Direito Constitucional atual. Barcelos, Portugal: Instituto Politécnico do Cávado e do Ave, 2017.

BESSA, Leonardo Roscoe. *Código de Defesa do Consumidor comentado.* 2. ed. Rio de Janeiro: Forense, 2022.

BRASIL. Câmara dos Deputados. *Projeto de Lei 5160/2020.* Brasília, DF: 2020a. Disponível em: https://www.camara.leg.br/propostas-legislativas/2265186. Acesso em: 18 fev. 2023.

BRASIL. Decreto 678, de 6 de novembro de 1992. *Promulga a Convenção Americana sobre Direitos Humanos (Pacto de São José da Costa Rica).* Brasília, DF: 1992. Disponível em: http://www.planalto.gov.br/ccivil_03/decreto/d0678.htm. Acesso em: 12 fev. 2023.

_ BRASIL. Decreto 65.810, de 8 de dezembro de 1969. *Promulga a Convenção Internacional sobre a Eliminação de todas as Formas de Discriminação Racial.* Brasília, DF: 1969. Disponível em: http://www.planalto.gov.br/ccivil_03/decreto/1950-1969/D65810.html. Acesso em: 12 fev. 2023.

BRASIL. Decreto Legislativo 1, de 2021. *Aprova o texto da Convenção Interamericana contra o Racismo, a Discriminação Racial e Formas Correlatas de Intolerância,* adotada na Guatemala, por ocasião da 43ª Sessão Ordinária da Assembleia Geral da Organização dos Estados Americanos, em 5 de junho de 2013. Brasília, DF: 2021. Disponível em: https://pesquisa.in.gov.br/imprensa/jsp/visualiza/index.jsp?jornal=515&pagina=1&data=19/02/2021. Acesso em: 09 out. 2021.

BRASIL. Lei 7.716, de 5 de janeiro de 1989. *Define os crimes resultantes de preconceito de raça ou de cor.* Brasília, DF: 1989. Disponível em: http://www.planalto.gov.br/ccivil_03/leis/l7716.htm. Acesso em: 07 jan. 2023.

BRASIL. *Lei 8.078, de 11 de setembro de 1990.* Dispõe sobre a proteção do consumidor e dá outras providências. *Código de Defesa do Consumidor.* Brasília, DF: 1990. Disponível em: http://www.planalto.gov.br/ccivil_03/leis/l8078compilado.htm. Acesso em: 07 jan. 2023.

BRASIL. Lei 13.709, de 14 de agosto de 2018. *Lei Geral de Proteção de Dados Pessoais (LGPD).* Brasília, DF: 2018b. Disponível em: http://www.planalto.gov.br/ccivil_03/_ato2015-2018/2018/lei/l13709.htm. Acesso em: 08 jan. 2023.

BRASIL. Secretaria Nacional do Consumidor. Processo 08012.002116/2016-21, *Nota Técnica 92/2018/CSA-SENACON/CGCTSA/GAB-DPDC/DPDC/SENACON/MJ.* Publicada no Diário Oficial da União em: 18 jun. 2018.

CALIXTO, Ângela Jank; CARVALHO, Luciani Coimbra de. Pluralismo jurídico: uma nova perspectiva a respeito da relação entre os sistemas jurídicos internacional e interno. In: FIGUEIREDO, Marcelo; CONCI, Luiz Guilherme Arcaro (Coord.). *Constitucionalismo multinível e pluralismo jurídico.* Rio de Janeiro: Lumen Juris, 2017.

CAVALIERI FILHO, Sérgio. *Programa de direito do consumidor.* 6. ed. Barueri, SP: Atlas, 2022.

CITRON, Danielle Keats; PASQUALE, Frank. *The Scored Society*: Due Process for Automated Predictions. 2014. Disponível em: http://ssrn.com/abstract=2376209. Acesso em: 02 jan. 2023.

COMPARATO, Fábio Konder. *A afirmação histórica dos direitos humanos.* 12. ed. São Paulo: Saraiva Educação, 2019.

COMISSÃO EUROPEIA. Grupo de peritos de alto nível sobre a inteligência artificial. *Orientações éticas para uma IA de confiança.* Bruxelas: Comissão Europeia, 2019. Disponível em: https://digital-strategy.ec.europa.eu/en/library/ethics-guidelines-trustworthy-ai. Acesso em: 13 nov. 2022.

DECLARAÇÃO DE VIENA e programa de acção. Conferência Mundial sobre os Direitos do Homem. Viena, 1993. Disponível em: https://www.ohchr.org/en/professionalinterest/pages/vienna.aspx. Acesso em: 07 jan. 2023.

FALEIROS JÚNIOR, José Luiz de Moura; BASAN, Arthur Pinheiro. Desafios da predição algorítmica na tutela jurídica dos contratos eletrônicos de consumo. *Revista da Faculdade de Direito da UFRGS*, n. 44, p. 131-153, Porto Alegre, dez. 2020. Disponível em: https://doi.org/10.22456/0104-6594.95264. Acesso em: 4 jan. 2023.

FERREIRA PINTO, Manoel Gonçalves. *Direitos humanos fundamentais*. 15. ed. São Paulo: Saraiva, 2016.

GARCÍA ROCA, Javier; ALCALÁ, Humberto Nogueira; GISBERT, Rafael Bustos. La comunicación entre ambos sistemas y las características del diálogo. In: GARCÍA ROCA, Javier et al (Ed.). *El diálogo entre los sistemas europeo y americano de derechos humanos*. Espanha: Thomson Reuters, 2012.

HOBSBAWM, Eric J. *Era dos extremos*: o breve século XX, 1914-1991. Trad. Marcos Santarrita. 2. ed. São Paulo: Companhia das Letras, 1995.

ITS – Instituto de Tecnologia & Sociedade do Rio. *Transparência e governança nos algoritmos*: um estudo de caso sobre o setor de birôs de crédito. 25 maio 2017. Disponível em: https://itsrio.org/pt/publicacoes/transparencia-e-governanca-nos-algoritmos-um-estudo-de-caso/. Acesso em: 08 jan. 2021.

JUNQUEIRA, Thiago. *Tratamento de dados pessoais e discriminação algorítmica nos seguros*. São Paulo: Thomson Reuters, 2020. [recurso eletrônico].

MARQUES, Claudia Lima. *Contratos no Código de Defesa do Consumidor*: o novo regime das relações contratuais. 6. ed. São Paulo: Ed. RT, 2011.

MARQUES, Claudia Lima; MIRAGEM, Bruno. *O novo direito privado e a proteção dos vulneráveis*. São Paulo: Revista dos Tribunais, 2012.

MELO, Celso Antônio Bandeira de. *Conteúdo jurídico do princípio da igualdade*. 3. ed. São Paulo: Malheiros, 2009.

MELO, João Ozorio de. *Sobretaxa racial*: banco paga US$ 175 milhões por discriminação racial. *Conjur* – Consultor Jurídico. 2012. Disponível em: https://www.conjur.com.br/2012-jul-12/banco-americano-paga-us-175-milhoes-sobretaxar-negros-latinos. Acesso em: 05 fev. 2023.

MORAES, Paulo Valério Dal Pai. *Código de Defesa do Consumidor*: o princípio da vulnerabilidade no contrato, na publicidade, nas demais práticas comerciais: interpretação sistemática do direito. 3. ed. Porto Alegre: Livraria do Advogado Editora, 2009.

NAÇÕES UNIDAS, Organização das. *Declaração Universal dos Direitos Humanos*. 1948. Disponível em: https://www.ohchr.org/en/human-rights/universal-declaration/translations/portuguese. Acesso em: 19 fev. 2023.

NUNES, Luiz Antônio Rizzatto. *Comentários ao Código de Defesa do Consumidor*. 3. ed. São Paulo: Saraiva, 2007.

NUNES JÚNIOR, Vidal Serrano; ARAUJO, Luiz Alberto David. *Curso de direito constitucional*. 23. ed., rev. e atual. Santana do Parnaíba, SP: Manole, 2021. [recurso eletrônico].

OLIVEIRA, Fabiana Franco. *Regulação do crédito bancário e desenvolvimento local*: o debate sobre os resultados do Community Reinvestment Act dos Estados Unidos. 2009. Disponível em: https://tede2.pucsp.br/bitstream/handle/9377/1/Fabiana%20Franco%20de%20Oliveira.pdf. Acesso em: 02 jan. 2023.

O'NEIL, CATHY. *Algoritmos de destruição em massa*: como o big data aumenta a desigualdade e ameaça a democracia. Trad. Rafael Abraham.. Santo André, SP: Editora Rua do Sabão, 2020.

PEREIRA, Laudelina Leonardo. *Score* de crédito: relações entre as inferências no mercado de dados pessoais e a desigualdade na sociedade. *44º Encontro Anual da Associação Nacional de Pós-Graduação e Pesquisa em Ciências Sociais* – ANPOCS. 2020. Disponível em: https://www.anpocs2020. sinteseeventos.com.br/atividade/view?q=YToyOntzOjY6InBhcmFtcyI7czozNjoiYToxO ntzOjEyOiJJRF9BVElWSURBREUiO3M6MzoiMTI5Ijt9IjtzOjE6ImgiO3M6MzI6Im FjZDc0ZTlmNWIyMTYwYTg0YzFjZjg5YjVjVlOGRkNjE2Ijt9&ID_ATIVIDADE=129. Acesso em: 04 fev. 2023.

PINHEIRO-MACHADO, Rosana; SCALCO, Lucia Mury. Rolezinhos: marcas, consumo e segregação no Brasil. *Revista Estudos Culturais*, EACH/USP [S. l.], v. 1, n. 1, 2014. Disponível em: https://www.revistas.usp.br/revistaec/article/view/98372. Acesso em: 30 dez. 2023.

PIOVESAN, Flávia. Igualdade, diferença e direitos humanos: perspectivas global e regional. In: SARMENTO, Daniel; IKAWA, Daniela; PIOVESAN, Flávia (Coord.). *Igualdade, diferença e direitos humanos*. 2. tir. Rio de Janeiro: Lumen Juris, 2010.

PIOVESAN, Flávia. *Temas de Direitos Humanos*. 9. ed. São Paulo: Saraiva, 2016.

RAMOS, André de Carvalho. Realizando a convergência entre o nacional e o internacional: os círculos concêntricos da pluralidade das ordens jurídicas no Brasil. In: PIOVESAN, Flávia; SALDANHA, Jânia Maria Lopes (Coord.). *Diálogos jurisdicionais e direitos humanos*. Brasília: Gazeta Jurídica, 2016a.

RAMOS, André de Carvalho. *Teoria geral dos direitos humanos na ordem internacional*. 6. ed. São Paulo: Saraiva, 2016b.

REIS, Paulo Victor Alfeo. *Algoritmos e o Direito*. São Paulo: Almedina, 2020. [recurso eletrônico].

RELEMBRE *casos de agressão e constrangimento contra negros dentro de supermercados de SP*. G1 GLOBO, Rio Grande do Sul, 21 nov. 2020. Disponível em: https://g1.globo.com/rs/rio-grande-do-sul/noticia/2020/11/20/homem-negro-e-espancado-ate-a-morte-em-supermercado-do-grupo-carrefour-em-porto-alegre.ghtml. Acesso em: 07 jan. 2023.

RIBEIRO, Djamila. *Pequeno manual antirracista*. São Paulo: Companhia das Letras, 2019.

RIO GRANDE DO SUL. TJRS, Tribunal de Justiça do Estado do Rio Grande do Sul. *Conduta considerada racista gera indenização a cliente barrado em agência bancária*. TJRS, Porto Alegre, 05 out. 2020. Disponível em: https://www.tjrs.jus.br/novo/noticia/conduta-considerada-racista-gera-indenizacao-a-cliente-barrado-em-agencia-bancaria/. Acesso em: 07 jan. 2023.

ROCHA, Matheus et al. Consumidor da periferia reclama que empresas aprofundam segregação urbana. *Folha de São Paulo*, São Paulo, 25 set. 2021. Disponível em: https://www1.folha.uol.com.br/mercado/2021/09/consumidor-da-periferia-reclama-que-empresas-aprofundam-segregacao-urbana.shtml. Acesso em: 30 dez. 2022.

SANDBERG, Anders. *Asking the right questions*: big data and civil rights. University of Oxford. 2012. Disponível em: http://blog.practicalethics.ox.ac.uk/2012/08/asking-the-right-questions-big-data-and-civil-rights/. Acesso em: 30 jan. 2023.

SANTOS, Marcelo de Oliveira Fausto Figueiredo. *O direito constitucional transnacional e algumas de suas dimensões*. Belo Horizonte: Editora D'Plácido, 2019.

STARCK, Christian. La dignidad del hombre como garantía constitucional, en especial, en el derecho alemán. Trad. Alberto Ochling de los Reyes. In: SEGADO, Francisco Fernández (Coord.). *Dignidad de la persona, derechos fundamentales, justicia constitucional y otros estudios de derecho público*. Madri, Espanha: Dykinson, 2008.

TEIXEIRA, Juliana Cristina; BARROS, Amon Narciso. Os rolezinhos em shopping centers: reflexões sobre o que agregam e em que desafiam os estudos dos shoppings como espaços de segregação social e urbana. *Revista Brasileira de Estudos Organizacionais*, v. 3, n. 2, p. 101-126, dez. 2016.

TOMMASI, Sara. Algoritmi e nuove forme di discriminazione: uno sguardo al diritto europeo. Revista de Direito Brasileira. v. 27, n. 10, . p. 112-129. São Paulo, set./dez. 2020.

TRINDADE, José Damião de Lima. Anotações sobre a história social dos direitos humanos. *Direitos humanos*: construção da liberdade e da igualdade. São Paulo: Centro de Estudos da Procuradoria Geral do Estado, 1998.

VIAPIANA, Tábata. Banco é condenado a indenizar cliente por discriminação racial. São Paulo: Consultor Jurídico – *Conjur*, 06 jul. 2020. Disponível em: https://www.conjur.com.br/2020-jul-09/banco-condenado-indenizar-cliente-discriminacao-racial. Acesso em: 09 jan. 2023.

PRÁTICAS RESTAURATIVAS E RACISMO: UMA CRÍTICA À SELETIVIDADE DO SISTEMA DE JUSTIÇA CRIMINAL

Bruna Ribeiro Dourado Varejão

Promotora de Justiça do Estado de São Paulo, atualmente em exercício na Promotoria de Justiça de Cajuru. Mestranda em Direito pela Universidade de São Paulo (FDRP/USP). Integrante do Laboratório e Grupo de Estudos em Justiça Restaurativa (USP-Restaura) da FDRP/USP.

Sumário: 1. Introdução – 2. Justiça criminal, racismo e hiperencarceramento: uma análise estatística – 3. Breves linhas sobre o movimento restaurativista – 4. Justiça restaurativa, seletividade penal e ministério público – 5. Considerações finais – 6. Referências.

Me ver pobre, preso ou morto já é cultural. Histórias, registros e escritos. Não é conto nem fábula, lenda ou mito. Não foi sempre dito que preto não tem vez?[1]

1. INTRODUÇÃO

Já se tornou lugar comum afirmar que a justiça criminal brasileira é racista e classista. Com efeito, em quase todos os debates em matéria de direito penal e criminologia, aponta-se que o punitivismo estatal está voltado, quase que exclusivamente, para indivíduos pretos, pobres e periféricos.

Em contraposição, existe, por parte daqueles que operam nesse sistema, resistência em admitir tal afirmação como verdadeira. Ao afirmar que o Poder Judiciário brasileiro pune mais negros, parece que se quer dizer que os policiais, juízes e promotores de justiça, individualmente falando, são pessoas racistas. Mas não é isso (ou não é somente isso) que se busca discutir.

Existe, no Brasil, um 'perfil ideal' de criminoso? A análise dos dados do sistema penitenciário permite concluir que sim. Assim, na primeira parte do artigo, serão apresentados dados estatísticos extraídos do *site* do Departamento Penitenciário Nacional, indicando qual o perfil dos indivíduos que se encontram encarcerados no Brasil, hoje. Ainda na primeira parte, também será abordada a tendência de encarceramento em massa que vem acontecendo nas últimas déca-

---

1. RACIONAIS MCs. *Nego drama*. São Paulo: Boogie Naipe, 2002. 06:51.

das, como política pública estatal em resposta à crescente criminalidade, sendo debatido se essa medida tem se mostrado efetiva para os fins a que se propõe.

Na segunda parte, será apresentado um breve panorama sobre o movimento restaurativista, abordando-se seu conceito, raízes históricas, tratamento normativo e implementação prática, com foco na realidade brasileira. Será, ainda, efetuada análise crítica sobre os rumos que a Justiça Restaurativa tem tomado no Brasil, especialmente com relação à sua possível colonização pelo Poder Judiciário.

Na terceira parte, e levando em consideração que este artigo faz parte de uma coletânea organizada pelo Ministério Público do Estado de São Paulo, optou-se por fazer uma provocação com relação ao papel institucional do Ministério Público na perpetuação da seletividade do sistema de justiça criminal punitivista, refletindo como a implementação de práticas restaurativas pode promover uma revolução nesse sistema, a partir de uma nova compreensão do crime e da promoção de uma cultura de paz. Por fim, considerações finais.

Quer-se, com o presente artigo, fomentar o debate quanto às potencialidades da Justiça Restaurativa, questionando se a sua implementação, no seio do Poder Judiciário, tem sido capaz de efetivamente causar ruído nas estruturas postas ou se ela tem sido coptada pela mesma lógica seletiva do sistema.

2. JUSTIÇA CRIMINAL, RACISMO E HIPERENCARCERAMENTO: UMA ANÁLISE ESTATÍSTICA

De acordo com dados extraídos do Sisdepen,[2] no período de julho a dezembro de 2020, 668.135 pessoas encontravam-se encarceradas em celas físicas no Brasil (84,2% do total de presos do país, sendo que o restante encontrava-se em prisão domiciliar). 49,92% destes indivíduos (isto é, 280.754 pessoas) são considerados pardos e 16,06% (ou 90.293 pessoas) são pretos. Condensando os números, verifica-se que 65,98% do sistema penitenciário brasileiro é composto de pretos e pardos. Indo além, a análise do perfil destes indivíduos indica que 95,71% deles são homens e 60,04% têm entre 18 e 34 anos.

No último levantamento anual, em 2017,[3] o Infopen apontou que 51,3% dos presos brasileiros possuem o Ensino Fundamental incompleto. Apenas de 0,5% dos encarcerados havia concluído o Ensino Superior.

---

2. . DEPARTAMENTO PENITENCIÁRIO NACIONAL. *Levantamento Nacional de Informações Penitenciárias* – Período de julho a dezembro de 2020. Disponível em: https://app.powerbi.com/ view?r=eyJrIjoiZmY1NjZlNmMtZ mE5YS00MDlhLWEyNGYtYmNiYTkwZTg4ZmQ1Iiwid CI6ImViMDkwNDIwLTQ0NGMtNDNmNy05MWYyLTRiOGRhNmJmZThlMSJ9. Acesso em: 27 set. 2021.
3. DEPARTAMENTO PENITENCIÁRIO NACIONAL. *Levantamento Nacional de Informações Penitenciárias Atualização* – Junho de 2017. Disponível em: https://www.gov.br/depen/pt-br/sisdepen/mais-informacoes/relatorios-infopen/relatorios-sinteticos/infopen-jun-2017. pdf. Acesso em: 27 set. 2021.

No segundo semestre de 2019, o Depen levantou os dados referentes quantidade de incidências por tipo penal, dentre os indivíduos que se encontravam privados da liberdade, tendo constatado que 50,96% dos presos havia, cometido delito contra o patrimônio, 20,28% tinha, incorrido em algum crime previsto pela Lei de Drogas (Lei 11.343/06), 17,3% praticaram crime contra a pessoa. Apenas 0,18% dos presos havia, praticado delito contra a Administração Pública.

Com a devida liberdade criativa com o brocardo popular, parece certo que contra dados (estatísticos, imparciais e numéricos) não há argumentos. As informações levantadas pelo Deparmento Penitenciário Nacional demonstram que o perfil do condenado criminal é o de um homem, jovem, negro, com pouco ou nenhum estudo formal. Em regra, esse indivíduo praticou um crime contra o patrimônio (furto, roubo, latrocínio, extorsão) ou tráfico de drogas, delitos, como se sabe, geralmente cometidos por pessoas em situações de marginalidade e com pouco acesso aos meios formais de acesso à renda.

Por isso, não deve causar tanto estranhamento quando uma juíza afirma, em sua sentença, que "O réu não possui o estereótipo padrão de bandido, possui pele, olhos e cabelos claros, não estando sujeito a ser facilmente confundido".[4] Objetivamente falando, a magistrada não estava errada. E esse é, exatamente, o problema. Se o Código Penal (para falar em apenas um Diploma Normativo, sem esquecer a extensa legislação extravagante em matéria criminal) possui 73 tipos penais que punem condutas que atentam contra a Administração Pública e 28 que punem condutas que atentam contra o patrimônio, por que apenas 0,18% dos presos brasileiros responde pela prática da primeira espécie de delito? Se 43% dos brasileiros se consideram brancos, por que eles compõem apenas 32% da população carcerária?

A realidade condensada nos dados acima é fruto de diversos fatores, que vão desde da validação de uma perspectiva lombrosiana para o fenômeno da criminalidade – nesse sentido, o negro seria biologicamente mais propenso a cometer crimes – até a influência de vieses implícitos de raça na atuação dos diversos atores do sistema de justiça, passando por várias nuances entre uma e outra, cuja discussão, infelizmente, não cabe nas breves linhas desse artigo.

Nesse sentido, percebe-se que afirmar que as agências punitivas estatais direcionam sua atuação, prioritariamente, para indivíduos de um certo perfil, não significa, necessariamente, dizer que as pessoas que compõem essas agências são, individualmente, preconceituosas. Significa, contudo, reconhecer o racismo institucional e estrutural que existe na sociedade brasileira.

---

4. ALVES, Dina. *Perversidade e racismo na justiça penal*. Pastoral Carcerária. Disponível em: https://carceraria.org.br/agenda-nacional-pelo-desencareramento/dina-alves-perversidade-e-racismo-na--justica-penal. Acesso em: 27 set. 2021.

Sobre esse tema, vale lembrar as lições de Silvio Almeida, para quem, sob o ponto de vista institucional "o racismo não se resume a comportamentos individuais, mas é tratado como o resultado do funcionamento das instituições, que passam a atuar em uma dinâmica que confere, ainda que indiretamente, desvantagens e privilégios com base na raça."[5] O racismo institucional decorre do estrutural, na medida em que "as instituições são racistas porque a sociedade é racista".[6]

Ultrapassado esse ponto, para a completa compreensão da justiça criminal brasileira é necessário, ainda, levar em conta o aumento considerável do encarceramento nas últimas décadas. Tomando por base dados extraídos do Sisdepen,[7] verifica-se que a população privada da liberdade (incluindo-se presos domiciliares) passou de 232.755 indivíduos, no ano 2000, para 807.145, em 2020. A taxa de encarceramento, tomando por base o grupo de 100 mil habitantes, passou de cerca de 137 em 2000, para 318, em 2020.

É inegável que punimos mais. A dúvida é se estamos punindo melhor. De acordo com estudo realizado pelo Conselho Nacional de Justiça, 42,5% das pessoas com mais de 18 anos que tinham processos registrados em 2015 retornaram ao sistema prisional até dezembro de 2019,[8] o que significa que mais de 40% dos indivíduos que sai da prisão acaba retornando a ela.

Deve-se ainda lembrar que cada um desses indivíduos possui um custo para o Estado. Assim, verifica-se que em junho de 2020, o Depen estimava um custo médio mensal, por unidade federativa, de R$ 1.874,85 por cada indivíduo encarcerado, o que representa o valor mensal total de R$ 972.871.903,95 aos cofres públicos.

O encarceramento em massa teve, ainda, como consequência imprevista o surgimento e fortalecimento das facções criminosas. O Anuário do Fórum Brasileiro de Segurança Pública afirma que existem 37 facções criminosas nas unidades prisionais brasileiras. O Ministério da Justiça, apesar de nunca ter divulgado uma lista oficial, estima que o número pode chegar a 70, espalhadas por todos os estados da federação.[9]

---

5. ALMEIDA, Silvio Luiz de. *O que é racismo estrutural?* Belo Horizonte: Letramento, 2018.
6. Idem.
7. DEPARTAMENTO PENITENCIÁRIO NACIONAL. *Levantamento Nacional de Informações Penitenciárias* – Período de julho a dezembro de 2020. Disponível em: https://app.powerbi.com/view?r=ey-JrIjoiZmY1NjZlNmMtZmE5YS00MDlhLWEyNGYtYmNiYTkwZTg4ZmQ1IiwidCI6ImViMDkwN-DIwLTQ0NGMtNDNmNy05MWYyLTRiOGRhNmJmZThlMSJ9. Acesso em: 27 set. 2021.
8. CONSELHO NACIONAL DE JUSTIÇA. *Reentradas e reiterações infracionais*: um olhar sobre os sistemas socioeducativo e prisional brasileiros. Brasília: 2019. Disponível em: https://www.conjur.com.br/dl/panorama-reentradas-sistema.pdf. Acesso em: 27 set. 2021.
9. ALENCAR, Eduardo M. *De quem é o comando?* O desafio de governar uma prisão no Brasil. Rio de Janeiro: Record, 2019.

Mais uma vez, os dados demonstram que a forma de atuação das agências de punição estatal não só não tem contribuído para a diminuição da criminalidade, como, possivelmente, tem favorecido a profissionalização dos criminosos, por meio do agrupamento em facções criminosas que, via de regra, têm seu berço no interior dos presídios.

Sobre o sistema criminal punitivista, Marcos Rolim tece crítica certeira:

> A justiça criminal não funciona. Não porque seja lenta ou – em sua "opção preferencial pelos pobres" – seletiva. Mesmo quando rápida e mais "abrangente" ela não produz "justiça", porque sua medida é o mal que oferece àqueles que praticaram o mal. Esse resultado não altera a vida das vítimas. O Estado as representa porque o paradigma moderno nos diz que o crime é um ato contra a sociedade. Por isso, o centro das atenções é o réu, a quem é facultado mentir em sua defesa. A vítima não será, de fato, conhecida e o agressor jamais será confrontado com as consequências da sua ação.[10]

Na esteira do que faz o referido autor, percebe-se que a justiça criminal, em sua configuração atual, tem se mostrado inócua para o cumprimento dos fins que lhe são propostos, sobretudo no que toca a prevenção da prática de novos crimes. O hiperencarceramento seletivo tem, ao revés, contribuído para o aprofundamento das desigualdades sociais e a institucionalização das violações dos direitos fundamentais daqueles que se encontram no espectro selecionado para a punição.

3. BREVES LINHAS SOBRE O MOVIMENTO RESTAURATIVISTA

Não é simples a tarefa de definir o que é a Justiça Restaurativa. Por se tratar de um fenômeno essencialmente plúrimo e democrático, os próprios restaurativistas parecem não concordar sobre o seu conceito.

Adotando-se o conceito elaborado, em 2018, na Recomendação do Conselho da Europa, pode-se dizer que a Justiça Restaurativa se refere a um processo que permite que aquele que foi lesado pelo crime (vítima) e aquele que é responsável por aquela lesão (autor do crime), se for da vontade livre destes indivíduos, possam participar ativamente na resolução das questões decorrentes daquela ofensa, contando com a ajuda de uma terceira parte, treinada e imparcial.[11]

Tomando por base o panorama traçado no tópico anterior, pode-se, de forma mais ampla, enxergar a Justiça Restaurativa como um movimento que, resgatando a ancestralidade na resolução de conflitos, traça críticas ao sistema

---

10. ROLIM, Marcos, *in* AZEVEDO, Rodrigo G. O paradigma emergente e seu labirinto: Notas para o aperfeiçoamento dos Juizados Especiais Criminais. *Diálogos sobre a Justiça Dialogal.* Rio de Janeiro: Lumen Juris. v. 2.
11. Ver Conselho da Europa (2018). Recomendação CM/Rec (2018)8 relativa à justiça restaurativa em matéria criminal.

punitivo tradicional, propondo uma forma inovadora de compreender o conflito, por meio da construção consensual de uma resposta ao mal advindo do crime.

A Justiça Restaurativa busca despertar relacionamentos, solucionar conflitos, trabalhar traumas e, através do ideal de responsabilização, afastar a ideia tradicional da racionalidade punitivista de que a sanção é a única alternativa para a efetivação da justiça. Salmaso define o movimento restaurativista como uma "revolução social voltada à cultura de paz, através da mudança de paradigma em todas as relações humanas".[12]

Estabelecido o que é a Justiça Restaurativa, é preciso, também, compreender (ainda que de maneira extremamente objetiva) o porquê implementá-la. Fernanda Rosenblatt cita a existência de diversos estudos empíricos que demonstram o alto índice de satisfação das vítimas após a realização de práticas restaurativas, além da diminuição do estresse pós traumático destas após a prática do delito. A mesma autora cita, ainda, a possível diminuição na cifra de reincidência (pontuando, contudo, que esses estudos ainda carecem de maior aprofundamento e rigor metodológico).[13]

Parafraseando um dos maiores doutrinadores na temática, Howard Zehr, pode-se dizer que a Justiça Restaurativa busca mudar as lentes do sistema criminal. O crime deixa de ser compreendido abstratamente enquanto violação do bem jurídico e passa a ser tido como uma violação a um relacionamento que ocasiona um dano concreto a uma pessoa. A vítima deixa de ser o Estado, ente abstrato que condensaria a representatividade dos seus cidadãos, e passa a ser a pessoa que vivenciou as consequências do delito. Há a valorização das necessidades da vítima e dos direitos do ofensor, invertendo-se a lógica de ganhador e perdedor, típica dos sistemas acusatórios, e adotando-se uma lógica de benefícios mútuos para todos os envolvidos no conflito, a partir da compreensão multifacetada da ofensa (seu caráter ético, social, político e econômico).[14]

Em um panorama histórico, no cenário internacional, o movimento restaurativista ganha notoriedade a partir das décadas de 60 e 70. No Brasil, as primeiras experiências práticas com Justiça Restaurativa remontam o ano de 2004, por meio de uma parceria firmada entre o Ministério da Justiça e o Programa das Nações Unidas para o Desenvolvimento (PNUD), por meio da qual foram

---

12. SALMASO, Marcelo N. Uma mudança de paradigma e o ideal voltado à construção de uma cultura de paz. CONSELHO NACIONAL DE JUSTIÇA *Justiça restaurativa*: horizontes a partir da Resolução CNJ 225. Brasília: CNJ, 2016. p. 16-64.
13. ROSENBLATT. Fernanda C. F. *Ciclo de debates Ogbòn*: Racismo e Justiça Restaurativa. Disponível em: https://www.youtube.com/watch?v=J4dKqkz5eEU. Acesso em: 28 set. 2021.
14. ZEHR, Howard. *Trocando as lentes*: um novo foco sobre o crime e a justiça. Tradução de Tônia Van Acker. São Paulo: Palas Athenas, 2008. p. 189.

implementados três projetos-pilotos nas cidades de Brasília/DF, Porto Alegre/ RS e São Caetano do Sul/SP.

Em 2015, dentre as metas anuais estabelecidas pelo CNJ para o ano de 2016, estava a de "implementar projeto com equipe capacitada para oferecer práticas de Justiça Restaurativa, implantando ou qualificando pelo menos uma unidade para esse fim, até 31.12.2016."[15] Também em 2015, por meio da Portaria 16, o Conselho estabeleceu 12 diretrizes de gestão, dentre as quais está a "contribuição para o desenvolvimento de Justiça Restaurativa no país."[16] Em 2016, o CNJ publicou a Resolução 225, o mais importante instrumento normativo sobre Justiça Restaurativa, no Brasil.[17] Finalmente, em 2019, o Conselho Nacional de Justiça editou a Resoluçao 288, que busca "Adotar como política institucional do Poder Judiciário a promoção da aplicação de alternativas penais, com enfoque restaurativo, em substituição à privação de liberdade."[18]

De forma similar, a Resolução 118, de 1º de dezembro de 2014, do Conselho Nacional do Ministério Público, institui a política nacional de autocomposição no âmbito do Ministério Público, contando com seção destinada ao tratamento das práticas restaurativas, limitada, contudo, a dois artigos.

Considerando a ausência total de regulação legal da matéria, uma das peculiaridades do movimento restaurativo, no Brasil, é sua alocação, quase exclusivamente, dentro do Poder Judiciário.

Muito se discute, dentre os estudiosos da Justiça Restaurativa, se a aplicação de práticas restaurativas através de programas coordenados pelo Poder Judiciário não representaria um vilipêndio à própria noção de restaurativismo.

De um lado, argumenta-se que a judicialização das práticas restaurativas confere força ao movimento, garantindo organização institucional e assertividade e possibilitando maior controle das formas como a Justiça Restaurativa é aplicada na prática. Parece ser inegável que, não fosse a iniciativa do Poder Judiciário, o Brasil, muito provavelmente, sofreria com a dispersão e falta de unicidade das práticas restaurativas, o que dificultaria a compreensão exata do fenômeno e atrasaria sua expansão.

15. CONSELHO NACIONAL DE JUSTIÇA. *Metas Nacionais 2016*. Disponível em: https://www.cnj.jus. br/gestao-e-planejamento/metas/metas-2016. Acesso em: 16 jul. 2021.
16. CONSELHO NACIONAL DE JUSTIÇA. *Portaria 16 de 26 de junho de 2015*. Disponível em: https:// atos.cnj.jus.br/atos/detalhar/2124. Acesso em: 16 jul. 2021.
17. CONSELHO NACIONAL DE JUSTIÇA. *Resolução CNJ 225, de 31 de maio de 2016*. Disponível em: https://atos.cnj.jus.br/atos/detalhar/2289. 16 jul. 2021.
18. CONSELHO NACIONAL DE JUSTIÇA. *Resolução CNJ 288, de 25 de junho de 2019*. Disponível em: https://atos.cnj.jus.br/atos/detalhar/2957. Acesso em: 16 jul. 2021.

De outro, pontua-se, como faz Rafaella Pallamolla, a existência de um déficit democrático na Justiça Restaurativa judicial que "ao invés de realmente abrir espaços de diálogo entre os envolvidos no conflito, tem servido como momentos de disciplinamento e controle, lembrando a velha, mofada e pesada herança da justiça criminal (...)."[19] Assim, a alocação das práticas restaurativas no Poder Judiciário traz um grave e iminente risco de sua colonização pelo sistema retributivo. Com efeito, é possível que a Justiça Restaurativa seja cooptada pela burocracia estatal e, ao invés de promover crítica ao sistema vigente, incentivando a mudança de paradigma da justiça criminal, passe a servir como apenas mais um dos tentáculos da lógica punitivista.

A replicação dessa lógica pode decorrer de dois fatores. Inicialmente, como lembra Fernanda Rosenblatt,[20] a própria noção de vítima e ofensor, trazida pela Justiça Restaurativa como um dos seus fundamentos (relembre-se a definição trazida pelo Conselho da Europa), pode ser problemática, na medida em que reforça os papeis identitários tradicionalmente adotados pela justiça punitiva de viés retributivo. É urgente que o modelo de Justiça Restaurativa pensado para o sul global leve em consideração que nos países periféricos, como o Brasil, existe um perfil, racista e classista, replicado pelas agências estatais, que enxerga o 'bandido ideal' como o homem negro e pobre.

Sem levar em conta as particularidades da sociedade brasileira, em que o racismo é estrutural e estruturante, não é possível pensar um modelo de Justiça Restaurativa capaz de atender aos anseios e objetivos de pacificação e revolução social.

Ainda, e em profunda conexão com o primeiro fator acima delimitado, a alocação das práticas restaurativas prioritariamente dentro do sistema judicial pode contribuir para o achatamento da Justiça Restaurativa, na medida em que esta passa a ser vista de forma indevidamente reducionista, sendo resumida a uma técnica de solução de conflitos.

Nesse sentido, a mesma seletividade preconceituosa que opera no sistema criminal punitivista é transportada para as práticas restaurativas, uma vez que são os mesmos atores da 'velha e mofada' justiça criminal que decidem quais os crimes e indivíduos que devem ser encaminhados para realização de técnicas restaurativas. Em 2017, o Conselho Nacional de Justiça lançou o Relatório Ana-

---

19. PALLAMOLLA, Raffaella de P. *A construção da Justiça Restaurativa no Brasil e o protagonismo do Poder Judiciário*: permanências e inovações no campo da administração dos conflitos. 2017. Tese (Doutorado em Direito). Universidade Católica do Rio Grande do Sul. Porto Alegre, 2017. p. 270.

20. ROSENBLATT. Fernanda C. F. *Ciclo de debates Ogbòn*: Racismo e Justiça Restaurativa. Disponível em: https://www.youtube.com/watch?v=J4dKqkz5eEU. Acesso em: 28 set. 2021.

lítico Pilotando a Justiça Restaurativa,[21] no qual condensa informações sobre projetos de Justiça Restaurativa em curso em sete estados da federação. A análise do documento evidencia que as práticas restaurativas são múltiplas, mas estão condensadas, prioritariamente, no juízo da Infância e Juventude e nos Juizados Especiais Criminais.

A criminalidade violenta não é, em regra, contemplada pelas técnicas restaurativas. O tráfico de drogas, responsável, como visto, por mais de 20% das condenações dos indivíduos que se encontram encarcerados, também não. Tais constatações são problemáticas, na medida em que demonstram que a Justiça Restaurativa, no Brasil, longe de causar ruído no sistema criminal, parece estar sendo dominada por ele, assimilando e replicando sua lógica.

Não se desconhece que a ruptura do paradigma retributivo face ao potencial transformador da Justiça Restaurativa não ocorre de forma linear, de modo que é esperado que tais sistemas atuem de forma paralela ou justaposta. Contudo, não se pode reduzir a Justiça Restaurativa a um meio de solução do conflito penal, isto é, o restaurativismo não deve ser tido apenas como mais uma forma de tentar desafogar os escaninhos das varas judiciais, em prejuízo à vocação revolucionária da Justiça Restaurativa.

4. JUSTIÇA RESTAURATIVA, SELETIVIDADE PENAL E MINISTÉRIO PÚBLICO

A Constituição Federal de 1988 incumbiu o Ministério Público do importante encargo de defender a ordem jurídica, o regime democrático e os interesses sociais e individuais indisponíveis. Para além da letra da lei, a vivência das últimas três décadas tem demostrado que, por excelência, a função do Ministério Público é a de canalizador do diálogo entre a sociedade e os Poderes Públicos.

O membro do *Parquet* deve atuar como verdadeiro *ombudsman*, colhendo as demandas sociais mais relevantes e promovendo a defesa do interesse público perante instituições públicas e privadas. A legitimidade da atuação ministerial repousa na sua capacidade de compreender as necessidades do povo e, por meio dos instrumentos que lhe foram constitucionalmente atribuídos, atuar como um fator de mudança social, buscando, sempre, a construção de uma sociedade mais justa e solidária.

O Promotor de Justiça deve pôr em prática sua importante missão constitucional de prezar pela garantia dos direitos sociais e individuais indisponíveis. Contudo, parece claro que esses direitos têm sido garantidos apenas a uma parte da população.

---

21. ANDRADE, Vera Regina Pereira de (Coord.). *Pilotando a Justiça Restaurativa*: o papel do poder judiciário. CNJ: 2017. Disponível em: http:// https://www.cnj.jus.br/wp-content/uploads/2011/02/722e-01ef1ce422f00e726fbbee 709398.pdf. Acesso em: 16 jul. 2021.

Como foi dito no primeiro item, afirmar que o membro do Ministério Público está inserido em uma lógica punitivista, racista e classista não significa dizer que todos os Promotores de Justiça sejam pessoas preconceituosas. Também como já foi dito, o racismo, no Brasil, é estrutural e estruturante, o que significa que ele se encontra arraigado em todas as instituições e em todas as relações sociais. Contudo, a ausência de um auto olhar crítico sobre a atuação do Ministério Público na seara criminal certamente fomenta a seletividade do sistema penal.

A otimização da atuação ministerial deve, necessariamente, passar por uma análise crítica da instituição por seus próprios membros. Nunca é fácil realizar uma autocrítica, mas, sem ela, se está fadado a repetir os mesmos erros e permanecer limitado pelas mesmas amarras.

Parece inegável que falar em Ministério Público resolutivo, hoje, é não apenas falar na atuação prioritariamente extrajudicial, que busque, sempre, resultado prático, mas, também, na atuação em conjunto, unificada e harmônica, entre membros do Ministério Público e entre as diferentes áreas de atuação.

Nesse contexto, a Justiça Restaurativa pode funcionar como forma de integração entre a atuação do *Parquet* na seara criminal e na dos direitos transindividuais. Especificamente na área penal, a utilização dos mecanismos de justiça criminal negocial (transação penal, suspensão condicional do processo, Acordo de Não Persecução Penal) pelo Ministério Público, pode servir como forma de encaminhamento de casos a Justiça Restaurativa.

É necessário, contudo, pontuar que esse encaminhamento deve ser precedido de uma análise crítica do atuar da instituição, realizando-se um esforço efetivo para que a Justiça Restaurativa não seja vista apenas como uma mudança meramente cosmética na justiça punitivista, mas como uma nova maneira de compreender o crime, buscando evitar a replicação da mesma seletividade que é nota característica da justiça criminal tradicional.

No cenário internacional, a Justiça Restaurativa tem sido apontada como uma solução possível para lidar com as mazelas decorrentes das desigualdades raciais. Em fala perante o Conselho de Direitos Humanos da ONU, a alta comissária para Direitos Humanos, Michelle Bachellet afirmou que:

> Diante das injustiças profundas e de longo alcance, há uma necessidade urgente de abordar o legado da escravidão, o comércio transatlântico de escravos, o colonialismo e as políticas e os sistemas sucessivos de discriminação racial, e buscar uma justiça restaurativa. (...) Para curar nossas sociedades e fazer justiça aos crimes terríveis, é essencial estabelecer a verdade sobre esses legados e seu impacto hoje, e tomar medidas para remediar esses danos por meio de uma ampla gama de medidas restaurativas.[22]

---

22. ESTADO DE MINAS. *ONU defende justiça restaurativa para legado da escravidão*. Notícia vinculada no Caderno internacional em 12 de julho de 2021. Disponível em: https://www.em.com.br/app/noticia/

De forma similar, acredita-se que não se pode pensar em práticas restaurativas no Brasil e deixar de lado a crítica necessária à seletividade do sistema criminal. Pensar em sulear a Justiça Restaurativa é compreender que na sociedade brasileira a questão racial é inerente e subjacente aos conflitos criminais. Nas palavras de Fernanda Rosenblatt "tudo aqui nos leva à raça porque os personagens dessa 'historinha' que acontece no sistema de justiça criminal contemporâneo não são personagens sem cor."[23]

Nesse sentido, Fania Davis[24] afirma que a Justiça Restaurativa pode ser utilizada não apenas para curar ofensas individuais, mas, também, para transformar estruturas e instituições que são, elas mesmas, perpetuadoras de males. O movimento restaurativo precisa ter consciência das estruturas racistas e classistas que operam dentro do sistema criminal e, por vezes, dentro das próprias práticas restaurativas. Fechar os olhos para essa realidade pode implicar na redução do potencial da Justiça Restaurativa, limitando-a a atacar as consequências, mas não as causas, dos problemas sociais.

5. CONSIDERAÇÕES FINAIS

Foi visto que o hiperencarceramento é uma realidade no Brasil, mas que, apesar do número cada vez maior de indivíduos enviados ao cárcere, não parece haver a diminuição da criminalidade. Demonstrou-se, ainda, que os indivíduos selecionados pelas agências estatais para serem alvo da punição criminal possuem um perfil bem delimitado, sendo, prioritariamente, negros, pobres e periféricos. A seletividade da justiça criminal contribui para o aprofundamento das desigualdades social e reforça o racismo institucional e estrutural existente no Brasil.

Nesse contexto, parece fácil concluir que a justiça criminal, da forma como está organizada, hoje, não parece oferecer uma resposta efetiva aos problemas que propõe solucionar. Ao fim do processo criminal, a vítima não é contemplada em seu sofrimento e o ofensor, na maior parte das vezes, sequer entende o motivo exato da sua condenação.

Sabe-se que a Justiça Restaurativa não é uma panaceia, isto é, não se pode encarar o restaurativismo como a solução para todos os males sociais. Ainda que se veja com muito entusiasmo, a verdade é que nem sempre a Justiça Restaurativa será a melhor resposta a um determinado conflito. Reconhecer essa limitação

---

internacional/ 2021/07/12/interna_internacional, 1285729/onu-defende-justica-restaurativa-para--legado-da-escravidao.shtml. Acesso em: 28 set. 2021.
23. ROSENBLATT. Fernanda C. F. *Ciclo de debates Ogbòn*: Racismo e Justiça Restaurativa. Disponível em: https://www.youtube.com/watch?v=J4dKqkz5eEU. Acesso em: 28 set. 2021.
24. DAVIS, Fania E. *The Little Book of Race and Restorative Justice*: Black Lives, Healing, and US Social Transformation. Good Books, 2019.

também é importante para refletir sobre qual é a Justiça Restaurativa que se deseja e qual é aquela possível.

Acredita-se que o Ministério Público precisa se conscientizar do papel que ocupa na reprodução da seletividade do sistema de justiça criminal. Como titular da ação penal, como fiscalizador da execução criminal, como controlador externo da atividade da polícia, o Promotor de Justiça deve manter em mente que seu papel prioritário, aquele que lhe foi conferido pela Constituição de 1988, aquele que é mais esperado, é o de agente de transformação social. E essa sociedade, que deve ser ouvida e protegida, é plúrima. O Ministério Público deve defender os interesses de toda a sociedade brasileira, não apenas dos detentores do *status quo*.

A mudança da realidade posta, por meio da construção de uma cultura de paz e da promoção do valor de justiça são de responsabilidade de todas as pessoas e dos poderes públicos, em simbiose.[25] Contudo, somente após encarar a realidade do sistema de frente, os indivíduos que são responsáveis pela punição (policiais, agentes penitenciários, juízes e promotores) poderão analisar criticamente sua atuação e direcioná-la para uma mudança concreta.

Acredita-se que a Justiça Restaurativa é um dos instrumentos que pode auxiliar nesse percurso, que, certamente, não será isento de obstáculos, mas que tem a potencialidade de alterar profundamente as estruturas vigentes em todo o sistema de justiça, caso seja colocado em prática de maneira harmoniosa com seus princípios fundamentais.

6. REFERÊNCIAS

ALENCAR, Eduardo M. *De quem é o comando?* O desafio de governar uma prisão no Brasil. Rio de Janeiro: Record, 2019.

ALMEIDA, Silvio Luiz de. *O que é racismo estrutural?* Belo Horizonte: Letramento, 2018.

ALVES, Dina. *Perversidade e racismo na justiça penal*. Pastoral Carcerária. Disponível em: https://carceraria.org. br/agenda-nacional-pelo-desencaceramento/dina-alves-perversidade-e-racismo-na-justica-penal. Acesso em: 27 set. 2021.

CONSELHO NACIONAL DE JUSTIÇA. *Metas Nacionais 2016*. Disponível em: https://www.cnj.jus.br/gestao-e-planejamento/metas/metas-2016. Acesso em: 16 jul. 2021.

CONSELHO NACIONAL DE JUSTIÇA. *Portaria 16 de 26 de junho de 2015*. Disponível em: https://atos.cnj.jus.br/atos/detalhar/2124. Acesso em: 16 jul. 2021.

CONSELHO NACIONAL DE JUSTIÇA. *Reentradas e reiterações infracionais*: um olhar sobre os sistemas socioeducativo e prisional brasileiros. Brasília: 2019. Disponível em: https://www.conjur.com.br/dl/panorama-reentradas-sistema.pdf. Acesso em: 27 set. 2021.

---

25. SALMASO, Marcelo N. Uma mudança de paradigma e o ideal voltado à construção de uma cultura de paz. CONSELHO NACIONAL DE JUSTIÇA, *Justiça restaurativa*: horizontes a partir da Resolução CNJ 225. Brasília: CNJ, 2016. p. 22.

CONSELHO NACIONAL DE JUSTIÇA. *Resolução CNJ 225, de 31 de maio de 2016.* Disponível em: https://atos.cnj.jus.br/atos/detalhar/2289. Acesso em: 16 jul. 2021.

CONSELHO NACIONAL DE JUSTIÇA. *Resolução CNJ 288, de 25 de junho de 2019.* Disponível em: https://atos.cnj.jus.br/atos/detalhar/2957. Acesso em: 16 jul. 2021.

DAVIS, Fania E. *The Little Book of Race and Restorative Justice*: Black Lives, Healing, and US Social Transformation. Good Books, 2019.

DEPARTAMENTO PENITENCIÁRIO NACIONAL. *Levantamento Nacional de Informações Penitenciárias* – Período de julho a dezembro de 2020. Disponível em: https://app.powerbi.com/view?r=eyJrIjoiZmY1NjZlNmMtZmE5YS 00MDlhLW EyNGYtYmNiYTkwZTg4ZmQ1Iiwidci6ImViMDkwNDIwLTQ0NGMtNDNmN y05MWYyLTRiOG RhNmJmZThlMSJ9. Acesso em: 27 set. 2021.

DEPARTAMENTO PENITENCIÁRIO NACIONAL. *Levantamento Nacional de Informações Penitenciárias Atualização* – Junho de 2017. Disponível em: https://www.gov.br/depen/pt-br/ sisdepen/mais-informacoes/relatoriosinfopen/relatorios-sinteticos/infopen-jun-2017. pdf. Acesso em: 27 set. 2021.

ESTADO DE MINAS. *ONU defende justiça restaurativa para legado da escravidão.* Notícia vinculada no Caderno internacional em 12 de julho de 2021. Disponível em: https://www.em.com.br/ app/noticia/internacional/2021/07/12/interna_internacional,1285729/onu-defende-justica-restaurativa-para-legado-da-escravidao.shtml. Acesso em: 28 set. 2021.

PALLAMOLLA, Raffaella de P. *A construção da Justiça Restaurativa no Brasil e o protagonismo do Poder Judiciário*: permanências e inovações no campo da administração dos conflitos. 2017. Tese (Doutorado em Direito). Universidade Católica do Rio Grande do Sul. Porto Alegre, 2017.

RACIONAIS MCs. *Nego drama.* São Paulo: Boogie Naipe, 2002.

ROLIM, Marcos, *in* AZEVEDO, Rodrigo G. O paradigma emergente e seu labirinto: Notas para o aperfeiçoamento dos Juizados Especiais Criminais. *Diálogos sobre a Justiça Dialogal.* Rio de Janeiro: Lumen Juris. v. 2.

ROSENBLATT. Fernanda C. F. *Ciclo de debates Ogbòn*: Racismo e Justiça Restaurativa. Disponível em: https://www.youtube.com/watch?v=J4dKqkz5eEU. Acesso em: 28 set. 2021.

SALMASO, Marcelo N. Uma mudança de paradigma e o ideal voltado à construção de uma cultura de paz. CONSELHO NACIONAL DE JUSTIÇA, *Justiça restaurativa*: horizontes a partir da Resolução CNJ 225. Brasília: CNJ, 2016.

ZEHR, Howard. *Trocando as lentes*: um novo foco sobre o crime e a justiça. Trad. Tônia Van Acker. São Paulo: Palas Athenas, 2008.

RACISMO E A PROBLEMÁTICA DO RECONHECIMENTO NO PROCESSO PENAL (RECONHECIMENTO PESSOAL E FOTOGRÁFICO – REFLEXÕES SOBRE ESSA PROVA)

Jaqueline Mara Lorenzetti Martinelli

Procuradora de Justiça Criminal do Ministério Público de São Paulo.

Conforme leciona Julio Fabbrini Mirabete, "no sentido vulgar, reconhecimento é um fenômeno psicológico de 'conhecer novamente' quem se tinha conhecido noutro tempo, de que se pode lançar mão, mesmo em juízo, como expressão do testemunho."

Continua o mestre fazendo a distinção no sentido de que o reconhecimento, em sentido jurídico, "é o ato pelo qual alguém verifica e confirma a identidade de pessoa ou coisa que lhe é mostrada, com pessoa ou coisa que já viu, que conhece, em ato processual praticado diante da autoridade policial ou judiciária, de acordo com a forma especial prevista em lei",[1] e seu objetivo é provar a identidade física da pessoa.

Esclarecem Pedro Henrique Demercian e Jorge Assaf Maluly que reconhecer é o ato praticado por uma pessoa de identificar outra pessoa ou uma coisa e, citando Borges da Rosa, reforçam que o reconhecimento "é a verificação da pessoa, ou da coisa, no sentido de distingui-la de qualquer outra, ou de evitar que ela seja confundida com qualquer outra semelhante".[2]

Partindo desses conceitos sobre o reconhecimento pessoal, gostaria de apontar dois dados da vida cotidiana, comum a todas as pessoas, e que estão diretamente relacionados ao ato de reconhecer alguém.

---

1. MIRABETE, Julio Fabbrini. *Processo Penal*. 16. ed. rev. e atual. até janeiro de 2004. São Paulo: Atlas, 2004, p. 333.
2. DEMERCIAN, Pedro Henrique e MALULY, Jorge Assaf. *Curso de processo penal*. 9. ed. Rio de Janeiro: Forense, 2014, p. 359.

O primeiro dado refere-se ao fato de que as pessoas são parecidas. Com efeito, qual de nós nunca foi confundido com outra pessoa ou quem de nós nunca confundiu alguém pensando que se tratasse de outra pessoa que conhecia?

O segundo dado diz respeito ao fato de que as pessoas se esquecem dos fatos ou deles não se lembram com exatidão. E, novamente, para comprovar essa afirmação com base na própria experiência, indaga-se quem de nós nunca se esqueceu de fatos vividos ou quem de nós, ao se recordar de fatos vivenciados juntamente com outras pessoas, cada uma delas tinha uma recordação das circunstâncias e dos eventos que não coincidiam em muitos pontos?

Esses dois dados da vida cotidiana autorizam a conclusão de que o ato de reconhecimento pessoal ou fotográfico, por dependerem da memória humana, constitui-se em prova frágil que está a exigir a adoção de procedimentos específicos que assegurem maior credibilidade e segurança ao seu resultado.

E a fragilidade dessa prova, baseada primordialmente nas lembranças que a vítima ou testemunha possuem do ato criminoso vivenciado, é também confirmada por estudos científicos realizados acerca da memória humana.

A professora Lilian Stein, uma das maiores estudiosas da memória no Brasil, ao apresentar o resultado da pesquisa por ela coordenada no Projeto Pensando o Direito,[3] durante o seminário "Avanços Científicos no Reconhecimento Pessoal" do Ministério da Justiça, relatou que a memória humana não funciona como uma máquina fotográfica ou filmadora, sendo que nossa memória, mesmo funcionando bem, tanto pode recuperar informações com muita precisão como também pode haver perdas (esquecimento parcial ou total de algum evento ou pessoa), além de, o que é mais preocupante, gerar distorções e as denominadas "falsas memórias".

As falsas memórias podem ser definidas como lembranças de um evento que não ocorreu ou, caso tenha acontecido, se desenrolou de forma diferente da lembrada pela testemunha ou vítima.[4]

Conforme esclarecido na pesquisa coordenada pela professora Lilian, "as falsas memórias são diferentes da mentira, já que na mentira a pessoa conta intencionalmente algo que ela sabe que não aconteceu.[5] Porém, ao se recordar de uma

---

3. Stein, Lilian Milnitsky (Coord.). *Avanços científicos em psicologia do testemunho aplicados ao reconhecimento pessoal e aos depoimentos forenses.* Ministério da Justiça, Secretaria de Assuntos Legislativos. Brasília: Ministério da Justiça, Secretaria de Assuntos Legislativos (SAL): Ipea, 2015 (série pensado o Direito; 59). Disponível em: http://pensando.mj.gov.br/wp-content/uploads/2015/11/PoD_59_Lilian_web33.pdf. Acesso em: 06 out. 2021.
4. Baldasso, Flaviane e De Ávila, Gustavo Noronha. A repercussão do fenômeno das falsas memórias na prova testemunhal: uma análise a partir dos julgados do Tribunal de Justiça do Rio Grande do Sul. Disponível em https://dialnet.unirioja.es/servlet/articulo?codigo=6358844. Acesso em: 06 out. 2021.
5. VRIJ, 2008.

falsa memória, nem o nosso cérebro faz uma distinção de memórias verdadeira.[6] Assim, o indivíduo tem certeza que viveu aquilo, ainda que seja falso, podendo inclusive sofrer fortes emoções (com comportamentos de choro, ansiedade) ao se recordar de uma falsa memória",[7] razão pela qual as falsas memórias podem ser até mais detalhadas que as memórias verdadeiras.

Portanto, ainda que a mentira e as falsas memórias sejam perigosas para a credibilidade da prova testemunhal ou do reconhecimento, "as falsas memórias são mais graves, pois a testemunha ou vítima desliza no imaginário sem consciência disso", tornando muito mais difícil identificar uma falsa memória do que uma mentira, ainda que ambas sejam extremamente prejudiciais ao processo, como nos adverte o professor Aury Lopes Jr.[8]

Explica, ainda, a professora Lilian Stein que, com o passar do tempo, a nitidez das memórias mais antigas vai se perdendo e para relembrar os fatos, o cérebro precisa preencher os buracos, o que é feito com base em criatividade e imaginação. Assim, as memórias vão se juntando e se alterando quando são lembradas e, com o passar do tempo, elas podem estar bem diferentes do fato que foi vivenciado.[9]

Mas apesar de a memória constituir, na esfera criminal, fator determinante para a solução dos casos judiciais, seja pela coleta da prova oral (vítima e testemunhas) seja pelo reconhecimento pessoal ou fotográfico (autor do crime),[10] praticamente inexiste diálogo entre a Psicologia do Testemunho, que há mais de três décadas tem investigado as implicações dos avanços científicos[11] sobre a memória humana e os reflexos dela na produção dessas provas, com o Direito Penal e as instituições que atuam nas áreas de Segurança Pública e de Justiça Criminal.

Essa pesquisa explica que "a memória humana é extraordinariamente eficiente e flexível no armazenamento daquelas informações que são necessárias,

---

6. BERNSTEIN, LOFTUS, 2009.
7. Cf. STEIN, Lilian Milnitsky (Coord.). Op. cit., p. 23, acesso em: 06 out. 2021.
8. LOPES JR., Aury. *Direito Processual Penal*. 16. ed. São Paulo: Saraiva Educação, 2019, p. 478.
9. "Usamos método dos anos 50", afirma pesquisadora sobre reconhecimento facial no Judiciário. Justificando: mentes inquietas pensam Direito, São Paulo, 02.12.2015. Notícias. Disponível em: http://www.justificando.com/2015/12/02/usamos-metodos-dos-anos-50-afirma-pesquisadora-sobre-reconhecimento-facial-no-judiciario/. Acesso em: 06 out. 2021.
10. O professor Aury Lopes Jr. lembra que "em que pese a imensa fragilidade e pouca credibilidade que tem (ou deveria ter), a prova testemunhal culmina por ser a base da imensa maioria das sentenças condenatórias ou absolutórias proferidas". Op. cit., p. 458.
11. Na introdução de seu livro Prova Testemunhal, o professor Vitor de Paula Ramos revela sua preocupação com o fato de que, "mais de 100 anos depois dos primeiros estudos científicos a respeito do testemunho... o campo da prova testemunhal segue nas sombras da ciência..." e, assim, "O Direito, fechado em si mesmo, deixa...de atualizar seus conhecimentos sobre a prova testemunhal e acaba, em verdade, não só deixando de evoluir, mas, em grande medida – como será demonstrado –, verdadeiramente *caminhando contra a ciência*." (*Prova testemunhal*: do subjetivismo ao objetivismo. Do isolamento científico ao diálogo com a Psicologia e a Epistemologia. São Paulo: Thomson Reuters Brasil, 2018).

bem como no descarte do que é menos importante.[12] Ainda que bastante precisa, a memória não pode ser considerada perfeita e isenta de falhas,[13] já que a mesma é resultante da interação entre a experiência do indivíduo e a realidade, e não a realidade em si.[14] As situações em que pessoas testemunham crimes são gravadas no cérebro como outras lembranças, podendo ser bastante precisas, ainda que também suscetíveis a erros como qualquer outra lembrança.[15] Todavia, no caso de um testemunho ou reconhecimento, as imprecisões das lembranças podem levar a um desfecho equivocado de uma investigação ou julgamento, com consequências muito graves para a sociedade, como a condenação de uma pessoa inocente. Um dado ilustrativo dessas sérias consequências é o levantamento feito pela renomada organização norte-americana 'Projeto Inocência',[16] indicando que o reconhecimento equivocado por parte de testemunhas é a maior causa de condenações injustas nos EUA."[17]

Essa pesquisa, ainda, coloca a necessidade de se rever diversas crenças dos operadores do direito que, quando confrontadas com base científica, resultam bastante questionáveis, quando não são frontalmente contrariadas.

Citamos apenas algumas que foram analisadas na pesquisa em questão:

a) "a vítima ou testemunha que passou por um evento traumático nunca se esquecerá do culpado do crime ou o que ocorreu": conforme estudo de Houston et al. (2013), um grupo que foi exposto a eventos emocionais negativos teve mais dificuldade de reconhecer o culpado em um alinhamento de suspeitos em comparação ao grupo que foi exposto a eventos neutros.

b) "o depoimento confiante e firme da vítima ou testemunha indicam a fidedignidade do testemunho ou reconhecimento": por meio de vários estudos citados na pesquisa,[18] concluiu-se que a relação confiança-acurácia da memória é fraca, pois ao mesmo tempo em que reconhecimentos e testemunhos corretos podem ter muita confiança, o mesmo pode ocorrer para reconhecimentos e testemunhos errôneos.

Não obstante as advertências acerca da falibilidade da memória humana, a pesquisa aponta ser possível a coleta da prova oral e do reconhecimento pessoal de forma mais precisa e acurada desde que sejam adotados determinados procedimentos que visem evitar a contaminação ou a indução de distorções na memória.

---

12. BADDELEY, 2011b.
13. SCHACTER; LOFTUS, 2013.
14. THE BRITISH PSYCHOLOGICAL SOCIETY, 2008.
15. SCHACTER, 1996.
16. Innocence Project, 2015.
17. Cf. STEIN, Lilian Milnitsky (Coord.). Op. cit., p. 18, acesso em: 06 out. 2021.
18. Cf. STEIN, Lilian Milnitsky (Coord.). Op. cit., p. 23-24, acesso em: 06 out. 2021.

No caso específico do reconhecimento de pessoas, apesar de haver discordância sobre o melhor método a ser utilizado, "os especialistas[19] são unânimes em não recomendar a técnica de *show-up*,[20] em função do potencial bastante grande de erro de reconhecimento",[21] recomendando, em seu lugar, o emprego de técnicas de reconhecimento por alinhamento (de imagens, fotografias ou pessoas), o qual pode ser sequencial ou simultâneo.[22]

E, independentemente do formato do reconhecimento por alinhamento, essa pesquisa, citando alguns doutrinadores, aponta algumas propostas para que o seu procedimento seja realizado de modo a diminuir a possibilidade de indução e/ou sugestão por parte da vítima/testemunha:

a) o reconhecimento deve ser conduzido por profissional que desconhece quem seja o suspeito – Entende-se que, se o profissional (policial, por exemplo) souber previamente quem é o suspeito, ele poderá emitir sinais (gestos, olhares, sorrisos) que podem influenciar a vítima/testemunha a apontar determinada pessoa;

b) testagem prévia do equilíbrio do alinhamento (*fairness test*) – O teste consiste em solicitar a pessoas diversas da vítima/testemunha, mas com características semelhantes a essas, que nada sabem sobre o caso, a eleger, dentre os integrantes do conjunto de imagens/fotos dos suspeitos a serem exibidos, quem pensam ser o culpado. Se várias elegem o mesmo suspeito, é indicativo que o alinhamento proposto não está equilibrado, podendo induzir as reais testemunhas a escolherem este indivíduo. Se o resultado for mais diversificado, onde vários indivíduos dos alinhamentos foram apontados no teste, é sinal de que esse alinhamento está mais equilibrado, sendo mais confiável e justo;

c) evitar a reapresentação de um mesmo suspeito, em diferentes ocasiões e formas, para a mesma vítima/testemunha – Isto porque, uma vez mostrada uma foto ou mesmo o próprio suspeito pessoalmente em *show-up* para a vítima/testemunha, a tendência é que ela venha a reconhecê-lo novamente quando colocado esse mesmo suspeito para reconhecimento pessoal em alinhamento, ante a sensação natural de já ter visto essa pessoa;

d) gravação em vídeo do procedimento de reconhecimento efetuado na polícia – Medida desejável para se poder avaliar as condições em que o suspeito foi submetido a reconhecimento;

---

19. LINDSAY et al., 2007.
20. *Show up* – quando somente um suspeito é apresentado diretamente à vítima/testemunha, o que é muito comum quando ocorre prisão em flagrante ou quando a polícia tem quase certeza de que esse suspeito é o culpado.
21. LAWSON; DYSART; 2014.
22. alinhamento simultâneo – a testemunha/vítima é apresentada a um conjunto de pessoas ou fotos alinhadas ao mesmo tempo; alinhamento sequencial – a testemunha/vítima analisa cada pessoa ou foto separadamente, uma de cada vez.

e) antes do reconhecimento, advertir a vítima ou testemunha que o suspeito de autoria do crime pode ou não estar presente entre as pessoas alinhadas – O objetivo é o de evitar que a vítima ou testemunha se sintam compelidas a identificar alguém (desejo, ainda que inconsciente, de "acertar" o resultado), mas por outro lado, de aumentar sua responsabilidade e precaução antes de indicar alguém (vontade de "não errar").

Além dessas propostas, e sempre com vistas a aumentar o grau de segurança e confiabilidade do reconhecimento efetuado, o professor Aury Lopes Junior indica a necessidade de se agregar "as variações de reconhecimento 'com suspeito presente' e 'sem suspeito presente', ou seja, deve-se permitir que o reconhecimento seja feito (de forma simultânea ou sequencial) apenas com distratores (pessoas que sabidamente não são autoras do crime)."[23]

É que, conforme explica o ilustre professor, tanto vítimas como testemunhas sabem que, no sistema brasileiro atual, somente se procede ao reconhecimento quando existe um suspeito, o que leva tais pessoas a atuarem de forma indutiva, gerando a possibilidade maior de erros.

Entretanto, apesar das enormes ressalvas que se faz ao reconhecimento pessoal e fotográfico, ante a altíssima possibilidade de erros em razão da falibilidade da memória humana e o elevado grau de subjetividade de seu resultado, esse meio de prova vinha sendo, e ainda o é, largamente utilizado pela Justiça Penal, não raro, como único elemento isolado de prova a comprovar a responsabilidade criminal de uma pessoa indicada como autora de um crime.

E, o que é mais grave, com esse reconhecimento pessoal ou fotográfico sendo realizado sem obedecer a quaisquer regramentos, nem mesmo aqueles previstos pelo nosso Código de Processo Penal.

Ainda que o regramento processual existente não seja perfeito e possa (deva) ser melhorado,[24] o fato é que, mesmo datado do longínquo 03.10.1941, nosso Código de Processo Penal (Decreto-lei 3.689), já previa em seu artigo 226 as formalidades necessárias para se proceder ao reconhecimento de pessoas e coisas.[25]

---

23. Cf. Lopes Jr., Aury. Op. cit., p. 496.
24. Após a conclusão deste artigo, o Senado Federal, em 13/10/2021, aprovou o projeto de lei n. 676, de 2021, que altera o Decreto-lei 3.689, de 3 de outubro de 1941 (Código de Processo Penal), para disciplinar o reconhecimento fotográfico de pessoa (disponível em: https://www25.senado.leg.br/web/atividade/materias/-/materia/147134, acesso em: 15 out. 2021). O texto final aprovado, que segue para análise pela Câmara dos Deputados, contempla muitas das preocupações externadas em nosso artigo (disponível em: https://legis.senado.leg.br/sdleg-getter/documento?dm=9026799&ts=1634216337763&disposition=inline, acesso em: 15 out. 2021).
25. Art. 226. Quando houver necessidade de fazer-se o reconhecimento de pessoa, proceder-se-á pela seguinte forma:
I – a pessoa que tiver de fazer o reconhecimento será convidada a descrever a pessoa que deva ser reconhecida;

No entanto, apesar desse regramento ter mais de 80 anos, a jurisprudência de nossos Tribunais, durante décadas e até bem pouco tempo, havia se firmado no sentido de que tais formalidades processuais consistiam em mera recomendação[26] e, praticamente, houve uma abolição, de fato, do cumprimento dessa norma processual, passando-se a entender como válida a mera afirmação da vítima/testemunha de que reconhecia a pessoa do suspeito que lhe era exibida (*show-up*), sem qualquer outro tipo de cuidado na produção dessa prova.

Gostaria, neste ponto, de lembrar algumas vozes dissonantes da doutrina[27] que, além de reafirmarem a necessidade de se cumprir as formalidades elencadas no artigo 226 e incisos, do CPP, apontam que a expressão "se possível", existente no inciso II desse artigo,[28] refere-se à possibilidade de se colocar pessoas semelhantes e não à possibilidade de se cumprir ou não o determinado na lei em colocar pessoas diferentes para serem reconhecidas.

Felizmente, a Sexta Turma do E. Superior Tribunal de Justiça, por ocasião do julgamento do HC 598.886/SC, realizado em 27.10.2020, propôs nova interpretação ao art. 226 do CPP, a fim de superar o entendimento, até então vigente, de que o disposto no referido artigo constituiria "mera recomendação" e, como

---

II – a pessoa, cujo reconhecimento se pretender, será colocada, se possível, ao lado de outras que com ela tiverem qualquer semelhança, convidando-se quem tiver de fazer o reconhecimento a apontá-la;

III – se houver razão para recear que a pessoa chamada para o reconhecimento, por efeito de intimidação ou outra influência, não diga a verdade em face da pessoa que deve ser reconhecida, a autoridade providenciará para que esta não veja aquela;

IV – do ato de reconhecimento lavrar-se-á auto pormenorizado, subscrito pela autoridade, pela pessoa chamada para proceder ao reconhecimento e por duas testemunhas presenciais.

Parágrafo único. O disposto no n. III deste artigo não terá aplicação na fase da instrução criminal ou em plenário de julgamento.

26. Para se ter ideia da longevidade dessa posição jurisprudencial acerca da ausência de consequências pelo não cumprimento do regramento processual para o ato de reconhecimento, citamos as anotações feitas pelo saudoso Damásio E. de Jesus, em seu Código de Processo Penal Anotado (21. ed. São Paulo: Saraiva, 2004, p. 193): "reconhecimento isolado – não anula o ato a circunstância de a pessoa que se pretende reconhecer não ser colocada junto a outras. Esse detalhe, como dispõe a lei, deve ser observado 'quanto possível'. Trata-se de uma recomendação, não de uma exigência. No sentido do texto: ACrim 281.903, 8ª. Câm. do Tacrim, em 8.9.83...", e também a posição do E. STJ até data recente: "...2. A jurisprudência desta Corte Superior é no sentido de que "a inobservância das formalidades legais para o reconhecimento pessoal do acusado não enseja nulidade, por não se tratar de exigência, apenas recomendação, sendo válido o ato quando realizado de forma diversa da prevista em lei, notadamente quando amparado em outros elementos de prova' (AgRg no AREsp n. 837.171/MA, relator Ministro Rogerio Schietti Cruz, Sexta Turma, DJe de 20.04.2016), como ocorreu na hipótese dos autos. 3. Agravo regimental desprovido (AgRg no AREsp 1623978/MG, Rel. Ministro Antonio Saldanha Palheiro, Sexta Turma, julgado em 22.09.2020, DJe 28.09.2020)".

27. TOURINHO FILHO, Fernando da Costa. *Código de processo penal comentado*. 4. ed. São Paulo: Saraiva, 1999, v. 1, p. 432, citado por NUCCI, Guilherme de Souza. *Código de processo penal comentado*. 15. ed. rev., atual. e ampl. Rio de Janeiro: Forense, 2016, p. 588.

28. "II – a pessoa, cujo reconhecimento se pretender, será colocada, *se possível*, ao lado de outras que com ela tiverem qualquer semelhança, convidando-se quem tiver de fazer o reconhecimento a apontá-la".

tal, eventual descumprimento dos requisitos formais ali previstos não ensejaria nulidade da prova.

Nessa ocasião, foram apresentadas as seguintes conclusões:

1) O reconhecimento de pessoas deve observar o procedimento previsto no art. 226 do Código de Processo Penal, cujas formalidades constituem garantia mínima para quem se encontra na condição de suspeito da prática de um crime;

2) À vista dos efeitos e dos riscos de um reconhecimento falho, a inobservância do procedimento descrito na referida norma processual torna inválido o reconhecimento da pessoa suspeita e não poderá servir de lastro a eventual condenação, mesmo se confirmado o reconhecimento em juízo;

3) Pode o magistrado realizar, em juízo, o ato de reconhecimento formal, desde que observado o devido procedimento probatório, bem como pode ele se convencer da autoria delitiva a partir do exame de outras provas que não guardem relação de causa e efeito com o ato viciado de reconhecimento;

4) O reconhecimento do suspeito por simples exibição de fotografia(s) ao reconhecedor, a par de dever seguir o mesmo procedimento do reconhecimento pessoal, há de ser visto como etapa antecedente a eventual reconhecimento pessoal e, portanto, não pode servir como prova em ação penal, ainda que confirmado em juízo.

E a partir dessa decisão paradigmática, ambas as Turmas que compõe a Terceira Seção do Superior Tribunal de Justiça, em julgados recentes, alinharam a compreensão de que "o reconhecimento de pessoa, presencialmente ou por fotografia, realizado na fase do inquérito policial, apenas é apto, para identificar o réu e fixar a autoria delitiva, quando observadas as formalidades previstas no art. 226 do Código de Processo Penal e quando corroborado por outras provas colhidas na fase judicial, sob o crivo do contraditório e da ampla defesa."[29]

Assim, e mesmo que a normativa processual para o ato de reconhecimento pessoal necessite de aprimoramento, há de se receber com grande ânimo a mudança na jurisprudência do E. STJ, posto que, admitindo as fragilidades intrínsecas da prova baseada no reconhecimento pessoal, conferiu nova interpretação ao artigo 226 do CPP, reconhecendo a necessidade de se respeitar as formalidades ali prescritas a fim de conferir maior credibilidade e segurança a essa prova.

Em matéria datada de 06.09.2021, no *site* do Conselho Nacional de Justiça (Notícias CNJ), foi anunciada a criação de grupo de trabalho, coordenado pelo ministro do Superior Tribunal de Justiça (STJ) Rogerio Schietti Machado Cruz,

---

29. Cf. AgRg no HC 631.240/SC, Rel. Ministro Ribeiro Dantas, Quinta Turma, julgado em 14.09.2021, DJe 20.09.2021.

para aprimorar o reconhecimento pessoal em processos criminais, traçando protocolos para evitar a condenação de pessoas inocentes. Nessa matéria, foi apontado que "em estudo recente realizado em 10 estados, a Defensoria Pública do Estado do Rio de Janeiro (DPRJ) apurou que 60% dos casos de reconhecimento fotográfico equivocado em sede policial implicaram na decretação da prisão preventiva. O tempo médio dessas prisões foi de 281 dias – aproximadamente 9 meses. O levantamento também revelou que, em 83% dos casos de reconhecimento equivocado, as pessoas apontadas eram negras. O levantamento conclui que o reconhecimento pessoal em processos criminais é marcado pela seletividade do sistema penal e pelo racismo estrutural que impera no país."[30]

Assim, tão ou mais importante do que a nova interpretação dada ao artigo 226 do CPP por meio do acórdão emblemático, foi a análise sensível das consequências do erro no reconhecimento, delineando a presença do racismo estrutural, ainda que de forma intuitiva, especialmente porque "o perfil dos injustiçados, em sua maioria, é o mesmo: pessoas negras, periféricas, pobres e com baixa escolaridade", em citação à fala do coordenador de Defesa Criminal da Defensoria Pública do Rio de Janeiro, doutor Emanuel Queiroz, e ao relatório apresentado por essa instituição acerca de acusações formuladas com base em reconhecimentos fotográficos falhos.

Após a apresentação do relatório final do citado grupo de trabalho,[31] foi aprovada, por unanimidade, pelo plenário do Conselho Nacional de Justiça-CNJ, a Resolução n. 484, de 19.12.2022,[32] que estabelece diretrizes para a realização do reconhecimento de pessoas em procedimentos e processos criminais e sua avaliação no âmbito do Poder Judiciário, com vistas a evitar a condenação de pessoas inocentes e a possibilitar a responsabilização dos culpados.

Essa Resolução contemplou inúmeras das preocupações acima indicadas, constituindo-se em importante diretriz para a correção e a maior credibilidade na produção das provas relacionadas ao reconhecimento pessoal e fotográfico.

Nesse ponto, portanto, começa a necessária travessia que o Ministério Público deve empreender a fim de se tornar, não apenas uma instituição não racista, mas, urgentemente, uma instituição antirracista.[33]

---

30. Disponível em: https://www.cnj.jus.br/grupo-vai-aprimorar-reconhecimento-pessoal-em-processos--criminais/. Acesso em: 07 out. 2021.
31. Disponível em: https://www.cnj.jus.br/wp-content/uploads/2022/12/relatorio-final-gt-sobre-o-reconhecimento-de-pessoas-conselho-nacional-de-jusica.pdf, acesso em: 13 fev. 2023.
32. Disponível em https://atos.cnj.jus.br/atos/detalhar/4883, acesso em: 13 fev. 2023.
33. "Numa sociedade racista não basta não ser racista, é preciso ser antirracista", esta frase da filósofa Angela Davis ilustra a necessidade de ir além para, de forma efetiva, enfrentar o racismo estrutural

Isso porque o termo "não racista" admite certa inação ante a problemática do racismo, bastando apenas não adotar um comportamento individual ou institucional que seja discriminatório racial (por exemplo: não destratar alguém apenas em razão de sua cor ou não impedir o ingresso de negros na carreira do Ministério Público).

Essa postura passiva diante do racismo esconde, de forma sutil, a verdadeira questão que inviabiliza o seu enfrentamento e contribui para a sua manutenção, qual seja, a falta de conscientização de que "o racismo é uma decorrência da própria estrutura social, ou seja, do modo 'normal' com que se constituem as relações políticas, econômicas, jurídicas e até familiares, não sendo uma patologia social e nem um desarranjo institucional. O racismo é estrutural.". Assim conceitua o professor Silvio de Almeida. E, continua o ilustre professor, "comportamentos individuais e processos institucionais são derivados de uma sociedade cujo racismo é regra e não exceção".[34] Portanto, "as instituições são racistas porque a sociedade é racista."[35]

Conforme nos alerta o professor Silvio de Almeida, "em uma sociedade em que o racismo está presente na vida cotidiana, as instituições que não tratarem de maneira ativa e como um problema de desigualdade racial irão facilmente reproduzir as práticas racistas já tidas como 'normais' em nossa sociedade."[36] Para completar, conclui o eminente professor: "se o racismo é inerente à ordem social, a única forma de uma instituição combatê-lo é por meio da implementação de práticas antirracistas efetivas."[37]

Daí a importância e urgência de que o Ministério Público se torne uma instituição antirracista, pois sua inação contribui para perpetuar a opressão[38] à população negra.

Nesse sentido, o Ministério Público, incumbido constitucionalmente da defesa da ordem jurídica e do regime democrático, e enquanto titular exclusivo da ação penal pública que tem também como uma de suas funções institucionais, o controle externo da atividade policial, deve ser o maior interessado em que as garantias e direitos individuais constitucionais (presunção de inocência, devido

---

34. ALMEIDA, Silvio Luiz de. *Racismo estrutural*. São Paulo: Sueli Carneiro; Editora Jandaira, 2021, p. 50.
35. Idem, p. 47.
36. Idem, p. 48.
37. Idem, p. 48.
38. Sobre ser insuficiente a postura de somente se afirmar como não racista, Djamila Ribeiro apresenta a seguinte provocação, em seu Pequeno Manual Antirracista: "O que está em questão não é um posicionamento moral, individual, mas um problema estrutural. A questão é: o que você está fazendo ativamente para combater o racismo? Mesmo que uma pessoa pudesse se afirmar como não racista (o que é difícil, ou mesmo impossível, já que se trata de uma estrutura social enraizada), isso não seria suficiente – a inação contribui para perpetuar a opressão." (São Paulo: Cia. das Letras, 2019, p. 14).

processo legal, contraditório e ampla defesa entre tantos outros direitos individuais indisponíveis) como também as normas infraconstitucionais, onde se incluem as regras da legislação processual penal, sejam não somente respeitadas, mas cumpridas de forma a evitar a reprodução de comportamentos discriminatórios que atingem, especialmente na área criminal, a população negra, periférica, de baixa renda e de baixa escolaridade, confirmando e mantendo em plena atividade o racismo estrutural.

A confirmar a existência de uma seletividade do sistema penal, que pode ser explicada pela presença do racismo estrutural na sociedade brasileira, lembramos que a população negra lidera o *ranking* em diversas áreas do sistema de segurança pública e de justiça criminal:

a) 83% das prisões processuais e condenações baseadas em reconhecimentos falhos e equivocados atingem indivíduos da cor negra;[39]

b) 66% da população carcerária brasileira é composta de pessoas negras;[40]

c) 77% das vítimas de homicídio no Brasil são negras, havendo 2,6 vezes mais chance de um negro ser assassinado do que um não negro (Atlas da Violência 2021[41]).

Apesar de a população negra (pretos e pardos[42]) ser a maioria da população brasileira, os índices acima indicados são muito superiores ao índice populacional que é de 54%,[43] a reforçar ainda mais a tese de que o racismo estrutural contribui para a seletividade do sistema penal, seja tendo a população negra como vítima maior dos procedimentos processuais penais falhos ou como vítima direta da violência criminal, como também representando o maior número de acusados presos e condenados pela prática de crime.

Nos limites deste artigo e a título de contribuir para o debate, sem a pretensão de possuir a verdade, farei algumas reflexões sobre como o racismo estrutural acaba estimulando a ocorrência de reconhecimentos pessoais falhos e equivocados, sugerindo algumas ações concretas a serem adotadas pelos órgãos superiores do

---

39. Vide nota 22.
40. Disponível em: https://app.powerbi.com/view?r=eyJrIjoiZmY1NjZlNmMtZmE5YS00MDlhLWEyN-GYtYmNiYTkwZTg4ZmQ1IiwidCI6ImViMDkwNDIwLTQ0NGMtNDNmNy05MWYyLTRiO-GRhNmJmZThlMSJ9. Acesso em: 29 set. 2021, lâmina 4.
41. Disponível em: https://www.ipea.gov.br/atlasviolencia/publicacoes/213/atlas-da-violencia-2021-prin-cipais-resultados. Acesso em: 07 out. 2021.
42. O Estatuto da Igualdade Racial (Lei 12288/2010) traz o conceito de população negra em seu art. 1º, parágrafo único, inciso IV: "o conjunto de pessoas que se autodeclaram pretas e pardas, conforme o quesito cor ou raça usado pela Fundação Instituto Brasileiro de Geografia e Estatística (IBGE), ou que adotam autodefinição análoga".
43. IBGE, citado em: https://jornal.usp.br/radio-usp/dados-do-ibge-mostram-que-54-da-populacao-bra-sileira-e-negra/. Acesso em: 07 out. 2021.

Ministério Público, além de propor alguns questionamentos sobre a nossa atuação na área criminal, com o objetivo de minimizar possíveis erros e de aumentar a segurança e a confiabilidade da prova coletada.

O racismo estrutural "normaliza" atos discriminatórios contra a população negra, a ponto de quem os pratica jamais admitir que agiu com essa intenção. Novamente, trago dados da vida cotidiana para ilustrar: quem de nós, estando num *shopping center* ou num supermercado, já não se dirigiu a uma pessoa negra indagando o preço do produto ou buscando informação sobre a mercadoria, recebendo como resposta que essa pessoa era também cliente e não podia nos ajudar? Vale dizer, essa experiência demonstra que consideramos "normal" que uma pessoa negra, nesses lugares e também em outros, esteja ocupando o lugar subalterno, ainda que digno, de empregado do estabelecimento.

A professora Djamila Ribeiro, em seu livro Manual Antirracista, confirma o acima exposto, compartilhando experiência de sua vida pessoal: "como muitas pessoas negras que circulam em espaços de poder, já fui 'confundida' com copeira, faxineira ou, no caso de hotéis de luxo, prostituta." E deixando claro que não estava questionando a dignidade dessas profissões, indaga o "porquê de pessoas negras se verem reduzidas a determinados estereótipos, em vez de serem reconhecidas como seres humanos em toda a sua complexidade e com suas contradições."[44]

Essa situação, que alguns podem encarar como "inocente" ou "mero equívoco", tem consequências trágicas na esfera penal, onde também se considera "normal" que o agente roubador seja uma pessoa negra, pois há um senso comum popular de que a maioria dos roubadores seriam negros, o que seria confirmado, para muitos, pelo fato de a maioria da população carcerária ser justamente dessa cor.

Nesse sentido, adverte o professor Aury Lopes Jr., que "a existência de estereótipos culturais (como cor, classe social, sexo etc.) têm uma grande influência na percepção dos delitos, fazendo com que as vítimas e testemunhas tenham uma tendência de reconhecer em função desses estereótipos (exemplo típico ocorre nos crimes patrimoniais com violência – roubo – em que a raça e perfil socioeconômico são estruturantes de um verdadeiro estigma)."[45]

Daí a importância do citado julgado do E. STJ e da recente Resolução 484-CNJ, de resgatar a necessidade de cuidados mínimos para o ato do reconhecimento pessoal, em obediência à previsão legal, sob pena de essa prova, realizada

44. Cf. RIBEIRO, Djamila. Op. cit., p. 25-26.
45. Cf. LOPES JR., Aury. Op. cit., p. 493.

em desconformidade com a lei, perder seu valor probatório e não ser capaz de, isoladamente, justificar a incriminação de uma pessoa.

Diante de tudo o que foi falado e, considerando urgente a adoção de práticas que contribuam para uma atitude institucional antirracista, suge-re-se que os órgãos superiores do Ministério Público (Procuradoria Geral de Justiça, Corregedoria Geral, Órgão Especial, Conselho Superior e Escola Superior) incluam e promovam como ponto essencial para o ingresso, for-mação e promoção de seus integrantes, o conhecimento e o debate sobre as interfaces entre o racismo estrutural e a seletividade do sistema penal, sobre a psicologia do testemunho e a coleta da prova testemunhal (o que inclui o reconhecimento pessoal e fotográfico), além de capacitação para a produção e valoração adequada dessas provas, com estudos de casos em que ocorreram os reconhecimentos equivocados com prisões e condenações injustas, os quais devem ser catalogados para estatística.

A nós, integrantes do Ministério Público e que atuamos na área criminal, proponho que façamos alguns questionamentos: 1) qual a razão para nos con-tentarmos com o reconhecimento fotográfico ou pessoal, realizado sem qualquer observância legal, geralmente em casos de roubo, como única prova incrimina-dora da pessoa acusada, em sua maioria negra; 2) qual a razão para darmos valor absoluto à palavra da vítima, nesses casos, sem nem mesmo indagarmos por qual razão esse ofendido, no momento da lavratura do boletim de ocorrência de auto-ria ainda desconhecida, feito pouco depois do delito, ter afirmado que não tinha condições de reconhecer ninguém, alterando sua posição dias ou semanas depois do evento ocorrido; 3) qual a razão de, uma vez apresentado um álibi pelo suspeito que foi reconhecido nessas circunstâncias, nós não diligenciarmos para verificar a sua consistência ou não, na medida em que, geralmente, trata-se de indivíduo negro, periférico, pobre e de baixa escolaridade, que, não raro, encontra-se preso provisoriamente, sem advogado constituído, e, portanto, sem qualquer condição concreta de promover por si próprio a vinda dessa prova; 4) qual a razão de, nesses mesmos casos, quando o suspeito apresenta álibi, nós sistematicamente refutarmos sua versão defensiva com base sempre no argumento de que familiares e amigos tem interesse em favorecer o réu, sem confrontarmos, de forma concreta nos dados coletados nos autos, se existe ou não verossimilhança no álibi narrado; 5) qual a razão de, não raro, fundamentarmos o valor do depoimento das vítimas e dos policiais somente com base na citação de jurisprudência sobre o tema, sem que procedamos à análise crítica do conteúdo de tais depoimentos com o restante da prova e da versão trazida pela defesa; 6) qual a razão de, em geral, desconsi-derarmos a versão defensiva trazida pelo réu ante a ideia preconcebida de que ele não falaria a verdade, em vez de analisarmos a verossimilhança de seu relato que, em alguns casos, pode efetivamente contribuir para a solução do processo, confirmando ou não sua responsabilidade criminal.[46]

Como se pode extrair dos dois últimos parágrafos acima, o racismo e a problemática do reconhecimento pessoal e fotográfico nos impelem a refletir sobre um problema ainda mais profundo e grave no sistema criminal, que é o alto teor de subjetividade na análise e valoração das provas, o que tem permitido que cada operador atue e decida, dentro das suas funções institucionais, o que considera como prova suficiente para a condenação de alguém.[47]

Compreensível, nesse ponto, a preocupação externada pelo professor Gustavo Henrique Badaró, no sentido de propor mecanismos de contenção ao arbítrio no processo penal para evitar que a liberdade do juiz na valoração da prova o transforme de soberano em tirano. Em sua obra Epistemologia judiciária e prova penal,[48] o autor propõe a formulação de um modelo para o controle lógico e racional do juízo de fato no processo penal, em que, saindo do campo estritamente jurídico, fornece elementos teóricos da epistemologia, mas com finalidade eminentemente prática, para uma mudança de mentalidade do julgador (e, acrescento, também dos policiais e integrantes do Ministério Público), a fim de preencher o vazio deixado pelo livre convencimento, que acabou favorecendo o subjetivismo e o arbítrio na valoração da prova.[49]

Assim, e voltando aos limites deste artigo, a questão principal não é definir se o reconhecimento pessoal/fotográfico é prova cabal ou não da autoria de um delito, mas sim sobre como efetuar a sua produção e a sua coleta para que essa prova possua maior grau de credibilidade e de correspondência com os fatos reais.

Nesse passo, entendo que o Ministério Público, por meio de seus integrantes que atuam na área criminal, tem papel de destaque na implementação e con-

---

46. Penso que a investigação criminal há de ser imparcial e "a prova devida é aquela que, de forma absolutamente equilibrada, protege ao mesmo tempo a possibilidade de maximização do princípio fundamental da (verdadeira) ampla defesa, mas não prejudica em nada o melhor acertamento dos fatos sob a ótica também das vítimas (ou seus familiares) dos fatos praticados e da sociedade na qual essas vítimas estão inseridas, tudo como forma de estabelecer um *processo justo* a partir da avaliação da autoridade competente.", conforme muito bem expuseram Frederico Valdez Pereira e Douglas Fischer, em seu artigo Prova, verdade e as obrigações processuais penais positivas (*Altos estudos sobre a prova no processo penal*. Salvador: Editora JusPodivm, 2020, p. 88).

47. O professor Vitor de Paula Ramos, ao analisar a valoração da prova sob o regramento do art. 155 do CPP em confronto com o artigo 386 do mesmo Código, conclui que a apreciação livre da prova "não quer dizer que o juiz possa valorar a prova como bem entender, ou de acordo com suas convicções subjetivas. Deve, isto sim, valorar racionalmente a prova produzida." (As duas faces do erro da decisão sobre os fatos no processo penal, ou quantos culpados absolvidos valem um inocente condenado. Altos estudos sobre a prova no processo penal. Salvador: Editora JusPdivm, 2020, p. 772).

48. Tese para concurso de Professor Titular de Direito Processual Penal da Faculdade de Direito da Universidade de São Paulo, defendida em 2018.

49. BADARÓ, Gustavo Henrique. *Epistemologia judiciária e prova penal*. 2. tir. São Paulo: Thomson Reuters Brasil, 2019.

solidação da nova interpretação dada pelo E. STJ, quanto ao cumprimento das formalidades legais previstas no artigo 226 do CPP, bem como e especialmente quanto ao respeito às diretrizes indicadas pela Resolução 484-CNJ acerca do procedimento a ser adotado para o reconhecimento de pessoas.

Ao trabalhar para que a prova do reconhecimento pessoal e fotográfico seja realizada e colhida de forma a impedir ou reduzir a possibilidade de indução da vítima ou testemunha a um reconhecimento errôneo, em muito contribuirá para evitar não apenas uma prisão ou condenação indevidas (que, como vimos, atinge majoritariamente a população negra), mas também a afastar a "normalização" que se verifica nos processos criminais acerca do pouco cuidado que se tem na feitura de provas relacionadas, em especial, com os crimes patrimoniais violentos, nos quais os suspeitos apontados, em sua grande maioria, são negros, periféricos, pobres e de baixa renda.

E em consequência à uma atuação profissional, baseada nos achados científicos acerca da psicologia do testemunho e da valoração racional da prova,[50] o Ministério Público estará deixando de reproduzir comportamentos ditados pelo racismo estrutural (introjetado em todos nós e em todas as instituições), e passando a adotar práticas antirracistas que promovam, de forma ativa, concreta e visível, o combate ao racismo no sistema de justiça criminal.

REFERÊNCIAS

ALMEIDA, Silvio Luiz de. *Racismo estrutural*. São Paulo: Sueli Carneiro; Editora Jandaira, 2021.

BADARÓ, Gustavo Henrique. *Epistemologia judiciária e prova penal*. 2. tir. São Paulo: Thomson Reuters Brasil, 2019.

BALDASSO, Flaviane e DE ÁVILA, Gustavo Noronha. *A repercussão do fenômeno das falsas memórias na prova testemunhal*: uma análise a partir dos julgados do Tribunal de Justiça do Rio Grande do Sul. Disponível em: https://dialnet.unirioja.es/servlet/articulo?codigo=6358844. Acesso em: 06 out. 2021.

DEMERCIAN, Pedro Henrique e MALULY, Jorge Assaf. *Curso de processo penal*. 9. ed. Rio de Janeiro: Forense, 2014.

FERRER-BELTRAN, Jordi. Trad. Vitor de Paula Ramos. *Valoração racional da prova*. São Paulo: Editora JusPodivm, 2021.

LOPES JR., Aury. *Direito Processual Penal*. 16. ed. São Paulo: Saraiva Educação, 2019.

MIRABETE, Julio Fabbrini. *Processo Penal*. 16. ed. rev. e atual. até janeiro de 2004. São Paulo: Atlas, 2004.

NUCCI, Guilherme de Souza. *Código de Processo Penal comentado*. 15. ed. rev., atual. e ampl. Rio de Janeiro: Forense, 2016.

---

50. Sobre este assunto, recomendamos a leitura do livro Valoração Racional da Prova, de Jordi Ferrer-Beltran.

PEREIRA, Frederico Valdez e FISCHER, Douglas. Prova, verdade e as obrigações processuais penais positivas. In: SALGADO, Daniel de Resende; KIRCHER, Luis Felipe Schneider; DE QUEIROZ, Ronaldo Pinheiro (Coord.). *Altos estudos sobre a prova no processo penal*. Salvador: Editora JusPodivm, 2020.

RAMOS, Vitor de Paula. *Prova testemunhal*: do subjetivismo ao objetivismo. Do isolamento científico ao diálogo com a Psicologia e a Epistemologia. São Paulo: Thomson Reuters Brasil, 2018.

RAMOS, Vitor de Paula. As duas faces do erro da decisão sobre os fatos no processo penal, ou quantos culpados absolvidos valem um inocente condenado. In: SALGADO, Daniel de Resende; KIRCHER, Luis Felipe Schneider; DE QUEIROZ, Ronaldo Pinheiro (Coord.). *Altos estudos sobre a prova no processo penal*. Salvador: Editora JusPodivm, 2020.

RIBEIRO, Djamila. *Pequeno manual antirracista*. São Paulo: Cia. das Letras, 2019.

STEIN, Lilian Milnitsky (Coord.). *Avanços científicos em psicologia do testemunho aplicados ao reconhecimento pessoal e aos depoimentos forenses*. Ministério da Justiça, Secretaria de Assuntos Legislativos. Brasília: Ministério da Justiça, Secretaria de Assuntos Legislativos (SAL): Ipea, 2015 (série pensado o Direito; 59). Disponível em: http://pensando.mj.gov.br/wp-content/uploads/2015/11/PoD_59_Lilian_web33.pdf.

A LUTA ANTIRRACISTA PASSA NECESSARIAMENTE PELO FIM DA GUERRA ÀS DROGAS

Gustavo Roberto Costa

Mestre em direito internacional pela Universidade Católica de Santos. Promotor de Justiça no Estado de São Paulo.

1. INTRODUÇÃO

Atualmente, a chamada luta antirracista tem ganhado espaço especial nas discussões sociais, acadêmicas e midiáticas. A representatividade, entendida como a ocupação de espaços de poder – e de destaque em geral – por pessoas negras, passou a ser pauta prioritária dos movimentos que lutam contra o racismo e a favor dos direitos dessa importante parcela da população. Ao lado dos movimentos feminista, LBGT e outros, surge como um instrumento de luta contra a repressão e todo o tipo de desigualdade.

As cotas raciais, já assimiladas nos vestibulares, concursos públicos e até em processos seletivos de algumas empresas, aparecem como política importante de ação afirmativa, visando a assegurar melhores condições de competitividade a setores sociais historicamente desfavorecidos. Nos concursos públicos para o ingresso na carreira do Ministério Público de São Paulo, por exemplo, as cotas são uma realidade desde o 92º concurso de ingresso, realizado em 2017.

O aprofundamento do debate mostra-se importante e bem-vindo. Ampliar o acesso dos negros (assim como de outros grupos vulneráveis) a espaços de poder pode ser o primeiro passo para a luta contra as desigualdades. Afinal, nada melhor que alguém que conhece na própria pele o sabor amargo do preconceito e da discriminação para mudar o funcionamento das estruturas de poder, a fim de que passem a atuar com o olhar mais atento a processos históricos de exclusão social e de negação de direitos.

Todavia, embora um bom ponto de partida, a busca pela representatividade, pura e simples, parece estar longe de ser um adequado ponto de chegada para os fins aos quais se propõe. Negros em espaços de poder – no parlamento, no sistema de justiça, na imprensa etc. –, sem que nada no funcionamento dessas instituições mude, pode não representar verdadeiro avanço contra a repressão, mas tão somente a satisfação pessoal de uma parcela mínima desses grupos, enquanto o grosso dos excluídos continua sem visibilidade – e sem ninguém que lute verdadeiramente por seus direitos.

O objetivo da presente reflexão é tentar demonstrar, de forma limitada, que a esmagadora maioria dos negros continua sendo massacrada e exterminada pelo Estado, com fundamento ideológico na fracassada "guerra às drogas", e que a mera busca de espaços de poder para negros tem capacidade muito limitada para mudar essa realidade. Procurar-se-á responder à seguinte questão: é possível lutar verdadeiramente contra o racismo sem dar fim a essa guerra monstruosa e sem sentido?

2. AS CAUSAS E O ESTÁGIO ATUAL DA LUTA ANTIRRACISTA NOS ESTADOS UNIDOS DA AMÉRICA

Em meados de setembro de 2021, foi noticiado que, na fronteira dos Estados Unidos com o México, imigrantes haitianos foram perseguidos e açoitados com chicotes por agentes da imigração montados em cavalos. As imagens dos imigrantes – todos negros – sendo caçados pelos guardas correram o mundo, junto com a informação de que milhares deles estão sendo sumariamente expulsos dos Estados Unidos e mandados de volta a seu país de origem, assolado pela crise política e social.[1]

Importante mencionar o acontecimento, que veio à tona menos de um ano após a primeira "mulher negra filha de imigrantes" (Kamala Harris) tomar posse como vice-presidente do país norte-americano.[2] Apesar de "condenar" a ação dos guardas, a Casa Branca segue com sua política migratória contrária ao direito

---

1. Disponível em: https://www.hypeness.com.br/2021/09/escravidao-viva-nos-eua-refugiados-haitianos--sao-chicoteados-por-guardas-a-cavalo-na-fronteira/; https://www.brasildefato.com.br/2021/09/22/agentes-da-onu-advertem-que-expulsao-de-haitianos-dos-eua-viola-direito-internacional; https://www.brasildefato.com.br/2021/09/22/agentes-da-onu-advertem-que-expulsao-de-haitianos-dos--eua-viola-direito-internacional; https://operamundi.uol.com.br/politica-e-economia/71421/agentes-da-onu-advertem-que-expulsao-de-haitianos-dos-eua-viola-direito-internacional. Acesso em: 06 out. 2021.

2. Como Procuradora-Geral do Estado da Califórnia, Kamala Harris já levou ao sistema de justiça criminal famílias pobres por evasão escolar de seus filhos, defendeu a proibição de cirurgia de mudança de gênero, manifestou-se pela não liberação de presos que já haviam cumprido parte significativa de suas penas e até mesmo recorreu de uma decisão da justiça federal norte-americana que decidira pela inconstitucionalidade da pena de morte. Disponível em: https://theintercept.com/2019/01/20/a-problem-for-kamala-harris-can-a-prosecutor-become-president-in-the-age-of-black-lives-matter/; https://theintercept.com/2019/01/31/kamala-harris-and-the-myth-of-a-progressive-cop/. Acesso em: 13 out. 2021.

internacional humanitário. Qual a vantagem para os milhares de imigrantes que aguardam asilo nos Estados Unidos ter uma vice-presidente que "os representa"? O que mudou em sua vida? O que mudou na repressão que continuam sofrendo do Estado norte-americano?

No que se refere ao tema aqui proposto, relacionado à guerra às drogas, embora o senso comum compreenda que a circulação e o consumo de algumas drogas sejam as causas para os mais diversos males sociais, uma abordagem mais aprofundada sobre o tema pode demonstrar o contrário. Pesquisa do neurocientista Carl Hart demonstra que mais de 75% dos usuários de drogas – álcool, remédios e outras drogas ilegais – não enfrentam problemas de vício (entendido como a interferência em funções vitais, como cuidado com filhos, trabalho e relações íntimas). Uma porcentagem entre 10 e 25% daqueles que usam até mesmo as drogas mais pesadas – como heroína e *crack* – apresentam problemas desse tipo.[3]

Nessa linha de ideias, o autor expõe que há um grave problema de identificação de causa e efeito quando se avalia a questão das drogas, uma vez que, invariavelmente, responsabiliza-se sua circulação e seu consumo pela pobreza e pela violência. Entretanto, tais problemas sociais existem anterior e independentemente do comércio e consumo de drogas como o *crack*, utilizadas por uma quantidade mínima da população.[4]

Boa parte do consumo patológico de drogas está intrinsecamente ligada a "necessidades sociais não atendidas, pelo sentimento de alienação e de dificuldade em se ligar aos outros", ou seja, o abuso na utilização de drogas não é causado pela mera exposição às substâncias.[5] O pesquisador assevera que a disponibilidade de "reforços alternativos" diminui substancialmente o uso problemático de drogas.[6] Destarte, comunidades pobres, com baixos índices de emprego, cultura, lazer e qualidade de vida são mais vulneráveis aos efeitos maléficos das drogas.

Hart conclui que a guerra contra as drogas, iniciada pelo presidente Reagan, foi, em verdade, uma investida contra o povo negro. A proibição de certas drogas – como maconha, cocaína e opioides – baseia-se muito mais em discriminação racial que em questões farmacológicas. Ele lista exemplos na literatura científica e na imprensa de artigos que, no passado, demonstravam a periculosidade de negros que utilizavam drogas como a cocaína.[7] É dizer, quando drogas tão viciantes

---

3. HART, Carl. *Um preço muito alto*: a jornada de um neurocientista que desafia nossa visão sobre as drogas. Trad. Clovis Marques. Rio de Janeiro: Zahar, 2014, p. 22-23. O autor aponta a recessão industrial e os cortes em serviços sociais como principais causas da crise de desemprego e de violência que assolou os Estados Unidos nas décadas de 1970 e 1980.
4. Ibidem, p. 27.
5. Ibidem, p. 96.
6. Ibidem, p. 98.
7. Ibidem, p. 234.

e maléficas como o tabaco e o álcool eram permitidas, a maconha, a cocaína e o ópio, por estarem relacionadas a grupos minoritários, como negros, mexicanos e chineses, foram proibidas.[8] Portanto, a própria proibição de determinadas drogas tem um caráter inegavelmente racista.

Até mesmo ter um presidente negro por oito anos não mudou muita coisa para a população negra dos Estados Unidos. O mito do "triunfo sobre a raça" da nação, com a eleição de Barack Obama, mostrou-se equivocada, porquanto permitiu o nascimento de um novo sistema de castas sociais, conforme defende Alexander.[9] A autora faz um instigante paralelo entre a escravidão norte-americana, a era Jim Crow (o regime de segregação racial que durou de 1876 a 1965) e a atual política de encarceramento em massa – cujo mote principal é a "guerra às drogas" – como a continuidade de sistemas baseados na mesma lógica: o racismo histórico e estrutural arraigado naquele país.

O racismo, para Alexander, é altamente adaptável, notadamente quanto à facilidade de se esconder sob a forma de uma pretensa "neutralidade racial" (*colorblindness*). A neutralidade, prossegue, permite que se adotem práticas tão racistas quanto aquelas do regime de segregação. Políticas "neutras" racialmente, assim, têm efeitos perversos e muito mais danosos sobre a população negra.

O principal sistema de controle utilizado para a política segregacionista é a justiça penal. A política criminal racista dos EUA pode ser demonstrada não só no encarceramento, mas também no controle que se faz após a libertação dos condenados, quando uma série de "leis, regras, políticas e costumes" rege a vida dos rotulados como criminosos, fazendo-os entrar num submundo de discriminação e exclusão social.[10]

Uma vaga de emprego, o recebimento de benefícios sociais, a participação no tribunal do júri e até o direito ao voto são eternamente negados àqueles que possuem uma "condenação criminal". Ocorre que, de acordo com a pesquisa, os negros são os mais abordados nas ruas, suas casas (situadas nos guetos) são as mais invadidas pela polícia, são os mais coagidos a aceitar acordos criminais para cumprimentos de severas penas de prisão sob ameaça de penas ainda mais altas (às vezes sem um advogado), tudo com graves e repugnantes violações a direitos e garantias legais.

---

8. Ibidem, p. 235. Conforme o estudo do autor, "(...) no caso da cocaína os temores estavam ligados aos negros do Sul, no da maconha eram os negros e mexicanos os bichos-papões e no do ópio, os ferroviários chineses. Nos três casos, o noticiário sensacionalista era acompanhado de perfis lascivos de homens desses grupos fazendo uso de drogas para facilitar o estupro ou a sedução, ou ambos, de mulheres brancas".

9. ALEXANDER, Michele. *A nova segregação*: racismo e encarceramento em massa. Trad. Pedro Davoglio; ver. Silvio Luiz de Almeida. São Paulo: Boitempo, 2017, p. 49.

10. Ibidem, p. 152.

Os números demonstram que negros e latinos sofrem desproporcionalmente os efeitos devastadores da guerra às drogas (são três quartos dos presos por esse tipo de crime[11]), mas as instâncias judiciais, na imensa maioria dos casos, negam-se a reconhecer as práticas racistas do sistema. A Suprema Corte já negou a discriminação racial em casos nos quais estudos demonstraram uma taxa grande de recusa imotivada de negros no júri[12] e acordos penais que impunham penas muito mais altas a negros que a brancos em situações idênticas.[13]

Ao abordar a "nova segregação", Alexander alerta para o fato de que os EUA são o primeiro lugar no mundo no que se refere ao encarceramento per capita: enquanto detém 5% da população mundial, abrigam 25% dos presos do planeta.[14] Os milhões de pessoas presas no país, cuja maioria é pobre e não branca, foram mandadas para as prisões em razão "de uma 'guerra às drogas' racialmente enviesada e de um movimento de endurecimento que destruiu famílias e dizimou comunidades inteiras".[15]

A autora destaca ainda que o número de pessoas presas por delitos relacionados a drogas aumentou de cerca de 50 mil, em 1980, para algo próximo a 500 mil trinta anos depois – "mais do que o número de pessoas que a Europa ocidental prende por todos os crimes" –, um aumento de mais de 1.000%.[16] Já em 2008, os EUA mantinham 2,3 milhões de pessoas presas e impressionantes 5,1 milhões sob "supervisão correcional".[17]

Alexander comprova sua hipótese de que as políticas afirmativas, as quais permitem que alguns negros ocupem postos importantes em empresas e na atividade estatal, "são essenciais para manutenção de um sistema de castas na era da neutralidade racial". Fazem parecer que a raça não é mais relevante. Só que basta ver as taxas de negros encarcerados, desempregados e vivendo na pobreza para se concluir o contrário.[18]

A guerra às drogas, embora destinatária de uma quantidade infinita de dinheiro, não afeta o consumo da população, e é incapaz de fazer com que as drogas não cheguem a seu destino: o consumidor final. Tem-se, desta forma, um fracasso total em seu objetivo declarado, de impedir que as drogas circulem e causem os conhecidos danos à saúde pública. Mas um sucesso absoluto em seus

---

11. Ibidem, p. 159.
12. Ibidem, p. 186.
13. Ibidem, p. 200.
14. Ibidem, p. 20.
15. Idem.
16. Ibidem, p. 110.
17. Ibidem, p. 151.
18. Ibidem, p. 339.

objetivos ocultos: reprimir, massacrar, matar e encarcerar populações excluídas, com destaque especial para o povo negro.

3. RACISMO E GUERRA ÀS DROGAS NO BRASIL – DA ATIVIDADE POLICIAL À ATUAÇÃO DO SISTEMA DE JUSTIÇA

Estudo elaborado pelo CESEC – Centro de Estudos de Segurança e Cidadania[19] analisou dados de mortes causadas por ação policial, no ano de 2019, em cinco estados do país (BA, CE, PE, RJ e SP), a fim de demonstrar, com números, que "o racismo estrutura políticas de policiamento e de segurança pública".[20] Em todos os cinco estados monitorados, ao ser analisado o perfil de vítimas fatais da violência policial, a porcentagem de negros e pardos é bem superior à composição geral da população.[21]

Na Bahia, enquanto os negros são 76,5% da população, representam 96,9% (474) das mortes causadas pela polícia. No Ceará, são 66,9% da população, mas estão em 87,1% (27) das mortes por intervenção policial. Em Pernambuco, são 61,9% da população, mas 93,2% (68) dos mortos. No Rio de Janeiro, a proporção é de 51,7% para 86,0% (1.423), e em São Paulo, 34,8% para 62,8% (495).[22] No ano analisado (2019), foram registradas 6.357 mortes decorrentes de intervenção policial no país, segundo o anuário brasileiro de segurança pública.[23]

Mas não é só a polícia que aperta o gatilho. Em muitos casos de morte decorrente de intervenção policial, o sistema de justiça também dá sua inestimável contribuição para a legitimação da "guerra contra o povo". As mortes de jovens – cuja maioria é negra – são rapidamente justificadas por seu suposto envolvimento no tráfico de drogas,[24] razão pela qual é dispensada uma investigação criteriosa. Muitos dos inquéritos policiais são sumariamente arquivados, e as mortes ficam sem uma explicação minimamente convincente.

A obra do Delegado de Polícia Orlando Zaccone[25] aborda os argumentos utilizados por membros do Ministério Público fluminense para promover arquivamentos dos chamados autos de resistência (inquéritos policiais instaurados para apurar mortes provocadas por ações policiais).

---

19. CESEC, *A cor da violência policial: a bala não erra o alvo*. Rede de observatório de segurança. Dezembro, 2020.
20. Ibidem, p. 5.
21. Ibidem, p. 6.
22. Idem.
23. Ibidem, p. 8.
24. Ibidem, p. 11.
25. ZACCONE, Orlando. *Indignos de vida*: a forma jurídica da política de extermínio de inimigos da cidade do Rio de Janeiro. Rio de Janeiro: Revan, 2015.

Segundo o autor, a biopolítica, entendida como o poder sobre a vida e a morte de cidadãos, é campo privilegiado para a execução da chamada "guerra às drogas". Aqueles incluídos na categoria de "traficantes", especialmente quando inseridos em realidades sociais desfavoráveis (pobres, favelados, negros), representam, no imaginário coletivo, o que há de pior. São a representação do mal; responsáveis pela violência e desordem desenfreadas em que vivemos. Como "não humanos", sua eliminação soa como algo necessário para a limpeza social.[26]

Zaccone destrincha manifestações de membros do Ministério Público nas promoções de arquivamento de 314 inquéritos policiais instaurados entre 2003 e 2009, com o fim de "desvendar a natureza exata da legítima defesa na sua forma jurídica real, concreta, e não como um sistema conceitual e abstrato desenvolvido nas teorias jurídicas".[27] O objetivo foi observar os elementos concretos utilizados para legitimar o uso da força letal pelas agências policiais.

Os modelos de arquivamento – muitos dos quais se repetem em diversos processos – são peças jurídicas que se fundam "no princípio da autoridade da lei, invertendo o juízo de adequação, que passa não da análise dos fatos para o enquadramento legal, mas sim do enquadramento legal para os fatos".[28] As manifestações revelam muito descaso dos operadores jurídicos com o evento morte.

Em várias das promoções de arquivamento analisadas, foi observado "que é na definição da presença do inimigo em territórios segregados que se dá a legitimação das mortes produzidas a partir de ações policiais. Quase nada é falado sobre o momento da ação a ser investigada".[29] O depoimento dos policiais, a criminalização da vítima (como traficante de drogas) e a definição da periculosidade do local onde os fatos ocorreram (as comunidades faveladas) formam o discurso legitimador das mortes.[30]

A alegação da apreensão de armas, drogas e outros objetos que indiquem atividade criminosa por parte do morto é o ponto de partida para que, com a juntada dos termos de declaração dos policiais, da folha de antecedente da vítima e as vezes até da oitiva de seus familiares (principalmente daqueles que procedem ao reconhecimento do cadáver), a investigação seja encerrada.[31] Os requisitos previstos no art. 25 do Código Penal, necessários para a configuração da legítima defesa, sequer são analisados.

---

26. Ibidem, p. 138-139.
27. Ibidem, p. 143.
28. Ibidem, p. 147.
29. Ibidem, p. 155.
30. Ibidem, p. 159.
31. Ibidem, p. 159-160.

Os mortos, de vítimas, passam a suspeitos/acusados. Seu suposto envolvimento anterior em crimes como o tráfico de drogas, o local onde vivem e posse de objetos ilícitos são fatores determinantes para que sejam considerados indignos de vida. Por conseguinte, "o poder de definição da legítima defesa pelo modo de vida da vítima acaba por engendrar uma verdade que dispensa a produção de provas quanto à legitimidade da ação policial".[32]

Por vezes, a declaração de familiares das vítimas, de que elas poderiam estar envolvidas no tráfico de drogas, é o suficiente para a justificação da ação letal dos policiais. Vê-se, desta forma, que, se a polícia é a responsável pela morte mal esclarecida de civis, o Ministério Público e o Poder Judiciário são os responsáveis por lhe dar base jurídica.

No que tange ao Poder Judiciário, sua responsabilidade no encarceramento massivo de pobres e negros também não pode ser desconsiderada. Uma série de distorções interpretativas faz com que os juízes contribuam para a tragédia existente nos estabelecimentos penais brasileiros. E como sói ocorrer no sistema de justiça criminal, os pobres e os negros são os principais atingidos por essa política de guerra.

O juiz Marcelo Semer, em pesquisa de campo, analisou 800 sentenças, de 8 estados brasileiros, a fim de verificar qual é o papel dos juízes no grande encarceramento.[33] Semer analisou também o impacto do pânico moral existente na sociedade – e reproduzido nas decisões judiciais – e do estado de negação para os resultados observados.

A pesquisa não foi capaz de estabelecer qualquer recorte racial dos condenados (já que, geralmente, as sentenças não trazem essa informação). Todavia, como, segundo os mais recentes dados publicados sobre a população carcerária brasileira, cerca de 64% dos presos são negros (pretos ou pardos),[34] e como 28% dos homens e 64% mulheres presas respondem por crimes relacionados às drogas,[35] não é difícil imaginar que a população negra seja boa parte dos afetados pelas decisões judiciais que julgam o crime de tráfico de drogas.

O estudo demonstra que ao menos 2/3 dos réus que respondem por tráfico de drogas são hipossuficientes,[36] 69,58% do total são primários[37] e mais de 70%

---

32. Ibidem, p. 168.
33. SEMER, Marcelo. *Sentenciando tráfico*: o papel dos juízes no grande encarceramento. São Paulo: Tirant lo Blach, 2019.
34. INFOPEN. *Levantamento nacional de informações penitenciárias*, atualização – junho de 2016. Brasília: Ministério da Justiça e Segurança Pública. Departamento Penitenciário Nacional, 2017, p. 32.
35. Ibidem, p. 43.
36. SEMER, Marcelo. Op. cit., p. 154.
37. Ibidem, p. 156.

deles foram presos sozinhos.[38] Demonstra também que quase 89% dos processos são originados de prisão em flagrante, ou seja, não tiveram investigações prévias,[39] decorrentes, muitas vezes, das chamadas "denúncias anônimas", das quais quase nunca há registro nos autos. Para o autor, a ausência de investigação reproduz a seletividade do sistema penal, já que a esmagadora maioria das pessoas abordadas nas ruas são de bairros periféricos – onde o policiamento ostensivo atua de forma constante.[40]

O autor expõe ainda a grande quantidade de casos em que há entrada em domicílio por parte de policiais sem mandado judicial, para o fim de se apreenderem drogas. Em nenhuma das 800 sentenças foi encontrada qualquer discussão sobre a licitude da prova, a qual se resume, nos mais das vezes, à palavra dos próprios policiais. Assim, conclui pelo "completo esvaziamento da inviolabilidade do domicílio como direito fundamental" quando se trata de casos envolvendo tráfico de drogas.[41] Quase em todos os casos, os acusados compõem os postos mais baixos da cadeia criminosa, cujas atividades ilícitas não sofrem qualquer enfraquecimento com a ação estatal.[42]

Ademais, não há praticamente nenhum cuidado com a produção probatória em tais processos criminais. As provas são modestíssimas, geralmente marcadas pela "importância suprema dos relatos das testemunhas policiais".[43] As demais provas são invariavelmente ignoradas. Ao se conceder "presunção de legitimidade" às palavras dos policiais, torna-se inócua a presunção de inocência, aduz o autor.[44]

Nos processos envolvendo tráfico de drogas o interrogatório é completamente ignorado, valendo somente quando traz a confissão – até o silêncio, em muitos casos, é interpretado em desfavor dos acusados.[45] A versão de testemunhas de defesa quase sempre não vale nada, pois, segundo as sentenças estudadas, presume-se que têm interesse em favorecer os réus.[46] Em muitas decisões, mesmo a inconstitucional inversão do ônus da prova contra os acusados foi verificada.[47]

---

38. Ibidem, p. 157.
39. Ibidem, p. 158.
40. Ibidem, p. 162.
41. Ibidem, p. 168.
42. Ibidem, p. 181.
43. Ibidem, p. 185. O autor encontrou casos em que até o laudo toxicológico definitivo – indispensável para a demonstração materialidade delitiva – foi dispensado para o decreto de condenações criminais.
44. Ibidem, p. 190.
45. Ibidem, p. 205-206.
46. Ibidem, p. 212.
47. Ibidem, p. 213. A pesquisa demonstra que, em muitos casos, para afastar alegações de posse de droga para consumo próprio os juízes alegam que o acusado não fez prova de suas alegações, razão pela qual decidem pela condenação pelo crime de tráfico.

Diversos princípios e garantias constitucionais são ignorados pelos magistrados brasileiros quando se trata de julgar crimes envolvendo o tráfico de drogas. Tudo é justificado para o combate "ao grande mal da humanidade", ao "comércio espúrio", "àquele que resolveu lucrar em detrimento da desgraça alheia" e que "não se importa com o próximo" (além de outros exageros semânticos).

O processo penal passa a ser uma arma em meio à guerra, e não mais um sistema de garantias. Como os alvos preferenciais do sistema penal são os integrantes das camadas mais pobres e excluídas da sociedade – cuja maioria é negra – a guerra às drogas funciona como instrumento de exclusão e segregação racial.

4. CONCLUSÕES

A tão festejada – e ao mesmo tempo tão fracassada – guerra às drogas, ideologia integralmente importada dos Estados Unidos da América, tem sua origem na discriminação e na perseguição de grupos minoritários daquele país, como negros, latinos e chineses. Mostrou ser uma política absolutamente incapaz de impedir que as drogas estejam no seio da sociedade (as drogas estão mais presentes que nunca na vida das pessoas), mas permite que se instaure um verdadeiro estado de exceção contra grupos vulneráveis, notadamente os negros.

O encarceramento massivo em locais como Estados Unidos e Brasil funciona como uma continuidade da escravidão que vigorou nesses países durante séculos, e impede a completa inclusão social da população negra, diretamente atingida por uma política que permite a retirada de uma série de direitos dos acusados e condenados, mesmo após sua saída da prisão. Embora não mais se defenda o racismo de forma expressa, a guerra às drogas apresenta-se como uma política racista, o que pode ser inegavelmente demonstrado pelos índices de pessoas negras mortas pela polícia e incluídas nas malhas do sistema de justiça.

No Brasil, as vítimas fatais de ações policiais são, em sua maioria, negras, em índices muito maiores do que a porcentagem de negros na sociedade. O Ministério Público, órgão responsável pela persecução penal, ao se deparar com mortes envolvendo ação policial, tende a encerrar investigações prematuramente quando se trata de vítima com indícios de envolvimento no tráfico de drogas, como se isso, por si só, justificasse a morte. Pouca ou nenhuma análise sobre os fatos é realizada.

O Poder Judiciário, por sua vez, ignora importantes princípios constitucionais, como o contraditório, a ampla defesa, a inviolabilidade de domicílio e a presunção de inocência, seja dando valor absoluto a depoimentos de policiais, seja negando a realidade quanto aos altíssimos índices de corrupção e violência policial, seja presumindo a culpabilidade de pessoas pelo local em que moram e pela vida que levam. Condenações criminais são proferidas aos milhares, lotando os estabelecimentos prisionais e fazendo com que a população mais pobre seja ainda mais martirizada.

Sem mudar o funcionamento do sistema de justiça, colocando-se um fim à irracional guerra às drogas, é impossível acabar com o racismo. Essa guerra é o que permite ao Estado manter os negros excluídos, segregados e em permanente estado de sítio. É impossível, portanto, lutar contra o racismo mantendo-se uma política que é o seu principal instrumento. Os antirracistas precisam, urgentemente, unir-se em torno de uma política racional de enfrentamento às drogas, que invista em informação, em redução de danos, no desencarceramento, na diminuição das mortes e na descriminalização. Do contrário, não há luta antirracista possível.

5. REFERÊNCIAS

ALEXANDER, Michele. *A nova segregação: racismo e encarceramento em massa.* Trad. Pedro Davoglio; rev. Silvio Luiz de Almeida. São Paulo: Boitempo, 2017.

CESEC, *A cor da violência policial*: a bala não erra o alvo. Rede de observatório de segurança. Dezembro, 2020.

HART, Carl. *Um preço muito alto*: a jornada de um neurocientista que desafia nossa visão sobre as drogas. Trad. Clovis Marques. Rio de Janeiro: Zahar, 2014.

INFOPEN. *Levantamento nacional de informações penitenciárias*, atualização – junho de 2016. Brasília: Ministério da Justiça e Segurança Pública. Departamento Penitenciário Nacional, 2017.

SEMER, Marcelo. *Sentenciando tráfico: o papel dos juízes no grande encarceramento*. São Paulo: Tirant lo Blach, 2019.

ZACCONE, Orlando. *Indignos de vida*: a forma jurídica da política de extermínio de inimigos da cidade do Rio de Janeiro. Rio de Janeiro: Revan, 2015.

DESAFIOS NO COMBATE À VIOLÊNCIA DOMÉSTICA, FAMILIAR E DE GÊNERO CONTRA MULHERES NEGRAS

Carolina Gonçalves de Oliveira Escavassini

Especialista em Direito de Família e Sucessões. Advogada e Cocoordenadora da Comissão de Combate à Violência contra Mulher da OAB, Subseção de Franca/SP.

Claudio Luis Watanabe Escavassini

Mestre em Direito Constitucional pela Faculdade de Direito de Bauru. Promotor de Justiça do Estado de São Paulo na Comarca de Franca.

1. INTRODUÇÃO

A Lei Maria da Penha completou 16 anos de vigência em 2022. Apesar de ser considerada uma das melhores leis no Mundo para proteção das mulheres, assegurando a elas direitos fundamentais e mecanismos de efetivação de políticas públicas, o Brasil segue, ano a ano, batendo recordes de violências contra mulheres.

Segundo recente publicação do Fórum Brasileiro de Segurança Pública, "Violência Contra Meninas e Mulheres no 1º Semestre de 2022", no "...primeiro semestre de 2022, 699 mulheres foram vítimas de feminicídio, média de 4 mulheres por dia. Este número é 3,2% mais elevado que o total de mortes registrado no primeiro semestre de 2021, quando 677 mulheres foram assassinadas. Os dados indicam um crescimento contínuo das mortes de mulheres em razão do gênero feminino desde 2019. Em relação ao primeiro semestre de 2019, o crescimento no mesmo período de 2022 foi de 10,8%, apontando para a necessária e urgente priorização de políticas públicas de prevenção e enfrentamento à violência de gênero".[1]

---

1. BUENO, Samira; LAGRECA, Amanda; SOBRAL, Isabela. Violência contra meninas e mulheres no 1º semestre de 2022. *Fórum Brasileiro de Segurança Pública*: 2022. p. 02.

Os números revelam que mulheres são expostas à várias formas de violência, mas distante dos preceitos abstratos da norma, o gênero, por si só, não coloca todas as mulheres em situação de igualdade quando inseridas outras marcações como raça e classe social.

Não há dúvida de que a violência institucional, obstétrica, política, doméstica, familiar e de gênero acompanham todas as mulheres, mas as mulheres negras são as maiores vítimas dessas violações.

Apenas para exemplificar. Quando falamos de feminicídio, segundo o Anuário Brasileiro de Segurança Pública de 2021, o "perfil étnico racial indica a prevalência de mulheres pretas e pardas entre as vítimas: 62% eram negras, 37,5% brancas, 0,3% amarelas e 0,2% indígenas".[2]

Se formos analisar as mortes violentas intencionais contra mulheres, há ainda maior prevalência de vítimas negras: "Nas demais mortes violentas intencionais, contudo, 70,7% são negras e apenas 28,6% são brancas. Em última instância, o que os dados nos indicam é uma possível subnotificação das negras enquanto vítimas de feminicídio. Demais estudos ainda devem ser realizados para aprofundar o fenômeno, entretanto, levanta-se a hipótese de que as autoridades policiais enquadram menos os homicídios de mulheres negras enquanto feminicídio. Ou seja, mais mulheres negras, mesmo sendo mortas pela condição de ser mulher, são incluídas na categoria de homicídio doloso e não feminicídio, o que parece acontecer menos com as mulheres brancas. Esta hipótese ganha força quando analisamos a mortalidade geral de mulheres por agressão ao longo da última década e verificamos que, se os assassinatos de mulheres brancas caíram, os de mulheres negras se acentuaram, aumentando a disparidade racial da violência letal (FBSP, IPEA, 2020)".[3]

Diante dessa realidade, a proposta do presente artigo é analisar os desafios no enfrentamento à violência doméstica, familiar e de gênero contra as mulheres negras, que vão além das formas de agressões do artigo 7º da Lei Maria da Penha, física, psicológica, sexual, patrimonial e moral.

A realidade vivenciada por cada mulher de pele negra é diferenciada. Se ela suporta em pé de igualdade com as mulheres brancas todas as formas de violações, no que diz respeito ao acolhimento, atendimento e implementação de seus direitos e garantias, as mulheres negras vivenciam situações diferentes, não sendo alcançadas por serviços, ações e políticas públicas que viabilizem o exercício integral de seus direitos.

---

2. Ibidem, p. 08.
3. BUENO, Samira; LIMA, Renato Sérgio de. Anuário Brasileiro de Segurança Pública 2022. *Fórum Brasileiro de Segurança Pública*: 2022. p. 173.

O enfrentamento à violência doméstica, familiar e de gênero contra a mulher negra deve começar antes mesmo delas sofrerem as agressões por parte de seus companheiros (as), esposos (as), namorados (as) e familiares. Devem ser resguardas de toda forma de negligência, discriminação e opressão por serem mulheres e de pele negra.

Analisar esse contexto e a estrutura existente, que perpetua a desigualdade e atende a singularidade da mulher negra, torna-se necessário para compreendermos uma realidade que vai além dos nossos olhos e que está marcada na pele.

2. TODOS SÃO IGUAIS PERANTE A LEI

A Constituição Federal do Brasil, logo no seu artigo 5º, quando elenca os direitos e garantias fundamentais individuais e coletivos, afirma que todos são iguais perante a lei, sem distinção de qualquer natureza.

Mas não é essa realidade das pessoas de pele negra. Como lembra Lélia Gonzales:[4]

> Enquanto a questão negra não for assumida pela sociedade brasileira como um todo, negros e brancos, e juntos refletirmos, avaliarmos, desenvolvermos uma práxis de conscientização da questão da discriminação racial neste país, vai ser muito difícil, no Brasil, se chegar ao ponto de efetivamente sermos uma democracia racial.[5]

A Lei Maria da Penha foi criada com o objetivo de reconhecer e assegurar às mulheres condições para o exercício efetivo e igualitário dos direitos à vida, à segurança, à saúde, à alimentação, à educação, à cultura, à moradia, ao acesso à justiça, ao esporte, ao lazer, ao trabalho, à cidadania, à liberdade, à dignidade, ao respeito e à convivência familiar e comunitária.

No início, a constitucionalidade da Lei Maria da Penha foi questionada, sob o argumento de que violaria a isonomia, "homens e mulheres são iguais em direitos e obrigações, nos termos desta Constituição" (artigo 5º, inciso I, da CF).

Hoje o tema foi superado e não é mais questionada a inconstitucionalidade da Norma, contudo, uma outra desigualdade, diga-se de passagem antiga, se revela ainda mais presente e parece emergir com característica de normalidade e naturalidade, merecendo nossa atenção, a desigualdade no gênero mulher negra.

Como aponta Fabiana Severi:[6]

---

4. 2020, p. 310.
5. GONZALES, Lélia. *Por um feminismo afro-latino-americano*. Rio de Janeiro: Schwarcz, 2020, p. 310.
6. 2018, p. 4.

[...] muitas feministas negras têm alertado para o fato de que tal dispositivo legal não tem conseguido realizar um enfrentamento à violência doméstica de modo interseccional, combinando raça e gênero, além de estar produzindo efeitos indesejáveis que recaem, com maior frequência e intensidade, sobre as populações negras. Todavia, são as mulheres negras as que mais sofrem agressões físicas e são as mais expostas à violência no âmbito doméstico em relação às mulheres brancas.[7]

Assim como foi criada a Lei Maria da Penha para conferir tratamento diferenciado para mulheres em relação aos homens e nessa linha outras alterações legislativas (prisão preventiva para garantir a execução das medidas protetivas, crime de feminicídio, novo crime de perseguição, novo crime de violência psicológica, entre outras), buscando efetiva isonomia e proteção para mulheres, para que a mulher negra consiga ser tratada com igualdade, temos que reconhecer a existência de barreiras que as impedem de usufruírem de direitos e garantias inerente ao gênero feminino.

O tratamento diferenciado dentro da própria categoria de gênero não é atual. Em meados do século XIX, a Declaração de Seneca Falls, produto da primeira convenção nos Estados Unidos, que tratava dos direitos das mulheres e que ocorreu nos dias 19 e 20 de julho de 1848, em Seneca Falls, Estado de Nova Iorque, tinha como foco o casamento e os efeitos prejudiciais a todas mulheres em razão dos amplos direitos dos maridos.

Ainda que a Declaração seja uma referência histórica na luta pela igualdade de gênero, o enfoque era parcial e voltado para mulheres da burguesia e classe média.

[...]ignorava totalmente a difícil situação das mulheres brancas da classe trabalhadora, bem como a condição das mulheres negras tanto do Sul quanto do Norte. Em outras palavras, A Declaração de Seneca Falls propunha uma análise da condição feminina sem considerar as circunstâncias das mulheres que não pertenciam à classe social das autoras do documento.[8]

Essa ressalva é apontada por Sílvia Chakian, quando aborda o movimento feminista e suas fases, fazendo uma ampla análise do feminismo negro.

Em relação a opressão contra as mulheres, em todos os seus aspectos, as ações devem reconhecê-las não como uma categoria simplesmente universal, mas sim como "múltiplas e plurais, razão pela qual a questão de gênero só pode ser analisada se em conjugação com outras categorias, como raça, classe, orientação sexual, geração etc."[9]

---

7. SEVERI, Fabiana Cristina. *Lei Maria da Penha e o Projeto Jurídico Feminista Brasileiro*. Rio de Janeiro: Lumen Juris, 2018, p. 24.
8. DAVIS, Angela. *Mulheres, raça e classe*. São Paulo: Boitempo, 2016, p. 64.
9. CHAKIAN, Silvia. *A construção dos direitos das mulheres*. Rio de Janeiro: Lumen Juris, 2020, p. 149.

Portanto, podemos concluir que esse assunto não é novo. Não é de agora que se fala sobre a desigualdade no tratamento e gozo de direitos por mulheres negras. Mas se o assunto não é atual, por que não avançamos? Por que não vemos políticas públicas de acolhimento e inclusão?

A verdade é que nas estruturas de poder, na condução dos destinos, na ocupação dos espaços de decisões, estão pessoas que se encontram no vértice da pirâmide social. Citamos um exemplo. Na atual composição da Câmara dos Deputados, 72,12% dos parlamentares se declaram brancos, 20,86% pardos, 5,26% negros, 0,58% amarelos e temos um indígena (0,97%).[10]

Na Casa Legislativa que representa o povo brasileiro, onde são discutidas e votadas propostas de leis, de cada 4 deputados, somente 1 é negro. Se colocarmos ainda o gênero, veremos que somente 91 mulheres ocupam cadeiras na Câmara de Deputados (17,7%).

Agregue a isso a percepção de que a maioria das pessoas afirmam não serem racistas e que não reconhecem as estruturas que excluem a população negra.

O combate eficiente contra a violência doméstica, familiar e de gênero a mulher negra passa por esse ponto. "Devemos aprender com a história do feminismo negro, que nos ensina a importância de nomear as opressões, já que não podemos combater o que não tem nome. Dessa forma, reconhecer o racismo é a melhor forma de combatê-lo".[11]

Tratar a mulher negra não só como parte do gênero feminino, mas também conjugar outros aspectos como a raça, a opressão, a classe social que ela pertence, reconhecendo e combatendo o racismo e formas de discriminação, são elementos essenciais na construção da equidade de gênero, afinal, os números não mentem.

3. NÚMEROS DA VIOLÊNCIA CONTRA MULHERES NO BRASIL

O Instituto de Pesquisa Econômica Aplicada (IPEA) divulgou o Atlas da Violência 2021. Segundo o estudo, em 2019, de cada três mulheres assassinadas no Brasil, duas vítimas eram negras.

A Pesquisa ressalta que:

termos relativos, enquanto a taxa de homicídios de mulheres não negras foi de 2,5, a mesma taxa para as mulheres negras foi de 4,1. Isso quer dizer que o risco relativo de uma mulher

---

10. A nova composição da câmara. Fonte: https://www.camara.leg.br/internet/agencia/infograficos-html5/composicao-da-camara-2023/. 13.03.2021.
11. RIBEIRO, Djamila. *Pequeno manual antirracista*. São Paulo: Editora Schwarcz, 2020, p. 21.

negra ser vítima de homicídio é 1,7 vezes maior do que o de uma mulher não negra, ou seja, para cada mulher não negra morta, morrem 1,7 mulheres negras.[12]

Como inicialmente apontamos, a Lei Maria da Penha é considerada uma das melhores normas no Mundo, no entanto, o Brasil ocupa as primeiras posições entre os países que mais violam direitos das mulheres.

Importante destacar que, após a Lei Maria da Penha, os:

> [...] números absolutos revelam ainda maior desigualdade na intersecção entre raça e sexo na mortalidade feminina. Entre 2009 e 2019, o total de mulheres negras vítimas de homicídios apresentou aumento de 2%, passando de 2.419 vítimas em 2009, para 2.468 em 2019. Enquanto isso, o número de mulheres não negras assassinadas caiu 26,9% no mesmo período, passando de 1.636 mulheres mortas em 2009 para 1.196 em 2019.[13]

Trocando em miúdos, após a implementação da Lei Maria da Penha em 2007 e tendo como marcação o crime de feminicídio, o número de mulheres negras assassinadas subiu, enquanto delitos da mesma espécie contra mulheres brancas diminuíram 27%.

Podemos mencionar outro indicativo de que mulheres negras estão mais vulneráveis e distantes dos serviços públicos. Numa pesquisa na Comarca de Franca, interior do Estado de São Paulo, analisamos 409 inquéritos policiais sobre violência doméstica e familiar,[14] referente aos meses de outubro a dezembro de 2018 e janeiro a outubro de 2019.

Chamou a atenção o percentual de ocorrências registradas por mulheres negras vítimas de violência doméstica e familiar. Enquanto mulheres declaradas brancas representaram 74%, mulheres negras[15] somaram 26%, na proporção de 21% que se declararam pardas e 5% que se declararam negras.

Segundo o Instituto Brasileiro de Geografia e Estatística (IBGE), a população estimada de Franca em 2021 alcançava 358.539 pessoas, com IDHM de 0,780 (2010).[16] A população de Franca, valendo-se dos números de 2010, teria 69,15% de pessoas brancas, 23,84% de pessoas pardas, 6,30% de pessoas negras, 0,58% de pessoas amarelas e 0,12% de pessoas indígenas.[17]

---

12. CERQUEIRA, Daniel. *Atlas da Violência 2021*. São Paulo: FBSP, 2021, p. 38.
13. CERQUEIRA, Daniel. *Atlas da Violência 2021*. São Paulo: FBSP, 2021, p. 39.
14. Pesquisa realizada por Carolina Gonçalves de Oliveira Escavassini e Claudio Luis Watanabe Escavassini em maio de 2020.
15. Art. 1º, parágrafo único, inciso IV, da Lei 12.288, de 20 de julho de 2010.
16. IBGE – INSTITUTO BRASILEIRO DE GEOGRAFIA E ESTATÍSTICA. *Cidades de Estados*. Disponível em: https://www.ibge.gov.br/cidades-e-estados/sp/franca.html. Acesso em: 13 mar. 2023.
17. WIKIPÉDIA. FRANCA. Disponível em: https://pt.wikipedia.org/wiki/Franca#Etnias. Acesso em 13 mar.2023.

Ainda que os números de registros policiais por violência doméstica, tendo como marco a raça, possam se aproximar dos percentuais da população, não podemos deixar de refletir as desigualdades sociais nesse terreno. O racismo, a invisibilidade, proporcionam o distanciamento de mulheres negras dos aparelhos de atendimento do Estado, bastando lembrar que mulheres negras são as maiores vítimas de violência.

A melhora dos índices de violência em relação as mulheres não negras e a elevação nos números dos assassinatos de mulheres negras revelam e indicam a necessidade de que as violações em relação a essas últimas devam ser compreendidas dentro de um campo específico, com peculiaridades.

Mulheres negras são expostas a fatores diversos e geradores de violência, como desigualdades e invisibilidade sociais, desequiparações econômicas, racismo, intolerância e distorções religiosa, que agregados à condição de gênero, aumentam o abismo de suas realidades e necessidades em relação as mulheres não negras, tornando-as mais vulneráveis. Esse conjunto de fatores as colocam ainda mais à margem da sociedade e longe dos serviços de acolhimento, proteção e implementação de direitos e garantias.

Nesse quadro, "[...]o desenvolvimento de políticas públicas para o enfrentamento das altas taxas de violência, portanto, não pode prescindir de um olhar sobre o racismo e a discriminação e como estes fatores afetam desigualmente as mulheres".[18]

Por isso, políticas públicas é o tema do nosso próximo tópico.

4. POLÍTICAS PÚBLICAS PARA MULHERES NEGRAS

A Constituição Federal do Brasil, já no seu no artigo 3º, inciso IV, aponta como fundamento da República "[...] *promover o bem estar de todos*, sem preconceitos de origem, raça, sexo, idade e quaisquer outras formas de discriminação".[19]

Políticas públicas são as ações realizadas pelos governos (federal, distrito federal, estaduais e municipais) para satisfação plena e efetiva dos direitos e garantias.

A própria Lei Maria da Penha, logo no artigo 8º, traça diretrizes para a política pública que visa coibir a violência doméstica e familiar contra a mulher, reconhecendo que deva ser feita por meio de um conjunto articulado de ações por parte da União, dos Estados, do Distrito Federal e dos Municípios e de ações não governamentais.

---

18. CERQUEIRA, Daniel. *Atlas da Violência 2021*. São Paulo: FBSP, 2021, p. 40.
19. BRASIL. Constituição (1988). Constituição da República Federativa do Brasil. Brasília, DF: Senado Federal: Centro Gráfico, 1988.

Portanto, cabe ao poder público desenvolver ações que visem garantir os direitos humanos das mulheres no âmbito das relações domésticas e familiares, resguardando-as de toda forma de negligência, discriminação, exploração, violência, crueldade e opressão.

Mas não basta a implementação de ações estatais. "É necessário avaliar se as políticas projetadas estão sendo efetivamente implementadas e, quando efetivamente implementadas, a efetividade de tais intervenções".[20]

Para o enfrentamento à violência contra mulheres, as atividades de prevenção são imprescindíveis e elas podem ser classificadas em 3 níveis: prevenção primária (prevenção em sentido estrito), secundária (intervenção precoce) e terciária (também chamada de *resposta*).

4.1 Prevenção primária (prevenção em sentido estrito)

A prevenção primária, também denominada prevenção em sentido estrito, são atividades "[...]destinadas à população como um todo, tendo como foco as causas primárias (ou subjacentes) da violência doméstica relacionada à visão estereotipada de papeis sociais entre homens e mulheres, que normatizam a violência como aceitável ou tolerável".[21]

Já nesse primeiro nível de prevenção, devemos destacar que sexo e raça são fatores que discriminam nas relações e posições sociais. "O racismo afeta profundamente as mulheres negras, colocando-as em situação de maior marginalização e desvantagens, que se expressam nas dificuldades de acesso aos serviços de saúde e na baixa atenção às especificidades da saúde das mulheres negras; pela reificação de estereótipos sobre elas; pela desvalorização da cultura e religiosidade; pelas violências sofridas em decorrência da ação das forças de segurança do Estado, do crime organizado e de milícias, sofrendo maior exposição à drogas; por serem as principais vítimas do tráfico de mulheres, entre outras violações".[22]

Se as políticas públicas, já nesse primeiro nível, devem monitorar e nortear suas ações, afastando toda e qualquer forma de negligência, discriminação, exploração, violência, crueldade e opressão contra mulheres, as ações governamentais não podem ignorar as condições singulares das mulheres negras, que são impeditivas de igualdade, efetivação de direitos e garantias.

20. PASINATO, Wânia; MACHADO, Bruno Amaral; ÁVLA, Thiago Peirobom de. *Políticas públicas de prevenção à violência contra mulher*. Fundação Escola Superior do Ministério Público do Distrito Federal e Territórios. Marcial Pons Brasil: São Paulo, 2019, p15.
21. Ibidem.
22. CARNEIRO, Suelaine. *Mulheres Negras e Violência Doméstica. Decodificando Números*. Fundação Escola Superior do Ministério Público do Distrito Federal e Territórios. Marcial Pons Brasil: São Paulo, 2019, p. 206.

Políticas públicas que não observam os fatores discriminatórios reforçam o racismo institucional e estrutural com normas, além de práticas e integrações entre instituições que sustentam a desigualdade de direitos e serviços públicos, promovendo a exclusão.

Essas distorções potencializam a seletividade em relação às vítimas e escancaram o abismo socioeconômico entre mulheres negras e brancas. Basta novamente lembrar o percentual de queda feminicídios de mulheres não negras (-26,9%) em relação ao aumento de negras assassinadas, evidências de que a mesma legislação e as ações públicas de combate a violência contra mulheres não alcançam e não produzem resultados de forma idêntica à todas as brasileiras.

Assim, políticas públicas de enfrentamento à violência doméstica, familiar e de gênero devem conhecer e considerar os aspectos que excluem a mulher negra dos serviços de acolhimento e implementação de direitos e garantias, executando ações e promovendo a inclusão de mencionadas vítimas.

4.2   Prevenção secundária (intervenção precoce)

Se já no primeiro nível das políticas públicas fica evidente a ausência de observância e equívocos nos monitoramentos que fortalecem a desigualdade, além de deficiência em revisões de rotas nas ações estatais existentes, não é diferente o quadro na prevenção secundária.

Nesse segundo nível de prevenção, também chamado de intervenção precoce, o objetivo é "[...]alcançar indivíduos que estão numa situação de risco acima da média de sofrerem ou praticarem a violência, ou ainda se relaciona a intervenções imediatas após a violência, usualmente pelos serviços de saúde, a fim de se evitar a escalada da violência".[23]

Quando tratamos de políticas públicas que visam coibir a violência doméstica, familiar e de gênero, podemos destacar duas diretrizes indicadas no artigo 8º da Lei Maria da Penha: *especialização* e *capacitação permanente*, quanto à questões de gênero e de raça ou etnia, para os profissionais que realizam o acolhimento de mulheres em situação de vulnerabilidade.

Tanto a especialização dos serviços como a capacitação de seus agentes já eram pontos mencionados na Convenção Interamericana para Prevenir, Punir e Erradicar a Violência contra Mulher, conhecida como Convenção de Belém do Pará, de 09 de junho de 1994.

Na Convenção, que foi promulgada pelo Decreto 1973, de 1º de agosto de 1996, Estados participantes são orientados a adotarem serviços especializados

---

23. Ibidem.

e apropriados às mulheres vítimas de violência, não só pelo setor público, mas também pelo privado, além de implementarem treinamento de todo o pessoal judiciário e policial e demais funcionários responsáveis pela aplicação da lei, bem como do pessoal encarregado da implementação de políticas de prevenção, punição e erradicação da violência contra a mulher.[24]

Especialização e capacitação devem andar juntas. Atualmente Delegacias de Defesa da Mulher, Patrulhas Maria da Penha (Polícia Militar e Guarda Municipal) e Centros de Referência da Mulher (CRMs) formam a rede de atendimento especializado para mulheres em situação de vulnerabilidade.

No entanto, façamos um teste. Entrem nesses locais de atendimento e olhem. Quantos negros ou negras atuam nesses serviços especializados? Nenhum ou pouquíssimos, e isso é determinante na manutenção da desigualdade e seletividade.

Quando a palavra *educação* foi inserida no artigo 8º, letra *c*, da Convenção de Belém do Pará, não o foi sem propósito.

Os profissionais que atendem e acolhem vítimas de violência doméstica, familiar e de gênero devem passar por um processo de desconstrução quanto a cultura do patriarcado (sistema social baseado em uma cultura, estruturas e relações que favorecem os homens) e masculinidade tóxica (como regras que determinam comportamentos específicos esperados de indivíduos do sexo masculino).

Não são poucos os estereótipos das agressões de gênero, que vão desde *em briga de marido e mulher, não se mete a colher"*, frases como *"ela gosta de apanhar"*, *"mulher de malandro"*, ou prejulgamentos como *"ela deveria dar um jeito e se separar"* ou *"o que você fez para apanhar?"*, *"o que estava fazendo de madrugada na rua?"*.

São frases e comportamentos que não só revelam uma cultura e educação machista, mas igualmente desconsideram, complemente, inúmeros fatores que fazem com que mulheres permaneçam tanto tempo em relacionamentos abusivos.

Profissionais e voluntários que atendem vítimas de violência doméstica, familiar e de gênero devem compreender que mulheres permanecem em silêncio por vergonha e medo de procurarem ajuda, por dependência econômica do parceiro para com o sustento da família, dificuldades para vivenciar um processo de separação, entre outros motivos.

Agora imaginem agregar conceitos de racismo e privilégios da branquitude aos estereótipos de violações contra mulheres que exemplificamos acima, numa sociedade que nega a existência de preconceito.

---

24. Presidência da República. Casa Civil. Decreto 1973. Disponível em: http://www.planalto.gov.br/ccivil_03/decreto/1996/d1973.htm. Acesso em: 12 out. 2021.

Para a brasileira negra enfrentar a violência doméstica e familiar esse é o resultado. É a soma da educação da mulher como submissa e inferior com a crença de que formamos um povo produto da miscigenação entre negros e brancos e sem conflitos raciais, negando o racismo.

Esses aspectos não só perpetuam a discriminação racial, mas também potencializam a violência contra a mulher negra, deixando-as invisíveis, desprotegidas e distantes dos serviços que poderiam dar efetividade aos seus direitos e garantias reconhecidos nas normas para coibir e prevenir a violência.

Se perante a sociedade e os órgãos de atendimento o gênero une as vítimas de violência doméstica e familiar, a cor da pele as distingue, porque "[...]mulheres brancas são discriminadas por serem mulheres, mas privilegiadas estruturalmente por serem brancas".[25]

Por isso, nesses espaços especializados (ou não) de acolhimento e atendimento de mulheres vítimas de violência, a presença de mulheres negras ou profissionais capacitados a compreender as várias especificidades, particularidades, entre as mulheres, inclusive quanto a raça, consciência da prevalência e privilégios da branquitude, são aspectos necessários aos serviços, permitindo o combate eficaz e eficiente não só quanto a violência contra mulher, mas também inclusivo da vítima negra no sistema de proteção e implementação de direitos e garantias.

4.3   Prevenção terciária (*resposta*)

Finalmente, no terceiro nível de prevenção estão as *respostas*, ações do Estado voltadas a diminuir os reflexos da violência. Entre essas intervenções estão os processos judiciais, em especial, criminais.

Nunca é demais lembrar que a pena, como sanção imposta pelo Estado, aplicada no processo penal ao autor ou autora de crime, tem finalidade preventiva. Como lembra Rogério Sanches, a pena no processo criminal "[...]tem tríplice finalidade (polifuncional): retributiva, preventiva (geral e especial) e reeducativa".[26]

A prevenção geral, que visa a toda sociedade, "[...]atua antes mesmo da prática de qualquer infração penal, pois a simples cominação da pena conscientiza a coletividade do valor que o direito atribui ao bem jurídico".[27] Já a prevenção especial tem por foco o autor do crime, atuando durante a imposição e execução da medida aplicada pela Justiça.

---

25.   RIBEIRO, Djamila. *Pequeno manual antirracista*. São Paulo: Editora Schwarcz, 2020, p. 34.
26.   CUNHA, Rogério Sanches. *Código Penal para concursos*. Salvador: JusPodivm, 2017, p. 163.
27.   Ibidem.

Resumindo, "[...]a pena mostra-se necessária na restauração da ordem jurídica violada pela ação criminosa, retribuindo o mal por ela causado, prevenindo futuras ações delituosas, sem desconsiderar a ressocialização do delinquente".[28]

Nesse cenário, igualmente, podemos notar sinais claros de distanciamento do Estado com relação a promoção da igualdade de gênero e raça.

Djamila Ribeiro ressalta: "Sabemos que hoje dois em cada três presos no Brasil são negros. Sabemos também que o tráfico libera as tipificações para o encarceramento: 26% dos homens estão presos por tráfico, chegando 62% no caso de mulheres".

Segue a Filósofa e Ativista destacando:

[...]que em quinze anos a prisão de mulheres aumentou 567,4%. Segundo o relatório'MulhereSemPrisão: Enfrentamento a (in)visibilidade das mulheres submetidas à justiça criminal', desenvolvido pelo Instituto Terra, Trabalho e Cidadania (ITTC), 68% das encarceradas são negras, a maioria é mãe, não possui antecedentes criminais e tem dificuldade de acesso a empregos formais.[29]

Várias pesquisas mostram que mulheres negras permanecem na base da pirâmide social. As estatísticas sociais apontam diferença em marcadores raciais e de gênero, figurando o no topo da pirâmide o homem branco, depois mulher branca, em seguida homem negro e, por fim, a mulher negra.

Se não uma violência direta, doméstica, familiar e de gênero, contra a mulher negra, essa marca de praticamente sete de cada dez presas serem negras, revela a ausência de políticas públicas de inclusão, que perpetua a discriminação da mulher negra e sua família.

O encarceramento como prevenção de terceiro nível é o resultado de violações sistemáticas (postos de serviços específicos, salários menores, restrições quanto a locais públicos etc.), tudo a impulsionar a mulher negra para baixo e ainda mais distante da realidade das mulheres não negras.

5. CONSIDERAÇÕES FINAIS

Os dados acima mencionados permitem algumas considerações. As políticas públicas de enfrentamento à violência doméstica, familiar e de gênero, devem buscar efetividade nas intervenções, garantindo os direitos humanos das negras.

Diante da realidade singular dessas mulheres, maiores vítimas de violência em contexto familiar e doméstico, além de violações institucionais, a atenção

---

28. Ibidem.
29. RIBEIRO, Djamila. *Pequeno manual antirracista*. São Paulo: Editora Schwarcz, 2020, p. 99.

quanto ao gênero deve estar atrelada a marcação racial, para que mulheres negras sejam alcançadas por políticas públicas eficientes e eficazes no resguardo de toda forma de negligência, discriminação, exploração, violência, crueldade e opressão.

Estamos falando de ações otimizadas, com qualidade e competência, aplicação dos meios disponíveis e corretos, na implementação dos direitos e garantias das mulheres negras.

Torná-las visíveis deve ser foco de ações integradas pelas gestões dos três níveis de governo, do Poder Judiciário, Ministério Público, Defensoria Pública e demais entidades não governamentais.

O princípio estampado no artigo 3 da Convenção de Belém do Pará, de que toda mulher tem direito a uma vida livre de violência, tanto no âmbito público como no privado, deve ser perseguido sem deixar de lado a mulher negra com todas as particularidades.

Sem inclusão da mulher negra, sem igualdade racial, não se poderá falar em igualdade de gênero.

6. REFERÊNCIAS

BIANCHINI, Alice; BAZZO, Mariana; CHAKIAN, Silvia. *Crimes Contra Mulheres*. Salvador: JusPodivm, 2020.

BRASIL. Constituição (1988). Constituição da República Federativa do Brasil. Brasília, DF: Senado Federal: Centro Gráfico, 1988.

BUENO, Samira; LIMA, Renato Sérgio de. *Anuário Brasileiro de Segurança Pública 2022*. Fórum Brasileiro de Segurança Pública: 2022.

BUENO, Samira; LAGRECA, Amanda; SOBRAL, Isabela. Violência contra meninas e mulheres no 1º semestre de 2022. *Fórum Brasileiro de Segurança Pública*: 2022.

CÂMARA DOS DEPUTADOS. Número de deputados negros cresce quase 5%. Fonte: Agência Câmara de Notícias. https://www.camara.leg.br/noticias/545913-numero-de-deputados-negros-cresce-quase-5/. 11.10.2021.

CARNEIRO, Suelaine. *Mulheres Negras e violência doméstica*. Decodificando números. Fundação Escola Superior do Ministério Público do Distrito Federal e Territórios. Marcial Pons Brasil: São Paulo, 2019.

CERQUEIRA, Daniel. *Atlas da violência 2021*. São Paulo: FBSP, 2021.

CHAKIAN, Silvia. *A construção dos direitos das mulheres*. Rio de Janeiro: Lumen Juris, 2020.

CUNHA, Rogério Sanches. *Código Penal para concursos*. Salvador: JusPodivm, 2017.

DAVIS, Angela. *Mulheres, raça e classe*. São Paulo: Boitempo, 2016.

ESCAVASSINI, Carolina Gonçalves de Oliveira e ESCAVASSINI, Claudio Luis Watanabe. Pesquisa em maio de 2020.

GONZALES, Lélia. *Por um feminismo afro-latino-americano*. Rio de Janeiro: Schwarcz, 2020.

INSTITUTO BRASILEIRO DE GEOGRAFIA E ESTATÍSTICA. Disponível em: https://www.ibge. gov.br/cidades-e-estados/sp/franca.html. Acesso em: 13 mar. 2023.

PASINATO, Wânia; MACHADO, Bruno Amaral; ÁVLA, Thiago Peirobom de. *Políticas públicas de prevenção à violência contra mulher*. Fundação Escola Superior do Ministério Público do Distrito Federal e Territórios. Marcial Pons Brasil: São Paulo, 2019.

PRESIDÊNCIA DA REPÚBLICA. Casa Civil. Decreto 1973. Disponível em: http://www.planalto. gov.br/ccivil_03/decreto/1996/d1973.htm. Acesso em: 12 out. 2021.

SCHRAIBER, Lilian Blima; D'OLIVEIRA, Ana Flávia Pires Lucas. FALCÃO, Marcia Thereza Couto; FIGUEIREDO, Wagner dos Santos. *Violência dói e não é direito*. A Violência Contra a Mulher, a Saúde e os Direitos Humanos. São Paulo: Unesp, 2005.

SEVERI, Fabiana Cristina. *Lei Maria da Penha e o Projeto Jurídico Feminista Brasileiro*. Rio de Janeiro: Lumen Juris, 2018.

RIBEIRO, Djamila. *Pequeno manual antirracista*. São Paulo: Editora Schwarcz, 2020.

RIBEIRO, Djamila. *Lugar de fala*. São Paulo: Jandaíra, 2019.

WIKIPÉDIA. Franca. https://pt.wikipedia.org/wiki/Franca#Etnias. Acesso em: 13 mar. 2023.

O RACISMO NO SISTEMA DE JUSTIÇA JUVENIL DE SÃO PAULO: OBSERVAÇÕES A PARTIR DO DEPARTAMENTO DE EXECUÇÕES DA INFÂNCIA E DA JUVENTUDE

Fernando Henrique de Freitas Simões

Mestrando no programa de pós-graduação em antropologia social da universidade de São Paulo – PPGAS-USP. Promotor de justiça da infância e da juventude da capital, no Ministério Público do Estado de São Paulo – MPSP.

Sumário: 1. Corpos e letras – 2. Raça e outros fatores nos relatórios técnicos – 3. Méritos e números – 4. Sujeitos críticos ao racismo.

1. CORPOS E LETRAS

No segundo semestre de 2021, oficiando havia cinco anos como promotor de justiça no Departamento de Execuções da Infância e da Juventude (DEIJ) de São Paulo – Capital, eu participava, paralelamente, de um núcleo de pesquisa de antropologia do direito (NADIR/USP),[1] o que me levava, eventualmente, a realizar registros etnográficos de documentos consultados ou cenas vividas durante minha atuação profissional. Nessa mesma época, o convite para escrever sobre o racismo no sistema de justiça juvenil ofereceu o ensejo para tratar de um tema que, apesar de muito me inquietar, eu não estava certo de ter feito quaisquer observações a respeito em meus materiais. Nada encontrando nos cadernos de campo, como uma estratégia inicial de abordagem do tema, decidi fazer anotações de um dia de trabalho colocando o racismo como ideia guia.[2] O presente artigo, de inspiração antropológica, é fruto do diálogo entre essa provocação inicial e a memória de minhas experiências em campo.

No início da jornada, ainda em casa, fiz breves anotações sobre os cinco processos digitais cujas audiências estavam designadas para a tarde daquele dia. Eram execuções de medidas socioeducativas em meio aberto, com relatórios informando o descumprimento de regras como o comparecimento aos atendimentos técnicos e a adesão a encaminhamentos para entidades de ensino e pro-

---

1. A experiência resultou em um projeto de pesquisa tendo como tema a socioeducação e me levou a ingressar no ano seguinte no PPGAS-USP.
2. A fim de preservar as identidades dos envolvidos, nenhum dado distintivo será exposto.

fissionalização. De acordo com a Lei Federal 8.069/1990, o Estatuto da Criança e do Adolescente (ECA), e a Lei Federal 12.594/2012, que regulamenta o Sistema Nacional de Atendimento Socioeducativo (SINASE), a resposta jurídica para esses incidentes é a advertência, o sancionamento com internação, a extinção ou a suspensão do processo.

Segundo as representações, um dos adolescentes foi surpreendido na rua com pouco mais de quinhentos reais em dinheiro e pequena quantidade de maconha e cocaína. Em outro caso, houve o roubo de uma motocicleta, que em seguida foi encontrada com o adolescente, o que configurou a receptação. Nos demais casos, os adolescentes foram responsabilizados por dois assaltos à pedestres e um roubo de veículo. Fiz os resumos de praxe, para consultar durante as audiências.

Em seguida, entrei em uma reunião virtual com um grupo de profissionais do sistema socioeducativo, cuja pauta era a violência policial contra adolescentes em cumprimento de liberdade assistida e prestação de serviços à comunidade. Havia quase trinta pessoas na sala. Atentando para as imagens daqueles que eu conseguia visualizar na tela do computador, me perguntei quantos deles se consideravam pretos ou pardos.[3] Imaginei que poucos. Ao mesmo tempo, imediatamente identifiquei-me mentalmente como branco e passei a refletir sobre quão difícil pode ser imaginar como outra pessoa se auto classifica racialmente, ideia que ainda me voltaria várias vezes ao longo desse dia.

Terminada a reunião, segui para o fórum. No trajeto de cerca de vinte minutos entre a porta do edifício onde resido e a porta da sala onde executo minhas funções, passei por três portarias e dois estacionamentos. Nesses cinco postos de trabalho, cruzei com doze profissionais. Foram três manobristas, três porteiros, quatro seguranças e dois faxineiros. Segundo meus critérios, duas dessas pessoas pareciam pretas, duas pareciam brancas e as outras oito poderiam ser pardas. Senti certo desconforto com esse exercício de heteroidentificação racial no caderno de campo, mas anotei e prossegui.

Iniciadas as audiências, anotei, em primeiro lugar, que a juíza, a defensora pública e a escrevente de sala pareciam brancas. Aos cinco atos compareceram, ao todo, três adolescentes, acompanhados de duas mães e uma irmã. Dessas seis pessoas, quatro me pareceram pretas ou pardas. Em relação a outras duas, tive muitas dúvidas. As audiências transcorreram no ritmo normal da burocracia forense, sem incidentes.

---

3. Nos momentos em que mencionei classificações raciais, procurei seguir, o quanto possível, a tipificação do Instituto Brasileiro de Geografia e Estatística (IBGE), disponível em: https://educa.ibge.gov.br/jovens/conheca-o-brasil/populacao/18319-cor-ou-raca.html. Acesso em: 02 fev. 2023.

Finalizada a pauta, decidi mergulhar de novo nos processos. Folheei-os com mais cuidado, em busca de algum dado que me permitisse abordar o racismo. Somados, os autos totalizavam 1.031 laudas. Referências à cor de pele dos adolescentes eram praticamente inexistentes. O único dado concreto eram as fotografias do RG de um adolescente e de sua mãe em uma das execuções. Ainda assim, a baixa resolução da imagem era um obstáculo à identificação. Creio que poderiam ser classificados como pardos. Textualmente, a única menção a um elemento racial estava na sentença juntada a um dos processos, em trecho que dizia que um "policial irradiou que indivíduo moreno, baixo, com tatuagem no braço, havia roubado celular e carteira de um garoto".

Considerando o debate público sobre racismo estrutural, comecei a elaborar conjecturas sobre alguns dos acontecimentos narrados, que poderiam ter sido, eventualmente, influenciados pela cor de pele dos adolescentes. Duas passagens me chamaram a atenção. No caso do tráfico de entorpecentes, o rapaz foi abordado porque "passou a andar apressadamente assim que viu a viatura policial", segundo constava na representação. Em um dos roubos, os policiais interceptaram o adolescente, fotografaram-no com o aparelho celular e apresentaram os registros às vítimas, que confirmaram a autoria do assalto e repetiram o reconhecimento na delegacia de polícia.

No primeiro caso, refleti que a "fundada suspeita" exigida pelo Código de Processo Penal (CPP) para a busca pessoal (art. 244) pode, a princípio, ter sido construída por outros dados que não constavam no discurso dos policiais, entre os quais, a cor de pele. No segundo caso, pensei que o reconhecimento pessoal podia ter violado as regras previstas no art. 226 do CPP, já que o ato probatório na delegacia foi precedido de outro não previsto em lei, o que abre brecha para todo tipo de preconceito e contaminação, fragilizando a prova.

A esse respeito, Carvalho observa que o próprio conceito de violência e grave ameaça pode ser distorcido em uma situação em que a cor de pele do acusado é um traço interpretado em seu desfavor, transformando um ato infracional menos grave, que poderia conduzir a uma medida em meio aberto, a um ato infracional de roubo, por exemplo.[4]

---

4. "As digressões sobre violência e grave ameaça são relevantes para que sejam problematizados os critérios mínimos de imputação de uma das espécies de delito que mais encarceram a juventude brasileira, sobretudo a juventude vulnerável, frequentemente negra, da periferia dos grandes centros. Além disso, é fundamental porque a experiência no sistema de Justiça Criminal demonstra que, para definir uma conduta como roubo, qualquer ato relativamente constrangedor é qualificado como violência e qualquer intimidação se converte em grave ameaça, situação que no cotidiano das práticas punitivas amplia de forma substancial as hipóteses de encarceramento" (CARVALHO, Salo. O encarceramento seletivo da juventude negra brasileira: a decisiva contribuição do poder judiciário. *Rev. Fac. Direito UFMG*, n. 67, p. 642-643, Belo Horizonte, jul./dez. 2015).

Não se trata aqui, evidentemente, de fazer um juízo apressado sobre a solidez do conjunto de provas desses processos, nem de acusar pessoas de terem agido individualmente de forma racista. O valor probatório de confissões, testemunhos, contradições, antecedentes e objetos apreendidos só pode ser aferido em cada situação concreta. O que pretendo discutir são possíveis implicações mais gerais que essas questões nos trazem.

2. RAÇA E OUTROS FATORES NOS RELATÓRIOS TÉCNICOS

Inicialmente, dois pontos me inquietaram em especial quando parei para refletir a respeito desse singelo exercício etnográfico. Em primeiro lugar, a dificuldade que tive de imaginar a forma como as pessoas relacionam-se com sua identidade racial, revelando-me uma zona de penumbra que talvez recubra dimensões importantes de minha atuação profissional. Voltarei a isso mais adiante. Em segundo lugar, a quase total ausência de menções a respeito do debate racial nos documentos e atos processuais, sobretudo em face da presença-marcante de uma maioria de pardos e pretos quando atentamos para o perfil da população submetida ao sistema socioeducativo em visitas de inspeção a unidades de internação e semiliberdade.

A escassez no registro do quesito raça/cor no conjunto de documentos que instruem os autos processuais na Justiça da Infância e da Juventude foi notada por diversos pesquisadores, inclusive em processos da área protetiva, ou seja, aquela destinada à crianças e adolescentes em situação de risco.[5] Em levantamento realizado por Silva[6] em processos por ato infracional em Campinas/SP, a autora observa que as informações sobre raça/cor foram registradas, basicamente, nos boletins de ocorrência da polícia civil, em situações em que não fica claro se houve autodeclaração pelo adolescente apreendido ou atribuição do grupo étnico-racial por funcionário da burocracia policial.

Em defesa da imparcialidade, um argumento corrente no meio forense é o de que o princípio da igualdade (Constituição Federal, art. 5º, *caput*) deveria afastar quaisquer considerações acerca da raça/cor dos envolvidos para fins de imposição e manutenção de quaisquer intervenções estatais que restrinjam direitos e liberdades, aí incluídas as medidas socioeducativas. Afinal, reza o dogma, todos são iguais perante a lei. Aqui, porém, ocorre algo de particular no sistema

---

5. Nesse sentido: VILA NOVA, A., MARQUES, B. C., FÁVERO, E. T.; LOIOLA, G. F., DANTAS, H. M. C. Racismo estrutural e institucional e a justiça da infância e juventude: a (des)proteção de crianças e adolescentes negros/as pobres. *Serviço Social & Saúde* (UNICAMP), v. 19, 1-32, , p. 4, 2008.
6. SILVA, Luana Barbosa da. Racismo estrutural e filtragem racial na abordagem policial a adolescentes acusados de ato infracional na cidade de Campinas/SP, *Rev. bras. segurança pública*, v. 16, n. 3, 152-179, São Paulo, ago./set. 2022.

de justiça juvenil. Sobretudo nos processos de execução, os autos são inundados com uma miríade de documentos que fazem uma espécie de radiografia familiar e socioeconômica do adolescente, deixando evidente o histórico comum de políticas públicas frágeis ou fracassadas que circundaram aquelas pessoas desde sempre em suas trajetórias.

Esses documentos, subscritos, em geral, por profissionais da psicologia, serviço social e pedagogia, são conhecidos, genericamente, como *relatórios técnicos*, os quais servem para embasar as manifestações dos operadores do direito sobre a imposição, a manutenção, a substituição ou a extinção de uma medida socioeducativa. Se nem mesmo neles é comum que a questão racial apareça tão claramente, a discussão sobre diversas fragilidades sociais compõe boa parte dos textos. São frequentes detalhadas descrições sobre as condições precárias de habitação e saneamento, muitas vezes em áreas de ocupação; relatos sobre as enormes dificuldades dos membros da família para conseguirem renda; histórico escolar acidentado do adolescente, mostrando evasão precoce; eventuais situações de violência doméstica ou uso abusivo de entorpecentes.

Nesse ponto, os posicionamentos dentro do sistema de justiça juvenil face a tais constatações se dividem. De um lado, há manifestações orais e escritas que mencionam expressamente essas condições sociais e familiares adversas dos adolescentes para fins de impor a medida socioeducativa mais adequada ao caso. Em outras situações, porém, tais fatores parecem ser praticamente desconsiderados, em favor da focalização da responsabilização individual do adolescente pela situação posta. Isso é tanto mais grave quando sabemos que, em regra, ao serem selecionados pela Justiça da infância e da Juventude por conta do cometimento de um ato infracional, já houve todo um histórico de demandas não atendidas pelas estruturas do Poder Executivo responsáveis pela garantia dos direitos inscritos na Constituição Federal de 1988 e no ECA.[7]

Durante os processos de execução de medidas socioeducativas em meio aberto, uma situação bastante corriqueira é a remessa de um relatório informativo de descumprimento, o que o técnico responsável pelo caso faz após uma sucessão de tentativas frustradas de sensibilizar o jovem para a retomada do compromisso

---

7. Aparece aqui, além do mais, o problema da ingerência indevida do Poder Judiciário no Poder Executivo, cujos equipamentos responsáveis pelas políticas públicas voltadas à intervenções nos diferentes temas relativos à infância e à juventude podem acabar sendo engessados pela atuação judicial, em uma lógica em que "prioriza-se a judicialização da "atenção" às/aos adolescentes e jovens a quem se atribui ato infracional, em detrimento do investimento nos seus direitos fundamentais, como educação, saúde, moradia, formação profissional para o jovem" (VILA NOVA, A., MARQUES, B. C., FÁVERO, E. T.; LOIOLA, G. F., DANTAS, H. M. C. Racismo estrutural e institucional e a justiça da infância e juventude: a (des)proteção de crianças e adolescentes negros/as pobres. *Serviço Social & Saúde* (UNICAMP), v. 19, 1-32, p. 27, 2008).

com a prestação de serviços à comunidade (PSC) ou a liberdade assistida (LA) – medidas previstas, respectivamente, nos artigos 117 e 118 do ECA.

Nesses casos, em regra, o juiz designa uma audiência para dar ao adolescente a oportunidade de justificar o descumprimento, sob pena de ser expedido um mandado de busca e apreensão, o que pode levar, no limite, à decretação de sua internação-sanção. Quando os adolescentes comparecem, temerosos, acompa- nhados quase sempre de suas mães, algumas das justificativas mais comuns para o descumprimento ligam-se ao conflito das obrigações da medida socioeducativa com os horários de trabalho. Nessas hipóteses, ouvi com alguma frequência como fundamento de magistrados para rejeitar a justificativa dos jovens frases como "trabalho não é desculpa para o descumprimento da medida", ou algo como "tem que ir, pois a medida é obrigatória".

Em uma dessas ocasiões, antevendo a possibilidade de o juiz não aceitar a justificativa do descumprimento da medida socioeducativa pelo filho e interná-lo, a mãe que o acompanhava na audiência tentou argumentar que ele era impres- cindível para o sustento da família, já que eles haviam recentemente começado a vender churrasquinho em uma barraca e, dado o peso do material necessário no deslocamento, não seria possível que ela continuasse o trabalho sozinha. Ainda assim, o magistrado decretou a internação-sanção, considerando a reiteração no descumprimento da medida.

Ao relembrar esse episódio, tentei sem muito sucesso me lembrar da cor de pele dos envolvidos. Cheguei a conclusão de que, tão importante quanto a memória já um pouco apagada da tonalidade da cútis, eram os outros detalhes que eu conseguia me lembrar melhor que compunham a cena – roupas, gestos, linguagem, posturas – e a força das narrativas. Estes fatores situavam aquelas pessoas em um local social bem definido em uma cidade como São Paulo. Tratavam-se, sem dúvida, de moradores das áreas mais carentes da capital. De todo modo, esse foi apenas um caso entre muitos outros nos quais eu poderia pensar ao longo desses anos.

Mais uma vez, não se trata de debater a conduta individual do magistrado em questão, nem de qualquer outro profissional envolvido, até porque eu próprio me reconheço implicado em todas essas relações e tento aqui fazer um exercício de estranhamento desse cotidiano tão familiar. Trata-se, sim, de pensar o quanto a questão racial tem a ver com os conflitos explicitados ou abafados nessas rotinas forenses, ainda que os documentos e os discursos orais não os articulem diretamente.

3. MÉRITOS E NÚMEROS

Se quisermos sair dessas cenas particulares e termos uma visão panorâmica do perfil étnico-racial da população do sistema socioeducativo, podemos recorrer ao Levantamento Anual SINASE 2017, que nos diz que, "56% dos adolescentes e jovens em restrição e privação de liberdade foram considerados pardos/negros, em 2014 eram 61% e em 2016 eram 59%", afirmando em seguida que "a predominância da cor parda e negra/preta no Sistema Socioeducativo também confere com os dados do IBGE em que a população brasileira nestes anos está entre 50 a 60% de pessoas pardas e negras".[8]

Embora o levantamento deixe implícito que a supremacia da cor parda e negra/preta no sistema é um mero reflexo da proporção desses grupos étnico-raciais na população como um todo, documento do Conselho Nacional de Justiça ressalta a sobrerrepresentação dos grupos em questão, além de apontar que eles estão mais sujeitos à violações de direitos ocorridas no âmbito socioeducativo.[9] Essas observações corroboram achados de estudo já clássico de Adorno, Lima & Bordini[10] sobre o tema. Os autores, que analisaram processos de responsabilização de adolescentes por atos infracionais em São Paulo entre 1993 e 1996, constataram que fatores como etnia, escolaridade e ocupação exerciam forte influência no desfecho processual. Segundo a obra, adolescentes negros, com baixo grau de escolaridade e sem ocupação laboral tendiam a ter contra si aplicadas medidas socioeducativas mais rigorosas do que adolescentes brancos, com alto grau de escolaridade e com ocupação laboral.

Partindo apenas de minha experiência profissional com os processos de execução de medidas socioeducativas na capital de São Paulo desde 2016, não posso, por óbvio, confirmar cientificamente os achados de tal pesquisa, mas posso com eles dialogar, o que se mostra muito profícuo. Em primeiro lugar, porque em minha lida cotidiana com adolescentes em audiências e visitas a estabelecimentos de internação e semiliberdade sempre me chamou a atenção a prevalência de pretos e pardos em relação às demais etnias, ainda que eu não possa tecer considerações a respeito dessa suposta desproporção no que toca à presença delas no total da população.

Em segundo lugar, porque essa lógica parece se repetir quando atento para o perfil racial dos funcionários e colaboradores do sistema de justiça juvenil, sobretudo ao se comparar postos de trabalho de base com os cargos de cúpula. Puxo pela memória e não consigo me lembrar de quase nenhuma pessoa que pareça parda ou preta nas funções de elite das carreiras jurídicas do fórum do

8. BRASIL, Levantamento anual SINASE 2017, Brasília: Ministério da Mulher, da Família e dos Direitos Humanos, 2019, p. 40.
9. BRASIL, Conselho Nacional de Justiça, Manual sobre audiências concentradas para reavaliação de medidas socioeducativas de semiliberdade e internação [recurso eletrônico] / Conselho Nacional de Justiça, Programa das Nações Unidas para o Desenvolvimento; coordenação de Luís Geraldo Sant'Ana Lanfredi et al. Brasília: Conselho Nacional de Justiça, 2021.
10. ADORNO, S., LIMA, R. & BORDINI, E. B. T. *O adolescente na criminalidade urbana em São Paulo – Brasília*: Ministério da Justiça, Secretaria de Estado dos Direitos Humanos, 1999, p. 60.

Brás,[11] no período em que lá atuo. Entretanto, elas parecem ser a maioria entre os funcionários de serviços terceirizados que trabalham no prédio, sobretudo nas funções de vigilância e limpeza.

Embora eu já tivesse pensado muitas vezes acerca desses contrastes, somente ao parar para escrever sobre eles me dou conta de quão perturbadores podem ser. De certo modo, a execução de uma medida socioeducativa é uma tentativa de operar uma passagem na vida do adolescente, de um estilo de vida reprovado pelo Estado para outro, chancelado por ele. Mesmo assim, nas mais de mil páginas dos cinco processos que citei no início desse texto, não há uma única menção sequer ao racismo como um fator que pode dificultar a transformação que se busca engendrar.

Esse silêncio é ainda mais surpreendente em um braço do sistema de justiça cujos processo, como dito, são recheados de documentos produzidos por profissionais com formação extrajurídica, o que deveria, em tese, permitir uma abordagem interdisciplinar que favorecesse a circulação de certos tipos de debates, entre os quais o do racismo. Não faço aqui nenhum reparo ao desempenho técnico desses profissionais, não só porque minha atuação como promotor de justiça está totalmente abrangida por esta leitura crítica, mas também porque não focalizo aqui desvios individuais, mas a contribuição das instituições socioeducativas para o racismo estrutural brasileiro.

A esse respeito, as práticas mais marcantes que observo são as advertências e aconselhamentos de profissionais do sistema a adolescentes e familiares em atendimentos técnicos, audiências, oitivas informais e inspeções. Os exemplos abundam. Certa vez, em uma audiência, uma mãe comentou que sempre aconselhava muito seu filho sobre não fazer certas coisas e não frequentar determinados lugares, porque ele era negro e isso tornava tudo mais difícil. A juíza branca, então, respondeu que a raça não deveria ser encarada como um obstáculo insuperável, citando a trajetória de Barack Obama. Entre outros casos semelhantes, ouvi sucessivas vezes um juiz branco narrar para adolescentes negros sua trajetória de vida como um exemplo de superação de dificuldades.

Subjacente a atos como esses, parece estar, em maior ou menor grau, o discurso meritocrático como forma de negação do racismo.[12] Como dito, embora sejam produzidos nos processos diversos documentos apontando a vulnerabilidade social e econômica do adolescente e de seu entorno, ainda assim ele e sua família são colocados como os principais responsáveis pela interrupção da *vivência infracional* e pela *ressocialização*, como se pudessem vencer variantes

---

11. Local que centraliza os processos para imposição e execução de medidas socioeducativas em São Paulo/ Capital.
12. ALMEIDA, Silvio L. de. *Racismo estrutural*. São Paulo: Pólen, 2019, p. 51.

estruturais pela simples determinação individual. A crença no mérito talvez seja a válvula de escape possível para as verdades insuportáveis acerca do racismo e de desigualdades afins estampadas nos corpos e nos relatórios técnicos que circulam pelo sistema de justiça juvenil.

Nesse sentido, inspirado na concepção bourdiesiana de *habitus*, Souza[13] explicita os mecanismos sutis que agenciam a tríade disciplina, autocontrole e pensamento prospectivo desde a primeira infância em favor dos indivíduos dos grupos mais favorecidos, permitindo que desempenhem os papéis de produtores úteis e cidadãos no contexto de quaisquer sociedades contemporâneas. Para o autor, o diferencial do Brasil nesse contexto é que, além das classes do privilégio e trabalhadora existentes nas sociedades europeias com menores níveis de desigualdade, existe entre nós um terceiro grupo, correspondente ao *habitus* precário das classes marginalizadas, que ele denominou *A ralé brasileira*.[14] Se do primeiro para o segundo grupo a diferença se dá em termos, sobretudo, estéticos, do segundo para o terceiro o que conta é a disciplina. Ora, não é justamente isso o que o sistema socioeducativo quer incutir nos adolescentes?

4. SUJEITOS CRÍTICOS AO RACISMO

Nesse particular, a discussão racial mostra-se totalmente imbricada com outros fatores relacionados à situação social da família. Essa articulação, encontrada pelo estudo de Adorno, Lima & Bordini, foi confirmada pela pesquisa recente de Silva[15] sobre abordagens de policiais a adolescentes acusados de atos infracionais em Campinas/SP. A autora traça um paralelo entre a violência sofrida por uma maioria de jovens pardos e pretos apreendidos e o baixo nível de escolaridade registrado não só entre os adolescentes eles próprios, mas também entre seus responsáveis legais.

Nos últimos anos, a associação entre escolarização, profissionalização e trabalho ficou conhecida entre os operadores do sistema socioeducativo da capital como o *tripé da LA*, dada a exigência de muitos magistrados de que os adolescentes estivessem estudando, fazendo cursos profissionalizantes e trabalhando para que a medida de liberdade assistida fosse extinta. Muitos operadores do direito, sobretudo da Defensoria Pública do Estado (DPE), bem como técnicos que acompanham a execução dessas medidas, buscam argumentar contrariamente ao acúmulo de tais exigências, sustentando que a sobrecarga de metas a serem cumpridas no Plano

13. SOUZA, Jessé. *Como o racismo criou o Brasil*. Rio de Janeiro: Estação Brasil, 2021.
14. SOUZA, Jessé. *A ralé brasileira*. Belo Horizonte. Editora UFMG, 2016.
15. Op. cit., p. 175.

Individual de Atendimento (PIA)[16] pode ser um fator de desestímulo e quebra da medida, dada a precariedade das condições de cumprimento, que muitas vezes incluem jornadas exaustivas de trabalho mal remunerado, cursos em áreas em que os adolescentes não possuem interesse profissional e escolas distantes, em ambientes estigmatizantes.

Nessas e em outras disputas dentro do sistema de justiça juvenil, a cor da pele do adolescente é um fator que pesa contra ele, mas que se mistura a diversas outras circunstâncias para colocá-lo em uma condição de subalternidade tal que seus direitos são até mesmo invertidos: quando um relatório do serviço de execução de medida em meio aberto (SMSE-MA) afirma, por exemplo, que o adolescente está realizando informalmente uma jornada de trabalho extenuante, em um lava-rápido, e frequentando o ensino no período noturno, sua medida poderá bem ser extinta, sem quaisquer considerações acerca das irregularidades na relação laboral em questão. Afinal, dentro de uma certa concepção de socioeducação, o mais importante ocorreu: o adolescente foi *reintegrado*, virou *trabalhador*, se afastou do *mundo do crime*.[17]

Mas a questão persiste: quanto importa, nesses casos, se o adolescente é preto, pardo ou branco? Retornando às anotações de campo mencionadas no início, ainda que nem sempre seja simples proceder à classificações étnico-raciais, é possível afirmar que o que temos no sistema de justiça juvenil e no sistema socioeducativo é uma maioria de corpos brancos ocupando posições de poder e uma maioria de corpos pretos e pardos ocupando posições de sujeição, sem que isso se inscreva tão claramente nas tramas dos registros oficiais, o que reflete certo estado de coisas mais geral no Brasil.

Ocorre que, como deixa claro o conteúdo padrão dos relatórios técnicos dos processos de execução de medidas socioeducativas, com o elemento propriamente racial articulam-se muitos outros, como o grau de escolaridade, o tipo de ocupação, as características da família e o bairro de moradia, os quais conferem um caráter muito mais amplo ao tipo de seletividade – e, portanto, de injustiça – presente nesses autos.

---

16. Documento que organiza as atividades e metas a serem desenvolvidas com o adolescente, previsto no art. 52 e seguintes da lei 12.594/12.
17. Nessa expressão, *crime* não se encontra em seu sentido jurídico (reservado a maiores de dezoito anos), mas como categoria nativa. A exemplo de FELTRAN, (Gabriel S. *Fronteiras de tensão*: política e violência nas periferias de São Paulo. São Paulo: Ed. Unesp, 2011), refiro-me a uma forma de sociabilidade que se expandiu significativamente nas periferias de São Paulo nas últimas décadas, disputando espaço com matrizes discursivas tradicionais, como a do trabalho e a da religião. Ainda que esteja longe de ser hegemônica, ela é especialmente relevante em certos grupos, como o dos adolescentes que ingressam no sistema socioeducativo.

Não bastasse isso, trabalhos como o de Paula[18] e Almeida[19] mostram as limitações das intervenções estatais nas execuções de medida socioeducativa. Para além das insuficiências constitutivas do meio fechado, no meio aberto, a debilidade da rede de serviços públicos nos territórios periféricos onde reside a imensa maioria dos jovens resulta em uma delegação de responsabilidades para as famílias ou, eventualmente, para organizações não governamentais (ONGs),[20] as quais revelam-se também impotentes frente à magnitude das demandas.

Esse é o desafio que se coloca diante de nós mais de três décadas após o contexto de abertura política dos anos 1980, que trouxe consigo a reconfiguração da legislação e das práticas relativas à infância e à adolescência no Brasil, o qual culminou, à época, na inclusão de previsões bastante inovadoras no texto da Constituição Federal de 1988 (artigo 227) e na aprovação do ECA em 1990. No novo panorama que então se anunciava, os adolescentes, inclusive aqueles em conflito com a lei, passavam a ser considerados sujeitos de direito e destinatários de proteção integral e prioritária do Estado, e não mais objetos de intervenção, como na legislação anterior, sobretudo o Código de Menores de 1927.

É tempo de fazermos um balanço e perguntarmo-nos o quanto avançamos, particularmente quanto a questão racial. Os relatórios técnicos demonstram no papel o que os corpos dos adolescentes ostentam para quem quiser ver nos ritos forenses: a seletividade do sistema de justiça juvenil que, em aliança com o aparato policial, escolhe um grupo particular dentro de nossa juventude como alvo preferencial da política socioeducativa – de resto, um conjunto insuficiente de intervenções, que já chegam a seus destinatários com décadas de atraso.

Dentro dos processos de execução de medidas socioeducativas, o sintoma maior desse desencaixe talvez gravite em torno da categoria da *crítica* e de expressões dela derivadas, como *criticidade*, ou *visão crítica*, mobilizadas com frequência por técnicos e operadores do direito para se referirem a um ideal de conscientização que o adolescente deve atingir para que sua medida seja extinta ou substituída por outra menos severa. A *crítica* que se espera do adolescente é que ele vire um estudante, um trabalhador, alguém disciplinado, que pensa no futuro, que não se guia pelas emoções perigosas do *mundo do crime*.

Os maiores embates que presenciei ou de que tive notícia em unidades da Fundação CASA ou mesmo em salas de audiência se deram entre jovens que

---

18. PAULA, Liana de. *Punição e cidadania*: adolescentes e liberdade assistida na cidade de São Paulo. São Paulo: Alameda, 2017.
19. ALMEIDA, Bruna G. M. *A racionalidade prática do isolamento institucional*: um estudo da execução da medida socioeducativa de internação em São Paulo. Tese apresentada ao Programa de Pós-Graduação em Sociologia da Universidade de São Paulo – USP: 2016.
20. Em São Paulo/Capital, as medidas socioeducativas em meio aberto são executadas por organizações conveniadas com a Secretaria Municipal de Assistência e Desenvolvimento Municipal (SMADS).

não aceitaram o lugar que lhes estava determinado pelas autoridades ali constituídas. Essas situações de insurreição variam enormemente e não faço aqui, obviamente, qualquer tipo de apologia à elas, já que limites jurídicos, políticos e morais são aí inevitavelmente colocados em xeque, os quais não me cabe analisar nesse momento. Elas, porém, nos ensinam muito sobre a ânsia desses jovens por aquilo que eles chamam de *representar*, ou seja, bater-se contra o sistema, mostrar pertencimento ao mundo do crime. Nesse sentido, trata-se, ao mesmo tempo, de uma categoria antagônica à da *crítica* que as autoridades exigem deles, mas também prejudicial aos interesses imediatos daqueles que porventura a utilizam, pois aqueles que demonstram *falta de crítica*, ou *estruturação no meio criminal*,[21] têm suas medidas prolongadas.

A questão é que uma forma de pertencimento une esses jovens. Ela passa por aspectos que cruzam questões de classe e de raça, e se choca com o sistema policial e o sistema de justiça juvenil que selecionam esse grupo de adolescentes e tenta a todo custo encaixá-los em um regime de subcidadania que muitos deles teimam em não aceitar. Mas, então, esse tipo de postura crítica, talvez algo próximo àquilo a que Foucault se referiu como a "arte da inservidão voluntária, aquela da indocilidade refletida";[22] a resistência ao poder normalizador de um sistema socioeducativo concebido em moldes racistas, não seria justamente o que se poderia esperar da consciência política de adolescentes que se constroem como sujeitos de direito e reclamam a plenitude de sua cidadania?

Um dos maiores avanços do ECA foi expandir a linguagem dos direitos para além dos operadores tradicionais da maquinaria jurídica.[23] Um passo ainda a ser dado é consolidar a voz dos destinatários finais da política socioeducativa como um discurso que seja realmente levado em conta, tanto quanto os fatores que insistem em lhes reservar um lugar privilegiado na seleção de bases raciais e sociais do sistema.

Como instituição que participa de todos os atos do processo de execução das medidas socioeducativas, o Ministério Público tem um papel a cumprir nessa transformação. No exercício do poder-dever de fiscalização previsto no art. 95 do ECA, é possível dialogar com os gestores das unidades de cumprimento de medidas socioeducativas cobrando, por exemplo, a promoção da educação

---

21. Para essas e outras categorias, checar VINUTO, J.; ALVAREZ, M. C. O adolescente em conflito com a lei em relatórios institucionais. *Tempo Social, Rev. de Sociologia da USP*, v. 30, n. 1, p. 233-257, 2018.
22. FOUCAULT, M. *Qu'est-ce que la critique?* Conférence prononcée par Michel Foucault à la Societé Française de Philosophie le 27 mai 1978. Librarie Philosophique. J. VRIN. 2015. p. 39.
23. Um dos exemplos disso é o que LYRA (*A república dos meninos*: juventude, tráfico e virtude. Rio de Janeiro: Mauad/FAPERJ, 2013) chamou de a *pedagogia cívica do ECA*, descrição dada pelo autor de adolescentes que recorriam frequentemente aos atores forenses para exigirem respeito a seus direitos quando entendiam que estavam sendo violados no recinto da entidade executora de medidas socioeducativas por ele pesquisada.

antirracista, assim como aferir o grau de participação da população atendida na construção dos planos de ação e demais normativas internas dos centros.[24] Além disso, o promotor pode provocar a reflexão nos atos das execuções individuais em que entender pertinente, como nas cenas de audiência narradas acima. Quando essas práticas se sedimentarem nos diversos espaços do sistema, inclusive aqueles dominados pelas liturgias jurídicas mais tradicionais, talvez o racismo passe a ser abordado nos processos de forma mais livre por aqueles que sofrem mais duramente suas consequências.

Nos termos de Ranciére,[25] trata-se de converter em um discurso político aquilo que hoje é ouvido no fórum do Brás como um mero *ruído*, que se manifesta nos processos como uma suposta resistência de adolescentes indisciplinados, pobres, em sua maioria pardos e pretos, que não possuiriam *crítica* sobre seus atos. Aí pode estar uma chave para o desentendimento entre os profissionais da socioeducação e os destinatários dessa política pública. Esses ruídos, esses conflitos, precisam ser compreendidos como aquilo que de fato são: um debate político sobre, entre outras coisas, o racismo estrutural do sistema em que eles estão inseridos.

---

24. Os SMSE-MAs, por não envolverem privação de liberdade, são mais propícios a esse tipo de abordagem, mas há também diversos exemplos de unidades de internação que, seja por princípio de seus gestores, seja por força das circunstâncias, conseguem construir modos de administração baseados no diálogo dos funcionários em bases mais horizontais com a população atendida.

25. RANCIÈRE. Jacques. *O desentendimento* – política e filosofia. São Paulo: Ed. 34, 2018.

A PRIMEIRA INFÂNCIA
DAS CRIANÇAS NEGRAS

Renata Lucia Mota Lima de Oliveira Rivitti

LLM em Direito Internacional da Infância pela Loyola University Chicago.
Promotora de Justiça de Jacareí, designada para a coordenação do Núcleo de
Infância e Juventude do Centro de Apoio Operacional Cível e de Tutela Coletiva.

Sirleni Fernandes Silva

Promotora de Justiça de São Bernardo do Campo, designada para a coordenação
do Núcleo de Infância e Juventude do Centro de Apoio Operacional Cível e de
Tutela Coletiva e do Núcleo de Incentivo em Práticas Autocompositivas do MPSP.
Secretária da Rede de Defesa da Vida Jovem do MPSP.

A loteria do nascimento determina nossas circunstâncias. E, segundo a melhor evidência disponível, as nossas circunstâncias condicionam o tamanho dos nossos sonhos.[1]

Os primeiros anos de vida são fundamentais para o desenvolvimento humano e a crença de influência primordialmente genética restou superada. Hoje sabemos que as experiências vividas têm um impacto tão decisivo nos primeiros anos de vida, a ponto de embasar a afirmativa de que quando uma criança nasce está lançada a loteria. Neste artigo procuraremos entender o impacto do racismo na primeira infância, buscar na legislação e nos instrumentos de planejamento público estratégias de superação das vulnerabilidades resultantes do racismo estrutural e institucional e, por fim, delinear a importância da atuação do Ministério Público no fomento de políticas públicas adequadas.

---

1. (GÓES, 2022).

1. INTRODUÇÃO

O período compreendido entre o nascimento e os seis anos completos é o que chamamos de Primeira Infância, e de Primeiríssima Infância os primeiros mil dias de vida.

Embora o senso comum ainda priorize a nutrição e cuidados de saúde como fundamentais para o pleno desenvolvimento infantil em detrimento das interações, estímulos, afeto e vínculos, a ciência do desenvolvimento cerebral humano vem se tornando cada mais difundida e acessível no país nos últimos anos.[2]

Hoje sabemos que o cérebro se desenvolve "por meio da nutrição e de cuidados adequados, mas também pela continuidade dessa interação da criança com outras pessoas e com o ambiente"[3] e que "o cérebro é um órgão particularmente sensível a influências físicas, cognitivas e afetivas na primeira infância."[4] Assim, o desenvolvimento integral exige também cuidados integrais, com atenção e interações consistentes, afetuosas, eficazes e previsíveis, num ambiente acolhedor e seguro.

2. A CIÊNCIA DA PRIMEIRA INFÂNCIA

Embora uma criança já nasça com a maior parte dos neurônios que terá por toda a vida, será após nascer e nos primeiros anos de vida que as conexões neuronais (sinapses) serão primordialmente construídas numa velocidade incrível de cerca de um milhão de conexões por segundo.[5] Assim, as experiências vividas a partir do nascimento irão direcionar, positiva ou negativamente, as conexões cerebrais que são formadas e impactar diretamente a forma como a criança irá se desenvolver, enxergar o mundo e a si mesma, se relacionar e ter capacidade de aprender e produzir ao longo da vida.[6]

---

2. Numa Pesquisa conduzida pela FMCSV em parceria com IBOPE no ano de 2013, a respeito das percepções e práticas da sociedade brasileira sobre a fase inicial da vida, enquanto 51% dos entrevistados afirmaram que levar ao pediatra e dar vacina é importante para o desenvolvimento da criança nos primeiros três anos de vida, apenas 18% indicaram "receber atenção dos adultos" e 12% indicaram "receber carinho e afeto" como importantes para o mesmo período de vida. Seria interessante pesquisa atual que indicasse se houve alteração dessa percepção após o avanço das discussões sobre o tema no país nos últimos 10 anos. (MARINO et al., 2013).

3. (FMCSV, 2023).

4. (FMCSV, 2023).

5. Período de maior plasticidade cerebral, e por isso a período de maior janela de oportunidades em comparação com todas as demais fases da vida. Cerca de 90% das conexões cerebrais são construídas nos primeiros 6 anos de vida. (UNICEF, 2023).

6. Este vídeo de animação explica, de um jeito prático e objetivo, como as experiências na Primeira Infância influenciam a formação do cérebro da criança. (FMCSV, vídeo 1, 2012).

Podemos então afirmar que experiências positivas, com cuidadores responsivos, consistentes, previsíveis e eficazes:

contribuem para o desenvolvimento saudável do cérebro, permitindo que a arquitetura cerebral seja sólida e tenha uma estrutura mais apta a superar dificuldades, formando as bases para as aquisições das capacidades físicas, intelectuais e emocionais da criança. [Por outro lado], se a criança for negligenciada, muitas ligações entre os neurônios deixam de acontecer, o que pode afetar o seu potencial de aprender e se desenvolver. Situações estressantes por períodos prolongados, o chamado estresse tóxico, podem causar respostas negativas para o desenvolvimento cerebral na primeira infância.[7-8]

3. EXPERIÊNCIAS ADVERSAS NA PRIMEIRA INFÂNCIA E ESTRESSE TÓXICO

Experiências adversas vividas na infância impactam a qualidade de vida no futuro. São exemplos de adversidades a exposição à violência e ao estresse, à fome, à extrema pobreza e negligência.

A exposição repetitiva e constante a experiências adversas provoca o "estresse tóxico", porque ao ativar e manter o cérebro em estado permanente de alerta, com descarga de hormônios, prejudica e desgasta não apenas o cérebro em desenvolvimento, mas outros sistemas biológicos.

Na prática, áreas do cérebro dedicadas à resposta ao medo, à ansiedade e a reações impulsivas podem produzir um excesso de conexões neurais, ao mesmo tempo em que áreas cerebrais dedicadas à racionalização, ao planejamento e ao controle de comportamento vão produzir menos conexões neurais. Isso pode ter efeito de longo prazo no aprendizado, comportamento, saúde física e mental.[9-10]

Estudos mostram que quanto maior a exposição a adversidades, maior o "risco de comportamento sexual de risco na vida adulta, saúde mental prejudicada e uso problemático de álcool, drogas e violência interpessoal ou dirigida a si mesmo".[11]

---

7. (FMCSV, 2023).

8. É cientificamente comprovado que as bases, os cuidados e os estímulos recebidos na Primeira Infância, assim como a falta deles nessa fase crucial de intenso desenvolvimento motor, cognitivo e social, trazem consequências para toda a vida. E quanto maior o cuidado, maiores os benefícios a longo prazo. (INSTITUTO GERAÇÃO AMANHÃ, [202-?]).

9. Pesquisa do Centro de desenvolvimento Infantil de Harvard citado em matéria da BBC (IDOETA, 2020)

10. Este vídeo explica como o estresse tóxico prejudica o desenvolvimento saudável – (FMCSV, vídeo 2, 2012).

11. (HUGHES et al., 2017).

4. O RACISMO COMO UMA ADVERSIDADE NA PRIMEIRA INFÂNCIA E SEUS IMPACTOS

O racismo está entre as experiências adversas na infância, com grande desigualdade nas experiências de crianças brancas e não brancas.

A experiência de ser criança negra no Brasil ocorre na adversidade do racismo brasileiro e essas crianças podem enfrentar maior exposição ao estresse tóxico por traumas e a situações de pobreza devido ao racismo.[12]

Um crescente corpo de evidências das ciências biológicas e sociais conecta esse conceito de desgaste (do cérebro) ao racismo. Essas pesquisas sugerem que ter de lidar constantemente com o racismo sistêmico e a discriminação cotidiana é um ativador potente da resposta de estresse. (...) Embora possam ser invisíveis para quem não passa por isso, não há dúvidas de que o racismo sistêmico e a discriminação interpessoal podem levar à ativação crônica do estresse, impondo adversidades significativas nas famílias que cuidam de crianças pequenas.[13]

Vivemos em um país onde 56,3% da população é negra, um em cada quatro brasileiros é pobre, mais de 70% da população brasileira abaixo da linha da pobreza é negra, e as mulheres são a maioria da população pobre no Brasil.[14] Mas para garantia de um desenvolvimento pleno e saudável, as crianças negras não podem estar expostas às desigualdades, à pobreza e à violência cotidiana.[15]

David R. Williams, durante o VIII Simpósio Internacional de Desenvolvimento da Primeira Infância [...] enfatizou que as consequências das desigualdades raciais e socioeconômicas impactam severamente a infância e persistem ao longo do tempo. Nesse sentido, a primeira infância, notadamente a não branca, é um período de extrema vulnerabilidade, e deve receber proteção integral.[16]

Uma pesquisa estadunidense concluiu que a população negra nos Estados Unidos está desproporcionalmente exposta à adversidade na infância em comparação com a branca. Os pesquisadores investigaram as consequências neuroanatômicas das disparidades raciais na adversidade, ou seja, a contribuição das desigualdades na formação das estruturas cerebrais envolvidas na regulação da resposta emocional ao estresse, como a amígdala, o hipocampo e o córtex pré-frontal.[17]

As crianças negras experimentaram mais eventos traumáticos, conflitos familiares e dificuldades materiais, em média, em comparação com as crianças brancas, e seus pais ou cuidadores

---

12. (DIAS et al., 2021).
13. (IDOETA, 2020).
14. (DIAS et al., 2021).
15. (O racismo... 2022) Entrevista da pesquisadora Lucimar Rosa Dias.
16. (SILVA, 2022).
17. (DUMORNAY et al., 2023).

tiveram menor nível educacional, menor renda e mais desemprego em comparação com as crianças brancas.

Os achados podem fornecer informações sobre potenciais contribuintes sistêmicos para taxas díspares de doenças psiquiátricas entre indivíduos negros e brancos nos Estados Unidos.[18]

E o impacto do racismo na primeira infância começa antes mesmo do nascimento. Um estudo que teve como objetivo avaliar as iniquidades na atenção pré-natal e parto com foco na dimensão raça/cor com base em dados de uma investigação realizada no Brasil,[19] constatou grandes disparidades:

> Em comparação às brancas, puérperas de cor preta possuíram maior risco de terem um pré--natal inadequado, falta de vinculação à maternidade, ausência de acompanhante, peregrinação para o parto e menos anestesia local para episiotomia. Puérperas de cor parda também tiveram maior risco de terem um pré-natal inadequado e ausência de acompanhante quando comparadas às brancas. Foram identificadas disparidades raciais no processo de atenção à gestação e ao parto evidenciando um gradiente de pior para melhor cuidado entre mulheres pretas, pardas e brancas.[20]

E depois do nascimento, os impactos do racismo no desenvolvimento de crianças negras são cruéis, já que não atingem apenas as crianças, mas também seus pais ou responsáveis por elas, de modo que, "como em um efeito bumerangue, voltam a afetar as crianças indiretamente."[21]

> [Os] estresses da discriminação no dia a dia em pais e outros cuidadores, como ser associado a estereótipos negativos, têm efeitos nocivos no comportamento desses adultos e em sua saúde mental. (...) [C]omo efeito desse "racismo indireto", impactos tanto em cuidadores (que tinham autoestima mais fragilizada) como nas crianças, que nasciam de mais partos prematuros, com menor peso ao nascer e mais chances de adoecer ao longo da vida ou de desenvolver depressão.[22]

Ao considerarmos os recortes de raça, gênero e classe social, refletimos sobre a infância negra separada de sua família e em situação de acolhimento institucional no país. O acolhimento institucional é serviço de alta complexidade tipificada na Política Nacional de Assistência Social e medida de proteção temporária e excepcional prevista no Estatuto da Criança e do Adolescente[23] para as situações em que não se vislumbra possibilidade de a criança permanecer com sua família biológica.

Considerando que a maioria das crianças em situação de acolhimento são negras ou pardas,[24] um estudo problematiza essa medida de proteção aplicada,

---

18. (DUMORNAY et al., 2023) Trecho com tradução livre extraído.
19. (FIOCRUZ), 2012).
20. (LEAL et al., 2017).
21. (IDOETA, 2020).
22. (IDOETA, 2020).
23. (BRASIL, 1990) Artigo 101, VII.
24. (EURICO, 2018).

questionando: "Quem são esses infantes institucionalizados? Quem são suas famílias?", concluindo pela estigmatização das mulheres negras pobres como "incapazes do ato de cuidar" e pela ideia "de inferioridade das famílias pobres desestruturadas e fracassadas, como justificativa para a necessidade de acompanhamento, monitoramento e intervenção de especialistas":[25]

> [As] mulheres negras e pobres ocupam, em sua maioria, os estratos mais pauperizados da classe trabalhadora e, em virtude disso, são as que têm menos condições de garantir "padrões mínimos de vida para si e para suas famílias" (...) O acolhimento institucional dessas crianças revela a existência de um Estado que culpabiliza famílias pobres e negras e se exime de responsabilidade já que "ao invés de promoverem a sustentabilidade do grupo e fortalecer os vínculos familiares, favorecem a culpabilização das mulheres e, em situações extremas, o acolhimento de seus filhos e filhas.[26]

Também há disparidades na saúde e na educação.

Segundo levantamento do Ministério da Saúde, 67% do público do SUS (Sistema Único de Saúde) é negro. No entanto, a população negra realiza proporcionalmente menos consultas médicas e atendimentos de pré-natal. E, entre os 10% de pessoas com menor renda no Brasil, 75% delas são pretas ou pardas. Na educação, crianças negras de 0 a 3 anos têm percentual menor de matrículas em creches.[27]

Uma publicação da Fundação Maria Cecilia Souto Vidigal, realizada com apoio da Undime e da Unicef analisou o perfil socioeconômico das crianças que não têm o direito à pré-escola assegurado no Brasil, reforçando o peso da vulnerabilidade e da desigualdade social na garantia do direito a educação no país.

Apesar do direito fundamental à educação garantido para todas as crianças com idade entre quatro anos e cinco anos e onze meses e apesar dos conhecidos benefícios da educação infantil para o desenvolvimento integral das crianças, aumentando as chances de finalização do ciclo da educação básica, ampliando as taxas de empregabilidade bem como as chances de atingimento de níveis mais altos de escolarização durante a vida adulta, mais de 330 mil crianças entre quatro anos e cinco anos e onze meses de idade estavam fora da escola, segundo o (PNADC) de 2019.[28]

> Crianças pretas, em situação de pobreza, filhas de mães com 19 anos ou menos, com baixa escolaridade e com empregos informais correm maior risco de não de frequentar a pré-escola.

---

25. (SOUZA et al., 2022).
26. (SOUZA et al., 2022).
27. (IDOETA, 2020).
28. (FMCSV, 2022).

Em 2019, a frequência escolar de crianças pretas, pardas e indígenas de quatro e cinco anos era menor (91,9%) que a de crianças brancas ou amarelas (93,5%).[29]

Não bastasse maior dificuldade para ingressar e permanecer na escola, a discriminação, tão presente nos mais diversos aspectos do cotidiano, são encontrados também durante toda a vida escolar de crianças negras, inclusive na educação infantil. Um estudo na perspectiva da comunidade educativa, encontrou processos excludentes já na primeira etapa escolar, agravadas pela intersecção entre as formas de discriminação, "como por questões étnico-raciais, de gênero ou qualquer outra característica que não siga o chamado padrão, o "normal".[30]

Assim, diante de tantas evidências demonstrando o alto impacto da desigualdade do desenvolvimento infantil de crianças negras, de rigor o recorte racial na elaboração dos planos municipais, estaduais e nacional da Primeira Infância, em cumprimento ao estabelecido no artigo 8º e parágrafo único do Marco Legal da Primeira Infância.[31]

5. PROTEÇÃO JURÍDICA DA PRIMEIRA INFÂNCIA

Acerca da tutela jurídica da primeira infância, relevante observar que a especial importância deste período ao desenvolvimento humano demorou a ser reconhecida no ordenamento jurídico brasileiro, de forma que há pouquíssimo tempo passou a ser objeto de um arcabouço normativo próprio e políticas públicas de proteção com abordagem intersetorial.

Entre os anos 2009 e 2010 foi elaborado, a partir de amplo processo participativo, o primeiro Plano Nacional da Primeira Infância (PNPI), aprovado pelo CONANDA em dezembro de 2010. A experiência de elaboração e aplicação do PNPI fez sentir a ausência de um instrumento normativo para o tema, que colocasse esse período da vida no centro das prioridades e fornecesse diretrizes para a articulação de políticas púbicas em atenção a suas especificidades e relevância.

---

29. O Nordeste se apresenta como um destaque positivo na equidade das taxas de acesso à escola por cor ou raça. Nesta região, a defasagem de frequência escolar de crianças pretas, pardas e indígenas de quatro e cinco anos e de crianças brancas e amarelas era de 1,2 pontos percentuais – a menor taxa do Brasil. Os dados desagregados de crianças brancas e pretas destacam desigualdades importantes, sempre desfavoráveis para as crianças pretas. A região Centro-Oeste foi a que apresentou a maior diferença entre as frequências escolares de crianças brancas e pretas (89,4% e 80,6%). Em relação aos estados, verifica-se uma maior desigualdade, especialmente entre as taxas de escolarização de crianças brancas e pretas em Alagoas (88,6% e 75,9%), Mato Grosso (91,3% e 80,0%) e Distrito Federal (89,4% e 80,6%). (CAMPANHA LATINO-AMERICANA PELO DIREITO À EDUCAÇÃO, 2014).
30. (CAMPANHA LATINO-AMERICANA PELO DIREITO À EDUCAÇÃO, 2014).
31. (BRASIL, 2016).

O resultado desse processo de intensa mobilização e debates foi a promulgação da Lei 13.257/2016, conhecida como Marco Legal da Primeira Infância, que avança na estratégia de atenção integrada.

A aprovação do Marco Legal trouxe a necessidade de uma revisão do Plano Nacional, realizada em 2020, oportunidade em que foi ampliado, ganhando novas proposições e maior profundidade analítica em diversas áreas de proteção. Além disso, foi incluído o capítulo "O Sistema de Justiça e a Criança", com objetivos e metas a serem perseguidos pelo Poder Judiciário, Ministério Público, Defensoria Pública e todos os demais atores relevantes do sistema de justiça.

O Plano Nacional pela Primeira Infância se articula com – e, em muitos casos, complementa no tempo de duração ou em ações específicas da primeira infância – outros planos e programas. Entre eles estão: o Plano Nacional de Educação (2014-2024), o Plano Nacional de Saúde, o Plano Nacional de Assistência Social, o Plano Nacional de Cultura, o Plano Nacional de Enfrentamento da Violência Sexual contra Crianças e Adolescentes, o Plano Nacional de Promoção, Proteção e Defesa do Direito de Crianças e Adolescentes à Convivência Familiar e Comunitária e o Plano de Ação para Implementação da Agenda 2030 (ODS).[32]

Ademais, por ser a proteção da primeira infância uma obrigação de todos os entre federados, segundo suas respectivas competências constitucionais e legais, o Marco Legal propõe um regime de colaboração entre União, Estados, Distrito Federal e Municípios (art. 8º).

Apresentada breve contextualização da proteção jurídica da primeira infância, a partir deste ponto passaremos a considerar os atos normativos que criaram a política para a primeira infância no âmbito nacional, no Estado de São Paulo e no Município de São Paulo e os respectivos instrumentos de planejamento e implementação dessas políticas, sempre com enfoque no recorte racial e na existência ou não estratégias de superação da desigualdade racial.

O enfoque no marcador racial de vulnerabilidade, no presente caso, fundamenta-se na constatação já expressa neste texto de que crianças negras e brancas não experimentam iguais condições no acesso a serviços, bens e equipamentos públicos, tampouco estão igualmente preservadas de situações nocivas a seu desenvolvimento nos primeiros anos de vida, como a vivência continuada em situação de estresse ou privações de diversas ordens.

Ademais, o descompasso observado entre o ideal normativo de igualdade de direitos e proteção integral e a realidade que se apresenta nas infâncias de crianças brancas e negras é o espaço de incidência das políticas públicas, em que o Estado

---

32. Plano Nacional pela Primeira Infância (PNPI), Apresentação, p. 12, Disponível em: https://omlpistrapi. appcivico.com/uploads/PNPI.pdf. Acesso em 12 mar. 2022.

deve atuar como garantidor jurídico e operativo dos direitos para a superação das vulnerabilidades e desigualdades.

6. LEIS DE PROTEÇÃO DA PRIMEIRA INFÂNCIA E A REDUÇÃO DAS DESIGUALDADES

O Marco Legal da Primeira Infância[33] (Lei 13.257/2016), ao dispor sobre as políticas públicas intersetoriais e estabelecer os princípios e diretrizes para sua formulação e implementação, previu como um de seus objetivos a redução das desigualdades, a partir de ações de equidade e inclusão sem discriminação da criança:

> Art. 4º As políticas públicas voltadas ao atendimento dos direitos da criança na primeira infância serão elaboradas e executadas de forma a:
>
> ...
>
> IV – reduzir as desigualdades no acesso aos bens e serviços que atendam aos direitos da criança na primeira infância, priorizando o investimento público na promoção da justiça social, da equidade e da inclusão sem discriminação da criança.

Além disso, estabeleceu prioridade nas políticas sociais públicas para as famílias que se encontrem em situação de vulnerabilidade e de risco ou com direitos violados para exercer seu papel protetivo de cuidado e educação da criança na primeira infância (art. 14, § 2º).

No Estado de São Paulo, o tema foi tratado na Lei Estadual 17.347/21,[34] que instituiu a Política Estadual pela Primeira Infância na qual, de maneira bastante semelhante, consta a previsão de investimento público para a promoção de justiça social, equidade e inclusão sem discriminação, vejamos:

> Art. 3º A Política, seus planos, programas, projetos, serviços e benefícios voltados ao atendimento dos direitos da criança na primeira infância, considerando as peculiaridades dessa faixa etária e mantendo relação com as etapas posteriores da vida, obedecerão aos seguintes princípios:
>
> ...
>
> VIII – investimento público na promoção da justiça social, da equidade e da inclusão sem discriminação da criança deve ser prioridade, para que se garanta isonomia ao acesso de bens e serviços que atendam crianças na primeira infância.

---

33. Lei 13.257, de 08 de março 2016. Dispõe sobre as políticas públicas para a primeira infância. Brasil, Disponível em: https://www.planalto.gov.br/ccivil_03/_ato2015-2018/2016/lei/l13257.htm. Acesso em: 12 mar. 2023.
34. Lei Estadual 17.437, de 12 de março 2021. Institui a Política Estadual pela Primeira Infância de São Paulo. Brasil. Disponível em: https://www.al.sp.gov.br/repositorio/legislacao/lei/2021/lei-17347-12.03.2021.html. Acesso em: 12 mar. 2023.

Por fim, no Município de São Paulo, a Lei Municipal 16.710/2017[35] dispôs sobre os princípios e diretrizes das políticas pela primeira infância e trouxe idênticos termos ao previsto na lei estadual em seu Capítulo II – Princípios e Diretrizes:

Art. 3º As políticas, os programas, planos, projetos e serviços voltados ao atendimento dos direitos da criança na primeira infância obedecerão aos seguintes princípios:

...

IX – investimento público na promoção da justiça social, da equidade e da inclusão sem discriminação da criança deve ser prioridade, para que se garanta isonomia ao acesso de bens e serviços que atendam crianças na primeira infância.

Numa primeira análise dos instrumentos legais elencados, constatamos que há nas diretrizes estabelecidas, nas três esferas administrativas, a previsão de *investimento público na promoção da justiça social, da equidade e da inclusão sem discriminação da criança,* balizas que devem ser seguidas no momento da destinação de recursos e da elaboração de estratégias de implementação das políticas públicas, visando a superação das desigualdades existentes.

Neste ponto, importante observar que mesmo políticas sociais de atendimento universal, como saúde e educação infantil, apresentam números bastante distintos em sua implementação para a população branca e negra.

A persistência do racismo estrutural e institucional em nossa sociedade em muito impacta nos processos de exclusão que levam crianças negras a enfrentarem maiores obstáculos no acesso a serviços públicos de qualidade, e assim, a superação deste quadro deve passar por estratégias de implementação focalizada de políticas públicas, com o respectivo recorte racial, como concretização da diretriz legal de promoção da justiça social, da equidade e da inclusão sem discriminação da criança.

7. PLANO NACIONAL PELA PRIMEIRA INFÂNCIA

O Plano Nacional pela Primeira Infância (PNPI) é um documento político e técnico que orienta decisões, investimentos e ações de proteção e de promoção dos direitos das crianças na primeira infância. O foco nos primeiros seis anos é coerente com o relevante significado desse período no conjunto da vida humana e é a forma de assegurar os direitos da criança com a necessária especificidade e com a prioridade que lhe atribui a Constituição Federal (art. 227).[36]

---

35. Lei Municipal 16.710, de 11 de outubro de 2017. Dispõe sobre princípios e diretrizes para a elaboração e implementação das políticas públicas pela primeira infância no Município de São Paulo e sobre o Plano Municipal pela Primeira Infância. Brasil. Disponível em: https://legislacao.prefeitura.sp.gov.br/leis/lei-16710-de-11-de-outubro-de-2017. Acesso em: 12 mar. 2023.

36. Plano Nacional pela Primeira Infância (PNPI), Apresentação, p. 10, Disponível em: https://omlpistrapi.appcivico.com/uploads/PNPI.pdf. Acesso em 12 mar. 2022.

Como documento orientador de investimentos e ações de proteção da primeira infância, o PNPI foi construído a partir de um olhar transversal para as diversas políticas públicas de atenção às crianças neste período da vida, visando a garantia de direitos fundamentais como o direito à saúde, à educação infantil, à convivência familiar, à cultura, o direito de brincar e de receber proteção às violências e à exposição precoce aos meios de comunicação e pressão consumista, dentre outros.

A estrutura do plano consiste em uma parte introdutória de apresentação e, na sequência, capítulos dedicados aos diversos ramos da política pública para a primeira infância, que sempre terminam com propostas de ações finalísticas sistematizadas. O plano também contém um planejamento de ações meio, em que abordados os temas da formação de profissionais para a primeira infância, o papel estratégico da comunicação para os direitos da criança, o papel estratégico do Poder Legislativo para os direitos da criança e importância da pesquisa no tema.

No capítulo "Planos estaduais, distrital e municipais pela primeira infância" foi destacado o papel do PNPI como diretriz política à articulação e complementação dos Planos Nacional, Estaduais, Distrital e Municipais, ressaltando a necessidade de cada ente federado elaborar seu próprio plano, tendo como fonte o plano nacional.

> O quadro jurídico e institucional da República determina que o PNPI tenha a característica de plano programático, ou seja, requer seu desdobramento em planos estaduais e municipais, nos quais as questões nacionais aqui abordadas, as diretrizes de ação propostas e os objetivos e as metas estabelecidos sejam particularizados e apropriados por cada um dos entes federados, segundo suas competências e as características regionais e locais.[37]

E, para fechar o ciclo de implementação da política pública, os capítulos seguintes se dedicam ao financiamento das ações e monitoramento do PNPI. Neste ponto, relevante ressaltar que, para avaliação e controle social da implementação do plano, foi criada uma plataforma *online* denominada *Observatório do Marco Legal da Primeira Infância*.[38]

> O Observatório oferecerá também um quadro contínuo e atualizado das localidades que já desenvolveram os Planos pela Primeira Infância, além de uma pesquisa com análise de conteúdo dos principais aspectos abordados em uma amostra de 100 Planos Municipais.[39]

---

37. Plano Nacional pela Primeira Infância (PNPI), Planos estaduais, distrital e municipais pela primeira infância, p. 246, Disponível em: https://omlpistrapi.appcivico.com/uploads/PNPI.pdf. Acesso em: 12 mar. 2022.
38. Observatório do Marco Legal da Primeira Infância. Disponível em: https://rnpiobserva.org.br/planos--pela-primeira-infancia. Acesso em: 12 mar. 2022.
39. Plano Nacional pela Primeira Infância (PNPI), Monitoramento do PNPI, p. 256, Disponível em: https://omlpistrapi.appcivico.com/uploads/PNPI.pdf. Acesso em: 12 mar. 2022.

O plano termina com o capítulo "O PNPI em face da pandemia do novo co-ronavírus" no qual é apontado o agravamento das desigualdades e das violações contra crianças, a despeito do tempo de vigência do Estatuto da Criança e do Adolescente (ECA) e reafirma:

> O PNPI tem como propósito reduzir as desigualdades na qualidade de vida das crianças, nas oportunidades de aprendizagem e no desenvolvimento do seu potencial humano. Ele preconiza a plena inclusão social sem exceção de nenhuma criança e de nenhuma das infâncias presentes em nosso território. E, assim, almeja contribuir, de forma vigorosa e abrangente, para corrigir a injustiça da exclusão histórica de várias infâncias e de milhões de crianças, trazendo-as da margem para a centralidade dos seus direitos fundamentais. Ele quer as infâncias bem cuidadas, respeitadas e protegidas.[40]

Apresentada a estrutura do PNPI, resta agora o exame ao longo do planejamento quanto ao atendimento da diretriz legal de organização das ações para *reduzir as desigualdades no acesso aos bens e serviços que atendam aos direitos da criança na primeira infância, priorizando o investimento público na promoção da justiça social, da equidade e da inclusão sem discriminação da criança* (art. 4º, inciso IV, Lei 13.257/2016).

E mais que isso, se tais ações de promoção de equidade utilizaram o recorte racial como dado de focalização para a implementação da política pública, a fim de que possam alcançar a parcela mais vulnerabilizada das crianças, sob as quais comumente incide mais de um fator de exclusão (racismo estrutural, gênero e pobreza).

Neste sentido, a parte introdutória do plano já insere como desafio de mudança do cenário atual a desigualdade em razão da cor/raça e as diversas dimensões da vida impactadas como a maior pobreza, desnutrição, risco de morte prematura, mortalidade materna, destacando que:

> Outra face da desigualdade é a da cor/raça. Segundo o IBGE, em 2016, entre os 10% da população com os menores rendimentos, 78,5% eram pretos ou pardos. No outro extremo, ou seja, dentre os 10% da população com os maiores rendimentos, a porcentagem de pretos ou pardos era de 24,8%. A probabilidade de viver na pobreza é bem maior para as crianças negras, indígenas, quilombolas, do campo, de uma comunidade tradicional ou que vivem numa favela.[41]

Em seguida, na parte dedicada às políticas específicas de proteção e atendimento, algumas referências são encontradas com recorte racial. Destaco nas recomendações da política de saúde, no item *Atenção obstétrica e neonatal*

---

40. Plano Nacional pela Primeira Infância (PNPI), O PNPI em face da pandemia do novo coronavírus, p. 258, Disponível em: https://omlpistrapi.appcivico.com/uploads/PNPI.pdf. Acesso em: 12 mar. 2022.
41. Plano Nacional pela Primeira Infância (PNPI), O desafio da mudança, p. 16, Disponível em: https://omlpistrapi.appcivico.com/uploads/PNPI.pdf. Acesso em: 12 mar. 2022.

humanizadas, a previsão de adoção de estratégias para prevenção da violência obstétrica, inclusive da violência obstétrica étnica e no item *Cuidados com as crianças com deficiência* a recomendação para intensificar ações contra o racismo institucional e estrutural, de forma a garantir o atendimento de todas as crianças, independentemente dos quesitos de raça, cor e etnia.

No entanto, é no capítulo *Crianças e infâncias diversas,* especialmente na parte *As infâncias e crianças negras,* que o tema é tratado de forma mais detida:

> Pesquisadoras/res têm apontado o quão difícil é construir uma identidade negra positiva e o quanto as instituições educacionais não contribuem para a superação dessa realidade, na medida em que desconsideram importante o engajamento efetivo das propostas pedagógicas com a promoção da igualdade racial.

> A baixa preocupação sobre as condições que afetam as crianças negras não se restringe ao campo educacional, pois contagia também as políticas de outros setores, o que tem sido nomeado como "racismo estrutural". A base referencial das políticas, ao ignorar que a estrutura nacional é constituída a partir do racismo, afeta fortemente toda a população e, em especial, as infâncias/crianças negras. Em decorrência disso, a ausência do recorte de raça/cor nas políticas sociais reproduz a desigualdade não só social, mas, sobretudo, racial. Este recorte não pode ser ignorado em nenhuma ação pública, pois as crianças são a ponta mais frágil da desigualdade e as crianças negras são, com outras infâncias também discriminadas, a ponta da ponta.[42]

E, a partir destas constatações da realidade em que o Plano Nacional pretende incidir e alterar, foram elencadas proposições com o fim de subsidiar os gestores a estabelecer parâmetros que promovam a igualdade racial. Dentre as ações previstas constam, por exemplo, a reorganização de proposta curriculares e pedagógicas e de materiais didáticos da educação infantil, para que não incorram em discriminação e sejam representativos da diversidade étnico-racial e cultural da sociedade; a divulgação de pesquisas que apontem o cunho discriminatório de algumas práticas em saúde e divulgação aos profissionais de saúde de aspectos específicos da saúde da população negra; e a orientação de programas sociais acerca da necessidade de rever seus procedimentos, a fim de coibir o racismo institucional, presente desde a recepção dos/as candidatos/as às políticas até a sua execução.

Assim, no âmbito do plano nacional se observa o reconhecimento das desigualdades, resultante do racismo, no acesso e qualidade do atendimento das crianças negras nas políticas para a primeira infância, e também a presença de estratégias de implementação de políticas de equidade com recorte de raça/cor.

---

42. Plano Nacional pela Primeira Infância (PNPI), As infâncias e crianças negras, p. 124 e 125, Disponível em: https://omlpistrapi.appcivico.com/uploads/PNPI.pdf. Acesso em: 12 mar. 2022.

8.   PLANO ESTADUAL PELA PRIMEIRA INFÂNCIA

O Estado de São Paulo ainda não elaborou seu Plano Estadual pela Primeira Infância. A política estadual foi estabelecida conforme a Lei Estadual 17.347/21. O Decreto Estadual 65.668/2021[43] instituiu, junto à Secretaria de Desenvolvimento Social, o Comitê Gestor Estadual de Políticas Públicas para a Primeira Infância, com a finalidade precípua de elaborar o plano estadual, mas também coordenar a articulação, monitoramento e avaliação da política no âmbito estadual, não havendo, no entanto, notícia de conclusão do trabalho de elaboração do plano até o momento.

A ausência do instrumento de planejamento estadual é sentida na implementação da política em todo o Estado, tanto no âmbito da administração estadual como nas administrações municipais, posto que cabe ao Estado apontar as diretrizes políticas e também promover ações de sensibilização e articulação com gestores municipais sobre o investimento na primeira infância.

Em consulta ao *site* do *Observatório do Marco Legal da Primeira Infância* verifica-se que no Estado de São Paulo, até o momento, constam apenas 08 (oito) Planos Municipais pela Primeira Infância dos municípios de São Paulo, Santos, Mogi das Cruzes, Barueri, Campinas, Itu, Sorocaba e Registro.[44]

9.   PLANO MUNICIPAL PELA PRIMEIRA INFÂNCIA

O Plano Municipal pela Primeira do município de São Paulo,[45] elaborado por um comitê gestor intersetorial, alcança a população de um pouco mais de 1 milhão de crianças com idade entre 0 e 6 anos de idade e, nos termos dispostos em sua parte introdutória, deve atuar:

> Como instrumento técnico-político, que visa contribuir para assegurar os direitos e o desenvolvimento integral das crianças nessa faixa etária, o PMPI/São Paulo tem dupla função: ser um guia para a atuação do poder público, da sociedade e das famílias, corresponsáveis na garantia das condições para o pleno desenvolvimento das crianças; e ser uma ferramenta de acompanhamento e controle dessa atuação, uma vez que dispõe sobre as metas e estratégias necessárias para o cumprimento de seus eixos estratégicos.[46]

43.   Decreto Estadual 65.668, de 03 de maio de 2021. Instituiu junto à Secretaria de Desenvolvimento Social, o Comitê Estadual de Políticas Públicas para a Primeira Infância. Brasil, Disponível em: https://www.al.sp.gov.br/repositorio/legislacao/decreto/2021/decreto-65668-03.05.2021.html. Acesso em: 12. mar. 2023.

44.   Observatório do Marco Legal da Primeira Infância. Disponível em: https://rnpiobserva.org.br/planos--pela-primeira-infancia. Acesso em 12 mar. 2022.

45.   Plano Municipal pela Primeira Infância do Município de São Paulo (PMPI/São Paulo). Disponível em: https://www.prefeitura.sp.gov.br/cidade/secretarias/upload/Plano_Municipal_pela_Primeira_Infancia.pdf. Acesso em: 12 mar. 2022.

46.   Plano Municipal pela Primeira Infância do Município de São Paulo, Introdução, p. 07. Disponível em: https://www.prefeitura.sp.gov.br/cidade/secretarias/upload/Plano_Municipal_pela_Primeira_Infancia.pdf. Acesso em: 12 mar. 2022.

Desta maneira, ao funcionar como um guia para a atuação do poder público e, considerando que compete aos municípios organizar e prestar os serviços públicos de interesse local, conforme a distribuição constitucional de competência entre os entes da federação, novamente devemos buscar identificar dentre as diretrizes e ações propostas se há a efetiva preocupação com a redução das desigualdades e previsão de ações de equidade, especialmente com recorte racial para implementação das políticas sociais, nos termos em que previsto no planejamento nacional.

E aqui destacamos que, dentre as diretrizes que embasam o PMPI/SP, há a priorização das crianças em situação de vulnerabilidade e, no Capítulo das "Metas e Estratégias" consta:

> A priorização da população mais vulnerável já estava presente nas diretrizes do governo municipal, porém, nesta fase, o conceito de vulnerabilidade ganhou detalhamento e foram listadas suas diferentes dimensões: raça/etnia, gênero, condição socioeconômica, crianças com deficiência, transtornos globais do desenvolvimento e altas habilidades ou superdotação, populações indígenas e quilombolas e imigrantes. Essas dimensões deverão pautar o desenho das ações para a primeira infância e os indicadores de monitoramento como um todo, não constituindo estratégia específica ou vinculada apenas a uma meta.[47]

Ademais, outro documento deve ser considerado nesta análise do planejamento municipal para a primeira infância, qual seja, o Plano de Ação 2021/2024, instrumento de planejamento que indica os caminhos para a efetivação das estratégias e metas do PMPI/São Paulo e neste consta:

> As diretrizes estratégicas compreendem focalizações em resultados transversais aos 4 eixos do PMPI que devem ser endereçadas no Plano de Ação e que, por essa razão, subsidiaram a formulação das metas intermediárias e do conjunto de iniciativas previstas para os quatro anos. São elas: 1) Redução das desigualdades, evidenciando as questões raciais, e 2) Enfrentamento aos impactos negativos da pandemia de Covid-19.[48]

Destarte, o exame de tais documentos aponta a efetiva existência de estratégias de implementação de políticas públicas focalizadas, com recortes territoriais e raciais, com o fim de reduzir processos excludentes de acesso aos serviços de atendimento e proteção da primeira infância, observados no território.

---

47. Plano Municipal pela Primeira Infância do Município de São Paulo, Metas e Estratégias, p. 36. Disponível em: https://www.prefeitura.sp.gov.br/cidade/secretarias/upload/Plano_Municipal_pela_Primeira_Infancia.pdf. Acesso em: 12 mar. 2022.

48. Primeira Infância – Plano de Ação do Município de São Paulo 2021-2024, Construindo o Plano de Ação, p. 15. Disponível em: https://www.prefeitura.sp.gov.br/cidade/secretarias/upload/governo/10101112.pdf. Acesso em: 12 mar. 2022.

10. O PAPEL DO MINISTÉRIO PÚBLICO

A tutela jurídica dos direitos infantojuvenis situa-se dentre as atribuições constitucionais do Ministério Público, como instituição responsável pela defesa dos interesses sociais e individuais indisponíveis. Também o regramento infraconstitucional, especialmente o Estatuto da Criança e do Adolescente, confere expressamente à instituição o dever de proteção dos interesses individuais, difusos e coletivos relativos à infância e à adolescência e, para tanto, foram criados instrumentos administrativos de investigação e atuação, além da possibilidade de propor ações judiciais.

A condição peculiar das crianças na primeira infância e a especial importância deste período para o desenvolvimento humano demanda ainda mais vigor na atuação institucional.

Assim, visando cumprir os objetivos propostos neste texto de entender o impacto do racismo na primeira infância, buscar na legislação e nos instrumentos de planejamento público estratégias de superação das vulnerabilidades resultante do racismo estrutural e institucional e, por fim, delinear a importância da atuação do Ministério Público no fomento de políticas públicas adequadas a superar os processos de exclusão das crianças negras, neste momento, serão elencadas alguns apontamentos sobre campos de atuação neste tema.

Inicialmente, para que qualquer política pública com recorte de raça/cor possa ser monitorada, fiscalizada e, por fim, ter mensurados seus resultados, é indispensável que os cadastros, bancos de dados e registros públicos e privados tenham a informação sobre cor ou identificação racial, nos termos em que preceituado na Lei Estadual 16.758/2018,[49] que tornou obrigatório tal registro, colhido a partir de autodeclaração ou declaração dos pais ou responsáveis legais, conforme a idade da pessoa atendida.

Diante disso, um primeiro apontamento de atuação institucional se faz no sentido de fiscalizar e fazer cumprir o disposto na referida lei estadual, quanto à necessidade de coleta dos dados de cor e identificação racial, bem como a divulgação de resultados com esses marcadores nos portais de transparência, para monitoramento das políticas públicas.

Ademais, a previsão legal de prioridade da primeira infância e as diretrizes de redução das desigualdades no acesso aos bens e serviços com priorização de investimento público em políticas de equidade e promoção da justiça social

---

49. Lei Estadual 16.758, de 08 de junho de 2018. Tornou obrigatória a informação sobre cor ou identificação racial em todos os cadastros, bancos de dados e registros de informações assemelhados, públicos e privados, no Estado. Disponível em: https://www.al.sp.gov.br/norma/?id=186604. Acesso em: 12. mar. 2023.

demandam adequado planejamento público, elaborado a partir de amplo conhecimento da realidade social em que a política pretende incidir e de metodologia de elaboração por processo participativo, que conte com a escuta de crianças e participação de diferentes atores do poder público e da sociedade, destacando a comunidade científica e sociedade civil organizada.

Entretanto, a realidade do Estado de São Paulo, em que até o momento não foi elaborado o Plano Estadual pela Primeira Infância e da esmagadora maioria dos municípios que também não realizaram o planejamento municipal, posto que dos 645 municípios do estado há notícia de que apenas 8 elaboraram o respectivo Plano Municipal pela Primeira Infância, conforme monitoramento realizado pelo *Observatório do Marco Legal da Primeira Infância*, evidencia um campo de atuação para as Promotorias de Justiça da Infância e Juventude, como agente político sociomediador, através da articulação, diálogo e apresentação de demandas, prioritariamente extrajudiciais, para o aprimoramento da política e realização de planejamento público com a observância das diretrizes nacionais.

Neste ponto, destaca-se que ao escolher a atuação extrajudicial como meio prioritário para a indução de políticas públicas, o Ministério Público afasta-se da rigidez do procedimento judicial e possibilita uma dinâmica de atuação que melhor oportuniza a participação social, inclusive daqueles que encontram maior dificuldade em demandar junto ao poder público, além de poder monitorar todas as etapas de construção do planejamento.

Por fim, destaca-se que, em atendimento a todo o arcabouço legal para a primeira infância articulado nas três esferas de atuação administrativa, que reconhece o descompasso existente entre o ideal de igualdade de direitos e proteção integral e a realidade que se apresenta das diferentes infâncias experimentadas pelas crianças brancas e negras, o Ministério Público tem espaço de atuação e avanço no sentido de buscar a concretização das diretrizes legais de superação das vulnerabilidades e desigualdades, para que o Estado efetivamente atue como garantidor jurídico e operativo dos direitos, a partir da implementação de políticas sociais focalizadas na parcela da população que historicamente enfrenta processos de exclusão. O esforço para a inclusão das crianças negras, neste caso, é o espaço de incidência das políticas públicas a partir de planejamento e implementação adequadas.

11. REFERÊNCIAS

ANGÉLICA DA SILVA SOUZA, L.; VILLAÇA LINO, M. Proteção tem cor: problematizando o acolhimento institucional de crianças e adolescentes negros. *Serviço Social em Debate*, [S. l.], v. 5, n. 1, 2022. DOI: 10.36704/ssd.v5i1.6236. Disponível em: https://revista.uemg.br/index.php/serv-soc-debate/article/view/6236. Acesso em: 05 mar. 2023.

BRASIL. Constituição (2016). Lei 13257, de 08 de março de 2016. Dispõe sobre as políticas públicas para a primeira infância. . Brasil, Disponível em: https://www.planalto.gov.br/ccivil_03/_ato2015-2018/2016/lei/l13257.htm. Acesso em: 05 mar. 2023.

BRASIL. Lei 8069, de 13 de julho de 1990. Dispõe sobre o Estatuto da Criança e do Adolescente e dá outras providências.. Estatuto da Criança e do Adolescente. Brasil, Disponível em: https://www.planalto.gov.br/ccivil_03/leis/l8069.htm. Acesso em: 05 mar. 2023.

CAMPANHA LATINO-AMERICANA PELO DIREITO À EDUCAÇÃO. Consulta sobre Discriminação na educação na primeira infância: um estudo na perspectiva da comunidade educativa, a partir de escolas no brasil, peru e colômbia. São Paulo, 2014. Disponível em: https://redclade.org/pt-br/publicaciones/consulta-sobre-discriminacao-na-educacao-na-primeira-infancia-um-estudo-na-perspectiva-da-comunidade-educativa-a-partir-de-escolas-no-brasil-peru-e-colombia/. Acesso em: 05 mar. 2023.

DIAS, Lucimar Rosa et al (Ed.). *Racismo, educação infantil e desenvolvimento na primeira infância.* São Paulo: Núcleo Ciência Pela Primeira Infância, 2021. Comitê Científico. Disponível em: https://www.fmcsv.org.br/pt-BR/biblioteca/racismo-educacao-infantil-desenvolvimento-primeira-infanci. Acesso em: 05 mar. 2023.

DUMORNAY, Nathalie M. *et al* (ed.). Racial Disparities in Adversity During Childhood and the False Appearance of Race-Related Differences in Brain Structure. *American Journal Of Psychiatry.* Eua, p. 101-145. 1º fev. 2023. Disponível em: https://ajp.psychiatryonline.org/doi/10.1176/appi.ajp.21090961. Acesso em: 05 mar. 2023. EURICO, Marcia Campos. *Preta, preta, pretinha*: o racismo institucional no cotidiano de crianças e adolescentes negras(os) acolhidas(os). 2018. 209 f. Tese (Doutorado) – Curso de Serviço Social, Pontifícia Universidade Católica de São Paulo, São Paulo, 2018. Disponível em: https://www.ciespi.org.br/media/files/fcea049a8ec4d511ecbe6e5141d3afd01c/f5423170ac4d711ecbe6e5141d3. Acesso em: 05 mar. 2023.

FIOCRUZ, Escola Nacional de Saúde Pública Sergio Arouca. *Nascer no Brasil*: inquérito nacional sobre parto e nascimento (2011 a 2012). Inquérito nacional sobre parto e nascimento (2011 a 2012). 2012. Disponível em: https://nascernobrasil.ensp.fiocruz.br/?us_portfolio=nascer-no-brasil. Acesso em: 05 mar. 2023.

FUNDAÇÃO MARIA CECÍLIA SOUTO VIDIGAL – FMCSV. *Desigualdades na garantia do direito à pré-escola.* [S. L.]: Fmcsv, 2022. Parceria com Undime e UNICEF. Disponível em: https://www.fmcsv.org.br/pt-BR/biblioteca/desigualdades-direito-preescola/. Acesso em: 05 mar. 2023.

FUNDAÇÃO MARIA CECILIA SOUTO VIDIGAL – FMCSV. *O estresse tóxico prejudica o desenvolvimento saudável.* 2012. Vídeo 2. Disponível em: https://www.fmcsv.org.br/pt-BR/biblioteca/o-stress-toxico-prejudica-o-desenvolvimento-saudavel/?s=v%C3%ADdeos. Acesso em: 05 mar. 2023.

FUNDAÇÃO MARIA CECILIA SOUTO VIDIGAL - FMCSV. *O Supercérebro.* 2012. Vídeo 1. Disponível em: https://www.fmcsv.org.br/pt-BR/biblioteca/o-supercerebro/?s=v%C3%ADdeos,v%C3%ADdeo. Acesso em: 05 mar. 2023.

FUNDAÇÃO MARIA CECILIA SOUTO VIDIGAL - FMCSV. *Primeira infância, uma pauta prioritária.* [201-?]. Disponível em: https://primeirainfanciaprimeiro.fmcsv.org.br/primeira-infancia-pauta-prioritaria/. Acesso em: 05 mar. 2023.

FUNDAÇÃO MARIA CECILIA SOUTO VIDIGAL (FMCSV). *Primeira Infância em Pauta*: para aprimorar a comunicação dessa fase fundamental da vida. Cap. 1 - A Criança e seu Desenvolvimento. Disponível em: https://www.primeirainfanciaempauta.org.br/indice.html. Acesso em: 05 mar. 2023.

GÓES, Carlos. *O Direito de Sonhar*. 29 jan. 2022. Twitter: @goescarlos. Disponível em: https://twitter.com/goescarlos/status/1487468747027714049?lang=en. Acesso em: 05 mar. 2023.

HUGHES, Karen *et al*. O efeito de viver adversidades múltiplas na infância: revisão sistemática: the effect of multiple adverse childhood experiences on health: a systematic review and meta-analysis. *The Lancet*, O, v. 2, p. 356-366, 01 ago. 2017. Disponível em: https://www.fmcsv.org.br/pt-BR/biblioteca/efeito-viver-adversidades-multiplas-infancia-revisao-sistematica/?s=estresse,t%C3%B3xico. Acesso em: 05 mar. 2023.

IDOETA, Paula Adamo. Quatro efeitos do racismo no cérebro e no corpo de crianças, segundo Harvard. *BBC News Brasil*. São Paulo, 09 dez. 2020. Disponível em: https://www.bbc.com/portuguese/geral-55239798. Acesso em: 05 mar. 2023.

INSTITUTO GERAÇÃO AMANHÃ. *Marco legal da primeira infância*. [202-?]. Disponível em: https://geracaoamanha.org.br/marco-legal-da-primeira-infancia-2/. Acesso em: 05 mar. 2023.

LEAL, Maria do Carmo et al. *A cor da dor*: iniquidades raciais na atenção pré-natal e ao parto no brasil. Rio de Janeiro: Fundação Oswaldo Cruz. Escola Nacional de Saúde Pública Sérgio Arouca, 2017. Disponível em: https://www.arca.fiocruz.br/handle/icict/27811. Acesso em: 05 mar. 2023.

MARINO, Eduardo et al (Org.). *Primeiríssima infância da gestação aos três anos*: percepções e práticas da sociedade brasileira sobre a fase inicial da vida. São Paulo: Fundação Maria Cecília Souto Vidigal, 2013. Disponível em: https://www.fmcsv.org.br/pt-BR/biblioteca/primeirissima-infancia---da-gestacao-aos-3-anos/?s=2012. Acesso em: 05 mar. 2023.

O RACISMO estrutural e seus impactos para o desenvolvimento das crianças. 2022. Vídeo. Série Pergunte a um pesquisador. Entrevista da pesquisadora Lucimar Rosa Dias. Disponível em: https://www.fmcsv.org.br/pt-BR/biblioteca/racismo-estrutura-impactos-desenvolvimento/. Acesso em: 05 mar. 2023.

SILVA, Letícia Carvalho. *Enfrentamento ao racismo desde a primeira infância*: uma análise dos marcos legais sobre o tema. São Paulo: Geledés – Instituto da Mulher Negra, 2022. Disponível em: https://www.geledes.org.br/wp-content/uploads/2022/05/Enfrentamento-ao-racismo-desde-a-primeira-infancia-uma-analise-dos-marcos-legais-sobre-o-tema-.pdf. Acesso em: 05 mar. 2023.

SOUZA, Lilian Angélica da Silva *et al*. PROTEÇÃO TEM COR: problematizando o acolhimento institucional de crianças e adolescentes negros. *Serviço Social em Debate*, [S.L.], v. 5, n. 1, p. 100-116, 15 jul. 2022. Editora UEMG – EdUEMG. http://dx.doi.org/10.36704/ssd.v5i1.6236.

UNICEF Brasil. *Desenvolvimento Infantil*. Disponível em: https://www.unicef.org/brazil/desenvolvimento-infantil. Acesso em: 05 mar. 2023.

O MINISTÉRIO PÚBLICO DO ESTADO DE SÃO PAULO E A ATUAÇÃO EM DEFESA DOS DIREITOS DAS COMUNIDADES REMANESCENTES DE QUILOMBOS

Danilo Keiti Goto

Graduado em Direito pela USP. Promotor de Justiça em Cajati/SP.

Natália Rosalem Cardoso

Pós-graduada em Interesses Difusos e Coletivos pela Escola Superior do Ministério Público. Promotora de Justiça em Cananeia/SP.

As comunidades remanescentes dos quilombos, assim como a opressão histórica que a elas foi imposta, podem ser encontradas em todo território nacional.

Essa característica, somada à natureza da demanda que há mais de 30 anos segue sendo a primordial da luta quilombola – qual seja, o reconhecimento da titularidade do território, expressamente previsto no artigo 68, do Ato das Disposições Constitucionais – ADCT[1] – faz com que se conclua, em uma análise superficial, que a atribuição para a atuação ou intervenção jurídica caiba, exclusivamente, ao Ministério Público Federal e à Justiça Federal.

Quando nos debruçamos um pouco mais sobre o assunto – que é nosso singelo convite com o presente artigo –, porém, é possível afastar qualquer dúvida quanto à concorrente importância da atuação dos Ministérios Públicos estaduais tanto nas questões envolvendo as propriedades das terras quilombolas, como também, e principalmente, na garantia de Acesso à Justiça.

Como veremos, só no Estado de São Paulo há quase 1.500 famílias quilombolas reconhecidas, a maioria delas residente no Vale do Ribeira/SP – onde atuamos

---

1. Art. 68. Aos remanescentes das comunidades dos quilombos que estejam ocupando suas terras é reconhecida a propriedade definitiva, devendo o Estado emitir-lhes os títulos respectivos.

como Promotores de Justiça – e carentes de direitos básicos, como saneamento básico, saúde, transporte etc.

Nessa seara, tendo em vista o perfil constitucional do Ministério Público e a natureza eminentemente coletiva dos direitos a serem salvaguardados. a atuação ministerial no âmbito estadual é um dever. E os instrumentos igualmente coletivos à disposição do(a) Promotor(a) de Justiça se prestam, justamente, a facilitar a garanti-los.

Sob esse aspecto, também as ferramentas de interlocução do Ministério Público com a sociedade se fazem relevantes para assegurar a melhor compreensão possível das características das comunidades, das suas necessidades e da forma mais adequada de fazer valer os direitos que lhes cabem.

Partimos, então, de um panorama normativo e de dados que deixa clara a indispensabilidade da atuação do Ministério Público do Estado de São Paulo junto às comunidades remanescentes dos quilombos e avançamos até chegarmos nelas, por meio de uma escuta social informal com lideranças femininas do Vale do Ribeira/SP, para que as comunidades, por elas, sejam, aqui, ouvidas.

1. PANORAMA NORMATIVO DA ATUAÇÃO DO MINISTÉRIO PÚBLICO ESTADUAL NA TUTELA DOS DIREITOS DAS COMUNIDADES QUILOMBOLAS

De início, cumpre ressaltar que a definição utilizada neste texto para o que se considera por comunidade remanescente de quilombo é a dada pelo art. 2º, Decreto 4.887/03:[2]

> (...) os grupos étnico-raciais, segundo critérios de autoatribuição, com trajetória histórica própria, dotados de relações territoriais específicas, com presunção de ancestralidade negra relacionada com a resistência à opressão histórica sofrida.[3]

Ainda que possamos partir desse lugar comum, importante não perdermos de vista que cada uma dessas comunidades possui uma trajetória própria e demandas específicas a serem consideradas, tal como indica a Secretaria de Políticas de Promoção da Igualdade Racial – SEPPIR:[4]

---

2. Regulamenta o procedimento para identificação, reconhecimento, delimitação, demarcação e titulação das terras ocupadas por remanescentes das comunidades dos quilombos de que trata o art. 68 do Ato das Disposições Constitucionais Transitórias.

3. A definição se inter-relaciona com outra contida no art. 1º, item 1.a., Convenção 169 OIT (Organização Internacional do Trabalho) – diploma internalizado pelo ordenamento brasileiro no Decreto 5.051/04 e possui força supralegal (art. 5º, § 3º, CF) –, a qual de forma mais ampla define o que se entende por povos tribais. Não há aqui a pretensão de exclusão de conceitos, até porque é possível considerar que há uma complementariedade entre as normas, eis que na interpretação sobre direitos fundamentais, deve prevalecer aquela que permita abarcar ao máximo a maior tutela possível.

4. BRASIL, 2014.

De um modo geral, os territórios de comunidades remanescentes de quilombos originaram-se em diferentes situações, tais como doações de terras realizadas a partir da desagregação da lavoura de monoculturas, como a cana-de-açúcar e o algodão, compra de terras, terras que foram conquistadas por meio da prestação de serviços, inclusive de guerra, bem como áreas ocupadas por negros que fugiam da escravidão. Há também as chamadas terras de preto, terras de santo ou terras de santíssima, que indicam uma territorialidade vinda de propriedades de ordens religiosas, da doação de terras para santos e do recebimento de terras em troca de serviços religiosos.

O reconhecimento de que tais grupos são destacados da população em razão não só da autoatribuição como tal, mas, em especial, por conta de uma ligação com o passado escravocrata brasileiro, faz com que se revele o interesse social na tutela dos direitos desse grupo por parte do Ministério Público. Justamente por tal motivo, é dever do Órgão velar pela efetiva proteção dos direitos desses grupos que se encontram em situação de vulnerabilidade para o pleno exercício de direitos.[5]

No entanto, independentemente de uma discussão de Justiça Intergeracional, fato é que as comunidades remanescentes existentes possuem dificuldade de acesso não só à terra, como também aos equipamentos públicos básicos, como saúde, educação, energia e que demandam uma atuação para a efetivação destes direitos.

Com vistas a permitir um olhar que contemple as especificidades destas comunidades na efetivação dos mais diversos direitos fundamentais, não só a Constituição Federal,[6] como também o Estatuto da Igualdade Racial (Lei 12.288/2010[7]), acaba por trazer parâmetros que servem de balizas para a compreensão do tema, na busca da efetivação da igualdade material (art. 5º, *caput*, CF).

---

5. O conceito de vulnerabilidade utilizado é o das Regras de Brasília (Seção 2º. Item 1.3), assim definido: "Consideram-se em condição de vulnerabilidade aquelas pessoas que, por razão da sua idade, género, estado físico ou mental, ou por circunstâncias sociais, económicas, étnicas e/ou culturais, encontram especiais dificuldades em exercitar com plenitude perante o sistema de justiça os direitos reconhecidos pelo ordenamento jurídico." No documento, é apontado, especificamente, que a situação de pertencimento a minorias é uma das situações que indica vulnerabilidade (Seção 2ª, Item 9.21): "Pode constituir uma causa de vulnerabilidade a pertença de uma pessoa a uma minoria nacional ou étnica, religiosa e linguística, devendo-se respeitar a sua dignidade quando tenha contacto com o sistema de justiça."
   O diploma em questão, embora considerado como *soft law*, traz parâmetros relevantes para o acesso à justiça e efetivação de direitos fundamentais.
6. Sobre a questão das comunidades remanescente, vale ressaltar que a Constituição Federal faz menção ao tema em dois artigos. O primeiro, o art. 216, § 5º que trata do tombamento e, o segundo, o art. 68, ADCT, que trata da titulação de propriedade.
7. Este diploma busca velar pela igualdade racial, da qual não apenas se tem como critério a cor da pele, mas também, dentre outros, a descendência, origem nacional ou étnica (art. 1º, I). Traz ainda em seu bojo deveres estatais no que se refere à população negra, em especial, sobre políticas públicas específicas e ações afirmativas. Uma vez que as comunidades remanescentes dos quilombos são compostas por população eminentemente negra, acaba por se tornar em importante parâmetro no tema.

É o caso, por exemplo, do dever estatal de adotar ações afirmativas e políticas públicas específicas para a efetiva participação na vida econômica, social, política e cultural do país (art. 4º). Além disso, determinações ao Poder Público para a efetivação de direitos fundamentais como a saúde, cultura, esporte, lazer, terra e moradia, liberdade de consciência e crença e liberdade de exercício dos cultos.[8]

Afora este diploma, destacam-se ainda a e a Convenção Internacional sobre a Eliminação de todas as Formas de Discriminação Racial, com status supralegal e a recém-promulgada Convenção Interamericana contra o Racismo, a Discriminação Racial e Formas Correlatas de Intolerância, a qual foi aprovada na forma do art. 5º, § 3º, CF, e virá a ter status hierárquico de norma constitucional.[9]

O Ministério Público, enquanto garantia institucional de proteção dos direitos fundamentais,[10] possui o dever constitucional de defender os interesses sociais e individuais indisponíveis (art. 127, *caput*, Constituição Federal). É, portanto, indissociável que a atuação da instituição esteja voltada também para a proteção destes grupos.[11]

Se, por um lado, a garantia é instrumento à consecução de fins, o reconhecimento normativo de que as comunidades quilombolas possuem direitos próprios tuteláveis enquanto grupo destacado dos demais (por exemplo, direito coletivo à terra, respeito às práticas culturais ancestrais), ou mesmo direitos difusos, coletivos ou individuais homogêneos em caráter geral (como a questão do saneamento básico, acesso à educação), exigem a atuação do Ministério Público

---

8. "O Estatuto da Igualdade Racial traz normas específicas para a tutela dos direitos dos membros das comunidades remanescentes de quilombos, dentre os quais os relacionados a saúde, saneamento básico, segurança alimentar e nutricional, cultura e acesso à terra (art. 8º, par. único; art. 17; art. 18; art. 31; art. 32; art. 33 e art. 34)."

9. O diploma ainda não tem vigência interna até a data do fechamento do presente artigo (13 de outubro de 2021). A despeito de o diploma ter sido aprovado pelo Decreto Legislativo 1/2021 (publicado em 19.12.21) e o Executivo ter ratificado o tratado no plano internacional, ainda não houve a promulgação por decreto do Presidente da República e sua publicação no Diário Oficial. Assim, somente após a prática destes atos é que teremos a vigência interna do tratado. No entanto, considerando a relevância do diploma, com futura estatura constitucional, é que se lhe faz menção desde já.

10. "As garantias fundamentais em sentido amplo consistem em um conjunto e meios de índole institucional e organizacional que visa assegurar a efetividade e observância dos direitos humanos. É possível ainda denominar essas garantias, em sentido amplo, "garantias institucionais", uma vez que contemplam estruturas institucionais públicas (por exemplo, o Ministério Público e a Defensoria Pública) e privadas (por exemplo, liberdade de imprensa) imprescindíveis à plena efetividade dos direitos humanos". RAMOS, André de Carvalho. *Curso de Direitos Humanos*. São Paulo: Saraiva, 2020. p. 65.

11. Dentro do panorama normativo, são conhecidas as disposições que conferem legitimidade Parquet na tutela dos direitos difusos (art. 81 do Código de Defesa do Consumidor) por parte do Órgão, tal como, por exemplo, o art. 5º, I, Lei 7.347/85 (Lei de Ação Civil Pública), mas também aquelas que estabelecem o seu dever funcional na tutela de tais temas, tal como disposto na Lei Orgânica do Ministério Público em âmbito nacional (art. 25, IV, "a", Lei 8.625/90) e em âmbito estadual (art. 103, VIII, Lei Complementar Estadual 734/93).

na correta identificação das categorias jurídicas (difusos, coletivos e individuais homogêneos) e busca das soluções para a efetivação destes direitos.

A atuação vai desde a análise de uma violação concreta ou iminente (v.g., falta de energia elétrica em uma comunidade, ou não inclusão pela concessionária da tarifa social;[12] proteção de um sítio cultural como uma igreja construída por antepassados), ou mesmo a atuação para acompanhar, fiscalizar e até atuar como agente indutor de políticas públicas sobre o tema, como pretendemos abordar nas próximas linhas.

Aliás, todas essas questões estão longe de serem pontuais ou abstratas, eis que a presença dessas comunidades no Estado de São Paulo é de grande destaque e demanda atenção do *Parquet*. É o que veremos no próximo tópico.

2. COMUNIDADES REMANESCENTES DE QUILOMBOS NO ESTADO DE SÃO PAULO E AS DEMANDAS

As comunidades remanescentes de quilombos possuem não só uma importância histórica, mas também em termos de população e território ocupado no Estado de São Paulo.

De acordo com o Instituto de Terras do Estado de São Paulo – ITESP, de 1998 até hoje, foram reconhecidas 36 comunidades remanescentes de quilombo no Estado de São Paulo,[13] compostas por cerca de 1.445 famílias, ocupantes de uma área total de 797,94km² distribuídas em 14 Municípios (Eldorado, Iporanga, Jacupiranga, Salto de Pirapora, Ubatuba, Barra do Turvo, Itapeva, Cananeia, Iguape, Capivari, Itatiba, Itaóca, Miracatu e Registro). Em termos de distribuição geográfica, percebe-se que tais comunidades estão majoritariamente concentradas na região administrativa do Vale do Ribeira. Apenas para se ter uma ideia de dimensão, se fosse um Município, a área seria maior que 14 capitais, tais como como Porto Alegre (495,39km²) e Curitiba (434,89km²), inclusive, maior que o dobro de Belo Horizonte (331,35km²).[14]

É possível que o número de comunidade existentes seja ainda maior, eis que, o próprio ITESP indica que que há cerca de 25 delas em processo de reconhecimento, totalizando o potencial de 61.[15]

---

12. Lei 12.212/10 Art. 2º. §4º: "As famílias indígenas e quilombolas inscritas no CadÚnico que atendam ao disposto nos incisos I ou II deste artigo terão direito a desconto de 100% (cem cento) até o limite de consumo de 50 (cinquenta) kWh/mês, a ser custeado pela Conta de Desenvolvimento Energético – CDE, criada pelo art. 13 da Lei 10.438, de 26 de abril de 2002, conforme regulamento.

13. BRASIL, 2020.

14. BRASIL, 2020.

15. De acordo com a Fundação Cultural Palmares (FCP), houve a autodeclaração de 51 comunidades como quilombolas. Como a entidade informa: "no entanto, vale ressaltar que este número não significa o reconhecimento jurídico destas comunidades Esclarecemos que a FCP não certifica essas comunidades

Os números acima dão uma ideia de unidade, ou melhor, de dimensão do grupo enquanto considerados remanescentes de comunidades quilombolas. De igual sorte, que não só constituem um grupo destacado com demandas sociais relevantes, como também de necessário acompanhamento pelo Ministério Público.

Em que pese o expressivo número de comunidades auto reconhecidas como remanescentes, apenas seis delas efetivamente possuem o domínio coletivo das terras, o que já traz o panorama de uma das maiores demandas desse grupo.

É central o problema da segurança jurídica na posse e propriedade das áreas ocupadas aparece como central na fala das comunidades tradicionais, tal como apontado pelo Núcleo de Políticas Públicas – NPP[16] e levantamento do Núcleo de Assessoria Técnica Psicossocial – NAT, entre 2014 e 2015. Inclusive, em escuta social realizada no ano de 2021 no curso da confecção do Plano Geral de Atuação – PGA/2021 para o Vale do Ribeira, deste Ministério Público do Estado de São Paulo, a questão fundiária novamente veio à tona.

Neste ponto, cumpre destacar que no tema envolvendo o dever de reconhecimento pelo Estado da titularidade das terras ocupadas pelos remanescentes (art. 68, do ADCT[17]), há um campo de atuação exclusivamente federal.[18]

Em procedimentos atinentes à delimitação, demarcação e titulação das terras localizados em terras públicas federais ou particulares e nas demandas que se discute disputas de terras envolvendo tais áreas, bem como naqueles que há a intervenção como terceiro interessado do INCRA[19] ou a Fundação Cultural Palmares, há interesse da União que desloca a discussão do tema à Justiça Fede-

---

a partir de um trabalho de conferência de quem é ou não quilombola, mas, sim, respeitando o direito à autodefinição preconizado pela Convenção 169 da Organização Internacional do Trabalho (OIT), certifica aquelas comunidades que assim se declaram". Informação disponível em: http://www.palmares. gov.br/?page_id=3755. Acesso em: 10 out. 2021.

16. Os Promotores Eduardo Ferreira Valério e Patrícia Salles Seguro, no curso dos trabalhos do Núcleo de Políticas Públicas do Ministério Público, produziram interessante estudo sobre a atuação do Ministério Público de São Paulo no tema. Para mais informações, consultar "Comunidades Remanescentes de Quilombos e Ministério Público". Disponível em http://www.mpsp.mp.br/portal/page/portal/Nu-cleo_Politicas_Publicas/ArtigosEstudos/NPPartValeRibeira/Comunidades%20remanescentes%20 de%20quilombos%20e%20minist%C3%A9rio%20p%C3%BAblico.pdf. Acesso em: 09 out. 2021.

17. Art. 68. Aos remanescentes das comunidades dos quilombos que estejam ocupando suas terras é reconhecida a propriedade definitiva, devendo o Estado emitir-lhes os títulos respectivos.

18. Não se trata aqui de compartimentalizar a atuação dos órgãos como se não houvesse cooperação entre si. Mas sim de pontuar que, primariamente, embora haja o princípio da unidade institucional, a atribuição do MPE é estabelecida de forma residual no que tange ao Ministério Público Federal, tal como ocorre com a divisão de competência entre a Justiça Federal e Estadual (art. 109, I, e art. 110, CF). A propósito, nada impede e é desejável a atuação conjunta entre os Órgãos eis que os direitos fundamentais são, por divisão, indivisíveis e interdependentes entre si.

19. Sobre o tema, consultar o Conflito de Competência 180410 – STJ.

ral. Caso emblemático para o Estado de São Paulo é o do Quilombo Cambury localizado no Município de Ubatuba. No Conflito de Competência 129229/2014, o Superior Tribunal de Justiça entendeu que, mesmo finalizado o procedimento de demarcação e titulação pelo INCRA (Instituto Nacional de Colonização e Reforma Agrária) desta área, posterior exame conflito possessório envolvendo a terra em questão continuará possuindo interesse da União.[20]

Nem por isso há falta da necessidade de atenção do Ministério Público Estadual.

A uma, porque situações envolvendo terras devolutas dos Estados e Municípios,[21] a competência é de exame da Justiça Estadual. A outra, porque os diversos temas de direitos fundamentais que atingem essas comunidades, sejam de forma grupal ou individual homogênea, são interesses tuteláveis pelo Ministério Público do Estado.

Neste espectro, há ainda o fato de que o processo de efetiva titulação das terras quilombolas tem se mostrado moroso, seja na esfera federal ou estadual.[22] Em razão disso, não se pode esperar que a tutela de diversos outros direitos fundamentais (saúde, educação, moradia, meio ambiente etc.) fiquem à espera do direito à propriedade. E não são poucas as carências.

Conforme relatório do SEPPIR em 2013, no Brasil, há cerca de 214 mil famílias, sendo que cerca de 80 mil estão cadastradas no CADÚNICO. Deste número, 64 mil, ou seja, 79,78% são beneficiárias do Bolsa Família e 74,73% estavam situação de extrema pobreza. Outrossim, 82,2% desenvolvem atividades de agricultura, extrativismo ou pesca natural. Dentre outras carências dos domicílios quilombolas, foi destacado o seguinte:

---

20. (...) "2. O processo de demarcação e titulação das terras ocupadas por comunidade remanescente de quilombo compete ao INCRA. Dessarte, ressoa evidente que as demandas judiciais as quais envolvam a posse dessas áreas repercutem, de todo o modo, no processo demarcatório de responsabilidade da autarquia federal agrária. Logo é inarredável o interesse federal em tais demandas, razão pela qual deve ser fixada a competência da Justiça Federal para o seu processamento e julgamento, consoante o art. 109, I, da Constituição Federal".
(CC 129.229/SP, Rel. Ministro Benedito Gonçalves, Primeira Seção, julgado em 08.10.2014, DJe 21.05.2015).
21. Art. 3°, c/c. art. 12 do Decreto 4.887/03.
22. Neste sentido, é a fala do ITESP (Instituto de Terras do Estado de São Paulo constante no estudo do NAT ("Comunidades Quilombolas do Vale do Ribeira e o Programa Brasil Quilombola – PBQ"): "As peculiaridades de ordem fundiária nas áreas quilombolas, demandam procedimentos até a entrega da tutela pretendida, qual seja, a titulação dos territórios em nome das Associações. Com efeito, o Estado de São Paulo tem por reconhecidos 32 territórios como remanescentes de quilombos. Desses, 6 foram titulados em terras públicas estaduais, 25 estão no Vale do Ribeira. Os primeiros territórios foram reconhecidos em 1998. Para regulamentar o processo de reconhecimento foram criados os decretos estaduais números 40.723/1996, 41.774/1997 e 42839/1998."

Jul. 2012	Jan. 2013
63% possui piso de terra batida	48,7% possui piso de terra batida
62% não possui água canalizada	55,21% não possui água canalizada
36% não possui banheiro ou sanitário	33,06% não possui banheiro ou sanitário
76% não possui saneamento adequado (28% possui esgoto a céu aberto e 48% fossa rudimentar	54,07% não possui saneamento adequado (15,07% possui esgoto a céu aberto e 39% fossa rudimentar
58% queima ou enterra o lixo no território; e apenas 20% possui coleta adequada	57,98% queima ou enterra o lixo no território; e apenas 21,18% possui coleta adequada
78,4% possui energia elétrica	79,29% possui energia elétrica

As dificuldades encontradas no Estado de São Paulo se inserem nesse contexto. Conforme levantado pelo NAT e pelo NPP, na Região do Vale do Ribeira/SP em que se concentra boa parte das comunidades, são encontradas dificuldades que passam pela falta de boas estradas, de uma política de saúde com maior atenção às particularidades da comunidade, dentre outras. É neste sentido o apontamento de entidade do terceiro setor, o Instituto Socioambiental, voltada à proteção do meio ambiente.[23]

> Em relação à saúde a demanda ainda é grande, e precisa contemplar as particularidades das comunidades negras, conforme previsto na legislação. Existem os problemas que atingem todas as comunidades *rurais* da região, inclusive quilombolas: acesso (estradas e pontes), saneamento (este, um problema gravíssimo que interage diretamente com a saúde), educação (que tem todo um embasamento legal para que seja específico para as comunidades negras), comunicação. De forma paralela, também aparecem duas outras questões mais gerais: a compatibilização das práticas tradicionais de agricultura das comunidades remanescentes de quilombos com as regras de proteção ambiental; e o acesso a direitos sociais, em especial, saúde, educação, moradia e transporte.

Não há dúvidas, portanto, que os direitos das comunidades remanescentes e de seus membros é uma questão concreta a ser trabalhada no dia a dia das Promotorias. Assim, cumpre analisar brevemente os instrumentos à disposição do Ministério Público e como eles podem ser úteis nessa missão institucional.

3. OS INSTRUMENTOS À DISPOSIÇÃO DO MINISTÉRIO PÚBLICO, OS DIREITOS ENVOLVIDOS E OS EXEMPLOS PRÁTICOS DE ATUAÇÃO

A premissa neste tópico é que se o Ministério Público é uma garantia para a efetivação de direitos fundamentais, os instrumentos colocados à sua disposição devem ser úteis para que a Instituição possa ser além de uma garantia normativa, um verdadeiro referencial prático de tutela de direitos. Ao Órgão de Execução da ponta são oferecidos os mais diversos instrumentos para a consecução de suas missões institucionais em prol da tutela dos direitos fundamentais, tanto sob uma

---

23. BRASIL, 2014.

ótica extra como judicial: a Notícia de Fato, o Inquérito Civil, as Requisições, a Recomendação Administrativa, os Termos de Ajustamento de Conduta, as Audiências Públicas, os Procedimentos Administrativos de Acompanhamento, o Procedimento Administrativo de Fiscalização. Claro, não menos importante, temos ainda a Ação Civil Pública.

Nos tópicos anteriores, foi demonstrado que o Ministério Público Estadual tem atribuição normativa para a atuação na tutela dos direitos das comunidades quilombolas. Além disso, que esses grupos possuem na prática demandas com relevância coletiva.

No campo prático, um importante primeiro passo para o acesso à justiça é a sensibilidade do(a) Promotor(a) de Justiça em compreender que determinada demanda trazida à Promotoria extrapola o âmbito individual e atinge interesses de natureza coletiva.

Por exemplo, um cidadão que mora em um lugar afastado pode afirmar que tem dificuldades de deslocamento de sua casa até o centro urbano, por si só, pode soar como interesse meramente individual e que não demanda os esforços de atuação daquela Promotoria. No entanto, a situação muda de figura caso o Órgão de Execução seja capaz de identificar que, na verdade, a falta de uma estrada adequada se refere a um problema coletivo no qual todo um grupo é afetado, inclusive, no que tange à própria acessibilidade a equipamentos básicos, como postos de saúde, escolas, comércio e outros serviços relevantes. Neste sentido, o NAT consignou em estudo do ano de 2014 que há diversos temas como a questão do saneamento básico, falta de estradas adequadas de escolas na zona rural na Região do Vale do Ribeira/SP, que atingem não só as comunidades tradicionais, mas a população rural como um todo. Especificamente sobre uma das comunidades quilombolas no Vale do Ribeira, indicou:

> A questão da manutenção da estrada de acesso ao quilombo também traz preocupação, uma vez que é necessário periodicamente procurar a prefeitura municipal e formalizar inúmeras solicitações para serem atendidos. Não há envolvimento e preocupação da gestão municipal para a constante manutenção das estradas e o entendimento de que em períodos de chuvas fortes a atenção à estrada deveria ser redobrada.[24]

Uma vez identificada a demanda no fato noticiado ao Ministério Público, é possível se imaginar que se abre o caminho ao Órgão de Execução de manejar o Inquérito Civil para a colheita de informações sobre as condições da estrada, a responsabilidade pela sua manutenção (v.g., Município, Estado ou União), as providências que serão tomadas pela Administração, a realização de um acordo para que tais providências sejam tomadas e, caso necessário, o manejo de uma ação judicial.

---

24. BRASIL, 2014.

É provável ainda que a demanda trazida, embora identificada como de relevância social, necessite de um olhar diferenciado em razão das características particulares do grupo afetado. Neste sentido, é importante um esforço e sensibilidade do Órgão de Execução em detectar que, dentro das categorias jurídicas sobre direitos coletivos em sentido amplo previstas no art. 81, CDC, é necessário que se atente para características da população afetada que podem influenciar na tutela jurídica concreta.

Há situações mais claras em que as características do grupo se confundem com a própria natureza coletiva do direito debatido. É o caso, por exemplo, da proteção às práticas culturais das comunidades remanescentes, tal como expressamente está no art. 216, § 6º, CF, e no art. 18, do Estatuto da Igualdade Racial. Como exemplo prático da atuação ministerial, temos Ação Civil Pública[25] no qual o Ministério Público obteve a condenação do Município em restaurar uma Igreja importante à história do Quilombo Ivaporunduva de Eldorado. A Igreja Nossa Senhora do Rosário dos Homens Pretos foi construída em 1791 por escravos e desde então, era utilizada por eles e seus descendentes livres. A proteção do patrimônio cultural em questão acaba por ter íntima relação (senão total congruência) com a própria proteção dos interesses coletivos dessa comunidade na preservação da própria história. Dada a deterioração do tempo e falta de conservação, são necessárias obras para o devido restauro, as quais ainda não foram concluídas pelo Estado de São Paulo, razão pela qual o caso ainda demanda acompanhamento na fase de cumprimento de sentença

No entanto, há situações outras que demandam não só a identificação de que se trata de um problema de caráter geral da sociedade, mas que também deve levar em conta as especificidades das comunidades tradicionais envolvidas. É fato público e notório que a pandemia da COVID-19 atingiu a população brasileira como um todo, sendo um problema coletivo por natureza. Ocorre que há um campo específico de atuação que deve levar em conta as especificidades do grupo dos remanescentes de quilombo.

Neste sentido, o Estatuto da Igualdade Racial, por exemplo, traz disposições particulares no que tange à promoção da saúde da população negra (art. 7º). É neste escopo, por exemplo, que houve a instauração de Inquérito Civil pelas Promotorias de Iguape[26] e de Cananeia[27] com vistas a analisar as políticas públicas de saúde voltadas às comunidades quilombolas no contexto da pandemia da COVID-19.

---

25. Demanda TJSP 0000717-84.2000.8.26.0172.
26. Autuado sob o n. SIS/MP 42.0284.0030002/2020-8, o procedimento abarca os municípios de Iguape e Ilha Comprida.
27. SIS/MP 14.0229.0000061/2020. É importante ressaltar a participação da sociedade civil neste caso, eis que foi de grande valia as informações inicialmente trazidas pela Equipe de Articulação e Assessoria às Comunidades Negras do Vale do Ribeira – EAACONE. Além disso, apesar de a instauração de inquérito

A propósito, não só a natureza do direito envolvido, mas ainda a situação de se tratar de um acompanhamento de política pública para a efetivação de um direito ou de uma situação em que há uma violação concreta ou iminente também exige a atuação do Ministério Público.

Na prática, é tradicional a utilização do Inquérito Civil para a tutela preventiva ou repressiva de ilícitos. Ao lado deste instrumento, há a possibilidade de acompanhamento de políticas públicas específicas em determinada área e, no que interessa ao presente artigo, aquelas atinentes às comunidades remanescentes de quilombos. Assim, o Procedimento Administrativo de Acompanhamento – PAA se coloca como espaço facilitador para a atuação estratégica do Órgão de Execução.

Tanto que o resultado da construção coletiva do PGA/2021 para o Vale do Ribeira deu origem ao Programa de Atuação Integrada do Vale do Ribeira (2021/2022), formalizado entre as Promotorias de Justiça de Cajati, Cananeia, Eldorado, Iguape, Jacupiranga, Juquiá, Pariquera-Açu e Registro, e à instauração de três Procedimentos Administrativo de Acompanhamento: "Cidades Antirracistas";[28] "Raízes";[29] e "Vale sem Violência Doméstica".[30]

Os dois primeiros deles concentram seus esforços justamente em acompanhar o desenvolvimento de políticas públicas destinadas ao conhecimento e ao enfrentamento de vulnerabilidades a que estão sujeitas as comunidades tradicionais do Vale do Ribeira, notadamente a quilombola, e ao seu empoderamento e espaço de voz.

Um dos objetivos do PAA "Raízes" é buscar soluções que propiciem que procedimentos dos órgãos de segurança pública, como boletins de ocorrência, identifiquem se os fatos criminosos de natureza ambiental ocorreram em territórios tradicionais e, com isso, nortear a atuação do Órgão de Execução, que poderá analisar se houve, ao invés de crime, a prática de culturas tradicionais que são compatíveis com o meio ambiente e que devem ser protegidas, evitando-se a criminalização do estilo de vida tradicional – como muitas vezes ocorre hoje em dia.

Por sua vez, o PAA "Cidade Antirracistas" tem como objetivo a criação de estruturas políticas no Município para o combate ao racismo. De um lado, por meio da participação popular a partir dos Conselhos Municipais de Igualdade Étnica, e, de outro, pela instituição e funcionamento de Órgão de Promoção de

---

ter sido objeto de recurso, a continuidade do procedimento foi garantida pelo Conselho Superior do Ministério Público do Estado de São Paulo, que reconheceu o importante papel do Ministério Público paulista na garantia do direito à saúde da população negra, com fundamento nos artigos 6º a 8º, do Estatuto da Igualdade Racial.

28. SIS/MP 62.1185.0000095/2021.
29. SIS/MP 62.0405.0000331/2021.
30. SIS/MP 62.0229.0000036/2021.

Igualdade Racial na estrutura administrativa local, assim como a instituição de Plano de Promoção de Igualdade Racial.

Percebemos que é a partir de uma concreta interlocução com as pessoas de carne e osso atingidas é que os referidos instrumentos e o agir do Ministério Público ganham efetividade naquilo que temos como acesso a uma ordem jurídica justa.

Isso porque, o acesso à justiça não significa apenas acesso ao Poder Judiciário, como bem preceitua o professor Kazuo Watanabe. Significa múltiplas formas de efetivação de direitos fundamentais e, sem dúvidas, de acesso ao Ministério Público para que as demandas sejam de fato ouvidas e atendidas.[31] Nesta toada, ressaltamos que a maioria dos instrumentos aqui delineados se situam no âmbito extrajudicial, no qual se evita uma postura demandista e permite a concretização do espírito de Ministério Público resolutivo alinhado com sua missão constitucional.[32]

É somente por meio do espaço do diálogo entre o Ministério Público e as comunidades remanescentes dos quilombos que os instrumentos ganham sentido prático.[33]

Como exemplo desse encontro entre a teoria e a realidade, no próximo tópico, abordaremos uma reunião com integrantes da Equipe de Articulação e Assessoria às Comunidades Negras do Vale do Ribeira SP/PR – EAACONE sobre a discussão em que a questão da terra e do feminismo foi trazida à tona.

---

31. "Quando falo nisso, trato da atualização do conceito de acesso à justiça. Escrevo justiça com J minúsculo para não significar somente acesso ao Poder Judiciário. Os cidadãos têm direito de ser ouvidos e atendidos, não somente em situação de controvérsias, mas em problemas jurídicos que impeçam o pleno exercício da cidadania, como nas dificuldades para a obtenção de seus documentos ou de seus familiares ou os relativos a seus bens. Instituições como o Poupa Tempo e as câmaras de mediação, desde que bem organizados e com funcionamento correto, asseguram o acesso à justiça aos cidadãos nessa concepção mais ampla." (WATANABE, 2019).

32. A expressão é trazida pelo mestre Marcelo Pedroso Goulart, Promotor de Justiça do Estado de São Paulo aposentado, como forma de contrapor a uma atuação puramente reativa, ou seja, em que se espera as informações chegarem para se agir e que acabam, mormente, desembocando em propositura de demandas judiciais. No modelo de atuação resolutiva, o Ministério Público, na esfera cível, "assume o papel de agente político que lhe foi confiado pela sociedade, superando a perspectiva meramente processual de suas intervenções. Ao politizar sua atuação, ocupa novos espaços, habilita-se como negociador e indutor de políticas pública, age integradamente e em rede com os demais sujeitos políticos coletivos nos mais diversos níveis (...) O Judiciário torna-se espaço excepcional da sua atuação. Esse é o novo caminho que o Ministério Público deve seguir para consolidar o seu papel de agente privilegiado da luta pela democratização das relações sociais e pela globalização dos direitos de cidadania. (GOULART, 2013).

33. Não é outra a concepção que inspirou a edição da Resolução 230/2021 do CNMP, o qual dispõe, em seu art. 5º, a necessidade de o Ministério Público observar a participação e o ponto de vista das comunidades tradicionais em medidas que os afetem: "art. 5º O Ministério Público deve viabilizar a observância do direito à participação dos povos e comunidades tradicionais e a necessidade de consideração efetiva dos seus pontos de vista em medidas que os afetem. § 1º A diretriz fundamental de participação consiste na garantia do direito à consulta prévia, livre e informada aos povos interessados nos casos específicos em que sejam previstas medidas legislativas ou administrativas suscetíveis de afetá-los diretamente (...)".

4. A ESCUTA, O DIÁLOGO E O ACESSO À JUSTIÇA

A interlocução direta com a sociedade, como já mencionado, tem se mostrado importante ferramenta para a atuação ministerial mais próxima do perfil estabelecido para a Instituição pela Constituição Federal de 1988.

Isso porque, oportuniza a coleta direta de informações junto àqueles que experienciam a problemática social já conhecida pelo ou submetida ao Órgão de Execução, garantindo que se apresente a partir de olhos e vivências diversas, de forma plural e horizontal e, portanto, mais fidedigna à realidade.

Para que isso se dê, no bojo dos instrumentos indicados acima, o(a) Promotor(a)de Justiça possui algumas ferramentas à sua disposição, como os estudos/análises técnicas elaborados pelo NAT, a audiência pública, a escuta social, a articulação da rede de atendimento etc.

Enquanto os estudos técnicos são desenvolvidos pelos psicólogos e assistentes sociais do NAT, subsidiando e assessorando a atuação ministerial, os demais exigem a participação direta e diligente do Órgão de Execução, que atua como verdadeiro facilitador de articulação em prol de um objetivo comum.

Tomemos, por exemplo, a escuta social. Por meio desse recurso, que pode ser definido como uma busca ativa qualificada de demandas, uma inovação na forma de atendimento ao público,[34] o Ministério Público se aproxima das pautas latentes da sociedade civil organizada, conforme narradas por seus representantes, por atores do setor público, por especialistas técnicos no assunto e outros atores, trazendo diversidade ao debate.

Como acima pontuamos, a escuta social foi uma das ferramentas utilizadas na construção do PGA/2021 para o Vale do Ribeira e não apenas legitimou o rumo estratégico revelado durante todo o processo, como também permitiu que se identificasse que alguns obstáculos – como o reconhecimento da titularidade dos territórios tradicionais pelo Estado – persistem e enfrentam maior resistência em serem sanados.

Seguindo esse caminho, durante a pesquisa para a confecção desse artigo – cujo objetivo é, justamente, tratar da atuação ministerial junto às comunidades remanescentes dos quilombos –, sentimos a necessidade de promover, ainda que informalmente, uma escuta de lideranças quilombolas do Vale do Ribeira/SP, que aconteceu em 27 de setembro de 2021.

---

34. · "Cabe aos Promotores de Justiça exercer as atribuições de Ministério Público junto aos órgãos jurisdicionais de primeira instância, competindo-lhes, ainda: (...) II – atender a qualquer do povo, tomando as providências cabíveis" (art. 121, da Lei Complementar 734/93); "São deveres funcionais dos membros do Ministério Público, além de outros previstos na Constituição e na lei: (...)XVI – dar atendimento e orientação jurídica aos necessitados" (art. 169, da Lei Complementar 734/93).

Neste encontro, participaram lideranças femininas que atuam junto à EA-ACONE – todas moradoras das comunidades quilombolas da região do Vale do Ribeira – que inundaram de realidade a atuação do Ministério Público.

A ausência de titulação do território quilombola mais uma vez se mostrou causa central para luta e para a organização comunitária, e, ao mesmo tempo, difusora de vulnerabilidades.

"Se a gente não se movimenta, a gente é engolido pelas demandas, pelas ameaças" (...) "não é uma escolha, mas é necessidade da vida que nos colocou nesse processo", afirmou Rafaela Eduarda Miranda Santos. Formada em direito e advogada vinculada à EAACONE, a jovem esclareceu que é filha de duas lideranças de sua comunidade no quilombo Porto Velho (Iporanga/SP) e que, desde cedo, aprendeu a imperatividade da luta e da articulação, mas que não é algo "tão simples", que se deve "romantizar".

Nesse sentido também narrou Tânia Heloísa de Moraes, dona de casa, mãe e agricultora familiar moradora do quilombo Ostra (Eldorado/SP), que integra a Cooperativa dos Agricultores Quilombolas do Vale do Ribeira – Cooperquivale e já faz parte da EAACONE há 7 anos, apontando que "desde pequeno, desde nossos antepassados, nós sempre lutamos pelos nossos direitos". Lembrou que seu interesse e envolvimento se ampliaram quando sua comunidade passou a buscar o reconhecimento como quilombola, ressaltando que, quando se fala da luta pelo território "todo mundo participa" e que ela vestiu "a camisa do movimento e, como liderança, enquanto mulher negra" irá ocupar os espaços.

Interpelamos as lideranças, então, sobre o que é ser mulher quilombola e como são tratadas eventuais situações envolvendo violência doméstica e familiar contra mulher nas comunidades.

A partir daí, Rafaela abordou que há uma "reprodução nos territórios do machismo, (...) coisas que atravessam toda a sociedade, a estrutura social" e afirmou que as ameaças ao território, a ausência da titulação da terra, "contribui muito para esse silenciamento da mulher"[35] – por limitar suas formas de sustento com a falta de oportunidades de trabalho, de áreas para plantar nas muitas comunidades da região que trabalham com roça. Acrescentou que "temos que tomar cuidado para não evidenciar/focar tanto o machismo, porque não é só ele que faz com que mulheres estejam nesse processo [de silenciamento], tem racismo, violência do Estado em não reconhecer direitos (...) que impacta diretamente na forma de existência dessas mulheres".

---

35. Para melhor compreensão sobre o que é o silenciamento, sugerimos: RIBEIRO, Djamila. Precisamos romper com os silêncios TEDxSaoPauloSalon. Disponível em: https://www.youtube.com/watch?v=-6JEdZQUmdbc. Acesso em: 08 out. 2021, às 18h23.

Sobre violência doméstica, Tânia pontuou a importância de se facilitar o acesso das mulheres da comunidade às informações sobre violência doméstica e familiar contra a mulher, porque, com isso, elas mais facilmente poderão reconhecer as situações violentas, conhecer seus direitos e buscar ajuda.

Essas informações, aliás, vieram ao encontro do que trata PAA "Vale sem Violência Doméstica", fruto do PGA/2021 para o Vale do Ribeira e, diante do que estabelecem os artigos 2º e 3º, da Lei Maria da Penha,[36] e os artigos 1º, § único, inciso III, 2º e 3º, do Estatuto da Desigualdade Racial,[37] reforçaram a importância da atuação estratégica do Ministério Público do Estado de São Paulo, em âmbito regional, para o estímulo à construção coletiva de políticas públicas específicas voltadas às mulheres quilombolas, considerando as peculiaridades que as envolvem, como narrado.

Lorrayne Andriza Silva, jovem liderança do quilombo André Lopes em Eldorado/SP, incluiu, ainda, que "a educação diferenciada seria um dos caminhos para fortalecimento do empoderamento da mulher e, consequentemente, até da comunidade". Nesse sentido, também afirmou Rafaela, indicando que a ausência de memória da ancestralidade, das lutas e da própria trajetória da comunidade dentro da sala de aula contribui ao silenciamento não só das mulheres, mas também dos jovens, que se sentem menos estimulados a participar da luta.

---

36. Art. 2º Toda mulher, independentemente de classe, raça, etnia, orientação sexual, renda, cultura, nível educacional, idade e religião, goza dos direitos fundamentais inerentes à pessoa humana, sendo-lhe asseguradas as oportunidades e facilidades para viver sem violência, preservar sua saúde física e mental e seu aperfeiçoamento moral, intelectual e social.

     Art. 3º Serão asseguradas às mulheres as condições para o exercício efetivo dos direitos à vida, à segurança, à saúde, à alimentação, à educação, à cultura, à moradia, ao acesso à justiça, ao esporte, ao lazer, ao trabalho, à cidadania, à liberdade, à dignidade, ao respeito e à convivência familiar e comunitária.

     § 1º O poder público desenvolverá políticas que visem garantir os direitos humanos das mulheres no âmbito das relações domésticas e familiares no sentido de resguardá-las de toda forma de negligência, discriminação, exploração, violência, crueldade e opressão.

     § 2º Cabe à família, à sociedade e ao poder público criar as condições necessárias para o efetivo exercício dos direitos enunciados no caput.

37. Art. 1º, Parágrafo único. Para efeito deste Estatuto, considera-se:

     (...) III – desigualdade de gênero e raça: assimetria existente no âmbito da sociedade que acentua a distância social entre mulheres negras e os demais segmentos sociais;

     Art. 2º É dever do Estado e da sociedade garantir a igualdade de oportunidades, reconhecendo a todo cidadão brasileiro, independentemente da etnia ou da cor da pele, o direito à participação na comunidade, especialmente nas atividades políticas, econômicas, empresariais, educacionais, culturais e esportivas, defendendo sua dignidade e seus valores religiosos e culturais.

     Art. 3º Além das normas constitucionais relativas aos princípios fundamentais, aos direitos e garantias fundamentais e aos direitos sociais, econômicos e culturais, o Estatuto da Igualdade Racial adota como diretriz político-jurídica a inclusão das vítimas de desigualdade étnico-racial, a valorização da igualdade étnica e o fortalecimento da identidade nacional brasileira.

Sob esse aspecto, vale lembrar que a educação diferenciada – que deve ser construída com a comunidade e, preferencialmente, aplicada por professores que a integram – apesar de já ser uma realidade normativa,[38] não é uma realidade fática.

Segundo Rafaela, a educação diferenciada é muito importante para a manutenção da comunidade e, por isso "não é à toa que há resistência de implementá-la".

Mesmo com essas barreiras à educação adequada, Letícia Ester de França, liderança do quilombo São Pedro em Eldorado/SP, integrante da EAACONE, lembrou que a professora Márcia Cristina, que é da sua comunidade, publicou o livro "Roça é vida",[39] que foi escrito por ela e por pessoas dali e que passou a ser utilizado nas escolas quilombolas. Destacou a importância da existência dessa publicação tanto para que as crianças pudessem conhecer sua história também no papel, quanto pelo exemplo que essa conquista serviu para outras pessoas da comunidade, que estão ingressando em faculdades de pedagogia para poder "mostrar a vivência da comunidade" nas escolas e garantir que elas – a vivência comunitária e as escolas quilombolas – se perpetuem.

Há, segundo Rafaela, "um compromisso coletivo da comunidade em educar, na verdade, essas crianças" para empoderá-las. Ela própria já ouviu de um professor que ela deveria "ir para cidade, para outro local", não ficar na roça, reafirmando uma discriminação contra sua existência, a de seus pais, verdadeira "opressão por conta de a pessoa se inserir nesse tipo de trabalho". Assinalou que a educação diferenciada é uma potente ferramenta para que esse tipo de violência estatal – que tem a capacidade de diminuir a identidade de toda uma comunidade – possa ser enfrentada, agindo como fonte de estímulo ao respeito à diversidade.

Quando trouxemos ao debate o relacionamento das comunidades remanescentes dos quilombos com o Ministério Público Estadual, foi pontuado que há um certo distanciamento das comunidades da Instituição possivelmente por haver articulação mais avançada com o Ministério Público Federal e a Defensoria Pública do Estado de São Paulo atuantes na região.

Rafaela reconheceu, porém, a importância da aproximação e das trocas com o Ministério Público do Estado de São Paulo, como a escuta em que estávamos, para a construção de parcerias que auxiliem na solução das vulnerabilidades das comunidades quilombolas de forma mais estratégica. Disse, ainda, que, seu pai sempre lhe dizia que: "nosso trabalho enquanto quilombolas é trabalhar com a sensibilidade das pessoas".

---

38. Disponível em: http://portal.mec.gov.br/par/323-secretarias-112877938/orgaos-vinculados-82187207/18693-educacao-quilombola. Acesso em: 08 out. 2021, às 18h31.

39. Disponível em: https://acervo.socioambiental.org/sites/default/files/documents/prov61.pdf. Acesso em: 08 out. 2021, às 18h31.

Nesse ponto, vale pontuar mais uma vez a importância que as ferramentas coletivas para a instrução dos procedimentos extrajudiciais próprios do Ministério Público têm ganhado e como devem fazer parte do cotidiano da Promotoria de Justiça. Por meio delas – e, também, do atendimento ao público – é que o Órgão de Execução pode se aproximar das pessoas cujos direitos fundamentais deve salvaguardar e, ainda, construir conexões que permitam soluções resolutivas que não impliquem, necessariamente, o ajuizamento de demandas judiciais – quase sempre morosas e que não tem o condão de, muitas vezes, atender, com prontidão ou de forma eficaz e sensível, o desfecho pretendido.

Os trechos desse valioso diálogo que apresentamos e que se prestou, inicialmente, a ser parâmetro balizador e, também, ferramenta para agregar a esse artigo, além da tecnicidade que lhe é própria, vozes quilombolas, serviu, em verdade, para muito mais do que isso.

Pudemos perceber que a resistência, a luta, apesar de serem respostas às violências impingidas, construem seus caminhos por parcerias, diálogos, sensibilidades e coletivamente – como a própria vivência quilombola o é.

Tomemos por exemplo o livro "Roça é vida". A vida no quilombo, a tradição e a cultura quilombola, como vimos, são valorizadas pelas comunidades e repassadas aos mais novos no dia a dia, no trabalho na roça, no compartilhamento dos valores dos pais e dos avós, nas relações humanas comunitárias e nas trocas. O se ver representado em um livro, em papel, com sua história reproduzível e acessível a todos não é necessário para que o retratado se saiba vivo e se dignifique, mas não se pode negar o poder que tem ao comunicar a existência dele até para aqueles que não querem vê-la ou reconhecê-la. Ainda mais esse livro, essa história, escrita coletivamente. Essa conquista não se reflete apenas na amplitude da difusão do conhecimento ou da representatividade quilombola, mas nos passos caminhados, em cada página, em cada volta do espiral da publicação, que não podem ser simplesmente silenciados.

A importância da atuação do Ministério Público do Estado de São Paulo junto às comunidades quilombolas vem justamente daí: ser alto-falante contra o silenciamento, e, mais ainda, amplificador do Acesso à Justiça Social.

5. CONCLUSÃO

O Ministério Público, enquanto garantia institucional prevista na Constituição para a efetivação de direitos fundamentais, tem o dever de atuar na defesa dos direitos das comunidades remanescentes dos quilombos, seja por uma questão de Justiça Intergeracional, seja por se tratarem de grupos vulneráveis, os quais tem o direito de acesso a uma ordem jurídica justa. Ainda que haja uma ramificação entre os ramos de atuação, percebe-se que, no âmbito do Ministério Público Estadual, há um amplo campo de ação na proteção destes direitos.

No estado de São Paulo, a questão é muito mais do que um debate teórico. A população quilombola formalmente reconhecida é composta por cerca de 1.445 famílias, ocupantes de uma área total de 797,94km² distribuídas em 14 Municípios. A maioria, na região do Vale do Ribeira.

Essas comunidades possuem diversas demandas na efetivação de seus direitos, sendo central questão da titulação de terras. Além destes, há direitos notadamente específicos, como a proteção cultural de suas práticas, bem como o de necessidade de atenção à luz da igualdade material no que tange a direitos como o da saúde.

Para tanto, o Ministério Público tem à disposição diversos instrumentos para a colheita de informações e tomada de decisões com vistas a buscar a efetivação dos direitos reclamados. Dentro do perfil constitucional do Ministério Público resolutivo, buscamos destacar alguns exemplos de atuações práticas do Ministério Público do Estado de São Paulo na proteção dos direitos fundamentais das comunidades remanescentes, desde a ação civil pública no caso da proteção da Igreja Nossa Senhora do Rosário dos Homens Pretos em Eldorado até os recentes procedimentos administrativos de acompanhamento sobre políticas públicas voltadas a este grupo, tais como no âmbito da participação popular e da violência doméstica.

Neste sentido, destacamos que o diálogo é o fim e o princípio da atuação do Ministério Público, sob pena da atuação ser descolada da realidade de quem efetivamente sofre com a falta de efetivação de direitos fundamentais. Não é por outro motivo que, no espaço de um encontro entre nós e mulheres de comunidades remanescentes de quilombos no Vale do Ribeira/SP, foi possível captar vivências que não estão em manuais jurídicos ou qualquer diploma normativo e permitem um melhor agir qualitativo do Ministério Público na sua missão institucional.

Somente é possível falar em real acesso à justiça, a partir de um concreto diálogo com as comunidades afetadas, o qual permite que os instrumentos formais ganhem sentido prático que é a resolução dos problemas desses grupos – de carne e osso – a quem o Ministério Público, em primeira e última análise, enquanto defensor da sociedade, tem a missão de proteger.

6. REFERÊNCIAS

BRASIL. SECRETARIA DE POLÍTICAS DE PROMOÇÃO DA IGUALDADE RACIAL. *Guia de Políticas Públicas para Comunidades Quilombolas*. Brasília, 2013.

BRASIL. Instituto Brasileiro de Geografia e Estatística. Disponível em https://www.ibge.gov.br/geociencias/organizacao-do-territorio/estrutura-territorial/2225-np-areas-dos-municipios/15761-areas-dos-municipios.html?t=sobre&c=1. Acesso em: 09 out. 2021.

BRASIL, Instituto de Terras do Estado de São Paulo. *Comunidades Remanescentes de Quilombos*. São Paulo. 2020. Disponível em: http://201.55.33.20/?page_id=3483. Acesso em: 09 out. 2021.

BRASIL. Ministério Público do Estado de São Paulo, Relatório do Núcleo de Assessoramento Técnico Psicossocial. *Comunidades Quilombolas do Vale do Ribeira e o Programa Brasil Quilombola*. São Paulo. 2014.

BRASIL. Ministério Público do Estado de São Paulo, Relatório do Núcleo de Assessoramento Técnico Psicossocial. *Comunidades Quilombolas do Vale do Ribeira e o Programa Brasil Quilombola – Comunidade Quilombola Peropava* São Paulo. 2014.

GOULART, Marcelo Pedroso. *Elementos para uma Teoria Geral do Ministério Público*. Belo Horizonte. Arraes Editores. 2013.

WATANABE, Kazuo. Entrevista concedida ao portal CONJUR em 09 de junho de 2019. Disponível em: https://www.conjur.com.br/2019-jun-09/entrevista-kazuo-watanabe-advogado. Acesso em: 09 set. 2021.

DANO MORAL COLETIVO: A IMPORTÂNCIA DA ATUAÇÃO DA PJ DE INCLUSÃO SOCIAL – ESTUDO DE CASO

Anna Trotta Yaryd

Promotora de Justiça de Direitos Humanos, São Paulo.

Clarissa Chagas Donda

Pós-graduada em Direitos Difusos e Coletivos e Direito Constitucional. Analista Jurídica na Promotoria de Justiça de Direitos Humanos – área Inclusão Social, São Paulo.

Flavia Simão Aiex

Mestre em Direitos Humanos. Oficial de Promotoria na Promotoria de Justiça de Direitos Humanos, Área Inclusão Social, São Paulo.

Bianca Ribeiro de Souza

Doutoranda em Serviço Social, Analista de Promotoria – Assistente Social do Núcleo de Assessoria Técnica Psicossocial, São Paulo.

Silvia Moreira da Silva

Doutora em Serviço Social. Analista de Promotoria – Assistente Social do Núcleo de Assessoria Técnica Psicossocial, São Paulo.

Yuri Daniel Katayama

Graduado em Serviço Social e Ciência Sociais. Analista de Promotoria – Assistente Social do Núcleo de Assessoria Técnica Psicossocial, São Paulo.

No Brasil, a possibilidade jurídica do pedido de indenização por dano coletivo não patrimonial decorre expressamente do art. 1o, caput, da Lei da Ação Civil Pública (Lei 7.347/85). Mas foi a partir do paradigma da Carta Constitucional de 1988 (art. 5º, V), que deixou de limitar a promoção da justiça somente à esfera individual, transformando o processo coletivo em um importante instrumento para o verdadeiro acesso à justiça e para a materialização do princípio da igualdade, em todas as suas faces, que se tornou incontroversa, no sistema brasileiro, a existência dessas duas esferas de reparação atinentes à proteção dos danos patrimoniais e morais: o individual e o coletivo.

Foi nesse contexto, da busca pelo acesso à justiça, igualdade e da evolução do sistema da responsabilidade civil, que o dano extrapatrimonial passou a ser também admitido com relação à sociedade como um todo, e o reconhecimento do dano moral independentemente da demonstração de dor e sofrimento (*in re ipsa*), fez surgir a indiscutível indenização por dano moral coletivo.

Para Carlos Alberto Bittar Filho, o dano moral coletivo é "a injusta lesão da esfera moral de uma dada comunidade, ou seja, é a violação antijurídica de um determinado círculo de valores coletivos", referindo ainda que "quando se fala em dano moral coletivo, está-se fazendo menção ao fato de que o patrimônio valorativo de uma certa comunidade (maior ou menor), idealmente considerado, foi agredido de maneira absolutamente injustificável do ponto de vista jurídico: quer isso dizer, em última instância, que se feriu a própria cultura, em seu aspecto imaterial".[1]

Cuida-se, portanto, de um dano que atinge os fundamentos da sociedade organizada, em suas expressões políticas, culturais e institucionais, refletindo sobre os valores que inspiram as relações humanas, tais como a solidariedade, a justiça, a generosidade, a igualdade democrática e de direitos e, sobretudo, o sentimento profundo de justiça, e sua reparação deve refletir sua função preventiva, pedagógica e sancionatória, desestimulando o ofensor a repetir a falta.

Consoante Marcelo Freire Sampaio Costa,[2] existem três circunstâncias que justificam o Dano Moral Coletivo: "A dimensão ou projeção coletiva do princípio da dignidade da pessoa humana, a ampliação do conceito de dano moral coletivo envolvendo não apenas a dor psíquica, a coletivização dos direitos ou interesses por intermédio do reconhecimento legislativo dos direitos coletivos em sentido lato."

Nesse sentido, não há por que se prender à demonstração de culpa, já que ínsita a aspectos individuais e a relações subjetivas. A coletivização do direito, ao lado do dano que perpassa a esfera individual e atinge toda uma coletividade, é suficiente para que se afaste a responsabilidade subjetiva e se aplique o critério objetivo para as reparações civis, bastando que se demonstre a ocorrência de uma conduta antijurídica (esta em sentido amplo, abarcando tanto atos ilícitos quanto atos que estejam de acordo com o ordenamento jurídico, mas que causem um dano

1. BITTAR FILHO, Carlos Alberto. Do dano moral coletivo no atual contexto jurídico brasileiro. *Revista de direito do consumidor*. n. 12. p. 55. São Paulo: Ed. RT, out.-dez. 1994.
2. SAMPAIO COSTA, Marcelo Freire. *Dano moral coletivo no direito do trabalho*, p. 38.

injusto), um dano e um nexo de causalidade entre eles para que reste configurada a hipótese de dano ensejador de reparação civil, observados alguns critérios como, a relevância do interesse transindividual lesado; a gravidade e a repercussão da lesão; a situação econômica do ofensor; o proveito obtido com a conduta ilícita, o grau da culpa ou do dolo (se presentes), a verificação da reincidência e o grau de reprovabilidade social.

Emerson Garcia e Rogério Pacheco Alves, nos ensinam que: "O reconhecimento do dano moral enquanto dano 'in actio ipsa', o que dispensa a demonstração da efetiva dor e sofrimento, exigindo apenas, a prova da conduta tida como ilícita, é um claro indicativo da possibilidade de sua defesa no plano transindividual, volvendo o montante da indenização em benefício de toda a coletividade, que é vista em sua inteireza, não dissecada numa visão anatômica, pulverizada entre os indivíduos que a integram.[3]

E nessa mesma toada, encontramos também o Enunciado 445, aprovado na V Jornada de Direito Civil do Conselho da Justiça Federal/Superior Tribunal de Justiça, que fazendo referência ao artigo do Código Civil que trata da medida da indenização derivada do dano, reconheceu a existência dos danos morais coletivos: "Enunciado 445: O dano moral indenizável não pressupõe necessariamente a verificação de sentimentos humanos desagradáveis como dor ou sofrimento."

Como bem observa Xisto Tiago de Medeiros Neto,[4] é imprescindível a reparação do dano moral coletivo, uma vez que, a ausência de reparação "resultaria em um estado de maior indignação, descrédito e desalento da coletividade para com o sistema político-jurídico." Por esta razão, a reparação do dano moral coletivo é ainda mais relevante do que a reparação do dano moral meramente individual.

Especialmente quando se verifica o desrespeito, o desprestígio e o ataque aos princípios constitucionais, da dignidade humana, da igualdade através de condutas que evidenciam uma concepção institucional e estrutural de racismo, como é o caso da atuação sistematicamente violenta dos agentes de segurança de empresas contra cidadãos negros, circunstâncias que violam o sentimento de segurança social de uma comunidade.

O racismo afeta a dignidade da pessoa humana, gerando constrangimentos e humilhações que, além de ilícito penal (art. 20, da 7.716/89), podem caracterizar a ofensa à honra, que é uma das hipóteses de dano moral suscetível de compensação pecuniária (art. 5º, X, CF). Especialmente quando cenas de agressões brutais e desproporcionais são veiculadas em âmbito nacional, impondo o sofrimento a todas

---

3. GARCIA, Emerson e ALVES Rogério Pacheco, *Improbidade administrativa*. 6. ed. Rio de Janeiro: Lumen Juris, 2011, p. 537.

4. MEDEIROS NETO, Xisto Tiago, *Dano moral coletivo*: fundamentos, características, conceituação, forma e procedimento de reparação, 2004, p. 161.

as pessoas que as assistem estarrecidas e se solidarizam na dor e no sofrimento, com as cenas de racismo expostas, atingindo, em especial, os 54% dos brasileiros que se declaram pretos e pardos, totalizando mais de 108 milhões de pessoas.

Nessas hipóteses, o dano moral causado à toda população brasileira, mas principalmente à população negra, é irrefutável, e os sentimentos de dor, revolta e injustiça, somados à constante sensação de medo precisam ser combatidos com ações concretas, entre elas, a alocação de recursos necessários para a viabilização de políticas que de fato sejam capazes de romper com o racismo.

É bem verdade que o viés repressivo das condutas antissociais é tradicional no direito penal, mas não se pode dizer que não seja compatível com a responsabilidade civil, especialmente diante do quadro atual em que se apequena o alcance da esfera criminal, com o princípio da intervenção mínima, e se agigantam os agressores e a sua potencialidade lesiva na sociedade de massas, o que torna nada mais justo que, ocorrida a tragédia, a população veja a devida punição pecuniária dos responsáveis, na medida em que o uso indiscriminado de formas de violência, em total desrespeito aos direitos humanos, com atos racistas, agridem o senso de civilidade de uma comunidade.

Nesse contexto, é fundamental ter em conta que o combate ao racismo, fixado nacional e internacionalmente por normas constitucionais, legais e convencionais, determina à integralidade dos atores sociais e agentes econômicos o cumprimento retilíneo de ações antirracistas. Estruturas antidiscriminatórias passam, nesses termos, a ser uma imposição para empresas brasileiras e transnacionais. Deve-se, de um lado, abarcar vetores relacionados à identificação e ao enfrentamento do racismo a partir da visibilidade do compromisso institucional na orientação de sua atuação, governança, e formulação e implementação de ações e políticas; e, de outro, abarcar e enfrentar de modo efetivo o racismo em sua atuação e práticas junto à sua clientela, em específico, e à sociedade, em geral.

Materialmente, o direito humano ao desenvolvimento demonstra a necessidade de uma afirmação não retórica dos direitos e garantias fundamentais constitucionalmente assegurados aos cidadãos, resguardando na prática os seus conteúdos básicos. Observa-se, assim, uma inspiração desta lógica nas regras e princípios que impõem uma atuação comprometida com a dignidade e o antirracismo por toda a coletividade, sendo determinante à atuação dos governos e autoridades públicas, mas também da sociedade civil e da iniciativa privada.

Cumpre ressaltar, que nesse aspecto, a Constituição de 1988, além de trazer em seu preâmbulo a igualdade e a justiça como valores supremos de uma sociedade que se pretende fraterna, pluralista e sem preconceitos, é considerada um marco civilizatório por prever em seu artigo 1º que a dignidade da pessoa humana é um dos fundamentos da República, e, em seu artigo 3º, que entre os seus objetivos fundamentais, está a promoção do bem de todos sem quaisquer formas de discriminação, reservando ao Ministério Público, na qualidade de agente transformador, o alcance desses propósitos, e fixando como diretiva uma função social às empresas a partir de um projeto sustentável de consolidação de ambientes empresariais adequados aos seus fundamentos e objetivos.[5]

Além disso, a possibilidade de responsabilização empresarial em relação à não proteção de direitos humanos, consonante com as prescrições constitucionais e compromissos internacionais assumidos pelo país, resta fixada na ordem interna através do Decreto 9.571/2018, que estabelece as Diretrizes Nacionais sobre Empresas e Direitos Humanos.

Como nos ensina Silvio de Almeida "as instituições são apenas a materialização de uma estrutura social ou de um modo de socialização que tem o racismo como um de seus componentes orgânicos",[6] de maneira que as pessoas que integram essas instituições imbuídas em ideologias racistas, tornam-se racistas.

Assim, a fim de evitar a reprodução desses valores, e, principalmente de maneira a atuar na prevenção, a Promotoria de Justiça de Direitos Humanos têm instaurado inquérito civil, visando que as empresas, em casos como tais, reparem o dano moral coletivo por meio de posturas ativas de enfrentamento ao racismo, promovendo meios de compreensão de como ele se manifesta, de modo que se possa criar políticas efetivas de formação e práticas antirracistas, em especial, medidas de *compliance* em direitos humanos, por meio de regulamentação interna, aprimoramento de seus códigos de conduta, canais de denúncia e formas de fiscalização de seu cumprimento, para que o racismo não se perpetue na reprodução de condutas discriminatórias.

De outro lado, visando que a indenização, considerado seu caráter extrapatrimonial e inerente relevância social, consubstancie forma de prevenir a ofensa a direitos transindividuais, conforme previsto no art. 13 da Lei 7.347/85, tem buscado assegurar que a mesma seja revertida à comunidade negra, de modo a oferecer compensação diante da lesão a bens de natureza imaterial sem equivalência econômica, e sancionar o ofensor, dando ensejo para que se confira

---

5. Art. 170. A ordem econômica, fundada na valorização do trabalho humano e na livre iniciativa, tem por fim assegurar a todos existência digna, conforme os ditames da justiça social, observados os seguintes princípios: I – soberania nacional; II – propriedade privada; III – função social da propriedade; IV – livre concorrência; V – defesa do consumidor; VI – defesa do meio ambiente, inclusive mediante tratamento diferenciado conforme o impacto ambiental dos produtos e serviços e de seus processos de elaboração e prestação; VII – *redução das desigualdades regionais e sociais*; VIII – busca do pleno emprego; IX – tratamento favorecido para as empresas de pequeno porte constituídas sob as leis brasileiras e que tenham sua sede e administração no País. (Grifamos.)
6. ALMEIDA, Silvio. Racismo estrutural. In: RIBEIRO, Djamila (Coord.). *Coleção Feminismos Plurais*, p. 31.

destinação de proveito coletivo ao dinheiro percebido. A coletividade há de ser indenizada a título de dano moral coletivo. Mas também há de ter o sentimento de reparação daquelas pessoas que vivem naquele território, pela ilícita atuação de agentes de segurança particulares de uma empresa,[7] em contrariedade aos Direitos Humanos e empresas.

Situados os aspectos jurídicos que fundamentam pedido de indenização por dano moral coletivo, expomos experiência da Promotoria de Justiça de Direitos Humanos – área de Inclusão Social (PJDH-IS), em conjunto com profissionais das áreas de Serviço Social e de Psicologia do Núcleo de Assessoria Técnica Psicossocial (NAT),[8] em Inquérito Civil. Tal experiência, nos limites das atribuições institucionais do Ministério Público do Estado de São Paulo e das profissões que a compõe, tem se direcionado para o tensionamento das dimensões de classe social e raça, tão presentes em práticas humilhantes, discriminatórias e violentas contra negros e negras, ocorridas em diversas empresas de varejo de diferentes pontos do país, registradas e publicizadas de maneira persistente nos últimos anos. Cabe demarcar, conforme análise de Prado (2019),[9] que tais práticas são análogas ao período de escravização no Brasil, uma vez que se transita "dos troncos aos supermercados", pelo *modus operandi* do "[...] castigo pautado pela tortura [...] como mecanismo de desumanização, dominação e humilhação sobre corpos negros".

Nessa esteira, a grave violação em direitos humanos, como expressão do racismo estrutural,[10] em um supermercado em 2019 com repercussão nacional contra um adolescente negro, pobre e de região periférica da cidade de São Paulo, foi a origem do Inquérito Civil MP 14.0725.818/2019-0 na PJDH-IS. A atuação interinstitucional com o Centro Santo Dias de Direitos Humanos (ação civil pública 1066603-71.2019.8.26.0002) e com a Procuradoria Regional do Trabalho 2ª Região – São Paulo – Ministério Público do Trabalho (IC 006080.2019.02.000/0) culminou em um acordo judicial com a empresa visando a compensação dos danos morais e sociais coletivos, a reparação de direitos civis e trabalhistas lesados, bem como a adoção de medidas destinadas à não repetição. Vale mencionar que o ECA no art. 5º cita: *Nenhuma criança ou adolescente será objeto de qualquer forma de negligência, discriminação, exploração, violência, crueldade e opressão, punido na forma da lei qualquer atentado, por ação ou omissão, aos seus direitos fundamentais.*

---

7. Princípios ruggie – princípios orientadores da ONU para as empresas e Direitos Humanos em 2011.
8. Além dos autores deste artigo, participa do projeto o psicólogo do NAT Geraldo Rodrigo Soares de Souza. Ao longo deste percurso, também compuseram as ações o psicólogo Guilherme Luz Fenerich e o estagiário de Psicologia Matheus Araújo.
9. PRADO, Monique Rodrigues do. Racismo estrutural: dos troncos aos supermercados. *Carta Capital*, 4 set. 2019. Não paginado. Disponível em: https://www.cartacapital.com.br/opiniao/racismo-estrutural-dos-troncos-aos-supermercados/. Acesso em: 30 set. 2021.
10. ALMEIDA, 2019.

Dentre outras obrigações do acordo e considerando que a respectiva violação de direitos humanos ocorreu com um adolescente em situação de extrema desproteção social, apresentou-se ao supermercado a proposta de contratação de 40 adolescentes em cumprimento de Medida Socioeducativa em Meio Aberto (MSE-MA) como jovens aprendizes, sendo 20 destas vagas acrescentadas para além da cota mínima exigida pelo art. 429 da Consolidação das Leis do Trabalho (CLT) (BRASIL, 1943),[11] o qual trata da obrigação dos estabelecimentos em empregar e matricular nos cursos dos Serviços Nacionais de Aprendizagem determinado número de aprendizes. Nessa direção, diante do aceite da empresa, no mês de julho de 2020 iniciaram-se reuniões de trabalho entre a PJDH-IS e a equipe técnica do NAT, objetivando delinear plano de ação por meio da identificação da rede de serviços da política pública de Assistência Social que poderia ser envolvida na construção e execução do projeto, delimitando-se o território de abrangência, a partir das unidades do supermercado em que os adolescentes seriam alocados.

Após aproximações aos Centro de Referência de Assistência Social (CRAS) e Centro de Referência Especializado de Assistência Social (CREAS) dos territórios, constituiu-se grupo de trabalho para planejamento, coordenação, supervisão, avaliação e monitoramento das ações, com a realização de reuniões de trabalho periódicas; composto pela PJDH-IS, NAT, representantes do supermercado, profissionais dos Serviços de Medida Socioeducativa em Meio Aberto (SMSE-MA) e representantes do Serviço Nacional de Aprendizagem Comercial (SENAC). Como objetivos para o projeto definiu-se: contribuir para o desenvolvimento social e profissional dos adolescentes, com vistas à promover formação técnico-profissional e possibilitar o enfrentamento de parte das desigualdades estruturais que vivenciam na sociedade; contribuir para a superação das barreiras sociais que dificultam a efetivação dos direitos desses adolescentes e jovens à formação técnico-profissional com a importante participação das famílias e da rede de serviços de acompanhamento socioassistencial; proporcionar condições de permanência nos referidos contratos e cursos; e garantir o acompanhamento técnico de qualidade ao longo da duração do contrato de aprendizagem.

O processo inicial de execução da proposta exigiu reflexões e debates permanentes do grupo de trabalho acerca de diversos determinantes, tais como a sua viabilidade frente à inter-relação do contexto de pandemia da COVID-19 e a disponibilização de equipamentos e de acesso à internet, a fim de que os adolescentes pudessem acompanhar as aulas remotas do curso do SENAC; posicionamento, ou não, pelo sigilo no ambiente de trabalho quanto à vinculação dos adolescentes com a prática de ato infracional; e a construção e disponibilização de materiais

---

11. BRASIL. Decreto-lei 5.452, de 1º de maio de 1943. Aprova a Consolidação das Leis do Trabalho. Disponível em: http://www.planalto.gov.br/ccivil_03/decreto-lei/del5452.htm. Acesso em: 30 set. 2021.

informativos sobre as atividades de trabalho realizadas no supermercado. Ao longo deste percurso, também se observou a necessidade de definição e organização de procedimentos administrativos que auxiliassem a troca de informações entre SENAC, supermercado, SMSE-MA e NAT acerca da frequência dos adolescentes no curso e no trabalho; além da definição de fluxo e de critérios, entre as equipes técnicas participantes, para o acompanhamento mais aproximado e intensivo dos jovens aprendizes, de modo a garantir qualificada permanência no projeto. Vale ainda registrar que o grupo de trabalho se reuniu de forma sistemática e mensal, sobretudo no primeiro ano de execução das ações, sendo que as equipes do NAT e dos SMSE-MA possuem agenda mensal de reuniões, nas quais são discutidos aspectos técnicos e efetuado o monitoramento do projeto.

Nesses mais de 14 meses de implementação e acompanhamento desta experiência, é possível tecer algumas avaliações iniciais. Primeiramente, demarcamos que essa proposta não apenas oportunizou a esses jovens a inserção em um trabalho protegido pelas leis trabalhistas, como também permitiu à empresa a participação em um processo importante de aproximação com jovens socialmente vulneráveis. A título de ilustração, temos observado uma mudança de postura dos representantes do supermercado, ou seja, no início se falava de forma muito rígida sobre o cumprimento de regras, normas, protocolos por parte dos adolescentes; contudo, após períodos de discussão e de amadurecimento do grupo de trabalho, percebe-se, em muitos momentos, abertura e empenho institucional do supermercado para o fortalecimento de condições que possam promover o acesso e a permanência dos jovens na proposta de aprendizagem, por meio do suporte dos SMSE-MA, do SENAC e do Ministério Público. Também se nota um esforço do SENAC e dos Serviços de Medida em Meio Aberto no que se refere à busca de alternativas e posicionamentos técnicos, a fim de garantir que esse adolescente/jovem apreenda a inter-relação dos conteúdos ofertados no curso e nas experiências de trabalho com a sua vida pessoal e profissional; questões estas, muitas vezes, furtadas das suas trajetórias desde a tenra idade.

No projeto, todavia, há contradições ou lógicas sociais distintas em conflito que devem ser consideradas. Uma delas se refere às diferenças significativas encontradas entre o modelo de atuação de um SMSE-MA, pautado pela responsabilização e proteção social dos adolescentes, e o modelo predominante no mercado de trabalho que, por sua vez, é quase sempre rígido e hierárquico. Muitas vezes o empregador não será acolhedor no sentido da apreensão das reais determinações que conformam as realidades distintas dos jovens em situação de vulnerabilidade e risco social, direcionando-se para a manutenção da cultura organizacional de responsabilizá-los individualmente pelas faltas com descontos no pagamento até o desligamento por "abandono de emprego", por exemplo.

Não se leva em consideração que a vulnerabilidade social de um jovem em MSE pode prejudicar sua participação no programa Jovem Aprendiz e que sua vivência familiar e social passa por uma ausência estrutural no acesso às políticas sociais de saúde, educação e assistência social, marcadas muitas vezes com uma convivência conflituosa com agentes do Estado, acirrada pela dimensão de raça entre jovens negros. Cabe ainda sinalizar o agravamento desses determinantes, quando associados à vulnerabilidade econômica em um contexto de pandemia da Covid-19. Nessa direção, faz-se necessário discutir uma coparticipação da empresa como entidade articulada à rede socioeducativa e corresponsável pela socioeducação desses adolescentes em MSE-MA contratados como jovens aprendizes.

A respeito disso, um processo de socioeducação, para um adolescente em cumprimento de MSE-MA significa situá-lo como uma pessoa em "etapa peculiar do desenvolvimento humano que adquire configurações singulares em circunstâncias históricas e contextos econômicos, sociais e culturais diversos", é compreendê-lo em sua história pessoal, sendo "o delito [...] um dos acontecimentos na vida do adolescente" (TEIXEIRA, 2006, p. 427-428).[12] Salienta-se ainda, que o ECA dispõe no art. 1º sobre a proteção integral a crianças e adolescentes e no art. 5º que é dever de todos *assegurar, com absoluta prioridade, a efetivação dos direitos referentes à vida [...] à dignidade, ao respeito, à liberdade [...]*. Em outras palavras, não basta apenas inserir adolescentes em cumprimento de MSE-MA no mercado de trabalho formal. Conforme a fala de técnicos de SMSE-MA do projeto, a empresa também deve ser vista como sujeito, mas também como um objeto importante de uma "ressociabilização".

No início do projeto, os trabalhadores dos SMSE-MA expressaram a importância dessa iniciativa por reconhecerem que, para muitos desses jovens, a inclusão no mercado de trabalho formal ou mesmo em cursos profissionalizantes estão dentre as principais dificuldades encontradas na sua atuação por questões de defasagem escolar, falta de permanência escolar ou por discriminações institucionais nesses espaços. No entanto, o trabalho e emprego não deve ser visto como uma panaceia,[13] assim como a inserção dos adolescentes sem desistências não deve ser vista como único indicador para a avaliação do sucesso do projeto.

---

12. TEIXEIRA, M. de L. T. Evitar o desperdício de vidas. In: ILANUD, ABMP, SEDH e UNFBA (Org.). *Justiça, adolescente e ato infracional*: socioeducação e responsabilização. São Paulo: Instituto Latino-Americano das Nações Unidas para Prevenção do Delito e Tratamento do Delinquente, 2006, p. 427-448.
13. Não é demais lembrar que "desde o início do século XX, as instituições que atendiam crianças e adolescentes pobres abandonadas ou consideradas 'perigosas' buscavam sua profissionalização como estratégia de preparar operários para o início do incipiente processo de industrialização. E para os adolescentes pobres a profissionalização precoce continua a ser considerada uma alternativa relevante à prática do delito, à reincidência, porque pode facilitar a entrada no mercado de trabalho" (ibidem, p. 440-441).

A criação de novos sentidos, significados e vinculações sociais a partir dessas relações de trabalho, tanto para os jovens inseridos como aprendizes quanto para os trabalhadores da empresa contratante, deve ser a dimensão a ser considerada como fundamental indicadora do êxito nesta atuação. Conforme análise de Bisinoto et al (2015), com base em Ribeiro (2006) e Zanella (2011)

> [...] o trabalho da educação social, numa perspectiva crítica, não se reduza a incluir ou inserir os segmentos marginalizados no mercado de trabalho, em programas de esporte, cultura e lazer para reproduzirem o modelo de sociedade liberal, mas formar sujeitos críticos que recusem o lugar social no qual foram colocados pelo sistema de classes e que atuem na superação do sistema de exploração.[14-15]

A participação sistemática dos SMSE-MA desde o início do processo de inserção dos jovens aprendizes tem se mostrado muito rica e fundamental para o projeto. Sua proximidade e seu referenciamento técnico junto aos adolescentes em MSE-MA, assim como a consideração aos seus Planos Individuais de Atendimento (PIA[16]) são bases importantes para entender as dificuldades sentidas pelos jovens e para possibilitar a construção de novos sentidos para o projeto por meio deles. Essa articulação em rede tem sido fundamental para o conhecimento e construção de estratégias de intervenção, a partir das realidades vivenciadas por essas famílias, as quais são perpassadas pelo desemprego, violência, fome, colocando esses adolescentes, muitas vezes, frente ao sustento e provisão familiar.

Nesses termos e considerando a premissa de Almeida (2019, p. 34) de que "[...] a responsabilização jurídica não é suficiente para que a sociedade deixe de ser uma máquina produtora de desigualdade racial", vislumbramos a potencialidade desta atuação em rede para a criação de novas tecnologias sociais e a ampliação de conceitos como o da própria socioeducação. Não obstante a socioeducação ser política específica de responsabilização e educação social de adolescentes em conflito com a lei, os SMSE-MA e os adolescentes do projeto por meio deles vem pautando nessa rede a possibilidade de se pensar criativamente em algum tipo de "socioeducação" que envolva os trabalhadores do supermercado, que modifique a cultura de uma empresa e que traga novos aprendizados para todos os envolvidos neste projeto.

---

14. BISINOTO et al, 2015, p. 581.
15. BISINOTO, C. et al. Socioeducação: origem, significado e implicações para o atendimento socioeducativo. *Psicologia em Estudo*, v. 20, n. 4, p. 575-585, Maringá, out./dez. 2015. Disponível em: Vista do SOCIOEDUCAÇÃO: ORIGEM, SIGNIFICADO E IMPLICAÇÕES PARA O ATENDIMENTO SOCIOEDUCATIVO (uem.br). Acesso em: 1º out. 2021.
16. Plano Individual de Atendimento – PIA é uma ferramenta metodológica e de planejamento individualizado que organiza o acompanhamento aos usuários dos serviços socioassistenciais. Elaborado pelo serviço junto com o adolescente e sua família, buscam contemplar de forma mais aprofundada suas relações sociais, necessidades e projetos.

REFERÊNCIAS

ALMEIDA, Silvio. Racismo estrutural. In: RIBEIRO, Djamila (Coord.). *Coleção Feminismos plurais*. São Paulo: Pólen, 2019.

BITTAR FILHO, Carlos Alberto. Do dano moral coletivo no atual contexto jurídico brasileiro. *Revista de direito do consumidor*. n. 12. São Paulo: Ed. RT, out.-dez. 1994.

GARCIA, Emerson e ALVES Rogério Pacheco. *Improbidade administrativa*. 6. Ed., Rio de Janeiro: Lumen Juris, 2011.

MEDEIROS NETO, Xisto Tiago de. *Dano moral coletivo*: fundamentos, características, conceituação, forma e procedimento de reparação. 2004.

ONU: Princípios ruggie – princípios orientadores da ONU para as empresas e Direitos Humanos em 2011.

SAMPAIO COSTA, Marcelo Freire. *Dano moral coletivo no direito do trabalho*. São Paulo: LTr, 2016.

IDENTIFICAÇÃO COLETIVA E EXCLUSÃO

Daniel Omar Perez

Unicamp /CNPq. Danielomarperez1@gmail.com.

1. INTRODUÇÃO

Este trabalho consta do exame de 3 proposições, um princípio e duas regras. As três proposições são encontradas em enunciações realizadas a partir de um sentido comum constituído no horizonte do discurso que sustenta e cristaliza uma identidade baseada em atributos ou predicados positivos e que fortalece os mecanismos de exclusão por eliminação. O princípio propõe pensar a identificação coletiva já não na lógica da identidade senão a partir da lógica da diferença que estabelece equivalências, encontros, grupos não fechados ou agregados de sujeitos de desejo. A primeira regra mostra que toda identificação implica num terceiro excluído, alguém que não é parte da identidade, o outro. A segunda regra mostra que a exclusão lógica pode ser de vários modos, um deles é o genocídio.

2. PRIMEIRA PROPOSIÇÃO: EU TENHO UM AMIGO JUDEU, LOGO, NÃO SOU ANTISSEMITA

Ter um amigo judeu, ou negro, ou estrangeiro foi e é um recurso não pouco comum daquele que procura um álibi para expor publicamente sua superioridade moral de "bela alma". A Bela alma, como propõe Hegel, na *Fenomenologia do Espírito*, considera que seus julgamentos de valor são o único critério válido para ajuizar as ações dos outros. Porém, a lei moral proclamada por essa Bela alma é um universal abstrato, carece de determinações concretas. Escrúpulos e hipocrisias sustentam a Bela alma na má fé de um mundo reconciliado, onde, se todos fossemos Belas almas e tivéssemos um amigo negro, judeu ou estrangeiro então já não haveria contradições, antagonismos e oposições senão harmonia. O abstrato está em exibir meu amigo negro ou judeu ou estrangeiro no lugar público, dar um lugar à mesa por algum tempo, dirigir um sorriso para ele, mas retorná-lo ao seu lugar de mero hóspede, de estranho, de excluído resgatado por mim, pelo menos, por algum momento. O abstrato consiste em constatar sua situação de excluído, exibir sua condição de modo indignado, de fazer uma imagem discursiva ou inclusive fotográfica de minha relação, como Bela alma, com o outro estranho, excluído, miserável, sofrido.

O mais fácil do mundo hoje é constatar que há racismo, xenofobia ou sexismo, violência, suicídios e câncer é por isso que a Bela alma hegeliana, que nada quer mudar, soma-se ao coro da indignação onde nada pode ser feito, a não ser, permanecer no mesmo lugar enquanto sujeito dentro de uma estrutura que se reproduz com a participação momentânea de alguns excluídos como personagens secundárias que por alguns minutos têm voz. Campanhas contra o câncer, contra o racismo, em favor da vida, contra a violência de gênero, contra a diabete, contra o cigarro são universais abstratos que dão o álibi para a Bela alma mostrar seu compromisso com belas causas.

> Que fácil es agitar un pañuelo a la tropa solar
> Del manifiesto marxista y la historia del hombre
> Que fácil es suspirar ante el gesto del hombre
> Que cumple un deber
> Y regalarle ropitas a la pobrecita hija del chófer
> Que fácil de enmascarar sale la oportunidad
>
> (Silvio Rodriguez, Cancion en harapos)

Uma versão mais patética da Bela alma é aquela que se comove com histórias de superação: a história do judeu sobrevivente, da mãe pobre, empregada doméstica sem carteira assinada, solteira que finalmente tem sua filha médica graduada na universidade pública, do negro sobrevivente ou do estrangeiro que começou pobre e indocumentado e agora é dono de um carro de luxo e uma casa de dois andares num país que não é o dele, sublinhando esse último detalhe, nunca será dele. A cena se apoia no sentimento mais degradado que comportaria o significado da palavra compaixão. Dar um lugar, uma cota para o excluído, quer dizer, para uma pequena parcela de excluídos, implica em manter o discurso da meritocracia numa estrutura ordenada institucional e politicamente de modo piramidal. O mecanismo que funciona automaticamente ao alimentar a ilusão de que o esforço pessoal permite um final feliz, é a ferramenta mais eficaz para manter a maioria não só no mesmo lugar, mas culpada de sua condição. Quem não alcança a contar uma história de sofrimento e superação e não aparece em algum lugar que não seja a base da pirâmide é porque não se esforçou o suficiente. Quem consegue aparecer é porque fez esforço e se fez ver e ouvir. Um sente que foi ouvido e visto, o outro semelhante se ressente. O ressentimento e o ódio por se sentir insatisfeito e vítima de uma injustiça pode orientar seu afeto para o outro semelhante. Ao entender o problema em termos de esforço pessoal ou de história de vida o outro semelhante mostra aquilo que não quero ser, aquilo que não quero saber, e o exitoso é a figura com a qual me identifico, aquilo que quero ser. Assim, o penado se identifica com seu algoz e a Bela alma faz o discurso do personagem exemplar, da mulher que conseguiu se destacar num meio machista e patriarcal, do negro que chegou a velho.

> Que fácil de apuntalar sale la vieja moral
> Que se disfraza de barricada
> De los que nunca tuvieron nada
> Que bien prepara su mascarada
> El pequeño burguês
>
> (Silvio Rodriguez, Cancion en harapos)

Giuseppe Tomasi di Lampedusa escreveu em 1956 o romance *Il Gatto-pardo*. Trata-se da história de Dom Fabricio, Príncipe de Salina que diante das mudanças políticas que colocariam em xeque a ordem hierárquica decide uma estratégia para preservar seus privilégios aderindo ao movimento. Em 1963 Visconti filmou a história e a popularização acabou gerando o uso de um termo: o gatopardismo, que seria algo assim como fazer de conta que muda tudo para mudar nada. Aquele que, pela sua posição de classe, consciente ou inconscientemente, querendo ou não, reproduzia as condições que originaram a revolta, agora, no momento oportuno, surfa a onda do discurso de moda e assume as bandeiras da Bela alma hegeliana.

3. SEGUNDA PROPOSIÇÃO: EU SEI DO QUE ESTOU FALANDO PORQUE VIVI ISSO

René Descartes, em *Discurso do método*, propõe que, enquanto *res cogitans*, coisa pensante, substância pensante, podemos ter plena consciência do que nós somos. Somos seres pensantes. É claro que a sentença cartesiana não é sem problemas para o próprio pensador. Mas uma ideia geral de um recorte dessa reflexão filosófica se usou e se usa vulgarizada e sem medida de extensão e intensão para afirmar que "sou plenamente consciente de mim mesmo", e avança piorando em "aquilo que penso é transparente para mim", "eu sei do que falo, mesmo que o outro não me entenda". Sem solução de continuidade um grande pulo do gato se produz quando damos um estatuto de princípio de autoridade àquilo que seria *a nossa experiência* em relação com o *nosso pensamento*: "a minha experiência de vida é argumento suficiente para fundamentar aquilo que eu falo".

Esta segunda proposição e seus modos na linguagem cotidiana se baseia no princípio da transparência: transparência da linguagem, transparência da experiência, transparência do pensamento.

Muito antes que as psicanálises de Freud e de Lacan acolheram as experiências dos sujeitos como determinadas pelo Inconsciente e submetidas ao gozo real do corpo, que nos obriga a repetir involuntariamente situações que nos causam dor, sofrimento e mal-estar na vida cotidiana, das quais dificilmente podemos sair, e operam mostrando que o EU não tem o controle de si mesmo e que a consciência não é a sala de operações de comandos unidirecionais; muito antes que Levi Straus nos mostrara a etnologia das relações de parentesco que nos coloca a cada um em relação com o outro segundo regras, não conscientes, não pautadas livremente, não escolhidas autonomamente, senão anteriores a nós e que nos condicionam em estruturas que marcam a vida singular; muito antes que a Linguística de Saussure, Benveniste e Jackobson explicaram que somos seres falados por uma fala que nos antecede, em uma linguagem que tem regras próprias, que produz lugares de enunciação desde onde falamos e, como diz Roland Barthes na sua aula inaugural do Colégio da França, nos obriga a dizer o que dizemos; muito antes disso, a ideologia enquanto sistema de crenças nos mostrou que a consciência não tem mecanismos meramente endógenos, produzidos isoladamente nas reações eletroquímicas do sistema nervoso central, na sinapse neural, senão que se organiza pelo ambiente e por instituições jurídicas, religiosas, educativas que reproduzem as condições de exploração de uma determinada organização social. Se levarmos em conta algo disso que anotamos nos últimos duzentos anos com relação à consciência, estudando os sistemas de crenças ou ideologias, a psicanálise, a etnologia, a linguística e, poderíamos acrescentar, os estudos de neurociências, então dificilmente poderíamos confiar tão ingenuamente no poder do EU, do EU penso, EU falo, EU vivencio e da consciência transparente.

> Pois EU é um outro. Se o cobre amanhece clarim, não é culpa dele. Isso para mim é evidente: eu assisto à eclosão do meu pensamento. Eu a olho eu a escuto: meu arco toca a corda: a sinfonia se agita nas profundezas, ou vem de um salto em meio à cena. Se os velhos imbecis não tivessem encontrado apenas o significado falso de EU, não teríamos que limpar esses milhões de esqueletos que, desde um tempo infinito, acumularam os produtos de sua inteligência caolha, clamando que eram os autores!
>
> (A. Rimbaud. Charleville, 15 de maio de 1871)

Osvaldo Romo Mena foi pai de cinco filhos com a mesma esposa, sua condição econômica era muito precária, cometeu delitos menores para tentar dar conta das necessidades familiares e foi informante da polícia para evitar condenas. Também foi dirigente territorial num bairro pobre da periferia de Santiago de Chile e colaborou com acampamentos organizados pelo movimento de esquerda. Morreu na madrugada de 4 de julho de 2007 preso por ser o mais cruel dos torturadores de Pinochet na ditadura cívico-militar no Chile. Uma das suas ações é relatada na justiça criminal:

"Querella criminal presentada por crímenes de guerra, lesiones, secuestro agravado y asociación ilícita genocida, perpetrados en la persona de Martín Elgueta Pinto, en contra de Augusto José Ramón Pinochet Ugarte, José Manuel Contreras Sepúlveda, Miguel Krassnoff Martchenko, Osvaldo Romo Mena Basclay Zapata Reyes y contra todos quienes resulten responsables en calidad de autores, cómplices o encubridores, de fojas 1195."

(Ministério de Justiça do governo de Chile https://pdh.minjusticia.gob.cl/wp-content/uploads/2017/03/Informe-13-min-llanos-condena11-elgueta.pdf)

Numa das suas falas, Osvaldo Mena, "El Guatón Romo", explica com detalhes as torturas que aplicava às suas vítimas (não vamos reproduzir essas palavras aqui) e, depois, com voz calma e olhar sereno afirma que "voltaria a fazer tudo igual, ou pior". O livro de Nancy Guzmán *Confissões de um torturador* conta que Romo foi detido dias antes do golpe de Pinochet e levado para ser fuzilado na Escola Militar. No quartel, Julio Rada fala: "Se você quiser se salvar, tem que colaborar". Não posso não me perguntar: qual é o lugar de fala de Oswaldo Mena? Em qual lugar esse sujeito pode dizer: EU, Oswaldo Mena. Trabalhador pobre e excluído (desempregado), com cinco filhos na beira do paredão de fuzilamento por estar em acampamentos de autogestão? Homem branco? Torturador? Que parte da sua história recorto para dar a imagem de uma identidade coerente que me permita condenar ou salvar moralmente o Romo da posição de julgamento da Bela Alma? Qual é sua "verdadeira identidade"? Qual é a plena consciência dos seus atos? Osvaldo Mena é um sobrevivente? Um traidor? Poderia dizer que é uma situação patológica, que é um psicopata, um doente, um anormal, um monstro, um pervertido, um louco. Mas as outras centenas de pessoas que também colaboraram, como ele, com a ditadura Chilena? E os outros milhares nas ditaduras de América Latina? E nos milhões de pessoas que nos genocídios do século XX dessas mesmas ditaduras falaram que "não sabiam de nada", que "só ficaram sabendo depois que a ditadura terminou"? Seriam todos doentes? Protagonistas e omissos afetados por algum tipo de doença que sustentou o genocídio? Resolveria patologizar milhões de seres humanos para salvar a ideia do primado de uma consciência transparente e pura que nos garanta que realmente sim há um lugar de fala, autoconsciente, capaz de dizer a *verdade*, em caixa alta mesmo, sem determinações inconscientes, linguísticas, ideológicas ou ambientais?

4. TERCEIRA PROPOSIÇÃO: EU FALO EM NOME DA MINHA IDENTIDADE

Jessé Souza, em seu livro *Como o racismo criou o Brasil*, propõe sair dessa mesmice da constatação indignante de que o racismo existe e de que tem pessoas que podem relatar isso, e poder explicar a gênese que permita a transformação política concreta das relações sociais, econômicas, culturais e eu acrescentaria libidinais, eróticas e amorosas. O primeiro momento do livro, intitulado "Parece emancipação, mas é só uma fraude neoliberal: sobre o lugar de fala, representatividade e afins", nos instiga a pensar quais são os mecanismos do racismo para poder desmontar as estruturas que o sustentam e que amparam os modos de exploração econômica e social e não apenas a dar um lugar para sua constatação. De acordo com o raciocínio de Souza, um dos mecanismos de perpetuação do racismo tem a seguinte forma:

1. Problema: Os brancos e os homens são universais e possuem um lugar de fala respeitado e tido como única visão possível. As mulheres e os negros são condenados a ter um lugar de fala subordinado e, portanto, a expressão de sua experiência social silenciada.

2. Solução: Dotar também as mulheres e os negros de um lugar de fala próprio. Basta que os grupos culturalmente oprimidos tenham direito à fala e possam expressar sua particularidade para termos um mundo justo.[1]

3. Objeções: o lugar social pode determinar o lugar de fala, porém, como relato de testemunha. Isso não constitui um "nós" ou um discurso do oprimido. Negros que negam o racismo ou mulheres que aderem à sociedade patriarcal não só estariam fora do "nós" senão que também mostrariam que o lugar social determina o lugar de fala como singular, mas não formam automaticamente um coletivo representado pela voz de um deles.

A distância entre o universal abstrato (homem, mulher, branco, negro) e a determinação concreta revela a impossibilidade de, por essa via, colocar alguém como voz dos que não tem voz. De acordo com a reflexão de Souza, não basta ter uma mulher ou um negro na diretoria da empresa para que "as mulheres" e "os negros" tenham voz na diretoria da empresa e muito menos na direção da organização social e econômica capitalista. O neoliberalismo se alimenta apropriando-se de discursos que mostram individualidade e, a partir daí, reivindicam representatividade. Souza pergunta: "Fica a questão: com o tal lugar de fala e a representatividade meramente suposta e exercida em benefício próprio, o que ganham os 99% de mulheres e negros sem acesso à nova esfera pública moldada para perceber a emancipação social apenas em termos seletivos, performativos e meritocráticos?"[2]

Poderíamos dizer que não é um predicado do indivíduo abstrato o que o torna parte do mesmo grupo de identificação. É a relação com o Outro que o coloca como sujeito num lugar, inclusive, de fala. No filme "Infiltrado na

---

1. Souza, 2021, 22.
2. Souza, 2021, 43.

Klan" um policial negro que trabalha disfarçado tenta desmontar um grupo da Klan, mas por uma questão obvia, não pode fazer contato direto com o grupo. Assim, seu colega Flip Zimmerman, branco, é convocado para continuar as tarefas de infiltração com os "brancos" da Klan. O aspecto peculiar da situação é que ele nunca tinha reparado na sua condição de judeu, até que o Outro da Klan coloca em questão a possível circuncisão do "branco" e então ele começa a correr risco de vida e a se identificar como judeu circuncidado. Aquela marca do corpo não tinha grande significação até o Outro colocar esse traço como elemento simbolicamente destacado no lugar do excluído. Parece que Flip poderia ter passado a vida toda sem a menor preocupação com sua identidade de judeu se não tivesse se encontrado com o Outro Real que o reduz a objeto a ser eliminado, por ser judeu, por um corte no prepúcio. Essa posição estabelece outra relação do branco com o colega negro e com si mesmo. Aqueles milímetros de corte na pele, ressignificados pelo Outro, mudavam o presente, o passado e o futuro de Flip.

No final dos anos 1960, jovens brancos sulistas, caipiras, com as bandeiras dos confederados, migraram para o norte dos EUA em busca de trabalho. Desempregados, sem perspectiva, reprimidos pela polícia constantemente, reuniam-se nos bares do bairro de Uptown. Foi lá que aprenderam a se organizar e acabaram sendo aliados, como Jovens Patriotas, dos Panteras Negras, uma organização de autodefesa contra o racismo branco. Em termos abstratos um branco caipira e sulista confederado nada tinha em relação com um negro do norte dos EUA, a não ser o Outro que o determinava, um Grande Outro que identificava seus traços e os colocava no lugar do excluído a ser eliminado. Não foram as características positivas da sua fisionomia, nem os atributos da sua individualidade aquilo que os tornou aliados, foi o Grande Outro Real de onde veio a determinação. A identificação entre eles deu-se a partir das demandas, pela via das carências, pela falta e pelo desejo de emancipação diante do Outro.

5. PRINCÍPIO DE IDENTIDADE E PROCESSO DE IDENTIFICAÇÃO[3]

O projeto da ciência europeia moderna criou, nos séculos XVII, XVIII e XIX, uma imagem do sujeito humano como indivíduo isolado e constituído por necessidades biológicas e representações mentais. Filósofos e cientistas da Europa desenharam um indivíduo que teria um corpo biológico que quer se manter vivo, para isso come, bebe, defeca e se defende das adversidades da natureza e de outros animais. Deste modo, os indivíduos poderiam decidir entre um alimento e outro, calculariam a quantidade de bebida e comida que

---

3. Trabalhamos estes elementos no livro Por que nos identificamos? (Perez & Starnino, 2018).

precisariam para passar um período de tempo, julgariam a periculosidade do lugar ou dos inimigos. Cada um agiria de acordo com as próprias necessidades biológicas e as próprias representações mentais. Deste modo, a organização social, e posteriormente o Estado, estariam fundados no indivíduo e na livre escolha desse indivíduo após decidir racionalmente por um pacto social. A comunidade e suas formas de organização legal seriam uma consequência meramente secundária com relação a uma posição originária e fundamental que estaria no indivíduo sem lei, ou melhor, com uma espécie de lei natural comum à sua natureza biológica.

Freud entende que a criança não nasce sozinha e isolada senão num grupo, clã, horda, bando, tribo, comunidade e é acolhida nas suas formas de parentalidade, de linguagem, de costumes e formas da cultura. Ela não fez nenhum pacto senão que foi lançada num tecido de relações sociais, econômicas e libidinais. Na constituição da sua subjetividade a criança se depara com a imagem do Outro com a qual se identifica especularmente. Essa identificação especular (imaginária) reconhecida por Lacan em *Os complexos familiares na formação do indivíduo* provoca uma experiência na criança que Freud, em *Projeto de psicologia para neurologistas,* chamou *experiência de satisfação.* Esta experiência instala o autoerotismo primário. Na criança, o autoerotismo primário repete a satisfação de uma experiência mítica, de uma primeira experiência de satisfação. A zona erógena, lugar de manifestação pulsional, é onde se localiza a tensão e a satisfação pulsional. A necessidade anatômico-fisiológica (nutrição pela boca, por exemplo) e o desejo da criança (excitação oral) reforçam o exercício da atividade pulsional. Este lugar (a zona erógena) está constituído pelas atividades libidinais entre a mãe (quem faz a função de acolhimento) e a criança. Isto é, os cuidados da mãe, o desejo da mãe como desejo do Outro e a resposta da criança em relação com esse desejo dá encaminhamento à energia pulsional segundo modos que antecedem a criança. Por exemplo, o choro de uma criança que a mãe reconhece dando o sentido de fome, cólica, sono, vontade de brincar etc. A mãe dá o peito e faz dormir, então a criança fica satisfeita ou não, como resposta. O Outro que mantém vivo o bebê, alimenta-o, erotiza-o, dá sentido à excitação (tensão) fornecendo possibilidades de significação da satisfação, faz com que a satisfação tenha algum sentido em relação com o corpo próprio. A experiência de satisfação e o autoerotismo são fundamentais para a possibilidade da identificação primordial, que por sua vez permite o laço social. A satisfação, o sentido da satisfação dado pelo Outro se articula com o reconhecimento da unidade (imaginaria) de um corpo. A criança entra no jogo do interior-exterior, mas para isso precisa se inscrever na ordem simbólica. A identificação da criança opera pelo desejo do Outro (que o sustenta) doando a possibilidade de que algum sentido apareça (para a criança).

Assim, podemos pensar que a experiência de satisfação está dada pela significação outorgada à atividade pulsional em um horizonte simbólico no qual nos foi dado nos inscrever. As significações estão dadas desde o Outro (a mãe, o, pai, a cultura, a linguagem, o universo simbólico no qual o bebê nasce). Assim então, a dor e o prazer não têm um conteúdo em si mesmo, senão que o sujeito reconhece o prazeroso e a dor como modo de dar sentido desde o Outro à excitação pulsional. A dor e o prazer não são naturais, mas efeitos de sentido. Com isto estamos dizendo que a inscrição da satisfação (prazer ou dor) ou aquilo que satisfaz é significante e não meramente orgânico ou físico num sentido *naive*. A quantidade (de prazer ou dor) só se qualifica na inscrição simbólica operada pelo significante do Outro.

De acordo com a psicanálise, o sujeito não nasce pronto senão que se constitui num processo de identificação constante e inconsciente que determina as escolhas conscientes como sendo seus resultados. Assim, o ser falante fala uma língua que não é dele, mas do Outro e é num horizonte de sentido que não lhe pertence, mas é inscrito pela linguagem. Deste modo estamos muito longe de um indivíduo com necessidades biológicas e representações mentais que livremente possa falar a *verdade* da sua história e, desse modo ser reconhecido pelo outro próximo ou semelhante.

6. REGRA DO PROCESSO DE IDENTIFICAÇÃO E TERCEIRO EXCLUÍDO

A seguinte fórmula tenta mostrar o modo em que o sujeito A (Alexander) pode se reconhecer com o sujeito B (Husnu) se e somente se ambos se identificam com o significante S (espectador de futebol ou muçulmano ou amante do xadrez etc.). Como S é um significante vazio (quer dizer que o sentido do termo está determinado pelo modo em que esse termo se articula com outros e não de modo fixo) então tanto A quanto B darão um sentido a S segundo seja o modo em que articulam a cadeia significante que produz um efeito de sentido para S (por exemplo, amante do xadrez russo dos anos 1970-1980 ou amante do xadrez amador do clube do bairro da Bixiga em São Paulo) Assim, para que A e B se identifiquem em S como sendo um *nós* devemos poder excluir C como sendo um *eles* ou *os outros* (por exemplo, o grupo dos torcedores do Palmeiras do bairro da Bixiga em São Paulo exclui o grupo dos torcedores da Gaviões da Fiel). O excluído da relação de identificação carrega aquilo que de Real também é excluído na relação identitária. A identificação de A e B não só está pautada pelo modo de fazer sentido S senão também pelo modo como se lida com o excluído C *os outros* ou *eles*. O resto (C) é tratado como *alteridade*, como *adversidade* ou como mero *resto a ser eliminado*, mas que se resiste a tanto. Entretanto, o adversário e a alteridade me constituem na sua diferença.

Vejamos a fórmula:

S: significante vazio com o qual nos identificamos
A e B: aqueles que se identificam com o significante e
estabelecem uma relação fraternal
C: o excluído
$\approx$: relação de equivalência entre os identificandos
$\neq$: relação de disjunção com o excluído

Aquilo que está entre [ ] é a identificação
imaginarizada e simbolizada
O "C" é aquilo que não sou *eu* ou não somos *nós* e
pode ser tratado de três formas diferentes. O excluído
da relação de identidade é RESTO, ADVERSÁRIO ou
ALTERIDADE.
o REAL é aquilo que é expulso da relação de
equivalência

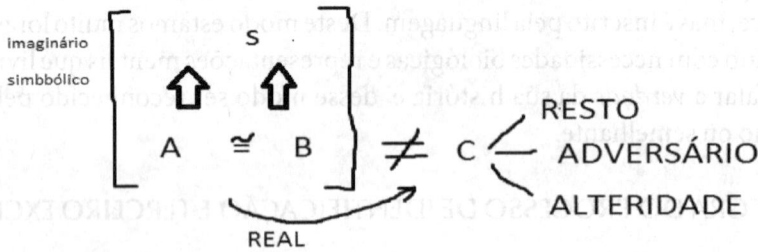

A partir desta fórmula, realizada segundo os elementos que assumimos dos textos de Freud e de Lacan, estamos em condições de investigar em cada caso *as múltiplas modalidades da identificação*. Assim, a constituição do sujeito a partir do processo de identificação pode ser pensada em suas diferentes maneiras: 1. Individual; 2. Relações amorosas; 3. Grupos; 4. Massas. Em todos os casos haverá um excluído que permite a afirmação da identidade. Por exemplo, um não EU é o limite para a afirmação do EU, ou Eles é o limite do Nós.

A identificação significante pode abrigar um traço, uma marca ou também nomear um desejo enquanto falta. O sujeito se constitui em torno de uma experiência de satisfação que nunca aconteceu, isto é, a experiência foi excessiva ou insuficiente, o objeto foi quase adequado. Assim, o sujeito em questão não habita um mundo pleno e harmónico onde todas as peças encaixam, as identidades são fixas e os discursos transparentes, mas uma estrutura incompleta, com ausências, integrada por elementos equívocos, inadequações, regras que não funcionam, curto-cricuitos. O sujeito demanda completude, adequação e encontra outra coisa com a qual talvez possa estabelecer laço. Esse trabalho com a diferença que o constitui e que constitui o próprio laço social pode ser levado adiante numa comunidade que o que tem de comum é nada, mas um nada determinado enquanto falta.

7. REGRA DO TERCEIRO EXCLUÍDO E OS MECANISMOS DO GENOCÍDIO[4]

Toda sociedade institucionalizada se sustenta com mecanismos de produção, repressão e controle de formas de satisfação. Os mecanismos de repressão e controle exigem a adesão (alienação) dos indivíduos em relações de identificação para poder ordenar a sociedade. As renuncias pulsionais podem ser ordenadas de duas maneiras: 1. Mecanismos de repressão de determinados impulsos (incesto e canibalismo, por exemplo) que conduzem a saídas sublimadas e favorecem a circulação dos desejos por outras vias, recriando o circuito pulsional e uma variedade de objetos de satisfação parcial. Isto permitiria conviver com a instabilidade entre os conflitos e os consensos em uma sociedade do usufruto; 2. Com mecanismos decididamente repressivos com escassas saídas pulsionais e então a saída será perversa. Neste caso, os mecanismos de repressão e controle pulsional exige que o indivíduo deva renunciar à sua satisfação pulsional em relações de identificação fechadas onde aquilo que é excluído, o inimigo, é reduzido a resto e, portanto, possa ser eliminado sistematicamente. Esses dois modos (sublimatório e perverso) são os dois extremos de um leque de possibilidades a partir das quais se articulam os modos de encaminhamento e satisfação pulsional. Assim, os projetos políticos como modos de entender o encaminhamento e a satisfação pulsional podem propor modelos institucionais mais ou menos sublimatórios ou repressivos.

As organizações políticas e os governos que exigem fortes mecanismos repressivos para incluir o sujeito nas suas relações de identificação bloqueiam um grande leque de possibilidades de satisfação em favor de uma promessa de gozo absoluto. Eliminar o resto é a empreendimento e a esperança de satisfação. Há uma promessa de gozo absoluto nessa eliminação do resto, um gozo perverso. Quanto mais repressivo o sistema de identificação menos sublimatório poderá ser o encaminhamento e a satisfação pulsional. O sujeito deve reprimir seus encaminhamentos pulsionais para encontrar reconhecimento no Outro, mas, em relação com aquilo que é excluído, e por isso mesmo, ele não tem barreiras. Esse gozo perverso é o que sustenta os mecanismos de eliminação sistemática de pessoas, por exemplo, na Argentina de 1976-1983 e na Alemanha da solução final. O mecanismo da perversão é fundamentalmente uma instalação que precisa de regras estritas e suporte material. Podemos ver em Sacher-Masoch ou Sade,

---

4. Trabalhamos estes elementos em A eliminação sistemática de pessoas e os limites do político: breve ensaio sobre a ação política. In: CASTELO BRANCO, G. *Terrorismo de Estado*. BH: Editora Autêntica, 2013.

onde a cena exige parceiros, ajudantes, roupas, ambiente adequado, alimentos, bebidas, regras que todos devem obedecer, posições que todos devem respeitar etc. Não há perversão sem a cena completa e sem a colaboração dos parceiros. No caso da solução final, foi necessário logística, tecnologia, como a empresa Man e a empresa Siemens para a construção de motores e fornos crematórios para os campos de extermínio, assim como técnicos e ajudantes para sua instalação, avaliação do consumo de combustível necessário, sistemas de financiamento etc., para que o gozo perverso da eliminação do judeu como resto fosse possível. No caso do terrorismo de Estado na Argentina, não bastaram apenas os torturadores e os sequestradores, foi preciso que uma infraestrutura de tecnologia, logística e financiamento fornecesse o suporte. Por exemplo, os roubos de quase 500 bebês de mulheres sequestradas e torturadas pelo terrorismo de Estado[5] exigiram médicos, enfermeiras, advogados e juízes para completar o cenário. Parar com a eliminação sistemática exige desmontar o cenário e não apenas contar o relato de um sequestrado e punir um torturador. Se mantivermos o cenário teremos outros atores no lugar dos anteriores.

As organizações políticas e jurídicas e os governos cujo regime de renúncia pulsional se articula com o favorecimento de diversos modos de encaminhamento e satisfação e com o reconhecimento de diversos modos de identificação inibe a saída perversa e a instauração de seu cenário. A saída sublimatória se realiza em políticas públicas capazes de dar um mínimo de satisfação à demanda pulsional coletiva e de reconhecer a multiplicidade de relações de identificação que possibilitem a circulação do desejo individual e coletivamente. O reconhecimento da demanda e da identificação constituem elementos fundamentais da ação política e jurídica. O reconhecimento do matrimônio igualitário, o reconhecimento dos povos originários e o direito à terra, o reconhecimento da diversidade sexual, o reconhecimento das necessidades básicas concretas como água, alimento, moradia dos excluídos como direitos de cidadania recriam novas identificações significantes sobre a base de antigas demandas, permitem o reconhecimento de novos objetos de desejo e possibilitam uma política do usufruto ou do gozo parcial.

Não há racismo, xenofobia ou sexismo sem uma estrutura que possibilite a ação do racista, do xenófobo ou do sexista. Mas a estrutura que possibilita isso não é abstrata e sim concreta e determinada institucional, política e juridicamente. As histórias de vida, de sofrimentos e superações se expressam em um discurso testemunhal. As transformações estruturais devem poder mudar as condições materiais de vida das pessoas coletivamente.

---

5. O terrorismo de Estado na Argentina sequestrou em torno de 500 bebês de mulheres sequestradas e torturadas em centros de tortura. As crianças tiveram sua identidade biológica negada e muitos deles foram criados como se fossem filhos biológicos dos próprios assassinos dos pais. A organização *Abuelas de Plaza de Mayo* já conseguiu recuperar a identidade de 130 netos.

8. REFERÊNCIAS

HEGEL, G.W.F. *Fenomenologia del espíritu*. México: FCE, 1985.

DESCARTES, R. Discurso do método. In: DESCARTES. *Obras Escolhidas*. SP: Perspectiva, 2010.

GUZMÁN, N. *Confissões de um torturador*. Santiago: Planeta, 2000.

PEREZ, D. O. A eliminação sistemática de pessoas e os limites do político: breve ensaio sobre a ação política. In: CASTELO BRANCO, G (Org.) Terrorismo de Estado. BH: Editora Autêntica, 2013.

PEREZ, D.O. & STARNINO, A. (Org.) *Por que nos identificamos?* Curitiba: CRV, 2018.

TRANSEXUALIDADE E RACISMO: A INTERSECÇÃO DO PRECONCEITO

Júlia Naomí Costa Rodrigues

Mestranda pelo Programa de Pós-Graduação em Psicologia da Universidade Federal do Maranhão – UFMA/São Luís – MA.

Sumário: 1. Transexualidades – 2. Transfobia – 3. Transracialismo – 4. O fórum nacional de travestis e transexuais negras e negros – 5. Considerações finais – 6. Referências.

A transexualidade é o fio condutor para abordar, e questionar, a intersecção entre transfobia e racismo, no que tange a transexualidade em si observa-se a "passabilidade", como processo que busca tornar pessoas transexuais e travestis mais próximas ao padrão aceitável pela cisheteronormatividade, e que é alvo de desejo de grande parte da comunidade trans, buscando suprir tal demanda por saúde e "passabilidade", o Sistema Único de Saúde (SUS) implementa o processo transexualizador, visando disponibilizar a população trans acesso ao sistema de saúde, entretanto questiona-se tal acesso a saúde, uma vez que grande parte das pessoas trans não conseguem acessar o processo transexualizador. Concomitante a todas as dificuldades da vida de uma pessoa trans, visto tais pessoas tem que refazer suas vidas pelo meio jurídico e médico, existe o preconceito racial que produz, entre outros, a objetificação sexual das mulheres trans negras, que agencia várias formas de discriminações e violências sobre tais mulheres por meio da transfobia, fato que faz com que a população de mulheres transexuais e travestis negras, observadas sob tal interseccionalidade, seja a população de maior vulnerabilidade. O mote do estudo é analisar a transexualidade em intersecção como o racismo, onde a "passabilidade" é uma quimera de ideações falseada pela suposta regra cisheteronormativa, que dita, entre outros, quem é trans de verdade. Têm-se como justificativas científica e social a transexualidade e o racismo enquanto marcadores sociais que definem os sujeitos. Nesse sentido, tem por objetivo problematizar a transexualidade interseccionada ao racismo como indicadores de acesso a direitos sociais.

1. TRANSEXUALIDADES

Ao nascimento atribui-se um gênero preestabelecido pelo sexo, no entanto, não são todas as pessoas que se encaixam nessas expectativas. Fala-se então, das pessoas que sofrem para se adequar ao padrão cisheteronormativo, e que por não atendem a tais expectativas de gênero, passam a ser penalizadas em todos os âmbitos. Assim sendo, a transexualidade, se fundamenta na não concordância entre sexo biológico e gênero com o qual uma pessoa se identifica e deseja ser reconhecida socialmente.

Identidade de gênero "remete à constituição do sentimento individual de identidade",[1] algo construído e vivenciado na "relação entre estrutura e práxis, entre o indivíduo e o social".[2] Já a orientação sexual remete à questão do desejo, da atração afetivo-sexual por alguém de algum gênero.

Há quem julgue se tratar de algo novo, mas "da mitologia greco-romana ao século XIX passando pelas mais variadas fontes literárias e antropológicas, encontra-se relatos de personagens que se vestiam regularmente, ou até definitivamente, como membros do outro sexo, se dizendo sentir como do outro sexo. Aquilo que hoje é conhecido e designado sob o termo de 'transexualismo'[3] não é próprio nem a nossa cultura, nem a nossa época: o que é recente é a possibilidade de 'mudar de sexo', devido a novas técnicas cirúrgicas e a hormonoterapia",[4] que possibilita aos sujeitos transexuais adquirir um fenótipo de acordo com suas identidades de gênero. Nesse sentido observam-se as fa'afafines[5] de Samoa, as hijras[6] da Índia e as muxes[7] do México. A ciência continua a pesquisar a transexualidade buscando explicar sua gênese, até então, o que se sabe é que não é uma doença mental, perversão sexual, doença debilitante ou contagiosa, escolha ou capricho. A verdade é que ninguém sabe por que alguém é transexual, apesar das várias teorias: biológica, social.

---

1. GROSSI, 2010, p. 12.
2. MOORE, 2000, p. 16.
3. O contexto em que o autor descreve a historicidade da transexualidade, a mesma fazia parte da lista de patologias da Organização Mundial de Saúde – OMS, figurando sob o CID 10.
4. CECCARELLI, 1998, p. 137.
5. Fa'afafine é um terceiro gênero específico da cultura de Samoa. As Fa'afafine são pessoas atribuídas como do sexo masculino ao nascer que na infância por imposição familiar é escolhido para se tornar um fa'afafine, pela sua natureza, por assumir papéis femininos, o que na sociedade tradicional de Samoa não é desencorajado. A palavra fa'afafine inclui o prefixo causativo "fa'a", que significa "à maneira de", e a palavra "fafine", que significa "mulher", e se assemelha com outras linguagens da Polinésia como o tonganês "fakafefine" ou "fakaleiti", o maori "whakawahine", e o havaiano "mahu".
6. A palavra era originalmente usada para designar meninos tinham seus órgãos genitais retirados e eram cedidos pela família para viver em comunidades religiosas como forma de agradar a deusa Bahuchara Mata. A partir daí, eram obrigados a vestir-se e portar-se como mulheres. Desde os anos 1990, o termo é usado para se referir aqueles que não se identificam com o gênero correspondente ao seu sexo biológico. Segundo a tradição religiosa hindú, as hijras tem grande facilidade para "abençoar ou amaldiçoar", o que torna esta comunidade temida e respeitada naquela sociedade.
7. Nas culturas zapotecas de Oaxaca (sul do México), uma muxe (ou muxhe) é uma pessoa não binária de expressão de gênero feminina que foi atribuída como do sexo masculino ao nascer que não se identifica como homem nem como mulher. É muitas vezes visto como um gênero não ocidental e/ou terceiro gênero.

Sob o termo, "transexualismo", a transexualidade foi categorizada como Transtorno da Identidade Sexual na Classificação Internacional de Doenças – CID, (CID 10) da Organização Mundial de Saúde – OMS. Na lista de transtornos mentais, foi considerada "disforia de gênero" e em seguida "incongruência de gênero" (onde figuram doenças como: pedofilia e cleptomania). Em 2018 foi oficialmente retirada da lista de doenças mentais recebendo a classificação de "condição relativa à saúde sexual". A lista passa a vigorar a partir de 2022.[8]

Os 50 anos (1968 a 2018) em que a transexualidade esteve associada à patologia, contribuíram para aumentar a segregação e influenciar a percepção da transexualidade como "algo ruim" "pecaminoso" "desprezível", estigmatizando, ainda mais, sujeitos transexuais. Para a ciência meros objetos de estudo. Durante esses 50 anos que pesquisas foram desenvolvidas para buscar entender e/ou compreender a transexualidade? Que medicamentos foram desenvolvidos para corpos trans?

Soma-se a esse fato a tecnologia do discurso cisheteronormativo[9] de manutenção do poder pautado nos saberes: médico, jurídico e religioso.[10] Tais "tecnologias do poder constituem a lógica binária que permeia a compreensão dos sujeitos, de suas identidades, das práticas sexuais e de seus corpos. Produzem gêneros, diferenças, margens, centros, padrões, tipologias. Produzem os corpos como ideais normativos e, também os corpos abjetos".[11]

O cárcere institucional imposto a sujeitos transexuais avalizou pessoas cisgênero na construção de pesquisas sobre a transexualidade, quase sempre, baseadas em seus próprios valores e visões, ignorando a vivência transexual, ocasionando, na maioria das vezes, mesmo que na tentativa de desconstruir preconceitos, reafirmá-los. Ou seja, sujeitos cisgêneros passam estabelecer parâmetros para sujeitos transgêneros,[12] criando expectativas sociais do que vem a ser uma pessoa transexual.

Em termos de números, pesquisas encontram frequências variadas de pessoas trans ao redor do mundo, mas esses números, que provavelmente subdimensionam a população de pessoas trans, chegam a 1,3% da população em geral,[13] o que corresponde a mais de 45 a cada 3500 pessoas. No Brasil, um estudo ainda não

---

8. NAÇÕES UNIDAS BRASIL, 2019.
9. Que define uma norma: cisgênera e heterossexual.
10. FOUCAULT, 2012.
11. SOUSA, 2015, p. 16,17.
12. Transgênero: termo genérico (guarda-chuva), que designa todos os indivíduos que não têm a vivência do gênero que lhes atribuíram ao nascimento. São as pessoas transgênero: mulheres transexuais, homens transexuais, gênero queer, travestis, não binários, entre outros.
13. WINTER, 2016.

publicado encontrou uma porcentagem maior do que 1,3%.[14] Ressalta-se que não há por parte do estado brasileiro, por meio do Instituto Brasileiro de Geografia e Estatística – IBGE, interesse no levantamento de dados acerca da população LGBTQIA+, dado visível no fato de que não são colhidos dados sobre a orientação sexual e identidade de gênero, este restrito ao biológico: masculino/feminino.

Para além da transexualidade, que é binária, observa-se que existem pessoas que não se identificam com nenhum gênero, abrindo espaço para pensar diferentes transgeneridades e formas de viver o gênero. É nesse âmbito que Jesus (2012) propõe pensar a vivência do gênero como funcionalidade (*drag queens/transformistas/drag king*[15] e *crossdressers*[16]) e como identidade (travestis e transexuais), incluindo-se também os não binários, que vivenciam a combinação dos dois gêneros.

A transexualidade traz consigo uma série de estigmas e discriminações, fazendo com que a vida de sujeitos transexuais seja "marcada por experiências de constrangimento e discriminação que geram incessantes sofrimentos",[17] como o profundo sentimento de inadequação, rejeição familiar, o estigma da prostituição e dificuldades de inserção social.

A constante violação de direitos, discriminações, constrangimentos, segregação, a necessidade da transição, a automedicação (por vezes a automutilação), ao incidir sobre o sujeito despertam o desejo de criar uma estratégia para fugir da realidade de preconceitos. Nesse contexto, a estratégia observada é tornar-se igual ao outro, ou seja, "passar" por cisgênero, daí o termo "passabilidade". Assim sendo, a "passabilidade" propicia a determinados sujeitos transexuais, o direito de circular sem serem notados ou identificados enquanto transexuais, e desse modo, sem serem incomodados ou violentados.

Contudo, a "passabilidade" tem várias faces e nuances, figurando não só na aparência, mas também no comportamento, na voz, vestuário, estilo de falar, gesticular e na reprodução dos estereótipos de gênero. Todos esses aspectos somados servem como fator que legitima ou deslegitima a identidade do sujeito transexual. Entretanto, observa-se que a "passabilidade" não afeta somente transgênero, uma vez que são vários os padrões em que tanto transgêneros quanto cisgêneros tentam se "encaixar".

---

14. Sociedade Brasileira de Medicina de Família e Comunidade, 2020.
15. Artista que se veste, de maneira estereotipada, conforme o gênero masculino ou feminino, para fins artísticos ou de entretenimento. A sua personagem não tem relação com identidade de gênero ou orientação sexual.
16. Pessoa que frequentemente se veste, usa acessórios e/ou se maquia diferentemente do que é socialmente estabelecido para o seu gênero, sem se identificar como travesti ou transexual. Geralmente são homens heterossexuais, casados, que podem ou não ter o apoio de suas companheiras.
17. FREIRE, 2016, p. 21.

O discurso da "passabilidade" levanta reflexões sobre as narrativas do gênero, pois é diante do "nó" da coerência que empregamos as categorias de cisnormatividade e "passabilidade" como analíticas das regulações de gênero, a fim de oportunizar leituras teóricas corporificadas que, mediante questionamento do corpo como dado natural, buscam traçar os efeitos das relações de poder na materialização dos corpos.[18]

Estar dentro dos padrões de "passabilidade", exige a performatividade de gênero, um conglomerado de atos/atitudes regulados e repetidos que asseguram uma imagem substancial do gênero de matriz heterossexual e cisgênera, lidas como práticas cotidianas da produção e manutenção de uma determinada corporalidade, que incidem no policiamento constante das fronteiras – masculino/feminino – com finalidade de suprimir todo traço ambíguo que expusesse o trânsito de gênero frente às normas de inteligibilidade, comunicando os possíveis riscos da não inteligibilidade naquele contexto.[19]

Assim sendo, o sexo não se resumiria as características que alguém possui, mas uma das normas de produção desse alguém, pois "a remodelação da matéria dos corpos como efeitos de uma dinâmica de poder, de tal forma que a matéria dos corpos será indissociável das normas regulatórias que governam sua materialização".[20] Desse modo, os meios, mais conhecidos para se alcançar "passabilidade", para aqueles que a desejam, são a hormonização e cirurgias, entretanto não são as únicas.

A exigência da "passabilidade" pode ser observada no pouco espaço que pessoas trans têm na mídia, restrito ao que é considerado "passável" por cisgênero. Esta padronização estética é mais uma das várias opressões às quais pessoas trans são submetidas socialmente, uma vez que "passar" é ser reconhecido na vida cotidiana como alguém que está de acordo com as normas de gênero.

Observa-se que aquilo que seria a possibilidade de estratégia de defesa contra preconceitos traz consigo armadilhas como o medo relatado por Gael, (nome fictício, em entrevista a pesquisa: Cisnormatividade e "passabilidade": deslocamentos e diferenças nas narrativas de pessoas trans), "se antes eu tinha medo do estupro, de determinadas violências como mulher negra... depois da transição eu tenho mais medo da polícia".[21] Ou seja, embora permaneça o receio do estupro em menor grau, após a transição, com a leitura social de um homem negro, o medo que se instaura é o da polícia.

---

18. BUTLER, 2003; BAGAGLI, 2016.
19. BUTLER, 2013; LOURO, 2013.
20. BUTLER, 2003.
21. PONTES; SILVA, 2013.

No caso das mulheres trans negras lidas, antes da transição, enquanto homens negros – sinônimo de virilidade, visto que a sociedade visa o corpo do homem negro como potência sexual – no pós-transição passam a ser vistas como alguém que abdica do posto de dominante para tornarem-se submissas, e como o feminino sempre é atacado, "sofrem opressões por performarem feminilidade e subverterem as normas regulatórias na ótica do binarismo heterossexual compulsório".[22]

No que diz respeito às questões de gênero observa-se que os preconceitos e discriminações delegados a mulheres transexuais e travestis são diferentes daqueles direcionados a homens trans, uma vez que são as mulheres trans as estigmatizadas pela prostituição, sendo que 90% destas sobrevivem de tal função.[23] Desse modo a transfobia atravessa tanto homens quanto mulheres trans, e de maneira interseccional e mais incisa a mulher transexual por ser mulher e ser trans.

A busca por diferenciação e nomeação do sujeito criam os termos cisgênero e transgênero. O termo cisgênero (cisgeneridade), cujo prefixo "cis" vem do latim que quer dizer do mesmo lado, é usado para se referir a pessoas em que há a concordância entre a identidade de gênero e a configuração hormonal e genital de nascença, já o termo transgênero (transgeneridade), onde o prefixo "trans" também do latim quer dizer do outro lado, é usado para identificar pessoas em que não há concordância entre a identidade de gênero e a configuração hormonal e genital de nascença. No entanto, ao buscar reflexões no âmbito das políticas de gênero, os sujeitos cisgêneros inventaram tal definição como forma de diferenciação visando nomear pessoas transexuais em uma cultura que opera em termos binários e em oposição, e dessa maneira delimitaram sua própria existência.[24] Assim sendo, na medida em que os discursos habitam os corpos, a relação entre prefixo e genital nos remete a processos que convertem determinadas partes dos corpos em definidores de gênero, logo definidores de sujeitos "trans" e "cis".[25]

Salienta-se que os termos transgênero e cisgênero são conceitos independentes da orientação sexual, onde ao longo da história foi a cisgeneridade heterossexual que, como cama de Procusto,[26] se encarregou de encaixotar as pessoas, impondo-se como padrão, delimitando espaços e direitos, e batendo o martelo sobre a vida e atuação das pessoas.

---

22. MENEZES, 2018, p. 165.
23. ANTRA, 2020.
24. PERIÓDICUS, 2017/2018.
25. LOURO 2013.
26. Ser da mitologia grega – tinha uma cama de ferro, que tinha seu exato tamanho, para a qual convidava todos os viajantes a se deitarem. Se os hóspedes fossem demasiados altos, ele amputava o excesso de comprimento para ajustá-los à cama, e os que tinham pequena estatura eram esticados até atingirem o comprimento suficiente. Uma vítima nunca se ajustava exatamente ao tamanho da cama porque Procusto, secretamente, tinha duas camas de tamanhos diferentes. Procusto representa, em regra, a intolerância do ser humano em relação ao seu semelhante.

Sabe-se que 90% das mulheres trans e travestis estão na prostituição, salienta-se que boa parte dos homens que as procuram para sexo deseja ser penetrados, observa-se que "nesse repertório, em que os homens são classificados de acordo com a sexualidade que eles se permitem experimentar; aqueles que não correspondem à norma (masculino = ativo) são menosprezados pelas travestis. Elas reconhecem como demérito o fato de um 'homem de verdade' se permitir ser penetrado por outro homem, ainda que este outro seja uma travesti, vista como uma mulher de pênis e não um homem de peito",[27] e por isso cobram mais caro. Observa-se que o autor coloca uma ótica de masculinidade sobre a travesti, que pode induzir o leitor na deslegitimação da identidade travesti enquanto identidade feminina, negando sua mulheridade. Entretanto, nessa lógica, a cisheterossexualidade é uma regra ou uma conveniência?

2. TRANSFOBIA

Valores, comportamentos e atitudes relacionados a gênero e sexualidade objetivam a manutenção do poder do grupo que se considera representante do padrão de gênero e sexualidade, visando inferiorizar todos os outros grupos que não performam a cisheteronormatidade. Alguns estudiosos, como Junqueira, nomeiam essa discriminação de homofobia, termo que segundo o autor abarca todo segmento LGBTQIA+. A transfobia para o referido autor é:

> Um conjunto de emoções negativas (tais como aversão, desprezo, ódio, desconfiança, desconforto ou medo), que costumam produzir ou vincular-se a preconceitos e mecanismos de discriminação e violência contra pessoas homossexuais, bissexuais e transgêneros (em especial, travestis e transexuais) e, mais genericamente, contra pessoas cuja expressão de gênero não se enquadra nos modelos hegemônicos de masculinidade e feminilidade. A homofobia, portanto, transcende a hostilidade e a violência contra LGBT e associa-se a pensamentos e estruturas hierarquizantes relativas a padrões relacionais e identitários de gênero, a um só tempo sexistas e heteronormativos.[28]

Entretanto, ao utilizar o termo homofobia como referência a todas as pessoas LGBTQIA+, reforçar-se a ideia de que pessoas trans como homossexuais, levando a interpretação errônea de que são gays que se vestem de mulher ou lésbicas que se vestem de homem. Com os dados sobre violência homofóbica na sociedade brasileira,[29] se pode visualizar a violência contra diferentes expressões trans, neste cenário o termo transfobia ganha centralidade devido à vulnerabilidade a que estão expostas as pessoas trans.[30] Assim sendo, nomear o preconceito e a discriminação

---

27. SANTOS, 2012.
28. JUNQUEIRA, 2007, p. 60-61.
29. BRASIL, 2012.
30. CÉSAR, 2009.

contra pessoas trans de transfobia é visibilizar as violências sofridas por pessoas trans e reforçar a necessidade de políticas públicas que assegurem integridade física, mental e social de transexuais e travestis.

Dessa forma a transfobia remete ao "preconceito e/ou discriminação em função da identidade de gênero de pessoas transexuais ou travestis",[31] seja intencional ou não. Pode ser definido também como aversão sem controle, repugnância, ódio de algumas pessoas ou grupo de pessoas contra pessoas trans, que se configuram em exclusão social, institucional e familiar, acarretando cotidianamente em humilhações, constrangimentos, vulnerabilidades, desamparo e outros. Diferente da homofobia, que se refere à orientação sexual, transfobia diz respeito à identificação de gênero. É vivenciada por transexuais e travestis desde muito cedo, pois meninas trans são postas de casa para fora, em média, aos 13 anos de idade, abandonadas pela família – instituição que deveria ser de apoio, acolhimento e amparo – e recorrem à prostituição como único meio de sobrevivência. Em decorrência desse fato 82% das mulheres transexuais e travestis "abandonam" o ensino médio entre os 14 e os 18 anos em função da falta de apoio familiar e da discriminação na escola, fato que reforça a necessidade da prostituição enquanto única forma de sustento.[32] Nesta perspectiva, observa-se que a transfobia é estrutural.

Contradizendo algumas teorias do feminismo radical, mulheres trans também sofrem machismo, pois são submetidas ao mesmo padrão de beleza imposto a mulheres cis, sendo alvo dos mesmos machismos hipersexualizantes, as mesmas cobranças de 'castidade', os mesmos feminicídios por causa de posse, ciúmes ou por outros motivos machistas.

3. TRANSRACIALISMO[33]

"A liberdade é negra, a igualdade é branca" frase localizada por Guimarães (2003) ao referir-se a passagem da escravidão para a República e que reverbera provocações no entendimento da criação de novas formas de hierarquia social no contexto jurídico. Entre os componentes importantes para a constituição da identidade está o corpo e a relação que o sujeito mantém com ele,[34] quando o corpo é muitas vezes estigmatizado como não belo, ruim e outros estigmas negativos o sujeito passa a internalizá-los e isso tem como efeito a autodesvalorização de si, baixo autoestima, autoimagem negativa etc.[35] Nesse contexto os corpos negros e

---

31. BENTO, 2012.
32. ANTRA, 2020.
33. O título deste tópico foi pensado com o sufixo "ismo" com a intenção de patologizar o racismo, seja ele cis ou trans.
34. COSTA, 1984.
35. KILOMBA, 2019.

os corpos transexuais, sofrem estigmatizações e consequentemente preconceitos, violações e sanções sociais.

A vivência transexual negra expõe experiências sociais e culturais de transfobia e racismo perpetrados pela sociedade e pelo Estado. Pereira (2012) aponta as singularidades de ser *Queer* no Brasil, contexto sócio-histórico-cultural diferente do europeu, que envolve questões de raça, classe, sexo e colonialidade, entre outras, visto que os processos de corporificação e subjetivação de mulheres trans e travestis tupiniquins são específicos.

Ao conceito de colonialidade, o autor pontua que o racismo se une ao sexismo no processo estratégico de controle que intenciona rebaixar populações e regiões do mundo, necessitando do processo de "decolonização" para a contraposição à lógica da colonialidade vivida em determinada localidade, bem como suas consequências. Assim sendo, Kraiczyk (2014), considerar a questão da raça/cor é fundamental para verificação das vulnerabilidades vividas por transexuais.

Nesse contexto, usar as categorias de cor/raça no Brasil é como afirma Moore (2011), dar acesso a um marcador social e estrutural que definem e regulam as relações sociais, políticas, econômicas e culturais entre grupos e que constituem historicamente uma hierarquização e um estigma construídos socialmente desde a escravidão.

Embora o uso da categoria raça tenha tido um enfoque racista no início do século XX, para definir o "ser negro" e "ser branco" e promover políticas de branqueamento populacional, tais categorias foram ressignicadas a partir de 1978 pelo Movimento Negro Unificado, passando a servir como indicador e promover a luta política contra as desigualdades sociais e se contrapor à ideia de "democracia racial" proferida por Gilberto Freyre (1997).

Nesse sentido, verificar o racismo, conforme Gomes (2005) é notar comportamentos de aversão a pessoas devido à aparência física, cor da pele, tipo de cabelo, entre outros, onde se pressupõe a ideia de superioridade de uma raça (branca) sobre a outra (negra). A autora segue afirmando que tal manifestação, pode se dar individualmente, direcionada a pessoa, mas também institucionalmente, em relação às práticas exercidas pelo Estado ou por seus representantes, em relação às violências raciais sofridas junto a instituições públicas e/ou autoridades, incluindo a polícia.

As questões de raça e gênero quando conectadas se constituem em opressões indissociáveis que incidem sobre vários segmentos sociais, essa articulação entre racismo e sexismo que causa a objetificação sexual das mulheres negras, segundo Gonzales (1984), produz efeitos violentos sobre tais mulheres e, no caso das mulheres transexuais e travestis negras, a dimensão da violência sexista é transformada em transfobia, fato que faz com que a população de mulheres transexuais e travestis negras, observadas sob tal interseccionalidade, seja a população de maior vulnerabilidade.

A objetificação sexual do feminino vivenciado pelas mulheres transexuais e travestis negras, segundo Rodovalho (2017), absorve o "cissexismo"[36], invisibilizando as necessidades da pessoa trans, como: usar banheiro feminino, ser tratada no feminino, ter a identidade respeitada, exigindo-lhe cirurgias e adaptações do corpo para ser enquadrada ao padrão binário. Ou seja, mulheres trans são vítimas do sexismo e do cissexismo por não se alinharem, em suas condutas e estéticas, ao seu papel de gênero.

País que mais mata transexuais e travestis no mundo – e ironicamente o que mais procura por pornografia envolvendo tal população – o Brasil tem cerca de 209 milhões de habitantes e uma taxa de 30,5 homicídios a cada 100 mil habitantes, a segunda maior da América do Sul, atrás apenas da Venezuela, com 56,8. Os Estados Unidos, com população estimada em 327 milhões (e terceiro do mundo em mortes de pessoas trans), apresenta taxa de 4,88 para cada 100 mil habitantes, ou seja, o Brasil mata 6 vezes mais pessoas trans que os Estados Unidos que tem uma população 50% maior que a brasileira.[37]

Segundo a Associação Nacional de Transexuais e Travestis – ANTRA, no ano de 2019, foram confirmadas 124 Assassinatos de pessoas trans, sendo 121 Travestis e Mulheres Transexuais e 3 Homens Trans, destes, encontramos notícias de que apenas 11 casos tiveram os suspeitos identificados, o que representa 8% dos dados, e que apenas 7% estão presos, o que demonstra o descaso do estado para com a população de transexuais e travestis.[38] Dos 124 Assassinatos notificados de transexuais e travestis em 2019, 82% dos casos foram identificados como pessoas pretas e pardas, fato que explicita, ainda mais, os fatores da desigualdade racial nos dados de assassinatos contra pessoas trans. Embora a questão racial se dê de diversas formas e contextos em cada região/estado, atenta-se para ao fato de que é a população negra que tem maior probabilidade de ser assassinada,[39] da mesma forma que a população transgênera apresenta maior probabilidade de ser assassinada que a população cisgênera, porém, tais mortes acometem mais intensivamente mulheres transexuais e travestis negras, fato intensificado pela baixa escolaridade, pelo menor acesso ao mercado formal de trabalho e a políticas públicas, pela falta de acesso a saúde e que, pelo demonstrativo desses indicadores sociais, são maioria na prostituição de rua e por conta de tal exposição têm os maiores índices de violência e assassinatos.[40]

---

36. Sexismo advindo da cisgeneridade, ou seja, o sexismo direcionado a mulheres trans.
37. ANTRA, 2020.
38. ANTRA, 2020.
39. ANTRA, 2020.
40. ANTRA, 2020.

4. O FÓRUM NACIONAL DE TRAVESTIS E TRANSEXUAIS NEGRAS E NEGROS

Diante da dupla discriminação – transexualidade e raça – e buscando visibilidade, representatividade e resistência tem origem em junho de 2014 o Fórum Nacional de Travestis e Transexuais Negras e Negros – FONATRANS, que constitui-se num espaço nacional de inclusão e militância destes dois segmentos, entendendo-os como independentes. Visa à articulação com o poder público, bem como com o terceiro setor[41] e iniciativa privada com o objetivo de propor a criação políticas públicas específicas e estratégicas e ampliação das já existentes.

Prima pela cidadania plena e a luta contra o racismo, preconceito e discriminação sofridos pela população trans e negra, motivados exclusivamente por identidade de gênero e raça/cor. Tem por finalidade desenvolver e apoiar projetos que visem: 1) promover e exigir do governo brasileiro a solução de problemas fundamentais, lutar pela conquista dos interesses comuns de travestis negros e negros e transexuais, e responder ativamente ao racismo, transfobia e intolerância religiosa; 2) promover os direitos humanos e respeitar todas as diferenças, partindo do pressuposto de que todos os direitos são direitos humanos; 3) combater, enfrentar e prevenir todas as doenças infecciosas e crônicas, inclusive IST/HIV e AIDS e outras doenças que afetam a população negra; 4) proteger nosso patrimônio sociológico, principalmente na linguagem, vestuário, arte, gastronomia, etiqueta e arte popular como representantes; 5) lutar pela liberdade, igualdade e direitos humanos; 6) observar e respeitar a lei e o poder público constituído pela lei, desde que estejam de acordo com os princípios da atual sistema democrático; 7) respeitar e incentivar todas as ações que sinceramente queiram perseguir objetivos relacionados aos objetivos do FORNATRANS; 8) garantir a pureza e a lealdade de nossos costumes autênticos, combater todas as atuações individuais ou coletivas, que artificializem ou descaracterizem nossa luta tradicional. O FONATRANS é o espaço legal para consulta, expressão e deliberação sobre todo e qualquer assunto relacionado às transexuais e travestis negras e negras do país que busca promover o apoio às leis municipais, decretos e regulamentos de diversas cidades brasileiras.

A questão em foco diante da iniciativa do FONATRANS é por qual motivo, ainda que enquanto negros e negras, pessoas trans não acessam (ou não conseguem acessar) as várias instituições, em todo o país, voltadas as questões raciais?

---

41. O Primeiro Setor é âmbito do Estado, o Segundo Setor refere-se ao Mercado, o Terceiro Setor é composto por organizações de natureza "privado" (sem objetivo de lucro) dedicado à consecução de objetivos sociais ou públicos, embora não seja integrante do governo (Administração Estatal), ou seja, conjunto de organismos, organizações ou instituições sem fins lucrativos dotados de autonomia e administração própria que apresentam como função e objetivo principal atuar voluntariamente junto à sociedade civil visando ao seu aperfeiçoamento.

Neste sentido, observa-se a que a transexualidade ultrapassa as questões raciais, colocando pessoas trans negras em mais uma situação segregação.

5. CONSIDERAÇÕES FINAIS

A transexualidade, não concordância entre sexo biológico e identidade de gênero, acarreta a sujeitos trans a vivência das mais várias formas de preconceitos e discriminações, causadores da sensação de inadequação, depressão e, por vezes, suicídio. A exposição às varias formas de segregação faz surgir, em pessoas trans, o desejo de fugir de tal realidade, desse desejo surge a "passabilidade", ou seja, passar por cisgênero, podendo, desse modo, estar e "circular" nos mais diversos espaços sem serem notados e/ou identificados enquanto trans, assim sendo, sem serem importunados, nem violentados.

A emergência da transição de fenótipo só foi possível mediante as tecnologias farmacológicas por meio do processo transexualizador do SUS. Nesse contexto, observa-se o fator da ditadura da imagem como algo preocupante, tanto para transgêneros como para cisgêneros, mas que incide, sobretudo, mais incisivamente sobre pessoas trans que procuram diante do espelho quem realmente são. Preocupante também é o uso de medicamentos (hormônios e bloqueadores de testosterona) de maneira indiscriminada por meninos e meninas trans que não tem acesso ao sistema de saúde, tão pouco condições socioeconômicas para fazer a transição de fenótipo de forma segura, e que buscam a internet para o processo de transição em uma jornada, que parece, sem rumo e sem saída. Nesse ponto ressalta-se a relevância do SUS e a necessidade de ampliação do atendimento de saúde para a comunidade trans, onde para muitos esse é o único processo possível.

No processo de busca por identidade o preconceito direcionado a pessoas trans, nomeado de transfobia, é atravessada pelo preconceito racial, fazendo dessa forma uma intersecção transracializada fazendo com que a transexualidade as questões raciais sirvam como critério para definir quem entre as pessoas trans, quem tem direito, uma vez dentro da comunidade transexual, são as pessoas trans negras que passam por maiores privações, violações e estão mais expostas a violências e assassinato. No contexto de visibilidade e representatividade são as pessoas trans brancas que ocupam maior espaço na mídia, apregoando uma falsa realidade da comunidade trans, mistificando a plenitude da transexualidade e em suma apagando outras vivências trans negras e periféricas.

6. REFERÊNCIAS

ANTRA. *Dossiê* – assassinatos e violências contra travestis e transexuais brasileiras em 2019. 2020. Disponível em: https://antrabrasil.files.wordpress.com/2020/01/dossic3aa-dos-assassinatos-e-da-violc3aancia-contra-pessoas-trans-em-2019.pdf. Acesso em: 12 dez. 2020.

BAGAGLI, Beatriz Pagliarini. A diferença trans no gênero para além da patologização. *Revista Periódicus*, v. 1, n. 5, p. 87-100, maio-out. 2016.

BENTO, Berenice. *O que é transexualidade*. 2012. Disponível em: https://democraciadireitoegenero. files.wordpress.com/2016/07/bento-berenice-o-que-c3a9-transexualidade2008.pdf. Acesso em: 02 maio 2021.

BRASIL. Relatório sobre violência homofóbica no Brasil: ano de 2012. Brasília: Secretaria de Direitos Humanos. 2012.

BUTLER, J. ATHANASIOU, A. *Dispossession: the performative in the political*. Cambridge: Polity, 2013.

BUTLER, J. *Problemas de gênero*: feminismo e subversão da identidade. Trad. Renato Aguiar. Rio de janeiro: Civilização Brasileira, 2003.

CECCARELLI, Paulo Roberto. In: A., Viviani, (Org.). *Temas da Clínica Psicanalítica*. São Paulo: Experimento, 137-147, 1998.

CÉSAR, Maria Rita de Assis. Um nome próprio: transexuais e travestis nas escolas brasileiras. *Reunião Anual da Associação Nacional de Pós-Graduação e Pesquisa em Educação*, 32., 2009, Caxambu. Anais eletrônicos... Rio de Janeiro: ANPED, 2009. 14 p. Disponível em: http://32reuniao.anped. org.br/arquivos/trabalhos/GT23-5521--Int.pdf. Acesso em: 20 de jul. 2021.

COSTA, Jurandir Freire. *Violência e Psicanálise*. Rio de Janeiro: Edições Graal, 1984.

FOUCAULT, Michel. *A ordem do discurso*: aula inaugural no Collège de France, pronunciada em 2 de dezembro de 1970. Trad. Laura Fraga de Almeida Sampaio. São Paulo: Edições Loyola, 2012.

FREIRE, Lucas. *Sujeitos de papel*: sobre a materialização de pessoas transexuais e a regulação do acesso a direitos. 2016. Disponível em: https://www.scielo.br/scielo.php?pid=S0104-83332016000300502&script=sci_arttext. Acesso em: 03 jan. 2021.

FREYRE Gilberto. *Casa-grande & senzala*: formação da família brasileira sob o regime da economia patriarcal. Rio de Janeiro: Record; 1997.

GOMES, NL. *Alguns termos e conceitos presentes no debate sobre relações raciais no Brasil*: uma breve discussão. Brasil. Educação antirracista: caminhos abertos pela Lei federal 10.639/03. Brasília: MEC, Secretaria de educação continuada e alfabetização e diversidade; 2005.

GONZALES, L. Racismo e sexismo na cultura brasileira. *Rev. Ciênc. Soc. Hoje*. 1984. 223-244.

GROSSI, Miriam Pillar. *Identidade de gênero e sexualidade*. Antropologia em primeira mão (versão revisada). Florianópolis. 2010.

GUIMARÃES, Antônio Sérgio Alfredo. *Como trabalhar com "raça" em sociologia*. 2003. Disponível em: https://www.scielo.br/pdf/ep/v29n1/a08v29n1. Acesso em: 19 dez. 2020.

JESUS, Jaqueline Gomes de. *Orientações sobre identidade de gênero*: conceitos e termos. 2. ed. Brasília. 2012.

JUNQUEIRA, R. O reconhecimento da diversidade sexual e a problematização da homofobia no contexto escolar. *Seminário*: Corpo, gênero e sexualidade: discutindo práticas educativas. Rio Grande. Anais. Rio Grande, RS: FURG. 2007.

KILOMBA, Grada. *Memórias da plantação*: episódios de racismo cotidiano. Rio de Janeiro: Cobogá, 2019.

KRAICZYK J. *A bioética e a prevenção da AIDS para travestis*. (Dissertação). Catedra UNESCO de Bioética. Universidade de Brasília. Brasília; 2014.

LOURO, Guacira Lopes. *Um corpo estranho*: ensaios sobre sexualidade e teoria queer. Belo Horizonte: Autêntica Editora, 2013.

MENEZES, Lincoln Moreira de Jesus. *Transfobia e racismo*: articulação de violências nas vivências de trans. 2018. Disponível em: https://docs.bvsalud.org/biblioref/2019/09/1016512/bis-v19n2-diversidade-62-76.pdf. Acesso em: 21 dez. 2020.

MOORE C. A Humanidade contra si mesma para uma nova interpretação epistemológica do racismo e de seu papel estruturante na história do mundo contemporâneo. *II Fórum Internacional Afro-colombiano*. Bogotá, 18 de Maio de 2011.

MOORE, Henrietta L. *Fantasias de poder e fantasias de identidade*: gênero, raça e violência. Indiana University Press. 2000.

NAÇÕES UNIDAS BRASIL. OMS retira a transexualidade da lista de doenças mentais. 2019. Disponível em: https://brasil.un.org/pt-br/83343-oms-retira-transexualidade-da-lista-de-doencas-mentais. Acesso em: 08 jun. 2019.

PEREIRA, Pedro Paulo Gomes. *Queer nos trópicos*. 2012. Disponível em: http://www.contemporanea.ufscar.br/index.php/contemporanea/article/view/88. Acesso em: 19 dez. 2020.

PERIÓDICUS, Salvador, n. 8, v. 1, nov.2017-abr. 2018 – *Revista de estudos indisciplinares em gêneros e sexualidades Publicação periódica vinculada ao Grupo de Pesquisa CUS*, da Universidade Federal da Bahia – UFBA ISSN: 2358-0844 – Endereço: http://www.portalseer.ufba.br/index.php/revistaperiodicus.

PONTES, Júlia Clara; SILVA Cristiane Gonçalves da. *Cisnormatividade e passabilidade*: deslocamentos e diferenças nas narrativas de pessoas trans. 2013. Disponível em: https://periodicos.ufba.br/index.php/revistaperiodicus/article/view/23211. Acesso em: 19 dez. 2020.

RODOVALHO, Amara Moira. *O cis pelo trans*. 2017. Disponível em: https://www.scielo.br/scielo.php?pid=S0104-026X2017000100365&script=sci_arttext&tlng=pt. Acesso em: 20 dez. 2020.

SOCIEDADE BRASILEIRA DE MEDICINA DE FAMÍLIA E COMUNIDADE. Mitos LGBTIA+: pessoas trans. 2020. Disponível em: https://www.sbmfc.org.br/noticias/mitos-lgbtia-pessoas-trans/. Acesso em: 29 dez. 2020.

SOUSA, Sandra Maria Nascimento. *Fazendo e desfazendo gêneros*: Produções do gênero e de certas abjeções: entre "normais" e "anormais", "deuses e monstros", há mais coisas além daquelas que a nossa ciência "da verdade" pode explicar. São Luís: Edufma, 2015.

WINTERS, DIAMOND M, GREEN J, KARASIC D, REED T, WHITTLE S, et al. *Transgender people*: health at the margins of society. Lancet. 2016.

SANTOS, Rafael França Gonçalves dos. *As aparências enganam?* O fazer-se travesti em campos dos Goytacazes-RJ. 2012. Disponível em: https://d1wqtxts1xzle7.cloudfront.net/42000240/texto_-_abeh.pdf?1454551725=&response-content-disposition=inline%3B+filename%3D As_aparencias_enganam_O_fazer_se_travest.pdf&Expires=1634049370&Signature=fay~c3Ra EWCN0MPBECzeawnaMXUQB2Y1fP-jPqhJA9uHiyl4suljV~yJ-p2Q8WvyM1V0wlPS3n2a1-fxVn5Mo-asmZCPgzV~8DPdXWAQCX93BXAqUYSAbiKrloSEklze5kHeGTpyNi7vvJjhYq 3rWxHwAlyVc0hv96HIGQSNc~sm00U1mumLX3uybeXma4weZIkjw8mjhFhuXEdIjm-v4 r1D9t7I3Gf9p4g3hONsNx3BkYFSNdl4yMGlc~Hys~036Z-mdugf7jdZEAi-Jr9xEX4LIXtDJ 63xP8SYjzcT6lBCsfbIC3rgKQDiHiWEgNX9WNGOVtM27xxCsZ0Y67o1Jw__&Key-Pair-Id=APKAJLOHF5GGSLRBV4ZA. Acesso em: 11 out. 2021.

EU QUERO EXISTIR, EU NÃO QUERO MAIS SOBREVIVER – RELATOS DE PESSOAS NEGRAS COM DEFICIÊNCIA

Paula Pereira Ferrari

Oficial de Promotoria do MPSP.

Sumário: 1. "Certa vez me perguntaram: o que é ser mulher preta? – 2. "Me chamo Izaias, mas todo mundo me conhece como Rebô – 3. "Meu nome é Rafael Muller, eu sou um homem negro com deficiência.

Mona Rikumbi, Rafa Muller e Rebô são os protagonistas dessas falas e histórias. Pessoas negras com deficiência que nos fazem refletir sobre nossas atitudes e responsabilidade em sermos agentes de mudanças de uma realidade que está escancarada em nossos olhos, porém, velada por nossos privilégios.

1. "CERTA VEZ ME PERGUNTARAM: O QUE É SER MULHER PRETA?

A resposta é que eu não sei ser outra coisa. Eu já nasci mulher e preta. Há um pouco mais de 50 anos, eu sou mulher, sou preta, sou mãe, periférica, de tradição africana e conhecedora do racismo, do machismo, do sexismo, da intolerância religiosa e, há quase 15 anos, eu sou também uma mulher com deficiência.

Sou cadeirante, dependente exclusivamente de cadeira de rodas, devido a uma doença neurológica.

Sempre fui ligada às artes, cedo entrei nos grupos de teatro livres, de dança e assim foi minha vida até os 25 anos.

Comecei cedo, aos 8... 9 anos já estava no teatro, aos 13... 14 anos já estava escrevendo. Tudo foi muito rápido na minha vida, só fui entender quando me tornei uma mulher com deficiência. Mas antes disso, aos 25 anos, engravidei e, infelizmente, no nosso país não dá muito para viver de arte.

Figura 1 Mona Kirumbi, por Maria Paula Vieira

Sou filha de mulher preta, a segunda filha de uma mulher preta, mãe solteira, ela sabia que a minha vida não ia ser fácil e nunca achou muito bonito essa minha história de querer ser atriz, querer ser dançaria e por causa dela, eu fiz o técnico em nutrição e técnico em enfermagem e foram com essas profissões que eu criei meu filho.

Aos 30 anos, comecei a desenvolver a minha doença, minha não! Ela que me quer, eu não quero ela! E em 2007, definitivamente, fiquei na cadeira, eu acreditava que não existia mais nem a Érica, nem tão pouco a Mona Rikumbi, que são a mesma pessoa. Érica foi minha mãe que me batizou, ela me disse que era uma flor que ela viu que estava resistindo no cimento de São Paulo. Ela sabia que eu tinha que ser forte.

Aos 18 anos, quando eu me iniciei na tradição africana, recebi o nome de Mona Rikumbi, que quer dizer filha do Sol.

Minha mãe sempre disse que a gente tinha que ser excelente para ser considerada regular, ela nunca mentiu, porque nós éramos negras e a gente não tinha direito de errar igual aos outros, de ficar desarrumado, de ter um cabelo desalinho, porque a professor iria procurar o piolho primeiro na minha cabeça. E com toda essa certeza de que o meu país não era igualitário, não garante os mesmos direitos para todo mundo, eu fui crescendo e a minha vida foi crescendo junto com a redemocratização do país. Em 88, nas "celebrações dos 100 anos da abolição" foi que eu comecei a tomar toda uma ciência do que era isso, de que 100 anos eram esses e desses 400 anos de escravidão, de opressão desse povo do qual eu sou oriunda, esse povo que não aceito mais ser chamado de escravo. Foram escravizados reis, rainhas, histórias maravilhosas que se contrapõem a esse olhar piramidal, onde poucos gozam e muitos ficam na base da pirâmide ou até abaixo dela. Pirâmide maldita, que qualifica pessoas pelos que elas têm. Me sinto hoje plena e bem-sucedida, mesmo com todas as minhas interseccionalidades. Bem-sucedida porque o machismo, o sexismo, a misoginia, o capacitismo, nada disso tirou minha vontade de viver, de acreditar que esse mundo pode ser diferente, pode entender de diversidade.

Diversidade não é só naquela casinha do LGBTQIA+, nem tão pouco a minha história está ali, na inclusão das pessoas com deficiência. O meu entendimento de vida está no pertencimento, em pertencer a essa sociedade. Sim! Uma mulher preta... negra, idosa, gorda, cadeirante e pobre, mas que ousa todos os dias.

Consegui ser a primeira mulher negra e cadeirante a atuar no Teatro Municipal de São Paulo, em 110 anos de existência! Isso mostra quanto esse mundo é desigual!

Daí para cá, estive na Casa Vogue, UNIBS, Centro Cultural, Banco do Brasil... mas nada disso apaga que, a cada 21 minutos, um jovem negro tomba, morto... morto pela garra feroz do racismo estrutural, de saber que eu, enquanto mulher e negra, sou carne mais barata do mercado e que nessa pandemia, fomos as que mais morremos e, as que não morreram, estão desesperadas, desesperançadas e desempregadas. As poucas que continuaram com os seus subempregos estão trabalhando, praticamente, pelo pão, pela água e pela bolacha para poder levar para os filhos.

Não posso gritar para o mundo a minha felicidade porque mulheres negras e cadeirantes sequer são vistas como pessoas. Tem que procurar muito, muito, muito, muito os gráficos de IDH e coisas assim para saber onde estão essas mulheres. São as tais invisíveis, aquelas mulheres invisíveis da Doutora Fátima, que com muita coragem, enfrentando tudo e todos, criou o Sábado sem Barreiras, para que as mulheres e cuidadoras de mulheres com deficiência e pobres possam ser entendidas e terem todo seu cuidado ginecológico colocado.

Então, há muito a fazer e basta querer. Há a necessidade de que se seja não só não racista, mas que se tenha atitudes antirracistas e elas não precisam vir apenas das pessoas negras, mas é preciso entender dos seus privilégios e poder ceder lugar de fala para pessoas como eu.

Eu acredito que isso já está acontecendo, quem pediu a minha história foi alguém do Ministério Público, que tem um papel primordial para a execução das leis que nós mesmos criamos, estavam lá, para receber e saber o que é que está sendo feito, buscando na própria sociedade soluções reais e que então ali na nossa Constituição, que não existe melhor no mundo!

Eu lembro da assembleia constituinte, eu lembro quando a religião de matriz africana deixou de ceita! Está lá, dentro da Constituição porque, pasmem vocês, até 1970 a tradição africana, o candomblé, era proibido, assim como a capoeira ou qualquer tipo de manifestação africana.

Então, chegamos a 2021, em meio a uma pandemia que botou luz a todas as diferenças, sabendo ainda que há muitos países, principalmente os localizados no continente africano, que ainda não têm sua população vacinada.

A gente sabe que isso não é fruto do acaso, o racismo não é uma questão de escolha! O racismo é um plano político que vem dando certo há séculos, mas nós continuamos resistindo, sendo resistentes, resilientes, mas eu quero existir! Eu não quero mais sobreviver.

Preste atenção, eu *não quero mais resistir, eu quero viver*." – Mona Rikumbi, mulher negra com deficiência, atriz e bailarina.

2. "ME CHAMO IZAIAS, MAS TODO MUNDO ME CONHECE COMO REBÔ

Meu relato é sobre como ser uma pessoa negra nessa comunidade, nessa sociedade cheia de preconceitos e racismo. Todo mundo quer ser diferente e, ao mesmo tempo, não quer que ninguém que não se encaixe. Eu, como pessoa negra e deficiente também, já sofri muito preconceito, muito racismo.

Uma das coisas que me incomoda muito, embora hoje já nem veja tanto mais isso, mas antigamente havia muito essa coisa da gente nem poder entrar em supermercado que o segurança já ficava olhando, vindo atrás, disfarçando... a gente fingia que nem percebia, quando ele passava, ficávamos rindo, mas no fundo, era uma coisa muito chata, incomoda sabe?

Figura 2 Rebô por Helder Santos

Olhares na rua também... as pessoas não tratam a gente bem, igual tratam uma pessoa branca. Quando vão nos atender, já pensam que a gente vai chegar pedindo alguma coisa. Sinto muito essa diferença no olhar, no tratamento, na rua... e quando junta o fato de você ser uma pessoa negra e com deficiência pior ainda.

Certa vez, cheguei em um restaurante para almoçar e perguntei o que eles tinham para comer. O atendente disse que iria ver e já me falaria. Daí a pouco, ele volta com uma marmita e me entregou... Eu disse: Mas... como assim? Ele insistiu, me entregando a marmita. E eu respondi: Eu nem escolhi o que queria! Ele novamente insistiu, dizendo que estava me dando. Eu agradeci e disse que não estava passando fome, que não estava ali pedindo comida, não! Eu quero poder comprar e, como qualquer um, saber o que tem para comer, olhar o cardápio!

Foi muito chato, eu acabei ficando muito chateado com isso, mas fiquei quieto, nunca contei isso a ninguém. Isso machuca!

A pessoa vê que a gente está na cadeira e já pensa que está pedindo! A gente trabalha, tem uma vida. A gente acaba acostumando, eu já tô acostumado, tá ligado?

Nunca denunciei e nem fiz boletim de ocorrência, eu tenho sempre orientar, falar com as pessoas e ensinar. Isso para que outras pessoas como eu não possem a mesma coisa que eu passei, mas que é chato, é!

Já sofri muito preconceito e racismo. O primeiro racismo que passei na vida foi através de um "amigo", ele me chamou de preto, de preto e de macaco! Tudo porque eu fiz um elogio ao filho dele. Eu comentei na foto foi dele, dizendo que ele que ele se parecia com o tio (no caso eu), em seguida, ele respondeu: meu filho não parece com aleijado e nem com macaco, com preto, não! Nossa, isso me machucou muito, eu nunca mais esqueci disso... Tem outras coisas que eu até relevo, mas isso foi muito pesado. Tenho até o print dessa conversa e desse relato. Nunca denunciei ele, a família dele me pediu e eu considerava muito eles, mas isso machucou muito. Eu tenho o print disso até hoje.

Hoje em dia a gente está lutando muito, o racismo e o preconceito estão sendo mais combatido. Estamos lutando mais e com mais força e tendo mais autonomia para expor essas questões.

Quando a gente está dentro da nossa comunidade, dentro do nosso grupo, é totalmente diferente. É todo mundo igual, todo mundo tipo irmão. E não vê esse preconceito dentro da nossa comunidade negra. Estou sempre orientando as pessoas como tratar, ensinar que não é assim que se age, que não é assim que se trata a pessoa.

Eu não sou muito de militar, não gosto de militar e não gosto de lutar contra isso publicamente. Faço isso fora das câmeras e fora das redes, senão acaba ficando chato, é sempre a mesma coisa, não curto muito isso, mas eu defendo. Não aceito, fico p... quando alguém fala isso outra pessoa e eu percebo! Dá uma raiva!

Acho que é isso, a gente tem que se impor, tanto como pessoa negra e como pessoa com deficiência também, para que as pessoas nos respeitem e não deixem que elas achem de nós algo que não somos.

Se ficamos calados, deixamos com que eles façam isso com outras pessoas, ofendam outras pessoas. E nem vou falar que é por ignorância, sabe? As pessoas sabem o que é certo ou errado." *Rebô – homem negro, cadeirante, bailarino, modelo e atleta.*

3.   "MEU NOME É RAFAEL MULLER, EU SOU UM HOMEM NEGRO COM DEFICIÊNCIA

Eu brinco com os meus amigos e conhecidos dizendo que tudo que é problema eu gosto! Isso porque eu sou negro, sou deficiente, me casei com uma mulher branca, ando de carro rebaixado, sou tatuado, tenho dreads no cabelo, enfim, eu gosto do problema.

Isso mostra o quanto é importante a gente ter bem definido quem somos, nos conhecer... independente do que a sociedade acha, independente do que os olhares na rua dizem ao nosso respeito. Eu costumo não ligar muito para isso e acho que a maioria das pessoas também não deveriam, no final, não são eles que pagam nossas contas, as pessoas não se importam umas com as outras. Então,

Figura 3 Rafael Muller – arquivo pessoal

uma frase, um olhar, um dedo apontado, pode destruir uma pessoa que ainda não se aceita, que ainda não se entendeu, que ainda não está pronta para oferecer ao mundo o que ela é de verdade. Isso é muito complicado .

Eu acho de uma importância absurda esse tipo de conversa, esse tipo de material porque isso faz com que pessoas se espelhem em outras que estão na mesma situação que ela mas vivem uma vida diferente, não estão aprisionados dentro de uma deficiência, dentro da cor da pele, dentro de uma orientação sexual ou opção religiosa. Seja lá qual for o motivo da discriminação, do preconceito, você é o que você é e ponto! A partir daí, você diz isso para o mundo e onde você não foi bem aceito, você se ausenta e onde não aceitarem, exija respeito!

Eu não costumo passar por preconceito, não passo por disso. Não sofri com isso em nenhum dos anos da minha vida. Acredito que isso tem muito mais a ver com a forma como eu me posiciono. Eu não permito que uma pessoa, seja por sua mentalidade ou escolha, defina o que eu tenho que ser ou deveria ser, o que ela acha que eu sou ou não. Deixo claro quem é o Rafael Muller, o que ele aceita ou não, onde exijo respeito, onde eu permito que elas cheguem. Desde pequeno fui criado assim, não aceito que a opinião de outra pessoa me desrespeite, direta ou indiretamente. Não aceito isso!

Todo o preconceito, todas as coisas que nos cercam na sociedade, independentemente de ser você negro, pessoa com deficiência ou uma pessoa negra com deficiência, a partir do momento em que a pessoa se sente na liberdade de te acusar, de apontar, de conduzir a sua vida, você já está falhando, está permitindo que as pessoas te desrespeitem.

Quando a gente assume a responsabilidade de respeito, quando assume a postura de determinar o que é permitido ou não, o que as pessoas falarem ou pensarem é problema delas e isso torna a vida muito mais leve e consecutivamente mais livre.

Você é o que é e ponto! Você tem que olhar no espelho e entender que algumas coisas são possíveis de mudar, se você está acima do peso e quer emagrecer, se quer se vestir melhor, tudo isso está no seu controle, agora, se você é um homem negro ou uma mulher negra, não tem como mudar isso para agradar uma sociedade que nem se importa com você.

É de dentro para fora essa conversa. Primeiro, você se entende, se aceita, gosta do que vê ao olhar no espelho. E isso serve também para deficiência.

Aos 14 anos tomei um tiro e não tem nada que possa fazer em relação a isso, a não ser, escolher ser o homem com deficiência mais incrível que existe, é o máximo que eu posso fazer e esse máximo já traz um respeito, uma postura diferente, traz uma porção de coisas, de forma que, a pessoa bata o olho em mim e já vê que eu não sou um cara coitadinho, não ando olhando para o chão, curvado, com medo da sociedade ou de qualquer outro homem. Isso não acontece comigo.

Se conselho fosse bom, o conselho que daria é: vença a você mesmo! Aceite o que você é e seja o melhor que puder. Esse é o primeiro passo para você começar a se respeitar, é impossível que a sociedade lá fora te respeite se você não se respeita. Esse é um ponto extremamente importante que deve estar latente em qualquer ser humano, sendo ele negro não, deficiente ou não. Em qualquer ponto que a sociedade julgue o diferente como como algo anormal ou incomum, vale esse tipo de raciocínio, você olhando para si mesmo falando: é isso que eu sou e preciso me respeitar primeiro. A partir disso, tudo muda, tendo qualquer coisa que vierem te falar a seu respeito, será anulado porque você já convenceu de quem você é. E é assim que funciona pra mim, como homem negro, como um homem com decência.

Eu me olho no espelho e falo: pô, tô bonitão hoje. Hoje vou fazer tudo o que eu tenho que fazer, hoje eu vou viver! Então, se a pessoa me olha de cima a baixo, ela olhar a cadeira, mas quando ela olhar no meu olho, estarei olhando para ela.

Acontece muito deficientes serem taxados como uma ignorante, grosso, estúpido porque muitos de nós que, por não se aceitarem ou encararem a vida de uma forma negativa, a partir de um acidente ou de uma doença congênita, acabam repelindo as pessoas.

Infelizmente, não é todo mundo que tem sempre um sorriso ou que se apresenta bem como eu e muitos que conheço. É preciso quebrar esse preconceito de que o deficiente ele é agressivo, não está pronto para viver em sociedade.

Eu sou um homem sentado numa cadeira de rodas, a cadeira não vem primeiro. Minha cadeira de rodas não vai a lugar nenhum se eu não a levar.

A gente tem que parar de esperar que o governo faça isso ou aquilo por nós, parar de esperar que a sociedade pense diferente... que as pessoas nos aceitem... Não! O ponto de partida é o que eu chamo de autorresponsabilidade.

Se as pessoas falam que o homem com deficiência é rabugento, serei o mais simpático possível, o mais educado possível para equilibrar essa balança.

Não sei quantas pessoas lerão esse texto, mas juntos podemos formar uma legião e destruir esse paradigma sobre nós mesmos.

O negro tem vários rótulos, tanto rótulos criminalistas, como rótulos sexualistas. E a gente quebra isso como? Esperando que a sociedade mude? Não, isso muda quando a gente a gente sair da imagem de cadeia e nos colocar na imagem de estar em uma cadeira de presidente ou sendo um CEO ou sócio de uma empresa, sendo um negro que está dando emprego para as pessoas, entende?

Quando a gente assume a responsabilidade da situação, tudo muda! Não é fácil, parece um discurso muito bonito, mas eu consigo fazer isso, então, não é impossível para ninguém! Estou sempre aberto a ajudar porque acredito que isso pode mudar vidas.

Se não conseguirmos acreditar na nossa capacidade, isso vai destruindo nossa vida, em vida. E isso não pode acontecer!

Então, vamos nos espelhar em pessoas que estão simplesmente vivendo, independente da sua condição ou posição social, independente da cor da pele, independente do que a sociedade acha, independente do apoio ou da falta de apoio que o governo dá para o nosso segmento. Vamos assumir as responsabilidades das nossas vidas e fazer o que tiver que ser feito para que tenhamos respeito e a melhor vida que uma pessoa negra, como eu ou como você, pode ter! *Rafa Muller – homem negro com deficiência, casado, pai, empresário, paratleta, ator e modelo.*

O PAPEL INSTITUCIONAL DOS ÓRGÃOS DA JUSTIÇA NA FISCALIZAÇÃO DAS CONDUTAS ANTIDISCRIMINATÓRIAS E A IMPORTÂNCIA DA ATUAÇÃO DA COMISSÃO DA IGUALDADE RACIAL DA ORDEM DOS ADVOGADOS DO BRASIL, SUBSEÇÃO CAMPINAS

Adriana de Morais

Mestre em Sociologia e Direito. Professora de Direito Civil. Presidente da Comissão da Comissão de Igualdade Racial da OAB Campinas. Vice-Presidente da Comissão da Verdade sobre a Escravidão Negra no Brasil da OAB Campinas. Advogada.

Daniela Oliveira da Fonseca

Especialista em Direito Previdenciário e pós-graduanda em Direito Processual Civil. Vice-Presidente da Comissão de Igualdade Racial da OAB Campinas. Secretária Geral da Comissão da Verdade sobre a Escravidão Negra no Brasil da OAB Campinas. Advogada.

Raiça Camargo

Pós-graduada em Direito e Processo do Trabalho. Secretária Geral da Comissão da Igualdade Racial da OAB Campinas. Advogada.

1. INTRODUÇÃO

Trata-se o presente artigo de uma análise da aplicação da justiça consensual no âmbito da justiça cível em casos de racismo e/ ou injúria racial que foram acompanhados pela comissão temática de Igualdade Racial da OAB Campinas, ocorridos no município.

Inicialmente traremos um breve histórico sobre a atuação da Comissão da Igualdade Racial da 3ª Subsecção de Campinas e os precursores na busca pela igualdade no âmbito da advocacia Campineira. Como fundamento da criação da Comissão, será feita uma breve reflexão sobre a ausência do debate racial de maneira institucional, através da análise sob o prisma do Racismo Estrutural e Institucional.

Após, será feita análise casuística da atuação da Comissão da Igualdade Racial, da ocorrência do caso de racismo que aconteceu no Município de Campinas, no âmbito de uma das Faculdades de Direito de maior renome da região, que tramitou na 24ª Promotoria de Direitos Humanos, abordando a atuação do Ministério Público e órgãos de expertise em questões raciais da cidade.

2. A CRIAÇÃO E A FUNÇÃO INSTITUCIONAL DA COMISSÃO DA IGUALDADE RACIAL DA OAB CAMPINAS

O Direito, entendido como mecanismo de controle social, é forjado a partir das relações sociais e sobre elas exerce influência direta, de forma a reforçar padrões comportamentais, éticos e morais que estruturam hierarquias sociais, até que encontrem conformação na sociedade na medida em que tais práticas se tornem naturalizadas.

Nesse contexto, as desigualdades também são reverberadas e percebidas quando da construção normativa, reproduzindo e reafirmando situações que determinam o *status* de grupos sociais que são subalternizados e colocados à margem da proteção do direito. Ao pensarmos a agenda da desigualdade, podemos pensar acerca das pessoas *negras*. Sobre a representação, importantes reflexões por Stuart Hall:

> A representação é o processo pelo qual membros de uma cultura usam a linguagem para instituir significados. Essa definição carrega uma premissa: as coisas, os objetos, os eventos do mundo não têm, neles mesmos, qualquer sentido fixo, final ou verdadeiro. Somos nós, em sociedade, entre culturas humanas, que atribuímos sentidos às coisas. Os sentidos, consequentemente, sempre mudarão de uma cultura para outra e de uma época para outra.[1]

A forma como estas representações são expostas à sociedade, bem como a continuidade das referências, reforçam sistematicamente aquela realidade, que então passa a ser considerada como expressão da realidade social. A reiteração desse modelo hierárquico que alocam pessoas negras como subalternas é entendido como Racismo Estrutural ao partir do pressuposto da superioridade de um grupo racial sobre outro e crença de que determinado grupo possui defeitos de ordem moral e intelectual que lhe são próprios.

---

1. HALL, Stuart. The Work of Representation. In: HALL, Stuart. *Representation, Cultural Representations and Signifying Practices*. Londres/Nova Deli: Thousands Oaks/Sage, 1997, p. 61.

O resultado dessa representação fundamentada na exclusão social a qual está submetido o povo negro no Brasil, resulta da não implementação de políticas de inclusão social, desde o período pós-abolição, que implicou desde a distribuição desigual de recursos, como também a limitação ao acesso à espaços institucionais.

Caroline Lyrio e Thula Pires destacam, que a compreensão da raça como o critério informador das reflexões sobre o direito, não apenas no seu ordenamento normativo, mas também institucional, histórico, político e estrutural permite evidenciar aspectos negligenciados e obscurecidos pela 'convergência de interesses' que o modelo de supremacia branca fomenta.[2] Ao trazerem essa análise, as pesquisadoras apontam para a importância da construção de um Direito que contemple a existência de negros como necessária.

Trata-se do reconhecimento do racismo como estrutural na sociedade brasileira, cuja legitimação sempre se deu também através de legislações e do direito positivado. Por um lado, o direito se mostra como instrumento importante para implementar normativas positivas de inclusão social, por outro é preciso reconhecer que o direito sempre servirá de instrumento de reforço de opressão, se na mão dos opressores estiver.

Neste contexto, a representação subalternizada de pessoas negras nos espaços de grande relevância social e nas instituições, foi e continua tímida, caracterizando a reprodução das desigualdades no ambiente. Evidenciam-se contingentes de pessoas que reproduzem, nesses espaços, a lógica de ocupação hierarquizada e caracterizada pela presença majoritária de homens brancos.

O impacto da discriminação racial repercutida através das instituições, é percebida pela tímida presença de pessoas negras nesses espaços. Silvio Almeida entende que:

> No caso do racismo institucional, o domínio se dá com o estabelecimento de parâmetros discriminatórios baseados na raça, que servem para manter a hegemonia do grupo racial no poder. Isso faz com que a cultura, os padrões estéticos e as práticas de poder de um determinado grupo tornem-se o horizonte civilizatório do conjunto da sociedade. Assim, o domínio de homens brancos em instituições públicas – o legislativo, o judiciário, o ministério público, reitorias de universidades etc. – e instituições privadas – por exemplo, diretoria de empresas – depende, em primeiro lugar, da existência de regras e padrões que direta ou indiretamente dificultem a ascensão de negros e/ou mulheres, e, em segundo lugar, da inexistência de espaços em que se discuta a desigualdade racial e de gênero, naturalizando, assim, o domínio do grupo formado por homens brancos.[3]

---

2. LYRIO, Caroline e PIRES ,Thula. *Teoria crítica da raça como referencial teórico necessário para pensar a relação entre direito e racismo no Brasil*. Direitos dos Conhecimentos. In: CONPEDI/UFS (Org.). Florianópolis: CONPEDI, 2015. p. 6.
3. ALMEIDA, Sílvio Luiz de. *Racismo estrutural*. São Paulo: Sueli Carneiro; Pólen, 2019. p. 27.

As inquietações causadas pela observância da ausência de pessoas negras nas instituições, foi pauta para a luta do Movimento Negro ao longo das décadas e nos dizeres de Pereira citado por Quitans,[4] tem como particularidade a atuação em relação à questão racial. Sua formação é complexa e engloba o conjunto de entidades, organizações e indivíduos que lutam contra o racismo e por melhores condições de vida para a população negra, seja através de práticas culturais, de estratégias políticas, de iniciativas educacionais etc. o que faz da diversidade e pluralidade características desse movimento social.[5]

O debate trazido pelo Movimento Negro também promoveu inquietação no seio de instituições que são historicamente geridas e ocupadas por homens brancos. Uma das principais, a Ordem dos Advogados do Brasil, não escapou à pauta e à inquietação de alguns advogados negros que entenderam como necessário levar o debate racial para a advocacia, revelando a importância do tema.

Assim, no ano de 2003, surge a primeira Comissão temática, voltada ao debate racial na 3ª Subseção de Campinas na gestão da Dra. Thereza Dóro, anteriormente com a nomenclatura de "Comissão do Negro e assuntos Antidiscriminatórios", tendo como presidente o Dr. Ademir José da Silva., que posteriormente passou a ser intitulada como "Comissão da Igualdade Racial", tendo como presidentas Dra. Adriana de Morais e Dra. Ana Vanessa Silva. Para o triênio 2022-2024 a Comissão da Igualdade Racial da 3ª Subseção de Campinas é atualmente presidida pela Dra. Adriana de Morais, Dra. Daniela Oliveira da Fonseca, como vice-presidente e Dra. Raiça Camargo, como Secretária Geral.

Importante dizer, que a criação da comissão foi alvo de críticas e desconfiança, pois muitos, à época, entendiam que não haveria necessidade de trazer o debate nestes termos, considerando que "somos todos iguais".

O professor e jurista Adilson Moreira[6] atenta para a problemática do que ele chama de neutralidade racial uma vez que essa premissa parte do pressuposto de que a igualdade exige apenas tratamento simétrico. A inobservância às peculiaridades das vivências de cada grupo social, torna nebulosa a interpretação sobre a igualdade. No entender do jurista, análises como essas dificultam a emancipação de minorias raciais porque elas estão fundamentalmente preocupadas com racionalidade entre meios e fins. Em complemento, reconhecer a importância do debate racial aplicado ao direito, é dispor de privilégios, lugar este que há sempre uma dificuldade para o despojamento.

---

4. PEREIRA, Amilcar Araujo. *"O mundo negro"*: relações raciais e a constituição do movimento negro contemporâneo no Brasil. Rio de Janeiro: editora Pallas: FAPPERJ, 2013.

5. PEREIRA, 2013, p. 110.

6. MOREIRA, Adilson José. *Pensando como um negro*: ensaio de hermenêutica jurídica. São Paulo: Editora Contracorrente, 2019. p. 242-243.

Inicialmente a comissão era responsável por elaborar debates acerca de todos os casos que envolvessem discriminação, seja de raça, religião ou orientação sexual. No ano de 2013 os temas foram desmembrados, com a criação de Comissões Temáticas específicas, alusivas a cada segmento social. Eis que surge, então, na gestão do Presidente Dr. Daniel Blinkestein, a *Comissão da Igualdade Racial*, assim intitulada até os dias atuais.

A Comissão da Igualdade Racial desenvolve importante papel, principalmente quanto à sedimentação de direitos sociais, políticos e culturais dos grupos minoritários e minorizados, lhe sendo atribuída caráter fiscalizador e de promoção pela igualdade juntamente com os demais Movimentos e Instituições parceiras que estejam alinhadas e afeitas ao debate para a elaboração de Políticas Públicas e Privadas, voltados à erradicação das desigualdades raciais. É também papel da comissão ampliar a discussão relativa às situações atuais de discriminação que ocorrem tanto em Campinas, quanto no Estado de São Paulo.

Busca-se a igualdade a partir da ideia da igualdade material que se dá pela necessidade de operacionalizar os comportamentos humanos, diante de certas condições fáticas e econômicas que determinavam a maneira de ser tratado um indivíduo na sociedade. A Constituição Federal, através do artigo 5° *caput e* artigo 3°incisos de I à IV, para que o Princípio da Igualdade tenha sua efetividade material, há que se promover uma discriminação positiva.

A intensa atuação da Comissão da Igualdade Racial possibilita a transformação da estrutura da instituição da qual faz parte, ao mesmo tempo em que sua atuação em conjunto com os movimentos sociais e outros órgãos institucionais, busca políticas direcionadas para a garantia dos direitos a populações historicamente excluídas, sobretudo no Sistema Jurídico.

3. A EFETIVA ATUAÇÃO DA COMISSÃO DA IGUALDADE RACIAL DA OAB CAMPINAS FRENTE AOS CASOS DE RACISMO OCORRIDOS

Considerando a missão institucional e as funções atribuídas a Comissão da Igualdade Racial, destaca-se a atuação a fim de fiscalizar a reparação de danos coletivos oriundos de violações de direitos humanos decorrentes de racismo e discriminação racial.

De ofício ou a requerimento da vítima e/ou órgãos públicos, a Comissão pode atuar elaborando ofícios, pareceres e sugerindo iniciativas aos órgãos públicos para coibir e reparar práticas racistas, nesse sentido, cabe relatar caso emblemático tanto para a referida Comissão, quanto para a Comissão da Verdade Sobre a Escravidão Negra no Brasil,-[7] a 24ª Promotoria de Direitos Humanos do

---

7. Comissão temática da OAB Campinas, presidida pelo Dr. Ademir José da Silva.

Ministério Público de Campinas e o Centro de Referência em Direitos Humanos na Prevenção e Combate ao Racismo e a Discriminação Religiosa[8] do Município que acabaram atuando em conjunto em denúncia de discriminação racial ocorrida em uma Faculdade de Direito, de renomada instituição superior, no ano de 2015, que tramitou nos autos do Inquérito Civil 14.0739.0004633/2015-7.

Em síntese e respeitado o sigilo aplicado ao procedimento, a atuação dos referidos órgãos foi motivada por duas situações semelhantes e espaçadas por curto lapso temporal, quando três alunos negros matriculados no curso de Direito da mesma universidade foram vítimas de racismo.

Na primeira situação, ocorrida virtualmente em um grupo de alunos de Direito na rede social *facebook*, durante um debate sobre gênero nos times de futebol, um aluno negro defendeu uma colega que posicionou-se a favor de mais inclusão de mulheres no esporte e nesse contexto foi iniciada uma sequência de ofensas racistas por meio de publicações com conteúdos diversos, incluindo menções ao grupo de extermínimo Ku Klux Klan[9] com frases como "A tocha da ku klux klan chega a tremer" e "Nego perdeu a noção do perigo" associada à imagem de uma pessoa negra sorrindo com membros da KKK.

Não houve qualquer pudor na veiculação dos conteúdos racistas, mesmo em um grupo aberto com aproximadamente cinco mil membros entre alunos, ex-alunos, professores e funcionários vinculados à instituição.

Na segunda situação, ocorrida em menos de dois meses após esse episódio, duas alunas negras foram vítimas de racismo por alunos do curso. Ambas utilizavam o cabelo crespo e assistiam a uma palestra sobre Direitos Humanos na universidade, quando foram fotografadas e tiveram suas imagens veiculadas em um grupo de *whatsapp*, onde foram feitos comentários depreciativos sobre seus cabelos, como "achei um cachorro no cabelo dela" e "vai espirrar água para fora", entre outros.

Após a veiculação no ocorrido, pressão popular, midiática e protestos na universidade, foram abertos procedimentos de sindicância internas na referida instituição para apurar as ocorrências que, em desfecho, concluiu que quatorze alunos cometeram transgressões disciplinares, e nos termos do Regimento Interno e Estatuto da Instituição, foram apenados com suspensão, por prazo máximo de 15 (quinze) dias, considerada a conduta praticada individualmente.

---

8. Órgão da Prefeitura Municipal de Campinas, é um espaço em que prossionais de diversas áreas acolhem , acompanham e encaminham denúncias da prática de discriminação racial e religiosa e também realiza ações voltadas para a promoção da igualdade e combate ao preconceito racial e religioso, junto a escolas, universidades, empresas e demais órgãos, atualmente gerido por Jacqueline Damasio Armando.https://www.campinas.sp.gov.br/arquivos/comunicacao/cr_direitos_humanos.pdf.

9. Organização terrorista norte americana de supremacistas brancos com objetivo de perseguir e exterminar pessoas negras.

Concomitante a isso, havia sido realizada uma denúncia anônima logo após o ocorrido para o Ministério Público de Campinas, relatando a situação e pedindo providências. O caso em um primeiro momento foi objeto de arquivamento pelo órgão e posteriormente reaberto, quando a pasta de direitos humanos é assumida por nova profissional.

Com a oitiva de todos os envolvidos e as vítimas, entendeu o Ministério Público que necessitava de apoio de órgão de expertise para pensar estratégias de responsabilizar civilmente os envolvidos e mais, reeducá-los sobre o tema, nesse contexto, convida o Centro de Referência em Direitos Humanos na Prevenção e Combate ao Racismo e a Discriminação Religiosa, bem como as comissões temáticas já referidas da OAB Campinas para atuar em grupo propondo medidas eficazes para coibir a prática racista e atenuar a sensação de impunidade em que conviviam as vítimas.

Em que pese as alegações dos responsáveis pelas condutas racistas, de que os atos tratavam-se de piadas sem a intenção de práticas atos de ofensa ou discriminação racial, sob pena de abertura de ação judicial de caráter coletivo, aceitaram o acordo proposto pelo Ministério Público e foram formulados quatorze Termos de Ajustamento de Conduta – TAC,[10] propondo aos compromissários, em termos gerais as seguintes medidas: I) Aplicação de Multa revertido ao Fundo de Valorização da Comunidade Negra do Conselho de Desenvolvimento e Participação da Comunidade Negra de Campinas[11] ou na falta deste, ao Fundo Estadual da Promoção de Igualdade Étnica;[12] II) Oferecimento de horas dedicadas ao estudo, reflexão e trabalho dentro das temáticas de igualdade racial e intolerância religiosa, construídas e fiscalizadas pelo Centro de Referência em Direitos Humanos na Prevenção e Combate ao Racismo e a Discriminação Religiosa, em prazo e forma determinado pelo órgão, e acompanhados pelo NAT – Núcleo Técnico de Atenção Psicossocial do Ministério Público.

Ainda, o espaço institucional em que ocorrem as violações de direitos humanos motivos por discriminação racial, se comprometeu a adotar medidas antirracistas à nível institucional, o que é objeto de acompanhamento pelo órgão do Ministério Público atualmente, em razão de outros procedimentos instituídos.

Sem prejuízo das demais medidas que as vítimas poderiam valer-se dentro do sistema de justiça para reparação do dano individual – o que foi feito – importante compreender que as condutas praticadas ofendem à toda sociedade e precisam de reprimendas de caráter interdisciplinar e para além do que o sistema de justiça consegue oferecer.

---

10. Trata-se de um acordo entre o Ministério Público e o violador de determinado direito coletivo, com intuito de reparar o dano coletivo, interromper a prática ilegal e evitar a ação judicial, disciplinado no Ato Normativo 484- CPJ/2006.
11. Disciplina na Lei Ordinária Municipal 10.813/2001.
12. Previsto no artigo 13, parágrafo segundo da Lei 7347/1985.

4. A REPARAÇÃO DE DANO COLETIVO A PARTIR DA ATUAÇÃO INTERDISCIPLINAR DOS ÓRGÃOS DE JUSTIÇA E FISCALIZAÇÃO

A partir do caso relatado, ainda que de forma informal, nasce um protocolo de atuação interdisciplinar no município, com a atuação dos órgãos já mencionados e outros, como o Conselho de Desenvolvimento e Participação da Comunidade Negra de Campinas, visando criar estratégias para apuração e reprimendas mais efetivas para coibir condutas racistas, no âmbito cível.

Entre os anos de 2016 a 2023, segundo dados disponibilizados pelo Centro de Referência em Direitos Humanos na Prevenção e Combate ao Racismo e a Discriminação Religiosa, foram registrados 167 casos entre racismo e/ou racismo religioso no município de Campinas, sendo que destes, alguns foram objeto de acompanhamento pela Comissão da Igualdade Racial e /ou a Comissão da Verdade Sobre a Escravidão Negra no Brasil, por solicitação direta das vítimas, através de protocolo na subseção.

As Comissões técnicas, a partir do acionamento de questões individuais direcionadas à OAB, orientam a busca dos serviços especializados para atendimento das vítimas e, a depender da violação ocorrida, identificado dano de caráter coletivo a ser reparado, há possibilidade de intervenção da Comissão.

Dentre os casos acompanhados, destacam-se dois que foram registrados no Centro de Referência e também foram objeto de Inquérito Civil na 24ª Promotoria de Direitos Humanos do Ministério Público de Campinas. O primeiro deles ocorreu na mesma instituição de ensino superior do caso anteriormente relatado, quando uma aluna do curso de Ciências Sociais foi vítima de racismo em um sarau promovido pelo Centro Acadêmico de seu curso, enquanto declamava a poesia "Gritaram-me Negra", de Victoria Santa Cruz.[13]

Ao longo de sua fala, registrada em vídeo, um aluno do curso de Direito, fez sons em alusão a um macaco. O caso foi objeto de sindicância interna pela universidade, que concluiu que o aluno praticou transgressão disciplinar e o caso foi representado ao Ministério Público e encontra-se em trâmite através do Inquérito Civil 6886/19.

Nesse caso, a vítima não desejou tomar outras providências de ordem cível ou criminal.

Outro caso que se destaca, é a de uma mulher, que ao passar em frente a uma loja de cosméticos no centro de Campinas, foi surpreendida com o locutor e anunciante de produtos e promoções da marca, que pegou o microfone e disse

---

13. Victoria Eugenia Santa Cruz Gamarra foi uma poeta, coreógrafa, folclorista, estilista e ativista afro-peruana.

a seguinte frase "tem gente que tem o cabelo tão seco, que dá até sede", enquanto ela estava parada em frente à loja olhando as promoções. Importante registrar que ela possui o cabelo crespo e utiliza o penteado *black power*.

Essa ação foi testemunhada por populares que estavam na via pública de grande circulação onde o fato ocorreu e inclusive, uma delas testemunhou judicialmente sobre os fatos, contudo, em pese a vítima ter tido sucesso em ação judicial indenizatória em primeira instância, a empresa empregadora do locutor recorreu, e com o argumento de que, em síntese, não haviam provas de que a fala foi dirigida à ela e não tratava-se de um ato racista visto que a empresa trabalha com produtos para o cabelo crespo e tratou-se de uma estratégia do locutor para vender os produtos capilares, uma brincadeira, teve sucesso e a sentença de primeiro grau foi reformada e a empresa deixou de ser condenada no âmbito cível.

Contudo, ainda que o Tribunal de Justiça de São Paulo não tenha considerado a existência de um dano individual por ausência de provas suficientes, o que discorda os órgãos que acompanharam o caso e as advogadas da vítima, a forma como a propaganda de cosméticos para cabelo estava sendo realizada, evidenciava um dano coletivo, logo, o caso foi apresentado à Promotoria de Direitos Humanos do Ministério Público e após a instaurado o Inquérito Civil 3027-21, houve a proposição de TAC e a empresa comprometeu-se ao pagamento de multa ao Fundo de Valorização da Comunidade Negra, no montante de R$12.120,00 (doze mil cento e vinte reais).

O ponto comum evidente nos casos relatados é que todas as condutas praticadas foram justificadas pelos responsáveis como piada e quando não há uma preparação efetiva e letramento racial por parte dos órgãos responsáveis por apurar e punir práticas racistas, a impunidade é a resposta.

5. CONSIDERAÇÕES FINAIS

O objetivo principal deste artigo foi demostrar como a atuação efetiva da Comissão da Igualdade Racial em conjunto com as demais instituições, impactam nas soluções dos casos sobre racismo. Ao longo da exposição, observamos a como o Racismo Institucional ganhou esteio na Faculdade de Direito, diante da falta de sensibilidade e punição efetiva para os infratores desde a primeira ocorrência, até culminar em novos atos criminosos.

O racismo, ainda que reconhecido pelo Estado Brasileiro, conceituado e disciplinado no ordenamento jurídico, repudiado na Carta Magna de Direitos, e sendo objeto de lei ordinária, parece depender da discricionariedade do aplicador do Direito para a sua repressão e para a promoção da Igualdade e inclusão.

O letramento racial e a conduta profissional dos servidores do sistema de justiça devem fazer parte da vida pública dos sujeitos que possuem a responsabilidade de identificar, fiscalizar, punir e evitar práticas da mesma natureza, sob pena de legitimar-se o Direito como manutenção e não transformação do *status quo*.

Pelos casos relatados e acompanhados pela Comissão da Igualdade Racial no âmbito de suas funções institucionais, observou-se que quando há uma rede de profissionais de diversas áreas compromissados com a promoção da Igualdade racial e, mais do que isso, capacitados tecnicamente para tal, providências além do que a justiça comum pode oferecer podem e devem ser tomadas, pois a problemática do racismo começa quando da identificação de uma conduta racista, afinal, no primeiro caso apresentado, a primeira solução do poder público foi propor o arquivamento e no último, a justiça comum sequer entendeu a conduta como objeto de indenização, daí a importância dos órgãos de fiscalização da própria lei.

6. REFERÊNCIAS

ALMEIDA, Sílvio Luiz de. *Racismo estrutural*. São Paulo: Sueli Carneiro; Pólen, 2019.

HALL, Stuart. The Work of Representation. In: HALL, Stuart. *Representation, Cultural Representations and Signifying Practices*. Londres/Nova Deli: Thousands Oaks/Sage, 1997.

LYRIO, Caroline e PIRES, Thula. *Teoria crítica da raça como referencial teórico necessário para pensar a relação entre direito e racismo no Brasil*. Direitos dos Conhecimentos. In: CONPEDI/UFS (Org.). Florianópolis: CONPEDI, 2015.

MOREIRA, Adilson José. *Pensando como um negro*: ensaio de hermenêutica jurídica. São Paulo: Editora Contracorrente, 2019.

PEREIRA, Amilcar Araujo. *"O mundo negro"*: relações raciais e a constituição do movimento negro contemporâneo no Brasil. Rio de Janeiro: editora Pallas: FAPPERJ, 2013.

LEGADO DA INVISIBILIDADE

Filipe Viana de Santa Rosa

Promotor de Justiça do MPSP.

Conta-se que, em 1324, Mansa Musa, soberano do Mali, fez uma viagem até Meca, cidade santa islâmica localizada na atual Arábia Saudita. Era acompanhado por nobres, soldados, entre 9 mil e 14 mil escravos e cem camelos cobertos de ouro. Antes de entrar em Meca, como presente, enviou ao sultão Al-Malik al-Nasir 50 mil dinares em moedas de ouro, cada uma delas pesando cerca de quatro gramas. Estima-se que na longa viagem, Mansa Musa teria distribuído mais de uma tonelada de ouro, fazendo o metal precioso desvalorizar em relação à prata na região.

Conforme relatado, acompanhavam o soberano grande quantidade de escravos. O filósofo Aristóteles, 384-322 a.C., afirmou que "A humanidade se divide em duas: os senhores e os escravos; aqueles que têm o direito de mando e os que nasceram para obedecer".[1]

A utilização de escravos foi fundamental para todas as antigas civilizações. Estava presente entre os egípcios, os gregos, os romanos e garantiu o desenvolvimento da França, Inglaterra, Rússia, Japão, dentre outros. O próprio Aristóteles possuía escravos, assim como Thomas Jefferson, que paradoxalmente escreveu a Declaração de Independência dos Estados Unidos da América, afirmando que todos eram livres e iguais em direitos. Até mesmo o famoso inconfidente Joaquim José da Silva Xavier, o Tiradentes, possuiu alguns escravos. John Locke, filósofo inglês precursor do liberalismo e defensor da tolerância, possuía ações da companhia de tráfico de escravos *Royal African Company*.

A escravidão sempre esteve presente no mundo e inicialmente não tinha como característica a cor da pele. Assim é que entre 1468 e 1694, os tártaros da Crimeia escravizaram cerca de 2 milhões de russos, poloneses e ucranianos.

No período anterior ao novo modelo instituído pelos europeus, a escravidão ocorria por fatores diversos como guerra, sequestro, pagamento de dívida, punição por crimes, dentre outros.

---

1. GOMES, Laurentino. *Escravidão*. Rio de Janeiro: Globo Livros, 2019, v. I: do primeiro leilão de cativos em Portugal até a morte de Zumbi dos Palmares, p. 43.

No entanto, com a colonização da América, a captura de pessoas para trabalharem forçosamente adota característica que a diferencia do modelo até então existente: a ideologia racista, associando cor da pele à condição de pessoa escravizada. Os negros foram vistos como sub-humanos, inferiores por motivos fisiológicos, intelectuais, religiosos, filosóficos e estéticos, merecedores, portanto, da condição de pessoa escravizada. Em verdade, deveriam agradecer a oportunidade de serem cativos, vez que retirados de seu estado natural de barbárie e inseridos no virtuoso modo de vida europeu, que lhe possibilitaria, caso houvesse esforço, alcançar certo grau de civilidade.

Após esse novo modelo, a realidade das pessoas negras alterou-se drasticamente. Muito embora a história de Mansa Musa não represente a realidade de todos os indivíduos negros da época, demonstra como eram pujantes e plurais as sociedades que compunham a África, características que os europeus tentaram sepultar e parte da História, ainda hoje, insiste em não mostrar.

No Brasil, após mais de 350 anos de escravidão, os negros foram descartados e se alocaram nas regiões periféricas das cidades, distantes de escolas, atendimento médico, saneamento básico e qualquer outro recurso social que lhes garantisse direitos. E, assim, até os dias atuais, permanece o pensamento social de que negros são indivíduos descartáveis, com lugar garantido às margens do Estado e sociedade. As lições das ideologias racistas, replicadas ao longo de aproximados 4 séculos, reverberam até os dias atuais e foram tão bem introjetadas que muitas pessoas sequer se percebem racistas.

A naturalização da morte e pobreza desta parcela da população, maioria neste País, pode ser notada quando se constata que 75% das pessoas que morreram violentamente no Brasil no ano de 2018, segundo o Atlas da Violência 2020, eram negras; 77% das vítimas de homicídio em 2019 eram negras, segundo o Atlas da Violência 2021. Porém, essa realidade sequer é conhecida por boa parte da população, em razão da insuficiente divulgação dos dados e ausência de políticas de conscientização, demonstrando que a situação faz parte do normal funcionamento social, que pouco valor dá às condições a que pessoas negras se submetem.

Os gráficos a seguir sintetizam a situação da parcela negra no País:

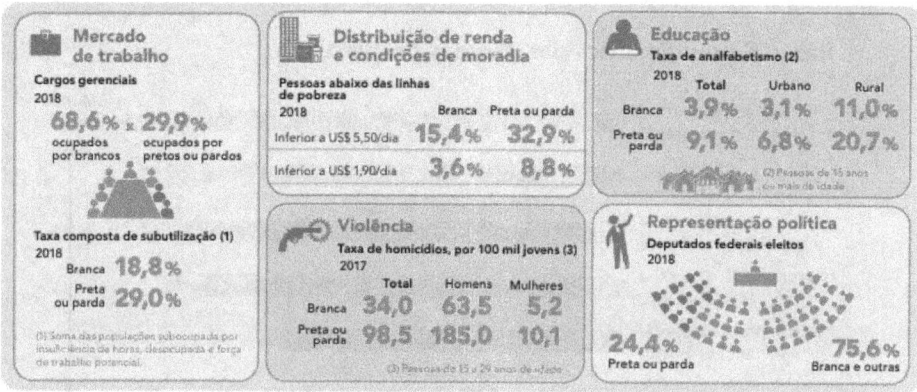

Mercado de trabalho

Cargos gerenciais
2018

68,6% x **29,9%**
ocupados por brancos | ocupados por pretos ou pardos

Taxa composta de subutilização (1)
2018
Branca **18,8%**
Preta ou parda **29,0%**

(1) Soma das população subocupada por insuficiência de horas, desocupada e força de trabalho potencial.

Distribuição de renda e condições de moradia

Pessoas abaixo das linhas de pobreza
2018

	Branca	Preta ou parda
Inferior a US$ 5,50/dia	**15,4%**	**32,9%**
Inferior a US$ 1,90/dia	**3,6%**	**8,8%**

Violência

Taxa de homicídios, por 100 mil jovens (3)
2017

	Total	Homens	Mulheres
Branca	**34,0**	**63,5**	**5,2**
Preta ou parda	**98,5**	**185,0**	**10,1**

(3) Pessoas de 15 a 29 anos de idade

Educação

Taxa de analfabetismo (2)
2018

	Total	Urbano	Rural
Branca	**3,9%**	**3,1%**	**11,0%**
Preta ou parda	**9,1%**	**6,8%**	**20,7%**

(2) Pessoas de 15 anos ou mais de idade

Representação política

Deputados federais eleitos
2018

24,4% Preta ou parda | **75,6%** Branca e outras

Fonte: IBGE, Diretoria de Pesquisas, Coordenação de População e Indicadores Sociais.

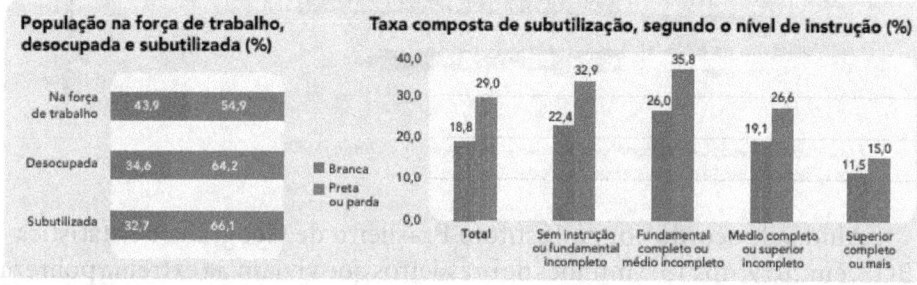

População na força de trabalho, desocupada e subutilizada (%)

	Branca	Preta ou parda
Na força de trabalho	43,9	54,9
Desocupada	34,6	64,2
Subutilizada	32,7	66,1

Taxa composta de subutilização, segundo o nível de instrução (%)

	Branca	Preta ou parda
Total	18,8	29,0
Sem instrução ou fundamental incompleto	22,4	32,9
Fundamental completo ou médio incompleto	26,0	35,8
Médio completo ou superior incompleto	19,1	26,6
Superior completo ou mais	11,5	15,0

Fonte: IBGE, Pesquisa Nacional por Amostra de Domicílios Contínua 2018.
Nota: Pessoas de 14 ou mais anos de idade.

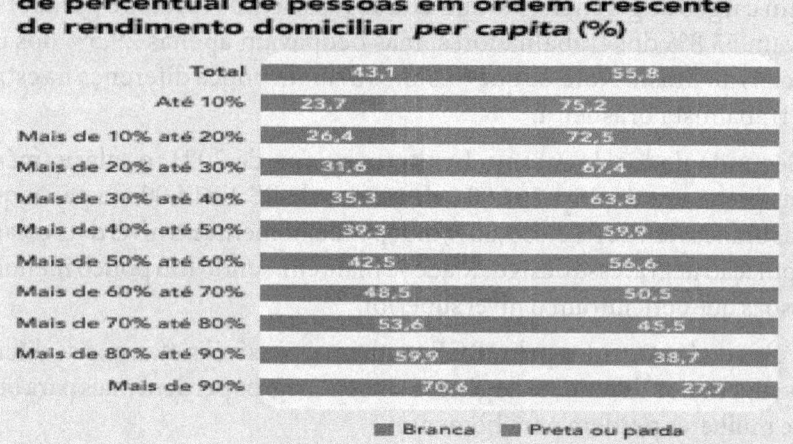

Distribuição da população segundo as classes de percentual de pessoas em ordem crescente de rendimento domiciliar *per capita* (%)

	Branca	Preta ou parda
Total	43,1	55,8
Até 10%	23,7	75,2
Mais de 10% até 20%	26,4	72,5
Mais de 20% até 30%	31,6	67,4
Mais de 30% até 40%	35,3	63,8
Mais de 40% até 50%	39,3	59,9
Mais de 50% até 60%	42,5	56,6
Mais de 60% até 70%	48,5	50,5
Mais de 70% até 80%	53,6	45,5
Mais de 80% até 90%	59,9	38,7
Mais de 90%	70,6	27,7

Fonte: IBGE, Pesquisa Nacional por Amostra de Domicílios Contínua 2018.
Notas: 1. Exclusive as pessoas cuja condição no arranjo domiciliar era pensionista, empregado doméstico ou parente do empregado doméstico.
2. Rendimentos deflacionados para reais médios de 2018, com base no Índice Nacional de Preços ao Consumidor Amplo - IPCA, calculado pelo IBGE.

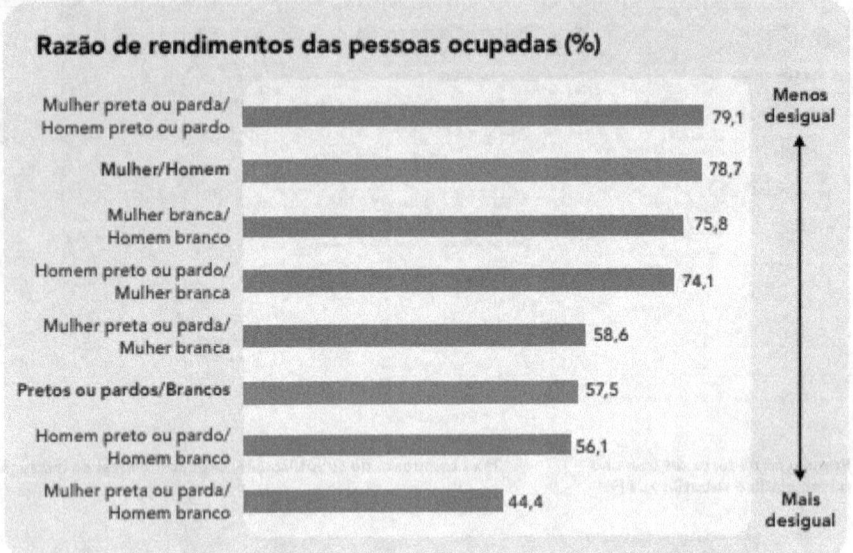

Razão de rendimentos das pessoas ocupadas (%)

Mulher preta ou parda/ Homem preto ou pardo	79,1
Mulher/Homem	78,7
Mulher branca/ Homem branco	75,8
Homem preto ou pardo/ Mulher branca	74,1
Mulher preta ou parda/ Muher branca	58,6
Pretos ou pardos/Brancos	57,5
Homem preto ou pardo/ Homem branco	56,1
Mulher preta ou parda/ Homem branco	44,4

Menos desigual ↕ Mais desigual

Fonte: IBGE, Pesquisa Nacional por Amostra de Domicílios Contínua 2018.
Nota: Pessoas de 14 ou mais anos de idade.

Ainda, de acordo com o Instituto Brasileiro de Geografia e Estatística – IBGE, em 2019, dos 13,5 milhões de brasileiros que viviam na extrema pobreza, 75% eram pretos ou pardos. Embora os negros sejam a maioria da população – 55,8% dos brasileiros se declararam como pretos ou pardos no ano de 2018 – e da força de trabalho – 54,9% dos trabalhadores –, apenas 29,9% dos negros ocupam cargos de gerência. No ano de 2021, os negros (pretos e pardos) representavam 53,8% dos trabalhadores, mas ocupavam apenas 29,5% dos cargos gerenciais no Brasil. Note-se que três anos fizeram pouca diferença na estrutura racial trabalhista brasileira.

Segundo dados do mesmo Instituto, no ano de 2021, o salário médio de pessoas pretas era de R$ 1.764,00 e de pardos de R$ 1.814,00, ao passo que das pessoas brancas era de R$ 3.099,00 E, independentemente no nível de escolaridade da população negra, essa desigualdade se mantém, sendo um pouco menor entre as pessoas que concluíram o nível superior.

Pelos dados trazidos pelo IBGE também é possível notar que as diferenças raciais superam as diferenças de gênero, ou seja, negros perdem mais para brancos do que mulheres perdem para homens.

No que se refere ao saneamento básico, distante da população negra mesmo antes do fim da escravidão, aponta o IBGE que 42,8% da população negra vive sem esgotamento sanitário por rede coletora ou pluvial, ao passo que entre a população branca esse número é de 26,5%. Além disso, 44,5% da população negra vive sem ao menos um serviço de saneamento, número que reduz para 27,9% entre a população branca.

Após o início da pandemia, as diferenças se agravaram. O estudo publicado pelo Made-USP (Centro de Pesquisa em Macroeconomia das Desigualdades Sociais da FEA-USP) revelou que antes da pandemia, 33% das mulheres negras estavam abaixo da linha da pobreza. Em 2021, essa taxa está em 38%. Já em relação à população branca, com números próximos entre homens e mulheres, a taxa subiu de 15% para 19%.

No mesmo estudo, mostrou-se que, em relação à extrema pobreza, para as mulheres negras a taxa pré-pandemia era de 9,2% desta parcela da população inseridas na condição de extremamente pobres e em 2021 subiu para 12,3%. Comparando-se com homens brancos, a taxa foi de 3,4% para 5,5%.

A taxa de analfabetismo entre negros é mais que o dobro da taxa entre brancos, e, embora os negros sejam a maior parte da população brasileira, representam apenas 24,4% dos deputados federais eleitos.

Os dados deixam evidente que o Brasil mantém a estrutura colonial racista: em 1672, a cidade do Rio de Janeiro era composta por 4 mil habitantes brancos e 20 mil negros. Atualmente, de igual forma, embora negros sejam a maioria da população e da mão de obra brasileira, para eles são reservados os menores salários e os cargos da base de qualquer carreira, perpetuando a posição de submissão e o alijamento de direitos básicos, em oposição aos brancos, majoritários na parcela da população com maiores rendimentos, como exibido no gráfico acima.

Ainda hoje as pessoas negras são mantidas em empregos com menor remuneração, mesmo quando concluem o curso superior, têm menos acesso ao saneamento básico, compõem a maior parcela das pessoas em situação de pobreza ou pobreza extrema e têm maior taxa de analfabetismo. Em síntese, a sociedade se estrutura para manter negros e negras atrelados à pobreza, realidade que não se alterou em 133 anos de abolição, quando os negros se tornaram definitivamente livres e supostamente iguais.

Antonio Sérgio Alfredo Guimarães, em seu artigo "A democracia racial negra nos anos 1940" afirmou que: "Negar que existisse, no Brasil, "preconceito de raça" era algo que perpassava, contudo, todos os discursos".[2] Assim é que, mesmo com toda a realidade já compilada em dados, em 16 de junho de 2020, Dom Bertrand de Orleans e Bragança, detentor do título figurativo de príncipe imperial do Brasil e, evidentemente, componente do grupo detentor dos privilégios oriundos da estrutura racista, mantendo prática da década de 1940, afirmou: "Estão procurando

---

2. GUIMARÃES, Antonio Sérgio Alfredo. *Modernidades negras, a formação racial brasileira* (1930-1970). São Paulo: Editora 34, 2021, p. 91.

criar esse problema racial, mas não conseguem. Aqui, todos nos damos bem. Aqui no Brasil, todos nós vivemos bem".

Para explicar como o Estado se organiza e cria discursos que permitem o extermínio de determinado grupo, Achille Mbembe estabeleceu um paralelo entre discurso, poder e racismo para demonstrar como o Estado escolhe quem pode viver e quem deve morrer, dando o nome de necropolítica à forma de organizar estruturas sociais com o fim de garantir a destruição de determinados grupos.

Ao escrever um ensaio sobre o tema, Mbembe afirmou: "Minha preocupação é com aquelas formas de soberania cujo projeto central não é a luta pela autonomia, mas "a instrumentalização generalizada da existência humana e a destruição de corpos humanos e populações. Tais formas da soberania estão longe de ser um pedaço de insanidade prodigiosa ou uma expressão de alguma ruptura entre os impulsos e interesses do corpo e da mente. De fato, tais como os campos da morte, são elas que constituem o *nomos* do espaço político em que ainda vivemos".[3]

Muito embora Mbembe foque na violência como forma de exercício do poder estatal sobre grupos determinados, estabelecendo como principal atributo da soberania, neste contexto, o poder de matar ou deixar viver, a manutenção da população negra na pobreza, sem representatividade e com maior dificuldade de ascensão social faz parte da política da morte do estado brasileiro, visto que, ao lado da violência, reduzem a expectativa e qualidade de vida dos indivíduos negros.

Estes fatores, violência e pobreza, colocam a população negra como o grupo cuja destruição é permitida e, sub-repticiamente, estimulada.

Walter Scheidel, professor da Universidade de Stanford acredita que as desigualdades econômicas só podem ser reduzidas por meio de catástrofes naturais ou levantes populares violentos. Nas palavras dele: "(...) Como as políticas redistributivas decorrentes da guerra ou da mobilização em massa foram raríssimas na história pré-moderna, esses choques assumiram, primordialmente, as formas de falência do Estado ou pandemias. Na ausência destes, a desigualdade simplesmente se manteria sempre elevada, mediada, em qualquer nível de desenvolvimento econômico, pelos caprichos da construção de Estados, da competição interestatal e do equilíbrio do poder entre os governantes e as elites". Prossegue o autor: "(...) Assim, embora a falência do Estado ou o colapso dos sistemas tenha geralmente reduzido a produção média per capita, fazendo a equalização coincidir com uma pobreza maior, as grandes epidemias surtiram o efeito oposto, nivelando através

3. Arte & Ensaios. *Revista do PPGAV/EBA/UFRJ*, n. 32, p. 125. Rio de Janeiro, 2016.

do aumento da produtividade per capita e do consumo da não elite, à medida que houve um relaxamento das restrições malthusianas".[4]

Até o momento, embora não tenhamos saído da situação pandêmica, nota-se um aumento da pobreza, assemelhando-se à hipótese do autor de falência do Estado ou colapso dos sistemas, e não o aumento da produtividade per capita e do consumo da população em geral. Ainda, o agravamento da desigualdade está ocorrendo, deixando a população negra ainda mais defasada em relação à parcela branca.

De qualquer forma, estamos em um momento histórico de modificação social e econômica que certamente trará consequências na divisão racial da pobreza.

Tentando ser mais otimista do que Scheidel, afastada a insurreição ou o naufrágio do Estado, a realidade da desigualdade racial, que transpassa séculos, da qual a desigualdade econômica é um efeito, pode ser mudada inicialmente por meio da informação sobre sua existência, que, embora gritante, é ignorada por muitos. Com a informação, espera-se que a consciência sobre a necessidade urgente de alteração das estruturas sociais substitua o construto racista que nos sujeita e a consequente cegueira deliberada sobre a desigualdade racial, existente pelo menos desde o início do século passado. Os corpos negros precisam sair da invisibilidade e conquistar a dignidade humana que reiteradamente lhes é negada.

Não se espera que todos os negros e negras sejam Mansa Musa, mas que, ao menos, se desvinculem da pobreza e da violência, e, hauridos ao patamar cívico inerente à condição humana, suplantem a necropolítica e existam em igualdade de condições com a população branca.

REFERÊNCIAS

ALMEIDA, Silvio. *Racismo estrutural*. São Paulo: Editora Jandaira, 2020.

GOMES, Laurentino. *Escravidão*. Rio de Janeiro: Globo Livros, 2019. v. I: do primeiro leilão de cativos em Portugal até a morte de Zumbi dos Palmares.

GUIMARÃES, Antonio Sérgio Alfredo. *Modernidades negras, a formação racial brasileira (1930-1970)*. São Paulo: Editora 34, 2021.

MBEMBE, Achille. *Necropolítica*. Arte & Ensaios. *Revista do PPGAV/EBA/UFRJ*, n. 32, Rio de Janeiro, 2016.

MBEMBE, Achille. *Necropolítica*. São Paulo: N-1 Edições, 2018.

SCHEIDEL, Walter, *Violência e a história da desigualdade. Da idade da pedra ao século XXI*. Rio de Janeiro: Zahar, 2020.

---

4. SCHEIDEL, Walter. *Violência e a história da desigualdade*. Da idade da pedra ao século XXI. Rio de Janeiro: Zahar, 2020, p. 422.

SÍTIOS ELETRÔNICOS CONSULTADOS

https://biblioteca.ibge.gov.br/visualizacao/livros/liv101681_informativo.pdf. Acesso em: 05 out. 2021.

https://educa.ibge.gov.br/jovens/materias-especiais/21039-desigualdades-sociais-por-cor-ou-raca-no-brasil.html. Acesso em: 07 out. 2021.

https://www.ipea.gov.br/atlasviolencia/publicacoes/51/atlas-da-violencia-2020. Acessado em 07 de outubro de 2021.

https://www.ipea.gov.br/atlasviolencia/arquivos/artigos/1375-atlasdaviolencia2021completo.pdf. Acesso em: 07 out. 2021.

https://www.nexojornal.com.br/expresso/2021/04/25/Desigualdade-de-g%C3%AAnero-e-ra%C3%A7a-o-perfil-da-pobreza-na-crise. Acesso em: 10 out. 2021.

https://valor.globo.com/brasil/noticia/2019/11/13/ibge-dos-135-milhoes-vivendo-em-extrema-pobreza-75percent-sao-pretos-ou-pardos.ghtml. Acesso em: 10 out. 2021.

https://www.infomoney.com.br/carreira/renda-media-de-trabalhador-branco-e-757-maior-do-que-de-pretos-diz-ibge/. Acesso em: 07 mar. 2023.

MULHERES NEGRAS
NO PODER JUDICIÁRIO

Flávia Martins de Carvalho

Doutoranda em Filosofia e Teoria Geral do Direito pela Universidade de São Paulo. Juíza de direito no Tribunal de Justiça do Estado de São Paulo.

Sumário: 1. Introdução – 2. Questões raciais no âmbito do poder judiciário; 2.1 Desafios ao cumprimento da Resolução CNJ 203/2015; 2.2 Igualdade racial no âmbito do Poder Judiciário: expectativa x realidade – 3. Conclusão – 4. Referências.

1. INTRODUÇÃO

O racismo no Brasil possui características muito particulares, havendo até quem diga que não existe por aqui.[1] Não obstante, basta que analisemos alguns indicadores socioeconômicos para concluirmos que a raça é um fator que afeta a organização da nossa sociedade, beneficiando ou prejudicando pessoas em função do grupo racial ao qual pertençam.[2]

Assim, para os propósitos do presente artigo, não discutiremos a existência ou não do racismo; ao contrário, assumiremos como premissa que o racismo existe e que:

> É uma forma sistemática de discriminação que tem a raça como fundamento, e que se manifesta por meio de práticas conscientes ou inconscientes que culminam em desvantagens ou privilégios para indivíduos, a depender do grupo racial ao qual pertençam.[3]

Desta forma, o Poder Judiciário enquanto instituição não está imune ao racismo e, sendo um espaço de poder, reproduz o modelo de desigualdade racial

---

1. No Brasil, não existe racismo', diz Mourão sobre assassinato de homem negro em supermercado. G1, Rio de Janeiro, 20 de nov. 2020. Disponível em: https://g1.globo.com/politica/noticia/2020/11/20/mourao-lamenta-assassinato-de-homem-negro-em-mercado-mas-diz-que-no-brasil-nao-existe-racismo.ghtml. Acesso em: 4 out. 2021.
2. Pesquisa do Instituto Locomotiva, realizada em 2020, indica que: 1) trabalhadores não negros ganham, em média, 76% a mais do que trabalhadores negros; 2) 66% dos brasileiros têm chefes brancos contra 31% que têm chefes negros (pretos e pardos); 3) 23% dos homens não negros com 25 anos ou mais possuem ensino superior contra 9% dos homens negros; 27% das mulheres não negras com 25 anos ou mais possuem ensino superior contra 13% das mulheres negras; 4) 35% de pessoas negras já foram seguidas por seguranças em lojas ou shoppings contra 19% de pessoas não negras. Estes dentre tantos outros indicadores evidenciam que o racismo existente no Brasil e produz efeitos deletérios sobre o grupo de pessoas negras. Disponível em: https://www.ilocomotiva.com.br/estudos. Acesso: 4 out. 2021.
3. ALMEIDA, 2019; p. 32.

que perpassa toda nossa sociedade. Para enfrentar esse problema, em julho de 2020, o Conselho Nacional de Justiça (CNJ), por iniciativa do seu então presidente, ministro José Antônio Dias Toffoli, instituiu um Grupo de Trabalho destinado à elaboração de estudos e indicação de soluções com vistas à formulação de políticas judiciárias sobre a igualdade racial no âmbito do Poder Judiciário,[4] do qual tive a oportunidade de participar.[5]

Como produto do Grupo de Trabalho, em 2021, foi realizada pesquisa coordenada pelo Departamento de Pesquisas Judiciárias (DPJ) do CNJ, sobre Negras e Negros no Poder Judiciário,[6] cujo resultado será apresentado e discutido no presente artigo, correlacionando com informações coletadas em outras pesquisas realizadas anteriormente, sobretudo para indicar a situação de maior vulnerabilidade das mulheres negras que ocupam o cargo de magistradas no Poder Judiciário, embora a pesquisa também apresente informações sobre servidoras e estagiárias, que não serão discutidas nos estreitos limites do presente artigo.

2. QUESTÕES RACIAIS NO ÂMBITO DO PODER JUDICIÁRIO

O perfil da magistratura brasileira foi mapeado pelo CNJ, pela primeira vez, em 2013, como forma de subsidiar a decisão do Pedido de Providências (PP) 0002248-46.2012.2.00.0000, que versava sobre a fixação de diretrizes das políticas públicas para o preenchimento de cargos no Poder Judiciário, de modo a estabelecer percentuais para negros e índios, inclusive para os cargos de juiz substituto.

O Censo do Poder Judiciário[7] foi conduzido pelo DPJ e contou com a adesão de 64% dos 16.812 juízes e juízas em atividade naquele ano, revelando um déficit significativo de pessoas pretas e pardas na magistratura.

De acordo com dados do referido Censo, 84,2% da magistratura brasileira se autodeclarava branca; 1,4%, preta; e 14,2%, parda, perfazendo o total de 15,6% de juízas e juízes negros (pretos/as e pardos/as).[8] Assim, restava evidente a sub-representação da população negra no Poder Judiciário, haja vista que, à época, pessoas negras correspondiam a aproximadamente 54% da população brasileira. Atualmente, são pouco mais de 56%.

4. Portaria CNJ 108, de 8 de julho de 2020. Disponível em: https://atos.cnj.jus.br/atos/detalhar/3374. Acesso em: 4 de out. 2021.
5. Portaria CNJ 111, de 17 de julho de 2020. Disponível em: https://atos.cnj.jus.br/atos/detalhar/3383. Acesso em: 4 out. 2021.
6. CNJ. Pesquisa sobre Negros e Negras no Poder Judiciário. Disponível em: https://www.cnj.jus.br/wp-content/uploads/2021/09/rela-negros-negras-no-poder-judiciario-290921.pdf. Acesso em: 9 out. 2021.
7. CNJ. Censo do Poder Judiciário. Disponível em: https://www.cnj.jus.br/censo-do-poder-judiciario/. Acesso em: 9 out. 2021.
8. CNJ. Idem, p. 39-41.

MULHERES NEGRAS NO PODER JUDICIÁRIO

No ano seguinte, corroborando a necessidade de implementação de políticas públicas para a promoção da igualdade racial no país, foi aprovada a Lei 12.990, de 9 de julho de 2014, que instituiu a reserva para pessoas negras de 20% das vagas oferecidas nos concursos públicos para provimento de cargos efetivos e empregos públicos no âmbito da administração pública federal, das autarquias, das fundações públicas, das empresas públicas e das sociedades de economia mista controladas pela União.

Em 18 de março de 2015, o então presidente do CNJ e do Supremo Tribunal Federal (STF), ministro Ricardo Lewandowski, assinou a Instrução Normativa 63, que passou a destinar para pessoas negras 20% das vagas ofertadas nos cargos efetivos do quadro de pessoal do Conselho.

Por fim, em 23 de junho de 2015, o CNJ publicou a Resolução 203, que dispõe sobre a reserva a pessoas negras, no âmbito do Poder Judiciário, de 20% das vagas oferecidas nos concursos públicos para provimento dos cargos efetivos do quadro de pessoal dos órgãos do Poder Judiciário e de ingresso na magistratura.

O percentual de 20% foi definido a partir da Nota Técnica que subsidiou a decisão no PP 0002248-46.2012.2.00.0000 e foi calculado considerando o parâmetro de inclusão em três diferentes cenários, que levam em conta a população de brasileiros (natos e naturalizados), com mais de 18 anos e menos de 70 anos, e com curso superior em direito e ocupados na semana de referência (cenário 1); ou com curso superior em direito e população economicamente ativa (cenário 2); ou, ainda, sem qualquer outro requisito adicional (cenário 3). Feita a comparação entre o percentual de negros e o parâmetro de inclusão nos diferentes cenários, chegou-se a um percentual que variava entre 22,2% e 22,5% como sendo o mais adequado para se buscar atingir a equivalência de pessoas negras no Poder Judiciário.

2.1 Desafios ao cumprimento da Resolução CNJ 203/2015

Desde a publicação da Resolução CNJ 203/2015, segundo a Pesquisa sobre Negros e Negras no Poder Judiciário, de 89 tribunais respondentes, 33 declararam ainda não terem implementado a referida Resolução, a maioria (29 tribunais) em virtude da não realização de concursos públicos no período.[9]

Dentre os 56 tribunais que já adotaram a Resolução, 13 (24,52%) indicaram dificuldades para o seu cumprimento, que vão desde a ausência de critérios objetivos para verificação de quem faz jus às cotas raciais, passando pelas impugnações

_____

9. CNJ. Base de dados da pesquisa sobre negros e negras no Poder Judiciário. Disponível em: https://www.cnj.jus.br/download/3737/pesquisas-judiciarias/159713/bases_relatorio_negros-as. Acesso em: 9 out. 2021.

ao edital ou a alguma fase do concurso,[10] até a inadequação dos sistemas internos para lidar com informações de raça.

Os critérios de verificação da elegibilidade à cota racial são muito diversos entre os tribunais e parecem ser uma das principais dificuldades enfrentadas para a aplicação da Resolução. Dos 56 tribunais que realizaram concurso com previsão de cota racial, 27 (48,2%) adotaram, no último concurso, apenas a autodeclaração; 23 (41,1%), outros critérios; e 6 (10,7%), autodeclaração com comprovação documental. Dentre os outros critérios adotados, há a realização de entrevista e a adoção de bancas de heteroidentificação, cujos(as) profissionais nem sempre estão preparados(as) para lidar com os parâmetros que permitem a identificação de uma pessoa como negra.[11]

Dos 38 tribunais que adotaram a comissão de heteroidentificação, 18 declararam que os membros da comissão não participaram de qualquer oficina envolvendo a temática racial e 4 disseram sequer ter pessoas pretas ou pardas nas suas comissões. Em contrapartida, 18 tribunais declararam que a comissão foi formada por especialistas na temática da igualdade racial e enfrentamento ao racismo, dos quais 13 declararam que esses(as) profissionais participaram de oficinas específicas sobre o tema.

Aqui, é importante compreender as particularidades do racismo no Brasil. De acordo com Lélia Gonzalez, o racismo brasileiro configura-se como racismo por "denegação", categoria freudiana que explica o "processo pelo qual o indivíduo, embora formulando um dos seus desejos, pensamentos ou sentimentos, até aí recalcado, continua a defender-se dele, negando que lhe pertença".[12] Ainda segundo Gonzalez, no Brasil, assim como em quase toda a América Latina, "prevalecem as 'teorias' da miscigenação, da assimilação e da democracia racial",[13] que servem para negar a existência do racismo e das desigualdades em função da raça existentes em nosso país, tornando o racismo um verdadeiro tabu, sobretudo nos espaços de maior exclusão da população negra, a exemplo do Poder Judiciário.

> Por isso mesmo, a afirmação de que todos são iguais perante a lei, assume um caráter nitidamente formalista em nossas sociedades. O racismo latino-americano é suficientemente sofisticado para manter negros e índios na condição de segmentos subordinados no interior

---

10. Segundo a pesquisa, três tribunais tiveram o edital impugnado em ração das cotas raciais. Houve impugnação de alguma fase do concurso posterior ao edital em razão das cotas raciais em 16 tribunais, com abertura de Procedimento de Controle Administrativo (PCA) em cinco deles.

11. Em regra, os editais adotam como critério para elegibilidade às cotas raciais o fenótipo, ou seja, a cor da pele e a existência de traços físicos que identifiquem a pessoa como negra, como cabelo, nariz, boca etc. Ainda assim, identificar-se como uma pessoa negra não é um processo simples, sobretudo para aqueles classificados como pardos, que muitas vezes não sabem se são negros ou não.

12. GONZALEZ, 2018; p. 321-322.

13. GONZALEZ, 2018; p. 324.

das classes mais exploradas, graças à sua forma ideológica mais eficaz: a ideologia do branqueamento. Veiculada por meios de comunicação de massa e pelos aparelhos ideológicos tradicionais, ela reproduz e perpetua a crença de que as classificações e os valores do Ocidente branco são os únicos verdadeiros e universais. Uma vez estabelecido, o mito da superioridade branca demonstra sua eficácia pelos efeitos de estilhaçamento, de fragmentação da identidade racial que ele produz: o desejo de embranquecer (de 'limpar o sangue', como se diz no Brasil) é internalizado, com a simultânea negação da própria raça, da própria cultura.[14]

O racismo por denegação costuma aparecer nas pesquisas sobre a existência do racismo no Brasil. Pesquisa realizada pelo Instituto Locomotiva, em parceria com o Carrefour, no período de 21 e 22 de março de 2021, em 72 cidades de todos os estados brasileiros, revelou que 84% das pessoas entrevistadas consideram o Brasil um país preconceituoso em relação a pessoas negras, mas apenas 4% admitem ter preconceito em relação a essas mesmas pessoas.[15] Embora com acentuada diferença nos resultados, pesquisa realizada pelo Instituto Paraná Pesquisas, em 2020, encomendada pela Revista Veja, também indicou que a maior parte da sociedade brasileira reconhece o racismo, revelando que 61% das pessoas entrevistadas admitiram que o Brasil é um país racista, enquanto 34% negaram o problema.[16]

No âmbito da magistratura, pesquisa realizada pela Associação dos Magistrados (e Magistradas) Brasileiros(as) (AMB),[17-18] em 2018, abordou a questão do racismo através da seguinte pergunta: "Já se sentiu discriminado no ambiente de trabalho em razão da raça?". O resultado revelou que 2,4% dos juízes e juízas de 1º grau em atividade admitiram já ter sofrido discriminação em razão da raça, ao passo que 97,6% declararam nunca ter sofrido qualquer discriminação em razão da raça. Entretanto, a pesquisa não indica quantas daquelas pessoas que sofreram discriminação eram pessoas negras e quantas entre as que jamais passaram por

---

14. GONZALEZ, 2018; p. 326.

15. *Racismo no Brasil*: uma contribuição do Instituto Locomotiva e do Carrefour para luta contra o racismo. Disponível em: https://naovamosesquecer.com.br/downloads/pesquisa-racismo-brasil.pdf. Acesso em: 9 de out. 2021.

16. GHIROTTO, Edoardo. Pesquisa exclusiva: 61% dos brasileiros acham que o país é racista. *Revista Veja*. Publicado em 14 ago. 2020. Atualizado em 20 ago. 2020. Disponível em: https://veja.abril.com.br/brasil/pesquisa-exclusiva-61-dos-brasileiros-acham-que-o-pais-e-racista/. Acesso em: 9 out. de 2021.

17. AMB. Pesquisa Quem Somos – A magistratura que queremos. Disponível em: https://www.amb.com.br/wp-content/uploads/2019/02/Pesquisa_completa.pdf. Acesso em: 9 de out. 2021.

18. Sempre que faço referência à associação nacional de representação da magistratura, procuro incluir as "Magistradas" em sua denominação, tal como acima, uma vez que a denominação original faz referência apenas ao gênero masculino. Não se trata de preciosismo, mas sim da utilização de uma linguagem inclusiva capaz de dar conta da diversidade da magistratura, composta não apenas por homens, mas também por mulheres, inclusive, mulheres negras, ainda que poucas. Em 2020, o Instituto Brasileiro de Direito de Família (IBDFAM) sugeriu que a Associação passasse a se chamar Associação da Magistratura Brasileira, ao invés de Associação dos Magistrados Brasileiros, proposta ainda não acolhida. Ver: IBDFAM sugere mudar nomes da OAB e da AMB para "linguagem neutra". Disponível em: https://ibdfam.org.br/noticias/ibdfam-na-midia/18738/IBDFAM+sugere+mudar+nomes+da+OAB+e+da+AMB+para+%22linguagem+neutra%22%22. Acesso em: 9 out. 2021.

tal situação eram pessoas brancas. Cabe destacar que, de acordo com a referida pesquisa, em 2018, pessoas negras representavam 18,1% da magistratura nacional, sendo 16,5% de pessoas pardas e 1,6%, pretas. Portanto, não é difícil perceber que há uma grande possibilidade de que aqueles(as) que declararam nunca terem sofrido qualquer discriminação em razão da raça no Poder Judiciário sejam pessoas brancas.

Na obra *Racismo sem racistas*, Eduardo Bonilla-Silva, ao discutir o "racismo da cegueira de cor", existente nos Estados Unidos, que qualifica o discurso daqueles que dizem "não ver cor nenhuma, apenas pessoas", sustenta que os brancos desenvolveram "explicações poderosas – que acabaram se tornando justificativas – para a desigualdade racial contemporânea que os isentam de qualquer responsabilidade pelo *status* das pessoas de cor".[19] No Brasil não é diferente. Segundo Gonzalez:

> Na medida em que somos todos iguais perante a lei e que o negro é "um cidadão igual aos outros", graças à Lei Áurea, nosso país é o grande exemplo de harmonia inter-racial a ser seguido por aqueles em que a discriminação racial é declarada. Com isso, o grupo racial dominante justifica sua indiferença e ignorância em relação ao grupo negro. Se o negro não ascendeu socialmente e se não participa com maior efetividade nos processos políticos, sociais, econômicos e culturais, o único culpado é ele próprio. Dadas as suas características de "preguiça", "irresponsabilidade", "alcoolismo" etc., ele só pode desempenhar, naturalmente, os papéis sociais mais inferiores.[20]

Ainda sobre as características do racismo à brasileira, Lia Vainer Schucman destaca que:

> No Brasil, o racismo desenvolveu-se de forma particular, porque o Estado nunca o legitimou, mas foi e ainda é presente nas práticas sociais e nos discursos, ou seja, aqui temos o racismo de atitudes, porém não reconhecido pelo sistema jurídico e também negado pelo discurso de harmonia racial e não racialista da nação brasileira.[21]

Dessa combinação de fatores peculiares à nossa realidade, criou-se uma bela justificativa para a falácia da meritocracia, mas que não pode mais ser tolerada por aqueles e aquelas que almejam viver em um país onde impere a igualdade sob todas as suas formas, tal como preconiza a nossa Constituição Federal.

2.2 Igualdade racial no âmbito do Poder Judiciário: expectativa x realidade

A Nota Técnica produzida pelo DPJ quando da conclusão do Censo do Poder Judiciário e que subsidiou a elaboração da Resolução CNJ 203/2015, indicava

---

19. BONILLA-SILVA, 2020; p. 23.
20. GONZALEZ, 2018; p. 101.
21. SCHUCMAN, 2020; p. 97.

que, estabelecida a reserva de vagas de 20% para o ingresso de pessoas negras na magistratura, seria possível atingir o parâmetro de inclusão de 22,2% por volta de 5 anos. Assim, em 2018, projetava-se que todos os ramos da justiça brasileira teriam pouco mais de 20% de magistrados e magistradas negros(as) em seus quadros.

A expectativa, entretanto, não se confirmou. Em 2018, foi realizada pesquisa para levantamento do Perfil Sociodemográfico dos Magistrados (e Magistradas), pelo DPJ, indicando que, passados cinco anos da publicação da Resolução CNJ 203/2015, o percentual de pessoas negras na magistratura era de 18,1%, sendo 16,5% pardos e 1,6% pretos.[22] No mesmo ano, a pesquisa Quem Somos – A magistratura que queremos, produzida pela AMB, confirmou o mesmo percentual de 18,1%[23] de pessoas negras na magistratura nacional.

Assim, em 2020, realizada nova projeção pelo DPJ, verificou-se que, somente no ano de 2044, todos os ramos da justiça teriam atingido o parâmetro de inclusão de 22,2% de pessoas negras na magistratura,[24] o que subsidiou a criação do Grupo de Trabalho para tratar de questões raciais no âmbito do Poder Judiciário, instituído pela Portaria 108 do CNJ, que contou com a participação de juízes e juízas de todos os ramos da justiça, quase todos(as) negras(as), embora a coordenação estivesse a cargo das conselheiras Flávia Moreira Guimarães Pessoa e Candice Lavocate Guimarães Jobim, duas mulheres brancas.

Cabe destacar que, atualmente, o CNJ não conta com qualquer pessoa negra em seu quadro de quinze Conselheiros(as), embora já tenha sido presidido por um magistrado negro, o ministro aposentado Joaquim Barbosa, que integrou o Supremo Tribunal Federal e que presidiu o Conselho no período de 22.11.2012 a 31.07.2014.[25]

Durante 90 dias, período de funcionamento do Grupo de Trabalho estabelecido na Portaria que o instituiu, foram realizadas diversas atividades, que cul-

---

22. CNJ. Perfil sociodemográfico dos magistrados – 2018. Disponível em: https://www.cnj.jus.br/wp-content/uploads/conteudo/arquivo/2018/09/49b47a6cf9185359256c22766d5076eb.pdf. Acesso em: 9 out. 2021.

23. AMB. Pesquisa Quem Somos – A magistratura que queremos. Disponível em: https://www.amb.com.br/wp-content/uploads/2019/02/Pesquisa_completa.pdf. Acesso em: 9 out. 2021.

24. CNJ. Apresentação no Seminário Questões Raciais no Poder Judiciário – 2020. Disponível em: https://www.cnj.jus.br/wp-content/uploads/2020/07/apres_questoes_raciais_pj2020.pdf. Acesso em: 9 out. 2021.

25. Não há informações disponíveis no site do CNJ sobre a composição racial do Conselho e as fotos disponíveis no site não permitem avaliar com segurança a identificação racial de seus integrantes, haja vista a baixa qualidade das imagens. Ainda assim, é possível afirmar que houve, pelo menos, mais duas pessoas negras na composição do CNJ: o ministro Carlos Alberto Reis de Paula (de 15.08.2011 a 08.03.2013), representante do Tribunal Superior do Trabalho; e a juíza Daldice Maria Santana de Almeida (De 25.08.2015 a 24.08.2017 e de 24.08.2017 a 24.08.2019), representante da Justiça Federal. Disponível em: https://www.cnj.jus.br/sobre-o-cnj/historico-de-conselheiros/. Acesso: 9 out. 2021.

minaram na entrega do Relatório de Atividades Igualdade Racial no Judiciário,[26] reunindo uma série de propostas construídas com a ajuda da sociedade civil, que contribuiu através de memoriais e da participação em reunião pública.

Dentre as sugestões do Relatório, constou a realização de pesquisa com o objetivo de "compreender de que forma o racismo se manifesta no âmbito do Poder Judiciário para, a partir da coleta de dados qualitativos e quantitativos, propor políticas e ações que possam combater o racismo em sua forma estrutural e institucional" e, desse modo, promover a igualdade racial em todas as instâncias do Poder Judiciário.

A pesquisa foi realizada pelo DPJ durante o período de março a maio de 2021 e os 90 tribunais do país, incluindo os tribunais superiores, foram oficiados e instados a responder, havendo resposta por parte de 89 tribunais, a exceção do Tribunal de Justiça Militar do Estado do Rio Grande do Sul.

De início, deve-se observar que, a metodologia utilizada pela pesquisa de 2021 difere das anteriores, uma vez que, nesse modelo, as informações foram fornecidas diretamente pelos Tribunais, considerando as informações sobre o quadro de magistrados(as), servidores(as) e estagiários(as) ativos(as) em 28 de fevereiro de 2021. Em decorrência, não houve a participação de servidores(as) e magistrados(as) através de autodeclaração e adesão à pesquisa, o que explica, em alguma medida, a variação de informações em relação às pesquisas anteriores, sobretudo se considerarmos que muitos tribunais não possuem informação sobre a raça de seus integrantes. Assim, o resultado da pesquisa considera os dados relativos a 57,7% de servidores(as), 68% de magistrados(as) e 52,4% de estagiários(as).

O resultado evidenciou uma distância ainda maior entre expectativa e realidade do que aquela mapeada em 2018, quando da realização do Perfil Sociodemográfico dos Magistrados. Isto porque, em 2021, apenas 12,8% da magistratura brasileira é negra; sendo 85,9%, branca; 1,2%, amarela; e 0,1%, indígena. Segundo relatório da pesquisa, não foi possível identificar os percentuais de pretos e pardos, pois "vários órgãos não souberam separar a raça preta de parda, categorizando-as como negras, ocasionando perda de dados".[27]

Embora existam limitações metodológicas para projeções de longo prazo, a pesquisa indica, ainda, que somente entre 2057 e 2059, todos os ramos do Poder

---

26. CNJ. Relatório de atividades: Igualdade Racial no Judiciário. Disponível em: https://www.cnj.jus.br/wp-content/uploads/2020/10/Relatorio_Igualdade-Racial_2020-10-02_v3-2.pdf. Acesso em: 9 out. 2021.

27. CNJ. Pesquisa sobre Negros e Negras no Poder Judiciário. Disponível em: https://www.cnj.jus.br/wp-content/uploads/2021/09/rela-negros-negras-no-poder-judiciario-290921.pdf. Acesso em: 9 de out. 2021. p. 44.

Judiciário contarão com pelo menos 22,2% de pessoas negras em seu quadro de magistrados e magistradas.

Apesar desses números, o teor da Resolução CNJ 203/2015 permite que alguns tribunais façam uma interpretação restritiva e adotem a chamada "cláusula de barreira", que, em apertada síntese, consiste em limitar o número de cotistas a 20% desde a primeira etapa do concurso. Não obstante, o que se tem observado é que, mesmo nos concursos em que não há "cláusula de barreira", nem sempre a cota de 20% é alcançada na etapa final, o que mostra a necessidade de mudança da Resolução para que afaste a aplicação da referida cláusula, tornando os concursos mais inclusivos. Registre-se, ainda, que no Relatório de Atividades do Grupo de Trabalho constou proposta para alteração da Resolução nos termos aqui mencionados, estando pendente de aprovação.

Atualmente, sou uma das 587 juízas negras em um universo de 11.947 juízes(as), desembargadores(as) e ministros(as) com raça identificada pelos tribunais que compõem o Judiciário brasileiro, o que equivale a 4,91%. Registre-se que, no total, a magistratura conta com 17.553 integrantes, mas nem todos possuem raça identificada, sendo 6.897 (39,29%), do gênero feminino; 10.651 (60,67%), do gênero masculino; e 5 (0,02%), sem gênero informado.

No tribunal onde atuo, sou uma das 23 juízas negras entre os(as) 2.582 integrantes que o compõem. Ou seja, estou entre as 0,89% de mulheres negras que fazem parte da magistratura do maior tribunal do mundo em volume de processos,[28] o Tribunal de Justiça do Estado de São Paulo (TJSP), que não conta com uma única mulher negra em seu quadro de 33 desembargadoras e de 19 juízas substitutas em 2º grau (aquelas que estão mais próximas de ocupar o cargo de desembargadora por critério de antiguidade). No total, o TJSP possui 928 (35,94%) mulheres; e 1654 (64,05%) homens.

E o que isso significa?

Bem, inicialmente, significa que, no caso do TJSP, se nada for feito, ainda vai demorar muito para termos uma mulher negra ocupando a cadeira de desembargadora, o que pode ser acelerado caso uma mulher negra ingresse pelo quinto constitucional. E embora eu esteja tratando dos números do Tribunal ao qual pertenço, não é diferente em outros tribunais, nem mesmo nos Tribunais Superiores, onde o cenário é também bastante excludente. E pode-se dizer que a história se repete em todo o sistema de justiça.

O Censo Racial de Membros do Ministério Público de São Paulo (MPSP), realizado em 2015, indicou que 4% dos membros do MPSP são negros(as), o que

---

28. A informação consta no site do Tribunal de Justiça do Estado de São Paulo. Disponível em: https://www.tjsp.jus.br/QuemSomos. Acesso: 10 out. 2021.

equivale a 56 pessoas em um universo de 1.493 membros, sendo 64% homens e 36% mulheres. Há 8 mulheres negras promotoras de justiça no MPSP, ou seja, 0,5%.[29] De igual forma, Censo realizado pela Defensoria Pública do Estado de São Paulo (DPESP), em 2018, indicou que 8% de seus defensores e defensoras se autodeclararam negros(as).[30]

Em acréscimo, pesquisa realizada pelo DPJ, em 2020, sobre a participação feminina nos processos seletivos de ingresso à magistratura revelou que, nos concursos realizados após a Constituição de 1988 e entre os anos de 2010 e 2020, houve apenas 2 mulheres pretas em bancas de concurso, o que não chega a 1% dos membros de banca com raça informada, além de 25 mulheres pardas, o que equivale a 1,30%. Dentre os homens, foram 16 pretos e 61 pardos que compuseram banca e/ou comissão em concurso para ingresso na magistratura em um universo de 1.911 participantes.

Portanto, os números evidenciam a sub-representação da população negra no Judiciário, o que se verifica de forma mais acentuada em relação às mulheres negras, exigindo um esforço conjunto ainda maior do que aqueles que vêm sendo realizados para que possamos mudar esse cenário.

Mas já houve mudanças e é preciso que haja o devido reconhecimento. No período entre 2019-2020, o percentual de pessoas negras que ingressaram na magistratura foi de 21%, quase o dobro daquele verificado antes de 2015, que era de 12%, o que reflete a política de inclusão racial implementada pela Resolução CNJ 213/2015. Na linha do tempo, o cenário há de mudar, mas, de acordo com as projeções, mantidas as condições atuais, isso ainda vai levar mais de 30 anos, e como já nos ensinou Emicida em sua belíssima canção: "É tudo pra ontem!"[31]

3. CONCLUSÃO

Ao dar visibilidade ao problema do racismo no âmbito do Poder Judiciário, pergunto-me com alguma frequência: quem se importa?

Quando cheguei nesse espaço de poder, em 2018, achei que poucos(as) se importavam, mas, com o tempo, fui conhecendo caminhos, pessoas, grupos, associações e percebi que não era bem assim. O grupo que compõe o Encontro Nacional de Juízas e Juízes Negros (ENAJUN), criado em 2017, foi um ponto de

---

29. Relatório de levantamento estatístico do Censo Racial de membros e servidores do MP-SP 2015. Disponível em: http://www.mpsp.mp.br/portal/pls/portal/!PORTAL.wwpob_page.show?_docname=2577596.PDF. Acesso em: 10 out. 2021.

30. Proposta para adoção de ações afirmativas de equidade de gênero e raça na Defensoria Pública do Estado de São Paulo. Disponível em: https://www.defensoria.sp.def.br/dpesp/Repositorio/41/Documentos/a%-C3%A7%C3%B5es%20afirmativas%20de%20genero%20CSDP%20proposta%20NUDEM%20-%20vers%C3%A3o%20final%20consolidada.pdf. Acesso em: 10 out. 2021.

31. Disponível em: https://www.youtube.com/watch?v=qbQC60p5eZk. Acesso em: 12 out. 2021.

fortalecimento através da partilha de experiências comuns nos desafios enfrentados pela magistratura negra, que não são poucos. Desde 2020, o grupo passou a realizar também o Encontro Nacional de Juízas e Juízes contra o Racismo e Todas as Formas de Discriminação (FONAJURD), que conta com a participação da magistratura não negra, pois há, ainda, juízes(as) não negros(as) verdadeiramente comprometidos(as) com a luta antirracista dentro do Judiciário e que, por afinidade e reconhecimento mútuo, têm se tornado cada vez mais próximos(as) e necessários(as) nessa luta, que não é apenas das pessoas negras, mas de toda a sociedade. Também em 2020, fui convidada a assumir a Diretoria de Promoção da Igualdade Racial da AMB, recém-criada, que tem me dado inúmeras oportunidades de abordar a temática racial no Poder Judiciário e para além dele.

Os números ainda indicam uma baixa representatividade da população negra no Poder Judiciário, sobretudo de mulheres negras, que são menos de 5% da magistratura nacional. A ausência de dados sobre raça nos sistemas de diversos tribunais também evidencia que a questão precisa ser tratada com mais rigor. Há muito ainda a fazer, começando por implementar as propostas ainda pendentes que constam do Relatório de Atividades produzido pelo Grupo de Trabalho para enfrentamento das questões raciais no âmbito do Judiciário.

Nós, mulheres negras e subalternizadas, ainda somos poucas nos cargos mais elevados do sistema de justiça, mas somos! A luta diária é para que sejamos muitas mais, a fim de que possamos finalmente concretizar o princípio constitucional da igualdade e viver em uma sociedade onde vigore, de fato, a democracia racial.

Ubuntu!

4. REFERÊNCIAS

ADICHIE, C. N. *O perigo de uma história única.* São Paulo: Companhia das Letras, 2019.

ALMEIDA, S. L. DE. *Racismo estrutural.* São Paulo: Pólen; Sueli Carneiro, 2019.

BONILLA-SILVA, E. *Racismo sem racistas*: o racismo da cegueira de cor e a persistência da desigualdade na América. São Paulo: Perspectiva, 2020.

DELGADO, R.; STEFANCIC, J. *Teoria crítica da raça*: uma introdução. São Paulo: Contracorrente, 2021.

EVARISTO, C. A escrevivência e seus subtextos. *Escrevivência*: a escrita de nós: reflexões sobre a obra de Conceição Evaristo. Rio de Janeiro: Mina Comunicação e Arte, 2020.

GONZALEZ, L. *Primavera para rosas negras*: Lélia Gonzalez em primeira pessoa. São Paulo: Editora Filhos da África, 2018.

GONZALEZ, L. *Por um feminismo afro-latino-americano.* Rio de Janeiro: Zahar, 2020.

JESUS, C. M. DE. *Quarto de despejo*: diário de uma favelada. São Paulo: Ática, 2014.

SCHUCMAN, L. V. *Entre o encardido, o branco e branquíssimo: branquitude, hierarquia e poder na cidade de São Paulo.* 2. ed. São Paulo: Veneta, 2020.

A IMPORTÂNCIA DA REDE DE ENFRENTAMENTO AO RACISMO DO MINISTÉRIO PÚBLICO DO ESTADO DE SÃO PAULO

> "... o racismo é, muitas vezes, visto como um fenômeno periférico, marginal aos padrões essenciais de desenvolvimento da vida social e política e de alguma forma `localizado na superfície de outras coisas'".[1]

Mário Augusto Vicente Malaquias

Procurador de Justiça no Ministério Público do Estado de São Paulo, Secretário Especial de Projetos Institucionais.

Sumário: 1. Introdução – O Ministério Público como defensor da democracia e dos interesses sociais e individuais indisponíveis – 2. Brevíssimos apontamentos sobre indicadores da desigualdade racial no Brasil – 3. Da atuação do Ministério Público contra a desigualdade racial – 4. Do combate à desigualdade racial nas atividades do Ministério Público do Estado de São Paulo – 5. Dos avanços que representam a criação da rede de enfrentamento ao racismo.

1. INTRODUÇÃO – O MINISTÉRIO PÚBLICO COMO DEFENSOR DA DEMOCRACIA E DOS INTERESSES SOCIAIS E INDIVIDUAIS INDISPONÍVEIS

O Ministério Público é instituição permanente, essencial à função jurisdicional do Estado, incumbindo-lhe a defesa da ordem jurídica, do regime democrático e dos interesses sociais e individuais indisponíveis.

A Constituição de 1988 inscreve o Ministério Público em capítulo próprio (Funções Essenciais à Justiça) e o conceituou como "instituição permanente, essencial à função jurisdicional do Estado, incumbindo-lhe a defesa da ordem jurídica, do regime democrático e dos interesses sociais e individuais indisponíveis" (art. 127, *caput*, da CF/1988). As alterações, face as anteriores Constituições não foi apenas formal, o constituinte assegurou ao Ministério Público a autonomia administrativa, financeira e orçamentária (127, §§ 2º a 3º da CF/1988); garantiu aos seus membros a vitaliciedade, inamovibilidade, irredutibilidade dos venci-

---

1. GILROY, 1992, p 52, apud KILOMBA, Grada. *Memórias da Plantação*, p. 71.

mentos e – mais importante – assegurou a independência funcional (art. 127, § 1º, e art. 128, § 5º, I).

A Lei Maior proclama que a República Federativa do Brasil se constitui em Estado Democrático de Direito fundado na dignidade da pessoa humana (artigo 1º., III), na promoção do bem de todos, sem preconceitos de origem, raça, sexo, cor, idade e quaisquer outras formas de discriminação (art. 3º. IV). O artigo 5º, *caput* e inciso XLII define a prática do racismo como crime inafiançável e imprescritível, sujeito à pena de reclusão, nos termos da lei.

2. BREVÍSSIMOS APONTAMENTOS SOBRE INDICADORES DA DESIGUALDADE RACIAL NO BRASIL

Estas poucas linhas não ousariam se aprofundar no estudo dos índices da desigualdade racial no território brasileiro, todavia, entendemos necessária apresentar o resultado de algumas pesquisas dos órgãos censitários nacionais para desvelar os índices da violência letal na população negra, dados de todos conhecidos, que retratam as desigualdades raciais expostas no Atlas da Violência 2020.

Enquanto os jovens negros figuram como as principais vítimas de homicídios do país e as taxas de mortes de negros apresentam crescimento ao longo dos anos, entre os brancos os índices de mortalidade são significativamente menores quando comparados aos primeiros e, em muitos casos, apresentaram redução nos últimos anos.

Apenas em 2018, os negros (soma de pretos e pardos, segundo classificação do IBGE) representaram 75,7% das vítimas de homicídios, com uma taxa de homicídios por 100 mil habitantes de 37,8. Comparativamente, entre os não negros (soma de brancos, amarelos e indígenas) a taxa foi de 13,9, o que significa que para cada indivíduo não negro morto em 2018, 2,7 negros foram mortos. Da mesma forma, as mulheres negras representaram 68% do total das mulheres assassinadas no Brasil, com uma taxa de mortalidade por 100 mil habitantes de 5,2, quase o dobro quando comparada à das mulheres não negras. Este cenário de aprofundamento das desigualdades raciais nos indicadores sociais da violência fica mais evidente quando constatamos que a redução de 12% da taxa de homicídios ocorrida entre 2017 e 2018 se concentrou mais entre a população não negra do que na população negra. Entre não negros a diminuição da taxa de homicídios foi igual a 13,2%, enquanto entre negros foi de 12,2%, isto é, 7,6% menor. Ao analisarmos os dados da última década, temos que entre 2008 e 2018, as taxas de homicídios apresentaram um aumento de 11,5% para os negros, enquanto para os não negros houve uma diminuição de 12,9%.[2]

---

2. Atlas da Violência 2020 – IPEA. Disponível em: https://www.ipea.gov.br/atlasviolencia/download/24/atlas-da-violencia-2020.

A desigualdade racial no Brasil não está refletida tão somente nos indicadores da violência, repousa também e, marcadamente, no acesso ao mercado de trabalho, na distribuição da renda e no sistema educacional, segundo dados do IBGE.

No mercado de trabalho o Sistema de Indicadores Sociais (IBGE-Pronad--Contínua, 2019) mostra que por cor ou raça dentre os ocupados, a proporção de brancos era de 45,2% e a de pretos e pardos de 53,7%, em 2018. Todavia, quando comparado por atividades econômicas, o recorte por cor ou raça revela a segregação racial no mercado de trabalho. A presença dos pretos ou pardos é mais acentuada nas atividades Agropecuárias (60,8%), na Construção (62,6%) e nos Serviços domésticos (65,1%), atividades que possuíam rendimentos inferiores à média em 2018. Já as atividades ligadas à Informação, Financeiras e outras atividades profissionais e Administração pública, educação, saúde e serviços sociais, cujos rendimentos médios foram superiores à média em 2018, são os agrupamentos de atividades que contavam com a maior participação de pessoas ocupadas de cor ou raça branca.[3]

Nos indicadores SIS (IBGE-Pronad-Contínua, 2020) a taxa de desocupação no mercado de trabalho da população de cor ou raça preta ou parda foi maior do que a da população de cor ou raça branca, sendo a diferença entre os dois grupos, em 2019, de 4,4 pontos percentuais. Embora o segundo grupo seja mais escolarizado que o primeiro, esse aspecto não pode ser apontado como única explicação para a diferença na taxa de desocupação. Afinal, quando comparadas pessoas com o mesmo nível de instrução, a taxa de desocupação é sempre maior para as pessoas de cor ou raça preta ou parda, entretanto, a diferença é de cerca de dois pontos percentuais quando observadas apenas as pessoas com ensino superior, 5,2% para aquelas de cor ou raça branca e 7,5% para as de cor ou raça preta ou parda, demonstrando, em conjunto com outros indicadores, que o acesso ao ensino superior é um fator que contribui para a redução de desigualdades.[4]

Na distribuição da renda, a diferença entre brancos e pretos ou pardos é manifesta. As atividades econômicas de menores rendimentos médios são as que proporcionalmente possuem mais ocupados de cor ou raça preta ou parda e pessoas do sexo feminino. No balanço geral, em 2018, os brancos ganhavam em média 73,9% mais do que pretos ou pardos e os homens ganhavam, em média, 27,1% mais que as mulheres. Já o recorte por cor ou raça indica que é significativamente maior a participação da população ocupada preta ou parda em ocupações informais (47,3%) quando comparada com os trabalhadores brancos

---

3. SIS – IBGE – Pesquisa Nacional por Amostra de Domicílios Contínua, 2019. Disponível em: https://biblioteca.ibge.gov.br/visualizacao/livros/liv101678.pdf.
4. SIS – IBGE – Pesquisa Nacional por Amostra de Domicílios Contínua, 2020. Disponível em: https://biblioteca.ibge.gov.br/visualizacao/livros/liv101760.pdf.

(34,6%) e, como resultado de desigualdades históricas, há maior proporção dos trabalhadores pretos ou pardos entre o segmento de trabalhadores sem carteira de trabalho assinada"[5]

A pesquisa PNAD-Contínua, 2020 aponta a desigualdade racial histórica na estruturação da sociedade brasileira, que é evidenciada pela desigualdade de rendimentos. O rendimento domiciliar *per capita* médio da população preta ou parda, ao longo do período compreendido entre 2012 e 2019, permaneceu cerca de metade do observado para a população branca. Esse rendimento foi, em 2019, de R$ 981 para a população preta e parda e R$ 1 948 para a branca.[6]

A diferença no acesso à educação entre brancos e pretos ou pardos também é notória. "A análise da adequação idade-etapa para a faixa etária de 18 a 24 anos de idade evidencia que a maior desigualdade por classes de rendimento incide no percentual de frequência ao ensino superior (...). Enquanto 63,2% dos jovens desse grupo de idade pertencentes ao quinto da população com os maiores rendimentos frequentava o ensino superior, somente 7,4% dos jovens no quinto da população com os menores rendimentos estavam nessa situação, ou seja, um percentual 8,5 vezes menor. Jovens pretos ou pardos têm metade do percentual calculado para brancos em relação à frequência ao ensino superior (18,3% e 36,1% respectivamente)."[7]

3. DA ATUAÇÃO DO MINISTÉRIO PÚBLICO CONTRA A DESIGUALDADE RACIAL

Com o fim de combater discriminação racial da população vulnerável, em especial a população negra, o Conselho Nacional de Ministério Público publicou o *Guia de Atuação Ministerial* voltado para a implementação da Lei de Diretrizes e Bases da Educação (com as alterações da Lei 10.639/2003).

A publicação foi elaborada pelo Grupo de Trabalho de Enfrentamento ao Racismo e Respeito à Diversidade Étnica e Cultural (GT4) e pela organização não governamental *Ação Educativa*, que dispõe de diretrizes para os membros do Ministério Público brasileiro no monitoramento da implementação da lei no âmbito local e traz modelos de instrumentos práticos de atuação. A finalidade daquele Guia era a implementação da Lei de Diretrizes e Bases da Educação com as alterações da Lei 10.639/2003 para garantir a igualdade de direitos de acesso às diferentes fontes da história e cultura que compõem a nação brasi-

---

5. SIS – IBGE – Pesquisa Nacional por Amostra de Domicílios Contínua, 2019. Disponível em: https://biblioteca.ibge.gov.br/visualizacao/livros/liv101678.pdf.
6. Disponível em: https://biblioteca.ibge.gov.br/visualizacao/livros/liv101760.pdf, p. 55.
7. Idem.

leira, para o reconhecimento e a valorização da cidadania em suas respectivas singularidades.[8]

O Conselho Nacional do Ministério Público expediu, ainda, a Recomendação 41, de 9 de agosto de 2016 que "define parâmetros para a atuação dos membros do Ministério Público brasileiro para a correta implementação da política de cotas étnico-raciais em vestibulares e concursos públicos".[9] e a Recomendação 40, da mesma data, que "recomenda a criação de órgãos especializados na promoção da igualdade étnico-racial, a inclusão do tema em editais de concursos e o incentivo à formação inicial e continuada sobre o assunto."[10]

4. DO COMBATE À DESIGUALDADE RACIAL NAS ATIVIDADES DO MINISTÉRIO PÚBLICO DO ESTADO DE SÃO PAULO

No ano de 2014 foi constituído no Ministério Público do Estado de São Paulo o Grupo de Trabalho de Promoção da Igualdade Racial, criado pelo Ato Normativo n. 110/2014, de 15 de agosto de 2014 que reuniu Membros e Servidores do Ministério Público para discussão institucional em torno dos temas ligados à igualdade racial, ao enfrentamento do racismo institucional e ao combate ao racismo. O Núcleo de Políticas Públicas, órgão integrante da Procuradoria-Geral de Justiça, coordenou e secretariou os trabalhos desse Grupo, que se estendeu de setembro de 2014 a março de 2016.[11]

De variada e relevantíssima produtividade aquele Grupo de Trabalho editou boletins informativos, destinados ao combate do racismo institucional, iniciou um levantamento de dados sobre a atuação da Instituição na persecução penal dos delitos de injúria racial e racismo, publicou artigos jurídicos, palestras, produziu levantamento para o Censo Racial de Membros e Servidores do MPSP-2015. Destaca-se dentre as atividades realizadas a proposta do estabelecimento de cotas raciais para os concursos de ingresso às carreiras dos membros, servidores e estagiários do Ministério Público[12] que culminou em 2017 com a publicação da Resolução 1031/2017 – CPJ, de 18 de maio de 2017,[13] que alterou a Resolução

---

8. *O Ministério Público e a Igualdade Étnico-Racial na Educação.* CNMP – Ação Educativa – novembro 2015.
9. Disponível em: https://www.cnmp.mp.br/portal/images/Normas/Recomendacoes/RECOMEN-DAO_41.pdf, D.E. do CNMP, Caderno Processual, de 5/9/2016, p. 1-3.
10. Disponível em: https://www.cnmp.mp.br/portal/images/Normas/Recomendacoes/RECOMEN-DAO_40_assinada.pdf.
11. Disponível em: http://www.mpsp.mp.br/portal/page/portal/GT_Igualdade_Racial.
12. Disponível em: http://www.mpsp.mp.br/portal/page/portal/GT_Igualdade_Racial/Producao_GT_Igualdade_Racial/Proposta%20para%20cotas%20nos%20concursos%20de%20ingresso%20%C3%A0%20carreira%20do%20MPSP%20-%20vers%C3%A3o%20definitiva.pdf.
13. Resolução 1.031/2017 – CPJ, de 18/05/2017 – Altera a Resolução 676/2011-CPJ, de 10 de janeiro de 2011, que aprovou o Regulamento do Concurso Público de Ingresso na Carreira do Ministério Público

676/2011 – CPJ, de 10.01.2011 (Regulamento do Concurso de Ingresso na Carreira do Ministério Público do Estado de São Paulo) e instituiu a reserva de vagas de 20% (vinte por cento) aos candidatos negros dos cargos abertos em concurso.

Prosseguindo, ainda em 2016 foi concluído o Programa Geral de Atuação com metas de combate à discriminação racial. No Capítulo 6 – Inclusão Social, *Objetivo 2 Garantir a implementação de ações afirmativas meta 1: Zelar pela adoção de medidas de inclusão racial e prevenção do racismo, inclusive nos órgãos policiais. Meta 2: Zelar pela adoção de medidas tendentes à redução da discriminação e da violência contra a população negra e LGBT.* Responsáveis pelos meios: CAO Direitos Humanos e CAO Criminal, acompanhamento do Núcleo de Políticas Públicas.[14]

5. DOS AVANÇOS QUE REPRESENTAM A CRIAÇÃO DA REDE DE ENFRENTAMENTO AO RACISMO

A Rede de Enfrentamento ao Racismo foi instituída pela Portaria 9269/2020[15] que prescreve:

Art. 1º Fica criada, no âmbito da Procuradoria Geral de Justiça, a Rede de Enfrentamento ao Racismo, com a finalidade de melhor conhecer o cenário da implementação de políticas afirmativas de igualdade racial, às discriminações étnico-raciais, e de estudar formas, estratégias e instrumentos de transformação desta realidade e de afirmação da igualdade racial.

§ 1º A Rede de Enfrentamento ao Racismo deverá elaborar estudos, planos de prevenção, promover discussões e articulações com a sociedade civil, demais órgãos públicos e comunidade científica, ampliar canais de denúncias de violações às discriminações étnico-raciais, e construir parcerias para a aceleração das políticas de ações afirmativas pertinentes à adoção de estratégias com maior resolutividade na defesa da igualdade racial, tanto dentro da instituição como fora dela, atentando-se à transversalidade de raça, etnia, credo, gênero e orientação sexual, incentivando a primazia das práticas autocompositivas.

Inicialmente se faz importante salientar que a constituição da Rede de Enfrentamento ao Racismo, na sua gênese, deveu-se à vontade política da Procuradoria Geral de Justiça ao se defrontar com um tema tão sensível em prol dos Direitos Humanos.

E por que rede? O trabalho *em rede* não se volta para si, mas principalmente para fora da própria rede. Por isso, a forma e a intensidade que assume o trabalho dependerão do quanto podemos fazer para transformar a situação que nos serve do ponto de partida até chegar ao objetivo pretendido. A franqueza e a disponi-

---

do Estado de São Paulo. *Diário Oficial*: Poder Executivo – Seção I, São Paulo: Imprensa Oficial, v. 127, n. 93, p. 52, 19.05.2017; 20.05.2017 p. 65. Disponível em: http://biblioteca.mpsp.mp.br/PHL_IMG/Atos/1031.pdf.

14. Ato Normativo 949/2016 – PGJ, de 29 de janeiro de 2016.
15. Disponível em: http://biblioteca.mpsp.mp.br/PHL_img/PGJ/9269-prt%202020.pdf.

bilidade para aceitar a crítica consolidam as relações de uma rede. No trabalho em rede circulam também relações de poder, como em todos os âmbitos da vida. São relações de poder sinérgicas, onde o poder de cada um alimenta o poder do conjunto. Onde as capacidades aumentam as possibilidades de todas as pessoas e grupos que participam e não só as de um grupo que exerce o poder e impõe as suas decisões. Relações em que a conjugação das nossas capacidades tem como resultado maiores possibilidades de ação do que as que teríamos isoladamente e onde saímos de cada encontro e de cada tarefa enriquecidos e enriquecidas, com novos recursos para enfrentar novos e mais complexos desafios. Durante os trabalhos, é importante o debate, a planificação e a fundamentação dos objetivos e ações, assim como a especialização das tarefas, para possibilitar a complementaridade de esforços e capacidades dos envolvidos.[16]

A Rede de Enfrentamento ao Racismo é integrada por Promotores e Promotoras de Justiça, Procuradores e Procuradoras de Justiça e, de fundamental importância, participam dela servidores (agentes administrativos) do Ministério Público que contribuem e, também, lhe dão sustentação. Convencionou-se a sua divisão em subgrupos, os quais organizam pautas para debate dos temas que lhe são afetos e se reúnem periodicamente, sem prejuízo das reuniões mensais plenárias. Se subdividem em: *1. Classe, gênero e raça; 2. Políticas afirmativas e Racismo intrainstitucional; 3. Educação Antirracista; 4. Racismo religioso; 5. Planos Municipais – Conselhos Municipais; 5. Questões penais e sistema de justiça.*

Remarco a importância e o avanço que foi a participação da Escola Superior do Ministério Público que, em conjunto com a Procuradoria Geral de Justiça, abriu espaço para a realização de eventos como *webnários*, *talks*, sobre os temas relacionados à discriminação racial, de gênero e contra a população LGBTQIA+.

Outro avanço, resultado do trabalho da Rede de Enfrentamento ao Racismo foi a elaboração de um Plano de Trabalho com eixos temáticos voltados à ampliação do debate sobre a questão racial. (Eixos: 1) Classe, gênero e raça 2) Políticas afirmativas 3) Questões intrainstitucionais 4) Educação Antirracista 5) Racismo Religioso 6) Questões Penais e Sistema de Justiça 7) Cidades Antirracistas (Planos, Conselhos).

No desenvolvimento dos seus trabalhos, a Rede de Enfrentamento ao Racismo realizou escuta social no dia 05 de agosto de 2021, da qual houve manifestação de interessados em participar da Rede nos seus diversos subgrupos; participaram do evento membros da sociedade civil, advogados, membros de Conselhos Comunitários, acadêmicos, religiosos de matriz africana dentre outros. Outro tema

---

16. HOLLIDAY, Oscar Jara. *O trabalho em rede*: tecer complexidades e forças. Disponível em: http://www. rede-ecg.pt/a/application/files/4714/5978/4923/O_trabalho_em_rede_Oscar_Jara.pdf e https://www. youtube.com/watch?v=8zD5Q6Uqkak.

fundamental ao Ministério Público é a sensibilização interna sobre a realização do censo institucional com membros, agentes administrativos e estagiários.

Importante lembrar que a partir do Projeto Estratégico Ministério Público Social – Plano Geral de Atuação do Vale do Ribeira foi publicada a Lei Municipal 1.456, de 1º de setembro de 2022,[17] que instituiu a Política Municipal de Promoção da Igualdade Racial no município de Jacupiranga, trabalho do ilustre Promotor de Justiça, Dr. Danilo Goto e, dessa importante iniciativa e do trabalho conjunto com a Rede de Enfrentamento ao Racismo foi celebrado o Termo de Cooperação Técnica 11/2022-MPSP[18] entre o Ministério Público e o Estado de São Paulo (Procedimento SEI 29.0001.0035500.2021-53), que instituiu o "Projeto Cidades Antirracistas", autografado no dia 13 de setembro de 2022 pelos Excelentíssimos Procurador-Geral de Justiça, Dr. Mario Luiz Sarrubbo e pelo Governador do Estado, Dr. Rodrigo Garcia, em cerimônia realizada no Palácio dos Bandeirantes.[19]

Remarco a importância do *Projeto Cidades Antirracistas*, referência institucional no combate ao racismo pelo Ministério Público que, com esse projeto doravante empreende seus esforços para fortalecer o Conselho Estadual de Promoção da Igualdade Racial e fomentar a criação dos conselhos de promoção da igualdade racial em todos os municípios do Estado de São Paulo.

17. Disponível em: https://www.jacupiranga.sp.gov.br/legislacao/detalhe/8672/pdispoe-sobre-a-politica--municipal-de-promocao-da-igualdade-racial-o-conselho-e-o-fundo-municipal-de-promocao-da-i-gualdade-racial-e-da-outras-providenciasp/institucionaishttps://www.jacupiranga.sp.gov.br/public/admin/globalarq/legislacao/arquivo/4e08038aa0169747e5ad778ad7ecfaeb.pdf.

18. Termo de Cooperação Técnica n. 011/2022-MPSP, celebrado entre o Ministério Público do Estado de São Paulo e o Estado de São Paulo, por intermédio da Secretaria da Justiça e Cidadania, com o objetivo da implementação do PROJETO CIDADES ANTIRRACISTAS para a melhoria do fluxo de denúncias ao Ministério Público para o enfrentamento ao racismo. O referido Termo de Cooperação é instruído com Plano de Trabalho (Anexo 01) que estabelece etapas, fases e metas de execução pertinentes ao Ministério Público do Estado de São Paulo e ao Estado de São Paulo por intermédio da Secretaria de Justiça e Cidadania. O Termo de Cooperação tem dentre seus objetivos: "I – Planejar e definir estratégias para a implantação do 'Projeto Cidades Antirracistas' com vistas a estimular o desenvolvimento de ações voltadas à ampliação e fortalecimento das estruturas de enfrentamento ao racismo no Estado de São Paulo, no âmbito estadual e municipal(...)". Disponível em: https://mpspbr.sharepoint.com/:w:/r/sites/Caoinclusaosocial/_layouts/15/Doc.aspx?sourcedoc=%7BE-C814E65-3892-4B7C-91B0-F7711B9D74E4%7D&file=Portaria%20PAA%20-%20Vale%20do%20Ribeira%20-%20Ra%C3%ADzes%20-%20MPSP.docx&action=default&mobileredirect=true.

19. Cf.:https://www.mpsp.mp.br/w/sarrubbo-e-governador-firmam-acordo-para-levar-projeto-cidades--antirracistas-a-todo-o-estado.

ANOTAÇÕES